凯瑟琳·德·美第奇
瓦卢瓦王朝最后四十年

[上]

［法］让·伊波利特·马里耶奥勒 —— 著

郝晓莉 —————— 译

 中国出版集团公司
华文出版社

图书在版编目（CIP）数据

凯瑟琳·德·美第奇：全二册 /（法）让·伊波利特·马里耶奥勒著；郝晓莉译. -- 北京：华文出版社，2019.6

（华文全球史）

ISBN 978-7-5075-5094-8

Ⅰ.①凯… Ⅱ.①让… ②郝… Ⅲ.①凯瑟琳·德·美第奇—传记 Ⅳ.①K837.127=331

中国版本图书馆CIP数据核字(2019)第053831号

凯瑟琳·德·美第奇（全二册）

作　　者：	[法] 让·伊波利特·马里耶奥勒著
译　　者：	郝晓莉
选题策划：	盛世奇章
插图供应：	029—85504182
责任编辑：	林凤瑶
出版发行：	华文出版社
社　　址：	北京市西城区广外大街305号8区2号楼
邮政编码：	100055
网　　址：	http：//www.hwcbs.com.cn
电　　话：	总编室010—58336239 发行部010—58336212
经　　销：	新华书店
印　　刷：	三河市国英印务有限公司
开　　本：	710×1000　1/16
印　　张：	66
字　　数：	860千字
版　　次：	2019年11月第1版
印　　次：	2019年11月第1次印刷
标准书号：	ISBN 978-7-5075-5094-8
定　　价：	240.00元

版权所有　侵权必究

出版前言

随着中国开放的大门的越开越大,关注世界各国尤其是西方国家文明的源流、发展和未来已经成为当下世界史研究的一个热点,为了成系统地推出一套强调"史源性"且在现有世界史出版物中具有拾遗补缺价值的作品,我们经过认真论证,推出了"华文全球史"系列,首次出版约为一百个品种。

"华文全球史"系列从书目选择到人名地名的规范,从书稿中图片的采用到译者的确定,都有比较严格的遴选规定、编审要求和成稿检查,目的就是要奉献给读者一套具有学术性、权威性的高质量的世界史系列图书。

书目的选择。本系列图书重视世界史学科建设,视角宽阔,层级明晰,数量均衡,有所突出。计划出版的华文全球史中,既有通史,也有专题史,还有回忆录,基本上是世界历史著作中的上乘之作,同时也是填补国内同类作品出版的空白。

人名地名规范。本系列图书中人名地名,译名规范,重视专业性。同时,在人名翻译方面,我们坚持"姓名皆全"的原则,加大考据力度,从而实现了有姓必有名,有名必有姓,方便了读者的使用。另外,在注释方面,书中既有原书注,即完整地保留了原著中的注释;也有译者注,又体现了译者的研究性成果。

书中的插图。本系列图书的一个重要特征是书中都有功能性插图，这些插图全方位、多层次、宽视角反映当时重大历史事件、或与事件的场景密切相关，涉及政治、军事、经济、社会、外交、人物、地理、民俗、生活等方面的绘画作品与摄影作品。全景插图与文字结合，赋予文字视觉的艺术，增加了文字的内涵。

　　译者的确定。本系列图书的翻译主要凭借的是一个以大学教师为主的翻译团队，团队中不乏有知名教授和相关领域的资深人士。他们治学严谨，译笔优美，为确保质量奉献良多。

　　"华文全球史"系列作为一套具有较高学术价值的优秀的世界历史丛书，对增加读者的知识，开阔读者的视野，具有积极的意义。但也要看到，很多西方历史学家虽然也包含着一些正确的即符合事实的观点，但很多都存在错误的历史观，甚至还有较多的史实的歪曲，对于这些，我们希望读者不要不加分析地对它们全盘接受或全盘否定，而是要批判地吸收外国文化中有益的东西。

华文出版社
2019 年 8 月

前　言

本书既不是辩护词，也不是公诉状；既不是出于讽刺，也不是为了歌颂。它讲述了凯瑟琳·德·美第奇①所处时代的历史。这些历史是客观真实的，与当时的社会背景和政治环境息息相关。

凯瑟琳·德·美第奇的父亲是佛罗伦萨人，母亲是法兰西人。十四岁前，她一直生活在意大利。后来，她嫁给了弗朗索瓦一世②的儿子亨利二世③，之后定居在法兰西。因此，她拥有双重国籍，受到了两种文化的熏陶。一方面，凯瑟琳·德·美第奇是可爱、温顺且谦逊的妻子；另一方面，她又是非常强势的太后，她曾经以弗朗索瓦二世④、查

---

① 凯瑟琳·德·美第奇（1519—1589），法兰西王后，法兰西国王亨利二世的妻子。1519年出生于意大利的银行世家美第奇家族。——译者注（以下如无特殊说明，均为译者注）
② 弗朗索瓦一世（1494—1547），即位前通常称弗朗索瓦·德·昂古莱姆，继位后人称骑士国王。在法兰西王国内，他被视为开明的君主、多情的男子和文艺的庇护者，是法兰西王国历史上最著名也最受爱戴的国王之一（1515—1547年在位）。在他统治时期，法兰西王国的文化繁荣。包括维克多·雨果、朱塞佩·威尔第在内的许多文豪和剧作家的作品中都出现过弗朗索瓦一世的形象。
③ 亨利二世（1519—1559），弗朗索瓦一世的次子，在兄长1536年去世后他便成为王位继承人，并于1547年加冕登基。四十岁时死于一次骑士比武中。
④ 弗朗索瓦二世（1544—1560），法兰西国王（1559—1560年在位）。他是亨利二世与美第奇王后的长子，生于枫丹白露。1560年，一直体弱多病的弗朗索瓦二世在奥尔良驾崩，年仅十六岁。死因是耳部感染引起的脑病变。他死后被葬在圣丹尼斯修道院。

理九世①、亨利三世②母亲的名义独自把持朝政长达二十五年。凯瑟琳·德·美第奇执政之初，新教和天主教之间的斗争已经开始。宗教狂热、政治利益、个人野心等因素引发了阶级冲突，阶级冲突又挑起了各省的矛盾，而矛盾最终演变成了战争。其间，凯瑟琳·德·美第奇一直手握大权，直至薨逝。

　　完成这部作品的困难，不仅在于其范围的广泛和内容的庞杂，而且在于它本身必须体现的公正性。圣巴塞洛缪大屠杀③令人发指，屠杀的始作俑者——凯瑟琳·德·美第奇也不可避免地要受到牵连。大屠杀引发的愤怒让她声名狼藉。而持相反意见的极端者却认为她可以被原谅。出于本能，他们希望凯瑟琳·德·美第奇的罪行被宽恕，并试图证明她在很多方面都是无辜的。不过，我们虽然反感这种旨在翻案的悖论，但依然有权叩问这种出于野心和恐惧的犯罪是否是源于人性的邪恶。大多数历史学家将这种罪行解释为凯瑟琳·德·美第奇的虚假、奸诈、残忍及她对人性善恶的冷漠，总之，她就是天生的罪犯。但他们似乎忘记了，人们曾一度认为凯瑟琳·德·美第奇是柔弱的、温和的。执政之初，她也曾展现出自己良好的意图和杰出的才能。我搜集了那些对凯瑟琳·德·美第奇严厉斥责的原因，并在本书中予以阐释。我想，我发现了一个与历史传闻中那个玩弄权谋的女人不完全相同的凯瑟琳·德·美

---

① 查理九世（1550—1574），亨利二世与美第奇王后的次子，生于巴黎西郊的圣日耳曼昂莱。1550年他被封为奥尔良公爵。他的兄长弗朗索瓦二世驾崩后，1561年，他在兰斯加冕为法兰西国王。他是一个软弱的国王，一生都受其母亲的控制。1574年在万塞讷驾崩。
② 亨利三世（1551—1589），亨利二世与美第奇王后的第三子，生于枫丹白露。1560—1566年，他的封号是奥尔良公爵；1566年又受封为安茹公爵；1573年获选为波兰国王，但他只在波兰待了六个月；1574年，其兄查理九世去世后，他就放弃了令他不自在的波兰王位，回国即位为法兰西国王（1574—1589年在位）。
③ 圣巴塞洛缪大屠杀是法兰西王国天主教教徒对国内新教教徒胡格诺派的恐怖暴行，始于1572年8月24日，并持续了几个月，据记载，这场大屠杀是在美第奇王太后的策划下掀起的，该事件成为法兰西王国宗教战争的转折点。

第奇。她既不是那么阴暗，也不是那么强大。也许我错了，但老实说，我希望人们读到最后会相信，如果我错了，那也是情有可原的。

凯瑟琳·德·美第奇的信件出版前，我没有办法也没有想法写这本书。在亲人面前，人是最真实的，不会隐藏自己的想法，所以这些信件，特别是家书，体现了凯瑟琳·德·美第奇的真实想法和观点。大多数信件都存放在公共或私人档案馆里，少数分散出现在各种作品中。赫克托·德·拉弗里埃伯爵[①]在世时及去世之后，巴格诺·德·普晒斯伯爵[②]用十分严谨的方法收集了未出版和未印刷的资料，并整理成一本合集。这本合集包括十卷未曾发表的关于法兰西王国历史的文件汇编，引用价值很高。此外，合集中还包含亨利四世的公文信函，这是一部在法兰西王国文化发展史上地位至关重要的作品。即使最早的两位编辑为了使这部合集的序言更令人警醒、更生动，而把它裁剪成报告、对话录和大使急件这些令人感到陌生的形式，即使他们在没完没了的工作中遇到某些日期推定的错误，加上这部合集形式上有些花哨、内容上还有待完善，甚至出现了某些显而易见的错误，但我们都不应忘记他们做出的重要贡献。

如果没有这些信件，我们怎么能准确了解凯瑟琳·德·美第奇的性格、品位、感情、计划、幻想及她有别于正史的种种表现呢？虽然这些信件无法让我们了解凯瑟琳·德·美第奇在意大利时所受的教育，却使我们欣赏到在法兰西王国生活时，她的智慧形成，思想变化及她作为书简作家、外交官、演说家和政客所拥有的特质。这些信件解释了初期，她的野心、矛盾和自满：她与丈夫及丈夫的情妇戴安娜·德·普

[①] 赫克托·德·拉弗里埃伯爵（1809—1896），法兰西王国政治家，散文家和新教史学家。
[②] 巴格诺·德·普晒斯伯爵（1843—1922），历史学家、研究所记者，历史和科学协会委员（1894—1920），曾任法兰西王国历史学会主席，法兰西王国16世纪史专家，他和赫克托·德·拉弗里埃伯爵共同编著了《凯瑟琳·德·美第奇的信件》一书。

瓦捷[①]间的爱恨情仇、母爱的温柔和对权力的忌妒、宗教宽容和灭绝性的战争、与天主教和新教结盟、与西班牙作战及向联盟投降。通过连续深入地反复阅读，逐一完善、整理和校对，我们从各种人物的态度中揣测这位女性国家领导者。当然，这些研究并不总是有利于凯瑟琳·德·美第奇的，反而常常是对她不利的。尽管凯瑟琳·德·美第奇的信件中充斥着种种脱身之计、虚假、狡诈和谎言，但对此我们是无可厚非的。这些信件的主要优点是在不知不觉中，将凯瑟琳·德·美第奇好的、坏的方面都自然而然地呈现出来。

同时，这本书也是我最好的见证。人们将会记得，我写的是凯瑟琳·德·美第奇的传记，而不是她那个时代的历史。所以我详细讲述了她发挥作用的事件，而对于其他部分，我仅仅给出一个框架，来解释她的行为及说明具体情况。更多关于这一时期的管理、政策和战争的内容只需参见欧内斯特·拉维斯[②]《法国通史》第六卷的第一部分。鉴于此，我可以将这段漫长、丰富的历史浓缩在一千多页的篇幅中。无论是凯瑟琳·德·美第奇的童年时期，还是她在意大利的少女时期；无论是她与法兰西王子的婚姻生活，还是她做太子妃和王后的生活；或是在她儿子们的统治期间她所拥有的政治权力，这些都是凯瑟琳·德·美第奇牵涉其中的历史。

我的研究主题既具体又特别，所以基本不需要重新研究档案。要研究这个生活在法兰西王国的美第奇家族女性的心理，不必阅读其他文献，只需阅读她的信件。我相信，即使将难度降低到此，这也是一部有价值的作品。如果不是有像我一样的冒失鬼勇敢而友善地去触碰这些信件，它们有可能就像许多古迹印刷品一样，一直沉睡在收藏着那些未

---

① 戴安娜·德·普瓦捷（1499—1566），二十多年间一直是法兰西国王亨利二世的情妇，尽管她比亨利二世大二十岁，但她与亨利二世真心相爱，并对他产生了巨大的影响。在亨利二世执政期间（1547—1559），她得到了大量的礼物和荣誉。

② 欧内斯特·拉维斯（1842—1922），法国历史学家，实证主义历史的创始人。

出版资料的图书馆里。这篇序言的内容十分丰富，或许可以为对这段历史略感兴趣的人起到指导作用。在一些已被编辑的书籍中，工作人员做出了巨大的努力。他们的发现、收集和批判工作推动了我们了解历史真相的进程。虽然这已很不错，但还远远不够。在浩瀚书海中，最好能选出有利于帮助读者对过去的人和事形成个人观点的书籍。因此，在本书中，我引用了凯瑟琳·德·美第奇的信件原文，并将它们标注出来放在最合适的地方。如果可能，我会让凯瑟琳·德·美第奇亲自"陈述"。但有时凯瑟琳·德·美第奇无法自述童年，有时她也有难以启齿的事，这时我必须参与进来，并借助其他证据，还原她的生活。

我不想让读者在阅读16世纪的文字时感到费力。当时的信件不仅书写与现在不同，而且结构松散，因为统一标准还没有形成，所以我们无法谈论所谓的对错。是印刷工人们逐渐确立了统一的标准，但这一标准只影响到了一些作者和编辑，剩下的人几乎都是根据自己所见所闻的模糊记忆随性而写，有时在同一页甚至同一句中，相同的文字会出现两三种形式。另外，我们这个时代要求出版物更加严谨，我的任务也就更艰巨了。当时的人们为了追求花哨的形式，常常违背原稿。几年甚至一个世纪后，流传下来的只是一些歪曲原著的复制品。我曾想，首先得纠正这些文本，并选择一种常见的形式。但选择什么形式只能由我自己决定了。因为在16世纪，根本没有一种大众普遍接受的形式。我不是语法学家，也没有勇气承担创造新形式的责任。于是，我用我认为最好的形式再现了文本内容。至于凯瑟琳·德·美第奇的书写方式，她有时会用纯粹的拼音，为了理解某些段落，我不得不大声朗读，而不是浏览。由于混合使用了拼音和意大利语单词，她的书写内容看起来很奇怪。为了使文意明晰，我会直述那些不知所云的话。在一些较长的引文中，当晦涩词语太多时，我甚至负责重现原作并予以说明——重现这个词可能有点儿过了，说成翻译或许更合适。

在叙述时，我也许犯了一些日期或史实方面的错误，印刷错误更是在所难免。但最重要的是，我认为影响我研究结果的错误是不存在的。当然，最好是各种细微之处都准确无误，但这真的很难。有时还必须在无法准确判断的情况下选择不同历史时期的引文，在长时间的努力中，作者不可避免地会出现失误。只要事件的顺序没有颠倒，至少结果和原因没有颠倒，这类错误就不是大错误。我希望这些小错误可以被原谅，特别是得到那些乐于寻找错误的人的原谅。

最后，我要为未能给这篇传记附上完整的参考文献而道歉。这本书需要16世纪四分之三的书做参考。我只在页面底部的注释中列举了一些我常用到的书籍和信件的来源。其余大部分内容，我参考的是欧内斯特·拉维斯的《法国通史》第六卷第一部分[①]和第七卷第五部分的第二章。大家能在这两卷的目录中找到我叙述一般史实时所参考的作品。这些作品本无须花功夫重提，但每次只要涉及纠正错误或查证历史真相，以及谈到凯瑟琳·德·美第奇的作用和行使的权力时，我不仅会提，还会不断重复地提。

---

① 我们在一个年老的珍本收藏家恩诺黑尼所编著的《知名妇女的肖像和传记书目手册》中可以发现大多数对作家生平及作品研究的文献索引。（都灵—巴黎，1892年，第133列到第135列）。参见《补充》（1900年），第94列到第95列及《第二次和最后补充》（1905年），第39列到第40列。——原注

目 录

001　**第 1 章**
美第奇家族的崛起、政治联姻与瓦卢瓦 – 昂古莱姆王朝的勃兴

085　**第 2 章**
美第奇王后被诬陷与亨利二世之死

167　**第 3 章**
纳瓦拉国王安托万·德·波旁夺权与昂布瓦兹阴谋

245　**第 4 章**
美第奇王太后摄政、查理九世登基及安抚新教的政策

331　**第 5 章**
第一次宗教和解尝试与圣丹尼斯之战

419　**第 6 章**
圣巴塞洛缪大屠杀与安茹公爵亨利·亚历山大戴上波兰王冠

517　**第 7 章**
凯瑟琳·德·美第奇对文艺复兴时期法兰西王国艺术的影响

635	**第 8 章**	
	美第奇王太后与亨利三世的二元政治	

711	**第 9 章**	
	美第奇王太后与新教及天主教代表谈判	

773	**第 10 章**	
	安茹公爵弗朗索瓦·德·弗朗斯援助荷兰	

885	**第 11 章**	
	美第奇王太后薨逝前后欧洲政治格局	

977	**附　录**	
	凯瑟琳·德·美第奇对美第奇家族遗产的继承	

983	**结　语**	

1011	专有名词法汉对照	

第 1 章

美第奇家族的崛起、政治联姻与瓦卢瓦-昂古莱姆王朝的勃兴

凯瑟琳·德·美第奇是宗教战争中的重要人物，是弗朗索瓦一世的儿媳、亨利二世的妻子，还是瓦卢瓦－昂古莱姆王朝①最后三个国王共同的母亲。在凯瑟琳·德·美第奇的两个儿子——查理九世和亨利三世执政时期，她几乎独裁统治着整个王朝。凯瑟琳·德·美第奇并不是纯粹的佛罗伦萨人，她的父亲是洛伦佐二世·德·美第奇②，是伟大的洛伦佐③的孙子，母亲玛德莱娜·德·拉·图尔·德·奥弗涅④是法兰西王国最显赫的贵族——波旁家族的布洛涅女伯爵。

玛德莱娜这个王室公主与教皇利奥十世⑤的侄子洛伦佐二世·德·美

---

① 瓦卢瓦－昂古莱姆王朝（1515—1589）经历了弗朗索瓦一世（1515—1547）、亨利二世（1547—1559）、弗朗索瓦二世（1559—1560）、查理九世（1560—1574）、亨利三世（1547—1589）五位国王的统治。
② 洛伦佐二世·德·美第奇（1492—1519），美第奇家族皮耶罗二世·德·美第奇的儿子。尼科洛·马基雅维利将自己的《君主论》一书献给了他。
③ 伟大的洛伦佐（1449—1492），即洛伦佐·德·美第奇，文艺复兴时期佛罗伦萨的政治家和佛罗伦萨共和国的实际领袖，同时代的人将他称为伟大的洛伦佐。
④ 玛德莱娜·德·拉·图尔·德·奥弗涅（1498—1519），奥弗涅伯爵夫人，1518年与美第奇家族的洛伦佐二世·德·美第奇结婚。以下称玛德莱娜。
⑤ 利奥十世（1475—1521）原名乔凡尼·迪·洛伦佐·德·美第奇（1513—1521年在位），是佛罗伦萨共和国伟大的洛伦佐的儿子，童年时受过很好的教育，八岁成为大主教，被罗马人称为智慧之神。

伟大的洛朗洛伦佐

洛伦佐二世·德·美第奇

玛德莱娜

第1章 美第奇家族的崛起、政治联姻与瓦卢瓦-昂古莱姆王朝的勃兴

第奇的联姻,如同亨利·德·奥尔良①和克莱门特七世②的侄女凯瑟琳·德·美第奇的联姻一样,都是法兰西王国的一种精明的外交手段。

在取得了马里尼亚诺战役③的胜利,并征服米兰人后,弗朗索瓦一世渴望改变不久前强加于利奥十世的永久和约。1515年12月,在博洛尼亚④,弗朗索瓦一世与利奥十世进行了会晤。在计划和谈的政教协议中,弗朗索瓦一世谈到了那不勒斯方案。罗马教廷拥有神圣罗马帝国的最高权力,而西班牙人才是帝国实际的主人,弗朗索瓦一世提出通过支持教皇授职来换取自己的家族霸权。⑤利奥十世盘算着自己和基督教的利益,乐意接受了弗朗索瓦一世的建议。在某种程度上,利奥十世得到的好处是有可能帮助弗朗索瓦一世实现征服各国的梦想的。1512年,美第奇家族流亡十八年后,在佛罗伦萨实现了复辟,但担心固执的共和党会依照传统寻求法兰西国王的帮助。在米兰和皮亚琴察⑥时,美第奇家族和邻居弗朗索瓦一世就成了朋友,这种友谊既保证了他们能抵御种种阴谋和攻击,又促使他们萌生了一个宏伟的计划。

科西莫长老⑦家族被承认的后裔中只有三位男性——利奥十世、利奥十世的弟弟朱利亚诺·迪·洛伦佐·德·美第奇⑧(死于1516年底)和

---

① 亨利·德·奥尔良,即亨利二世。
② 克莱门特七世(1478—1534),原名朱里奥·德·美第奇。由他的伯父伟大的洛伦佐抚养成人,1523年到1534年担任罗马教皇,教皇利奥十世是他的堂兄。
③ 马里尼亚诺战役,意大利战争期间,法兰西王国军队与米兰公爵属下的瑞士雇佣军于1515年在马里尼亚诺村附近进行的一次战役。
④ 博洛尼亚,意大利东北部城市,位于波河和亚平宁山脉之间,是今艾米利亚-罗马涅的首府。
⑤ 勒蒙-日谢:《凯瑟琳·德·美第奇的青年时期》(翻译作品,由阿尔芒注释),巴黎,1866年,第247页到第248页。弗朗索瓦一世致洛伦佐二世·德·美第奇的信件,1516年2月4日,至今还没有人引用过。——原注
⑥ 皮亚琴察,位于意大利北部艾米利亚-罗马涅地区。
⑦ 科西莫长老,这里指科西莫·德·美第奇(1389—1464),是银行家、军队首领和佛罗伦萨政治家,也是美第奇政治王朝的开创者。
⑧ 朱利亚诺·迪·洛伦佐·德·美第奇是伟大的洛伦佐的三个儿子之一,他的兄弟有皮耶罗二世·德·美第奇和教皇利奥十世。

马里尼亚诺战役

教皇利奥十世

利奥十世哥哥的儿子洛伦佐二世·德·美第奇。利奥十世将佛罗伦萨的未来寄托在这个侄子身上。朱利亚诺·迪·洛伦佐·德·美第奇去世后,利奥十世任命洛伦佐二世·德·美第奇为共和党的领袖,同时还任命他为基督教会的总管,赐给他一块教皇领地——乌尔比诺公爵领地。这块领地是利奥十世从其持有者尤利乌斯二世[①]的侄子弗朗索瓦·玛丽·德·拉·罗维尔手中剥夺来的。如果没有弗朗索瓦一世的纵容,利奥十世也不会冒着政变(1517年)的危险发动随后的战争。弗朗索瓦一世很看好这种裙带关系。1517年9月26日,在写给昂布瓦兹[②]的信中,弗朗索瓦一世向享受这些利益的新公爵道贺,并补充道:"对我而言,我希望尽自己最大的能力帮助你们,让你们娶到我的家族或其他名门望族中漂亮、贤惠的女子,以便把我的爱源源不断地送给你们。"[③]

美第奇家族曾经与王室很疏远,因为来得很晚,所以并不被周围人尊敬。像科西莫长老和伟大的洛伦佐一样,洛伦佐二世·德·美第奇只是一个享有特权的公民,需要拥有司法裁判权的人民投票来赋予他权力。这种投票既没有特权也没有年龄的限制。但即使洛伦佐二世·德·美第奇不行使这些权力,他也会耍手段、使计策让人们把票投给他的亲戚和代理人。洛伦佐二世·德·美第奇不是佛罗伦萨[④]的统治者,只是城市的行政首脑。他的前任早已找到实现野心的方法,那就是与其他显赫

---

① 尤利乌斯二世原名朱利安诺·德·拉·罗韦尔,1443年出生于萨沃纳附近的阿尔比索拉,1503年当选为教皇,史称尤利乌斯二世,1513年死于罗马。
② 昂布瓦兹源自"两个水域之间",即卢瓦河和阿马斯河,是安德尔-卢瓦尔省的一座城市,位于卢瓦尔河畔,洛什地区和卢瓦尔中心地区。
③ 勒蒙-巴谢:《凯瑟琳·德·美第奇德青年时期》,第251页。这封信是用意大利语书写的。——原注
④ 佛罗伦萨,意大利中部城市,托斯卡纳区首府。位于亚平宁山脉中段西麓盆地中。

第 1 章 美第奇家族的崛起、政治联姻与瓦卢瓦-昂古莱姆王朝的勃兴

的佛罗伦萨家族或罗马贵族联姻、结盟。伟大的洛伦佐娶了奥尔西尼家族①的女子，并让他的儿子皮耶罗二世·德·美第奇娶了奥尔西尼家的另一个姑娘阿方西娜·奥尔西尼。利奥十世的三个姐妹中，玛德莱娜·迪·洛伦佐·德·美第奇嫁给了教皇英诺森八世②的儿子弗朗索瓦·西波；卢克莱丝·洛伦佐·德·美第奇和孔泰西纳·迪·洛伦佐·德·美第奇分别嫁给了两个富有的佛罗伦萨人——雅克·萨尔维亚蒂和皮埃尔·里多尔菲。在 1494 至 1512 年的长期流亡中，利奥十世的侄女、洛伦佐二世·德·美第奇的妹妹克拉丽斯·德·美第奇与著名的《朝臣完德契约》③的作者——一个单纯的绅士——巴拉扎贺·卡斯蒂廖内④订了婚，最后却嫁给了声名显赫的佛罗伦萨银行家菲利普·斯特罗齐·雅戈尔⑤。1512 年，在佛罗伦萨，利奥十世重建美第奇家族，1513 年升任教皇后，他宣称他的家人要与地位更高的人联姻。于是，1515 年 2 月，利奥十世让他的弟弟朱利亚诺·迪·洛伦佐·德·美第奇迎娶了萨伏伊公国的公主菲利贝尔特⑥。菲利贝尔特虽然长相丑陋，还有些驼背，

---

① 奥尔西尼家族，中世纪和文艺复兴时期意大利最重要的王室家族之一。
② 英诺森八世（1432—1492），本名乔瓦尼·巴蒂斯塔·赛博，1432 年出生于热那亚，是一名热那亚天主教神职人员，1484 年 9 月 12 日以英诺森八世的名字当选教皇，1492 年死于罗马。
③ 《朝臣完德契约》是巴拉扎贺·卡斯蒂廖内于 1528 年以意大利文出版的一本书，旨在描述"理想的朝臣"。
④ 巴拉扎贺·卡斯蒂廖内，意大利文艺复兴时期的作家兼外交官，1478 年出生于曼托瓦侯爵城的卡斯蒂科，1529 年在西班牙托莱多逝世。他因撰写《朝臣完德契约》一书而闻名，《朝臣完德契约》是一本礼仪手册，一出版便获得了巨大的成功。
⑤ 这里的史料出自科西莫长老后裔的家谱，利塔：《意大利名门望族》第 12 卷，第 8 表到第 11 表。罗斯科：《伟大的洛伦佐传》，蒂罗译，第 2 卷，第 190 页。——原注
⑥ 菲利贝尔特（1498—1524），法兰西贵族，拥有内穆尔公爵夫人、热克斯侯爵夫人、布里迪斯子爵夫人等头衔，萨伏伊公国腓力二世的女儿，1513 年与内穆尔公爵朱利亚诺·迪·洛伦佐·德·美第奇订婚。婚礼于 1515 年 2 月 10 日在都灵举行。菲利贝尔特结婚一年后丧偶，她虽没有公开宣称却逐渐转向新教信仰。

巴拉扎贺·卡斯蒂廖内

也没什么财产收入，但她却是一个古老统治家族的王子卡洛三世① 和法兰西王太后路易丝·德·萨伏伊② 的妹妹。③ 利奥十世很愿意再接受一个与法兰西公主的婚约。本来打算嫁给洛伦佐二世·德·美第奇的是纳瓦拉国王让·阿尔伯特的某个女儿，但婚姻谈判被推迟了，最后，选中了布洛涅的女伯爵玛德莱娜。

---

① 卡洛三世（1486—1553），萨伏伊公国腓力二世第二次婚姻的第一个儿子，1504 年取得了萨伏伊公爵的称号。他同父异母的姐姐是弗朗索瓦一世的母亲路易丝·德·萨伏伊。
② 路易丝·德·萨伏伊（1476—1531），萨伏伊公国的公主，是文艺复兴时期的象征法兰西国王弗朗索瓦一世的母亲。
③ 塞缪尔·若释农：《萨伏伊公国家族史》，1660 年，第 1 卷，第 606 页。——原注

第1章　美第奇家族的崛起、政治联姻与瓦卢瓦－昂古莱姆王朝的勃兴

玛德莱娜的母亲乔安娜·德·波旁①是波旁－旺多姆王朝的嫡公主，还是皮埃尔·德·博热②的哥哥——波旁公爵约翰二世③临终前的妻子。玛德莱娜的父亲拉图尔·德·约翰四世④是布洛涅家族的一员，这个古老家族的起源可以追溯到奥弗涅家族的阿基坦公爵⑤。拉图尔·德·约翰四世拥有位于王国中心地区的克莱蒙特和奥弗涅领地，并得到拉图尔和拉晒兹的男爵们的支持。在南部，拉图尔·德·约翰四世拥有劳哈盖和卡斯特尔，"和作为补偿布洛涅地区，由已故国王路易十二⑥赐给约翰四世的父亲贝特朗伯爵⑦的其他曾属于法兰西国王们所有的领地；以及利木赞和贝里等地的领土。算上所有的土地和税收⑧，再加上妻子的财产，

---

① 乔安娜·德·波旁（1465—1511），波旁－旺多姆王朝约翰八世（1428—1478）的女儿，1487年与她的远房亲戚，比她大四十岁的波旁公爵约翰二世结婚。在波旁公爵约翰二世去世后又于1495年嫁给了奥弗涅的约翰四世。凯瑟琳·德·美第奇的母亲玛德莱娜就是她与约翰四世的子女之一。
② 皮埃尔·德·博热（1438—1503），波旁和奥弗涅的公爵（1488—1503）查理一世第三子，娶了路易十一的女儿法兰西的安娜。
③ 约翰二世（1426—1488），查理一世之子，波旁和勃艮第公爵。他一共娶了三任妻子，最后一位是在去世前一年娶的乔安娜·德·波旁。
④ 拉图尔·德·约翰四世（1467—1501）于1495年娶乔安娜·德·波旁为妻，与她生了三个女儿，其中一个就是凯瑟琳·德·美第奇的母亲玛德莱娜。
⑤ 巴吕兹：《奥弗涅家族史》，第1卷，前言和第350页到第352页。——原注
⑥ 路易十二（1462—1515），法兰西王国瓦卢瓦王朝国王（1498—1515年在位），属于该王朝的奥尔良支系。即位前的封号是奥尔良公爵（1465年起称路易二世）。路易十二力图成为人民的好国王，他为此做出许多努力，如改革司法系统和减轻税赋。这些举措使他得到了"人民之父"的称誉。
⑦ 贝特朗（1497—1497），奥弗涅和布洛涅伯爵，拉图尔领主，是拉图尔奥弗涅五世的儿子。
⑧ 关于这个家庭的财产，巴吕兹：《奥弗涅家族史》，第2卷，第687页到第692页，参见凯瑟琳·德·美第奇的遗嘱，赫克托·德·拉费里埃，巴格诺·德·普晒斯：《凯瑟琳·德·美第奇的信件》，第9卷，第496页，由博恩大主教布尔雷诺所做的太后悼词，赫克托·德·拉费里埃，巴格诺·德·普晒斯：《凯瑟琳·德·美第奇的信件》，第9卷，第504页；1585年关于奥弗涅伯爵和拉图尔男爵城堡的保管记录，赫克托·德·拉费里埃，巴格诺·德·普晒斯：《凯瑟琳·德·美第奇的信件》，第6卷，第485页到第486页，和第10卷，第471页。凯瑟琳·德·美第奇在她姐姐和姐夫去世后继承了她父亲的所有遗产。尚蒂伊图书馆有一本附带插图的贝丝地区美丽的地籍簿（在蒙特雷东城堡附近）。布朗托姆发现了凯瑟琳·德·美第奇的巨额财产，《作品集》，第7卷，第338页。——原注

拉图尔·德·约翰四世大约有十二万里弗的收入。①

玛德莱娜的姐姐安妮·德·拉图尔·德·奥弗涅②嫁给了苏格兰人约翰·斯图尔特③，他是奥尔巴尼公爵和马尔什伯爵，代替苏格兰国王詹姆斯五世④摄政。因此拉图尔布洛涅的女士们都非常富有。

弗朗索瓦一世无比期待利奥十世能同意他在意大利建功立业。1518年4月28日，在昂布瓦兹，弗朗索瓦一世⑤举办了一场极尽奢华的婚礼，就像是他把自己的女儿嫁给了一个外国君主一样。弗朗索瓦一世给了新郎洛伦佐二世·德·美第奇一支骑兵队和圣米歇尔骑士团勋章，在拉沃尔公国⑥，他还赠予新娘玛德莱娜一万埃居礼金。婚宴上，弗朗索瓦一世让新婚夫妇和他同坐一桌。婚礼很隆重，每次上菜都会拉响号角。三天前在多凡，利奥十世为洛伦佐二世·德·美第奇举行洗礼时，已举办了多场舞会，其中有一场将七十二名女士分为六组，"化妆"后表演不同的芭蕾舞，有一组的成员还是戴着面具、拿着手鼓的意大利人。在新婚之夜，点燃了许多火把，把夜空照得如同白天一样，人们载歌载舞

---

① 也就是说在绝对价值上相当于我们现在的四十七万法郎，相对价值也许是一百万。阿弗奈尔：《资产的经济史》，第1卷，第481页，认为1512至1542年的每里弗（记账货币）相当于现在十八克重量的银，即我们现在的3.92法郎。1857年，瓦伊的图表《记账货币里弗的变化》里，给出了一个十分相近的数字。——原注
② 安妮·德·拉图尔·德·奥弗涅（1495—1524），奥弗涅公爵夫人，凯瑟琳·德·美第奇的大姨。1505年嫁给了约翰·斯图尔特，没有后代，去世后她将自己的奥弗涅公爵领地转让给了凯瑟琳·德·美第奇。
③ 约翰·斯图尔特（约1484—1536），奥尔巴尼公爵和马尔什伯爵，代替苏格兰国王詹姆斯五世摄政。
④ 詹姆斯五世（1512—1542），苏格兰的詹姆斯四世和玛格丽特·都铎的儿子。当他的父亲1513年在战役中丧生时，詹姆斯五世只有十七个月大，在其母玛格丽特·都铎二十四岁又嫁给安格斯公爵后，苏格兰议会决定把摄政权交给约翰·斯图尔特。
⑤ 昂布瓦兹，法兰西王国中央大区安德尔-卢瓦尔省的一个镇，位于卢瓦尔河畔，文艺复兴巨匠列奥纳多·达芬奇在当地的一座城堡逝世，并埋葬于城堡边的小教堂。
⑥ 现法国多尔多涅省的一个市镇。

詹姆斯五世

约翰·斯图尔特

第 1 章 美第奇家族的崛起、政治联姻与瓦卢瓦 – 昂古莱姆王朝的勃兴

直到凌晨。盛宴一直持续到两点,可能是由于羡慕这个意大利人的幸福,某个年轻的弗洛朗格①人说,人们都想带走新娘,"她实在比新郎漂亮多了"。

第二天进行了"有史以来最壮观的双轨船比赛",某个心怀忌妒的弗洛朗格人带着讽刺的语气解说道:"比赛持续了八天。在所有比赛中,新郎官乌尔比诺公爵洛伦佐二世·德·美第奇在新娘面前表现得最勇猛。"

但这个弗洛朗格人没有说,乌尔比诺公爵洛伦佐二世·德·美第奇在攻打乌尔比诺时头部被火枪击中后受的伤还没有完全康复,因此他没有参加骑士比武。比武真实再现了围攻和解救要塞的场景,披甲戴胄的参赛者手持火枪,不断发射进行救援。被围困者借助国王派来的紧急支援突出重围。城墙上的火炮发射出威力十足的弹药。这些弹药大得就像酒桶一样,它们先是在空中飞行,然后又弹跳起来,对手还没来得及感受痛苦就被击倒在地。但在两支队伍抗击时,在这种最接近战争现实的残酷消遣中,很多人被杀害或逼疯②。

教皇利奥十世对此非常满意,他送给玛德莱娜和法兰西王室约三十万金币。刚生了第二个孩子的王后克劳德·德·弗朗斯③得到了拉斐尔④的《神圣家庭》⑤,而弗朗索瓦一世从洛伦佐二世·德·美第奇那里收到了《圣米迦勒和龙》⑥,这两幅意义重大的绘画作品足以入驻卢浮宫了。

---

① 弗洛朗格,今法国摩泽尔省的一个市镇。
② 罗伯特·古博和皮埃尔·安德鲁·勒穆瓦纳:《青年冒险家弗洛朗格元帅回忆录》,1913 年,第 1 卷(1505—1521),第 222 页到第 226 页。——原注
③ 克劳德·德·弗朗斯(1499—1524),布列塔尼公爵夫人(1514),法兰西国王路易十二和安妮·德·布列塔尼的女儿,嫁给法兰西国王弗朗索瓦一世后成为法兰西王后(1515),二十四岁时在生下第七个孩子后去世。
④ 拉斐尔(1483—1520),意大利文艺复兴时期的画家和建筑师。
⑤ 《神圣家庭》是拉斐尔 1507 年所画的一幅宗教画。这幅画目前保存在慕尼黑的画廊。
⑥ 《圣米迦勒和龙》由拉斐尔 1504 年至 1505 年所画,目前保存在卢浮宫。

《神圣家庭》

《圣米迦勒和龙》

比起弗朗索瓦一世，利奥十世更有理由高兴，因为他得到的好处不仅是拥有了希望。利奥十世已经从联盟中获益，而且下定决心不再对联盟承担义务。利奥十世可能对荷兰、西班牙和新世界的统治者那不勒斯年轻的国王查理五世①的力量只是有所畏惧。在祖父马克西米利安一世②驾崩后，查理五世除了继承了奥地利王室的部分领土，还继承了父辈的帝王尊号。但对于法兰西人，利奥十世认为，如果他们把那不勒斯和米兰连接起来，这将对意大利自由和教廷独立形成更大的威胁。他希望通过团结罗马和佛罗伦萨，在半岛中心建立一个拥有宗教和世俗两个领袖的国家，这个

查理五世

---

① 查理五世（1500—1558），哈布斯堡家族的王子，美丽的腓力一世和疯女珍妮的儿子，是西班牙及拥有包括荷兰十七省、那不勒斯王国、哈布斯堡王朝财产的殖民帝国的主人，1519 年当选罗马帝国皇帝，是 16 世纪上半叶最强大的君主之一。
② 马克西米利安一世（1459—1519），从 1508 年至他去世都是神圣罗马帝国的皇帝，他的统治标志着哈布斯堡军事和政治的复兴以及神圣罗马帝国统治的现代化。

第1章　美第奇家族的崛起、政治联姻与瓦卢瓦－昂古莱姆王朝的勃兴

国家可以强大到足以使这些主要的外国势力心生敬畏，并能借助其中一方的帮助抵御另一方的侵犯。就像后来教皇克莱门特七世对历史学家弗朗切斯科·圭恰迪尼所说的，难道查理五世是在幻想让他们消灭"野蛮人"，并将这些人都逐出意大利吗？然而，为了抗衡占据主导地位的西班牙和法兰西王国，罗马和佛罗伦萨的结盟必须紧密、持久。利奥十世将乌尔比诺教皇领地赐给洛伦佐二世·德·美第奇，不是为了增加两万五千杜卡托[①]的收入，而是为了巩固教廷和佛罗伦萨共和国的关系。[②]1513年，利奥十世只有三十六岁，正值壮年，他还可以在教廷任职很久。但为了防止不测，他还把自己的日耳曼堂弟——红衣主教朱勒升为自己的助手，并作为教皇的候选人。后来朱勒的确成了教皇，但没有在利奥十世之后立即上位。即使洛伦佐二世·德·美第奇没有名正言顺的儿子，但另外两个美第奇家族的成员——尚且年幼的私生子希波吕忒·德·美第奇[③]和亚历山德罗·德·美第奇[④]也已经确保了教廷在罗马后继有人，况且还有母族是美第奇家族的西波、萨尔维亚蒂、斯特罗奇、里多尔菲。还有美第奇家族另一旁系的当权者，著名的雇佣兵队长——身着黑色制服的约翰，他也在战争中脱颖而出。[⑤]虽然这位约翰是利奥十世有血缘关系的表侄，但利奥十世宁愿相信自己的叔叔、哥哥和侄子的私生子们也不相信他。

[①] 杜卡托，一种古金币，从12世纪开始流传直到中世纪，特别是在奥匈帝国，它的使用一直持续到20世纪初。

[②] 这是由帕斯托的《教皇史》（法语译本，第7卷，第122页）中给出的数据。——原注

[③] 希波吕忒·德·美第奇（1511—1535），朱利亚诺·迪·洛伦佐·德·美第奇的私生子，意大利红衣主教。他是强大的美第奇家族的后裔。

[④] 亚历山德罗·德·美第奇（1510—1537），凯瑟琳·德·美第奇的父亲洛伦佐二世的私生子，伟大的洛伦佐的孙子。他虽然是私生子，但却是负责管理佛罗伦萨的美第奇家族主要分支的最后一位后裔，及这座城市的第一个世袭公爵。

[⑤] 利塔：《意大利名门望族》，第7卷；戈蒂耶：《身着黑色制服的约翰》，巴黎，1901年。还有其他旁系的血统，但更疏远一些。另一个杰出家族的奥塔维亚诺也属于美第奇家族，他是在位只有几个月的利奥十一世的父亲。利塔：《意大利名门望族》，第7卷，20表。教皇庇护四世（1559—1565）是米兰的美第奇家族中的一员。——原注

当时教皇亚历山大六世和他的儿子，这两个波吉亚家族的成员都致力于推翻神圣罗马帝国的垄断势力。人们以为切萨雷·波吉亚①为了自己的利益早就想统一教皇国，独揽大权了，或者就像人们所说，使这个国家还俗了。他们一直等待着某个新的开始。佛罗伦萨共和国的前任执政委员会秘书尼科洛·马基雅维利②在美第奇家族回归后就变得灰头土脸，所以他

教皇亚历山大六世

---

① 切萨雷·波吉亚（1475—1507），意大利文艺复兴时期的领主，法兰西贵族，拥有罗马涅公爵、瓦伦提诺公爵、迪奥伊斯伯爵等头衔。
② 尼科洛·马基雅维利（1469—1527），意大利文艺复兴时期人文主义思想家，政治、历史和战争理论家，也是一位诗人和剧作家。他在佛罗伦萨共和国做了十四年的官，并执行了几次外交使命。他密切关注权力机制和竞争野心的游戏，是国际政治中现实主义潮流的奠基人之一，书写了《君主论》，佛罗伦萨因此声名大噪。

第1章 美第奇家族的崛起、政治联姻与瓦卢瓦-昂古莱姆王朝的勃兴

切萨雷·波吉亚

一直致力于建立一套政治上的法律体系,并把一本叫《君主论》的书献给洛伦佐二世·德·美第奇。在这本书里,尼科洛·马基雅维利无所顾忌,却又恪守陈规地陈述了建立和巩固一个国家的种种方法和手段(1519年)。多疑、贫穷且疾病缠身的尼科洛·马基雅维利,不是以请求者的身份,而是以劝告者的身份与佛罗伦萨的统治者对话的。一些意大利人认为如果不能统一就应该独立,尼科洛·马基雅维利也赞同这种观点。他们讨厌这个由教士们组成的政府,认为这样的政府根本无法实行教皇君主制[①]。但他

[①] 弗朗切斯科·弗拉米尼:《16世纪》(第6卷《意大利文学史》),瓦拉迪出版社,第1部分,第1章。《政治家》,书中各处,第24页到第25页,第31页和书目部分,自第527页起,特别是《关于蒂托-维奥第一个十年的演说》;第1册,第12章是这么开始的:"和我们的教会和意大利牧师一起,他们拥有了……",《王子和演讲》,都灵版本,1852年,第139页。——原注

们知道这个政府对内足够强大，对外又有影响力，它无论利用自己的力量还是借助外国的帮助，都足以对抗那些图谋不轨的人。此外，他们已经看上了逐渐长大的亚历山大六世之子切萨雷·波吉亚和利奥十世的侄子洛伦佐二世·德·美第奇。这两人都将是教会的利剑，都很可能受巨大利益的诱惑而篡夺权力。①

然而，洛伦佐二世·德·美第奇的死带走了世俗思想家的梦想和教皇的希望。如果他活着的话，不是上尉，也一定是一名勇敢的战士。就像他的母亲阿方西娜·奥尔西尼那样，既高傲又有权威。洛伦佐二世·德·美第奇在同辈中的确鹤立鸡群，据说利奥十世曾严厉指责他将自己的兄弟们看作是他的臣民。洛伦佐二世·德·美第奇在乌尔比诺战役中受的枪伤一直没有完全康复，而且如果我们相信法兰西王国和意大利某几位作家的话，他本应阻止或至少推迟婚礼，让自己得以恢复。玛德莱娜既然嫁给了洛伦佐二世·德·美第奇，也就接受了他的一切。②

1518年9月7日，这个年轻美丽的法兰西女孩玛德莱娜来到佛罗伦萨，她一心要取悦大家并且成功地做到了。朱利亚诺·乌吉修士说："这是一个讨人喜欢的女孩，她美丽、聪明又亲切，而且道德高尚。"③

1519年4月13日，玛德莱娜生下一个女儿，她就是未来的法兰西王后。但令人遗憾的是，两周后的1519年4月28日，玛德莱娜发烧而死。

---

① 这是尼科洛·马基雅维利深层的想法，可能出现在《君主论》，第26章和最后一章，他是在劝说由"德"支持而受上帝和教会眷顾的美第奇家族的人，抓紧旗帜，跟着所有意大利人前进，去"救赎"意大利，因为他们中的一员利奥十世是教皇。帕斯夸尔·维拉里：《尼科洛·马基雅维利和他的时代》，1895年，第2版。第2卷，第413页到第414页。《君主论》，都灵版，第26章，第99页到第101页。——原注

② 坎比：《托斯卡纳文化遗产的变迁》，圣路易·伊尔德丰索，第23卷，第145页。——原注

③ 朱利亚诺：《佛罗伦萨1501年到第1546年记事》，包含在《意大利历史档案》，第7卷（1849年），第133页。——原注

洛伦佐二世·德·美第奇的母亲阿方西娜·奥尔西尼

从 1518 年 12 月以来就一直卧病在床或只能待在卧室的洛伦佐二世·德·美第奇也只比他的妻子玛德莱娜多活了几天（1519 年 5 月 4 日去世）。

1519 年 4 月 16 日，周六，他们的孩子在美第奇教区的圣劳伦斯教堂接受洗礼。人们为这个孩子拟了凯瑟琳和玛丽两个名字，前一个来自她的母亲或祖母[①]，另一个来自圣母玛利亚，因为对玛利亚来说，星期六是特别的圣日。弗朗索瓦一世曾答应，如果洛伦佐二世·德·美第奇和玛德莱娜的第一个孩子是女孩，会亲自给她洗礼。但凯瑟琳·德·美第奇的父母没机会看到他履行诺言了。

1519 年 8 月时，凯瑟琳·德·美第奇病得厉害。利奥十世对坏消息总是不会太上心，但这次他感到很不安，幸运的是凯瑟琳·德·美第奇恢复得很快。1519 年 10 月她就被祖母阿方西娜·奥尔西尼带到了罗马。教皇利奥十世对威尼斯大使说，自己对玛德莱娜的不幸深感触动，

[①] 已经使用的罗莫拉的这个名字，似乎是为了纪念佛罗伦萨首都菲耶索莱所谓的创始人罗穆卢，现在看来这个名字在当时已经属于佛罗伦萨贵族，但在洗礼中却并未被提及。迄今无人能解释赋予这个孩子凯瑟琳这个名字是否出于纪念她的曾祖母——凯瑟琳·阿美圣·塞韦里诺，洛伦佐二世·德·美第奇的祖母（见利塔：《意大利名门望族》，第 21 章，第 23 表）。洛伦佐二世·德·美第奇的一个日耳曼堂姐，马德琳·德·美第奇和佛兰索瓦·希波的女儿，卡梅里诺公爵吉恩·玛丽·瓦拉诺的妻子也叫凯瑟琳。但这个名字也很有可能来自她的母亲。在由巴吕兹所列的奥尔西尼的家谱中，玛德莱娜只有一个名字，但不能据此得出这就是她唯一的名字，这些谱表往往是不全的。从一封信中我们可以得出相反的结论，在这封信中，一个佛罗伦萨的画家——著名的意大利绘画历史学家乔尔乔·瓦萨里向巴黎主教皮埃尔·德·冈德（1569 年 10 月 5 日）建议，作为对凯瑟琳·德·美第奇，这位在其子查理九世统治时期极富权力的王太后的必要礼节，在佛罗伦萨为王太后的母亲、父亲和她同父异母的哥哥亚历山德罗·德·美第奇提供一项安息灵魂的服务（乔尔乔·瓦萨里：《作品集》，米兰人出版社，1878 年到第 1885 年，第 8 卷，第 441 页到第 442 页）。他说在美第奇家族中，他们是仅剩几个没有周年追思礼的人。他建议将凯瑟琳·德·美第奇母亲的祭日放到圣凯瑟琳节的第二天，她父亲洛伦佐二世·德·美第奇的祭日放到圣洛伦佐节的第二天，"就像圣科西莫节后紧接着就是科西莫的祭日一样"。如同我们看到的科西莫和伟大的洛伦佐的例子，这项服务放在了他们纪念先祖节日的第二天，这样说来把玛德莱娜叫作和她女儿一样的名字凯瑟琳也不是没有道理。因为安魂曲的弥撒就是在被称为圣凯瑟琳的第二日（11 月 26 日）。——原注

第1章　美第奇家族的崛起、政治联姻与瓦卢瓦 – 昂古莱姆王朝的勃兴

并深切悼念她的这位博学的教皇利奥十世所说，这是"希腊人的不幸"。威尼斯大使说："教皇是含着泪水说这些话的，就此话题他还和我聊了几句，还说已故的洛伦佐二世·德·美第奇的这个小不点'美丽又胖乎乎的'。"①

这孩子是佛罗伦萨共和国唯一的合法后代，或就像阿里奥斯托②所说，在冬天，面对只有几片树叶的唯一的绿枝，既恐惧又满怀希望的佛罗伦萨人思索着是该留着它还是折断它？③凯瑟琳·德·美第奇虽年幼柔弱，但已被列入王国的计划中。其实，在佛罗伦萨，凯瑟琳·德·美第奇的权力是不确定的，因为首领并不是真正的君主或行政官员，只是实现这些的条件，而且女性还被排除在外。但凯瑟琳·德·美第奇从父亲那里继承了乌尔比诺公爵的头衔。弗朗索瓦一世时刻关注着自己在意大利的事业，要求收回对玛德莱娜的女儿——小乌尔比诺公爵夫人的监护权。弗朗索瓦一世的要求令利奥十世很担心，他并不希望法兰西人在乌尔比诺定居，因为在解决佛罗伦萨事务时，这些法兰西人也许会成为他的阻碍。其实为了避免被法兰西国王挑唆，在洛伦佐二世·德·美第奇临死前，利奥十世已经与西班牙国王查理五世秘密缔结《联盟条约》（1519年1月17日）。条约规定，把佛罗伦萨"当作各州和教皇神圣主权的一部分"④。利奥十世甚至还与查理五世签署了一个《互相担保

---

① 勒蒙 – 巴谢：《凯瑟琳·德·美第奇的青年时期》，第263页。"这个孩子承受着希腊人的痛苦"，就像勒蒙 – 巴谢所相信的那样，这并不是维吉尔引用过的。——原注
② 阿里奥斯托（1474—1533）来自一个贵族家庭，接受了良好的人文教育，但仍然后悔没有学过希腊语。为承担他兄弟姐妹的教育，他无法自由地学习和进行诗歌创作。1504年，他开始为红衣主教希波吕忒斯服务，执行过许多出使任务，其中最著名的就是在教皇尤利乌斯二世身边的出使。
③ 罗多维科·阿里奥斯托：《小作品》，由菲利普路易吉·波利多里编辑，佛罗伦萨，1894年，第1卷，第216页。——原注
④ 吉诺·卡波尼：《意大利的阿奇维奥·斯托里科》，1842年，第1卷，第379页到第383页。——原注

条约》（1519年1月20日），洛伦佐二世·德·美第奇也参与其中。虽然提防着弗朗索瓦一世，但利奥十世并没有与他决裂。1519年1月11日，马克西米利安一世去世，当时利奥十世曾宣布反对查理五世当选神圣罗马帝国皇帝。根据教皇条例的规定，同一个人不能同时担任神圣罗马帝国皇帝和那不勒斯的国王，也不能同时是南意大利的主人和北意大利名义上或实际上的君主。因此，利奥十世支持弗朗索瓦一世成为候选人，并且保证不会在神圣罗马帝国选民做出最后决定前改变立场。[1]然而，1519年6月28日，查理五世大选后，利奥十世对两个统治者表现出同样的支持，这立刻打乱了两人之间的竞争。但利奥十世更倾向支持查理五世，他需要依靠查理五世来阻止神圣罗马帝国路德教[2]的发展。洛伦佐二世·德·美第奇的死摧毁了利奥十世的野心。为了安慰自己，利奥十世对秘书彼得说，这次考验让他从对王公贵族的依赖中解脱出来，他今后只需考虑如何"对符合使徒教义的罗马教廷进行颂扬和支持"[3]。在很长一段时间内，利奥十世都在进行外交拉锯战。然而，当战争进行到他必须表态时，他更愿意与神圣罗马帝国结盟来对抗法兰西人，而不是与法兰西人结盟对抗神圣罗马帝国。弗朗索瓦一世要求为自己以前提出的服务支付报酬时的固执，收回含糊承诺时的鲁莽，都证明了权力无限的法兰西国王只会是专制制度的维护者。从前查理五世只满足于靠防御联盟来抵抗对手，是教皇启发他做出有效决策。[4]既然必须决裂，查

---

[1] 帕斯特：《中世纪晚期以来的教皇史》，法语译本，第7卷，第223页。——原注
[2] 路德教是以马丁·路德的宗教思想为依据的各教会团体之统称，因其教义核心为"因信称义"，故又称信义宗。它是德意志宗教改革运动的产物。这一新宗教的建立标志着基督新教的诞生。
[3] 勒蒙-巴谢：《凯瑟琳·德·美第奇的青年时期》，第260页。——原注
[4] 关于利奥十世的改变和最后的犹豫。尼提：《利奥十世及其政策》，佛罗伦萨，1892年，第412页。——原注

马克西米利安一世

理五世想通过主动进攻，或有利可图的方式，把法兰西人从米兰和热那亚①驱逐出去，并将之前被马里尼亚诺战役的胜利者（1521年5月8日）侵占的帕尔马和皮亚琴察公国归还教廷。只有在洛伦佐二世·德·美第奇去世后，弗朗索瓦一世才意识到，自己能给利奥十世的除了承诺再无其他②，而查理五世却能为利奥十世提供保障。弗朗索瓦一世强烈谴责"教皇的狡诈计划"和背叛行为，但教廷的军队还是占领了米兰（1521年11月19日）。当1521年12月2日，四十六岁的利奥十世被疟疾夺走生命之际，利奥十世才终于实现了这些目标。

利奥十世的继任者不是美第奇家族的人，而是查理五世的老师——乌得勒支的阿德里安六世，一个非常严肃的弗拉芒神学家。他热衷教会改革，反对裙带关系，将乌尔比诺领地重新赐给弗朗索瓦·玛丽·德·拉·罗维尔③，而凯瑟琳·德·美第奇仅是拥有了一个公爵夫人的头衔。两年前（1520年2月7日），凯瑟琳·德·美第奇已经失去祖母阿方西娜·奥尔西尼，现在又没有了叔叔利奥十世。在阿德里安六世被选为红衣主教几天后，她就去了佛罗伦萨。没有了利奥十世，在罗马的凯瑟琳·德·美第奇要么由嫁给银行家雅克·萨尔维亚蒂的姑姑卢克莱丝·洛伦佐·德·美第奇照顾，要么由她的日耳曼姑姑——菲利普·斯特罗齐·雅戈尔的妻子克拉丽斯·德·美第奇照顾，这是一个有"女骑士"之称的、聪明、贤惠又精力充沛的美第奇家族的女人。

和凯瑟琳·德·美第奇一起生活的是美第奇家族的两个私生子，一

---

① 热那亚，今意大利最大的海港，也是地中海沿岸的第二大港口，位于意大利西北部，南隔地中海并与法兰西王国科西嘉岛遥望。
② 尼提：《利奥十世及其政策》，第428页。弗朗索瓦一世并没有做出帮助利奥十世对付费拉尔公爵——一个叛逆教会的诸侯的正式承诺，而且利奥十世不相信那不勒斯的主人会像他所说的那样，同意向教廷让出从那不勒斯直到加利格里阿诺河的土地。——原注
③ 弗朗索瓦·玛丽·德·拉·罗维尔（1490—1538），文艺复兴时期的雇佣兵上尉，也是乌尔比诺（现在马尔凯地区的佩萨罗和乌尔比诺省）公爵和索拉公爵。

第1章　美第奇家族的崛起、政治联姻与瓦卢瓦-昂古莱姆王朝的勃兴

希波吕忒·德·美第奇

个是她的堂兄希波吕忒·德·美第奇，生于 1511 年 3 月 23 日，是朱利亚诺·迪·洛伦佐·德·美第奇和一位佩萨罗①小姐的私生子；还有一个是她同父异母的哥哥亚历山德罗·德·美第奇，他是 1512 年洛伦佐二世·德·美第奇与科勒维科什俄②地区的一个服侍阿方西娜·奥尔西尼的美丽而强壮的女子所生。③

---

① 佩萨罗，今意大利马尔凯大区佩萨罗和乌尔比诺省的一个镇，位于亚得里亚海畔。
② 罗马平原的一个村庄。——原注
③ 就像勒蒙-巴谢强调的那样，她不是一个黑人或黑白混血女奴，第 234 页。费拉伊：《洛伦佐二世·德·美第奇和 16 世纪的妓女社会》，1891 年，第 71 页。——原注

幸运的是，阿德里安六世①只统治了一年半（1522年1月9日至1523年9月）就去世了。红衣主教们厌倦了这个北方蛮人过激的改革，选择了利奥十世早已安排在圣学院的继承人——伟大的意大利领主朱勒红衣主教，也就是克莱门特七世（1523年11月19日）延续美第奇家族在教廷的统治。

阿德里安六世

---

① 阿德里安六世即阿德里安·弗洛里斯佐（1459—1523），1522—1523年以阿德里安六世之名担任教皇，是唯一一位来自荷兰的教皇。荷兰当时属于神圣罗马帝国，因此他被认为是在伯努瓦十六世之前的最后一位神圣罗马帝国教皇。

第 1 章　美第奇家族的崛起、政治联姻与瓦卢瓦 – 昂古莱姆王朝的勃兴

洛伦佐二世·德·美第奇去世后，克莱门特七世就统治了佛罗伦萨。成为教皇后，克莱门特七世想在佛罗伦萨建立一个世俗王国。在这个既不是共和政体也不是封建君主国的特殊王国内，需要一个统治者行使最高权力。利奥十世原本想将凯瑟琳·德·美第奇许配给她的堂兄希波吕忒·德·美第奇，然后将他们任命为佛罗伦萨的首领，并通过这种方式来调和凯瑟琳·德·美第奇所继承的王权与行政权的矛盾。① 如果利奥十世有时间的话，也许他就这样做了。这也是克莱门特七世的想法。1524 年 8 月 31 日，希波吕忒·德·美第奇到达佛罗伦萨后，美第奇家族将他视为继承人并宣之于众。虽因太过年轻，希波吕忒·德·美第奇还无法胜任共和政体的任何职务，但科尔托纳的红衣主教西尔维奥·帕塞里尼② 已经开始指导这个年轻人治理佛罗伦萨了。1525 年 6 月，凯瑟琳·德·美第奇、亚历山德罗·德·美第奇及他们的行政官梅塞尔·罗索·里多尔菲也抵达了佛罗伦萨。梅塞尔·罗索·里多尔菲可能是美第奇家族的盟友——多尔菲家族的一个亲戚。他们几乎整个夏天都在位于卡亚诺的美丽的波焦别墅中度过。这栋别墅是伟大的洛伦佐让他的朋友——建筑师朱利亚诺·德·圣加洛修建的。它掩藏于繁花树荫中，依傍着翁布罗内河③，到佛罗伦萨只有几小时的路程。冬天来临后，他们便搬到拉·维亚·拉尔加的美第奇宫。④

相比兄长亚历山德罗·德·美第奇，凯瑟琳·德·美第奇似乎对这个可能成为自己丈夫的堂兄更有好感。很快，美第奇家族未来如何发展

---

① 勒蒙 – 巴谢：《凯瑟琳·德·美第奇的青年时期》，第 264 页。——原注
② 西尔维奥·帕塞里尼（1469—1529），16 世纪意大利红衣主教，他与洛伦佐二世·德·美第奇的儿子走得很近，为美第奇家族服务，并被任命为利奥十世的教廷首席书记官及俸给管理处负责人。
③ 翁布罗内河，意大利托斯卡纳第二大河流，源于圣古斯米，流经基安蒂山东南部的卡斯德尔诺沃贝拉登卡的土地。
④ 今天的里卡尔迪宫，芒茨：《文艺复兴时期艺术史》，第 1 卷，第 459 页；在卡亚诺的波焦，芒茨：《文艺复兴时期艺术史》，第 2 卷，第 355 页。——原注

亚历山德罗·德·美第奇

拉·维亚·拉尔加的美第奇宫

的问题被提上日程。弗朗索瓦一世在帕维亚战败并在马德里入狱后,克莱门特七世与其他意大利自由国家的领袖商讨,想通过反对查理五世的霸权来确保他们的独立。当弗朗索瓦一世重获自由时,这些结盟的国家便向弗朗索瓦一世请求援助。尽管法兰西国王签署了《马德里条约》,加入了反对教皇的联盟,并承诺筹款和派出一支舰队及一支军队[①],但他并不急于履行自己的诺言。查理五世在意大利的盟友们违背了最初的承诺,减少供给,袖手旁观。由于缺乏资金,查理五世只得一直防守。战争持续到1527年春天。因军资匮乏,意大利王国军队在愤怒之下发起暴动,并吸引了上万名几乎都是路德会成员的雇佣兵加入。为了赢回胜利,暴动的人群向罗马这个通过剥削基督教世界而满是黄金的地方进军。他们轻而易举地攻占并洗劫了罗马(1527年5月6日),还把教皇克莱门特七世关在圣安哥堡。佛罗伦萨人对西尔维奥·帕瑟里尼的管理很不满,认为他是一个什么都想做,但什么也做不成的糊涂虫。佛罗伦萨人对西尔维奥·帕瑟里尼的税收敲诈感到愤怒,趁机造反并驱逐了希波吕忒·德·美第奇和亚历山德罗·德·美第奇。心地善良的克拉丽斯·德·美第奇讨厌这些私生子和他们的幕后主使克莱门特七世,但她无法捍卫凯瑟琳·德·美第奇的权力,于是把凯瑟琳·德·美第奇带到了卡亚诺的波焦。

　　起义民众选举产生的首领尼科克洛·卡波尼出身名门,性格温柔,明察秋毫。尼科克洛·卡波尼并不打算破坏与克莱门特七世的关系,并建议自己的同胞在任何情况下都可以求助查理五世。1529年4月,尼科克洛·卡波尼因被认为与克莱门特七世关系密切而遭到废黜,人民党的领袖弗朗切斯科·卡渠奇取而代之。弗朗切斯科·卡渠奇是人们所说的激进派,也是美第奇家族强劲的对手。他毁坏了旧王朝的所有标志,并摧毁了曾经光荣地挂在农齐亚塔教会墙壁上的利奥十世和克莱门特七

---

① 科涅克,1526年5月22日。——原注

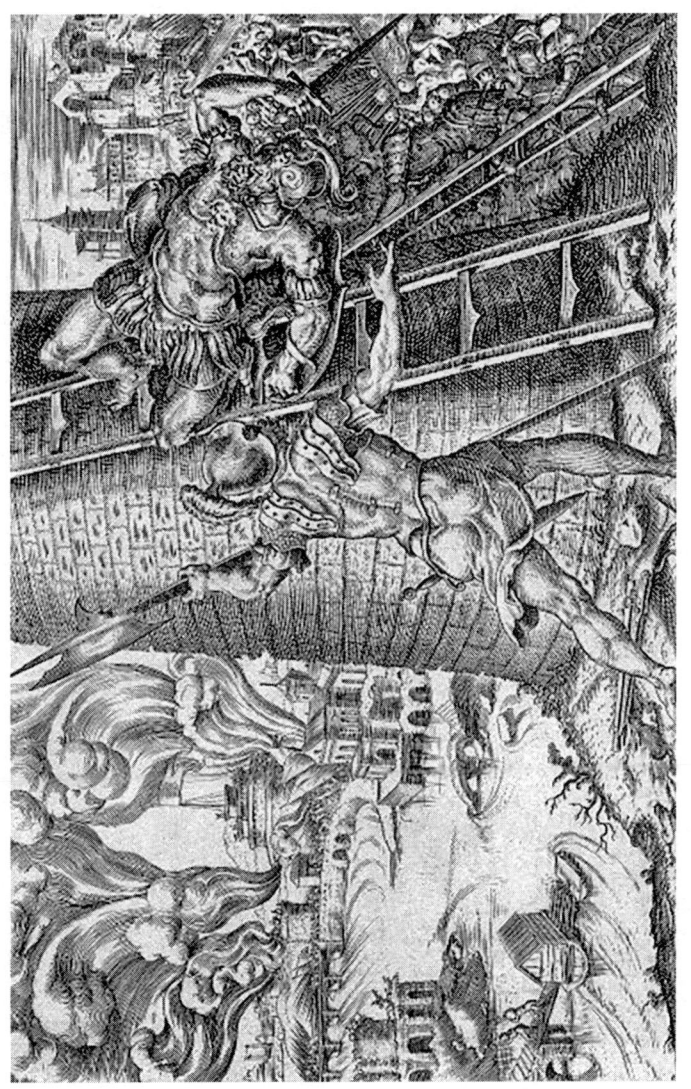

暴动的意大利王国军队进攻罗马

洗劫罗马

圣安哥堡

世的蜡像。克莱门特七世对这种暴行感到震惊，甚至对英格兰大使宣布，自己宁愿是神圣罗马帝国皇帝的小教堂里的神甫，或车马侍从，也不愿是臣民们戏弄的玩偶（1529年5月29日）。①

一个月后，克莱门特七世与查理五世在巴塞罗那签署了《巴塞罗那条约》。条约规定恢复美第奇家族在佛罗伦萨的地位，但克莱门特七世不再任命希波吕忒·德·美第奇为佛罗伦萨首领。希波吕忒·德·美第奇大病一场，差点丧命（1529年1月）。虽然他本人不愿意，但仍被任命为红衣主教。如果希波吕忒·德·美第奇死了，两堂兄弟之间的竞争关系就会被打破，美第奇家族的状况也会恶化。克莱门特七世认为，根据王朝的继承法规，同为私生子，也许洛伦佐二世·德·美第奇的儿子亚历山德罗·德·美第奇比朱利亚诺·迪·洛伦佐·德·美第奇的儿子希波吕忒·德·美第奇更有资格组建佛罗伦萨政府。在《巴塞罗那条约》中，一方面，克莱门特七世通过制止自己侄子亚历山德罗·德·美第奇与查理五世的私生女玛格丽特·德·奥特里希联姻，以期减少神圣罗马帝国皇帝对佛罗伦萨的关注。②另一方面，克莱门特七世把希波吕忒·德·美第奇升任为红衣主教，这样这位堂兄就能离开凯瑟琳·德·美第奇，而凯瑟琳·德·美第奇也就可以被重新利用了，譬如与法兰西王国达成某种协议、与查理五世和解、与弗朗索瓦一世达成协议等。这就像跷跷板游戏，如果放弃这种游戏将会给教皇克莱门特七世带来巨大损失。当然，克莱门特七世不会告诉任何人他的目的。因此当时的人们惊讶于克莱门特七世的态度变化，认为克莱门特七世对亚历山德罗·德·美第奇的感情超过了一个叔叔对侄子的感情。

总之，佛罗伦萨的命运尘埃落定。正如尼科克洛·卡波尼此前预计

---

① 威尼斯大使加斯帕帕·康塔里尼给参议院的公函。德莱瓦：《与意大利相关的有文献依据的查理五世的历史》，第2卷，第532页。——原注
② 德莱瓦：《与意大利相关的有文献依据的查理五世的历史》，第2卷，第535页；《杜·蒙特条约》，第4卷，第2部分，第1页。——原注

克莱门特七世与查理五世

的，弗朗索瓦一世也与神圣罗马帝国皇帝（在康布雷，与1529年8月5日）达成和解。弗朗索瓦一世遵从查理五世的意志，放弃《马德里条约》中最苛刻的规定，毫不犹豫地抛弃了自己的盟友和意大利主顾：费拉尔公爵、威尼斯人和佛罗伦萨人。一支神圣罗马帝国的军队加入了教皇的军队，一起攻打佛罗伦萨。1529年10月，围困佛罗伦萨的行动开始了。

小凯瑟琳·德·美第奇有过一次被围攻的经历。在希波吕忒·德·美第奇和亚历山德罗·德·美第奇被流放后，弗朗索瓦一世曾明示佛罗伦萨人收留这位他当作亲人对待的小公爵夫人。但美第奇家族的敌人发现凯瑟琳·德·美第奇离卡亚诺的波焦太远了，他们担心教皇克莱门特七世和法兰西国王弗朗索瓦一世会联姻，到时要想制止还得花费巨大代价，所以把凯瑟琳·德·美第奇困在城中以防她逃跑或反抗。起初，凯瑟琳·德·美第奇被安排在圣卢西修道院或锡耶纳的圣凯瑟琳修道院。应法兰西大使威立先生的要求，她又从那被转移到雷米亚特女子修道院。因为法兰西大使威立先生知道，为了感谢美第奇家族的馈赠与恩惠，雷米亚特女子修道院会用心照顾凯瑟琳·德·美第奇。[①] 我们还记得，1519年，这个修道院的女院长曾担任凯瑟琳·德·美第奇的教母，1527年也许这位院长还活着。因此，即使1528年5月凯瑟琳·德·美第奇的姑姑克拉丽斯·德·美第奇去世，她也没有太痛苦。

从1527年12月7日到1530年7月31日，在这个修道院，小凯瑟琳·德·美第奇待了两年零七个月。这里其实并不是一个让犯人忏悔或让修道者修行的简朴的避难所。在1527年新教改革引起天主教的反改革运动之前，意大利这样的修道院并不多。雷米亚特这个名称只不过是一种纪念。从前，隐士们曾自愿将自己囚禁在只有四面墙壁的地方修行，

[①] 在雷米亚特女子修道院，带着必要的储备。勒蒙－巴谢：《凯瑟琳·德·美第奇的青年时期》，第97页到第100页；特罗洛普：《凯瑟琳·德·美第奇的少女时代》，第9章，第129页。——原注

围攻佛罗伦萨

但这在当时只剩下一个名称和一个象征性的仪式了。当一个初学修士要宣读永恒的誓言时,人们会让他从围墙的一个缺口进入修道院。但其实只有那天大门才紧闭。修道院还为一些伟大的女士提供庇护。女英雄卡特琳娜·斯福尔扎①——身着黑色制服的约翰②的母亲就曾想进入这里。③

卡特琳娜·斯福尔扎

---

① 卡特琳娜·斯福尔扎(1463—1509),意大利米兰公爵卡雷·玛丽·斯福尔扎和卢克丝·兰德里亚尼公爵夫人的私生女。她有过三次婚姻,第三次嫁给了约翰·德·美第奇,也就是勒波波拉诺(1467—1498),他当时是佛罗伦萨驻弗利大使。他们的儿子就是著名的雇佣兵队长身着黑色制服的约翰。
② 身着黑色制服的约翰(1498—1526),文艺复兴时期美第奇家族的一名著名的意大利雇佣兵上尉,1516年,他与雅克·萨尔维亚蒂的女儿玛丽亚结婚,他们的儿子科西莫就是后来的托斯卡纳大公科西莫一世·德·美第奇。
③ 但她并没有像勒蒙-巴谢所说的那样,在那里度过她生命的最后时间。帕索里尼:《卡特琳娜·斯福尔扎》,1903年,第2卷,第337页。——原注

第1章 美第奇家族的崛起、政治联姻与瓦卢瓦－昂古莱姆王朝的勃兴

雷米亚特修道院也是一个优秀的教育场所，最高贵的家族都会把他们的女儿送到这里，因此它早已名声在外。不知出于何种原因，1509年到1627年，葡萄牙国王每年都送给雷米亚特修道院七盒糖作为礼物。这些糖可能被用来制作果酱了。在修道院，凯瑟琳·德·美第奇可以一边吃着夹果酱的面包片一边了解三个世纪前她的一个亲戚布洛涅·德·玛蒂尔德①统治的王国以及海上发生的重大事件，并将此当作惬意的历史和地理课。雷米亚特修道院当时很前卫，那里的宗教仪式很有趣。为了聆听优美的音乐和甜美的歌声，佛罗伦萨的百姓都涌去那里做晚祷，这似乎为一个神秘时代拉开了序幕，"天使在空中歌唱"及"为听到这样的旋律，人们会徘徊一年"②。修女们还擅长制作小巧的金丝物品。粗鲁的改革者只信奉最纯粹的基督教禁欲主义，他们从想象、听觉和视觉的所有快乐中感到了触动心灵的危险。在圣母百花大教堂③，萨沃纳罗拉④向同意在祷告三年后传福音给世俗修行者的修女道歉："我上周五到雷米亚特修道院……我告诉她们必须拥有光明，我的意思是超越自然的光明，有了光明才能创造出香囊、渔网、十字丝和橄榄小枝及音乐小册子……我告诉她们这些流传乐曲的发明者是撒旦，于是她们将歌曲、书籍和乐器扔得远远的。"⑤

修女们从未如此快乐地做过任何事情。在雷米亚特修道院，凯瑟琳·德·美第奇听到了美妙的音乐。

1592年到1605年，有一些由吉斯蒂娜·尼科克利尼修女记录的关

---

① 布洛涅·德·玛蒂尔德（1103—1152），布洛涅伯爵夫人，诺曼底公爵夫人及英格兰王后。她深度参与了王国的管理，她对大陆地缘政治的了解对于她的丈夫英格兰国王艾蒂安艾来说非常重要。
② 特罗洛普所：《凯瑟琳·德·美第奇的少女时代》，第370页和第371页。——原注
③ 圣母百花大教堂是位于意大利托斯卡纳教区佛罗伦萨的13世纪圆顶大教堂，始建于1296年，1436年才完工。它是欧洲第五大教堂，也是世界历史文化遗产。
④ 萨沃纳罗拉（1452—1498），多明我会的修士，意大利的传教士和宗教改革者，从1494到1498年设立并指导佛罗伦萨的神权专政。他强烈反对天主教神职人员的道德腐败，但不质疑教条。
⑤ 特罗洛普：《凯瑟琳·德·美第奇的少女时代》，第371页和第185页。——原注

于凯瑟琳·德·美第奇在修道院时期的书面材料[①]，这位修女听过一些"我们很老很可敬的嬷嬷们"谈到凯瑟琳·德·美第奇在修道院这段时期的事情。"嬷嬷们很欢迎和疼爱这个举止优雅的八岁小可爱，她很招人喜爱……她对嬷嬷们非常温顺，态度和蔼，她们很同情她的遭遇和她极端的痛苦。"这个小人儿魅力巨大，让一些，或许是多数宗教人士，都支持美第奇家族，但另一些人则表示反对。修道院内分成了两派。

佛罗伦萨的守卫之一布西尼证实了这一说法。1549年他写道："在雷米亚特修道院被包围期间，法兰西王国现任王后（凯瑟琳·德·美第奇）给这些懦弱的女人们带来那么多的阴谋和混乱，该修道院因她而分裂：一部分人为自由祈祷上帝，而其他人则为美第奇家族祈祷。"[②]

曾是一名战士的布西尼几乎相信凯瑟琳·德·美第奇有反对共和国的险恶用心，认为一个阴谋正在修道院酝酿！但他忘记了这个女孩的年龄。

值得注意的是，刚长大的凯瑟琳·德·美第奇就有如此强的蛊惑力。因欣赏凯瑟琳·德·美第奇热情的个性和优雅的举止，修女们大胆地把一些糕点和水果篮送给曾被关押的美第奇家族的支持者。有的糕点上面还用鲜花排列成代表美第奇家族的六个球形的纹章图案。

数量庞大的围攻者，雇佣兵队长赫克勒斯·代斯特计算薪水时的消极懈怠，地方长官马拉泰斯塔的背叛，连续的炮轰、封锁、瘟疫和饥荒，这些对于坚持抵抗的民众来说都是侮辱。以莱昂纳多·巴托尼和瑟奥为

[①] 这段不是特罗洛普（第139页）和勒蒙－巴谢（第97页到第99页）认为的那一时期。传闻已经被引入歧途了，但多梅尼科·莫雷尼收集了一些资料片段。他将它们与玛里尼未出版的研究一起发表了，题目为《关于风俗习惯与威尼斯共和国的记载，威尼斯共和国委员会笔下的科西莫大公爵》（佛罗伦萨，1820年，第126页到第129页）。嬷嬷写这部分编年史的时代是建立在当时执政教皇克莱门特八世影射下的时代。克莱门特八世（1592—1605）是掌玺大臣萨尔韦斯特罗·阿尔多布兰的儿子（第128页）。——原注

[②] 《由日昂巴第萨·布西尼写给贝讷戴道·瓦贺社的信》，佛罗伦萨，1861年，第165页。——原注

第1章 美第奇家族的崛起、政治联姻与瓦卢瓦-昂古莱姆王朝的勃兴

代表的激进派宣称要把凯瑟琳·德·美第奇打死，或者把她扔出城墙任由敌人的枪射死，而另一些更猖狂的人甚至说要把她送进妓院。

带领人们防御的自由党人也受到教徒们的挑衅。另外，由于得知教皇和法兰西国王都打算让寄宿在此的凯瑟琳·德·美第奇逃跑，自由党人决定把她关押在圣卢西亚——一个由忠诚于萨沃纳罗拉共和精神的圣马克多明我会修士领导的修道院。吉斯蒂娜·尼科克利尼修女讲到，一天深夜，几个由火枪手护送的使者来接凯瑟琳·德·美第奇，但雷米亚特修道院拒绝交出小凯瑟琳，于是，他们扬言要破门而入并放火烧掉修道院。以泪洗面的修女们最终获得一天的暂缓时间。凯瑟琳·德·美第奇以为修女们会要她的命，于是年幼的她做了一个非同寻常的决定。凯瑟琳·德·美第奇剪掉自己的头发，穿上一件修女的袍子，希望他们不敢对一位修女下毒手。第二天一大早，负责执行市政议会命令的大法官萨尔韦斯特罗·阿尔多布兰找到凯瑟琳·德·美第奇，当时她正穿着修女的袍子。"萨尔韦斯特罗·阿尔多布兰请她换回普通的衣服，但她拒绝做任何事，并以惊人的气魄回答说，她会这样出去，以便让大家看到他们是如何将一个修女从她的修道院抢走的。由此可以看出当时她的内心是多么痛苦……"萨尔韦斯特罗·阿尔多布兰向凯瑟琳·德·美第奇保证，会让她在一个月内返回雷米亚特修道院。凯瑟琳·德·美第奇这才决定跟他走。凯瑟琳·德·美第奇穿着小修女的衣服，在官员和武装民众的保护下，骑着马穿过这座城市，被带到圣卢西亚的多明我会修道院。她在那里可能度过了几个月，后来又回到雷米亚特修道院（1530年7月21日）。[①]

[①] 吉斯蒂娜·尼科利尼修女对她第一次在圣卢西亚的逗留什么都没说。据她介绍，凯瑟琳·德·美第奇本应从卡亚诺的波焦回来就被安置在锡耶纳的圣凯瑟琳女修院。吉斯蒂娜·尼科利尼修女可能非常了解这一点，但她说凯瑟琳·德·美第奇离开雷米亚特修道院的那一天是1529年8月21日，这位修女记错了一年。——原注

在雷米亚特修道院，凯瑟琳·德·美第奇一直待到围困结束。耗尽全部力量的佛罗伦萨沦落到任人摆布的境地（1530年8月12日）。佛罗伦萨的投降使查理五世可以不触及自由党利益而随意组建政府了。在此期间，美第奇家族的支持者上台，并把革命者们送去审判。其中几个人被处决，一些人被流放，大部分人被处以重罚。这次审判是克莱门特七世指使的，但为了避免影响家族名誉，他不愿让任何美第奇家族的人看到这些复仇行为。克莱门特七世派人把他五年没见的侄女送往罗马（1530年10月）。教皇给法兰西王国首席公证员尼古拉·雷恩斯写了一封信，让他"进行一次亲切又真诚的接待，并让凯瑟琳·德·美第奇知道她是世界上教皇最疼爱的人。他张开双臂紧抱她，满含热泪，特别是听到她睿智的话语，看到她得体的举止，心中更是充满喜悦和快乐"。①

克莱门特七世的秘书还说"她的口才和智慧超越她的年龄"。这个十一岁的孩子说话时没有愤怒，"对于他们对她的虐待非常宽容"，但却"不能忘记"。1528年9月，弗朗索瓦一世曾派图伦内子爵在路过佛罗伦萨时拜访凯瑟琳·德·美第奇。这位子爵写信给奥尔巴尼公爵说："他从未见过任何一个和凯瑟琳·德·美第奇同龄者，能比她更好地感知什么人对她好，什么人对她坏。"

人们知道的凯瑟琳·德·美第奇的第一封信是写于1529年或1530年，是她为行政长官梅塞尔·罗索·里多尔菲的儿子写给法兰西国王的推荐信。这位梅塞尔·罗索·里多尔菲长官曾尽心尽力地为她服务了六年②。佛罗伦萨投降后，凯瑟琳·德·美第奇还救了萨尔韦斯特罗·阿尔多布兰的性命，因为他忠于职守而且对她很好。她给了克拉丽斯·德·美

---

① 赫克托·德·拉费里埃，巴格诺·德·普晒斯：《凯瑟琳·德·美第奇的信件》，第1卷，引言，第11页。——原注
② 巴吕兹：《家谱历史》，第2卷，第698页。——原注

第1章　美第奇家族的崛起、政治联姻与瓦卢瓦-昂古莱姆王朝的勃兴

第奇的儿子们一大笔钱。对雷米亚特修道院的那些好心的修女们，凯瑟琳·德·美第奇也始终记在心里。从很小的时候，凯瑟琳·德·美第奇就表现得重感情并懂得感恩。这是她的一个值得关注的特征。

1530年10月到1532年4月，凯瑟琳·德·美第奇一直住在罗马的美第奇宫①。她与堂兄红衣主教希波吕忒·德·美第奇及比她大六七岁的兄长亚历山德罗·德·美第奇住在一起。他们都喜爱宴会，追求奢华。如果凯瑟琳·德·美第奇奢华的品性不是与生俱来的，就一定是她的两位兄长培养的。住在宫中的还有利奥十世的妹夫老银行家雅克·萨尔维亚蒂，他可能是受克莱门特七世委托为宫殿提供资金和管理账户。作为总务和出纳，雅克·萨尔维亚蒂建议教皇减少宫殿花销。为此，这些花钱大手大脚的年轻人都憎恶他。威尼斯大使安东尼奥·索利安诺说，红衣主教希波吕忒·德·美第奇甚至曾想亲手杀死雅克·萨尔维亚蒂②。

1531年，凯瑟琳·德·美第奇的这个堂兄已经二十岁了。除了衣着外，从他身上看不出任何教徒的痕迹，而且就连教服他也不怎么穿。提香·韦切利奥③给希波吕忒·德·美第奇画的画像中，希波吕忒·德·美第奇穿着骑士的服装：身着一件暗紫色的紧身外衣，披着一件同色的大衣，帽子上缀着两根镶着钻石的冠毛，右手拿着一根指挥棒，左手紧握宝剑。希波吕忒·德·美第奇的嘴唇紧抿，鼻子细长，眼神坚毅，看起来并不好相处，这些证明了他是一个"强大且让人不堪忍受的人"。布朗托姆④在不了解希波吕忒·德·美第奇的情况下，依然能用"倔强、有很强的奴役性"等

---

① 后来的夫人宫，也是今天意大利参议院的宫殿。——原注
② 奥伯里：《威尼斯的大使在参议院的报告》，第二系列，第3卷，第287页。——原注
③ 提香·韦切利奥（1488—1576），威尼斯画派的意大利画家和雕刻家，被认为是这个时期最伟大的肖像画家之一。
④ 布朗托姆（1537—1614），法兰西王国军人和作家，他以轻快的写作风格著称。他的作品叙述了他作为朝臣和士兵的生活，讲述了那些他接触过的名人。

提香·韦切利奥

希波吕忒·德·美第奇,提香·韦切利奥绘

词句贴切地形容他。但希波吕忒·德·美第奇同时也很优雅、有教养。他喜爱骏美的马、穿着华丽的服饰，出门总被各色各样的外族人护送：有擅长骑马和跳跃的摩尔人[①]，箭法高超的鞑靼人[②]，能跑善斗的埃塞俄比亚人[③]，擅长游泳的印度人，善于射猎、动作灵活的土耳其人。希

摩尔人

[①] 摩尔人，最初在古希腊、古罗马文化中指北非的柏柏尔人，尤其是那些在西方生活最多的柏柏尔人。
[②] 鞑靼人，也叫塔塔人，是土耳其－蒙古人的统称。
[③] 埃塞俄比亚人，指埃及南部拥有黑色皮肤的非洲人。

第 1 章　美第奇家族的崛起、政治联姻与瓦卢瓦－昂古莱姆王朝的勃兴

波吕忒·德·美第奇还是一名优秀的音乐家，能在竖琴和七弦琴伴奏下演唱，擅长演奏长笛。① 他还是位诗人，曾把《埃涅阿斯记》②翻译成意大利语的无韵诗，而且他的译文被公认是一部杰作。由于良好的品位和出众的才华，希波吕忒·德·美第奇给早慧的堂妹留下了很好的印象。威尼斯大使安东尼奥·索利安诺在 1531 年说过："我听到几个人在窃窃私语，美第奇红衣主教想要还俗，并娶教皇的侄女——他的堂妹小公爵夫人为妻，他们相互爱慕。这位小公爵夫人只信任红衣主教，而且只告诉他自己想要的东西或要做的事情。"对凯瑟琳·德·美第奇来说，因情思萌动而生出这种柔情是有可能的，但很难相信希波吕忒·德·美第奇也有这种心思。当时凯瑟琳·德·美第奇还是个孩子，而且并不漂亮。安东尼奥·索利安诺总是说"她的个子矮小、身材偏瘦，相貌并不精致，还有一双完全是美第奇家族式的过大的眼睛"③。在对待女性亲戚的感情方面，希波吕忒·德·美第奇肯定需要考虑很多。

神圣罗马帝国皇帝已决定要与克莱门特七世达成一致（1530 年 10 月），选择亚历山德罗·德·美第奇作为佛罗伦萨的世袭公爵。但希波吕忒·德·美第奇对他们的决定并不服气，认为亚历山德罗·德·美第奇只是个卑贱的仆人的儿子，而自己是朱利亚诺·迪·洛伦佐·德·美第奇与一个贵族小姐秘密结婚所生。在查理五世发表授爵仪式之前，希波吕忒·德·美第奇悄悄离开罗马，突然出现在佛罗伦萨，想在那里发起对自己有利的示威运动（1531 年 4 月）④。但因佛罗伦萨人对他很冷漠，希波吕忒·德·美第奇又立即返了回罗马。教皇被侄子的出逃弄糊

---

① 保利·乔维：《真正伟大的战争品德的颂词》，巴塞尔，1577 年，第 307 页到第 310 页。——原注
② 《埃涅阿斯记》是维吉尔的史诗，是拉丁语中这个文学流派最有声望的作品，由长短短格组成。这本书受到了几代学者从古到今的赞美，并且是艺术家和诗人的灵感和源泉。
③ 奥伯里：《威尼斯大使在参议院的报告》，第二系列，第 3 卷，第 282 页。——原注
④ 阿戈斯蒂诺·罗西：《弗朗西斯科·赫南德兹》，第 1 卷，第 260 页到第 265 页。——原注

涂了，对威尼斯大使说："他疯了，真是恶魔，他疯了，他并不想成为一个牧师。"为了让希波吕忒·德·美第奇内心平衡，教皇为他付清了债务，并给了他刚刚去世的旁派·科隆纳[①]红衣主教的一部分俸禄。教皇让自己的侄女在圣马克盛宴后前往佛罗伦萨（即在1532年4月底或5月初）[②]。1532年5月15日，发出这个消息的克莱门特七世还给他的主人神圣罗马帝国皇帝写信，说希波吕忒·德·美第奇已经同意留任红衣主教。1532年6月20日，希波吕忒·德·美第奇被神圣罗马帝国皇帝任命为对付匈牙利人的一支土耳其军队的使者，并于1532年8月26日隆重到达雷根斯堡[③]。希波吕忒·德·美第奇被迫放弃了野心前往这个遥远的地方接受任命，而这恰恰有利于凯瑟琳·德·美第奇提早离开。一切也许并不仅仅是巧合。

克莱门特七世兴致勃勃地向佛罗伦萨人展示自己的法定继承人与作为共和国首领的私生子和睦相处的场景。这在某种程度上授权政府可以组阁了。1531年5月，帝国法令恢复了美第奇家族在1527年之前享有的权力，而且亚历山德罗·德·美第奇和他的子孙可以世世代代世袭他们的权利。然而，教皇克莱门特七世一方面为美第奇家族被提升到王侯之列而感到喜悦，另一方面又为他们以封臣的头衔掌握着帝国的最高权力，却还要承担被授爵后的义务和责任而感到不满。克莱门特七世曾秘密鼓动家族的支持者通过修改的方式废除查理五世想要维护的旧宪法。人民投票既是帝国独立的表现又是对传统豁免权的抛弃（1532年4月27

[①] 旁派·科隆纳红衣主教（1479—1532），16世纪意大利红衣主教，曾是圣彼得大教堂的议事司铎，1508年当选为列蒂主教，并参加了第五次拉特兰理事会。他是尤利乌斯二世的继任者，利用尤利乌斯二世病重之时煽动罗马人摆脱教皇的权力。

[②] 米兰委托人写给米兰公爵的信。勒蒙－巴谢：《凯瑟琳·德·美第奇的青年时期》，第290页。圣马克4月25日倒台。当特罗洛普怀疑凯瑟琳·德·美第奇已经在1533年4月16日之前回到佛罗伦萨时他已经错过了一年（第243页）。——原注

[③] 雷根斯堡（神圣罗马帝国雷根斯堡），神圣罗马帝国的一个城市，位于巴伐利亚州，濒临多瑙河。它距离纽伦堡八十八千米，离慕尼黑一百零三千米，靠近捷克共和国。

雷根斯堡

日章程），它宣告了亚历山德罗·德·美第奇永久公爵和佛罗伦萨共和国继承人的地位。凯瑟琳·德·美第奇是一个听话的女孩，无论自己的想法如何，都会顺从叔叔的意愿，所以克莱门特七世给了她丰厚的补偿。而弗朗索瓦一世在还没离开意大利就想着怎么回来了。弗朗索瓦一世努力寻求与教皇联盟，提出要让自己的小儿子新奥尔良公爵亨利·德·奥尔良与凯瑟琳·德·美第奇缔结婚约。这个年轻女孩拥有无限的希望：虽只是名誉上的公爵夫人，却也很有可能成为实际的乌尔比诺公爵夫人，

教皇克莱门特七世

第 1 章　美第奇家族的崛起、政治联姻与瓦卢瓦-昂古莱姆王朝的勃兴

而且又是教皇的侄女,因此追求者众多。查理五世为了消除其未来女婿亚历山德罗·德·美第奇潜在的竞争对手,防止凯瑟琳·德·美第奇在法兰西王国结婚,想把她嫁给已经不再年轻,而且据说还是阳痿的米兰公爵弗朗索瓦·斯福尔扎①。凯瑟琳·德·美第奇的舅舅奥尔巴尼公爵则推荐自己以前的学生——苏格兰国王詹姆斯五世②。而克莱门特七世却极力想让她与法兰西国王之子成婚。如果能实现,这份荣誉似乎大到连他自己都不敢相信了。克莱门特七世猜想弗朗索瓦一世之所以从很早前就催促将凯瑟琳·德·美第奇的婚姻大事托付给他,只是想通过插手凯瑟琳·德·美第奇的婚姻来牵制自己,其实最后只会让她嫁给某个大领主。没想到弗朗索瓦一世如此看重罗马的支持,决定以让自己的儿子迎娶凯瑟琳·德·美第奇作为回报。目前这个荣耀的联盟对他非常重要。总主教会议召开前,神圣罗马帝国的皇帝还不敢让帝国新教休战。全体教会的磋商对克莱门特七世来说就像是噩梦。他本是一个私生子,却违背神圣教规被提升为主教。在改革初期,他还是文艺复兴的大领主。因此,克莱门特七世害怕被已与神圣罗马帝国皇帝达成一致的大部分苛刻的高级教士们罢免,他还没有忘记罗马之劫。

克莱门特七世想通过一个绝密协议同意凯瑟琳·德·美第奇与奥尔良公爵订婚(1531 年 6 月 9 日)③。他答应把摩德纳和雷吉奥,甚至帕尔马和皮亚琴察送给侄女做嫁妆,并准备帮她重新赢回乌尔比诺公国。克莱门特七世觉得弗朗索瓦一世对热那亚和米兰的意图"非常合理"。婚礼被定在一个恰当的时机。但法兰西官员们不小心或故意公开了这个协议。查理五世理解克莱门特七世的做法,也很明白法兰西国王与神圣

---

① 弗朗索瓦·斯福尔扎(1401—1466),本是一名战场领袖,后成为米兰公爵。
② 苏格兰国王詹姆斯五世(1512—1542),从 1513 到 1542 年统治苏格兰,他与他的父亲是以苏格兰盖尔语为母语的最后一批苏格兰国王之一。
③ 在勒蒙—巴谢的资料中,附录,第 297 页。——原注

罗马帝国的新教教徒，与英格兰、匈牙利及土耳其国王的关系，要求或者说强求教皇在博洛尼亚会晤（1532年12月到1533年2月）。查理五世不允许克莱门特七世同意召开主教会议，但如果联姻达成，他会让克莱门特七世书面承诺共同采取行动迫使弗朗索瓦一世真诚拥护和解，拥护基督教，抵御土耳其人并遵守《马德里条约》和《康布雷条约》（1533年2月24日）[①]。查理五世也会迫使克莱门特七世加入意大利联盟，抵御半岛领土遭到的任何侵略者。采取了这些预防措施后，查理五世才会让法兰西王室从这场屈尊的婚姻中得到些微薄的好处[②]。

就在欧洲王室忙于解决凯瑟琳·德·美第奇的婚姻问题时，凯瑟琳·德·美第奇在佛罗伦萨的美第奇宫[③]度过了自己少女时期的最后一年。教皇让一个曾在围困期间尽力保护过凯瑟琳·德·美第奇的老亲戚奇奥塔维亚诺·德·美第奇监护她，之后又把凯瑟琳·德·美第奇托付给身着黑色制服的约翰的遗孀玛丽亚·萨尔维亚蒂[④]照顾。玛丽亚·萨尔维亚蒂的儿子科西莫一世·德·美第奇和凯瑟琳·德·美第奇年纪相仿，可能还和她一起玩耍过。1532年，凯瑟琳·德·美第奇已年满十三岁。在官方的仪式和庆典中，作为已经与法兰西国王的一个儿子订婚的当政公爵的妹妹，她的地位马上就和兄长齐平了。因为是亚历山德罗·德·美第奇当政的第一年，所以这些仪式和活动前所未有的繁多且盛大。遭受了混乱无政府时期苦难的佛罗伦萨人终于有机会享受君主制秩序下的快乐和辉煌了。

[①] 根据弗朗切斯科·圭恰迪尼所言，赫克托·德·拉费里埃，巴格诺·德·普晒斯（《凯瑟琳·德·美第奇的信件》，第1卷，第18页）表示克莱门特七世拒绝签字，但利瓦却跟他说的相反。——原注

[②] 因为太不平等也会使弗朗索瓦一世离开这个联盟，除非他从中得到大利润。特罗洛普：《凯瑟琳·德·美第奇的少女时代》，第241页和第377页，注释55。——原注

[③] 现在的里卡尔迪宫。——原注

[④] 玛丽亚·萨尔维亚蒂（1499—1543），美第奇家族的佛罗伦萨贵族，身着黑色制服的约翰的妻子，也是佛罗伦萨公爵、托斯卡纳大公科西莫一世·德·美第奇的母亲。

玛丽亚·萨尔维亚蒂

科西莫一世·德·美第奇

第 1 章　美第奇家族的崛起、政治联姻与瓦卢瓦 – 昂古莱姆王朝的勃兴

在佛罗伦萨,由老百姓和工匠们组成的各种协会由来已久,它们都有各自的准则、服装和冠以诸如公爵、国王、皇帝等浮夸称号的领袖。人们所说的"权力阶层"或是带着自己的标志、五彩木质长枪列队出现,或是以游行、操练及马上比武的形式出现在仪式或公共庆祝活动上。但自从被围困以来,因遭受饥荒和瘟疫的人们就再也没心思娱乐了。亚历山德罗·德·美第奇重新恢复了(1532 年 5 月)这些"权力阶层"的地位,赐给他们用塔夫绸①制成的美丽的新旗帜。这些新旗帜不仅比他们曾经的旧旗帜更多彩炫目,还饰以象征性的徽章:给普拉托②的是一口水井;给蒙特劳豪③的是一座金山;给罗萨城的是一座鲜红的城池;给梅兰达斯特的是一个马背上的战士;给内斯波拉一位欧楂树下的女孩。④佛罗伦萨又重现了往日的活力。宗教仪式也是其中重要的一部分。

1532 年 11 月 15 日,新大主教安德烈·布德尔蒙特庄严就职。他骑在马背上,穿着法衣,头顶丝质金黄华盖,所有的神职人员紧跟其后,直奔圣皮耶罗教堂——一座修女教堂。古老的习俗是,安德烈·布德尔蒙特要给这座女修道院的院长戴上一枚华美的蓝宝石戒指并秘密与她完婚。在完成送戒指的环节时,观众们会冲向华盖和华丽的马车,争先恐后地进行抢夺,这也是一种传统。一些贵族首先冲了过去,马特奥·斯特罗齐抢到了马鞍,把它放在一个仆人的头上并伴着号角声运回了家。然后就是连续好几天的游行(1532 年 12 月)。大主教、牧师、修会成员从覆盖着金色锦缎的区域漫步穿过主教堂,通过街道,经过克莱门特七世赐予这个美好城市的各种珍贵的纪念品。

---

① 塔夫绸,一种丝绸织物。
② 普拉托,托斯卡纳省的一个城市,这个城市位于佛罗伦萨以北大约二十千米处,主要依靠纺织品生产和贸易活动。
③ 蒙特劳豪是意大利西西里岛卡尔塔尼塞塔省的一个市镇。
④ 梅里妮:《里科尔迪》1820 年,第 35 页。——原注

1533年春天，亚历山德罗·德·美第奇的未婚妻，玛格丽特·德·奥特里希①抵达佛罗伦萨并要在这里小住几天。她还是一个十一岁的孩子，但在那不勒斯她是已到适婚年龄的新娘。"精心打扮"的凯瑟琳·德·美第奇由十二个淑女（贵族家庭的女孩）陪伴，在六七英里②远的一座美

玛格丽特·德·奥特里希

---

① 玛格丽特·德·奥特里希（1522—1586），帕尔马和普莱桑斯公爵夫人，是查理五世的私生女。
② 英制长度单位，一英里约等于一千六百零九米。

第1章　美第奇家族的崛起、政治联姻与瓦卢瓦－昂古莱姆王朝的勃兴

第奇别墅迎接自己未来的嫂嫂。作为注定要统治佛罗伦萨的查理五世的女儿，玛格丽特·德·奥特里希的出场仪式很符合她的身份。前面并排前进的是庄严地骑着马的教皇使者西波红衣主教、担任神圣罗马帝国皇帝大使的某个主教以及亚历山德罗公爵。这三位城市权力阶层的代表之后，走来的是围着玛格丽特·德·奥特里希和凯瑟琳·德·美第奇的处女队伍。亚历山德罗·德·美第奇的侍卫或步行或骑马保驾护航。所有市民都目睹了这一盛况；商店全部休业一天；除了九名犯下了不可饶恕罪行的债务犯，别的囚犯均被大赦。游行队伍浩浩荡荡地去了美第奇宫（1533年4月16日）。随后几天，圣洛伦佐广场天天有灯火和烟花，在城市另一边的圣十字广场还举办了斗牛比赛。4月23日是圣乔治节，亚历山德罗公爵借此机会以自己未婚妻的名义设宴，邀请了五十名穿着丝绸衣服的年轻佛罗伦萨女子。宫殿装饰得比以前更漂亮。本应在花园内举行的晚宴，因为下雨改在凉廊进行。盛宴结束后，客人们在欣赏喜剧和摩尔人舞蹈时，大街上还出现了四个为人熟知的特权人士，他们穿着当天发放的盛装——朗佩罗穿着绿色衣服；蒙特劳豪穿着黄色衣服；内斯波拉穿着棕褐色衣服；梅兰达西尼穿着白色衣服手执彩绘长枪进行比武。

1533年4月26日，玛格丽特·德·奥特里希在同样的盛况和游行中离开了佛罗伦萨前往那不勒斯。① 在官方场合，凯瑟琳·德·美第奇表现出的是庄严稳重的一面，但人们有时也会看到她自然流露出来的活泼开朗的一面。虽然年轻，但当时已成名的画家乔尔乔·瓦萨里② 曾带

---

① 凯瑟琳·德·美第奇过的这些节假日，坎比：《佛罗伦萨史》《托斯卡纳美食学者》，意勒得方索·德·圣路易修士出版，第23卷，第124页起。凯瑟琳·德·美第奇没有像特罗洛普想象中那样（《凯瑟琳·德·美第奇的少女时代》，第250页到第252页）目睹1536年查理五世进入佛罗伦萨，因为她在1533年就离开了。——原注
② 乔尔乔·瓦萨里（1511—1574），托斯卡纳画家，建筑师和作家。他的传记集《最佳画家、雕塑家和建筑师的生平》，特别是1568的第二版，被认为是艺术史上的奠基作之一。

着画具住在宫殿，负责为凯瑟琳·德·美第奇和她的未婚夫亨利·德·奥尔良绘制肖像。一天，趁乔尔乔·瓦萨里去外面吃饭，凯瑟琳·德·美第奇和随从拿起他的画笔，画了一幅彩色的摩尔人画像。这幅画像颜色非常鲜艳。乔尔乔·瓦萨里回来后，如果不是全速从楼梯上跑下来，一定会和他的画布一个下场。

乔尔乔·瓦萨里当时只有二十岁，对于凯瑟琳·德·美第奇开的"玩笑"非常惊喜。他还答应罗马的一个朋友梅塞尔卡洛·瓜斯科尼，将这幅肖像画做一个副本。

乔尔乔·瓦萨里写道："这位夫人对我们所表现出的友谊，值得我们将她质朴的画像留在身边，这样她就可以真实地出现在我们眼前，就像她离开后依然留在我们心灵深处一样。我亲爱的梅塞尔卡洛，她深深吸引了我，而且她特别的品质还唤醒了我对祖国的热爱。如果可以这么说的话，我爱她，就像人们敬爱天堂的圣人一样爱她。"①

因此，所有的证据都表明凯瑟琳·德·美第奇是一个从小就很聪慧的人。她自由、慷慨，能隐忍，有很高的天赋，但几乎没有人提到过她接受的教育：凯瑟琳·德·美第奇在罗马和佛罗伦萨有过什么样的老师，他们都教过她些什么，当她去法兰西王国时她都知道些什么……对于这些问题，人们只能依靠猜测了。

为了筹备与亨利·德·奥尔良的婚礼，1531年，凯瑟琳·德·美第奇开始学习法语。很可能在1533年离开佛罗伦萨时，她就可以用法语进行交流和写信了，但在很长时间里她更愿意用意大利语。除了语言，按照惯例，凯瑟琳·德·美第奇可能还被教授了一些文学和科学知识，例如《圣史》和算术。但对于她这种身份的女性，以及对于雷米亚特修道院的修女，这些都是最基础。我们只以意大利的伟大的女士，诸如伊

---

① 乔尔乔·瓦萨里：《作品集》，米兰人版本，第8卷，第243页。——原注

乔尔乔·瓦萨里

萨贝拉·戴斯特①、埃利诺·德·贡扎格②、维多利亚·科洛纳③等为例，她们不仅与最有文化的男性一样齐名，而且其独特魅力和思想甚至超越了男性。或许这些女性只是例外吧。文艺复兴时的研究者曾认为，在智商方面，女性应和男性同步发展。遗憾的是，我们无法知道凯瑟琳·德·美第奇是否遵从过，或她遵从这个规律多久。④

在罗马，凯瑟琳·德·美第奇拥有一个藏书丰富的图书馆——美第奇图书馆。在图书馆里，红衣主教朱勒⑤收集了伟大的洛伦佐的手稿。这些手稿曾在1494年革命中遗失，后来利奥十世又将它们买了回来。图书馆里还有许多哲学家、诗人和古代演说家的作品，有赞扬科西莫长老、皮耶罗二世·德·美第奇和洛伦佐二世·德·美第奇的著作及许多其他书籍：如马尔西利奥·费奇诺⑥《关于柏拉图的评论》，莱昂·巴蒂斯塔·阿尔伯蒂⑦的《论建筑》等。然而，以凯瑟琳·德·美第奇的年龄，她能从这块知识和文化的宝地吸取到营养吗？凯瑟琳·德·美第奇在意大利时的教育应该更多的是开阔眼界方面的，在罗马和佛罗伦萨

---

① 伊萨贝拉·戴斯特（1474—1539），意大利贵族，意大利文艺复兴时期最重要的女性之一，在文化和政治方面都很有影响，在历史上以文艺复兴第一女士而闻名。
② 埃利诺·德·贡扎格（1598—1655），与哈布斯堡的斐迪南二世结婚后成为神圣罗马帝国、波希米亚和匈牙利王后及奥地利大公夫人。
③ 维多利亚·科洛纳（1490—1547），意大利佩斯卡拉侯爵夫人，是意大利16世纪早期的女性作家。
④ 罗多卡纳基：《文艺复兴时期的意大利女人，她的私人和社会生活及其社会影响力》，巴黎，1907；朱莉娅·卡特赖特：《伊萨贝拉·戴斯特，曼图亚的侯爵夫人》，由施佩贝格尔女士翻译和改编，阿歇特出版社，1912年。另见参考书目，莫尔德拉克拉维埃：《文艺复兴时期的女性》，巴黎，1898年。——原注
⑤ 后来的利奥十世。——原注
⑥ 马尔西利奥·费奇诺（1433—1499），意大利诗人和哲学家，意大利早期文艺复兴时期最有影响力的人文主义哲学家之一。他领导了1459年由科斯米·德·美第奇创立的佛罗伦萨柏拉图学院，翻译并评论了柏拉图和普罗提诺的著作，也了解亚里士多德的作品，并对神秘学和炼金术感兴趣。
⑦ 莱昂·巴蒂斯塔·阿尔伯蒂（1404—1472），意大利15世纪文艺复兴运动伟大的人文主义者之一，哲学家、画家、数学家、建筑师、艺术和语言学理论家。

第1章 美第奇家族的崛起、政治联姻与瓦卢瓦－昂古莱姆王朝的勃兴

度过的童年和青年时期给她留下了深刻的印象。直接的证据就是，虽说十二三岁还是比较冲动多变的，但在审美方面，凯瑟琳·德·美第奇却已拥有深刻甚至是持久的爱好。在抵达法兰西王国八年后，她向教皇保罗三世[①]索要了《朱丽亚》。这幅画是凯瑟琳·德·美第奇童年时期在希波吕忒主教房间看见过并且"一下子就爱上了"[②]的。朱丽亚曾被认为是意大利最美的女性，是主教重视的伟大女性。希波吕忒主教让拉斐尔最好的学生塞巴斯蒂安·德尔·皮翁博[③]为她画了画像。多年后，凯

教皇保罗三世

---

① 保罗三世原名亚历山大·法尔内塞（1468—1549），1534年以保罗三世之名当选教皇。
② 卢西恩·罗米耶：《宗教战争的政治渊源》，巴黎，1913年，第1卷，第17页；《亨利二世和意大利》，1547年到1555年。——原注
③ 塞巴斯蒂安·德尔·皮翁博（1485—1547），意大利文艺复兴时期的画家，以威尼斯画派的色彩和罗马画派的巨大造型而闻名。

瑟琳·德·美第奇成为太后并拥有了至高权力时，依然愿意为一位阿多尼斯①般的雕塑家支付教士俸禄，但这位雕塑家可能最后死在了米开朗琪罗②手中。③

　　凯瑟琳·德·美第奇在罗马看到了大片废墟，那里零星矗立着几处几乎完好无损的古迹和令人印象更深刻的伟大罗马的残骸。在凯瑟琳·德·美第奇生活的新罗马时代，从尼古拉五世④开始，尤其是从尤利乌斯二世和利奥十世开始，教皇们就一直致力于建造大量的教堂、修道院和简陋小屋。这些建筑即使不从规模上看，单从外形上看也是有别于古罗马时代的。他们扩大了圣彼得大教堂，将其作为基督教中心教堂；并将它打造成世界上最大的教堂。通过装饰绘画、壁画和雕塑及增加大量的书籍和手稿来扩大这座位于梵蒂冈的大教堂，使它成为最美丽、最高贵的帝王住所。

　　凯瑟琳·德·美第奇居住的美第奇宫⑤（今参议院宫）就带着某些封建堡垒的痕迹，某个介绍16世纪初期建筑的导游认为它是新罗马的奇迹，赞扬了它美丽多彩的大理石门和装饰着油画和雕塑的图书馆。凯

---

① 阿多尼斯，一个来自希腊神话中的人物，是一位美丽的年轻人，受到希腊爱神阿弗洛狄忒的喜爱，被一个粗野的人杀死。现代阿多尼斯被用来指一个非常美丽、有吸引力的年轻男子。
② 米歇尔·昂日（1475—1564），文艺复兴全盛时期的佛罗伦萨雕塑家、画家、建筑师、诗人和城市规划师。他最著名的作品被普遍认为是文艺复兴时期的杰作，如《大卫》《圣母怜子雕塑》《摩西》等。
③ 亨利·霍德：《米开朗琪罗和文艺复兴的结束》，柏林，1912年，第3卷，第111页。书中似乎像格林伍德一样承认，阿多尼斯雕塑家就是文森·德·罗西。但令人怀疑的是美第奇王太后为什么愿意以如此昂贵的价格购买一个二流雕塑家的作品。总有一天我将再回来研究这一点的。——原注
④ 尼古拉五世（1397—1455）1447年成为教皇，见证了君士坦丁堡的沦陷，创立了梵蒂冈图书馆。
⑤ 罗多卡纳基：《在尤利乌斯二世和利奥十世时期的罗马》，巴黎，1912年，第35页。书中提到阿方西娜·奥尔西尼将它作为嫁妆带给了她丈夫。但施玛索在《弗兰奇希·阿尔贝蒂尼小品：新罗马市的奇迹》这一版本（海尔布隆，1886年）中，第24页，注释24，认为美第奇家族人从一个西斯都四世的宫廷仆人的兄弟圭多·奥蒂里那里买了自己的宫殿。——原注

圣彼得大教堂

瑟琳·德·美第奇可能在这些罗马式的门后，在现已被遗弃的破旧的美第奇宫度过了炎热的夏天。美第奇宫是由当时的红衣主教克莱门特七世让朱利奥·罗马诺①依据拉斐尔的设计在蒙特马里奥旁修建的。②人们

朱利奥·罗马诺

---

① 朱利奥·罗马诺（1492—1546），意大利16世纪的画家、设计师和装饰家，是文艺复兴时期矫饰主义风格的艺术家之一和受拉斐尔喜爱的学生。
② 不要将这座别墅与苹丘山上坐落的法兰西王国美术科学院的美第奇家族的别墅混淆。蒙特马里奥的美第奇别墅在亚历山德罗公爵死后就归玛格丽特·德·奥特里希所有，为此它的名字叫夫人别墅。在玛格丽特·德·奥特里希死后又回到凯瑟琳·德·美第奇名下，最终由凯瑟琳·德·美第奇让给了红衣主教亚历山大·法尔内塞。芒茨：《15到16世纪教皇宫廷艺术》，第2卷，第355页，对这座别墅有些非常不确切的描述，还附有一张相当奇特的若姆勒的图纸。——原注

第1章 美第奇家族的崛起、政治联姻与瓦卢瓦－昂古莱姆王朝的勃兴

可以从一个缓坡抵达二楼，这是一个宽敞的大厅，中间是圆形的穹顶，大厅的拱门和墙壁上用灰泥或壁画塑造了许多田园风光或充满柔情蜜意的小场景。长廊通向一个花园，楼梯由一个种满了花草树木的大露台构成，并因露台上的一个大水池而颇具生机。一头大象正伸长鼻子喷着水。自从罗马被占领，葡萄牙国王，印度的发现者——曼努埃尔一世①把它送给利奥十世以来，这头大象一直是罗马尽人皆知的雕塑。另外还有两个强壮的大力士手持粗大的棍棒，他们似乎在看守这片绿色的田野。他们的眼睛注视着从伊特鲁里亚到阿尔班山的区域——一个由索哈特的蓝色山脉和常年积雪的陡峭山峰组成的环形区域。

作为两位教皇的侄女并曾和他们亲密地生活在一起的凯瑟琳·德·美第奇是可以在梵蒂冈自由行走的。梵蒂冈的庭院和花园曾是古代雕塑的博物馆，那里有拉奥孔②，半身雕像、露台上的阿波罗等。凯瑟琳·德·美第奇用好奇的目光欣赏着新装饰在教堂和房间墙壁上15世纪和16世纪意大利画家关于神圣和世俗题材的绘画。她看过西斯廷教堂天花板上著名的壁画。壁画里米开朗琪罗用超人的宏伟和诗意讲述了世界形成的历史，从创世纪到洪水，再到上帝及其创作者们为诺亚而缔结的新联盟。凯瑟琳·德·美第奇沿着这些"小屋"浏览拉斐尔和他的学生们所描绘出的《圣经》，并在"大房间"里观看一系列充满寓意的绘画。出于对基督教的倾慕，画师在画上绘制了《旧约》的圣徒、新法的医生、古代的哲学家、学者、政治家、艺术家及各个时代最伟大的诗人，并将他们都一组组的归类，让他们和谐地围绕着基督、阿波罗、柏拉图和亚里士多德。

---

① 曼努埃尔一世（1469—1521），葡萄牙的第十四任国王，1495年登上王位。在他统治期间，发现了通往印度的路线（1498），发现巴西（1500），任命了印度的第一总督，他的海军上将阿方索·德·阿尔布克尔克为葡萄牙控制着印度洋和波斯湾商业路线。
② 在希腊神话中，拉奥孔指"理解人民的人"，是特洛伊木马事件的主角之一。

凯瑟琳·德·美第奇花了好几年的时间参观教皇统治下的罗马，这个罗马与恺撒时期的罗马是一致的[①]。罗马大劫并没有显著改变城市的面貌。神圣罗马帝国军队的士兵洗劫了宫殿和教堂，把梵蒂冈最美的房间和西斯廷教堂当成马厩，用烟熏黑壁画，抢劫金银宝藏，摧毁祭坛，毁坏或盗窃了许多绘画作品[②]，但建筑物还在。克莱门特七世立即返回罗马，雇佣逃脱了劫难的艺术家们修复一切可以修复的损伤，维修宫殿，翻新绘画[③]。尽管受到这些新汪达尔人[④]的破坏，但凯瑟琳·德·美第奇离开罗马时仍然到处都是这些伟大的作品。

凯瑟琳·德·美第奇在佛罗伦萨度过的时间比在罗马更长，先是在以粗糙的石块为基础修建的皮蒂宫，然后是在朴实无华的斯特罗兹宫，最后在用古代大理石点缀庭院和花园的家族遗产美第奇宫。这些宫殿都反映了古典思想并进一步加深了凯瑟琳·德·美第奇的印象。

还有更多令凯瑟琳·德·美第奇感兴趣的作品，如她叔叔朱利亚诺·迪·洛伦佐·德·美第奇和她父亲的纪念碑。这件由利奥十世向米开朗琪罗预订并在克莱门特七世的推进下完成的作品。当时纪念碑还没被安放在圣劳伦斯教堂新的附属教堂。米开朗琪罗将这项任务留给了别人，但他完成了两位美第奇家族成员的雕像和基座的大体框架。凯瑟琳·德·美第奇在佛罗伦萨度过的最后一年里，米开朗琪罗还在那里工作，她能看到他的作品，甚至作品的完成过程。被理想化了的凯瑟琳·德·美

[①] 1521 年到 1525 年以及 1530 年到 1532 年。——原注
[②] 帕斯特：《中世纪晚期以来的教皇史》，第 9 卷，第 295 页到第 321 页。——原注
[③] 帕斯特：《中世纪晚期以来的教皇史》，第 10 卷，第 255 页到第 268 页。——原注
[④] 汪达尔人是指东日耳曼人，他们先后征服了高卢、加利西亚和贝提卡（西班牙南部），最后在 5 世纪的大入侵期间征服了北非和西地中海的岛屿。他们还创建了以非洲首都迦太基为中心的非洲汪达尔王国（439—534）。文艺复兴时期的作家们用这个词来形容新的任何形式的无理破坏者。

米开朗琪罗

第奇的父亲，穿着大将军服装坐在那里，左手支着他充满思想的沉重的头颅。眼睛似乎隐藏在头盔的阴影里了，嘴唇在手指下紧闭着。他在想着一个秘密——一个怎样的秘密呢？是利奥十世或尼科洛·马基雅维利的秘密吗？他的眼神或嘴形都没有给出任何提示。洛伦佐二世·德·美第奇的脚下躺着一位名叫黎明的年轻女子，因刚刚睡醒而表现出无精打采的样子，以及一位名叫黄昏的肌肉发达的老者。这位老者脸颊凹陷，额头布满皱纹，带着苦涩的笑容。无须知道他们与这位充满希望、生命短暂且缺乏成就的洛伦佐二世·德·美第奇首领之间是否存在关系，抑或存在什么关系，这个伟大的雕像都形象地展现了一天的早晚和人类生命的轨迹之间的象征关系。①

凯瑟琳·德·美第奇应该对自己家乡的艺术有更深入的理解。佛罗伦萨人抵抗或逃避了由于过度迷信古代而导致的理想主义。他们施展才能并不断有杰作被创作出来的 15 世纪是一个自发、真诚、充满学术灵感的时代，而不是狂热追求完美的时代。佛罗伦萨人并没有因厌恶现实的缺陷而歪曲现实，他们美化现实却没有使它失去原味。米开朗琪罗是一个独一无二的天才，他超越了基督教的年代，重新发现并表现了古罗马的伟大和以色列炽热的诗意。列奥纳多·达芬奇②是穿透灵魂的解

---

① 也许黎明和黄昏以及朱利亚诺·迪·洛伦佐·德·美第奇墓穴中的日与夜只是代表一天的四个部分或生命的四个阶段。近来，译者们去寻找了更遥远的解释。这个人（布鲁克豪斯：《安吉洛和米歇尔的美第奇教堂》，莱比锡，1911 年，第 2 版，第 64 页）通过安博的赞美诗解释了雕塑家的作品，作品里讲到了白天、夜晚、黄昏和黎明，仿佛只是这几个时间的问题；那个人（埃恩斯特·施泰因曼：《美第奇家族坟墓的秘密》，莱比锡，1907 年，第 78 页）认为只需要从一开始承认列出的所有阐释就可以了，而他却建议把它们当成狂欢歌曲的灵感来源，自然界和人类的"四种性情的胜利"：好斗的、多情的、冷漠的、忧郁的。经过这些美丽的假设，我不再害怕就洛伦佐二世·德·美第奇的沉思和基座的寓言雕像冒险再提出一种自己的理解。我们知道，在米歇尔·昂热写的关于夜的著名的十四行诗中，他影射的是佛罗伦萨的不幸。为什么他没有想到意大利爱国者一直渴望复兴又始终失望的梦想呢？——原注
② 列奥纳多·达芬奇（1452—1519），既是艺术家、表演和庆典的组织者、科学家、工程师、发明家、解剖学家，又是雕塑家、建筑师、城市规划师，还是植物学家、音乐家、诗人、哲学家和作家。

第1章 美第奇家族的崛起、政治联姻与瓦卢瓦-昂古莱姆王朝的勃兴

读者,擅长将优雅和柔美表现为可以被人所感受的美。列奥纳多·达芬奇的思想和创作不受地域和时间的影响,但大多数佛罗伦萨人还是受他们所处的时代和所在的国家的影响。仅以马萨乔①、基尔兰达约②、波提切利③为例,他们都是反映佛罗伦萨形象和生活的坦诚的艺术家。凯瑟琳·德·美第奇在王宫教堂做弥撒时看到的华丽壁画的作者贝诺佐·戈佐利④,他也曾为科西莫长老的儿子皮耶罗一世·迪·科西莫·德·美第奇和孙子伟大的洛伦佐、东部帝国的皇帝约翰八世·巴列奥略⑤及君士坦丁堡主教约瑟夫画过画。他甚至还描绘了1439年著名的主教会议时的佛罗伦萨,给人们展现了当时这些人庄严地走在仪式队伍中,穿着缀有金饰和珠宝的耀眼服饰,骑着装饰华丽的马,走在由官员、军人和宾客组成的豪华队伍的前列。除了这个例,这一时期的佛罗伦萨雕塑家韦罗基奥⑥、多纳泰洛⑦等更推崇现实主义,他们在教堂和宫殿内外都摆满人像。被文艺复兴时期的理论家维特所忽视的众多古迹在佛罗伦萨依然存在。敲响人民议会钟声的大钟就是亚历山德罗·德·美第奇让人从带城垛的韦奇奥宫钟楼搬下来的(1532年10月12日)⑧。由于有着太多不好的回忆,凯瑟琳·德·美第奇大概会对这座韦奇奥宫的庄严宏伟过于敏感。但未来会证明,她曾经的确喜欢过装饰着悦目的彩色

---

① 马萨乔(1401—1428),佛罗伦萨画家,被认为是文艺复兴时期的先驱和最伟大的画家之一。
② 基尔兰达约(1448—1494),佛罗伦萨学派的画家。
③ 波提切利(1445—1510),意大利画家,是意大利文艺复兴时期及绘画史上最重要的画家之一。
④ 贝诺佐·戈佐利(1420—1497),佛罗伦萨学派的主要画家之一,其最杰出作品为里卡尔迪宫的《教士游行》。
⑤ 约翰八世·巴列奥略(1392—1448),曼努埃尔二世和海伦德拉加斯的儿子,1425到1448年为拜占庭帝国的皇帝。
⑥ 韦罗基奥(1445—1488),意大利15世纪下半叶的雕塑家、画家和银匠。
⑦ 多纳泰洛(1386—1466),佛罗伦萨现实主义雕塑家。
⑧ 坎比:《佛罗伦萨史》,第23卷,第122页。——原注

大理石的圣母百花大教堂，以及这里的钟楼和洗礼。佛罗伦萨所拥有的与古罗马不同的东西给这个女孩留下了深刻的印象。

凯瑟琳·德·美第奇总会想起自己成为法兰西王后以后，在一座座城市让人建造的乡间别墅、城市宫殿、丈夫和孩子们的墓地。这些位于佛罗伦萨和罗马的巨大露天博物馆，以及长期以来令她感动的艺术氛围，很大程度上促进了她智力的发展。所有这些也足以证明她的品位偏好和文化特性。凯瑟琳·德·美第奇的同代人，两位由于她与亨利·德·奥尔良的婚姻而成为她的亲戚的法兰西公主——弗朗索瓦一世的姐姐和女儿——玛格丽特·德·昂古莱姆[①]和玛格丽特·德·弗朗斯[②]都是有文化的人，但凯瑟琳·德·美第奇属于统治阶层中对艺术比对文学更感兴趣的人。

约定的结婚日期快到了。教皇克莱门特七世和国王弗朗索瓦一世为了婚礼先在尼斯会晤，后来又在马赛见了面。

亚历山德罗公爵正忙着准备妹妹的嫁妆。他借口为城市的防御工事筹集资金，向佛罗伦萨人提出了三万五千埃居[③]的强制借款，这实际是用来购买绣品、珠宝首饰、服装、天鹅绒布料和金丝床幔的[④]。

然而，在特定日子打扮得像令人崇拜的偶像一样的公主，其实常常缺乏一些必需品。被克莱门特七世派到佛罗伦萨去为他侄女帮忙的卡梅里诺公爵夫人凯瑟琳·西波曾写信给曼图亚侯爵夫人——著名的伊萨

[①] 玛格丽特·德·昂古莱姆（1492—1549），是弗朗索瓦一世的姐姐，珍妮·阿布莱特的母亲，未来法兰西国王亨利四世的外祖母。她在16世纪法兰西王国外交方面发挥了重大作用，并对新思想表现出一定的兴趣，鼓励法兰西王国宫廷和内拉克的艺术家，并因所著的《七日谈》被认为是著名的法兰西文学女性之一，被誉为"第十位缪斯女神"。

[②] 玛格丽特·德·弗朗斯（1523—1574），法兰西国王弗朗索瓦一世的女儿，路易斯·德·萨伏伊的孙女。1559年7月10日与萨伏伊公爵的伊曼纽尔·菲利贝托结婚，成为萨伏伊公爵夫人，是萨伏伊的卡洛·埃曼努埃莱一世的母亲。

[③] 埃居是法兰西王国古货币的一种。

[④] 坎比：《佛罗伦萨史》，第23卷，第131页。——原注

第 1 章 美第奇家族的崛起、政治联姻与瓦卢瓦 – 昂古莱姆王朝的勃兴

伊萨贝拉·戴斯特

贝拉·戴斯特，说她发现新娘什么都缺，尤其是布料和衣服。凯瑟琳·西波解释说，在佛罗伦萨没有工匠能做新娘想要的绣品，请侯爵夫人"以一贯的仁慈和礼貌"挑选曼图亚某个优秀工匠为新娘做两件上衣和两条裙子。为了这些绣品，她会送给侯爵夫人三磅黄金、两磅银和两磅丝绸，并承诺如果有必要还会再寄①（1533 年 8 月 6 日）。

---

① 勒蒙 – 巴谢：《凯瑟琳·德·美第奇的青年时期》，附录，第 292 页到第 293 页。——原注

1533年9月1日，在邀请众多佛罗伦萨贵妇参加一个宏大的告别晚宴后，凯瑟琳·德·美第奇离开了她再也回不去的佛罗伦萨，登上了由舅舅奥尔巴尼公爵指挥的法兰西双桅战船前往斯佩齐亚。在维勒弗朗什（尼斯附近），凯瑟琳·德·美第奇等待克莱门特七世，他将由十个红衣主教陪同从利沃诺沿海路前来。希波吕忒·德·美第奇的出现也揭穿了有关他和自己堂妹的轻浮爱情的谣言。1533年10月12日，教皇和他的侄女在马赛登陆，当时所有教堂都响起钟声，三百枚礼炮齐发欢迎他们的到来。法兰西王国的国王、王后、各位亲王和朝臣都前来迎接。

各种参观、访问和协议讨论随之而来。1533年10月23日，法兰西国王和王后庄严进场后，凯瑟琳·德·美第奇以极大的排场出现了。她前面是装饰着黑丝绒的四轮豪华马车——这是当时法兰西王国新的交通工具、八位骑着骏马受过骑士训练的王室侍从、六匹被人牵着的溜蹄马——其中一匹是全白的，马背上覆盖着银缎。凯瑟琳·德·美第奇骑着一匹披着深红色绸缎的红马，在国王和教皇卫兵护送下缓缓前行。后面还跟着凯瑟琳·西波、玛丽亚·萨尔维亚蒂和十二个骑马的年轻女子，她们都穿着华丽的意大利服饰。

在教皇府邸，凯瑟琳·德·美第奇下了马。法兰西国王弗朗索瓦一世正等在那里，他亲吻了她并让她亲吻自己未来的丈夫奥尔良公爵亨利·德·奥尔良。1533年10月27日，两位君主和两个宫廷成员见证了合约的签署。波旁家族的红衣主教在征得新郎同意后，宣布了两人的结婚箴言。奥尔良公爵亨利·德·奥尔良亲吻了妻子，然后响起"短笛、喇叭、小号等乐器"的声音。第二天，1533年10月28日，克莱门特七世出席了婚礼弥撒并亲自祝福这对新人。法兰西国王身着白色缎衣和缀满金饰和宝石的披风，将新娘领入宴会。新娘"外披锦缎披风，里面是貂皮的紧身上衣，上面缀满珍珠和钻石"，头上"戴着镶嵌着珍珠和

维勒弗朗什

宝石的绣花帽和公爵夫人的花冠"①。到了晚上,法兰西王后与其他女士陪同公爵夫人凯瑟琳·德·美第奇到卧室。凯瑟琳·德·美第奇和奥尔良公爵这对十四岁的孩子结成夫妻,当晚就要同床共枕。第二天一大早,教皇突然出现在还在床上的新婚夫妇面前,仿佛只有他亲自鉴定后才能确定这桩婚姻的有效性。当看到他们都心情愉快时,教皇表现出了从未有过的满足。②

国王和教皇被安置在两栋只有一街之隔的房子里,而且人们已经用一座木桥将两处连在了一起,以便在冒失者和好奇者不知道的情况下,他们能随时相见、交谈。

弗朗索瓦一世认为,克莱门特七世赞成这个联盟也就默许了他在意大利的事业。在弗朗索瓦一世提交的条约草案中,他要求克莱门特七世通过提供意见和金钱暗中帮助自己为奥尔良公爵亨利·德·奥尔良征服米兰,授予这个已经成为意大利亲王的法兰西国王的儿子帕尔马和佛罗伦萨的封地,并协助自己用一半的资金重获乌尔比诺公爵领地。在考虑法兰西王国利益的同时,教皇十分谨慎地避免着可能与查理五世展开一场新战争的风险。他让既是历史学家又是佛罗伦萨官员的弗朗切斯科·圭恰迪尼陪同自己前往马赛。但弗朗切斯科·圭恰迪尼指责这次旅行和会晤过于鲁莽并颇具挑衅性③。为了让神圣罗马帝国皇帝放心,教皇既让弗朗切斯科·圭恰迪尼与谈判保持距离,但又不能不关心。就像威尼斯大使安东尼奥·索利安诺设想的那样,教皇可能只是在言语上支持弗朗索瓦一世的宏伟计划,说"那些他很清楚该怎么说"的话。即

---

① 布什:《普罗旺斯的历史》,第2卷,567页。依据目击者瓦尔贝尔的手稿。关于很有争议的凯瑟琳·德·美第奇在卡亚诺的波焦的肖像——一位摩尔多瓦公主的话很好地回答了这个由巴谢援引的意大利证人的描述,第321页。——原注
② 又一个证人的叙述。勒蒙-巴谢:《凯瑟琳·德·美第奇的青年时期》,第323页。——原注
③ 阿戈斯蒂诺·罗西:《弗朗西斯科·圭恰迪尼和他在佛罗伦萨的政府》,1899年,第2卷,第53页到第59页。——原注

奥尔良公爵亨利·德·奥尔良

使在婚姻的契约上，克莱门特七世也采取了预防措施，避免法兰西王国向美第奇家族索要过多财产。为了叔叔，凯瑟琳·德·美第奇放弃了除乌尔比诺公国外父亲的所有动产和不动产及所有权利和钱财，并用这些换得了三万埃居①。考虑到凯瑟琳·德·美第奇要嫁入皇宫，克莱门特七世给了她一万埃居的嫁妆，其中一大部分是他让佛罗伦萨人以联姻的荣誉参与者名义支付的。除此之外克莱门特七世还准备了一些精美的礼物作为陪嫁。他带给弗朗索瓦一世一个用岩石水晶做的小匣子，盖子的顶部和四周由当时最纯熟的宝石雕刻者——瓦莱里奥·贝利蒂诺费②刻上基督的主要生活场景③。他还送给自己的侄女不少漂亮的首饰，并托付菲利普·斯特罗齐·雅戈尔交给国王。这些首饰的清单由弗朗索瓦一世签署后留在了罗马④。

首饰总价值两万七千九百埃居。其中最好的和最昂贵的是一个镶着八颗红宝石的金腰带和其他估价九千埃居的宝石、六千五百埃居的"大切面钻石"⑤，还有作为装饰品的挂着一个"梨形珍珠"吊坠的翡翠⑥。

一个传闻不胫而走（但它却被布朗托姆收集了）：除了嫁妆、戒指和首饰，在马赛，克莱门特七世曾通过"真实的协定"答应国王要让出"三

---

① 勒蒙–巴谢所说的秘密条约草案，合同的文本（法语）在《凯瑟琳·德·美第奇的信件》，第10卷，第478页到第484页。——原注
② 瓦莱里奥·贝利蒂诺费（1470—1546），意大利制模工和雕刻家。
③ 这大概就是佛罗伦萨的乌菲兹博物馆宝石厅的那个小匣子，但特罗洛普（《凯瑟琳·德·美第奇的少女时代》，第265页到第267页）的描述相当不准确，见第266页和第384页。勒蒙–巴谢在拐角处的什么地方看到了福音传教士勒蒙–巴谢的身影呢？第180页。他还谈到二十幕雕刻的场景，特罗洛普是二十四幕，实际只有二十一幕。——原注
④ 1535年2月13日，巴尔贝里尼图书馆罗马的手稿和亚·西拉索里的《罗马国土历史档案集》公布了国王的理事会检查珠宝之后所开的收据。1889年，第12卷，第376页到第378页。——原注
⑤ "一块大切面钻石被镶嵌在黑色、白色和灰色珐琅涂层的金戒指上面。"——原注
⑥ "一块翡翠被镶嵌在带有钻石尖角的三个连在一起的珐琅戒指中，并挂有珍珠吊饰。"——原注

第 1 章　美第奇家族的崛起、政治联姻与瓦卢瓦－昂古莱姆王朝的勃兴

颗无价的珍珠"：那不勒斯、米兰和热那亚①。但他后来肯定没有履行这样的承诺，甚至因害怕别人觉得他会履行，克莱门特七世一返回罗马，就赶紧向米兰公爵的委托人吐露说，虽然弗朗索瓦一世很不满，但自己已经打消了他攻击米兰的想法。克莱门特七世还让人提醒神圣罗马帝国皇帝，法兰西国王曾告诉过自己，但实际上他不仅不会阻止土耳其人的到来，还会尽力"促成"这一行为。但弗朗索瓦一世却轻信了克莱门特七世的花言巧语，于 1534 年初便开始为战役做准备。弗朗索瓦一世宣告了他儿子在乌尔比诺公国领地的权力，促使黑森诸侯与刚刚夺取突尼斯的凯贺丹·巴伯鲁斯商议，拿起武器反对神圣罗马帝国皇帝。1534 年 9 月 25 日，由于美第奇家族中男性一般早逝，教皇克莱门特七世未能来得及采取任何行动就去世了。但如果克莱门特七世还活着，他有太多食言的理由了，因为克莱门特七世知道 1527 年反对查理五世的意大

---

① 布朗托姆：《作品集》，第 7 卷，第 340 页，以及拉兰纳：《布朗托姆，他的生活和他的著作》，1896 年，附录，第 363 页到第 366 页。从布朗托姆和佛罗伦萨历史学家贝尔纳多·塞尼提到的更久远的传说来看，拉兰纳认为他可以得出结论，法兰西国王国皇冠上的三颗宝石：那不勒斯之蛋，米兰之尖和热那亚之面都是凯瑟琳·德·美第奇贡献的嫁妆，象征着教皇对马赛国王的承诺，拉兰纳曾希望有一天结婚礼物名单的公布能证实这一假说，他不知道礼单七年前就已经由切拉索利公开了。然而通过比较保存在罗马的资料和婚礼后法兰西国王王冠上的宝石的清单，这些清单由巴普斯特先生于 1889 年在巴黎出版的《法兰西王国皇冠宝石的历史》（亨利二世，1551 年的财产清单；弗朗索瓦二世，1559 年的；玛丽·斯图尔特，1560 年的；查理九世，1570 年的）一书公布，我们清楚地看到三块有着迷惑性名字的宝石并不是和凯瑟琳·德·美第奇一起来自意大利的。那不勒斯之蛋是"一个巨大的圆珠形的红宝石，由一根铁针穿着一个梨子吊坠的珍珠"；米兰之尖是"一块有六个尖头的宝石"；热那亚之面是个"被打磨成梨子形状的长钻石"。但凯瑟琳·德·美第奇的梨形珍珠挂在一个翡翠的面上，而那不勒斯之蛋的珍珠在一块红宝石上。在克莱门特七世的礼物中没有说到一块有六个尖头的宝石，也就是说没有米兰之尖。热那亚之面，这个"有装饰的长条钻石"一点都不像在 1535 年收据中出现的大面的钻石。另外这三块宝石，至少是它们的名字，没有在那个时期出现过。那不勒斯之蛋在 1551 年之前就没有出现过，另外两块在 1570 年之前也没有出现过。尽管也有人提及一块有六个尖头的宝石，但在 1560 年 2 月 16 日玛丽·斯图尔特的戒指库中并没有它。因此这里所说的宝石是在凯瑟琳·德·美第奇结婚后很长时间，可能是法兰西王国为纪念在意大利的短暂辉煌胜利而从拉库罗讷地区购买的宝石，人们当时给这些宝石起的名字本身就让后人很难弄清楚。——原注

利联盟对他意味着什么。克莱门特七世其实一直在两个竞争的君主之间努力保持平衡,并以最高价出售自己的承诺。在与双方斡旋的同时,克莱门特七世让自己的侄子做了佛罗伦萨的世袭公爵和罗马皇帝的女婿,让自己的侄女成为法兰西国王的儿媳。

弗朗索瓦一世无论曾经多么因自己让克莱门特七世放弃了这个有利可图的平衡系统而感到自豪,但这都无法证明他就是意大利外交大师。弗朗索瓦一世认为,克莱门特七世的去世意味着他也就失去了与这个比自己门第低的家族结亲的好处。他说:"我只获得了一个毫无价值的儿媳。"但即便她叔叔活着,弗朗索瓦一世从中也得不到什么——这就是从凯瑟琳·德·美第奇的婚姻和建立在罗马与佛罗伦萨相互竞争基础上的合作中可以得出的结论。

第 2 章

美第奇王后被诬陷与亨利二世之死

凯瑟琳·德·美第奇嫁入法兰西王宫时只有十四岁。在这里，她逐步登上了权力的巅峰：从奥尔良公爵夫人，到太子妃，最后成为王后。这里与她生活过的地方截然不同，在这里，她的经历之丰富远远超过同龄人。

当时，罗马是世界宗教之都和事务中心，正是在这里，凯瑟琳·德·美第奇从一个孩童长成少女，各个国家的大使来到罗马受到国王的隆重召见。这些使她了解了各位亲王及各个王国、民族和他们的喜好，知晓了欧洲的地理和历史。为了获得真知，凯瑟琳·德·美第奇不像西班牙公主那样，生活在封闭的环境中，对外面的世界毫不知情，也不像文艺复兴时期的法兰西公主那样，虽穿着得体，举止优雅，但对外界也一无所知。这位年轻的佛罗伦萨女孩对现实生活和政治有着深刻的了解。

凯瑟琳·德·美第奇一定受过良好的教育。克莱门特七世将她相继委托给她的姑姑克拉丽斯·德·美第奇、卢克莱丝·洛伦佐·德·美第奇和她的表姐玛丽亚·德·美第奇。她们都是善良、聪明又优秀的女性。但在罗马和佛罗伦萨时，修女和牧师们对凯瑟琳·德·美第奇产生了更大的影响。从他们那里，她学会了如何克制自己的情绪，控制自己的行为，甚至学会了如何用微笑掩饰自己的愤怒。凯瑟琳·德·美第奇还经常大量用使恭维、亲热和阿谀奉承的话，总想要取悦、说服和欺骗别人。当然，这些是受她的性别和家族的影响，但凯瑟琳·德·美第奇如此出色的自控力应该是天生的。在修道院和罗马宫廷期间,她更是将这发挥得淋漓尽致。

凯瑟琳·德·美第奇不会忘记自己能进入法兰西王室是多么幸运。她是家族中第一个拥有如此高贵婚姻的女性。有时,她甚至表现出不自信的谦虚,觉得自己能与法兰西国王的儿子结婚是莫大的荣耀。后来,凯瑟琳·德·美第奇的丈夫去世后,她便统治了王国。但即便是那个时候,当凯瑟琳·德·美第奇谈到自己的孩子们时,她的语气就像他们是不同于自己的另外一个阶层。她写信给一个女儿说:"我爱你们,就像爱你们来自的那个地方。"[1] 凯瑟琳·德·美第奇许多阿谀奉承的表现都可以归因于她平凡的出身。

凯瑟琳·德·美第奇早年的不幸经历影响了她。她看到过罗马大劫和叔叔克莱门特七世被囚禁,也目睹了佛罗伦萨起义和美第奇家族被驱逐出境。凯瑟琳·德·美第奇害怕自己的命运更加悲惨。在共和政体的大法官萨尔韦斯特罗·阿尔多布兰来到雷米亚特修道院,要将她送到圣卢西亚修道院的那天,她以为自己就要死了。几个小时的恐惧经历在凯瑟琳·德·美第奇幼小的心灵里留下了深深的烙印,使她从此变得胆小懦弱,并慢慢学会了屈服于强者,并通过伪装、掩饰来讨好他们。

以凯瑟琳·德·美第奇的智商和素养,要适应法兰西宫廷的生活并不是很难。罗马宫廷里全是教会人员:君主是牧师,委员会由主教们组成,各级牧师全部在宫廷、市政及国家和基督教的管理层中任职。他们最重要的节日就是宗教节日,没有任何其他地方会有这么多人参与,并以如此辉煌、奢华和隆重的方式来庆祝宗教仪式。然而梵蒂冈不是修

---

[1] 1560年12月7日。赫克托·德·拉费里埃,巴格诺·德·普晒斯:《凯瑟琳·德·美第奇的信件》,第568页。1584年4月25日。凯瑟琳·德·美第奇在年老时写道,如果她是国王的女儿,她就不会像她曾经那样,为自己丈夫的情妇们而那么痛苦了。《凯瑟琳·德·美第奇的信件》,第8卷,第181页。——原注

凱瑟琳・德・美第奇

道院。利奥十世有自己的乐队和狩猎队伍，他喜欢骑马在山谷中追逐猎物，还会举办音乐会，并在私下里毫无顾忌地与弄臣们开些粗俗的玩笑，说些诸如《洛杉矶排管》①这类喜剧里的下流笑话。克莱门特七世要拘谨些②，但同样拥有一个文艺复兴时期教皇该有的广泛爱好③。教皇反对宗教改革的时期尚未到来，但波吉亚时期却永远结束了。马丁·路德④对"巴比伦淫妇"⑤的攻击增加了教皇们的顾虑，迫使他们装出更加得体的样子。罗马的最高统治者不再忘记自己是基督徒的教皇，也没有放弃暂时的野心，假装自己最关心的仍是精神使命。

此外，在佛罗伦萨的新公爵亚历山德罗·德·美第奇身边，没人能告诉凯瑟琳·德·美第奇法兰西王室成员的想法。佛罗伦萨政府的全部人员都待在美第奇家族的老宅拉·维亚·拉尔加宫殿内。这个家族没有传统，也没有什么党派之分。亚历山德罗公爵只是比其他佛罗伦萨贵族更讲究排场、拥有更多门客、享受更多侍卫守护的特权。这些都是暴发户的表现。

而法兰西王国的国王却是大国的世袭君主，这体现在他个人和家族的传统上，是长期形成的尊重与服从的传统。法兰西宫廷是一个由亲王、重要官员、高级教士、领主和议员组成的小世界，可以说是法兰西王国的缩小版。这些人都身份显赫，出身名门望族，他们与国王同住，一起出游。法兰西宫廷是政治和商业活动的中心，是来往大使川流不息的真

---

① 帕斯特：《中世纪晚期以来的教皇史》，1909年，第8卷，第8页，第60页到第75页。——原注
② 帕斯特：《中世纪晚期以来的教皇史》，1913年第二版，第9卷，第191页和注释1；第10卷，第242页。——原注
③ 帕斯特：《中世纪晚期以来的教皇史》，第10卷，第245页起。——原注
④ 马丁·路德（1483—1536），神学家，大学教授，新教发起人和教会改革者。他的思想对新教改革产生了重大影响，改变了西方文明的进程。
⑤ 这里的"巴比伦荡妇"是新教教徒对支持教皇的神圣罗马帝国的蔑称。在《启示录》中，荡妇是一个神秘人物。在早期基督徒的思想中，她可能指的是作为撒旦统治世界证据的罗马帝国。在新教历史之初，新教改革者从中看到了他们的敌人罗马教皇的形象。

马丁·路德

正首府。无论是谋职者还是雄心勃勃的人,都想在这里谋到一份奖赏、福利或差事。

与其他基督教宫廷相比,法兰西宫廷的特别之处体现在女性的数量和重要性上。为了维护王室荣誉,减轻由于封建王朝的没落和路易十一的削弱而变得无所事事的贵族家庭的负担,路易十二的妻子安妮·德·布列塔尼将贵族的妻子和女儿们都召集到宫中[①]。打败最后一个大诸侯——波旁家族的统帅后,弗朗索瓦一世出于政治需要及自己的喜好,接收了波旁家族统帅的部下,增加了宫中的女性数量。法兰西王国的王后和公主们都有自己的府邸,贵族夫人和小姐依附于王后或公主,有各自的头衔并受到礼遇。这些头衔有烈妇、小姐、梳妆夫人、卧室夫人等。

这些女性,尤其是那些美丽、智慧且富有教养的女性的出现,使曾经作为政治家和将领们聚会场所的宫廷成为一个举办庆典宴会和其他娱乐活动的场所。庆典上,各种娱乐活动占据了重要位置。舞会、音乐会、王后聚会、宴会及各种游行都是展现奢华服饰和曼妙身姿的场合。但文艺复兴时期的精神战胜了人们对财富和美丽的炫耀,激发人们追求更高尚的乐趣。贵族们对古代文学产生了兴趣。地位尊贵的女性都以培养这种兴趣为荣,甚至那些没有时间和能力的人也在咏叹调中感受着作家的思想和情感。

这就是凯瑟琳·德·美第奇将要生活的地方。一个出身平凡的外国人,因为法兰西国王期望教皇援助意大利事业而嫁入法兰西王室,但自从克莱门特七世去世后,这种期望随之破灭,凯瑟琳·德·美第奇的处境也变得非常困难。毫无疑问,像弗朗索瓦一世和他的儿子们这样完美的绅士,是不会因自己的失算而对她怀恨在心,但一些参议员却不会如此宽宏大量。1535年,一位可能是第一个与凯瑟琳·德·美第奇来往

[①] 布朗托姆:《作品集》,第7卷,第314页到第315页。——原注

路易十二

安妮·德·布列塔尼

第2章　美第奇王后被诬陷与亨利二世之死

的威尼斯人曾提到，几乎所有法兰西人都对她与法兰西国王之子的婚姻不满。当时的凯瑟琳·德·美第奇既没有声望也没有拥护者。后来估计是出于宗教和政治仇恨，1536年，凯瑟琳·德·美第奇十七岁时，曾被诬陷设计毒害弗朗索瓦王太子来让她丈夫获得王位。实际上弗朗索瓦王太子可能是因胸膜炎去世，他的侍从蒙特库卢利因莫须有的罪行被处死。这个侍从除了是意大利人外，与凯瑟琳·德·美第奇没有任何共同之处。

由于这次意外，已经成为王太子妃甚至可能是未来王后的凯瑟琳·德·美第奇却继续像以前那样，除了取悦别人外并没有表现出任何野心。她努力去消除偏见并获得同情，表现得温柔、友善、亲切。威尼斯大使一句"她非常顺从"，表明了她当时的特点，这是她迷惑别人的有力手段之一。

除了自己的丈夫，凯瑟琳·德·美第奇最感兴趣和最费心思想要取悦的男性就是当时的国王弗朗索瓦一世。凯瑟琳·德·美第奇非常敬佩弗朗索瓦一世。后来，当她自己统治王国时，她经常告诫自己和孩子们要将弗朗索瓦一世统治下的宫廷和政府作为榜样。当时弗朗索瓦一世虽年事已高，但仍十分友善。对于女人们来说，他仍然是马里涅和帕维的英雄。在弗朗索瓦一世打败神圣罗马帝国的士兵，夺下赫斯丁（1537年5月）时，王室公主们和他最亲爱的女性朋友艾丹普公爵夫人安妮·德·皮塞卢写信给他。从信中我们可以看出大家对他的感情：

> 我们的陛下，难以言喻的喜悦和情不自禁的力量促使我们给您写信，大家多么希望您能攻占赫斯丁啊。然而，我们对所有可能发生的事情都有一种担心，甚至恐惧。周一以来，这种强烈的担心让我们都以为自己要死了。今天早上，这位信使给了我们安慰，使我们重获新生。我们四处奔走着宣布

弗朗索瓦一世

第 2 章 美第奇王后被诬陷与亨利二世之死

好消息时,用的更多的是泪水,而不是言语。我们已经和王后来到这里,要一起去感谢上帝对您的眷顾。陛下放心,王后拥抱了信使和那些分享喜悦的人。我们都不知道该给您做些什么或写些什么了。

她们以王后和各位夫人的名义恳求国王同意她们去看望他。她们说:

> 我们再次诚恳地请求您,因为只有亲眼看见在胜利的喜悦中复活的国王,我们才会真正高兴。
> 您谦卑而顺从的子民:凯瑟琳、玛格丽特(法兰西)、玛格丽特(纳瓦拉)、玛格丽特(波旁旺多姆,讷韦尔公爵夫人)、安妮(艾丹普公爵夫人)。①

尽管凯瑟琳·德·美第奇以王太子妃的身份第一个签署了这封信,但对于她来说这封信的辞藻太过华丽了,人们也从中了解了这位过于讲究的作者——纳瓦拉王后②的风格:毫不掩饰地表达了这些年轻女子的仰慕和热情。

与公主们一起签名的是国王正宠幸的艾丹普公爵夫人安妮·德·皮塞卢③。她是众多欢欣鼓舞的美女中的一位。她貌美如花,是法兰西宫廷一抹亮丽的风景线,令其他女士望尘莫及④。凯瑟琳·德·美第奇有

---

① 赫克托·德·拉费里埃,巴格诺·德·普晒斯:《凯瑟琳·德·美第奇的信件》,第 10 卷,第 1 页到第 2 页。——原注
② 纳瓦拉王后这里指的是玛格丽特·德·昂古莱姆。
③ 安妮·德·皮塞卢(1508—1580),艾丹普公爵夫人,直到弗朗索瓦一世去世之前都是他的最爱。
④ 关于艾丹普公爵夫人,见波林·巴黎:《关于弗朗索瓦一世的研究》,1885 年,第 2 卷,第 209 页起。——原注

安妮·德·皮塞卢

骑在马上的安妮·德·皮塞卢

意与这位艾丹普公爵夫人安妮·德·皮塞卢结交，因为她知道这是讨法兰西国王弗朗索瓦一世欢心的好办法。在以后的婚姻生活里，凯瑟琳·德·美第奇因亨利二世的情妇得宠而痛苦，她为自己以前常常与一些品德平庸的女性来往感到懊悔。"年轻时，我公公是法兰西国王，他告诉我他喜欢的伴侣，让我与他喜欢并服从他的人来往"。① 凯瑟琳·德·美第奇并没有因此而感到不悦。弗朗索瓦一世组建了一个"他最喜爱的美丽女性"的小团队，他和她们"离开宫殿，去别的庭院，他们还一起狩猎，消遣娱乐"。凯瑟琳·德·美第奇"请求国王每次都带她去，而且对她来说永远不离开国王弗朗索瓦一世就是她的荣幸"。弗朗索瓦一世本来就喜欢凯瑟琳·德·美第奇，后来就更喜欢了，"这是因为弗朗索瓦一世在她身上看到了她乐于陪伴他的好意"②。

凯瑟琳·德·美第奇和弗朗索瓦一世一样喜欢户外活动。这可能是美第奇家族的遗传。她的叔叔利奥十世每年都会和他最喜欢的主教、乐师、侍卫、饲养员及驱赶猎物者和仆人共三百多人来到奇维塔韦基亚、科尔内托和维泰博的猎场，骑马捕杀大大小小的野兽，然而有时也会遇到危险。一位宫廷诗人颂扬了其中不少戏剧性的事件，比如红衣主教比别纳③用剑杀死了一只扑向朱里奥·德·美第奇主教（未来的克莱门特七世）的野猪；主教被一只狼追杀，后来被萨尔维亚蒂、西波、科尔纳罗及奥尔西尼主教们所救；奥古斯丁雄辩的将军埃吉迪奥·德·维杰博④展现出"能文善武"的一面。离开意大利时，凯瑟琳·德·美第奇已经是一个大姑娘

---

① 赫克托·德·拉费里埃，巴格诺·德·普晒斯：《凯瑟琳·德·美第奇的信件》，第 8 卷，第 180 页。——原注
② 布朗托姆：《作品集》，第 7 卷，第 344 页到第 345 页。——原注
③ 比别纳（1470—1532），意大利红衣主教及剧作家
④ 埃吉迪奥·德·维杰博（1469—1532），意大利红衣主教，是奥古斯丁家族一员，15 世纪和 15 世纪的哲学家、神学家、演说家、人文主义者、卡巴拉主义者和诗人。

第 2 章　美第奇王后被诬陷与亨利二世之死

了，她应该参加过狩猎，否则她不会一抵达法兰西王国，便展现皮埃尔·德·龙萨[①]所说的热情，当然其中也许有些诗意的夸张：

那个（凯瑟琳·德·美第奇）从十四岁开始
就拿着木箭
礼服和弓箭
的少女

……

她总是在黎明
就随队伍走向森林
或周围
寻找野兽的行踪
或者冲向奔跑的雄鹿
或者躲过坠落的岩石
没有猎犬去吠咬棕熊
和有着钩子般利齿的公猪

凯瑟琳·德·美第奇舍弃了一种叫"桑部"的像椅子一样的鞍座。在这种鞍座上，女士们只能脚踩一块小木板侧坐着，而且只能缓慢前进。凯瑟琳·德·美第奇用的是一种也许在意大利早已练习过的骑法，就像今天的女骑士，左脚踩着马镫，右腿固定在马鞍架角上[②]，这样她就可

[①] 皮埃尔·德·龙萨（1524—1585），16世纪法兰西王国文艺复兴时期诗歌文学的主要人物。
[②] 据布朗托姆记载，凯瑟琳·德·美第奇是从洛林公爵夫人克里斯蒂娜·德·丹马克那里学会女骑士式骑马的，也就是在她来到法兰西王国之后。第9卷，第621页。——原注

以和男人们一样骑马，跟着他们到处奔驰。伟大的猎手弗朗索瓦一世非常赞赏她这种疯狂的骑法。虽然凯瑟琳·德·美第奇也曾从上面跌落过几次，但她从未气馁。直到六十岁，凯瑟琳·德·美第奇才放弃了这种危险的游戏①。

除了有阿谀奉承的习惯，凯瑟琳·德·美第奇思维敏锐而聪慧，这使她很容易适应法兰西宫廷的文化氛围。她法语学得很好，常常用一种非常有个性的拼写方式书写，而且她讲法语时还总带有一丝她自己从未想摆脱的异国口音。

凯瑟琳·德·美第奇的信中没有引用过一句拉丁语。② 不是用像"毒药在尾巴处"这种流畅的表达，而是用"在尾巴处是毒药"这样的法语形式。但也不能据此说她对拉丁语一无所知③，此外，她还懂些希腊语。佛罗伦萨学院创始人之一科西莫大使伯纳迪诺·德·美第奇学识渊博，他曾于1544年写道，凯瑟琳·德·美第奇的语言天赋"令所有人震惊"。尽管我们承认，这位太子妃的同胞和远房亲戚的话可能有些夸大，但他的赞美之词肯定还是有一定的可信度的。凯瑟琳·德·美第奇是否在意大利时就开始学习希腊语呢？伯纳迪诺·德·美第奇没有说。也可能她是十年前在法兰西宫廷学的，也许她还是伟大的古希腊语学者皮埃尔·丹尼斯的学生④呢？

---

① 1545年，在追逐雄鹿的狩猎中，凯瑟琳·德·美第奇骑的溜蹄马发狂并冲上了一个矮屋顶小屋，她从马上摔下来，右侧受伤。1563年，当她离开盖隆城堡时又从马上掉了下来，这次头上伤口很深，不得不做环钻手术。阿贝尔·德·贾斯丁：《法兰西与托斯卡纳的外交谈判》，第3卷，第158页。1563年9月19日的查理九世的信和10月2日的洛林红衣主教查理·德·洛林的信，在《卡斯特尔诺回忆录增集》，劳动者出版社，1731年，第2卷，第288页到第289页。——原注
② 她可能只引用过一句拉丁语，但是《福音书》里的一句经文。——原注
③ 她肯定懂拉丁语，见此书第287页，注1。——原注
④ 大使没有明确说出皮埃尔·丹尼斯的名字，而只是说将联合起来阻止把文章提交给特伦特理事会的十位受过高等教育的男子，其中一个是太子妃的老师（阿贝尔·德·贾斯丁：《法兰西与托斯卡纳的外交谈判》，1544年12月，第3卷，第140页）。然而，我们知道皮埃尔·丹尼斯是一个演说家，被弗朗索瓦一世派去了理事会。——原注

第 2 章 美第奇王后被诬陷与亨利二世之死

很明显，凯瑟琳·德·美第奇是懂得不少科学文化知识的。1555年弗朗索瓦·德·比隆①在《女性性别不可动摇的优势》中说道，她以拥有的"数学知识"而闻名。皮埃尔·德·龙萨还用诗歌形象地颂扬她"知识渊博"：

> 哪位女士有过这种做法？
> 数学知识如此之多？
> 哪个公主能更好地明白

皮埃尔·德·龙萨

---

① 弗朗索瓦·德·比隆（1522—1566），16世纪的法国作家，曾是威廉杜贝莱和帕尔马公爵奥塔维奥·法尔内塞的秘书。在他的作品《女性不可动摇的优势》（1555年）中，他被认为是"无神论"这个词的创造者，这是一部被认为是"女性争论"史上最完善的作品。

绘画的伟大世界，

自然之路，

和天堂的音乐？

这可能意味着凯瑟琳·德·美第奇对地理学、物理学和天文学都有所了解。这在王室家族绝无仅有。她也因此从法兰西文艺复兴时期其他纯粹的文人公主中脱颖而出。

为了生活，凯瑟琳·德·美第奇努力结交比自己年轻并狂热研究古代文化的玛格丽特·德·弗朗斯，也许就是为了取悦她，凯瑟琳·德·美第奇婚后继续学习希腊语。凯瑟琳·德·美第奇从国王珍爱的姐姐纳瓦拉王后玛格丽特·德·昂古莱姆身上寻求智慧和信任。玛格丽特·德·昂古莱姆是一位有些多愁善感的温柔女性，她既忧虑又快乐，既是快乐的说书人又是神秘的诗人，既是清醒的现实主义者又是一个糊涂的理想主义者。这些对立和矛盾使她成为16世纪宗教和文艺复兴时期最具吸引力的人物之一。凯瑟琳·德·美第奇肯定读过或听过别人读纳瓦拉王后的《七日谈》手稿，这也让她想到了另一个著名的佛罗伦萨说书人薄伽丘[①]。凯瑟琳·德·美第奇和玛格丽特·德·弗朗斯决心写与他们的作品类似的一本书。这位文人公主认为，模仿也是一种巧妙的奉承。和蔼的纳瓦拉王后玛格丽特·德·昂古莱姆在《七日谈》[②]的序言中还提到这本书，并且大方地表示，凯瑟琳德·美第奇和玛格丽特·德·弗朗斯的作品和自己的发表于同一时期，甚至比自己的还早一些，除了薄伽丘，她们并没有参考其他作品，但和《十日谈》[③]不同，她们的故事应该是"真实的故事"。

---

① 薄伽丘（1313—1375），佛罗伦萨作家。他在托斯卡纳的作品，特别是他收集的短篇小说集《十日谈》取得了巨大的成功，使他被认为是意大利文学的散文创作者之一。
② 《七日谈》是由玛格丽特·德·昂古莱姆，即纳瓦拉王后编写的未完成的七十二个短篇故事集。这本书的名字源于这个故事在七天内展开，第八天的故事还不完整。
③ 《十日谈》是由薄伽丘在1349—1353年间用意大利文写成的短篇小说集。

玛格丽特·德·昂古莱姆

薄伽丘

第 2 章　美第奇王后被诬陷与亨利二世之死

凯瑟琳·德·美第奇和玛格丽特·德·弗朗斯向王太子亨利"承诺"，"她们各自有十个人，因为只有凑够十个人才更适合讲述某些事情"。但她们还须避免找文人帮忙，因为王太子亨利从不是一个适合用"精细"形容的健壮男子，他"不愿意让文人的艺术混杂在内，而且也害怕华丽的修饰在某种程度上会歪曲历史真相"。

由于弗朗索瓦一世的伟大事业和身为太子妃繁忙的事务，凯瑟琳·德·美第奇彻底遗忘了写书的事①。她本打算写由三十个中短篇小说组成的《三十日谈》，书中不会对弗朗索瓦一世时期的社会和宫廷进行浪漫的描绘，不会那么大肆夸张，如同缩略版的布朗托姆的作品。遗憾的是这本书没能写成，后来，信件成了凯瑟琳·德·美第奇唯一的文学作品②。

凯瑟琳·德·美第奇来自一个各种诗歌都由五六种，甚至七八个声部吟诵，并辅以乐器伴奏的国家。而在当时的法兰西王国，行吟诗人、讲述者和歌吟者的口头流传作品的习俗还未消失。当代诗人，如梅利·德·圣格莱③，除了使用隐喻外还用琵琶伴奏④。当克莱门特·马罗⑤用法语把

---

① 《纳瓦拉王后玛格丽特·德·昂古莱姆〈七日谈〉中短篇小说》，本杰明·皮夫托出版社，第1卷，第28页到第29页。——原注
② 书名是《凯瑟琳·德·美第奇未出版的诗歌》（巴黎，1885年）。爱德华·弗雷米先生在另一部有趣的传记中发表了一些不是凯瑟琳·德·美第奇写的诗歌。我们只需要相信，不带偏见地去阅读就好。因为思想、感觉和语言都不符合她的感受和思考的方式，而且地区标识与她已为人所知的行程是不一致的。这也是巴格诺·德·普晒斯的观点。我是有严谨论证的，《历史问题回顾》，1883年，第34卷，第275页到第279页。这些诗文让人回忆起了纳瓦拉王后玛格丽特·德·昂古莱姆的表达方式，所以它们可能是仿造的作品。——原注
③ 梅利·德·圣格莱（1491—1558），文艺复兴时期的法兰西王国诗人，他创作了深受弗朗索瓦一世和亨利二世喜爱的作品。虽然今天很少有人知道他，但他被同时代人认为是那个时代最优秀的诗人之一。
④ 奥格-琪凯特：《吉恩·安东尼·德·巴奕夫的生平、思想和作品》，巴黎和图卢兹，1909年，第303页到第304页。——原注
⑤ 克莱门特·马罗（1496—1544），法国第一批现代诗人之一，文艺复兴时期法兰西王国七星诗社的先驱者，弗朗索瓦一世宫廷的官方诗人。

克莱门特·马罗

前三十首诗歌改写成韵文,伟大的音乐家塞尔东、詹南奎和古迪梅尔马上就给它们配上了音乐。由音乐家和诗人各自理解演绎的诗歌,总能表现出希伯来诗歌的伟大、绚烂和激情。它们在弗朗索瓦一世的宫廷中大获成功。这些诗歌形式非常丰富,但相比之下,里面启发教诲性的东西少了一些。

第 2 章　美第奇王后被诬陷与亨利二世之死

圣歌最狂热的爱好者就是当时的王太子亨利了。他不仅让别人，而且自己也在小提琴、拨弦古钢琴、笛子或唱诗班成员的和声配合下吟唱。因此王太子周围的奉承者都希望拥有自己的圣歌，并请求王太子亨利找到一首能反映他们情感的曲子。王太子亨利写给自己的圣歌：

> 愿为上帝服务的人
> 都是快乐的

他还自己给它配了音乐。凯瑟琳·德·美第奇则选择了无名表演者的第一百四十一首曲子[1]：

> 我将从压迫中走出
> 走向永恒的上帝

婚后九年中，凯瑟琳·德·美第奇一直沉浸在没有孩子的悲伤里，上帝是她唯一的希望。然而，如此珍贵且优美动听的圣歌却被怀疑沾染了新教思想。宫廷把用俗语演唱的宗教歌曲当作奥拉斯[2]的"淫荡诗文"。据一位改革派人士说，这些诗文"点燃了各种淫荡猥琐的思想和欲望"[3]。

---

[1] 拉丁文《圣经》的第一百四十一首是希伯来和胡格诺派诗歌的第一百四十二首，拉丁文《圣经》将原始希伯来文的第九和第十篇诗歌合并了（杜昂：《克莱门特·马罗和胡格诺派诗人》，1878年，第 1 卷，第 284 页的注释 5，第 285 页）。——原注
[2] 奥拉斯，拉丁诗人，公元前 65 年出生于意大利南部维纳斯，公元前 8 年在罗马去世。他的作品非常丰富，后世对他的生平的了解基本上都是从他的作品中获知的。
[3] 鲍姆，库尼茨：《约翰·卡尔文作品全集》，第 17 卷，第 614 栏到第 615 栏。——原注

凯瑟琳·德·美第奇对此一直无动于衷，依旧热烈欢迎这些"疯狂的歌曲"①。

毫不奇怪，有了祈求赐予子嗣的美好愿望，凯瑟琳·德·美第奇成功地改变了舆论。1542年威尼斯大使马托奥·丹多洛在他的报告中说："最好的迹象就是她得到自己丈夫——王太子亨利的喜爱和亲近。弗朗索瓦一世陛下也很宠爱她。她受到整个宫廷和所有人民的爱戴。我认为，没有一个人不是诚心祈望她能拥有一个自己的儿子。"②

自从王太子亨利得知他在生育方面没有问题，凯瑟琳·德·美第奇就一直害怕因不孕被休。1537年，王太子亨利和陆军统帅阿内·德·蒙莫朗西③在皮埃蒙特进行战斗时，在蒙卡列认识了一个年轻女子——王室马厩管理员让·安东尼的妹妹菲利帕·迪克，并与她有了一个女儿。后来亨利二世给这个女儿赐名为戴安娜·德·弗朗斯④并将其身份合法化，而且还让她与卡斯特罗公爵奥拉斯·法尔内塞⑤成婚。对这桩与佛罗伦萨联姻的反对者们认为报复的机会来了。布朗托姆说："有很多人劝说或直谏国王弗朗索瓦一世和王太子亨利休掉凯瑟琳·德·美第奇，因为法兰西王朝需要延续命脉。"而布朗托姆确信"任何一方都不会同

---

① 这是由文艺复兴时期的诗人翻译，甚至可能是拉丁诗人模仿贺拉斯的颂诗而来的，1532年在法兰克福出版的一本书中，我们发现它们已在当时流行的曲调基础上被改编成了四个声部的音乐（日内瓦大学名誉教授，已故的欧内斯特·斯陶林的图书馆目录，由埃米尔·保罗和吉尔曼出版社出版，巴黎，1912年）。参看马修：《16世纪配有音乐的贺拉斯的颂诗》，音乐杂志，1906年，第6卷，第355页起。——原注
② 奥伯里：《威尼斯大使在参议院的报告》，法国，第1系列，第6卷，第47页。——原注
③ 阿内·德·蒙莫朗西（1493—1567），法兰西王国的公爵和贵族，当时是法兰西王国的大主管，法兰西王国莱博的男爵和贝亚德的陆军统帅。他是弗朗索瓦一世和亨利二世的亲密朋友。
④ 戴安娜·德·弗朗斯（1538—1619），昂古莱姆和艾丹普公爵夫人，亨利二世私生女，在奥拉斯·法尔内塞战死后，改嫁于弗朗索瓦·德·蒙莫朗西。
⑤ 奥拉斯·法尔内塞（1531—1553），是皮埃尔·路易·法尔内塞和杰罗拉玛·奥西尼的第四个儿子，是卡斯特罗的第三任公爵。

阿内·德·蒙莫朗西

戴安娜·德·弗朗斯

亨利二世主持戴安娜·德·弗朗斯与卡斯特罗公爵奥拉斯·法尔内塞的婚礼

意这一点"①。但他并没有生活在1538年,他所说的也只是传闻。这次危机后,威尼斯大使洛伦佐·康塔里尼和凯瑟琳·德·美第奇互相通信来往了十三年,这位大使的话与传闻恰恰相反,她的公公和丈夫原本决定让她离婚,但凯瑟琳·德·美第奇成功地说服了他们。凯瑟琳·德·美第奇去找了国王弗朗索瓦一世,并告诉他,为了履行她对法兰西王国的伟大义务,她宁愿承受巨大的痛苦而不是抗拒他的意志,她愿意进入修道院,"或者如果这样做会令国王陛下高兴的话,她也可以留下来为有幸成为她丈夫妻子的女子服务"②。

弗朗索瓦一世被凯瑟琳·德·美第奇的痛苦和牺牲精神打动了,并保证她永远不会被休掉。但凯瑟琳·德·美第奇还是担心弗朗索瓦一世可能会因王国的利益而反悔。她用尽了一切办法努力怀上王太子亨利的孩子:采用医生药方,喝王室总管送来的民间土药,向伺候她梳妆的有很多孩子的凯瑟琳·德·冈迪请教经验。结婚十年后的1544年1月20日,凯瑟琳·德·美第奇终于生下了一个儿子。这个孩子的出生令国王弗朗索瓦一世和他的姐姐玛格丽特·德·昂古莱姆都激动地流出了眼泪。马罗、梅利·德·圣热莱及皮埃尔·德·龙萨像庆祝战役胜利那样庆祝凯瑟琳·德·美第奇孩子的诞生。

另外,令凯瑟琳·德·美第奇一直深感悲伤的另一个原因,就是自己的丈夫对普瓦捷家族的戴安娜·德·普瓦捷的爱恋。戴安娜·德·普瓦捷是诺曼底大司法总管路易·德·布雷泽③的遗孀,是宫廷里一位有威望的夫人。1538年,只有十九岁的王太子亨利便倾心于她时,而戴安娜·德·普瓦捷已经三十八岁,但他还是很爱她。

---

① 布朗托姆:《作品集》,第7卷,第341页。——原注
② 奥伯里:《威尼斯大使在参议院的报告》,法国,第1系列,第4卷,第73页。——原注
③ 路易·德·布雷泽(1463—1531),诺曼底最后一位宫廷总管大臣,莫莱夫里耶伯爵,拜克克雷斯平和莫尼子爵,他拥有许多领地。

戴安娜·德·普瓦捷

可以想象，两人之间的爱情应更多的是充满爱意柔情的友谊，因其纯洁而得以持久。这可能是受当时流行的骑士小说——由埃贝拉·德·塞萨尔斯[①]于1540年开始翻译、改编自西班牙文的《高卢的阿玛迪斯》[②]，以及其他来自不同国家，用各种语言书写的此书的影响。这些不同版本的书在游侠骑士中流传，他们颂扬贞洁、永恒、崇敬又谦卑的爱人。这种文学作品之所以广受欢迎，可能是因为它正好迎合了当时复苏的骑士精神和崇拜女性的思想。

《高卢的阿玛迪斯》

---

① 埃贝拉·德·塞萨尔斯，法国翻译家，1552年逝世。
② 《高卢的阿玛迪斯》是一部西班牙骑士小说，是加西·罗德里格斯·德·蒙塔尔沃的作品，1508年在萨拉戈萨出版。

第 2 章　美第奇王后被诬陷与亨利二世之死

正如费德尔在《宴会》①中的陈述以及马西尔·菲辛②对柏拉图教义的解释，摆脱了感官奴役的爱情信念甚至比小说更有助于提升激情和净化感情③。自1540年《宴会》的译本出现后，希腊哲学家及佛罗伦萨评论家们的精神就得到传播，这本书成为玛格丽特·德·昂古莱姆和她周围人追捧的对象。《七日谈》中的一个人物说："……至于我，我可以向你发誓，我非常喜欢一位女士，但如果她做了让我看低她的事，我更愿意去死。因为我的爱是建立在其美德基础上的，无论我能知道什么，我都不希望看到她的污点。"④这些小说大部分都是非常放纵的，但传播了强大的理想主义思想。在当时注重礼仪的社会，没有任何资料能更好地证明，对新精神的向往与粗俗品行之间存在的矛盾。文艺复兴时期诗人的"彼特拉克主义"⑤也倾向于精神的激情化⑥。

这种爱情观极其危险，它会威胁并不将爱情作为唯一或主要目标的婚姻。事实上，没有爱情的婚姻显得更自在。柏拉图的崇拜者中，最讲究的人并不认为补偿经过一段时间考验后的忠贞是足够英雄主义的，他们要的是一种毫无希望的放弃和不求回报的牺牲。随意吃掉人们已经放在祭坛并进行了祭拜的物品是一种亵渎，但大自然有它的要求，生活有它的义务。因此为了调和身体或社会的需求与理想的需要，天真的道德

---

① 《宴会》是公元前380年左右柏拉图的一部作品，主要由一个关于爱的本质和品质的长篇论述构成，费德尔是柏拉图笔下的一个人物。
② 马西尔·菲辛（1433—1499），意大利诗人和哲学家。
③ 阿贝尔·勒弗朗：《文艺复兴时期法兰西王国的柏拉图主义和文学》，文学历史杂志，1896年1月15日；布尔奇耶夫：《亨利二世宫廷的文雅道德和文学》，第3和第4章。——原注
④ 《七日谈》中第十篇小说，第1卷，第148页，皮夫托出版社。参见第157页和第158页，作为对柏拉图式教义更直接的影射第八短篇小说，第83页。——原注
⑤ 彼特拉克主义指模仿意大利诗人彼特拉克的文体。
⑥ 关于彼得拉克的影响，参见味亚内的《法国模仿意大利诗人彼特拉克的文体》（蒙彼利埃和巴黎，1909年），第2章本博学派和本博主义者。——原注

派承认拥有一个妻子和一个"完美女友"是合理的。妻子是孩子的母亲和种族的延续者,而"完美女友"是伟大而高尚思想的启发者。像凯瑟琳·德·美第奇的丈夫对普瓦捷家族的戴安娜·德·普瓦捷这样的依恋虽然很少见,但却是那个时代超越道德伦理的最好例证。

我似乎已经采纳了这个我在尽可能强调的论点,而下面是法兰西人可能会对此提出反驳的理由。根据时代和支持者们兴趣的不同,他们宣称自己或是赞扬或是不认同戴安娜·德·普瓦捷的品行。在弗朗索瓦一世统治期间,国王弗朗索瓦一世情妇艾丹普公爵夫人安妮·德·皮塞卢的支持者并没有指责王太子最爱的人的品行。王太子亨利继位后(史称亨利二世)对戴安娜·德·普瓦捷美德的颂扬成了惯例,但人们无论是诽谤还是赞美戴安娜·德·普瓦捷的品行都被认为是别有用心的。布朗托姆欣然记叙了16世纪的历史和爱情传奇,但没必要询问他是否相信亨利二世和其情妇关系的纯洁。外国人及消息灵通的威尼斯人都不同意这种关系。1546年,法兰西王国大使马里诺·卡瓦利认为,还是王太子的亨利对别的女性不太感兴趣(马里诺·卡瓦利搞错了),这位王太子只喜欢自己的情妇。至于"大总管的妻子",王太子仅限于和她"交易"和"谈话"。后者只是起"教育""纠正""警告"他,并"激发他与王太子身份相符的思想和行动"的作用①。戴安娜·德·普瓦捷能成功地激发王太子亨利对妻子的好感,并使他成为一个好丈夫,她就像骑士风范小说里三人共同生活的"完美女友"。然而马里诺·卡瓦利并不肯定戴安娜·德·普瓦捷是否只是亨利二世的女谋士。在1558年的一份报告中,乔瓦尼·索兰佐还谈到了戴安娜·德·普瓦捷和亨利二世、弗朗索瓦·德·弗朗斯及国王的关系②。他说:"戴安娜·德·普瓦捷

---

① 奥伯里:《威尼斯大使在参议院的报告》,第1系列,第1卷,第243页。或托马塞奥:《维尼斯大使们的报告》,法语,(未出版集),第1卷,第287页。——原注
② 奥伯里:《威尼斯大使在参议院的报告》,第1系列,第4卷,第77页到第78页。——原注

戴安娜·德·普瓦捷,绘于卢浮宫

很美丽，被大家喜爱，她那时已经六十多岁了，亨利二世对她的爱始终如一，但在公众场合亨利二世从未被看到有不道德的行为。"①

　　这可能是事实。亨利二世非常喜欢女人，并乐于"去更换"她们。如果布朗托姆说的是真的，亨利二世的众多经历可能会让他在某天比较过这些女人后，不由自主地赞美自己的妻子。亨利二世最喜欢的诗人是兰斯洛特·德·卡莱斯②和梅利·德·圣格莱，他们都不是麻木爱情的颂扬者。然而，就像凯瑟琳·德·美第奇所说，亨利二世的确不喜欢丑闻，很快就会摆脱那些因傍上他而炫耀的女人，她们"盗用了他青睐的荣耀"。因此，亨利二世赶走了一位有名望的苏格兰女士弗莱明夫人③，因为在有了他的孩子后，她还奢望得到一个情妇的头衔和一份报酬。但亨利二世还是承认了和她生的儿子亨利·德·昂古莱姆，就像他承认和菲利帕·迪克的女儿戴安娜·德·弗朗斯一样。亨利二世之所以没有承认他与妮科尔·德·萨维尼④的孩子⑤，可能是因为孩子的母亲已经结过婚了，父亲是谁仍属可疑。除此之外，他还有许多没有被人知晓的轻率的爱情行为。

　　这个多情的男人，在他炽热的青春里，真的非常爱恋戴安娜·德·普瓦捷这个当时已经很成熟的美女吗？

　　如果亨利二世不是真心爱着戴安娜·德·普瓦捷，那么当她不在自己身边时，他又怎么会给她写信说："在见不到您的时候，我时常会想起

---

① 奥伯里：《威尼斯大使在参议院的报告》，第 1 系列，第 2 卷，第 77 页到第 78 页。——原注
② 兰斯洛特·德·卡莱斯（1508—1568），法兰西王国诗人，里耶兹主教。
③ 珍妮特·斯图尔特，苏格兰的詹姆斯四世的私生女，英国贵族高布兰伦·弗莱明的遗孀。作为家庭女教师，曾陪着亨利二世长子的未婚妻——小王后玛丽·斯图亚特到法兰西王国。
④ 妮科尔·德·萨维尼（1535—1590），法兰西国王亨利二世的情妇。
⑤ 然而，修道院院长皮耶菲特说，妮科尔·德·萨维尼在与她的表弟圣雷米男爵德维尔·德·吉恩二世结婚之前，就有了与亨利二世的这个孩子。但为什么亨利二世没有将这位拥有贵族身份的情妇的儿子合法化呢？为什么这个孩子又被命名为亨利·德·圣雷米呢？参见阿贝·皮耶菲特：《洛林考古学会杂志》，1904 年，第 101 页和第 102 页的注释 1。就是这位亨利·德·圣雷米，科利尔事件的阴谋者，著名的拉莫特–卢瓦伯爵夫人的后代，亨利三世时代的一位普通绅士。——原注

亨利·德·昂古莱姆

我们在枫丹白露宫的快乐时光。失去所有的美好,我实在很难过。""我的生活不能没有您。"亨利二世写道"我爱您胜过爱自己""请您记住,除了您,我从来没有爱过,并且以后也不会爱别人"。正如亨利二世在诗文中所描述的,她是"他的公主",他"信仰堡垒"的"王后和主人",一个他担心最后让他屈尊到只关注她一个人的"女神"[1]。1547年,二十八岁的王太子亨利接替了他的父亲成为法兰西王国的国王。费拉尔公爵的委托人知道,无论是午饭后,还是晚餐后,亨利二世一有时间就去看总管的妻子。查理五世的大使莫里斯有意向其政府通报新宫廷的动向,他从弗朗索瓦一世的遗孀——埃莉诺·德·奥特里希那儿了解到她所掌握的一位有影响力的夫人玛德琳·德·梅利的消息。孔代亲王路易一世·德·波旁[2]后来娶了这位夫人的女埃莉诺·德·鲁瓦[3]。年轻的国王忙着让戴安娜·德·普瓦捷成为瓦朗斯公爵夫人,每天都会向她介绍他与外国大使或朝臣们处理的重要事务。然后,"他坐在她膝盖上,用她手里的一把齐特拉琴演奏。他还一次次触碰她的乳房,用满是爱恋的目光专注地望着她[4],戴安娜·德·普瓦捷从不反对,她只是撒娇地抗议说'这样下去,它们可是会长出皱纹的'"。

  他多么爱她啊!正是因为这种爱,亨利二世才会以谦卑又温柔的情人身份写出深情炽热的信。戴安娜·德·普瓦捷被亨利二世的爱打动并心怀感激。为了让这种爱能一直持续下去,戴安娜·德·普瓦捷一定不会

---

[1] 在《戴安娜·德·普瓦捷未出版的信件》中可以看到亨利二世写给戴安娜·德·普瓦捷的一些信件和诗文,由乔治斯·吉弗雷出版,巴黎,1866年,第220,第223页,第226页。——原注

[2] 孔代在16世纪成为公国,现在孔代城堡仍然存在。这里的孔代亲王指的是在前三次宗教战争中,新教主要领导人路易一世·德·波旁。

[3] 埃莉诺·德·鲁瓦(1535—1564),孔代亲王路易一世·德·波旁的妻子,她和她的母亲玛德琳·德·梅利都是在法兰西宫廷捍卫新教的伟大夫人。

[4] 莫里斯给宫廷的信,历史杂志,1877年,第5卷,第112页。对亨利二世与戴安娜·德·普瓦捷的柏拉图式爱情的"最近提出的巧妙的论点",见卢西恩·罗米耶:《宗教战争的政治起源》一书的别的参考文献。《亨利二世和意大利》,1913年,第1卷,第26页,注释1。——原注

埃莉诺·德·奥特里希

孔代亲王路易一世·德·波旁

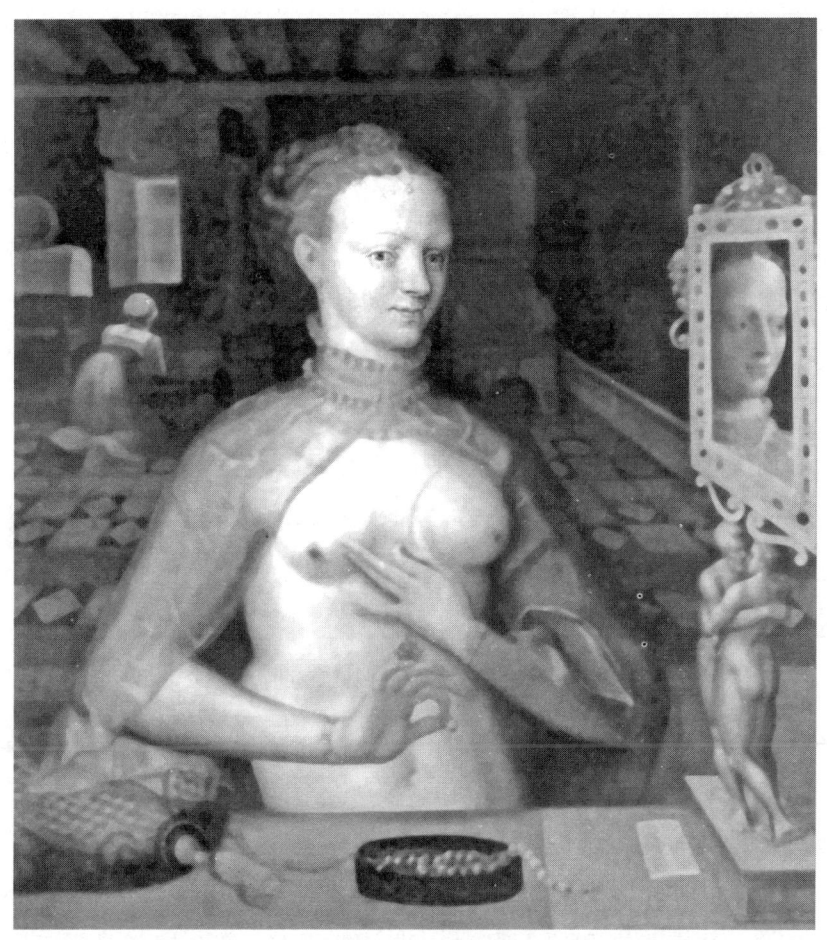

戴安娜·德·普瓦捷拥有一对迷人的乳房。年轻的国王亨利二世在很多公众场合也会触碰它们。这幅戴安娜·德·普瓦捷的画像是亨利二世命人画下来的

拒绝正处于青春萌动期的亨利二世,也许她自己也在热恋中——1538年,两人相识时,她已经快四十岁,她应该是愿意委身于他并沉醉其中的。

作为主要当事人,美第奇王后对丈夫与戴安娜·德·普瓦捷的关系非常清楚。但只要亨利二世活着,她就会把对这个情妇的仇恨隐藏起来。即使在亨利二世去世后,出于对他的尊重,凯瑟琳·德·美第奇也克制自己,避免出现过激的报复行为,但她从未忘记这种仇恨。在1584年4月25日的一封信中,美第奇王后向她的女儿纳瓦拉王后玛格丽特·德·瓦卢瓦承认,她根本不该对丈夫的情妇们表示出任何友好,因为亨利二世可能会因此认为她之所以会如此宽容,是因为她在别处找到了满足,这样甚至可能破坏两人的关系。其实从二十五年前凯瑟琳·德·美第奇就成了一个活寡妇。美第奇王后还说:"希望你(我女儿)在这方面不要学我,我之所以对瓦朗斯夫人表现得亲热,只是为你的父王着想,不过我也会让他知道这让我非常痛苦,毕竟一个深爱自己丈夫的女人是难以容忍他找一个娼妓的……虽然我这话说得不太好听,但我实在想不到别的适合她的称呼。"[①]

我们从戴安娜·德·普瓦捷的信件中看到,这个聪明的情妇年老时可能已经明白,想要把这种爱慕一直延续下去,必须改变爱慕的性质。她可能会害怕随着她与亨利二世年龄差距表现得越来越明显时,自己会受到嘲笑和疏远。

其实那个时代的文学作品中所赞颂的女性角色和她一样,她根本不必为此担忧。在奉承者和诗人眼中,戴安娜·德·普瓦捷就是国王所珍爱的人。他们说戴安娜·德·普瓦捷其实比海伦[②]更漂亮,比卢克雷丝[③]更

[①] 赫克托·德·拉费里埃,巴格诺·德·普晒斯:《凯瑟琳·德·美第奇的信件》,第8卷,第181页。——原注
[②] 在希腊神话中,海伦是宙斯和勒达的女儿,传说她是世界上最美丽的女人。
[③] 卢克雷丝是公元前1世纪的拉丁哲学家、诗人。《事物的本质》是一首根据伊壁鸠鲁的原则描述世界的激情长诗。

第 2 章　美第奇王后被诬陷与亨利二世之死

贞洁。皮埃尔·德·龙萨曾说:"她是一名聪慧的女士,能提出很好的建议,有可贵的勇气。"然而,亨利二世的记忆似乎曾被控制,虽然这种控制后来已经停止,但留在他身上的印记仍非常鲜明,就连历史学家德都①也承认戴安娜·德·普瓦捷曾对亨利二世使用了魔法,她拥有巫术般的魅力,这样才能解释为什么那个早已不再年轻的女人对依然年轻的男子拥有这样的吸引力。

德都

---

① 德都全名雅克-奥古斯特·德都(1553—1617),是一名法官、历史学家、作家及法兰西王国政治家。

同时，美第奇王后依然对不忠的丈夫既温柔又尊敬。在摄政之初的那段充满未知和纷乱的时期，她向女儿西班牙王后伊丽莎白·德·瓦卢瓦回忆说："我唯一的痛苦就是你们的父王没有给予我如我所愿的足够的爱，但我却爱他爱到让自己害怕。"① 美第奇王后一直承受着与别人分享丈夫的痛苦。当亨利二世成为国王后，加上其他原因，她就更痛苦了。亨利二世对妻子既亲切又尊重。在当政之初，他每年拨给她二十万法郎，为她安排了很多女性服侍人员。这些"女性太多了，据说甚至超过了已故国王生前的三分之一"②。但所有人都知道，戴安娜·德·普瓦捷才是亨利二世心中排第一位的女人。1548年9月23日，亨利二世来到里昂。那些爱好阿谀奉承的官员为戴安娜·德·普瓦捷想出了一个女猎手的形象：站在皮埃尔·昂斯兹③的大门前，牵着一头带着黑白绳索的机械狮子迎接亨利二世。黑白色正是戴安娜·德·普瓦捷最喜欢的颜色④。新城门口竖立的凯旋门的三角楣上也出现了另一个戴安娜·德·普瓦捷的形象。第二天（1548年9月24日），当美第奇王后来到里昂时，戴安娜·德·普瓦捷依然带着她的机械玩偶，"这个玩偶的胸部自动打开，露出心脏中间的美第奇王后的纹章，这时戴安娜·德·普瓦捷还为美第奇王后念了一些诗文"。美第奇王后对她行了屈膝礼后就离开了，去了令这位王后更愉快的地方。在罗马，在主教让·杜·贝莱⑤为国王第四个孩子的出生（1549年3月）举行的庆祝活动上，美女游行被安排在骑士比武之前。据目击者弗朗索瓦·拉伯雷⑥讲述，"戴安娜·德·普

---

① 1560年12月7日。赫克托·德·拉费里埃，巴格诺·德·普晒斯：《凯瑟琳·德·美第奇的信件》，第1卷，第568页。——原注
② 圣莫里斯：《历史杂志》，第5卷，第115页。——原注
③ 皮埃尔·昂斯兹是位于里昂老城的里昂第五大区的一个地区。
④ 西奥多–戈德弗罗伊：《法国人的礼仪》，第1卷，第837页，第851页。——原注
⑤ 让·杜·贝莱（1498—1560），法兰西王国教士和外交官。
⑥ 弗朗索瓦·拉伯雷（1483—1553），文艺复兴时期的法兰西人文主义作家。他既是教会支持者又是反对者，既是基督教教徒又是自由的思想家。

让·杜·贝莱

瓦捷是那里的主角，明显比其他人更突出、更高贵。她额头戴着一个银色新月形饰品，金发披在肩膀上，头顶编着辫子，戴着缀满玫瑰、紫罗兰和其他美丽花朵的花冠"①。在圣丹尼斯②美第奇王后加冕期间（1549年6月），戴安娜·德·普瓦捷在嫡公主们的陪伴下紧跟在王后后面③。

当时国王的宠臣阿内·德·蒙莫朗西独揽大权，并且不让美第奇王后插手宫廷事务。威尼斯人洛伦佐·康塔里尼说，尽管美第奇王后聪慧又谨慎，"但她和国王的关系并不平等，而且也没有皇室血统"。但我们不能因此就说这个情人戴安娜·德·普瓦捷神通广大吧？皮埃尔·德·龙萨描绘了一条流经普瓦捷的小溪克兰河，这条河的神灵向普瓦捷的祖先预测他们会有一个王室血统的后代。皮埃尔·德·龙萨可能对美第奇王后有偏见，并有意混淆了戴安娜·德·普瓦捷所出身的多菲内④家族的瓦朗斯伯爵们与法兰西王国的古老统治者维也纳的王太子们。维也纳王室是通过领养才完成了王室的沿袭，并将他们的封号和领地遗赠给法兰西国王的长子。可以想象，美第奇王后看到皮埃尔·德·龙萨颂扬戴安娜·德·普瓦捷的出身而贬低自己是多么痛苦。然而，为了取悦丈夫，她隐藏起自己的妒忌，甚至饶恕了她的对手。

尽管戴安娜·德·普瓦捷对美第奇王后很尊重，但也不让她太接近自己。戴安娜·德·普瓦捷负责照顾王室子女，对他们视如己出，同时还担任王后的护士。一个在1551年和美第奇王后来往的威尼斯人说，

---

① 弗朗索瓦·拉伯雷：《模拟战争》，莫兰出版社，第596页。——原注
② 圣丹尼斯，位于巴黎以北的塞纳圣丹尼斯省。
③ 我们知道王后也是要加冕的，但有时是在国王之后很长时间，不是在兰斯，而是在圣丹尼斯。查尔斯大使西蒙·雷纳德加冕仪式的说明。在马里恩威乐先生于1885年在巴黎出版的《洛伦佐公爵夫人法国的克劳德》，第245页。——原注
④ 多菲内是一个历史和文化实体。它曾占据位于当今法国东南部的前维也纳省。原来多菲内是古代普罗旺斯的一部分。多菲内·维也纳是一个国家，在阿尔邦·宫特的领导下，获得了王储的称号。

第2章 美第奇王后被诬陷与亨利二世之死

王后经常把国王送到戴安娜·德·普瓦捷的床上,但这只是出于委曲求全的谨慎,而不是无私。可能王后宁愿让亨利二世在她所知道的地方寻欢作乐也不愿让他去陌生的地方冒险,否则他可能还会有新的恋情。王后与戴安娜·德·普瓦捷团结起来与弗莱明夫人进行斗争[①]。

丈夫亨利二世参战时,美第奇王后对他炽热的感情在给他的信中显露无遗。亨利二世与弗朗索瓦一世一样,想通过联合神圣罗马帝国的新教教徒来反对查理五世,进而获得曾是神圣罗马帝国组成部分(1552年1月15日,《尚博德条约》[②])的三个讲法语的主教管辖区:梅斯、托尔和凡尔登。亨利二世和挚友——陆军统帅阿内·德·蒙莫朗西亲自指挥一支军队,轻而易举地占领了这些地区[③]。

宫廷成员远远地跟着。1552年3月底美第奇王后在茹安维尔[④]的香槟地区病倒了,她险些死于紫癜和发烧。纪尧姆·克雷斯蒂安[⑤]医生宣称她是在戴安娜·德·普瓦捷的照顾和祈祷下才恢复健康的。然而,也许有些讽刺的是,戴安娜·德·普瓦捷自己却道出了一个更有效的"良方",她写信给布里萨克元帅查理一世·德·科塞[⑥](1552年4月4日):

[①] 然而,我觉得似乎不可信,尽管佛哈海思的委托人阿勒瓦哈迪(卢西恩·罗米耶:《宗教战争的政治起源》,第85页和附注)断言,戴安娜·德·普瓦捷曾经看到亨利二世在夜里去弗莱明夫人家,谴责他羞辱了他未来的儿媳苏格兰女王玛丽·斯图尔特,为她安排了一个娼妓做家庭教师。——原注
[②] 1552年,亨利二世与反对神圣罗马帝国皇帝查理五世的神圣罗马帝国亲王们在位于奥尔莱纳尼斯省的香波尔城堡签署了《尚博德条约》。
[③] 梅斯在1552年4月10日被占领,托尔在1552年4月13日被占领,凡尔登在1552年6月2日被占领。王室军队一直推进到莱茵河,1552年5月3日出现在斯特拉斯堡,那里的大门仍然紧闭,到1552年7月战役才结束。——原注
[④] 茹安维尔,法国上马恩省的一个市镇,茹安维尔区的首府,前身是让·德·茹安维尔及其家族的领地。
[⑤] 纪尧姆·克雷斯蒂安,当时法兰西宫廷的医生。
[⑥] 布里萨克元帅,又称布里萨克伯爵,原名查理一世·德·科塞(1505—1563),是16世纪法兰西王国军人和贵族。1550年被提拔升法国元帅。

"您可以相信,国王尽到了丈夫的职责,因为他没有放弃王后。"① 在这极其危险的时刻,亨利二世表现出对妻子无微不至的关怀。费拉尔公爵的委托人于 1552 年 4 月 5 日写道,大家都"惊呆了"②。但美第奇王后退烧后,这种热烈的情感也随之消失了。

这场战役之后和接下来的两年——1553 年和 1554 年,国王经常不在宫廷。美第奇王后身着黑色丧服,并强迫随行人员也和她穿一样的衣服。乔瓦尼·卡珀洛说:"她敦促每一个人,向我们的主祈求,为离家在外的国王的幸福和成功进行虔诚的祈祷。"③ 玛格丽特·德·弗朗斯的总管米歇尔·德·洛皮塔尔④,曾在写给与国王同行的洛林红衣主教的拉丁文诗歌中说:"希望你能知道我们变成了什么样,知道如此担忧丈夫的王后在做什么,国王的妹妹和他儿媳、他表姐安妮·埃斯特⑤,还有所有不允许佩带武器的随从都在做什么,希望你们知道他们在不断地祈祷和祝福,恳求天国诸神能拯救你们和国王,期盼你们能在战胜后尽早归来。"⑥

亨利二世的妻子和情人都嘱咐军队首领——陆军统帅阿内·德·蒙

---

① 吉弗雷:《戴安娜·德·普瓦捷的信件》,第 96 页。——原注
② 卢西恩·罗米耶转述了这封阿尔瓦罗蒂的信,第 1 卷,第 19 页,注释 2,结论是亨利二世用"关心"和"尊重"包围了妻子,但如果国王的关注让大家这么吃惊,一个"惊呆了",就说明这些都不是经常发生的。——原注
③ 奥伯里:《威尼斯大使在参议院的报告》,第 1 系列,第 2 卷,第 280 页,或托马塞奥:《维尼斯大使们的报告》,第 1 卷,第 358 页。——原注
④ 米歇尔·德·洛皮塔尔,生于 1503 年到 1507 年间,1573 年去世,曾担任巴黎议会(1537)的顾问,特伦特议会大使,行政法院审查官,财政总监(1554),法兰西王国掌玺大臣(1560),同时也是一个拉丁诗人。
⑤ 安妮·埃斯特(1531—1607),是赫尔克勒二世,费拉拉公爵的长女,以及法兰西王国公主蕾妮(路易十二和安妮·德·布列塔尼的女儿)的长女。她的第一次婚姻使她成为欧马勒公爵夫人及吉斯公爵夫人,她是宗教战争期间法兰西宫廷的重要人物。
⑥ 杜飞:《法兰西王国的掌玺大臣米歇尔·德·洛皮塔尔作品集》,巴黎,1824 年到 1825 年,第 3 卷,4 卷,其中一卷是插图,第 193 页。——原注

米歇尔·德·洛皮塔尔

莫朗西"看好国王"。戴安娜·德·普瓦捷写道:"那些毒药和枪炮都能用来保护我的爱人。"⑦美第奇王后(1553年8月)写道:"打败敌人,但让国王远离炮火","如果他能像我一直祈祷的那样安然无恙的归来,荣誉和财富都将随之而来。但如果他无法安然无恙的归来,由此带来的痛苦是您无法挽救的。我以妻子的身份告诉您,只要他平安,别的都不重要"⑧。情人的信像出自妻子之手,虽然担心,但对在外打仗者的感

亨利二世的戎装像

---

⑦ 关于令人相当意外的戴安娜·德·普瓦捷对毒药的恐惧。吉弗雷:《戴安娜·德·普瓦捷的信件》,第101页,注释2。——原注
⑧ 赫克托·德·拉费里埃,巴格诺·德·普晒斯:《凯瑟琳·德·美第奇的信件》,第1卷,第78页。——原注

第 2 章　美第奇王后被诬陷与亨利二世之死

情非常坚定；妻子的信却像出自多情的恋人之手。美第奇王后写信给追随丈夫到军队的吉斯公爵夫人①："请求上帝让我做得像您一样好。"②戴安娜·德·弗朗斯的丈夫——卡斯特罗公爵奥拉斯·法尔内塞因在赫斯丁中枪而投降，凯瑟琳·德·美第奇对此非常气愤。他后来还是因这次枪伤而亡。"非常遗憾，奥拉斯·法尔内塞在投降赫斯丁前没有得到这样的结果。"她并不是为丢失了这个要塞而痛心，而是因为若要收复它，亨利二世还得被困在前线与敌人作战。凯瑟琳·德·美第奇说："就是因为奥拉斯·法尔内塞，我才见不到国王。"③

但国王并非对她们一视同仁。戴安娜·德·普瓦捷似乎天天能收到前线的来信，但美第奇王后很少收到。1552 年 6 月，她从丈夫周围的随从那里得知，国王会让自己去部队附近的梅泽埃勒。美第奇王后说："我不敢高兴，因为我还没有得到国王的命令。"④她有时也会因收不到国王的回信而抱怨。也许是因为不想表现出夫妻间的柔情蜜意，亨利二世丢弃了那些信件。国王只喜欢戴安娜·德·普瓦捷和阿内·德·蒙莫朗西，只让他们感受到自己的爱意。美第奇王后只好向所有人询问丈夫的消息，并间接地求得他的眷顾。她不断给陆军统帅阿内·德·蒙莫朗西写信，并请求他向国王诉说自己对国王和国王事业的关心。1552 年 6 月底，美第奇王后给阿内·德·蒙莫朗西写信说："我的朋友，我得召见医生了。但我必须告诉您我生病并不是因为这里太潮湿，而是因为我一直没有国王的消息。我以为陛下和您及其他人都不记得我还活着

---

① 吉斯公爵夫人，这里指安妮·埃斯特。
② 1553 年 8 月底。《凯瑟琳·德·美第奇的信件》，第 1 卷，第 50 页。——原注
③ 1553 年 7 月底。赫克托·德·拉费里埃，巴格诺·德·普晒斯：《凯瑟琳·德·美第奇的信件》，第 1 卷，第 77 页。——原注
④ 1553 年 6 月 18 日到 1553 年 6 月 25 日。赫克托·德·拉费里埃，巴格诺·德·普晒斯：《凯瑟琳·德·美第奇的信件》，第 1 卷，第 66 页。——原注

了。您知道,一想到失去了他的恩典和惦念,我就无比痛苦。我的朋友,如果您希望我活下去并且保持健康,请让我得到国王的恩典,最好您可以让我经常知道陛下的消息,这样我才能保持最好的状态。"①

在另一封给陆军统帅阿内·德·蒙莫朗西的信中(1553年5月6日),美第奇王后为只能第二天与丈夫会合而感到抱歉。但信中国王应该是想让她尽快与所有随行人员,包括她的孩子们一起来。如果他写信明确让她立即过来,就算没有马,美第奇王后也一定会独自出发。仅是拖延一天,而她却像犯了错般为自己辩解,宣称"感谢上帝,自从我有幸成为陛下的妻子,我从不会违背他的命令。我相信他真心地信任我,这让我非常高兴。我深信,能得到国王的恩典是多么荣幸。陛下了解我对他的真心"。

美第奇王后害怕国王不悦,但同时,她也开始想改变自己。她对国王在外打仗时组织政府的方式表示不满②。亨利二世已经宣布让美第奇王后摄政(1552年3月25日),但却不像惯例及向她承诺的那样,给予她充分、完全的权力。美第奇王后发现国玺是由戴安娜·德·普瓦捷的一个亲信让·德·贝特朗和自己一起掌管的。枢密顾问莫尔蒂尔在写给陆军统帅阿内·德·蒙莫朗西的信中提到,让·德·贝特朗读到国

---

① 赫克托·德·拉费里埃,巴格诺·德·普晒斯:《凯瑟琳·德·美第奇的信件》,第1卷,第66页,这是用现代的拼写方法撰写的这封信:"我的朋友,昨天晚上我看到您询问有关我病情的事,但我必须告诉您,不是水(晚上的湿气)让我生的病,而是因为我得不到任何关于国王的消息,我以为他和您以及其他所有人都不记得我还活着了。您知道,我一想到失去了他的恩典和惦念,就会非常痛苦;我的朋友,如果您希望我健康地活下去,请让我一直停留在国王的恩典中,您最好经常让我得知他的消息,这样我才能保持最好的状态。"——原注

② 1548年,亨利二世路过皮埃蒙特时,听她汇报相关事务(1548年7月27日的信),美第奇王后没有反对将洛林的红衣主教查理·德·洛林、圣安德烈的领主掌玺大臣奥利维尔及库唐塞主教菲利普·德·高瑟-布里萨克留在梅肯。与卢西恩·罗米耶(夏尔特学校图书馆,第70卷,第431页到第432页)的意见相反,这可能不是一个真正的摄政理事会,可能只是一个在国王不在的情况下,迅速完成日常事务的临时理事会。总之,美第奇王后有的只是职位而不是具体的权力,但她没有抱怨。——原注

第 2 章　美第奇王后被诬陷与亨利二世之死

王的信时，会调整国王的命令而不是完全按照命令执行，是他改变了王后的权力①。但如果没有戴安娜·德·普瓦捷在幕后操纵，肯定不会发生这种胆大妄为的事。此外，他们要进行任何事务均须同枢密院的"某些重要且有威望的人物"商议，由这些人决定能否施行。因此，摄政的王后与国玺保护者共同承担枢密院的主席职位，而且所做决定须由枢密院多数以上成员通过才能执行。为了应对更复杂的情况，美第奇王后的确被授权在枢密院的同意下，为维护王国的利益可以发动军队，但法兰西王国当时的海军上将克劳德·德·安纳波尔②也同时被指派负责与战争相关的事务。为此，克劳德·德·安纳波尔总被召去"通知和协商"。他不知道该如何调和自己的职权与枢密院及国玺保护者的职权。

像老狐狸一样的陆军统帅阿内·德·蒙莫朗西总是找借口拒绝将权力转让给美第奇王后，正好在这段时间，美第奇王后在茹安维尔病倒了。美第奇王后康复时，要求陆军统帅阿内·德·蒙莫朗西必须把权力归还给自己。于是，陆军统帅微笑着说："在某些方面王后是被赋予了很多权力，而在其他方面却很少。上述权力的形式非常多，只有国王才能对她说清楚它们到底是什么，而她只需要揣测国王口头或是书面上特别指示的意图，审慎地使用权力就可以了，因为她除了服从，不应该有别的想法……"

美第奇王后提醒莫尔蒂尔注意，路易斯·德·萨伏伊"有一个契约副本，别人无法修改，另外她也没有如被赋予指定权力的国玺保护者一样的同伴"。美第奇王后还指出，在另一条款中，国王说，他带着"这个王国的所有亲王"。那么接下来"如果有任何一个王子留下来，她就没法摄政了"。而且她也宣称自己从来没有完全充分地行使过权力，"除

---

① 里比耶：《弗朗索瓦一世、亨利二世和弗朗索瓦二世统治时期国王、王子、大使和其他大臣的信件和回忆录》，1666 年，第 2 卷，第 389 页。——原注
② 克劳德·德·安纳波尔（约 1495—1552），法兰西王国士兵，1538 年被任命为法国元帅，之后又成为法兰西王国海军上将。

克劳德·德·安纳波尔

非为了取悦陛下",她拒绝发布自己在"宫廷议会或账务理事会"的摄政宣言,因为她"会减少而不是增加每个人认为的她拥有的权力,她只以成为国王理想中妻子的模样为荣"。阿内博尔和莫尔蒂尔试图挽留她,但都没有成功。莫尔蒂尔赞同美第奇王后的观点,写信给陆军统帅阿内·德·蒙莫朗西,让国王下决心"用普通人可以理解的语言来描述他所赋予美第奇王后权力的特殊性"[①]。

陆军统帅阿内·德·蒙莫朗西回信说有必要将这封信公布。美第奇王后以温和的口吻坚定地说:"对自己所掌握的权力,我很满足,因为它

---

① 里比耶:《弗朗索瓦一世、亨利二世和弗朗索瓦二世统治时期国王、王子、大使和其他部长的信件和回忆录》,1666年,第2卷,第388页。——原注

第2章 美第奇王后被诬陷与亨利二世之死

是真实的,它以一种大家都知道的方式表明,我的确深蒙圣恩。"可能为了结束这件事,亨利二世给美第奇王后写了信。美第奇王后很高兴,写信给陆军统帅:"因为很久都没有收到国王的信,我特别痛苦。因此如果国王和您都不希望我再生病,我请求您最好能经常让我得知他的消息。"①

之后美第奇王后马上向陆军统帅宣布,理事会的所有人都认为,直到国王陛下下达别的命令之前,海军上将克劳德·德·安纳波尔应该留在这里。"对此我们最好顺从陛下的意愿,这样我们就不会犯错了。"美第奇王后很高兴能参与管理。她写信给陆军统帅阿内·德·蒙莫朗西:"我的朋友,在我写给陛下的信里你会看到,在学习管理国家和承担军粮供应时我没有浪费时间。"②

但陆军统帅阿内·德·蒙莫朗西却粗暴地回应:"在我看来,既然您和陛下如此亲近,那么您以后都不必向陛下请示就能明白他的意愿了,您可以随意花钱或下达命令了。"③

陆军统帅阿内·德·蒙莫朗西的言辞令美第奇王后深感不安。她第一次确切地表现出想要维护自己合法地位的愿望及完全摄政的意图,而这些都预示着一个将不再被宫廷质疑的美第奇王后就要出现了。她将冲破作为顺从的妻子的束缚,并且拥有一个新的身份——女政治家。

这一时期,美第奇王后对意大利政务也表现出干预的愿望。她嫁到法兰西王国以后,在克莱门特七世和查理五世的恩典及人民的拥护下,亚历山德罗·德·美第奇成为佛罗伦萨的世袭公爵已经两年了。美第奇王后一点都不喜欢她的这位私生子哥哥,可能是因为她认为他占据

---

① 1552年4月底。赫克托·德·拉费里埃,巴格诺·德·普晒斯:《凯瑟琳·德·美第奇的信件》,第1卷,第52页。——原注
② 1552年5月20日。赫克托·德·拉费里埃,巴格诺·德·普晒斯:《凯瑟琳·德·美第奇的信件》,第1卷,第56页。——原注
③ 德克鲁克:《阿内·德·蒙莫朗西》,第115页中引用。欧内斯特·拉维斯:《法国通史》,第5卷,第130页,国王的一封很讽刺的信。——原注

了自己作为一个合法女儿本应得到的地位。后来亚历山德罗·德·美第奇被他的一个堂弟罗伦西诺·德·美第奇①（1537年2月5日）杀害。纳瓦拉王后玛格丽特·德·昂古莱姆对佛罗伦萨的一个官员说，消息传来后，美第奇王后平静得"简直难以想象"。②

因亚历山德罗·德·美第奇没有子嗣，美第奇家族一个年轻分支的一员，也是美第奇王后以前的玩伴，玛丽亚·萨尔维亚蒂和身着黑色制服的约翰的儿子科西莫一世·德·美第奇来到佛罗伦萨，被人们尊为首领，几个月后他又得到神圣罗马帝国皇帝的承认。弗朗索瓦一世还未来得及决定是否要为儿媳赢回权力或致力于重新建立共和政体时，美第奇王后的姑父，著名的银行家菲利普·斯特罗齐·雅戈尔就煽动新公爵的敌人反叛了。但他在蒙特穆洛③（1538年）战败后被关进了监狱，后来又因得不到帮助而死在了那里。

弗朗索瓦一世忌妒科西莫一世·德·美第奇的好运，记恨他对查理五世的追随。弗朗索瓦一世拒绝科西莫一世·德·美第奇的大使出现在费拉尔④，本可以得到自己妻子权力的亨利二世就更难过了⑤。法兰西宫廷聚集了所有因意大利变故而被驱逐的人，其中包括米兰人、那不勒斯人、热那亚人等，但弗朗索瓦一世对佛罗伦萨人特别照顾。罗马大使在写给科西莫一世·德·美第奇的信中表明，"国王之所以对您感到不满，是因

---

① 伦西诺·德·美第奇（1514—1548），政治家、作家和剧作家，属于美第奇佛罗伦萨家族。他参与了在文艺复兴时期使这个伟大家族受到损害的诡计和阴谋。
② "她过得很好，那个人是无法想象的。"费拉伊：《罗伦西诺·德·美第奇和16世纪奉承者的社会》，米兰，1891年，第282页。——原注
③ 蒙特穆洛是意大利托斯卡纳地区普拉托省的一个城市。
④ 埃尔托·帕克德里：《科西莫一世·德·美第奇和凯瑟琳·德·美第奇时代托斯卡纳与法兰西王国的政治和宗教谈判》（由卢万大学历史和哲学会议成员出版的作品集），巴黎，皮卡尔，1908年，第41页起。——原注
⑤ 在兰斯，加冕的那天，曼图亚公爵的大使比佛罗伦萨的更有优势，埃尔托·帕克德里：《科西莫一世·德·美第奇和凯瑟琳·德·美第奇时代托斯卡纳与法兰西王国的政治和宗教谈判》，巴黎，皮卡尔，1908年，第54页到第55页。——原注

亚历山德罗·德·美第奇被杀害

加冕礼上的科西莫一世·德·美第奇

第2章　美第奇王后被诬陷与亨利二世之死

为您一直以来都在为教皇服务，而且您又是这位虔诚的基督徒渴望得到的佛罗伦萨共和国的主人①"。

弗朗索瓦一世统治期间及亨利二世统治的前几年，对佛罗伦萨与法兰西的冲突，美第奇王后装作置身事外。她有权要求收回兄长亚历山德罗·德·美第奇的财产，但她不想和托斯卡纳的君主科西莫一世·德·美第奇发生争执。美第奇王后与科西莫一世·德·美第奇保持着友好的通信往来，并不时殷勤地邀请他派遣大使前往法兰西王国尝试和解。

1539年，美第奇王后曾对自己向科西莫一世·德·美第奇推荐的萨吕斯的主教阿方索·托尔纳博尼或科西莫一世·德·美第奇的母亲玛丽亚·萨尔维亚蒂中的某一位说过，如果有机会，她会用心为公爵服务，"就像对待自己的兄弟一样，因为她认为他一定能胜任，并托人替她转告"②。当涉及能否优先解决各种争端时，美第奇王后写信给科西莫一世·德·美第奇表达了自己的遗憾："如果我更强大的话，事情应该是另外一番景象。"③当里卡索利大使友好地前来祝贺亨利二世继位时④，美第奇王后亲切地接待了他。但和她一样精明的科西莫一世·德·美第奇清楚地知道这只是一种客气，他并不相信他们之间存在这么多如同亲人般的关爱。

热情的流亡者包围了美第奇王后，她的管家——诗人路易吉·阿拉曼尼⑤的家成为这些人的"犹太会堂"。1552年，美第奇王后任用路易吉·阿拉曼尼的妻子马达莱娜·博纳尤蒂为她的梳妆夫人。这位夫人向

---

① 埃尔托·帕克德里：《科西莫一世·德·美第奇和凯瑟琳·德·美第奇时代托斯卡纳与法兰西王国的政治和宗教谈判》，第73页。——原注
② 阿贝尔·德·贾斯丁：《法兰西和托斯卡纳的外交谈判》，第3卷，第17页。——原注
③ 1545年7月底。赫克托·德·拉费里埃，巴格诺·德·普晒斯：《凯瑟琳·德·美第奇的信件》，第1卷，第12页。必须听到：如果我当时更强大的话，事情将会是另外一番景象。——原注
④ 阿贝尔·德·贾斯丁：《法兰西和托斯卡纳的外交谈判》，第3卷，第191页。——原注
⑤ 路易吉·阿拉曼尼（1495—1556），一位多产的诗人，被认为是意大利诗歌中警句的引入者，在16世纪的意大利和欧洲都很有影响力。文艺复兴时期法兰西王国七星诗社的诗人们都钦佩他。

她描绘了佛罗伦萨政府的黑暗①。美第奇王后的表兄弟们皮埃尔·斯特罗齐②、莱昂·斯特罗齐、罗伯特·斯特罗齐、洛伦佐·斯特罗齐③与他们的父亲菲利普·斯特罗齐·雅戈尔一起报复敌人。他们不惜花费人力、财力遍寻科西莫一世·德·美第奇的敌人。罗伯特·斯特罗齐在罗马和里昂的银行为家族带来了财富；洛伦佐·斯特罗齐在教会很有势力；莱昂·斯特罗齐是马耳他的骑士；皮埃尔·斯特罗齐为法兰西国王服务之前曾为罗马皇帝服务。他不仅是一个勇敢、爱冒险、手段高明的雇佣兵上尉，而且还很有才学，曾把《恺撒回忆录》翻译成了希腊语。此外，皮埃尔·斯特罗齐还娶了刺杀亚历山德罗·德·美第奇的凶手的妹妹——劳多米亚·德·美第奇。美第奇王后对这个长相丑陋的表弟有一种明显的偏爱。当他"带领拥有最好马匹和最优良装备的两百名火绳枪骑兵"在马罗洛斯营地重新效忠于弗朗索瓦一世时④，布朗托姆讲到，太子妃凯瑟琳·德·美第奇"作为自己喜爱的斯特罗齐先生的表姐，看到自己的表弟用全部财力为国王提供了这么好的服务，高兴极了"⑤。很难想象美第奇王后喜爱她表弟的方式，是否的确如研究《爱调情的女士》⑥的历史学家所渴望看到的那样，但她的感情一定表现得非常强烈，以至于都有些损害她的名誉了。

---

① 卢西恩，罗米耶：《宗教战争的政治起源》，第1卷，第146页和第147页；豪威特的《一次佛罗伦萨人到法兰西宫廷的流亡：路易吉·阿拉曼尼》，1903年，137页。——原注
② 皮埃尔·斯特罗齐（1510—1558），文艺复兴时期的佛罗伦萨雇佣兵队长，他曾为法兰西王国服务并于1554年成为法兰西王国元帅。
③ 莱昂·斯特罗齐、罗伯特·斯特罗齐、洛伦佐·斯特罗齐均为皮埃尔·斯特罗齐的弟弟，是意大利文艺复兴时期佛罗伦萨斯特罗齐家族的成员，他们都是佛罗伦萨银行家菲利普·斯特罗齐·雅戈尔（1489—1538）的儿子。
④ 弗朗索瓦一世在马罗洛斯扎营去解救被查理五世围困的朗德勒西。布朗托姆：《作品集》，第2卷，第269页。——原注
⑤ 布朗托姆：《作品集》，第2卷，第269页到第270页，第6卷，第163页。——原注
⑥ 布朗托姆自己的回忆录，书中讲到他为了感受激情，与女性交往而停止了斗争。

第 2 章　美第奇王后被诬陷与亨利二世之死

皮埃尔·斯特罗齐的弟弟莱昂·斯特罗齐在莱文特①指挥双桅战船时的行为，证实了陆军统帅阿内·德·蒙莫朗西的怀疑。这件事发生在澳大利亚战役和攻占三个教区前的几个月。亨利二世支持法尔内塞家族②。当时的教皇尤利乌斯三世想夺取罗马教会的领地帕尔马公国，所以投入人力财力支持那里的君主③。在最初的敌对行动中，由于被设计或无能，莱昂·斯特罗齐被剥夺了能与陆军统帅的侄子维拉尔抗衡的有利职务。莱昂·斯特罗齐一气之下杀死了被他指控策划了自己失宠，甚至想要谋杀自己的一个仆人——让·巴蒂斯特·科西嘉。之后（1551年9月），莱昂·斯特罗齐带着两艘双桅战船从马赛逃往马耳他。这次发生在重大战争前夕的叛逃差点毁了斯特罗齐家族的所有部队甚至连累到王后——他的表妹和保护者。但美第奇王后也没有浪费时间。亨利·亚历山大（未来的亨利三世）出生六天后，她就开始工作了。她写信给国王和陆军统帅阿内·德·蒙莫朗西："我真希望上帝在莱昂·斯特罗齐产生逃走意志的那一刻就从这世上带走了他。"④她再也不想见到"这样的错误"。但她相信"他做这件事并不是出于恶意"，而是诧异"一个像让·巴蒂斯特·科西嘉这样邪恶的人怎么能让他害怕或产生怀疑"。最重要的是，美第奇王后极力证明皮埃尔·斯特罗齐是忠诚的。她祈求陆军统帅"向国王陛下继续推荐皮埃尔·斯特罗齐，因为虽然他的弟弟失败了，但她断言，他会为国王的事业而献身"⑤（1551年9月26日）。

---

① 莱文特指位于法国地中海的耶尔群岛之一的莱文特岛。
② 法尔内塞家族是意大利古老的公爵家族，它为意大利培养了好几位将军。家族中还有一位教皇——保罗三世，长期以来一直统治着帕尔马和普拉塞蒂亚地区。
③ 卢西恩·罗米耶：《宗教战争的政治起源》，第 1 卷，第 230 页起。——原注
④ 1551年9月26日。赫克托·德·拉费里埃，巴格诺·德·普晒斯：《凯瑟琳·德·美第奇的信件》，第 1 卷，第 44 页。——原注
⑤ 赫克托·德·拉费里埃，巴格诺·德·普晒斯：《凯瑟琳·德·美第奇的信件》，第 1 卷，第 46 页。——原注

菲利普·斯特罗齐·雅戈尔

皮埃尔·斯特罗齐

莱昂·斯特罗齐

第 2 章　美第奇王后被诬陷与亨利二世之死

在给亨利二世的一封信中,美第奇王后声明她最大的愿望就是知道罪犯已经被溺死,她没有为他提出任何可以减轻罪行的情节。至于皮埃尔·斯特罗齐,美第奇王后保证,他宁愿自己死"十万次也不会对您犯错或忘记您赋予他的责任"。在这封长信中,美第奇王后恳求国王原谅皮埃尔·斯特罗齐,"想想我的痛苦,除非确定这个不幸的人犯错后依然不会失去您的恩典,我的痛苦才能减轻,对此我谦卑地向您进谏",然后她的落款为:"您谦卑而温顺的妻子"。⑥

美第奇王后并没有为洛伦佐·斯特罗齐谋得证明自己无罪的安全通行证,但皮埃尔·斯特罗齐在意大利事务中所发挥的作用却使他比以往任何时候都更受重视。

流亡者们已经加入激烈的帕尔马战争中了,并希望将整个半岛带入战争。佛罗伦萨的流亡者们计划攻打科西莫一世·德·美第奇。美第奇王后支持他们的行动,并对他们寄予厚望。当她得知教皇尤利乌斯三世厌倦了曾热衷的战争政策,正与亨利二世协商法兰西王国的委托者法尔内塞家族和罗马教皇的附庸科西莫一世·德·美第奇之间的家族联盟时,美第奇王后向她的丈夫抱怨他们没有征求她的意见,"科西莫一世·德·美第奇派到法兰西王国的大使秘书朱斯蒂禀告说,在这种情况下,王后非常生气,她在国王面前哭泣,说他们不尊重她"⑦。

然而如同我们将看到的那样,亨利二世玩的是双面游戏。当西诺尼斯人(1552 年 7 月 26 日)赶走了占据城堡长达十二年的西班牙驻军后,亨利二世才向他们提供援助。因为离佛罗伦萨两三天路程的西诺尼斯完全可以作为科西莫一世·德·美第奇对付敌人的根据地。再三犹豫之后,亨利二世任命皮埃尔·斯特罗齐为首领,让他作为自己在西诺尼斯的总

---

⑥ 赫克托·德·拉费里埃,巴格诺·德·普晒斯:《凯瑟琳·德·美第奇的信件》,第 45 页,第 47 页。——原注

⑦ 阿尔贝·德·贾斯丁:《法兰西和托斯卡纳的谈判》,第 3 卷,第 278 页。——原注

代理人（1553年10月29日）。美第奇王后认为现在已经到了行使自己在佛罗伦萨权力的时刻。在获得丈夫的允许后，她用自己在奥弗涅的土地来帮助皮埃尔·斯特罗齐解救被奴役的佛罗伦萨。这些土地卖了大概十万埃居[①]。美第奇王后向正在寻求自己保护的西诺尼斯大使宣布，希望自己成为这个城市的行政长官。1554年5月4日，西诺尼斯人克劳狄奥·图拉梅写道："实在无法描绘美第奇王后对西诺尼斯事务的热情和支持。她的勇气不仅体现在言语中，还表现在行动上。"[②] 图尔农红衣主教向威尼斯大使卡波洛（1554年7月10日）宣布，"如果佛罗伦萨恢复自由，全部功劳都将归王后所有"[③]。亨利二世又召回莱昂·斯特罗齐为自己服务（1554年1月）。为了增加自己的声望，亨利二世还任命皮埃尔·斯特罗齐为法兰西王国元帅（1554年7月20日）。

然而，由于科摩部队对西班牙军队的增援，皮埃尔·斯特罗齐在马尔恰诺（1554年8月2日）被击败。法兰西国王亨利二世的希望破灭了。美第奇王后这时已经怀有两个多月的身孕，人们对她隐瞒了这个坏消息好几天。当她得知这一消息后，哭了好几次。但由于良好的自控力，"这一点后来多次在她身上体现"，她迅速恢复过来。美第奇王后派了一个贴身侍从去看望受重伤的皮埃尔·斯特罗齐。为了鼓舞谢讷河人的士气，她还给他们写了一封特别的信。其中有一句话令人印象深刻："我会继续以不亚于你们的热情为祖国做贡献。请放心，我还将继续尽全力支持

[①] 根据1533年11月28日的授权书，亨利二世在妻子的恳求下，授权她出售、转让、抵押她拥有的一切……"继承她已故的父亲和母亲在奥弗涅的财产……为了能获得战争胜利并收复佛罗伦萨，她给了我们她最后所有的东西"。《费拉尔军队的财务主管，多米尼克杜·加布雷（洛代夫主教）的政治信件》，由亚历山大·威特斯出版，巴黎，1903年，附录，第291页到第292页。卢西恩·罗米耶：《宗教战争的政治起源》，第1卷，第418页。——原注
[②] 卢西恩·罗米耶：《宗教战争的政治起源》，第1卷，第418页和注释。——原注
[③] 卢西恩·罗米耶：《宗教战争的政治起源》，第1卷，第428页。——原注

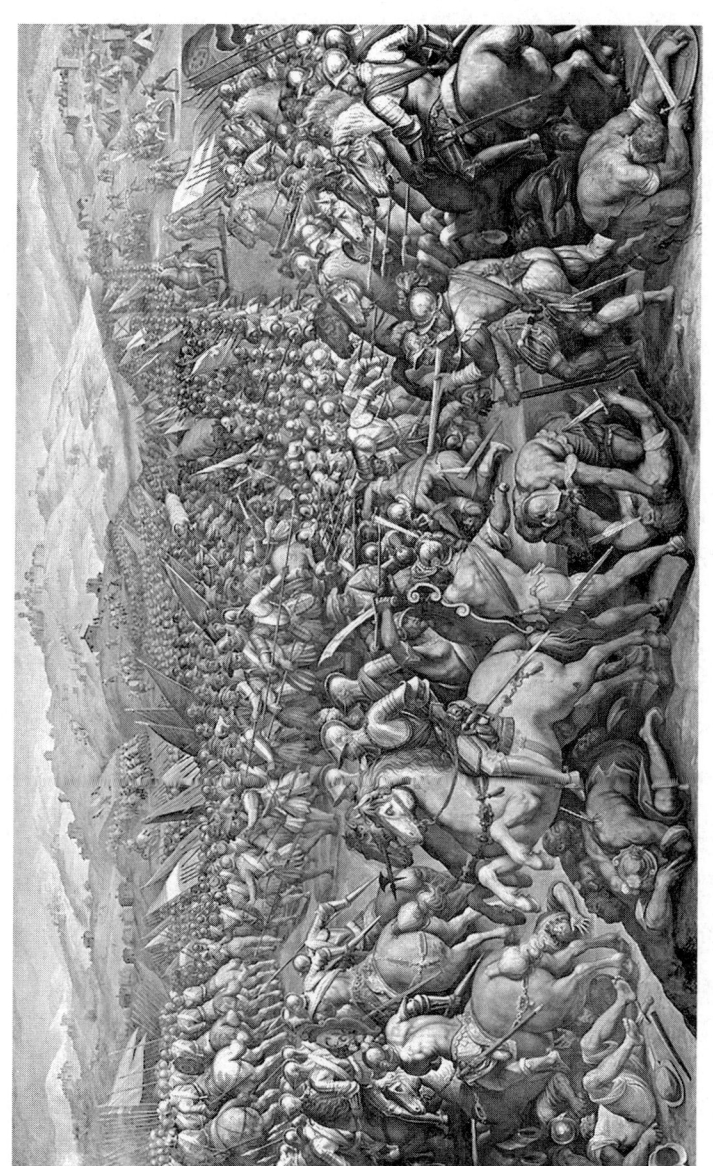

马尔恰诺战役

法兰西国王——我们的陛下，不会让你们中的任何一个最后错失拥护陛下的机会，并保证你们家园的完整和自由。"①

她所说的祖国不是谢讷河，不是佛罗伦萨，也不是托斯卡纳，而是意大利。在意大利半岛分裂的情况下，美第奇王后记忆中的罗马依然是一个统一的国家——这个词听上去很美好。

美第奇王后一度相信自己打算收回佛罗伦萨和乌尔比诺公国的愿望仍然是法兰西王国政治活动的主要目标。事实上，亨利二世还有其他事要做。在意大利毫无结果的斗争让他感到厌倦，他只想维护在洛林的战果。在谢讷河被西班牙人围攻，经过英勇的防守（1555年4月15日）后被迫投降时②，亨利二世与教皇缔结了一个联盟，并与查理五世进行和平谈判。美第奇王后对这个"大转变"③很不满，但没人在乎她是否满意。一个伟大的休战合约在沃瑟莱（1556年2月5日）缔结，三个主教管辖区和皮埃蒙特被割让给了法兰西王国。

1557年，尽管陆军统帅阿内·德·蒙莫朗西反对进攻意大利的冒险行为，但亨利二世还是应教皇保罗四世④和红衣主教的侄子——一个身穿紫衣的雇佣兵队长之邀，开始进攻奥地利。第二代吉斯公爵弗朗索瓦·德·洛林指挥的法兰西军队越过了阿尔卑斯山。但与美第奇王后的愿望相反，他们要去征服的是那不勒斯王国，而不是托斯卡纳。为了避免受到攻击，科西莫一世·德·美第奇早已与所有人进行了协商。也许美第奇王后还指望在攻占那不勒斯后，紧接着能继续攻打佛罗伦萨。在此期间，为了自己亲信和亲属的利益，美第奇王后向教皇要求对法兰西王国的介入进行补偿。

---

① 1554年9月29日。赫克托·德·拉费里埃，巴格诺·德·普晒斯：《凯瑟琳·德·美第奇的信件》，第10卷，第13页。这显然是一封用法语书写并翻译成意大利语的信。——原注
② 库尔托：《史学家布莱斯·德·蒙吕克》，第6章，第229页到第298页，保卫谢讷河。——原注
③ 卢西恩·罗米耶：《宗教战争的政治起源》，第1卷，第522页。——原注
④ 教皇保罗四世本名吉安·彼得洛·卡拉法（1476—1559），是16世纪意大利的宗教人物，天主教会的第二百二十三位教皇。

教皇保罗四世

第二代吉斯公爵弗朗索瓦·德·洛林

第 2 章　美第奇王后被诬陷与亨利二世之死

1557 年 3 月，美第奇王后幽默地提醒教皇保罗四世，他的公使团在法兰西王国（1556 年 6 月至 8 月）期间，曾向自己许诺"圣帕普勒先生（伯纳德·萨尔维亚蒂，圣帕普勒的主教，她的表弟）将是第一位由教皇任命的红衣主教"。然而，红衣主教的任命已经公布（1557 年 3 月 15 日），伯纳德·萨尔维亚蒂却不在其中。美第奇王后对此宣称自己感到"有点被冒犯了"。她说："要知道，我已经跟大家宣布了这件事，相信您不会只是想说这么一句话来取笑我吧。"她为伯纳德·萨尔维亚蒂提出了"有别于一般"的升职，"希望教皇为我的处境着想，并能重新给予我快乐"[①]。

美第奇王后自诩，自从谢讷河垮台和放弃托斯卡纳以来，她几乎没有什么想要得到的了。但其实美第奇王后根本无法放弃自己对意大利内政的兴趣。她的信件倍增，不断重复自己的消息、保证和承诺，并因无法以其他方式做她想做的事而莫名烦躁。美第奇王后向教皇保罗四世（1557 年 4 月）宣布，亨利二世已经决定帮助他，而且"不会再改变主意"。其实教皇保罗四世早已知晓此事。美第奇王后建议教皇保罗四世"给陆军统帅阿内·德·蒙莫朗西写一封诚恳的信"，在信中承认她对此事无能为力[②]。她和教皇保罗四世之间似乎有一封她执意想隐瞒的信。教皇保罗四世在法兰西王国的秘书逃跑了，他赶紧让人告诉美第奇王后，向她保证，这个不忠的仆人没有看过她的任何信件（1557 年 5 月 1 日）[③]。美第奇王后的"秘密"就是对自己在法兰西王国被遗忘的报复。她干涉外交政策，是为了私人的目的。

卡拉法地区的人因害怕那不勒斯的总督艾勒波公爵向罗马进军，因此匆忙与腓力二世进行商谈。此时，美第奇王后温和地给教皇保罗四世

[①] 1557 年 3 月。赫克托·德·拉费里埃，巴格诺·德·普晒斯：《凯瑟琳·德·美第奇的信件》，第 10 卷，第 17 页到第 18 页。伯纳德·萨尔维亚蒂在四年后才被任命为红衣主教。——原注
[②] 赫克托·德·拉费里埃，巴格诺·德·普晒斯：《凯瑟琳·德·美第奇的信件》，第 10 卷，第 19 页。——原注
[③] 乔治·迪吕伊：《教皇保罗四世》，巴黎，1882 年，附录，第 387 页。——原注

的大侄子帕利亚诺公爵写信说她的丈夫法兰西国王"很高兴教皇陛下已经与西班牙国王达成一致",并签订了协议。他(亨利二世)原本还为教皇陛下能否像以前那样得到安宁而担忧呢①。美第奇王后不顾尊严地慢慢变节,但她并没有忘记自己的利益。她委托公爵处理自己已在罗马法院进行的对玛格丽特·德·奥特里希提起的诉讼案件。她俩正在争夺被杀害的佛罗伦萨公爵,也是美第奇王后的私生子哥哥亚历山德罗·德·美第奇和同样早已去世的堂兄希波吕忒·德·美第奇红衣主教的遗产。美第奇王后感谢刚刚背叛了法兰西王国事业的教皇保罗四世。因为教皇保罗四世下令为她免去了烦冗的诉讼程序。她还恳求他"再次命令罗马法院让她有权得到调停",法院终止了诉讼②。当事人似乎忘记了自己是法兰西王国的王后③。

但就在这时,美第奇王后有了崭露头角的机会。当时在圣康坦④(1557年8月),西班牙人击败了陆军统帅阿内·德·蒙莫朗西的军队,并威胁到巴黎的安全。亨利二世组织各方对付敌人,并派妻子恳请首府的富人立即提供钱财进行援助。美第奇王后在玛格丽特·德·弗朗斯等

---

① 1557年10月27日。赫克托·德·拉费里埃,巴格诺·德·普晒斯:《凯瑟琳·德·美第奇的信件》,第1卷,第111页。——原注

② 赫克托·德·拉费里埃,巴格诺·德·普晒斯:《凯瑟琳·德·美第奇的信件》,第112页,12月。——原注

③ 然而,她在1557年12月给教皇保罗四世写信,发表在她的《凯瑟琳·德·美第奇的信件》第10卷中。在信中美第奇申明了她的感激和奉献,用这种话语写信作为教皇的副执行官并在布鲁塞尔投靠腓力二世的红衣主教的侄子,而且其他人还商谈了自己叛逃的代价。很难令人相信,这样做对美第奇王后来说无疑不是一种连累。这封未注明日期的信中所提到的事实证明,出版商把日期搞错了。美第奇王后感谢红衣主教对她大儿子的热情,以及在罗马对罗伯特·斯特罗齐元帅的礼遇。但罗伯特·斯特罗齐是在1556年1月底或2月初抵达罗马的(乔治·迪吕伊:《教皇保罗四世》,1882年,第100页到第101页)。对法兰西王国儿子们的影射只能通过亨利二世和保罗四世(1555年10月13日)之间的联盟条约来理解,其中第二十二条将那不勒斯王国和米兰王国给了亨利二世的两个小儿子(乔治·迪吕伊,《教皇保罗四世》,第80页到第81页)。因此,这封信可能出现在1556年2月或3月。——原注

④ 圣康坦,法国市镇,位于埃纳省的索姆河上。

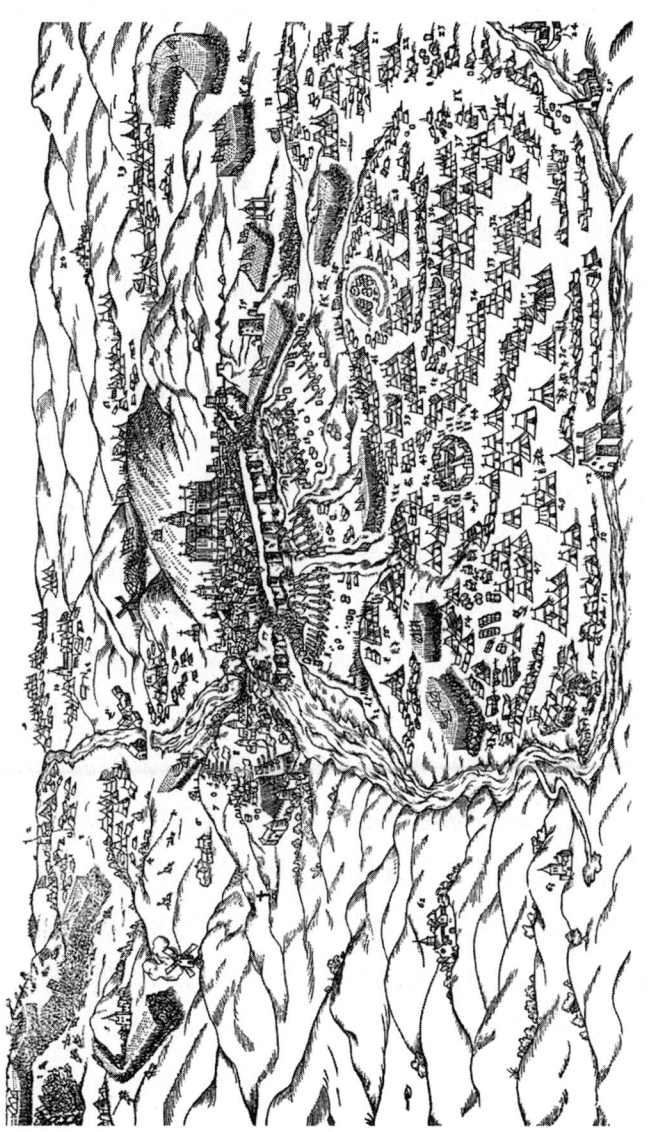

攻打圣康坦

其他几位女士的陪同下参加了市政全体会议。书记官记录说，"这位王后和她的同伴们穿着黑色衣服，好像在参加葬礼"。美第奇王后解释了灾难的严重性，王国的危机，以及"征集士兵防止敌人进一步进攻的必要性"。布朗托姆说美第奇王后讲得很好，"她激励和感动了巴黎的先生们"。干巴巴的记录与布朗托姆的话并不矛盾。美第奇王后"谦卑"地恳求议会用钱来"帮助国王招募至少一万名男性士兵"。审议期间，人们先是要求她到一个小房间回避，但立即又叫回了她。富人们毫无争议地用投票的方式通过了美第奇王后关于招募一万名士兵的请求。"为此这个城市和乡镇的所有居民，无一例外地被征收了总计三十万里弗的军费。"美第奇王后"谦卑"地道了谢。第二次出现的"谦卑"一词后来被抹去了，它显然与皇室的尊严不符，然而书记官并不是凭空创造了这个词，主要是它与美第奇王后谦虚的方式太过一致，都显得不太真实了[①]。

  光芒四射地出场之后，美第奇王后又隐退了。她所有的想法都是为取悦法兰西国王——她的丈夫。她追随他，强迫自己尊重和关爱他的情妇们[②]。美第奇王后在法兰西王国没有任何权力，但她效仿弗朗索瓦一世操持宫廷事务并做出卓越贡献。在饮食穿着上，她为自己和随行人员花了很多钱。她既自由又慷慨，为亲戚、亲信及亲信的朋友慷慨解囊，不辞劳苦。美第奇王后树立起了温柔和"宽厚"的形象，尽管被排除在治国权力之外，但她打算在家庭事务中保留自己的权力。从美第奇王后的女儿玛格丽特·德·瓦卢瓦的回忆录中可以看出，美第奇王后是一个温柔但专制的母亲。1558 年威尼斯大使乔瓦尼·米奇利在他的《报告》

[①] 布朗托姆：《作品集》，第 7 卷，第 348 页；《巴黎市局审议记录》（巴黎市出版社），第 4 卷（1552—1558），由博纳多编辑和做注，第 496 页到第 497 页和注释。——原注
[②] 1557 年 12 月，当时美第奇王后写信给纳瓦拉国王安托万·德·波旁，祈求他同意他的侄子奥瓦尔伯爵雅克·克莱沃和戴安娜·德·普瓦捷的孙女戴维娜·德·马克成婚。美第奇王后肯定地宣布，她很关心这场婚姻，因为"我一直爱着瓦朗蒂奴瓦夫人和她的女儿"。赫克托·德·拉费里埃，巴格诺·德·普晒斯：《凯瑟琳·德·美第奇的信件》，第 10 卷，第 540 页。——原注

第 2 章　美第奇王后被诬陷与亨利二世之死

中也表示,"她使王太子——后来的弗朗索瓦二世,养成了尊重她的习惯。很明显,他一切都听从母亲的"①。

然而,美第奇王后的行为受到了王太子的未婚妻——苏格兰女王玛丽·斯图亚特②的反对。玛丽·斯图亚特在1548年5月就被送来法兰西王国,并在宫廷被抚养长大。她的父亲是因其军队在进攻英格兰的战役中失败(1542年12月16日)而悲痛身亡的苏格兰国王詹姆斯五世,母亲是这位国王的第二任妻子,也是第二代吉斯公爵弗朗索瓦·德·洛林和洛林红衣主教查理·德·洛林的姐姐玛丽·德·吉斯。玛丽·斯图亚特很自然地依附自己日耳曼的舅舅们,听取他们的意见,维护他们的利益,并巩固他们的地位。由于这两位舅舅在军队和政府的势力及与戴安娜·德·普瓦捷家族的联盟,他们的地位几乎等同于陆军统帅阿内·德·蒙莫朗西了。这个聪明、活泼又优雅的"小太子妃"总是能给亨利二世带来快乐。但玛丽·斯图亚特不喜欢自己未来的婆婆。美第奇王后也觉得玛丽·斯图亚特不够温顺,担心她与自己柔弱多病的儿子过早结合会给他带来危害。但在加莱和蒂永维尔被第二代吉斯公爵弗朗索瓦·德·洛林攻占后,婚姻不可能再被推迟了(1558年4月24日)。丈夫十四岁,妻子十五岁。玛丽·斯图亚特嫁给了这个苍白且有些浮肿的柔弱少年,与他单独生活,甚至向他过多地表示亲热。作为母亲,美第奇王后既焦虑又忌妒。这位太子妃因拥有宏伟的洛林王宫和自己的苏格兰王冠而自命不凡,有一天竟会忘乎所以到把她的婆婆,这个美第奇家族的人,说成是商人的女儿③。美第奇王后当时掩饰了对儿媳的不满,而实际却没有原谅她,这点正如美第奇王后后来所表现的那样。

---

① 奥伯里:《威尼斯大使在参议院的报告》,第1系列,第2卷,第400页。——原注
② 玛丽·斯图亚特(1542—1587),1542年到1567年为苏格兰女王,1559年到1560年为法兰西王后。她是玛丽·德·吉斯和苏格兰詹姆斯五世的女儿。
③ "你只不过是一个商人的女儿",依据圣十字会教廷大使普罗斯珀·德·圣克罗伊,由舍乎埃勒《凯瑟琳·德·美第奇和玛丽·斯图亚特》,第2章,第17页中引用。——原注

詹姆斯五世与第二任妻子玛丽·德·吉斯

弗朗索瓦二世与玛丽·斯图亚特

1559年对美第奇王后来说是具有决定性意义的一年。当时她四十岁，五官开始肿胀，患有近视的眼睛向外突出。十次生产使她身材臃肿，布朗托姆说她"很壮硕"。但美第奇王后依然有美丽的肩膀，胸脯"雪白、丰满，皮肤细腻，拥有曾被认为是最美的双手和被紧身的长筒袜塑造出的天生美腿"①。总之，她简直就是一个诱人的成熟的朱诺天后②——除了在朱庇特眼里，她似乎的确是这样的。

　　法兰西王国同与英格兰结盟的西班牙之间的战争，因《卡托-康布雷西和约》③的签订而结束。亨利二世守住了第二代吉斯公爵弗朗索瓦·德·洛林从英格兰人那里征服的加莱，但除了几个作为抵押的城市④，亨利二世还是将所有公国都归还给了萨伏伊公爵伊曼纽尔·菲利贝托，放弃了自己对意大利的所有企图。然而亨利二世的牺牲似乎从很多方面又得到了补偿，比如战争的停止、和平的诞生、王妹玛格丽特·德·弗朗斯与萨伏伊公爵伊曼纽尔·菲利贝托⑤联姻、女儿伊丽莎白·德·瓦卢瓦⑥嫁给了英格兰女王玛丽·都铎⑦的鳏夫西班牙国王腓力二世，以及重新见到了从战争开始以来一直被荷兰囚禁的好友——陆军统帅阿内·德·蒙莫朗西。和约就是在这位陆军统帅的调节和谈判下达成的。但美第奇王后却没有那么多高兴的理由。她可能在一得知和平的初步谈判时，就沉浸在永远失去佛罗伦萨和乌尔比诺的悲伤之中。她甚至跪在国

---

① 布朗托姆：《作品集》，第7卷，第242页。——原注
② 在罗马神话中朱诺是诸神的王后和婚姻的保护者。她既是朱庇特的妹妹也是他的妻子。
③ 《卡托-康布雷西和约》于1559年4月2日到3日签署。它结束了法兰西王国与西班牙和神圣罗马帝国之间的冲突，被认为是16世纪最重要的欧洲条约。
④ 都灵、基耶尔、皮涅罗尔、芝华士和维伦纽夫达斯特尔，杜·蒙特：《外交使团》，第5卷，第39页。——原注
⑤ 伊曼纽尔·菲利贝托（1528—1580），萨伏伊公爵卡洛斯三世与葡萄牙公主比阿特丽斯的第三个儿子，人称铁头人或百眼王子。
⑥ 伊丽莎白·德·瓦卢瓦（1545—1568），法兰西国王亨利二世和美第奇王后的女儿。
⑦ 玛丽·都铎（1516—1558），英国和爱尔兰女王（1554—1558），并通过她的丈夫腓力二世成为西班牙王后。

第2章 美第奇王后被诬陷与亨利二世之死

王脚下,指责陆军统帅从未做过比这更糟糕的事了。但亨利二世反驳说,陆军统帅做得一直都很好,只是那些建议他打破《维尔塞勒休战条约》[①]的人错了。无论如何,美第奇王后很快就尖刻地进行了反驳。和平协议签署后不到一个月(1559年4月2到3日),她写信给萨伏伊公爵伊曼纽尔·菲利贝托说:"我为我看到的一切感到失望,怨恨把曾是你我各自的房产合并在了一起的盟约……如果到现在为止,我一直在从事与您相关的事业,请您相信,今后我只会对自己的孩子投入这样的深情……"[②] 可能只有当她想到女儿的婚姻和亲爱的玛格丽特·德·弗朗斯——这个直到三十六岁[③],"中午的恶魔"还会使她心神不宁的爱好文学的老处女的幸福时,她才能得到些许安慰。

借婚礼之机,巴黎举行了盛大的庆典,其中还有骑马比武。亨利二世穿着戴安娜·德·普瓦捷最爱的颜色——白色和黑色的衣服出现在比武行列中。当着美第奇王后和戴安娜·德·普瓦捷的面,他参加了几场比赛,打断了好几支长矛,表现出了非凡的活力和技巧。亨利二世希望以精彩的一击结束比赛,命令守卫队长蒙哥马利与他对战。据说前一天晚上,凯瑟琳·德·美第奇在梦中看到了亨利二世血淋淋的头,所以她依据意大利人的迷信曾让亨利二世做祷告,但他坚持不做。两名选手来到战场,骑着战马全速出击,在彼此交错时,用长矛相互攻击。蒙哥马利的武器被打断了,断了的那部分挑起了国王的头盔并刺到了他的脸甲,伤了亨利二世的右眉和左眼[④]。昏迷的亨利二世被带到了杜尔纳尔宫,于1559年7月10日驾崩。

[①] 《维尔塞勒休战条约》是1556年2月15日在伊斯库特特山谷瓦塞莱斯修道院亨利二世和查理五世之间签订的一项条约。1558年11月18日费拉里官员阿勒瓦豪迪的公函,由卢西恩·罗米耶《宗教战争的政治起源》引用(第2卷,第314页,注1)。——原注

[②] 赫克托·德·拉费里埃,巴格诺·德·普晒斯:《凯瑟琳·德·美第奇的信件》,1559年8月25日,第1卷,第120页。——原注

[③] 卢西恩·罗米耶:《宗教战争的政治起源》,第2卷,第374页起。——原注

[④] 拉纳隆格医生的通告,艾尔弗雷德·富兰克林:《16世纪伟大的历史场面,托尔托海勒和彭瑞森文集的影印复制品》,巴黎,1886年。——原注

盛大节日上的亨利二世

亨利二世与蒙哥马利对战

美第奇王后祈祷着，哭泣着，看着自己深爱的丈夫离她而去。从此，除了为"隆重"起见，美第奇王后曾在自己儿子查理九世和亨利三世的婚礼上穿过别的衣服外，她一直身着孝服。美第奇王后说"这比别的更重要"[①]，她"永远不再穿世俗的丝绸"。美第奇王后还把一支断矛当作武器，并在挂在枪矛上的枪旗上写着："我的悲伤在这里，我的眼泪在这里"，上面还有一座用生石灰绘制的山的图案，题铭是"火焰熄灭了，但炙热依然存在"。这意味着：尽管看不到火焰，但生石灰在被水浇后却依然可以引发大火。这样，她炙热的爱情在失去了心爱的人后将继续存在。

[①] 布朗托姆：《作品集》，第7卷，第398页；伊拉里翁·德·科斯特：《虔诚、勇敢和遵守教义的杰出王后、公主、女士和小姐们的生平和颂词》，巴黎，第169页。"她宣称，这样，她对自己的丈夫亨利二世的真实和真诚的爱的火焰，在那位点燃它们的卓越王子的生命熄灭之后，仍然闪闪发光。"——原注

第 3 章

纳瓦拉国王安托万·德·波旁夺权与昂布瓦兹阴谋

亨利二世的死让美第奇王后非常意外。她还没做出决定，新政府就成立了。十五岁的弗朗索瓦二世已经成年，根据王国的法律，弗朗索瓦二世将军事权和财政权委托给玛丽·斯图亚特的两个舅舅——第二代吉斯公爵弗朗索瓦·德·洛林和洛林的红衣主教查理·德·洛林。前者负责神圣罗马帝国及英格兰的事务，而后者负责卡托-康布雷西的和平谈判。美第奇王太后当时无法阻止，只好批准了这个决定，这位王太后既没有拥护者也没有声望，凡事都尽量妥协。然而她在1552年摄政活动中的抗议及在意大利内政事务的干涉，都是她野心的初步体现，但只有少数国内外政治家知晓此事。1557年，还是王后的凯瑟琳·德·美第奇在市政会议上的温顺谦逊让人印象深刻，没人相信她能在政治上发挥什么作用，但他们错了。为了能一直看着自己的儿子，美第奇王太后违背了法兰西的习俗，即王后丧偶后，须与死者在同一住所待满四十天。亨利二世驾崩后，她很快就离开了安放丈夫遗体的杜尔纳尔宫，住在了弗朗索瓦二世附近的卢浮宫。这意味着美第奇王太后不会像上个统治时期那样对政权置身事外了。

所有争夺权力的候选人中，唯有吉斯家族是当着美第奇王太后的面

亨利二世驾崩于杜尔纳尔宫

洛林的红衣主教查理·德·洛林

选出的。吉斯家族虽属于王室家族①，富有而强大，并拥有职务、联姻关系和荣耀，但他们与法兰西古老贵族阶层的联系并不深。他们的敌人众多，而且都将他们看成外来者，因为洛林当时还是日耳曼神圣罗马帝国的一部分。美第奇王太后认为，两位主事大臣为了避免她对弗朗索瓦二世的不利影响，一定会让她参与政务。

  美第奇王太后与主事大臣一致同意尽快抛弃已故国王的宠臣——陆军统帅阿内·德·蒙莫朗西。一位知情人说②，"她对他讨厌至极"，这肯定是出于对陆军统帅的忌妒及他曾对王太后粗暴拒绝的不满。阿内·德·蒙莫朗西本打算为弗朗索瓦二世服务，但弗朗索瓦二世向他宣布，由于这位陆军统帅年事已高，现任国王会把他从"为国王工作的操劳"中解脱出来。当阿内·德·蒙莫朗西因要离开宫廷而前来拜别美第奇王太后时，美第奇王太后尖刻地指责他竟敢说亨利二世所有的孩子中，弗朗索瓦·德·蒙莫朗西③的妻子——亨利二世的私生女戴安娜·德·弗朗斯和亨利二世最像。这句话对作为妻子的美第奇绝对是一种侮辱④。

  总之，一个月后，美第奇太后向阿内·德·蒙莫朗西宣布，她已经把莫比森修道院赐给了他的女儿路易丝。

---

① 他们是克劳德·德·洛林和纳瓦拉国王安托万·德·波旁的姑姑安托瓦妮特·德·波旁的儿子。弗朗索瓦一世也娶了费拉尔公爵赫拉克勒斯和蕾妮·德·弗朗斯的女儿、路易十二的孙女——安妮·德斯特，欧内斯特·拉维斯：《法国通史》，第1卷到第6卷，第3页到第4页。——原注
② 雷尼尔·德·拉普朗什，或以他的名义出版的历史文献。1561年，威尼斯大使乔万尼·米奇利在他的《报告》中也表示，由于他与戴安娜·德·普瓦捷达成协议，和一句蔑视这个"商人的女儿"的话，王太后对陆军统帅"不仅不友好而且从本质上讨厌"。奥伯里：《威尼斯大使在参议院的报告》，第3卷，第438页。——原注
③ 弗朗索瓦·德·蒙莫朗西（1530—1579），法兰西元帅，陆军统帅阿内·德·蒙莫朗西的长子。
④ 雷尼尔·德·拉普朗什：《弗朗索瓦二世统治时期的法兰西王国和宗教史》，布肯出版社，第204，第207页，关于法兰西王国历史的回忆录和编年史的选择。就是这个威尼斯大使（参见前文注解）在1559年8月21日的公函（由阿尔芒·巴谢：《威尼斯的外交》，第495页引用）中说，相反，美第奇王太后亲切地接待了陆军统帅并承诺会保护他家族的利益。乔万尼·米奇利在1559年和1561年说出了真相。尽管美第奇王太后满怀怨恨，但言语暴力并不是她的风格，她并没兴趣使一个如此强大的人疏远自己。——原注

弗朗索瓦·德·蒙莫朗西

即便年轻的国王强行给这位陆军统帅放了无限期的假，但阿内·德·蒙莫朗西的势力依旧很强大。他担任着王国两个重要的职务：陆军统帅和大总管。他既是军队的总指挥，又管理着王室。在和平时期，阿内·德·蒙莫朗西的军事权没有机会行使，现在又失去了保留王室住宅钥匙的权力，再无法行使对官员的裁判权了。但如果没有被起诉，阿内·德·蒙莫朗西的这些权力永远不会被剥夺，而且审判他似乎也不够谨慎。阿内·德·蒙莫朗西可能是法兰西王国最古老贵族的亲戚，也可能与他们有着姻亲关系，比如利维斯家族、图伦内家族、拉罗什富科家族[①]、拉特莫瓦勒家族[②]及罗恩家族[③]等。阿内·德·蒙莫朗西的长子弗朗索瓦·德·蒙莫朗西掌管着巴黎政府和法兰西岛。阿内·德·蒙莫朗西的一个外甥加斯帕尔·德·科利尼是法兰西王国的海军上将，另一个外甥弗朗索瓦·安德洛特是法兰西王国步兵上将。据说阿内·德·蒙莫朗西拥有六百多块封地，被认为是王国内拥有土地最多的人。位于王国边缘的朗格多克政府对他来说就像另一个王国，占据了南部从奥弗涅山到地中海，从普罗旺斯到吉耶纳的大块地区。阿内·德·蒙莫朗西并不是一个可以用直接手段来对付的人。如果美第奇王太后真的曾被阿内·德·蒙莫朗西辱骂，在受辱之后，这位王太后应是通过以退为进的圆滑策略来削弱他的势力。

尽管阿内·德·蒙莫朗西不太情愿，美第奇王太后还是让他把大总管的位子让给第二代吉斯公爵弗朗索瓦·德·洛林。作为交换，美第奇王太后让阿内·德·蒙莫朗西的大儿子弗朗索瓦·德·蒙莫朗西担任元帅。

---

① 拉罗什富科家族起源于兰古莫斯，是法兰西贵族中最古老的幸存家族之一。
② 拉特莫瓦勒家族是一个法兰西公爵家族，在中世纪后期和文艺复兴时期有许多很著名的成员。这个家族也与利涅家族的一个分支有关。
③ 罗恩家族是一个幸存的法兰西贵族家族，他们最初来自布列塔尼，他们的名字来自位于莫尔比昂的罗恩领地。

第3章 纳瓦尔国王安托万·德·波旁夺权与昂布瓦兹阴谋

美第奇王太后与国王的叔叔们有同样的顾虑，他们都担心其他潜在的竞争者——正宗血统的亲王们——会威胁到王国的政权。这些亲王们都是圣路易第六个儿子的后代，组成了波旁家族，然后又分成四个分支：旺多姆、孔代、永河畔的拉罗什及蒙特庞谢。

自从波旁家族的统帅查理三世·德·波旁叛变后，弗朗索瓦一世和以他为榜样的亨利二世都将波旁家族视为耻辱，表现得更偏爱新晋的外来王侯家族：拉马克家族①、克莱沃家族②、洛林的吉斯家族③、萨伏伊-内穆尔家族④和曼特的贡扎格家族⑤。因此，在嫡亲王们还未成为公爵或贵族之前，外来王侯家族就早早获得了公爵或贵族的头衔。他们还依据获得贵族爵位的资历来调整出席正式场合的先后，就像君主的任命优于出身似的。亨利二世加冕时，讷韦尔公爵弗朗索瓦·克莱沃⑥和第一代吉斯公爵克劳德·德·洛林⑦走在前面，就像他们是比蒙特庞谢公爵路易·德·波旁⑧资历更老的贵族。1547年7月25日，国王声明，外来王侯家族并不会损害蒙特庞谢公爵路易·德·波旁的地位，他们的地位是"相同或相似的"。这是一种柏拉图式的满足。弗朗索瓦二世加冕期间，讷韦尔公爵弗朗索瓦·克莱沃再次走在蒙特庞谢公爵路易·德·波旁的前面⑨。

但人们依然敬重圣路易的后裔们，因为他们才是君王的候选人。如

---

① 拉马克家族，指来自德国北莱茵-威斯特法伦州的拉马克地区的家族。
② 克莱沃家族，指来自德国北莱茵-威斯特法伦州的克莱沃市的家族。
③ 洛林的吉斯家族，属于法兰西王国洛林家族的年轻分支。
④ 萨伏伊-内穆尔家族，法兰西王国萨伏伊家族的年轻分支。
⑤ 曼特的贡扎格家族是指来自意大利曼特市的贡扎格家族，是带有一个法意家族分支的意大利贵族。
⑥ 弗朗索瓦·克莱沃（1516—1562），先是伯爵（1521），然后是讷韦尔公爵（1539），是法兰西国王弗朗索瓦一世和亨利二世宫廷的重要人物。
⑦ 克劳德·德·洛林（1496—1550），是吉斯家族的创建人，也是弗朗索瓦一世最喜欢的洛林红衣主教让·德·洛林的兄长。
⑧ 蒙特庞谢公爵路易·德·波旁（1513—1582），蒙特庞谢公爵，一位嫡亲王。
⑨ 讷韦尔伯爵领地于1538年1月被设立为公国，而只在其后一个月，蒙特庞谢公国（1538年2月）也被设立了。——原注

果亨利二世的儿子们薨逝，并且和查理八世、路易十二一样没有男性继承人，圣路易的后裔就会成为新的国王。作为王室传统的守护者，最高法院尽可能地抵制对绝对权力的改革。无论亲王们何时拥有贵族封号，最高法院只会偏爱嫡亲王。1541 年 6 月，由于没有根据资历顺序任命讷韦尔公爵弗朗索瓦·克莱沃，最高法院允许蒙特庞谢公爵路易·德·波旁向它进献玫瑰花，这是贵族们每年四次向最高法院致敬的方式。巴黎议会的总书记官让·杜·蒂耶①是太后摄政特权的坚定捍卫者。他也认为，嫡亲王们是王国天生的参政员，是少数在王国政府和行政方面享有正当权力的理事会的组成部分。他对这些"出生于世界最高贵和最古老家族"的成员表现出一种虔诚的崇拜②。

一直以百合花作为家族纹章的波旁家族，有时会提出要求并成功地成为国王的监护人。他们的权力既不是由法律也不是由历史赋予的，甚至与太后天然的权力相冲突，但国民的崇拜和贵族的依恋可以弥补他们身份的不足。智商不高和身体虚弱的弗朗索瓦二世已经十五岁了，他有能力治理国家吗？属于波旁家族分支的蒙特庞谢公爵路易·德·波旁和拉罗什亲王都爱好和平，他们没有任何企图。但他们的家族领袖——珍妮·阿布莱特③的丈夫纳瓦拉国王安托万·德·波旁，却因受一个年轻、穷苦又胆大妄为的弟弟孔代亲王路易一世·德·波旁的怂恿④，表现出

---

① 让·杜·蒂耶（1521—1570），法兰西王国法学家和历史学家，从 1521 年起直到逝世一直担任巴黎议会的书记官。
② 有必要强调一下嫡亲王的问题，这与美第奇王太后和最后几位瓦卢瓦王朝人的历史密切相关，他们中的智者阐明了许多晦涩难懂的宗教战争。参见让·杜·蒂耶：《法兰西国王汇编中的嫡亲王，他们的王朝和家族以及在法兰西王国权贵中的级别》，巴黎，1618 年，第 95 页起，特别是第 313 页到第 317 页。——原注
③ 珍妮·阿布莱特（1528—1572），纳瓦拉国王亨利二世和玛格丽特·德·昂古莱姆唯一的女儿，也是法兰西国王弗朗索瓦一世的外甥女，在法兰西宫廷被抚养长大后，嫁给了安托万·德·波旁，成为纳瓦拉王后。
④ 还有另一个弟弟查尔斯一世·德·波旁，他是旺多姆红衣主教，一个糟糕的神学家、艺术爱好者和美第奇王太后的私人朋友。他是神圣联盟未来的首领。——原注

讷韦尔公爵弗朗索瓦·克莱沃

珍妮·阿布莱特

纳瓦拉国王安托万·德·波旁

与玛丽·斯图亚特的舅舅们争夺权力的倾向。纳瓦拉国王安托万·德·波旁作为更有能力行使权力的嫡亲王，地位仅次于只是在年龄上成熟了的国王。如果纳瓦拉国王安托万·德·波旁拥有了摄政权，他的权力就足以对抗美第奇王太后的心腹。美第奇王太后的野心也就无法实现了。

恰恰相反，吉斯家族却一心想要满足美第奇王太后。尽管他们的家族成员欧马勒公爵克劳德·德·洛林娶了戴安娜·德·普瓦捷的某个女儿，他们还是强迫戴安娜·德·普瓦捷归还了"王冠上的珠宝"，并令她把舍农索[1]城堡让给美第奇王太后，换取价格低得多的肖蒙[2]城堡。吉斯家族成员还剥夺了最受戴安娜·德·普瓦捷喜爱的让·德·贝特朗[3]主教手中的官印，召回了奥利维尔掌玺大臣——一个戴安娜·德·普瓦捷曾经羞辱过的老实人。但吉斯家族并不打算和美第奇王太后分享权力。自大的红衣主教忌妒她的权威，而第二代吉斯公爵弗朗索瓦·德·洛林又是一个习惯于指挥的将领。在理事会上，吉斯公爵只用简短的语言表态，一点都不能接受别人的反驳，"它必须是这样，就得这样"。美第奇王太后很快发觉自己从吉斯家族那里得到的只有敬重，而不是她所希望的发言权。身为国王的母亲，还有四个孩子有待立业[4]，美第奇王太后认为自己比大臣们更有权管理国家。

弗朗索瓦二世，生于1544年1月19日，周六，是亨利二世的继任者（1559年8月），驾崩于1560年12月3日。

伊丽莎白·德·瓦卢瓦，生于1546年4月2日，1559年与西班牙国王腓力二世成婚。

---

[1] 舍农索，法国北部安德尔–卢瓦尔省的一个市镇。
[2] 肖蒙，法国市镇，位于该瓦尔德卢瓦中心地区的谢尔省。
[3] 让·德·贝特朗（1482—1560），法兰西王国16世纪的一位主教及政客。
[4] 根据1561至1563年间的正式登记，1559年美第奇王太后仍在世的孩子（路易·巴黎：《弗朗索瓦二世时期的谈判》等，1841年，第892页）。——原注

第 3 章　纳瓦尔国王安托万·德·波旁夺权与昂布瓦兹阴谋

克劳德·德·瓦卢瓦①，生于 1547 年 11 月 12 日，1558 年 2 月 5 日与洛林公爵查理三世②结婚。

查理·马克西米利安③，生于 1550 年 6 月 27 日，昂古莱姆公爵，后来的奥尔良公爵，在弗朗索瓦二世驾崩后成为国王，驾崩于 1574 年 5 月 30 日。

亨利·亚历山大④，生于 1551 年 9 月 10 日，安茹公爵，普瓦捷公爵，后来的昂古莱姆公爵、奥尔良公爵。他通过坚振礼⑤接受了亨利这个名字，并从安茹公爵时期一直用到他哥哥查理九世驾崩之后。

玛格丽特·德·瓦卢瓦⑥，生于 1553 年 5 月 14 日，1572 年与纳瓦拉国王亨利·德·纳瓦拉结婚。

埃赫古勒⑦，生于 1555 年 3 月 18 日，并通过坚振礼改名为弗朗索瓦，先是担任安茹公爵、阿朗松公爵，最后重新成为安茹公爵。

弗朗索瓦二世登基时，美第奇王太后已经失去了三个孩子。

路易·德·奥尔良，1549 年 2 月 3 日出生，1550 年 10 月 24 日

---

① 克劳德·德·瓦卢瓦（1547—1575），法兰西国王亨利二世和美第奇王后的二女儿，十一岁时与洛林公爵查理三世结婚，并育有九个儿女。
② 洛林公爵查理三世（1543—1608），洛林公爵弗朗索瓦一世公爵和克里斯蒂娜·德·丹马克之子。在他两岁即位时，他的母亲和叔叔梅斯主教被宣布为摄政者。后来他被置于法兰西国王亨利二世的监护下，在瓦卢瓦宫廷长大，并在十六岁时与法兰西公主克劳德·德·瓦卢瓦结婚。作为法兰西王国的盟友，法兰西国王的妹夫及天主教领袖第三代吉斯公爵亨利一世·德·洛林的堂兄，他在宗教战争中起了重要作用。
③ 查理·马克西米利安，即查理九世（1550—1574）。
④ 亨利·亚历山大，即亨利三世（1551—1589）。
⑤ "坚振礼"是天主教和东正教"圣事"。在受过洗礼一段时间后，入教者再度接受主教所行按手礼和敷油礼，可使"圣灵"降临，从而坚定入教者信仰，振奋入教者的精神，故名。
⑥ 玛格丽特·德·瓦卢瓦（1553—1615），1572 年，她通过与纳瓦拉国王亨利·德·纳瓦拉的婚姻成为纳瓦拉王后，1589 年，当她丈夫以亨利四世的名义成为法兰西国王时，她又成为法兰西的王后。
⑦ 埃赫古勒，即弗朗索瓦·德·弗朗斯（1555—1584），是亨利二世和美第奇王后最小的儿子。

欧马勒公爵克劳德·德·洛林

凯瑟琳·德·美第奇与她的四个孩子

舍农索城堡

第3章 纳瓦尔国王安托万·德·波旁夺权与昂布瓦兹阴谋

去世；双胞胎维克多和珍妮（或朱丽），1556年6月24日出生，一个活了几天，另一个活了两个月。

宗教政策是当时的一个棘手的问题。该如何处理那些虽受迫害但仍不断增加的异端分子呢？弗朗索瓦一世在当政之初曾尽可能地保护那些"有悖于教义"的人文主义者和莫城教堂，使他们免受索邦神学院和议会的迫害。这些人文主义者就是人们所说的温和改革者。其中玛格丽特·德·纳瓦拉是他们的庇护者，拉菲尔·德·埃塔普勒是神学家，波赫高奈是主教。他们想通过非暴力的方式改变滥用艺术品和崇拜画像的现象，恢复对精神和真理的崇拜[①]。出于仁慈，弗朗索瓦一世在很长一段时间里采取的政策都是宽容地对待那些反对统一和天主教信仰的对手、路德教教徒及圣体形式论者。他们中有些人否认圣体圣事中物质的变化，还有一些人甚至更大胆地否认基督的存在。在昂布瓦兹的房门上被贴上反对弥撒的告示后，弗朗索瓦一世也只能时断时续地侍奉上帝，有时被迫中断，有时又可以得到休息。

但在洛林家族和戴安娜·德·普瓦捷的推动下，亨利二世却将改革者视为洪水猛兽，对他们进行迫害，甚至幻想将他们彻底消灭。另外，亨利二世要对付的革新者不再是反对无秩序尊重既定权力的莫城无神论者，也不是路德教教徒和由于争论圣体圣事而分裂的零散的圣体形式论者，更不是一些大家都讨厌的社会革命者——再洗礼派，而是几千名有着共同信仰的信徒聚集起来组成的名为"归正宗"的宗教团体。这些信徒希望重新发现和复活教会。这个团体的创始人是皮卡第人——让·加尔文[②]。他是

[①] 恩巴赫·德·拉图尔：《改革的起源》，巴黎，1914年，第3卷《福音主义》。关于莫城教堂，见第3章；关于拉菲尔·德·埃塔普勒，见第110页到第153页；关于玛格丽特·德·纳瓦拉的神秘主义，见第290页到第293页，参考文献，第290页。——原注

[②] 让·加尔文（1509—1564），法兰西王国神学家，重要的新教改革者和16世纪新教改革派中具有象征意义的牧师，他对所谓的加尔文主义学说做出了巨大的贡献。

一位人道主义者和神学家，曾为了躲避迫害而离开法兰西王国。走过很多地方后，让·加尔文定居在日内瓦——一个连接瑞士各州讲法语的共和政体国家的地区。野心勃勃的萨伏伊公爵伊曼纽尔·菲利贝托对这个因内乱而国力衰弱的城邦虎视眈眈。让·加尔文呼吁改革国家和教会，把纯粹的福音作为政治和宗教生活的法则。作为牧师理事会的主席，从1541年到他去世，让·加尔文在某种意义上一直是这个地区的神学顾问、启发者和导师。

虽然让·加尔文以逻辑严谨而著称，但他的伟大之处并不在于其学说的新颖。虽在马尔里希·茨温利[1]、布策尔[2]、厄高郎巴德[3]等诸多汲取了马丁·路德理论的改革者之后，并且超越了马丁·路德，但让·加尔文只在反驳《圣经》明确不允许的行为和信仰时才会效仿他们。在同样谨慎地尊重《圣经》的同时，让·加尔文还在耶稣最后的晚餐中看到了某种精神大餐，那是耶稣基督用他的身体滋养我们灵魂的一个圣礼[4]，马尔里希·茨温利将它看作是神的儿子与门徒庆祝的最后一个逾越节的简单纪念。虽然没有进行创新，但让·加尔文重新收集并找到了分散在前辈著作和布道中，支持改革派、反对天主教的原因和证据，并将它们形成一个体系。他的《基督教要义》比马丁·路德更加激进，是对福音派教义的第一次，也是最高的一次概括，从此便诞生了一种新形式的教会。

让·加尔文在日内瓦建立的教会模式像他本人一样简朴。在这里，马丁·路德主张的阶级消失了：没有主教，牧师彼此平等，教堂只是为

---

[1] 乌尔里希·茨温利（1484—1531），瑞士新教改革家，苏黎世新教改革的主要主使者。
[2] 布策尔（1491—1551），阿尔萨斯的新教神学家和改革家。
[3] 厄高郎巴德(1482—1531)，出身于瑞士—德国边境的沃特伯格的改革者，人文主义者及传教士。
[4] 乌斯，鲍姆和库尼茨等人的《教会历史》中讲道："虽然耶稣基督的身体在天上而不是其他地方，然而我们是以精神和信仰的方式分享他的身体和血液的。"——原注

让·加尔文

让·加尔文的最后时刻

第3章 纳瓦尔国王安托万·德·波旁夺权与昂布瓦兹阴谋

了演唱圣歌和举行这些普通仪式而建立的。教堂的墙壁是空白的,没有祭坛,没有图像,没有可以吸引人们的注意力及让人从宗教的真正对象——内心崇拜中分散精力的盛况和场景,只有为爱和信徒的恳求注入更多力量和热情的音乐。让·加尔文的教义不断重复原罪的观点,也就是堕落者祈求得到救赎时的无能为力。即使基督以全人类的名义为求得上帝宽恕而自愿牺牲,也不足以消除最初的错误。艺术作品与神的伟大和善良无关,它们被创作出来的价值就是求得上帝的宽恕,而这种宽恕是随机的,会从一切存在的实体中体现出一些,而使另一些受到惩罚。然而让·加尔文所热衷的,看似是阻止人们努力的残酷宿命论教义,却振奋了精神,渗透着力量。信徒为得到上帝之爱所做的,比他们为得到救赎做得更多。即使是殉教,也不再被当作是为死而复生的基督作证,而是为了感激造物主。对于狂热的人而言,这种教义是最有力的诱惑和最热切的传教动机[①]。

让·加尔文的教义传播到神圣罗马帝国、英格兰和荷兰,还征服了苏格兰。在法兰西王国,它吸引了所有不信奉国教者,并动摇了天主教信徒。日内瓦教会是改革派教会的始祖,它的教诲被认为是对神圣福音最纯粹的解释。作为法兰西新教的宗教要地,日内瓦教会是最具影响力的宣传中心,是牧师的神学院及使徒的来源地。由于让·加尔文严明的纪律,莱蒙湖畔的这个小共和政体在当时都具有举足轻重的地位。

这个由拥有相同信仰并对真理怀有同样热情的改革者聚集而成的紧密团体,使亨利二世功亏一篑。在他统治期间,尽管改革者受到了各种惩罚,然而也许正是因为这些惩罚,改革者的数量才不断增加。法兰西王国各地相继成立了七十二个或大或小的教会,牧师和十一位元

---

① 欧内斯特·拉维斯:《法国通史》,第5卷,第2页,第183页及以后。法盖:《16世纪文学研究》,巴黎,1891年,第151页到第188页,对让·加尔文学说的深刻分析。——原注

老聚集在巴黎召开了第一个全国性的主教会议（1559年5月），并确定了他们的"信纲"①。

"宗教改革"吸引了各阶层的追随者。这些追随者中不仅有对现有天主教会滥用职权和推崇迷信深恶痛绝的人，还有被宗教改革的逻辑说服、被它的理论吸引的人。这些人为了证明"宗教改革"的真理性甚至乐意接受殉教。还有些大领主，或被怜悯感动，或被纯粹的福音吸引，或被教会未来发展的希望诱惑，也支持改革派。陆军统帅阿内·德·蒙莫朗西的外甥弗朗索瓦·安德洛特已经不再去做弥撒。而当亨利二世问他原因时，他的回答是，"为了死去和活着的人的罪孽"，希望每天都重新杀死一次钉在十字架上的基督是一种亵渎神灵的可憎行为②。愤怒的法兰西国王将弗朗索瓦·安德洛特关在了默伦城堡，后来看在他舅舅的面子上才撤回命令让他重获自由③。圣康坦投降后被困荷兰的加斯帕尔·德·科利尼，在被俘期间（1557—1559）读了《圣经》和另一本"抚慰人心的书"后，便开始热爱真理。嫡亲的王室第一亲王——纳瓦拉国王安托万·德·波旁也鼓起勇气加入了改革派。他们趁国王不在，在普黑奥克来科④唱着圣歌游行（1558年5月）⑤。

亨利二世马上将安托万·德·波旁遣返回安托万·德·波旁自己位于比利牛斯山的王国。据说改革者力量的迅速蔓延激怒了亨利二世，他立即签署了《卡托-康布雷西和约》，全身心地投入到王国的净化工作

---

① 欧内斯特·拉维斯：《法国通史》，第5卷，第2章，第230页到第237页。——原注
② 让·加尔文的牧师马卡哈：《作品全集》，1558年5月22日，第17卷，第179页；普莱斯，第9页，第10页；《埃克尔斯的历史》，第1卷，第168页到第169页。——原注
③ 欧内斯特·拉维斯：《法国通史》，第5卷，第2章，第240页到第242页，在这件事上，参见卢西恩·罗米耶：《宗教战争的政治起源》，第2卷，第282页到第286页，根据费拉尔公爵的代理人阿尔瓦罗蒂的说法。——原注
④ 普黑奥克来科曾是巴黎一个著名的牧场。
⑤ 卢西恩·罗米耶：《宗教战争的政治起源》，第2卷，第272页到第278页。——原注

默伦城堡

中。但亨利二世再也无法从审判官身上找到他所希望的严苛和不容忍了。议会的刑事分庭竟然宣布了两名改革者无罪①。这绝对是件丑闻。虔诚的信徒要求在全体议会上讨论反对改革者法令的实施,并禁止依惯例对改革者进行温和判决。在讨论惩戒问题的周三大会上,保罗·德富瓦、安托尼·富梅、尤斯塔奇·德·拉保赫特等一些勇敢的议员,为改革派被误认为是异端进行辩解,要求在可以自由进谏的总理事会对他们的教义做出判定之前,"中止对他们进行迫害和判处死刑"。精明的国王亨利二世打着维持正义的幌子去了议会(1559年6月10日),并命令大家当着他的面继续讨论。杜·法尔②说:"国王有必要听听是谁在扰乱

杜·法尔

---

① 丹尼斯-弗朗索瓦·塞古斯:《孔代亲王回忆录》,第1卷,第217页。——原注
② 杜·法尔(1529—1584),法兰西王国诗人、行政官员和外交官。

第3章 纳瓦尔国王安托万·德·波旁夺权与昂布瓦兹阴谋

教会,以免以利亚①对阿哈布②说出破坏以色列之类的话③。"新教议员阿内·杜·布尔格像是从上帝那儿获得勇气似的说:"感谢上帝将国王带来见证这个伟大的事业,并鼓励国王了解它,因为它是我们的主耶稣基督的事业,也应该是国王们最重要的事业。"阿内·杜·布尔格说:"这不像是给本已在火刑中却又提及耶稣基督名字的人再判刑这类无关紧要的事。"④国王自认为成了众矢之的,他命令将这些不忠的官员送到巴士底狱,并委派专员审判他们。

两个月后,亨利二世驾崩,弗朗索瓦二世继位。改革派认为,政权的变更会带来政策的变化。但吉斯家族根本没想阻止对新教教徒的迫害。吉斯家族的人都是虔诚的天主教教徒,并有意捍卫天主教事业。洛林红衣主教,也是兰斯的大主教,同时还是圣丹尼斯、克吕尼、马尔穆捷、图尔斯、费康等修道院的院长的查理·德·洛林从自己全部的教士俸禄中拿出三十万英镑的收入来对付改革派。他应该非常憎恶这个要取消教会等级,并要求以民主的方式重组教会,还要剥夺教会财富的改革派。另外,改革者与第一亲王——普黑奥克来科的英雄安托万·德·波旁的关系也令吉斯家族不安。改革派在安托万·德·波旁身上寄托着耶稣教义获胜的希望。一开始,改革派就将安托万·德·波旁与生俱来的权力与由国王任命而被赋予的玛丽·斯图亚特舅舅们的权力对立起来。改革派教会的法学家们,包括著名的弗朗索瓦·霍特曼⑤,在法兰西王国最古老的历史中找到了先例,即嫡亲王有着远在庶民之上,甚至与国王相等的特殊权力。改革派还以弗朗索瓦二世没有能力执政为借口,主张

---

① 以利亚,亚伯拉罕教的主要先知。
② 阿哈布,指以色列之王。
③ 丹尼斯-弗朗索瓦·塞古斯:《孔代亲王回忆录》,第1卷,第220页到第221页。——原注
④ 西奥多·德·贝泽:《改革派教会教士史》,第1卷,第223页到第224页。德拉普莱斯:《宗教与共和国的国家》(布琼出版社),第12页到第14页。——原注
⑤ 弗朗索瓦·霍特曼(1524—1590),法兰西王国法学家、支持加尔文主义的论战文学家。

权力持有者只能是嫡亲的第一亲王——安托万·德·波旁。吉斯家族的人不得不更加强硬地行使政府颁布的法令，敦促审判在周三大会上逮捕的四个议员，特别是新教牧师议员阿内·杜·布尔格——他曾当面顶撞过亨利二世[①]。

据传，美第奇王太后并不是"新教的敌人"，她喜爱萨伏伊的新公爵夫人——玛格丽特·德·弗朗斯，一个连让·加尔文后来都劝说改变宗教的温和的天主教教徒。玛格丽特·德·弗朗斯与爱情诗人玛格丽特·德·昂古莱姆关系亲密，并通过玛格丽特·德·昂古莱姆认识了维尔马多。这位老绅士提醒玛格丽特·德·弗朗斯（1559年8月26日的信），如果因为没有孩子而灰心失望，应求助上帝，她照做后便得偿所愿。于是玛格丽特·德·弗朗斯在箱子里藏着一本《圣经》——可能是拉斐尔·德·埃塔普勒或皮埃尔·罗伯特·奥利维坦[②]翻译的版本[③]。玛格丽特·德·弗朗斯曾经读过这本书，也可能让仆人读过几次。当整个宫廷都迷恋圣乐时，玛格丽特·德·弗朗斯当然也全心全意地唱过第一百四十一首圣歌，而她在诠释一个不育和被遗弃的妻子的痛苦时应该比别人表现得更好。

这种笃信宗教的热情并未持续很长时间，但人们却愿意相信，某种被人世间的诱惑所压抑的深刻情感，在第一次有利的时机再次出现了。有人认为这种情感重现的一个迹象是：如此胆小并顺从丈夫意愿的王后，在亨利二世当政的最后几年，竟有一次表露出对受迫害的新教教徒的同情。1557年9月5日，圣康坦战败后一个月，在普莱西斯学院前，圣雅克街

[①] 阿内·杜·布尔格和其他议员的审讯记录，丹尼斯-弗朗索瓦·塞古斯：《孔代亲王回忆录》，第1卷，第224页到第246页。——原注

[②] 皮埃尔·罗伯特·奥利维坦（1506—1538），法兰西王国人文学者，是让·加尔文的堂兄，也是第一部从希伯来文和希腊文译为法文的新教《圣经》的译者。

[③] 由拉菲尔·德·埃塔普勒翻译的《新约圣经》于1523年出版。皮埃尔·罗伯特·奥利弗坦的圣书宝库，或人们所说的塞尔里埃的《圣经》出现于1535年。塞尔里埃是这本书被印刷的地方（在瑞士的纳沙泰尔）。——原注

第3章 纳瓦尔国王安托万·德·波旁夺权与昂布瓦兹阴谋

的一座房子里,有人当场捉住近一百五十个新教教徒,有男有女,其中还有几个贵族名媛。他们聚集在那里一起祷告,享用逾越节晚餐。学生、牧师和附近居民将新教教徒当作王国灾难的罪魁祸首,把他们押送到沙特莱监狱。那里的守卫驱赶他们,辱骂他们,殴打他们,却仍不能解恨①。他们中的几个人被判了火刑,其中有一位老教师、一位巴黎议会的律师和一位二十三岁的年轻女子——她是一位格拉沃龙先生的遗孀"菲利普·德·伦斯小姐"。两个男人被活活烧死,而他们的女性同伴先被点燃了脚和脸,后来才被勒死投入火中②。他们三个都是带着一种令人敬佩的"忠贞"死去。酷刑之下年轻女子的勇气使美第奇王太后感动不已,于是将此事公之于众,类似的事情美第奇王太后还做了不少。陪伴美第奇王太后的一位女士,弗朗索瓦兹·德·拉·布列塔尼或弗朗索瓦兹·德·瓦赫底,是皮基尼领主查尔斯·戴利的遗孀,也是1581年嫁给科利尼伯爵弗朗索瓦·德·科利尼的玛格丽特·戴利的母亲,也参加了圣雅克街的集会,同样被监禁了。正如一位当代人拉普拉斯法院院长所说,这位弗朗索瓦兹女士后来"被送回美第奇王太后那里",肯定是美第奇王太后要求释放她的,这样想一点也不过分③。

改革派将美第奇王太后的怜悯行为理解为她愿意接受他们的信仰。

---

① 让·加尔文:《全集》,第16卷,第602列和第603列,注释。皮埃尔·德·拉普拉斯:《对亨利二世、弗朗索瓦二世及查理九世时期国家和宗教状况的评论》,第4页。卢西恩·罗米耶:《宗教战争的政治起源》,第2卷,第254页,注1,公布了囚犯名单。——原注
② 让·克雷斯潘:《从使徒时代到1574年被迫害和为福音的真理而死亡的殉道者的历史》,1582年,第7卷,第434页。拿但业·韦斯:《法国新教历史协会公报》,1916年,第195页到第235页。——原注
③ 费雷尔、贝泽和卡梅尔等大臣要求伯尔尼委员会以行政区的名义与亨利二世交涉,以帮助囚犯(1557年9月27日,卢西恩·罗米耶:《宗教战争的政治渊源》,第2卷,第263页,注3),提醒他:"法兰西法院有不少人赞成我们的事业,但他们很胆小。"恳求他马上"写信给美第奇王太后,给玛格丽特·德·弗朗斯夫人,给纳瓦拉国王安托万·德·波旁和诺维斯领主弗朗索瓦·德·克莱沃,让他们勇敢地和国王说……"这封信至少证明美第奇王太后对改革派没有敌意。——原注

这就是为什么改革派向她求助时，并不像是在给一个陌生人写信。他们说："在已故国王亨利二世在世时，长期以来，我们一直渴望得到他的宽容，所以我们除了祈祷国王身体健康外，也会专门向上帝祈求，希望上帝能在精神上给予王后力量，让她成为第二个以斯帖[①]来为国王服务。"他们乞求美第奇王太后"不要让这个新的王国被无辜者的鲜血玷污"，而且还生硬且愚笨地补充说："流血者曾经在上帝面前哭诉，人们知道上帝已经愤怒了。"美第奇王太后有足够的理由愤慨，在她亲爱的丈夫驾崩两三个星期后，这么说简直就意味着是在说她丈夫的死是上天对他公正的惩罚。然而推开主动示好的人对她并没有任何好处。请愿书结尾处所预测的新的不幸让她想对此有更多了解。莫雷尔牧师写信给让·加尔文（1559年8月1日）说，她带着"足够的善意"[②]回了信。

新教教徒还在坚持。但洛林的红衣主教查理·德·洛林提前了对阿内·杜·布尔格和其他议员的判决，这让新教教徒们惶恐不安。几天后，他们再次写信给美第奇王太后，认为她不应一直假装不知情，不能让信徒的血白流。美第奇王太后仁慈地回复了他们，承诺她会改变他们的命运，但条件是"他们不能再聚集在一起了，每个人都得秘密且安静的生活"[③]。

然而，美第奇王太后打算自己决定干预的时间和方式。恳求者们愤怒地意识到她除了拯救"虔诚的人"，还有别的事要做。当洛林红衣主

[①] 以斯帖是《圣经·旧约·以斯帖》中的女主角。她美丽、善良，是一个女英雄。为了挽救在波斯境内犹太人的性命，她运用自己的智慧，揭露了波斯宰相的阴谋，粉碎了波斯宰相试图消灭波斯境内犹太人的阴谋。

[②] 雷尼尔·德·拉普朗什：《弗朗索瓦二世统治时期的法兰西王国和宗教史》，布隆（文学万神殿）出版社，第211页。此次请求是在1559年8月1日之前，这个日期是由莫雷尔给让·加尔文的一封信中提到的。让·加尔文：《卡尔维尼全集》，第17卷，第590列。——原注

[③] 信徒们的第二封信由莫雷尔写给让·加尔文，1559年8月3日，选自《卡尔维尼全集》，第17卷，第591列。美第奇王太后的回复由莫雷尔写给让·加尔文，1559年8月15日，选自《卡尔维尼全集》，第17卷，第597列。另见雷尼尔·德·拉普朗什：《弗朗索瓦二世统治时期的法兰西王国和宗教史》，第211页，其中莫雷尔的信件可以用于在各处确定和纠正年表。——原注

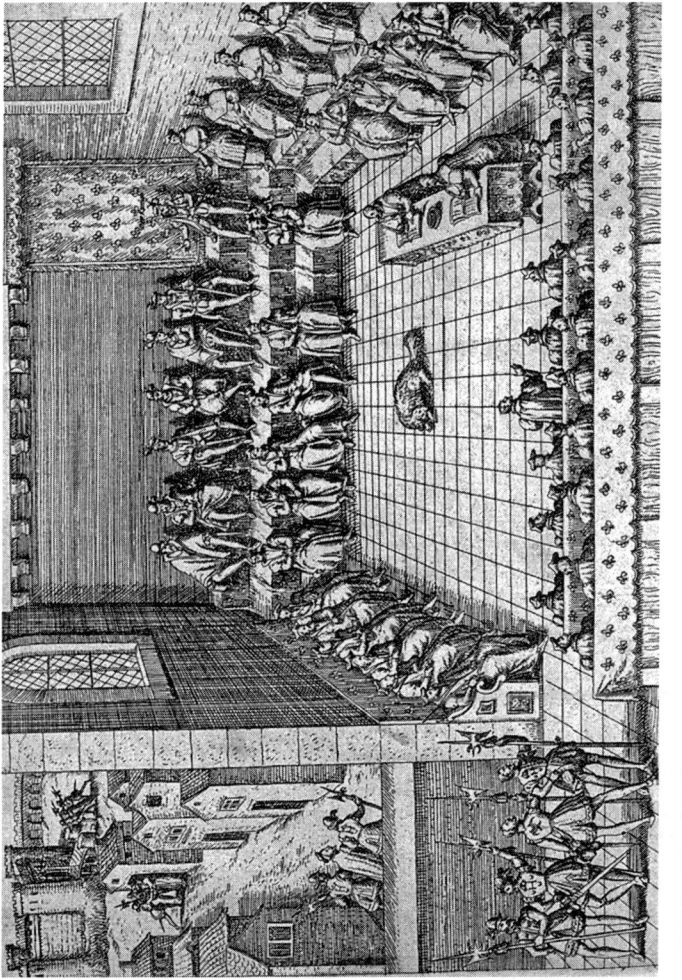

审判阿内·杜·布尔格

教查理·德·洛林在美第奇王太后面前下令处决这些囚犯时,她不仅没有试图安抚这头凶猛的野兽,而且丝毫没有表现出任何悲伤的迹象。于是巴黎教会的牧师教务会议,即莫雷尔口中所说的"我们的元老院"①,用尚未被这个教派的政客软化的生硬话语给美第奇王太后写信道:"请确保停止迫害,改革者们已经努力克制欲望,尽量缩小聚会规模,以免王太后再因敌人对他们的追捕而烦心。但他们并未发现这一承诺的任何效果,反而觉得自己的状况比过去更悲惨了。而且对阿内·杜·布尔格的紧密追捕,让人感觉非要夺走他的性命不可……美第奇王太后应该知道他是清白的,上帝已经开始惩罚已故国王。不管发生什么事,她都应确信上帝是不会赦免这样的罪孽的,要知道上帝依然抬着手臂,准备随时向她和她的孩子复仇。"美第奇王太后被这些话激怒了,她说:"好了!他们威胁我,试图让我害怕,但他们暂时还无法达到目的。"②改革派对美第奇王太后说的话就好像她背叛了他们的事业,但美第奇王太后对试图安慰她的海军上将加斯帕尔·德·科利尼、孔代亲王路易一世·德·波旁及埃莉诺·德·鲁瓦宣称,她根本就不赞同改革派,"我做的一切只是出于女性天生的怜悯和自然而然产生的同情,我对他们的教义并不是特别了解"③。

就这样,美第奇王太后与改革派之间产生了误会。美第奇王太后所关注的是舆论动向及她从中可能获得的好处,而改革派却相信她是出于胆怯或有自己的打算而不支持他们,并恼怒于她的虚伪。在改革派给美第奇王太后的第一封信中,他们祈求她,在第二封信中,他们催促她,而到半月后的第三封信,他们又要求她拯救新教的囚犯兄弟,威胁她如

---

① 让·加尔文:《卡尔维尼全集》,第17卷,第597列,1559年8月15日。——原注
② 可以看出这封信写在1559年8月15日之前。因为在莫雷尔给让·加尔文的信中提到了它。这封信被雷尼尔·德·拉普朗什长篇报道过,但没有日期(第219页到第220页)。莫雷尔给让·加尔文的信,《卡尔维尼全集》,第17卷,第597列,"她说,当他们完成后,他们发给我,并威胁我"。——原注
③ 雷尼尔·德·拉普朗什:《弗朗索瓦二世统治时期的法兰西王国和宗教史》,第220页。——原注

洛林红衣主教查理·德·洛林下令处决囚犯

果再不采取行动会遭到上帝报复，还要求她明确表态反对国王的大臣。但美第奇王太后并不打算被这样苛刻的委托人连累，她还不知道自己能从他们那里得到什么。

这时，吉斯家族给了改革派沉重的一击。由于变节者告密，吉斯家族成员知道了新教聚会的成员和地点，于是派出了专员和士官，包围了被称为"小日内瓦"的圣日耳曼市郊以及邻近的街道。沙特莱的一名议员带领五十名警务人员包围了位于马雷街的一座房子。里面走出了许多可疑人员，而这些人却"热烈欢迎"了这名议员，并用武力杀出了一条路。最后警察只逮捕了一个老人、一个女人和几个孩子，但他们查获了一些用法语韵文书写的文本，里面提到了亨利二世是由于上帝的公正判决而横死的，上面还责备美第奇王太后过于遵从洛林红衣主教查理·德·洛林了[①]。此外，这些警务人员还在巴黎各地也进行了搜查（1559年8月25日至26日）。在开除教籍的威胁下，讲道的牧师要求信徒们检举所有"有悖于"教义者[②]。传闻说，为了获得神启，改革派教徒聚集在一起，熄灭蜡烛做淫荡的事。红衣主教知道，事实其实正好相反，但主教为了改变王太后想要缓和矛盾的微弱愿望，派了两个训练有素的教徒来说服她。他们给她背诵了提前准备的内容：复活节前的星期四，在莫伯广场，在一个倡导者的房子里举行的大型聚会上，改革派教徒吃掉猪肉后，就在黑暗中随机乱交。美第奇王太后对新教会的苦修思想一无所知，她"不可思议地感到失望和震惊"。美第奇王太后向几个支持新教的女性友人宣布："如果她确切知道她们是这样的，她会让她们都去死，不管与她们之间存在什么样的友情或恩惠。"然而这些友人获悉有人曾

---

① 雷尼尔·德·拉普朗什：《弗朗索瓦二世统治时期的法兰西王国和宗教史》，第222页到第223页。——原注
② 1559年9月4日，由维莱·科特雷发出并于1559年12月23日在议会上登记的声明，命令铲平秘密聚会的房屋。1559年12月23日登记的1559年11月9日的一项法令宣布，对非法集会的负责人判处死刑（伊桑贝尔特：《法兰西旧法典集》，第9页，第11页，第14页）。——原注

第 3 章　纳瓦尔国王安托万·德·波旁夺权与昂布瓦兹阴谋

教唆过这两名教徒，骗局被揭穿了①。莫雷尔牧师给让·加尔文的信中写道：这种情况下，"女英雄"埃莉诺·德·鲁瓦挺身而出，为改革者的美德担保。美第奇王太后反驳说："但我听很多人说没有人比他们更荒唐了。"对此埃莉诺·德·鲁瓦回答道，这种印象很容易强加在我们身上，"没有人敢捍卫我们。要是您了解我们和我们的事业，就会做另外的判断了"。在接下来的谈话中，美第奇王太后表明为了加深对新教的了解，她希望会见一个新教牧师，最好是人们经常谈论的那个绅士安托万·德·尚迪厄②。美第奇王太后保证，他不必害怕，她会安排好一切，会见将以最秘密的方式进行③。

埃莉诺·德·鲁瓦立刻给巴黎的信徒寄了一封信，"劝告他们不要错过这个与美第奇太后见面的机会"。她告诉他们："他们以前以为美第奇王太后读过虔诚的圣书或听到过真正博学的基督教人士讲道，但这个想法是错误的。"她希望美第奇王太后见到安托万·德·尚迪厄后，会改变观点并支持他们的事业。一番犹豫后，牧师教务会议同意了。

美第奇王太后希望与这位绅士牧师会面，但不仅仅是出于宗教原因。她知道改革派同情嫡亲王，希望就此多了解些情况。安托万·德·波旁几天后将抵达贝恩参加加冕活动。也许美第奇王太后已经获悉安托万·德·波旁在路过的所有城市中都受到新教牧师们的拜会，并在旺多姆参加了一个由改革派及他的支持者组织的半政治半宗教性质的聚会。他们鼓励安托万·德·波旁收回国家政权。纳瓦拉王后珍妮·阿布莱特以前的仆人维尔马多写信劝美第奇王太后不仅要像她以前做过的那样用歌

---

① 雷尼尔·德·拉普朗什：《弗朗索瓦二世统治时期的法兰西王国和宗教史》，第 223 页到第 225 页。——原注
② 安托万·德·尚迪厄（1534—1591），法兰西王国新教牧师、外交官和军人，也是宗教诗歌的作者。
③ 1559 年 9 月 11 日莫雷尔给让·加尔文的信（让·加尔文：《卡尔维尼全集》，第 17 卷，第 634 列到第 635 列）。出生于 1534 年左右的马孔地区沙博城堡的安托万·德·尚迪厄是拉罗什·尚迪厄的领主。他最初是巴黎的一位牧师，后来去了日内瓦，1591 年在那里去世。哈格：《新教的法兰西》，第二版，第 3 卷，第 1049 列到第 1058 列。——原注

贝恩

旺多姆

唱"美丽的大卫圣歌"的方式博得神的祝福，还要"在平时聆听和阅读上帝的语录"。远离吉斯家族，那些"外来的怪兽"，"他们不属于王室，靠欺诈和暴力抢占您和国王的力量"，他们将"阻挠和削弱王室，甚至将亲王们及王国的血亲都踩在脚下"。他坚持说"作为嫡亲王，他们应该以此为荣"④（1559年8月26日）。雷尼尔·德·拉普朗什说，维尔马多的信使美第奇王太后"想到她的事业，推测只要亲王们不让其他人参与进来，他们的地位就会一跃而上，排在最前面"⑤。这里的其他人是指吉斯家族和改革派，因此对美第奇王太后来说，了解改革派的意图非常重要。推翻了玛丽·斯图亚特的舅舅，她会得到什么或失去什么。美第奇王太后认为与安托万·迪·尚迪厄的对话将会澄清这一点。会面定在1559年9月18日，国王加冕之日。安托万·迪·尚迪厄就藏在兰斯附近，等着美第奇王太后的秘密召见。

然而，经过深思熟虑，美第奇王太后不敢也不想向他发出会面讯息了⑥。和新教代表会谈意味着反对迫害他们的吉斯家族，而改革派前后态度的转变也让她有所担心。在亨利二世统治时期，改革派曾平静地忍受了牢狱之灾和殉难之苦，没有反抗压迫他们的势力，但现在他们中的很多人"恼于继续忍受基督教和福音派"了。改革派的同盟者们支持他们以牙还牙，这些人是和平时期由于财政开支不足，吉斯家族不得不解雇的士兵和军队首领⑦、贫穷的绅士和好斗者及安托万·德·波旁的朋友和陆军统帅阿内·德·蒙莫朗西，最后这些人都倾向改革派了。改

---

④ 让·加尔文：《卡尔维尼全集》，第17卷，第618栏。——原注
⑤ 雷尼尔·德·拉普朗什：《弗朗索瓦二世统治时期的法兰西王国和宗教史》，第212页。——原注
⑥ 雷尼尔·德·拉普朗什：《弗朗索瓦二世统治时期的法兰西王国和宗教史》，第220页说，这一天她受到参加加冕活动的几位红衣主教和其他领主的拜访，被这些事务牵制住了。——原注
⑦ 1559年7月14日的拨款命令。德鲁布：《安托万·德·波旁和珍妮·阿布莱特》，第2卷，第127页。布朗托姆：《作品集》，第4卷，第224页。——原注

16世纪50年代的凯瑟琳·德·美第奇

革成了所有反动者的口号,这些曾经的忠实者对洛林家族的暴政比对"教皇的恶习"更加敏感,他们正把忠实的信徒也推向反叛。新教的历史开始了。

宗教改革者和对政治不满者就亲王们的权力问题结成了联盟。吉斯家族的敌对者宣称,由于国王弗朗索瓦二世健康状况不佳,判断力不足,尽管他已成年,但仍有必要团结王国的各个阶层,将行政管辖权依据关系的亲疏全部委托给嫡亲王们。在亨利二世驾崩后一个多月,巴黎教会牧师莫雷尔向让·加尔文阐述了这种新的宪法理论。如同让·加尔文后来写给加斯帕尔·德·科利尼的信中所述,这一行动的支持者甚至走得更远[①]。因为让·加尔文没有标明咨询的具体日期,我们推测是在1559年9月或1599年10月。让·加尔文说:"某些负责人问我,抵制迫害上帝子民的暴政是否合法,应该采取什么方法去对抗。我发现他们中好几个人都问到了这个问题。在统一答复他们如果这样做肯定会被流放后,我极力向他们表明,依据上帝的观点,世间根本没有对错,只有永无止境的推测。"让·加尔文继续说:"即便能找出一些理由也无法彻底反驳。因为根本不是反对国王或他权力的问题,而是鉴于国王尚幼,根据王国律法需要一个最高行政机构的问题。"之后,"人们只能默默地等待着灭绝所有可怜信徒的可怕屠杀"。但让·加尔文又"简单"地补充说:"如果一滴血溅出来,血将流经欧洲所有地方。如果基督教的名誉和耶稣的教义会因此受到侮辱,最好毁灭百次。"不过让·加尔文也承认:"如果亲王们为了共同利益要求维护他们的权益,而且最高法院也参与进来,所有臣民都应坚决支持。这是合乎律法的。"那个负责人又问道:"当某一位不排在第一等级的亲王被诱使这样做,这是否是绝对不允许的呢?"让·加尔文补充道:"对

[①] 1561年,让·加尔文:《卡尔维尼全集》,第18卷,第425列到第431列。这个"某人"并不是让·杜·巴瑞,他在一段时间之后,去看望让·加尔文,并没有受到友好的接待。同上,第427列,第429列。——原注

第 3 章　纳瓦尔国王安托万·德·波旁夺权与昂布瓦兹阴谋

这个问题我的回答是肯定的。简而言之,我坚决地拒绝了他向我提出的一切,因为我认为这一切都是不应被考虑的。"①

但诸如法学家弗朗索瓦·霍特曼这样的宗教决疑者认为,只要有一个亲王同意,就可以发起反对吉斯家族的政变。如果排位第一的安托万·德·波旁回避了,或者婉转地说,在他缺席的时候,他的弟弟孔代亲王路易一世·德·波旁可以根据传统和成文律法要求得到国王最高委员会的职务②。

波旁家族的这位亲王确有此意,他精力充沛、贫穷并雄心勃勃,而且早已设想过唯一亲王的理论。

吉斯家族对安托万·德·波旁的敌对使他彻底绝望了。在旺多姆集会后,他一出现在法庭上就被嘲笑。安托万·德·波旁去圣日耳曼找国王时,吉斯家族没有给他安排任何住所,圣安德烈勋爵出于恻隐之心给他提供膳宿,这已经让他很满足了。安托万·德·波旁也没有被召去理事会。国王弗朗索瓦二世加冕期间,在兰斯,当着安托万·德·波旁的面,他的一位绅士朋友安塞尔·德·苏波赛勒因涉嫌诽谤牧师而被逮捕。他自感羞愧,因为实在没有勇气行使自己的权力,只好热切地接受了美第奇王太后提供的护送腓力二世的妻子——伊丽莎白·德·瓦卢瓦前往西班牙的使命③。

但无论安托万·德·波旁在不在法兰西王国,孔代亲王路易一世·德·波旁都为他效劳。孔代亲王路易一世·德·波旁秘密告知安托万·德·波旁吉斯家族对他的诉讼,而且如同人们所想的那样,雷尼尔·德·拉普朗什说"可能这些消息就是由贵族和当权者散布的。吉斯家

---

① 让·加尔文:《卡尔维尼全集》,第 18 卷,第 425 列到第 426 列。让·加尔文的看法,参见米涅:《学者日志》,1857 年,第 95 页。——原注
② 让·加尔文给皮埃尔·马特的信,让·加尔文:《卡尔维尼全集》,1560 年 5 月,第 18 卷,第 82 列。雷尼尔·德·拉普朗什:《弗朗索瓦二世统治时期的法兰西王国和宗教史》,第 237 页。——原注
③ 德鲁布:《安托万·德·波旁和珍妮·阿布莱特》,第 2 卷,第 41 页到第 45 页。——原注

孔代亲王路易一世·德·波旁

불바르 몽마르트르

族搜集了大量安托万·德·波旁所犯的抢劫、小偷小摸和贪污的罪行"，"王储委员会已经知晓的这些信息，却又被安托万·德·波旁的敌人（吉斯家族）掩盖了。因为他们认为国王弗朗索瓦二世年纪尚幼，不了解这些罪行对他和整个法兰西王国的危害，更不用说对此下达命令了。毫无疑问，只需要找到能抓住第二代吉斯公爵弗朗索瓦·德·洛林和他弟弟洛林红衣主教查理·德·洛林的证据，就可以由各个等级对他们提起诉讼"[1]。然而，此举太危险，孔代亲王路易一世·德·波旁并不敢冒险。他把这一任务留交了一个叫让·杜·巴瑞的拉雷诺迪耶领主，因为他与法院有纠纷，可以将这些纠纷推给吉斯家族负责。让·杜·巴瑞在王国内外招募了一些士兵和绅士，并秘密召集谋反者在南特（1560年2月1日）召开会议。这个大会被认为代替了各级会议，它授权让·杜·巴瑞抓捕几位朝臣，以免他们继续危害王国。阴谋的煽动者想通过调查、诉讼、各级协商等程序性手段表明自己行为的合法性，以减轻像让·加尔文这样的基督教徒的顾虑。他们决定武力入侵宫廷所在的昂布瓦兹城堡，拿着剑谦逊地要求弗朗索瓦二世辞退第二代吉斯公爵弗朗索瓦·德·洛林，并将他交给牧师们审判。此次行动先定于1560年3月10日执行，后来推到了1560年3月16日。

尽管谋反者极力掩饰，但计划还是败露了。1560年2月12日，一个神圣罗马帝国新教的亲王向吉斯家族发出首个含糊的警告，几天后，又传来了皮埃尔·德·阿弗内勒的检举[2]。皮埃尔·德·阿弗内勒是一名巴黎的律师，曾在让·杜·巴瑞路过时给他提供食宿并得到他的信任。美第奇王太后被这场战争的危险性震惊了，她开始发现自己儿子的大臣

---

[1] 巴亚赫：《对昂布瓦兹阴谋史的批判性的增添》，《历史杂志》，1880年，第14卷，第61页到第108页和第311页到第355页（分析格朗韦勒红衣主教和西班牙驻法兰西王国大使尚托奈的信件）。——原注

[2] 检举的年代很难确定。巴亚赫：《对昂布瓦兹阴谋史的批判性的增添》，《历史杂志》，1880年，第14卷，第81页到第84页和各处。——原注

昂布瓦兹城堡

们都过于强势，谁能保证他们不会肆无忌惮地反对国王的意愿呢？也许是出于对配偶的虔诚，美第奇王太后没有做任何事来挽救1559年12月23日被处决的阿内·杜·布尔格。因为苏比斯的一位先生——让·德·帕泰奈-拉尔切维克①，美第奇王太后对安东尼·富梅产生了兴趣，并"给予了他很大的帮助"。然而洛林的红衣主教查理·德·洛林拒绝了她的好意，并欺骗了她。最后，美第奇王太后对他说："这种做法让我很不满。如果您再这样做，我会生气的。"气恼的洛林红衣主教查理·德·洛林提出要离开宫廷。但如果他离开，他的哥哥第二代吉斯公爵弗朗索瓦·德·洛林自然也会离开，这将留下美第奇王太后独自面对改革派。而此时的美第奇王太后还没有能够对付天主教教徒的把握，所以美第奇王太后只得尽力安抚他。《改革派教会的历史》一书中提到，查理·德·洛林将追捕的过错归结到雅克·布尔丁总检察官、某些沙特莱的顾问和专员、拉佛瓦宗教裁判所的法官德摩卡莱斯及几个索邦人身上。洛林红衣主教查理·德·洛林说他们是世界上最邪恶的日耳曼人，应受一千次绞刑……对此美第奇王太后回信说自己很惊讶，既然他已经知道他们是这样的，为何还要为这些人服务。② 最后安东尼·富梅被无罪释放了（1560年2月）。

吉斯家族有理由认为，除了被揭发了阴谋的"无用者们"，他们还有其他敌人，所以吉斯家族比以往任何时候都更需要与太后和解。他们异常焦虑，恳求美第奇王太后让法院传唤陆军统帅阿内·德·蒙莫朗西、海军上将加斯帕尔·德·科利尼、弗朗索瓦·安德洛特和沙蒂隆主教卡迪纳·德·科利尼。她欣然应允了，因为她对"这些人的美德"有"信

---

① 让·德·帕泰奈-拉尔切维克（1512—1566），也称苏比斯先生，是法兰西贵族和新教教徒，最后一位赫比尔斯和穆尚的勋爵。
② 庞斯、格莫扎克、莫尔塔尼：《改革派教会的历史》，由鲍姆和库尼茨再版，1883年，第1卷，第294页到第298页。——原注

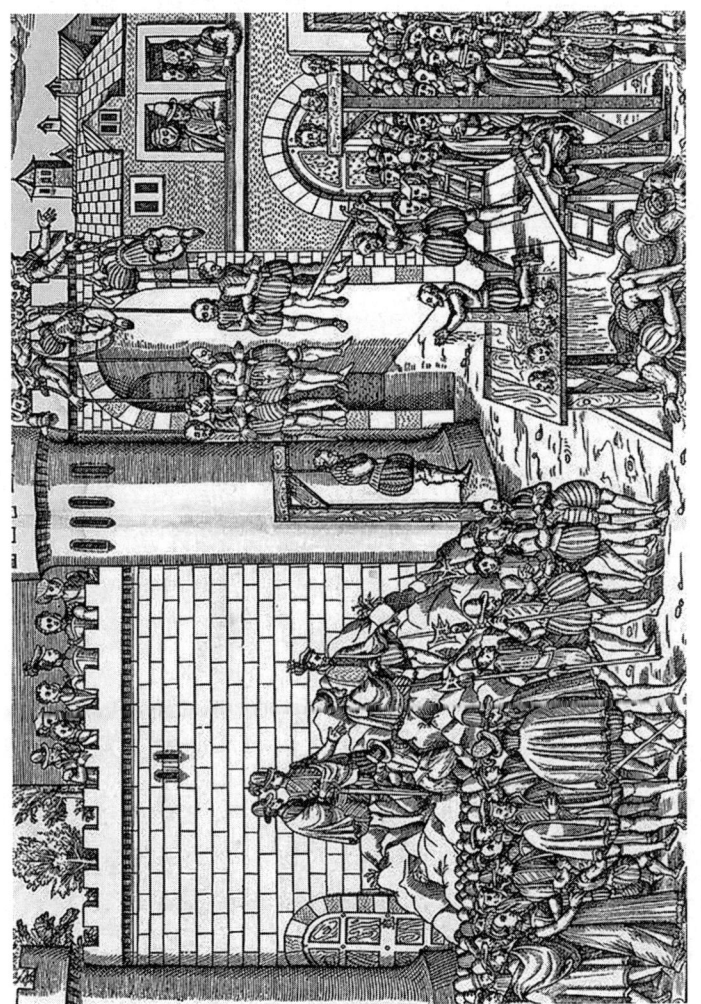

处决阿内·杜·布尔格

心",而且她与海军上将加斯帕尔·德·科利尼一直"保持友好关系"。尽管加斯帕尔·德·科利尼明显倾向于改革者,却没有出现在旺多姆大会上①。他考虑到新教教徒对嫡亲王事业的热忱,认为他们可能会疏远美第奇王太后。或许他也认为安托万·德·波旁还有利用价值。1560年2月24日加斯帕尔·德·科利尼到达法庭后,美第奇王太后请他发表自己的观点。加斯帕尔·德·科利尼表达了自己对王国所有事务,包括宗教事务和政务的极大不满,对疏远亲王和将王国事务交给外族人管理的不悦,并说这些甚至完全违背了大家的意愿②。然后,美第奇王太后走出了第一步,她审慎地去找了国王弗朗索瓦二世,并说服他在宗教事务上向理事会咨询。吉斯家族没有制止她。理事会同意由最高行政机构出面,大赦了所有无劣迹的天主教教徒,但除了以宗教为借口密谋反对美第奇王太后(注意美第奇王太后是第一个提到的人)、国王弗朗索瓦二世、王后玛丽·斯图亚特、国王的兄弟们以及主要大臣(1560年3月)的传道者。另外,为了庇护吉斯家族,赦令中认定吉斯家族的对手有摧毁王室甚至是波旁家族的企图,因此,那些主要罪犯及疑似传播带有反叛精神的新教义的传道者也没有被赦免③。但对温和的改革者和骚乱的制造者所进行的判决造成了严重后果。同样是改革,从事新教的传播者可以被赦免,而谋反(国家的改革)却要被处罚,难道王国对自己的事比对上帝的事更关注吗?巴黎圣母院的议事司铎④皮埃尔·布鲁斯拉特在日志上提到,几位天主教教徒认为该法令"非常奇怪"。为了表明美第奇王太后受到了它的启示,王国的顾问雅克·德·莫罗格负责将尼古拉·布鲁特带到议会,并宣布他受美第奇王太后的特别命令告诫法

---

① 埃里希·马尔克斯:《加斯帕尔·的·科利尼》,1893年,第1卷,第350页。——原注
② 雷尼尔·德·拉普朗什:《弗朗索瓦二世统治时期的法兰西王国和宗教史》,第247页。——原注
③ 丰塔农:《法兰西国王的法令和赦令》,1611年,第4卷,第263页到第264页。——原注
④ 皮埃尔·布鲁斯拉特的日志。丹尼斯-弗朗索瓦·塞古斯:《孔代亲王回忆录》中,第1卷,第9页。——原注

皮埃尔·布鲁斯拉特

庭，希望法庭尽快对上述公文进行核实。法庭没像平时那样拖延，1560年3月11日就对此进行了登记。

美第奇王太后正式入场了，这也是她第一次在政治舞台上公开亮相。但让步来得太晚了。让·杜·巴瑞带人出现在昂布瓦兹城堡大门口。还未解除武装的吉斯家族将士兵、贵族、城镇自由居民及那些"无意"被卷入攻击城堡的民众驱散、屠杀或交给刽子手。美第奇王太后不敢通过审判来反对处决，所以杀戮就在田野展开了。美第奇王太后也认为通过暴动、意外、袭击和战争的方式向国王提出要求肯定是有罪的。但她发现吉斯家族做得有些过分了。在美第奇王太后参加的一次审判中，她想赦免一个"向洛林红衣主教查理·德·洛林公开承认他教义的正确性，甚至告解了最后的晚餐"的囚犯。但当美第奇王太后在别处脱不开身时，这个囚犯便被匆忙处决了。美第奇王太后说："对此我非常生气，因为我认为他是无辜的。"为了营救卡斯泰尔诺——某个勇敢的士兵队长，加斯帕尔·德·科利尼和弗朗索瓦·安德洛特都证明他本人曾为王国和王室做出巨大贡献。"她做了所有自己能做的，她说自己甚至去那些新王侯们的房间寻找和劝说他们。"这话应该是美第奇王太后说的，因为她在通信中就此提了好几次来反对吉斯家族，但他们"表现出了无法克制和不可安抚的愤怒"。吉斯公爵夫人安妮·埃斯特去美第奇王太后那里哭诉"施刑的残酷和不人道"，因为"她俩早就在私下谈论过那些无辜的信徒们了"[①]。

事实上美第奇王太后还做了更多的事。美第奇王太后派海军上将加斯帕尔·德·科利尼到诺曼底调查骚乱的原因。她给吉斯家族成员看了这位海军上将的信。在信中，海军上将加斯帕尔·德·科利尼指责吉斯家族残暴的政策。美第奇王太后强令吉斯家族按照赦令释放因宗教原因被捕的囚犯。

[①] 雷尼尔·德·拉普朗什：《弗朗索瓦二世统治时期的法兰西王国和宗教史》，第257页，第265页，第266页。这是美第奇王太后的敌人的偏见，他们否认她的善良。——原注

第3章　纳瓦尔国王安托万·德·波旁夺权与昂布瓦兹阴谋

由美第奇王太后确切授意的《罗莫朗坦赦令》[①]（1560年5月），重新把新教罪行的判决权交给了主教，而把对集会和小型聚会的惩罚权交给了总法官[②]。这是在昂布瓦兹阴谋之后，将世俗精神和王国治理下的宗教信仰区分开来的一次新的大胆尝试。

同时，美第奇王太后试图与改革派重新建立联系，因为"屠杀"事件后他们已经放弃了与她的联系。于是，她派了两个支持改革派的仆人去图尔：一个是诉状的负责人拉罗什修道院院长沙斯特勒斯，另一个是美第奇王太后的侍从赫曼德·塔芬。他们负责让安托万·迪·尚迪厄"跟美第奇王太后对话"。她想从他那里知道"叛乱的真正根源"及如何在不激怒天主教教徒的条件下让宗教人士获得"和平的手段"。但图尔的使者回答说，美第奇太后寻找的牧师不在图尔，甚至也不在王国内。当使者敦促改革派送来代替他的当地牧师查尔斯·阿尔比亚克时，杜普莱西斯·莫尔内[③]说："他们拒绝了，图尔教会的牧师太珍贵了，改革派不敢冒这样的险。"随后他们还补充说，"这位夫人过去的行为并没有太多地表现出她的好意。她可以通过书信获悉她想知道的内容。"美第奇王太后似乎并没有因他们的不信任而感到被冒犯，并承诺自己将"不会对他们的意见置之不理"。然而她却恳求改革派"尽可能谦逊地约束自己的行为，以免他们的对手有机会追杀他们"。首先，美第奇王太后嘱托改革派"要对送给她的东西保密。因为她希望让人认为和解是她自己的想法和智慧，而不是别人的。她想用这种方式来帮助他们，否则她会撤销一切对他们的帮助"[④]。

[①] 《罗莫朗坦赦令》签署于1560年5月，是《昂布瓦兹赦令》的补充，将民事法院对异端的判决权传给了教会法院。
[②] 丰塔农：《法兰西国王的法令和赦令》，1611年，第4卷，第229页到第30页。——原注
[③] 杜普莱西斯·莫尔内（1549—1623），是法兰西王国改革派神学家、作家和政治家，也是亨利四世的朋友。他是16世纪末新教党最杰出的人物之一。
[④] 雷尼尔·德·拉普朗什：《弗朗索瓦二世统治时期的法兰西王国和宗教史》，第298页到第299页。——原注

图尔城

杜普莱西斯·莫尔内

然后，改革派以泰奥菲勒斯的名义向她进谏。进谏由她前任皮货商的儿子加缪在 1560 年 5 月 24 日耶稣升天日提交给了她①。

泰奥菲勒斯认为，一个既定的事实是"出现在昂布瓦兹城堡附近的队伍其实既不反对国王的威严，也不反对王太后或任何亲王，他们只是武装起来反对那些阻止他们向国王陛下提出涉及陛下本人及保卫王国事务的人"。但毋庸置疑，"不管是人还是神都没有赋予臣民带着武器向他们的亲王申冤的权力"，尽管是"如此谦卑的请求"，而且美第奇王太后依然记得有多少次本来有自保能力的改革者更愿意"放下武器"，宁可蒙受懦夫的评价也不肯采取近似反叛的行动来"反对他们的国王和天主"。然而这些忠诚的表现却被那些厚颜无耻的险恶之徒利用，他们甚至表现出妄图篡夺王位和颠覆王国的大胆行径，竟敢公开反对法兰西王国现有的神圣不可侵犯的律法和条例，甚至不惜借用国王弗朗索瓦二世的力量消灭他们的敌对者。"更让改革者震惊"的是，"危机时期"发布的赦令并没有被真正施行。他们有理由相信，只要吉斯家族的人在陛下身旁，这些赦令就不会被施行。事实上，吉斯家族仍"继续"妄图强夺那些对国王的宽恕充满信心并已经从宗教纠纷中退出的先生们的财产，还要杀害他们。因此这些人和那些"还没有离开自己家园的人"都绝望地准备反抗。他们认为在战斗中与敌人同归于尽总比在家中被一个个拉到刽子手那里要好。

美第奇王太后"应该想过"，或应该早已想到了事情的后果，那就是这些被卷入的绝望者或战死，或被驱逐，或双罪并罚。然而，如果她能在这些曾经是最好的臣民被彻底消灭之前尽快进行补救，那么他们最终还会被毁灭吗？补救办法首先是"不去听从吉斯家族的意愿，而是根据法兰西王国的古代律法和国民的意见，赋予王国最高行政机构足够的权力，

---

① 不是圣母升天日，就像雷尼尔·德·拉普朗什的印刷版所描述的那样，第 302 页，参见第 304 页，事实纠正了这种错误的标示。——原注

第3章 纳瓦尔国王安托万·德·波旁夺权与昂布瓦兹阴谋

并为国王成立一个理事会";其次,建立一个"神圣和自由的委员会。即便它不是全民的,也至少是国家的"。这里的一切事务都"由上帝决定","那些现在虽被谴责但还没有被上帝听到他们忏悔的人也期待可以恢复他们的事业"。至此泰奥菲勒斯还在为信徒们请求能留在"《圣经》的纯洁中",可以"依照被法兰西王国所有改革派教会同意并接受的信仰内容生活"①。

16世纪60年代的凯瑟琳·德·美第奇

---

① 泰奥菲勒斯的分析。雷尼尔·德·拉普朗什:《弗朗索瓦二世统治时期的法兰西王国和宗教史》,第299页到第302页。——原注

美第奇王太后读到这封有关政治宗教的陈情书时，"一直跟着她就像监视她所有行动"的玛丽·斯图亚特走了进来，撞见她手里拿着陈情书。玛丽·斯图亚特问这是什么，美第奇王太后为了摆脱尴尬，说了信使的名字，于是吉斯家族派人逮捕了加缪。

　　美第奇王太后并不勇敢，她很快就放弃了那些连累自己的人。另外改革派坚持要求将亲王的权力放在第一位，这样做对美第奇王太后的利益是一种损害，也就得罪了她。1560年6月5日，当加缪在维尔撒文（靠近罗莫朗坦）被带到美第奇王太后面前时，她当着吉斯家族的面指责这些对她和国王充满侮辱和怨恨的进谏。加缪纠正道"她所说的进谏不是这样的"。美第奇王太后反驳说："只要他们反对吉斯家族，国王的大臣和叔叔们，就是反对她。"加缪抗议说，这些进谏只是为了督促国王弗朗索瓦二世和美第奇王太后将王国各个等级的人聚集起来，以挽救混乱的局面，以及表达"不满吉斯家族违背亲王们及各级臣民的意愿抢夺国王弗朗索瓦二世和王国权力的事实"。最终加缪被送到洛什城堡关押了起来①。

　　对美第奇王太后来说，知道陆军统帅阿内·德·蒙莫朗西的支持者是否已经与改革派在"王室嫡亲王"问题上达成一致是非常重要的。1560年6月，宫廷搬去了圣莱热，美第奇王太后在那里召见了雷尼尔·德·拉普朗什②，这位"比弗朗索瓦·德·蒙莫朗西元帅还要更早就为理事会服务"的陆军统帅的儿子。以他的名字公布的《弗朗索瓦二世统治时期的法兰西王国和宗教史》③，因引用的文献和陈述的事实而颇

---

① 雷尼尔·德·拉普朗什：《弗朗索瓦二世统治时期的法兰西王国和宗教史》，第304页。——原注
② 拉普朗什领主路易·雷尼尔·德·拉普朗什，下文简称为雷尼尔·德·拉普朗什或拉普朗什。
③ 这段历史可能不是来自他，至少不全是。他不会叫自己（布琼出版社，第316页）"某一位雷尼尔·德·拉普朗什"，也不会像是元帅弗朗索瓦·德·蒙莫朗西的知己一样发表意见。在文中分析的会见中，在告诉美第奇王太后让·杜·巴瑞"以提出请求为借口，为他死去的妹夫报仇"后，他不会只说这些话（布琼出版社，第318页）。"与其说雷尼尔·德·拉普朗什是一个宗教人士，不如说他是政治家，他误把宗教纠纷看得比动摇让·杜·巴瑞的想法更重要"。许多有关16世纪文件的考证仍有待完善。——原注

第 3 章 纳瓦尔国王安托万·德·波旁夺权与昂布瓦兹阴谋

洛什城堡

为珍贵。这段历史的陈述虽然有些偏激和狂热,但最完整也最生动地记录了美第奇王太后从政的最初阶段。美第奇王太后向雷尼尔·德·拉普朗什询问了昂布瓦兹的阴谋。他尽可能地表达了自己的观点。在被传召发言时,他还解释说,这些动乱有宗教和政治两方面的原因,而且王国内有两类"胡格诺派"人。其中有些人"只关注自己的信仰",只是受让·杜·巴瑞的鼓动才拿起了武器,但"事实上他们已经无法忍受战斗的严酷,因为他们已经被连续打击了很长时间"。另一些则是"关心王国公共利益"的人,他们因看到王国被外来者生疏的领导,真正的亲王被疏远而气愤不平。

雷尼尔·德·拉普朗什认为,一些胡格诺派教徒打着忠实地解读《圣经》的幌子加剧了改革派和天主教派的不和,但最终改革派和天主教派却发现他们之间根本没有太大的不同，所以很容易将他们聚集在一起来平复胡格诺派。然而在这点上雷尼尔·德·拉普朗什错了。法兰西王国的胡格诺派并不会如此容易满足，除非通过三级会议温和地收回第二代吉斯公爵弗朗索瓦·德·洛林拥有的权力，恢复嫡亲王的地位。雷尼尔·德·拉普朗什指责吉斯家族只是洛林家族的小辈，却要求得到国家政权甚至亲王的头衔，国王弗朗索瓦二世和美第奇王太后却一再满足他们。"他的结论是，如果她（美第奇王太后）希望避免危险的骚乱，那就必须限制吉斯家族的职权，或者至少让他们与弗朗索瓦一世的私生子们相互制衡。""美第奇王太后说任用吉斯家族只是沿袭'她的丈夫，即已故国王的做法'，并且她也很希望纳瓦拉国王安托万·德·波旁和孔代亲王路易一世·德·波旁能像蒙特庞谢公爵路易·德·波旁和拉罗什的先生们那样进入宫廷，受到礼遇并赢得荣誉，"然而他们却都是在昂布瓦兹事件中被列出的"反对国王的人"。雷尼尔·德·拉普朗什反驳说："根据古老的特权，那些占据着亲王们位置的人知道，只有把陛下当成这一罪行的主要对象，亲王们才能被驳回，他们是利用国王来代替自己捏造了这个指控。"

洛林红衣主教查理·德·洛林"藏在挂毯后面"听到了针对自己家族的攻击。雷尼尔·德·拉普朗什被"请去用餐"之后，下午又被召见。王太后向雷尼尔·德·拉普朗什宣布："她无法相信这个关于荣誉的纠纷是吉斯家族想要的"，而且无论如何，"总会找到合理的解决办法，就像让嫡亲王排在第一位，吉斯家族在第二位，这样第一个嫡亲王后跟着洛林的第一个亲王，在第二个嫡亲王后，是洛林的第二个亲王，以此类推。但如果他愿意的话，他会知道许多其他事。"美第奇王太后试图用明确的承诺和含糊的威胁让洛林红衣主教查理·德·洛林表态，甚至请他帮忙"抓住"一些主要叛乱分子，而无需向她直接或暗示性地说出蒙莫朗西家族的名字。但雷尼尔·德·拉普朗什大胆地指出"洛林的亲王们根本不能紧挨在嫡亲王后面，而是要给亲王们让位并腾出空间"。"至

第 3 章　纳瓦尔国王安托万·德·波旁夺权与昂布瓦兹阴谋

于抓捕那些所谓的叛乱分子",雷尼尔·德·拉普朗什中断了谈话,"他既没告发警察也没有说出间谍"。美第奇王太后让人逮捕了雷尼尔·德·拉普朗什。但他很聪明,极力为自己与让·杜·巴瑞辩解,四天后就被释放了①。

美第奇王太后通过这些磋商得出结论,必须不惜一切代价打破国家政权和宗教中胡格诺派教徒的联盟。也许和雷尼尔·德·拉普朗什一样,她也认为,满足宗教中的胡格诺派比国家政权中的更容易些,总之授予他们特权应该是代价最小的解决方式。王国的现状要求此事必须尽快处理。《罗莫朗坦敕令》并没有熄灭改革派的热情,他们通过布道、武装集会对吉斯家族发起了一场通过发表抨击文章进行的战争——这也是另一场战争的前奏。改革派已经遍布普罗旺斯、多菲内和吉耶讷,他们还洗劫了教堂。在加斯帕尔·德·科利尼的建议下,美第奇太后决定在枫丹白露宫聚集最重要的人物召开会议,通告王国的需求。这是一场扩大了规模的国王理事会。除了普通顾问外,国王弗朗索瓦二世还召来嫡亲王、王国的高级官员和拥有骑士团徽章的骑士圣米歇尔。陆军统帅阿内·德·蒙莫朗西也带着八百或一千多匹战马来了。但尽管阿内·德·蒙莫朗西一再嘱托,安托万·德·波旁和他的兄弟还是留在贝恩,放弃当众申诉自己的权利和不满的机会,也为他们排除了制造阴谋的可能。

1560 年 8 月 21 日,在年轻国王弗朗索瓦二世的主持下,大会在"太后寝宫"召开了。美第奇王太后请求那些被"她的国王儿子传唤来准备请教的人物,希望他们能设法保存国王的王位,减轻臣民的负担,使不满者满意"②。

新任掌玺大臣米歇尔·德·洛皮塔尔曾是巴黎议会的前顾问和会计

---

① 雷尼尔·德·拉普朗什:《弗朗索瓦二世统治时期的法兰西王国和宗教史》,第 316 页到第 318 页。——原注
② 皮埃尔·德·拉普拉斯:《对亨利二世、弗朗索瓦二世及查理九世时期国家和宗教状况的评论》,布琼出版社,第 53 页到第 54 页。——原注

枫丹白露宫

第 3 章 纳瓦尔国王安托万·德·波旁夺权与昂布瓦兹阴谋

委员会的前主席,也是第二代吉斯公爵弗朗索瓦·德·洛林的心腹。一上任,他就提出"作为一个政治家要公正行事,不能偏袒任何一方,这样才能为国王和他的王国服务"①。

但米歇尔·德·洛皮塔尔行进得小心翼翼,美第奇王太后需要他。他总在美第奇王太后之后发言,以便进一步阐明她的思想。米歇尔·德·洛皮塔尔将各阶层都充满混乱、腐败及不满的王国比作一个病人,呼吁与会人员寻求病因。如果发现病因,就很容易补救了……但发现病因并不容易。第二代吉斯公爵弗朗索瓦·德·洛林和洛林红衣主教查理·德·洛林后来才意识到,他们的职责原来只是充当宪兵和负责王国的财政。

1560 年 9 月 3 日,弗朗索瓦二世准备采纳会议意见了。"当他命令新上任的议员瓦伦西主教"让·德·蒙吕克发表自己的观点时,海军上将加斯帕尔·德·科利尼站起来走近国王弗朗索瓦二世,两次屈膝礼后,向他呈上了改革派的两封请愿书。一封是给他的,另一封是给他母亲的。第一封请愿书中讲道,"分散在王国各处的基督教教徒"谦卑地恳求他们的国王弗朗索瓦二世陛下"暂停严酷的迫害",允许他们带着尊敬和谦卑之情聚集起来一起赞美他们的信仰,等待着有个总理事会"能在这个王国里授予他们几座圣殿",使"他们的集会不再是秘密和可疑的"②。但在给美第奇太后的请愿书中提出的要求更多。信中写道:"您是道德高尚的伟大太后,一直以以斯帖王后为榜样,请您可怜一下虽已被上帝从危险中解救却依然身处险境的人吧。杰出而崇高的王太后,为了我们对耶稣基督的情感,为了能真正为他服务,驱除所有妨碍他盛行的错误和弊端,我们求您了……请对可怜的基督教教徒行行好吧,这样

---

① 雷尼尔·德·拉普朗什:《弗朗索瓦二世统治时期的法兰西王国和宗教史》,第 305 页。——原注
② 皮埃尔·德·拉普拉斯:《对亨利二世、弗朗索瓦二世及查理九世时期国家和宗教状况的评论》,第 54 页到第 55 页,总结了两项请求,未加区别。——原注

我们就能在这个王国内公开荣幸地侍奉上帝。我们崇高国王的统治，会在耶稣基督的庇护下得以完整，您的儿子会成为万王之王。"①

改革派就像是对一个知心人那样对美第奇王太后诉说。他们预期的不仅是一个容忍他们存在的政体，而是上帝统治的到来。

这件事之后，了解实情的瓦伦西亚主教，同时也是一位"学者和文学家，甚至精通《圣经》的大才子"的让·德·蒙吕克，谈到当昂布瓦兹阴谋发生时，一贯谨慎的美第奇王太后，在几个同样谨慎的吉斯家族成员的协助下所做的事时，说她是"那么机智，甚至几乎都看不出做过什么。她好像突然就从纷乱中发现了事情的真相"，然后"冷静而不是冲动地"思考。假如教皇不希望召开全体会议，处理教会和国家"缺陷及流弊"的解决办法就是"从所有省份"挑选出一定数量的品行端正的人，召开国家宗教评议会。教皇认为那些以宗教为借口，煽动叛逆的宗派信徒是不可原谅而且应受惩罚的，因为他们"忘记了圣皮埃尔和圣保罗要求我们为国王祈祷，必须臣服于国王和他的大臣，哪怕他们是极不公正且严酷无情"的。但教皇又发现把带着"对上帝的敬畏和对国王及其大臣的恭敬，并无任何冒犯他们"想法的人，把只想保留新教教义的人都当成叛乱者对待，既不公正，也不符合教会的初衷。这些人以"或生存或死亡"闻名，"他们只是热切地渴望寻求得到救赎的唯一途径"。同时"他们的经历还告诉所有人，他们经受的苦难得不到任何回报，甚至相反……"神圣和值得称道的基督教《教皇回忆录》一书中，君士坦丁②、瓦伦提尼安③、狄奥多西④、马尔西安⑤也都不希望对异教的

---

① 对美第奇王太后所说的话。丹尼斯－弗朗索瓦·塞古斯：《孔代亲王回忆录》中，第2卷，第647页到第648页。——原注
② 君士坦丁，306到337年的罗马皇帝。
③ 瓦伦提尼安，364到374年的罗马皇帝。
④ 狄奥多西，379到395年的罗马皇帝。
⑤ 马尔西安，450到457年的罗马皇帝。

君士坦丁

领袖太过严苛。他们认为只需将他们流放,让他们无法再诱惑善良的人。至于别的会议,让·德·蒙吕克是不同意召开的。因为"可能招致危险"。但他提醒国王要做"公正的判决",注意"对违规者的惩罚","要根据他们聚集的时间、数量、意图和方式"来判定①。

让·德·蒙吕克的意见也是美第奇王太后的意见。这个仁慈和热衷于上流社会生活的主教是她的心腹。美第奇王太后认为有必要减轻迫害而不妥协,保持良知而不解除武装。让·德·蒙吕克不仅没有公布三级会议成员的名单,而且还称赞了第二代吉斯公爵弗朗索瓦·德·洛林。从所有这些行为中,我们都可以了解到美第奇王太后的谨慎。

但维也纳大主教马里拉克大胆地说,他们不想有像吉斯家族这样的庇护者,而且他还说明了理由。作为法兰西王国在神圣罗马帝国、英格兰、瑞士的前大使,马里拉克可能担心雇主们的偏执会危及新教联盟,他认为这种偏执扰乱了法兰西王国②。马里拉克指出了越来越多的税收负担和神职人员的腐败,声明已经没有其他方式能"使人民放心"……保障"人民的权益和宗教信仰的完整",无论教皇怎样阻碍都得聚集各级召开三级会议。马里拉克坚持必须"听取民众投诉"来改革教会,不能因为某些人认为三级会议可能存在危险而停止。"如果国王弗朗索瓦二世的首席大臣们被诽谤是一切邪恶的始作俑者,说他们是在利用所有人的不幸牟取私利,那么除了通过这样的一场会议让人明白王国的处境,以及该如何管理,还有什么别的方法可以消除这些猜疑呢……"马里拉克的话多少带些指责的意味。最后,马里拉克向国王指出,国王弗朗索

---

① 雷尼尔·德·拉普朗什:《弗朗索瓦二世统治时期的法兰西王国和宗教史》中,第55页到第58页。——原注
② 关于迄今已知的吉斯家族的支持者马里拉克的完全改变,参见:皮埃尔·德·拉普拉斯:《对亨利二世、弗朗索瓦二世及理九世时期国家和宗教状况的评论》,巴黎,1896年,第383页到第384页。马里拉克的讲话在雷尼尔·德·拉普朗什的书中,第352页到第60页。——原注

第 3 章　纳瓦尔国王安托万·德·波旁夺权与昂布瓦兹阴谋

瓦二世在美第奇王太后、亲王、教会和贵族们爱的守护中难道就没有发现玛丽·斯图亚特舅舅们的服务并非必不可少吗？①

海军上将加斯帕尔·德·科利尼显然是改革派的发言人，他猛烈地抨击了宗教政策和吉斯家族把持的政府。第二代吉斯公爵弗朗索瓦·德·洛林以同样的语气进行了反驳。洛林红衣主教查理·德·洛林平静而讥讽地指出："即使改革派说他们会顺从，也是有条件的，那就是国王弗朗索瓦二世得支持或至少接受他们的主张和教派。"②

洛林红衣主教查理·德·洛林劝阻国王给予改革派"圣殿和集会地点"，因为"这就意味着批准了他们的狂热崇拜"，而且国王弗朗索瓦二世"这样做也不能保证永远不被罚入地狱"。但洛林红衣主教查理·德·洛林也认为，在继续严厉惩罚人民和国家的叛乱者和破坏者的同时，我们不要再通过法律来惩罚那些"没有武器，只是因害怕被罚入地狱而去听讲道、唱圣歌，但绝不做弥撒的人"。洛林红衣主教查理·德·洛林支持三级会议。至于教会改革，他建议让主教和神甫们先去调查滥用职权的行为，以便国王弗朗索瓦二世对此有所了解后，再考虑是否有必要进行。骑士团的成员们都同意洛林红衣主教查理·德·洛林的观点，他的意见以多数票通过。因此，三级会议于 1560 年 12 月 10 日在梅奥召开。

美第奇王太后非常看重海军上将加斯帕尔·德·科利尼和一些值得信赖的大领主。她鼓励他们抓牢权力，把吉斯家族的成员送回家中休养一段时间。但美第奇王太后知道吉斯家族野心很大，不可能无所事事的生活。第二代吉斯公爵弗朗索瓦·德·洛林的队伍由于各类人的加入而不断壮大，他宣称自己已拥有一千或一千二百位贵族绅士的追随，再加上他们的首领及来自彼得蒙旧部的宣誓，他一定会打败所有敌人。吉斯家族虽不再受宠，

---

① 雷尼尔·德·拉普朗什：《弗朗索瓦二世统治时期的法兰西王国和宗教史》，第 357 页。——原注
② 德迈尔：《三级会议和其他国家大会》，第 10 卷，第 306 页到第 307 页。——原注

但这只是使美第奇王太后从一个火坑跳入了另一个①。她不得不回想起自己并不喜欢的陆军统帅阿内·德·蒙莫朗西，也只能依靠亲王们和改革派这两个虽危险但又不可缺少的盟友。他们在三级会议召开时一定会给国王设立一个理事会，而美第奇王太后肯定不会在其中占据首要位置。

很难想象，除了像海军上将加斯帕尔·德·科利尼②这样的几个人外，还有多少新教教徒不愿得到美第奇王太后的帮助。他们迫使她为他们妥协，同时又在所有的书面材料中宣布，嫡亲王虽为少数派，但应排在外来家族和王太后之前的国家第一等级。新教教徒似乎认为如果让美第奇王太后太顺心，她就无法无偿地为他们服务了。这是对她的误解。美第奇王太后本来就野心勃勃，随着事情的好转和成功，她又获得了帮助，野心就变得更大了。为了自己和孩子们的利益，美第奇王太后期盼到达权力巅峰的一天。然而，本应不惜一切代价取悦美第奇王太后的宗教改革者却中途放弃了，并且愚昧地坚守着嫡亲王的理论。他们引用王国的古代宪法来反对吉斯家族。他们在昂布瓦兹阴谋后出版的《简短阐述》及《对基督徒与防御的回应》，都为将外族人从政府中排除在外的《撒利克法典》提供了支持③。

---

① 雷尼尔·德·拉普朗什：《弗朗索瓦二世统治时期的法兰西王国和宗教史》，第313页到第314页。——原注
② 正如人们已经看到的，加斯帕尔·德·科利尼并没有参加旺多姆会议，埃里希·马尔克斯：《加斯帕尔·德·科利尼》，1893年，第1卷，第350页。——原注
③ 这部宪法证实了，即便不是有所启发，也是对巴黎议会总书记官让·杜·蒂耶所写的新教教徒论点的驳斥，《支持信奉基督教的国王的多数党，针对叛乱分子的文书》，巴黎，1560年，（国家图书馆，编号Lb.32）。新教教徒用"以前已公布以国王多数党的名义在法兰西国王们尚幼期间利用一个合法的委员会来反对吉斯家族中想维护不合法政府的人"（《孔代亲王回忆录》，第1卷，第471页起）做了回答。让·杜·蒂耶反驳道："支持笃信基督教的国王的多数党针对的是合法的理事会。"巴黎，1560年（在杜佩：《王国的多数国王和摄政条约》，巴黎，1655年，《证据》，第329页起），第319页起，其中也认为是让·杜·蒂耶先写的。让·杜·蒂耶坚持认为国王十四岁就成年了，依据圣约书可以按照他们的意愿调整摄政，依据法律和习俗，在亲王薨逝但无遗嘱的情况下，王太后的地位优于亲王。没有天生的摄政者，人们不可能不对弗朗索瓦二世和他母亲的权力提出异议，责备他们让吉斯家族的人做大臣。他对王太后说："这是想让您受制于那些没被选上的被剥夺了职务的人，这就是他们派来'强迫'执行的监护人，并任命为合法的理事会。"迪普伊：《证据》，第333页。——原注

加斯帕尔·德·科利尼

为了培养惯于拖延的纳瓦拉国王安托万·德·波旁，教会代表在内拉克成立了一个总理事会。理事会中有从昂布瓦兹纷乱后就躲在斯特拉斯堡的胡格诺派法律顾问弗朗索瓦·霍特曼，有诗人、作家、人道主义者，以及让·加尔文在日内瓦的主要帮手——如今是神学家的西奥多·德·贝泽[①]。他们为纳瓦拉国王安托万·德·波旁和孔代亲王路易一世·德·波旁拟了一封"进谏书"，进谏书上貌似有理的历史先例及反对吉斯家族暴政的激烈抨击完全可以满足亲王们的要求[②]。

　　同时，内战开始了。一个支持新教的活跃分子，年轻军人马利尼占领了东南部首府里昂。如果不是被这大胆的政变吓坏了的安托万·德·波旁命令他解散军队并从城中撤退（1560年9月），他也许会一直控制着里昂。但同时也有人说，安托万·德·波旁传话给马利尼，说自己会让士兵们一个个悄悄溜进利摩日，然后通过他们来突袭波尔多，以确保马利尼与英格兰新教教徒保持联系[③]。孔代亲王路易一世·德·波旁派拉萨克去找了好几位领主，请求领主"必要时给予他们帮助"。吉斯家族设法抓住了这位使者，在他身上发现了陆军统帅阿内·德·蒙莫朗西和沙特尔主教的代理官弗朗索瓦·德·旺多姆的回信。阿内·德·蒙莫朗西知道这件事的危险性，"劝告亲王要妥善处理，建议他不要做出令国王陛下反感的事"。

[①] 西奥多·德·贝泽（1519—1605），人文主义者、新教神学家及《圣经》翻译者，同时也是教授、大使和诗人。在普瓦西会议期间，他是法兰西王国宗教改革的代言人，是整个欧洲宗教改革事业无可争议的领导者，也是日内瓦学院领袖让·加尔文的继任者。

[②] 西奥多·德·贝泽1560年7月10日出发去了内拉克（《卡尔维尼全集》，第18卷，第98列，注5）。就在1560年7月底（同上，第154列，注4），弗朗索瓦·霍特曼在他之后不久也到了。这些会议本应1560年7月底或8月举行。磋商是在拉普朗什进行的，第318页到第338页。磋商可能是弗朗索瓦·霍特曼提议的。德鲁布：《安托万·德·波旁和珍妮·阿布莱特》，第2卷，第315页。但这并没有在《关于弗朗索瓦·霍特曼的评论》中被提及（德罗道尔夫·达雷斯特，巴黎，1850年），也没有在《历史回顾》的两篇文章中被提到（1876年，第2卷，第1页和第367页）。——原注

[③] 德鲁布：《安托万·德·波旁和珍妮·阿布莱特》，第2卷，第336页到第337页。这里或许是给纳瓦拉国王安托万·德·波旁提供了几个并不符合他智慧和能力的建议。——原注

西奥多·德·贝泽

但主教代理官却命令他"应该做自己和卑微的仆人,同所有人进行正义的论战,包括国王、国王的兄弟们和王太后"①。吉斯家族把这个冒失者关到了巴士底狱(1560年8月29日)。

特别讨美第奇王太后喜欢的弗朗索瓦·德·旺多姆却是由她亲自批准逮捕的。王太后厌恶胡格诺派的进攻,被这些武装的传言吓坏了,为儿子们和自己的安危而惊惶不安。因此,美第奇王太后主动接近吉斯家族,和他们结盟对抗波旁家族。美第奇王太后还写信给腓力二世和萨伏伊公爵伊曼纽尔·菲利贝托,希望他们支持并利用各种方式协助法兰西王室。弗朗索瓦二世已经督促纳瓦拉国王将他的弟弟送来,让他弟弟亲自前来证明自己是受人委托才雇佣武装人员的,"你可以肯定在这点上他会拒绝服从我,但我会让他知道我是国王"②,美第奇王太后在给于泽斯公爵安托万·德·克吕索尔的带着迫切命令的信中,委托他转告安托万·德·波旁。陆军统帅阿内·德·蒙莫朗西和他的两个儿子弗朗索瓦·德·蒙莫朗西和亨利一世·德·蒙莫朗西都参与揭发了孔代亲王路易一世·德·波旁事件,这也是"逮捕拉萨克和维达姆的部分原因"③。弗朗索瓦·德·蒙莫朗西的迅速揭露(1560年9月26日)对安托万·德·波旁是一种"仁慈"④,但以防万一,美第奇王太后也下令中断了陆军统帅一方和波旁家族的协定。

然而吉斯家族将三级会议的地点转移到了奥尔良。他们在那里集结了士兵,等着他们的敌人。

纳瓦拉国王安托万·德·波旁被迫选择是服从还是反抗,而且他同时还受到西班牙纳瓦拉自卫队士兵从背后袭击的威胁,因为腓力二世已

---

① 雷尼尔·德·拉普朗什:《弗朗索瓦二世统治时期的法兰西王国和宗教史》,第345页到第346页。——原注
② 德鲁布:《安托万·德·波旁和珍妮·阿布莱特》,第2卷,第361页和第363页。——原注
③ 赫克托·德·拉费里埃,巴格诺·德·普晒斯:《凯瑟琳·德·美第奇的信件》,第1卷,第347页。——原注
④ 路易·巴黎:《弗朗索瓦二世时期的谈判》,第2卷,第577页。——原注

巴士底狱

经下令大举进攻了。安托万·德·波旁决定派自己的弟弟向弗朗索瓦二世求助。纳瓦拉国王安托万·德·波旁的追随者、朋友、兄弟的妻子都警告他,他正冒着双重危险[1]。纳瓦拉国王很快就意识到,地方长官都提防着他,小心地守卫着他正穿越的城市。普瓦图的司法总管蒙珀扎甚至收到美第奇王太后的书面命令,不让纳瓦拉国王进入普瓦捷(西部最强大的地方之一),他们害怕他会夺取它。纳瓦拉国王向蒙珀扎表明了自己对"国王"的拥护,并补充说自己"会用生命作为代价"。纳瓦拉国王安托万·德·波旁对这种侮辱非常愤慨,打算撤离,并要求王太后做出解释。美第奇王太后却毫不犹豫地回答说:"在没有拥有国王和我赋予的权力及下达的命令,没有人敢对您说这种话。"[2] 这些只是威吓罢了。

弗朗索瓦二世

---

[1] 让·德拉博德公爵:《埃莉诺·德·鲁瓦》,第68页,德鲁布:《安托万·德·波旁和珍妮·阿布莱特》,1882年,第2卷,第370页。——原注
[2] 赫克托·德·拉费里埃,巴格诺·德·普晒斯:《凯瑟琳·德·美第奇的信件》,1560年10月17日,第1卷,第150页。——原注

第 3 章　纳瓦尔国王安托万·德·波旁夺权与昂布瓦兹阴谋

作为女人，美第奇王太后相信自己可以，甚至善于利用弱者的武器——谎言和狡猾来保护自身。安托万·德·波旁放心了，继续前进。抵达奥尔良的当天晚上，1560 年 10 月 31 日，孔代亲王路易一世·德·波旁就被关进了监狱。

弗朗索瓦二世的身体从来都没有好过，当时就更糟糕了。正因如此，吉斯家族对于日后最强大的敌人既焦虑又满怀热情。他们不敢在有贵族参与的议会——唯一的合法法庭传讯孔代亲王路易一世·德·波旁，害怕他被宣告无罪，所以通过绝对王权派了专员：法官、国务委员和骑兵团来执行对路易一世·德·波旁的判决①。美第奇王太后厌恶过分残暴。她认为吉斯家族战胜了反对派就不再需要她了，他们会自然而然地不再听命于她。所以美第奇王太后马上转向了阿内·德·蒙莫朗西陆军统帅，而他却假借生病拒绝前往奥尔良。当天（1560 年 11 月 13 日）开始了对这位孔代亲王的预审，美第奇王太后写信给陆军统帅阿内·德·蒙莫朗西说："您如今身体硬朗，如果您愿意的话，可以跟我们一起行动。因为我坚信我们会变得更理智，而您可以帮助国王走出困境，您不也一直希望您的主人能征服一切吗？"②她没有提任何人的名字，但显然那些人不够聪明，他们只是把国王作为监护人，也就仅能成为大臣中的领导者。为了反对这些人的暴力，美第奇王太后向昔日的老友求助。

美第奇王太后甚至还求助于纳瓦拉国王安托万·德·波旁。一天，安托万·德·波旁被他弟弟遭遇的险情触动。在一次非公开的理事会议中，安托万·德·波旁提起了自己家族的亲王们为王国所做的贡献，并且大声说，国王是不是非常渴望波旁家族的鲜血……美第奇王太后打断了他，承

---

① 孔代亲王路易一世·德·波旁的诉讼案件在让·德拉博德公爵的书中。让·德拉博德：《埃莉诺·德·鲁瓦》，第 81 页到第 92 页。——原注
② 赫克托·德·拉费里埃，巴格诺·德·普晒斯：《凯瑟琳·德·美第奇的信件》，第 1 卷，第 153 页。——原注

诺会让法庭说服她犹豫不决的儿子。① 她提醒了安托万·德·波旁好几次要提防被人谋害：狩猎中笨拙的射击，在王室被谋杀，甚至死在国王手中②。但真的是吉斯家族想消灭这个可怜的对手吗？人们更愿意相信是美第奇王太后悄悄阻止了对安托万·德·波旁的弟弟孔代亲王路易一世·德·波旁的诉讼。1560年11月26日，在被判决为亵渎君主罪之后，两名专员——掌玺大臣米歇尔·德·洛皮塔尔和议会议员杜米尔，他们虽然总是"给出合理的期望"，却"一再推迟"签署宣判③。其实他俩都是美第奇王太后的帮手，他们成功地为她赢得了时间。年轻的国王，这个与玛丽·斯图亚特早早结婚的虚弱的年轻人，在1560年11月9日和11月16日，已经多次不省人事了。他的病情突然恶化，很快就没有希望了。怀着对这个结果的担忧，吉斯家族要求美第奇王太后加快对孔代亲路易一世·德·波旁执行判决④。他们之所以这样做，是因为低估了她的智慧。美第奇王太后的另一个儿子查理·马克西米利安，一个十岁孩子的出现，给了她意想不到的夺权机会。这时吉斯家族还会相信美第奇王太后会任凭他们摆布，牺牲孔代亲王路易一世·德·波旁，永远疏远胡格诺派吗？而事实上美第奇王太后只是要剥夺纳瓦拉国王安托万·德·波旁的摄政权，因为当时还没有专门的法律明确规定在这种情况下权力应该如何转让。布兰奇·德·卡斯蒂尔⑤的先例是有利于王太后的，但《撒利克法典》却将女性排除在王位之外，似乎用类推法也把女性从政府中排除出去了，似乎任命嫡亲王已成定局。如果美第奇王太后要求三级会议中断这场大规模的

---

① 德鲁布：《安托万·德·波旁和珍妮·阿布莱特》，1882年，第2卷，第417页。——原注
② 德鲁布：《安托万·德·波旁和珍妮·阿布莱特》，1882年，第2卷，第419页。——原注
③ 雷尼尔·德·拉普朗什：《弗朗索瓦二世统治时期的法兰西王国和宗教史》，第401页。——原注
④ 索恩：《历史》，伦敦，1734年，第26册，第3卷，第373页到第374页。——原注
⑤ 布兰奇·德·卡斯蒂尔（1118—1252），法兰西国王路易八世的王后。在丈夫死后全力支持当时的政府成员，并想让她的儿子路易成为法兰西王国真正的国王，在兰斯圣母大教堂加冕，但必须由她行使王国的摄政权，直到新君主成年。

14世纪60年代的安托万·德·波旁

查理·马克西米利安

布兰奇·德·卡斯蒂尔接过象征权力的徽章

辩论，可能会造成一个有损她权力的决定。但如果她不这么做，又可能会被拿着武器的竞争对手否决。所以最好是通过与王室第一亲王进行友好协商来确保国家的和平。但必须得先把他带到这里来。

美第奇王太后虽多次当众宣布她会不惜一切代价获得权力，并会巧妙行事。就在断定纳瓦拉国王安托万·德·波旁非常害怕时，美第奇王太后命令他来内阁[①]。安托万·德·波旁以为自己就要死了（1560年12月2日）。在来的路上，一位女士——也许是他的表妹，王后的亲信，当时的蒙特庞谢公爵夫人杰奎琳·德·朗威，在他耳边低声说，接受一切，否则他就没命了。安托万·德·波旁到了。第二代吉斯公爵弗朗索瓦·德·洛林和洛林红衣主教查理·德·洛林也在场。在一位秘书朗读了一份根据历史先例确立太后摄政权的文件后，美第奇王太后严肃地提起了波旁家族的所有阴谋，安托万·德·波旁否认是没有用的。安托万·德·波旁已经因自己的行为失去了被王国政府选为王室嫡亲第一亲王的权利。他申明了自己的无辜，但也补充说自己愿意放弃拥有的权利。美第奇王太后让他签署了放弃声明，并口头答应"他将会是法兰西国王的大将军……除了她和国王，没人能命令他做任何事"。但美第奇王太后要的远不止这些。她想通过各党派领导人的和解开启自己的执政时期。美第奇王太后还毫不畏惧地向安托万·德·波旁宣布，国王有权自己决定对孔代亲王路易一世·德·波旁的逮捕和判决，而且吉斯家族不再对此负责。安托万·德·波旁认同了这种说法[②]，并同意"拥抱"在场的两位兄弟——波旁家族的两个最大的敌人。三天后，弗朗索瓦二世（1560年12月5日）驾崩，查理·德·奥尔良以查理九世的名义继任新国王。美第奇王太后的统治开始了。她接二连三地将自己的地位不断提升，而且动作温柔得好像什么事都未曾发生。

[①] 德鲁布：《安托万·德·波旁和珍妮·阿布莱特》，第2卷，第434页。此事无须怀疑。——原注
[②] 雷尼尔·德·拉普朗什：《弗朗索瓦二世统治时期的法兰西王国和宗教史》，第415页到第417页。据这位历史学家说（第416页），国王本人在驾崩前三天本来要向纳瓦拉国王安托万·德·波旁宣布是他自己而不是吉斯家族让人把孔代亲王路易一世·德·波旁关入监狱的。——原注

第 4 章

美第奇王太后摄政、查理九世登基及安抚新教的政策

美第奇王太后在艰难的条件下接管了政府①：国王查理九世还是个孩子；三级会议经过八十年的中断后重新召开②；各个政党和教派互相争斗；吉斯家族渴望收回他们失去的权力；安托万·德·波旁虽已屈服，却满怀怨恨。作为一个外来者，美第奇王太后深感"没有一个人能让我完全信任，所有人都居心叵测"。可是，她有信心，就如她在查理九世上台第二天写给她女儿的信上所说："我告诉你，不要为任何事烦恼。我向你保证，对我来说，要用令上帝和臣民都满意的方式来管理国家并不难，我之所以能在保留自己权利的同时荣幸地拥有上帝赋予我的一切，是因为我不是为了自己，而是为了维护这个王国和你所有兄弟们的利益。"③

弗朗索瓦二世生前就选出了三级会议的代表。在他驾崩五天后，这

---

① 美第奇王太后没有正式拥有摄政权，就如下文所示一样，三级会议倾向于将摄政权交给纳瓦拉国王安托万·德·波旁。在弗朗索瓦二世驾崩（1560年12月5日）与查理九世成年（1563年8月17日）之间写的，关于她孩子们出生日期的说明中，国务秘书克劳德·德·阿列斯高将她描述为"法兰西王国的管理者"（路易·巴黎：《弗朗索瓦二世时期的谈判》等，第892页）。这是没有明确说明的摄政权。所以我直接把她称为摄政者，而不是"法兰西王国的管理者"。——原注
② 1506年路易十二时期和1558年亨利二世时期的阶级会议并不是真正的三级会议。1506年时只有城市代表；1558年时，神职人员、贵族、司法和第三等级的代表均由国王任命；1560年的三级会议是真正由国家的三个阶级代表所组成的全民大会。——原注
③ 1560年12月2日。赫克托·德·拉费里埃，巴格诺·德·普晒斯：《凯瑟琳·德·美第奇的信件》，第1卷，第158页或第568页。——原注

些代表在奥尔良召开了会议。这是自 1484 年以来法兰西宫廷第一次同时征求三个等级的意见。选举时曾爆发了激烈的争吵。尽管政府一再施压，贵族和市民还是选出了许多反对吉斯家族的代表。这些代表即使不是改革派，也是赞成教会改革的人。美第奇王太后担心，这个受宗教影响或政治热情推动的议会，既没有任何经验又没有传统，不可能愿意承担政府开支。吉斯家族担任政府首脑期间，改革派虽然人数不多，但依旧在宣传"小册子"中宣扬，在诽谤性的文字中呐喊：三级会议应该独立摄政并由嫡亲王负责执政。而且这一论战也已经造成了一定的影响。除此之外，阿基坦省[①]（西南部）和诺曼底、都兰[②]、缅因[③]等行政区[④]的激进派议员还提出一个排斥太后的原则。受加尔文主义传教士的启发，为了重建教会，这些激进分子想铲除导致教会腐败的流弊、迷信及恶习，但他们认为美第奇王太后缺乏激情和活力，无法整顿教会中已经腐败变质的机构。这些人还以自己是被弗朗索瓦二世召集，由他委派并对他负责为借口，宣称自己在弗朗索瓦二世继任者的统治下并没有权力，所以他们要求或进行新的选举，或宽限时间来让他们咨询司法执行法庭，接受新的委任。但美第奇王太后担心，在吉斯家族和天主教派失败后，变得越来越大胆的选民们将会使加尔文主义者成为多数派，这将会把摄政权给予或强加给纳瓦拉国王安托万·德·波旁。然而美第奇王太后一切都做得那么好，贵族和市民两大等级的多数人宣称，王室尊严并没有消失，议员们在弗朗索瓦二世时期被赋予的权力在查理九世时依然有效。

美第奇王太后准备在不涉及自己权力的其他方面让步。她与纳瓦拉

[①] 阿基坦省是法国西南部一个古老的行政区域。它由五个省组成：多尔多涅省，吉伦特省，兰德斯省，洛特－加龙省，比利牛斯－亚特兰蒂斯省。

[②] 都兰是法国以前的一个省，继承自图龙人的城市。

[③] 缅因也是法国以前的一个省，曾是伯爵领地。

[④] 这些被列在了拉鲁斯、杜瓦尔：《三级手册汇编》，第 1 卷，第 176 页到第 177 页。当然，他们抗议说自己并没打算削弱太后的"权威"。——原注

三级会议

国王安托万·德·波旁达成协议，期望他可以帮助自己抵御吉斯家族的进攻，这就可以迫使吉斯家族在没有其他理由的情况下暂停对新教教徒的迫害。但美第奇王太后也发现，当不信奉国教者人数众多时，要摧毁不屈不挠的信念或改变他们的信仰，酷刑根本无济于事，必须改变方法。当强制和暴力方式失败后，要进行温柔的劝说。美第奇王太后过于相信自己的能力了，认为自己可以在不激怒天主教教徒的同时让改革派满意，而且认为他们双方最终有可能和解。

担任摄政时的凯瑟琳·德·美第奇

第4章　美第奇王太后摄政、查理九世登基及安抚新教的政策

掌玺大臣米歇尔·德·洛皮塔尔也是调解的支持者。在1560年12月13日三级会议召开前的王室会议中，他略带生硬地教训大家①："我们不要急于采纳或听从新的意见。每个人都有自己的方式和方法……否则，如果允许人们随意接受新的宗教，那么是不是说有多少家庭或多少人就应该有多少种宗教？对此，我们要谨慎。你说你的好，我捍卫我的，是我遵循你的意见还是你遵循我的？哪个才是最合理的呢？"应该由普遍，而不是个人的教会来决定主要信仰。国王查理九世和美第奇王太后会记得督促召开教皇刚刚宣布的总理事会议（1560年11月20日）。如果这种补救办法也失败的话，他们就得采取别的方法了，比如像前任国王们用过的，组建一个国家理事会。

米歇尔·德·洛皮塔尔谴责天主教教徒没有采用最好的方法来说服新教教徒。"我们的行为就像糟糕的士兵队长，全力以赴去攻击敌人的要塞，结果使他们居无定所。今后我们必须用美德和善良武装自己，然后以仁慈为武器，通过祈祷、说服和使用上帝般的言语来战胜他们。正如谚语所说的那样'好的生活比演说更有说服力。如果灵魂不会与身体一起消失，刀剑对思想的作用其实并不大……'只要有减少新教教徒或转变其思想的希望，我们就应尽自己所能，不断地为他们向上帝祈祷。温和比严苛的收效更大。"

而对于只想引起骚乱、喧哗和动荡却无法得到满足的"某些人"，国王将会用自己全部的力量去对付他们。"如果至此一切都能温和地进行，那么这一切看起来就会更像是父辈对子女过错的纠正而不是惩罚。就像邻国的亲王们在类似的骚动和叛乱中所做的那样：没有被强行打开的大门；没有被推倒的城堡和墙壁；没有被焚烧的房屋、被剥夺的权利。"这种政策对思想上的错误持宽容态度，但在镇压骚乱时却毫不留情。

---

① 杜菲：《米歇尔·德·洛皮塔尔作品全集》，第1卷，第403页起；拉鲁斯、杜瓦尔：《原稿和真品作品集》，第1卷，第42页到第66页。——原注

激进的改革者因掌玺大臣米歇尔·德·洛皮塔尔指责他们"用间谍和火枪来建立起自己的宗教信仰"而愤慨。然而,忠实地反映改革派思想的《教会史》一书承认,"既然所有大小教派追求的都是某种最好的宗教,在一切事务中,治安法官都应赋予这个国家的臣民已被承认并守卫的权力……"①也就是说,当他们成为主人,就会改革宗教。如果可以,就温和地改变,如果遇到抵抗,就借助武力。

因此,改革者督促基督教会的希望——安托万·德·波旁与美第奇王太后争夺权力。已经熟悉工作流程的世俗等级代表于1560年12月14日向安托万·德·波旁而不是向美第奇王太后送上了陈情书,要求继续占有政府席位,直到收到由他们选出的人员的授权。然而,安托万·德·波旁忠实地信守着自己的诺言。枢密院却没有和三级会议协商,就擅自对太后和王室嫡亲第一亲王之间的权力进行了分配(1560年12月21日)。美第奇王太后会出席会议,即便无法出席,也会让人报告审议的内容。她会收到来自法兰西王国内外的各种公函,并第一个打开这些公函了解内容。国王查理九世的信只有在美第奇王太后阅读过才会被送出,而且这些信总是和她的信一起寄出。美第奇王太后可以主持各种议事会,拥有主动权和控制权,还可以指导外交和国内政策,以及任命和发放虽未说明,但会随之而来的职务和俸禄。这些都是议会赋予美第奇王太后的最高权力。纳瓦拉国王安托万·德·波旁将留在美第奇王太后身边,"和王国的法律保持一致,承认美第奇王太后拥有这样的权力"。纳瓦拉国王安托万·德·波旁在美第奇王太后之后占据了王国的"第一要职",但他其实只是名义上的监督员。纳瓦拉国王安托万·德·波旁的主要职责是接待边防的地方长官和军队首领,或向美第奇王太后汇报公函内容,最后由美第奇王太后决定是否要采取措施并进行答复。王室第一嫡亲亲王纳瓦拉国王安托万·德·波旁的权利非常小。美第奇王太后在给她女儿西班牙王后伊丽莎

---

① 欧斯贝·德·塞萨雷:《教会史》,第1卷,第426页。——原注

第4章 美第奇王太后摄政、查理九世登基及安抚新教的政策

白·德·瓦卢瓦的信中说:"他非常顺从,只下达我允许的命令。"[1]那些三级代表们也不再坚持,承认美第奇王太后对"王国的统治和管理"。

摄政的美第奇王太后急于摆脱那些激进的改革派。1561年1月1日,她带领查理九世和宫廷人员在庄严的会议开幕式上听取了改革派对掌玺大臣米歇尔·德·洛皮塔尔所陈述的议会章程的答复。这是国家分裂的显著表现。此次会议与1484年在图尔举行的三级会议不同的是,此时的三个等级的代表既不坐在一起,也不共同磋商。他们被分到三个会议室,仅在会议的重要场次才聚在一起。他们甚至不愿意指定一个共同的发

查理九世

---

[1] 1560年12月19日。赫克托·德·拉费里埃,巴格诺·德·普晒斯:《凯瑟琳·德·美第奇的信件》,第1卷,第569页。——原注

言人。市民等级不想接受神职人员洛林红衣主教查理·德·洛林的建议，而贵族明确的态度让吉斯家族根本不敢提任何要求。这位洛林红衣主教非常气恼，借故推脱，只为教会辩解。教士等级的发言人昆汀既是学者，又是巴黎大学教会法的教师。他提醒说，上帝在《旧约》中禁止他的子民和崇拜者与外邦人交友、缔结婚约，异教徒应该被同化。他让人告诉冷酷的洛林红衣主教查理·德·洛林："你要防止他们在世间生存，不要怜悯他们，要打击他们，直到他们死亡。"[①] 世俗等级猛烈抨击了教会等级。市民等级的发言人，波尔多议会的律师让·朗伊表达了反对贪婪和神职人员的无知的观点；贵族等级的发言人罗什福尔男爵雅克·德·西利[②]认为，假如牧师不是在祈祷、宣讲和管理圣礼，而是"与世俗事务和外部世界混杂在一起"[③]，那么国王应尽快取消教会法庭并改革"圣职的现状"。

  三个等级仅在拒绝接受政府的治国方略上达成一致。当时的公共债务是四千三百万英镑，是法兰西王国年收入的四倍。无论掌玺大臣米歇尔·德·洛皮塔尔怎么解释"被约束的、负债的、尴尬的"小国王的困境，都无法使代表下决心做出必要的牺牲。市民等级宣布自己无权表决通过提高税收的提议，贵族等级和教会等级拒绝了献纳金的要求。摄政太后无法从中得到任何好处，解散了这次会议（1561年1月31日），并下令1561年5月在默伦召开另一场，以便"征集使王国偿清债务的方法"。但这场会议的参与者只有市民等级和贵族等级分别指派的一名代表，和十三个行政管辖区各自指派的一名代表，"这是为了避免人员太多导致的费用过高和秩序混乱"。至于教会等级，他们会单独举行会议。

  借助世俗等级对教会等级的敌意，政府缓解了改革派的困境。1561

[①] 拉鲁斯和杜瓦尔：《原稿和真品作品集》，第1卷，第220页到第221页。——原注
[②] 雅克·德·西利，隆赖的领主，是在卡昂代国王负责行政、司法的执行官和法兰西王国炮兵的主管。
[③] 皮埃尔·德·拉普拉斯：《对亨利二世、弗朗索瓦二世及查理九世时期国家和宗教状况的评论》，第91页。——原注

第4章 美第奇王太后摄政、查理九世登基及安抚新教的政策

年1月28日国王的文书和1561年2月22日太后的文书都命令议会释放因宗教原因被抓捕的囚犯。接受大赦者今后有义务依照天主教方式生活,不能再有任何肆意或煽动的行为①。这是新政策的开始。美第奇王太后向她在西班牙的大使利摩日主教塞巴斯蒂安·德·洛布松②说明了理由,命他负责让排斥异己的统治者学会宽容(1561年1月31日)。然而由于积弊已久,普通的方法已经无法补救。美第奇王太后写道:"二三十年来,我们都试图避免异端思想扩散。但根据经验我们可以看出,暴力反而使它传播得更快。由于不间断的严厉惩罚,一部分人更坚

利摩日主教塞巴斯蒂安·德·洛布松

---

① 丹尼斯-弗朗索瓦·塞古斯:《孔代亲王回忆录》,第2卷,第268页,第271页。——原注
② 当时的利摩日主教塞巴斯蒂安·德·洛布松(1518—1582),他是16世纪法兰西王国的一位宗教人士和外交官,1558至1562年担任法兰西王国驻西班牙大使。他先是在瓦纳斯担任了一年的主教(1557—1558),然后在利摩日担任二十四年主教(1558—1582)。

定了自己的信念。许多有判断力的人都明白，想要废除这些新观点，消灭它们是最得不偿失的。由于严苛的惩罚，新的信念反而得到了加强。"现在比以往任何时候都更危险。"我的儿子年龄尚幼，火焰刚刚熄灭，但残余的灰烬（昂布瓦兹阴谋和随之而来的动乱）仍然如此炙热，只需微小的火花就能燃起更大的火焰"……国王议会中"所有嫡亲王和其他领主"都建议美第奇王太后要"考虑我们所处的时期"，"通过彬彬有礼的警告、劝勉和宣传，努力减少在信仰中徘徊的人"，除此之外还要严厉惩罚制造丑闻或煽动叛乱的人。严厉地对待一些人，温柔地对待另一些人，这样才能预防我们再次陷入刚刚开始走出的困境。①

在这种背景之下，腓力二世认为法兰西人厌恶了暴力，想用仁慈的手段处理宗教问题，但这些都是危险的幻想。将宽容强加给异己者，也就是强加给几乎每一个人，这就要求必须有一个事实上和法律上都拥有绝对权力的政府。然而，虽然美第奇王太后的权力理论上代表国王，但实际上要弱得多。除了顺从和尊重，她再没有更多的力量。负责执行太后命令的嫡亲王、王国的官员以及各州的行政长官，绝大多数也是各个党派的领导人。他们充满激情，有野心，而且不太顺从。依据当时的思想，他们认为不服从国王的代理人要比违抗成年国王的罪行小得多，所以他们都各自为政。

美第奇王太后打算自己解决这些问题。她自认为可以让天主教教徒做出一些牺牲，并通过某些让步来满足新教教徒。她还想依靠波旁家族和陆军统帅阿内·德·蒙莫朗西，同时又不使吉斯家族失望，把他们全都团结在她手下。如果做不到的话，她会借助一些人来平衡另一些人。但这种平衡游戏需要保持冷静。而作为女性，她有时也会紧张。美第奇王太后会冒险打破这种平衡吗？

---

① 1561年1月31日。赫克托·德·拉费里埃，巴格诺·德·普晒斯：《凯瑟琳·德·美第奇的信件》，第1卷，第577页到第578页。——原注

腓力二世

纳瓦拉国王安托万·德·波旁发现，美第奇王太后并没有给他任何实际权力。这让他很生气。他还谴责美第奇王太后偏袒洛林家族。1561年2月5日，宫廷搬到枫丹白露宫。在那里，安托万·德·波旁要求免去以大总管身份拥有城堡钥匙的第二代吉斯公爵弗朗索瓦·德·洛林的职务。但美第奇王太后认为，如果她同意了，就得让安托万·德·波旁做总管，所以她严词拒绝了。安托万·德·波旁宣称他会让陆军统帅和沙蒂隆家族成员跟着他一起离开。这是一种威胁。美第奇王太后赶紧让国王查理九世请求阿内·德·蒙莫朗西不要离开。这位亨利二世的老宠臣被感动了，答应了他。安托万·德·波旁一个人什么都做不了，只好也留了下来（1561年2月27日）。而美第奇王太后并没有对西班牙大使就此有所隐瞒，"警报声"已经"很响亮"了①。为了拉拢纳瓦拉国王安托万·德·波旁，美第奇王太后允许孔代亲王路易一世·德·波旁出狱后在皮卡第②生活，并重新出入宫廷③。枢密院宣布这位孔代亲王路易一世·德·波旁无罪。但孔代亲王路易一世·德·波旁不接受这种政治赦免，要求必须让议会复审并承认他的诉求④。当时政治上的"纱线"实在太过复杂，美第奇王太后很难用"纺锤"摇纱了。巴黎管辖区的选民于1561年2月28日被召集起来，选举他们三级会议的代表，拒绝支付任何强制性的献纳金。市民等级还列出了一个摄政委员的名单，但吉斯家族的成员被排除在外了。贵族任命纳瓦拉国王安托万·德·波旁为摄政者。

---

① 1561年3月3日。赫克托·德·拉费里埃，巴格诺·德·普晒斯：《凯瑟琳·德·美第奇的信件》，第1卷，第586页；德鲁布：《安托万·德·波旁和珍妮·阿布莱特》，第3卷，第55页到第56页。——原注

② 1477至1790年为法兰西王国的皮卡第省。

③ 1561年3月。赫克托·德·拉费里埃，巴格诺·德·普晒斯：《凯瑟琳·德·美第奇的信件》，第1卷，第171页。——原注

④ 德鲁布：《安托万·德·波旁和珍妮·阿布莱特》，第3卷，第61页。审判持续了几个月，孔代亲王路易一世·德·波旁被宣布无罪（1561年6月13日）。——原注

第 4 章　美第奇王太后摄政、查理九世登基及安抚新教的政策

美第奇王太后去找纳瓦拉国王安托万·德·波旁，责问他是否认罪。安托万·德·波旁竟回答说："他很高兴自己看到的一切，因为这样美第奇王太后就知道什么是本该属于他的，以及在向美第奇王太后让出这些时，他都做了什么。"美第奇王太后反驳说，她认为属于安托万·德·波旁的只有义务。美第奇王太后对他实在无法容忍了。蒙特庞谢公爵夫人杰奎琳·德·朗威①找安托万·德·波旁进行谈判，最后他妥协了。安托万·德·波旁被任命为大将军（1561年3月27日），拥有军队的最高指挥权，但他放弃了三级会议赋予他的其他权利，所有的嫡亲王也都签名放弃了这些权利。美第奇王太后写信给女儿西班牙王

杰奎琳·德·朗威

---

① 杰奎琳·德·朗威（1520—1561），法兰西贵族，蒙特庞谢公爵夫人及奥弗涅王太子妃。

后伊丽莎白·德·瓦卢瓦："我一直掌握着主要权力，比如拥有王国的所有捐税，有权授予职务和发放俸禄，掌管国王封印、公函及财政权。"三级会议代表的选举取消了，人们为了有时间冷静下来思考，将三级会议推迟到1561年7月底国王加冕之后召开。

提拔改革派的领袖为大将军让吉斯家族很不满，他们打算加冕期间返回家中休养。美第奇王太后知道吉斯家族与腓力二世的关系，担心他们会让腓力二世认为"吉斯家族被疏远是因为宗教或其他理由"[①]。陆军统帅阿内·德·蒙莫朗西的妻子是狂热的天主教教徒，她一直努力让丈夫离开纳瓦拉国王安托万·德·波旁和沙蒂隆家族。这时陆军统帅阿内·德·蒙莫朗西也对美第奇王太后表示不满并向她表明了自己的态度[②]。美第奇王太后选了瓦伦西主教让·德·蒙吕克在宫廷做封斋布道。这位随心所欲的高级教士对新教的态度与他对同时代的其他新事物一样宽容。但阿内·德·蒙莫朗西并不赞同这位瓦伦西主教让·德·蒙吕克的说教，在与第二代吉斯公爵弗朗索瓦·德·吉斯交谈之后，这两个相互敌对的人竟然和好了。他们和亨利二世的前宠臣，里昂的地方长官，骑兵军官圣安德烈勋爵团结在一起，组成了维护天主教的三人联盟。在复活节（1561年4月7日）后的星期一，这三个人通过领圣体这一契机，向世人宣布了这个联盟的性质和目标。天主教首领联盟的出现及美第奇王太后对其潜在威胁的担忧，导致美第奇王太后与本应保持距离的改革派领导反而走得更近了。这也许并非她本意，但为了获得改革派的支持，美第奇王太后不得不做出让步。蒙罗伊说，加斯帕尔·德·科利尼找来了一位来自日内瓦的牧师让·雷蒙德·梅林，让这位牧师在自己公寓里为绅士和普通人讲道。费拉尔公爵

[①] 赫克托·德·拉费里埃，巴格诺·德·普晒斯：《凯瑟琳·德·美第奇的信件》，1561年4月，第1卷，第593页，给西班牙王后的信。——原注

[②] 关于陆军统帅改变的原因，请参阅皮埃尔·德·拉普拉斯：《对亨利二世、弗朗索瓦二世及查理九世时期国家和宗教状况的评论》，第5册，布肯出版社，第122页到第124页。——原注

蕾妮·德·弗朗斯

埃莉诺·德·鲁瓦

夫人蕾妮·德·弗朗斯①和孔代亲王路易一世·德·波旁的妻子埃莉诺·德·鲁瓦也举行了祷告会。让·雷蒙德·梅林甚至在离城堡不远处大胆地当众讲道。天主教教徒控诉这种违反法令的举动。美第奇王太后温和地请这位牧师停止当众讲道,但没有成功。让·加尔文写道,"让·雷蒙德·梅林决定,他将冒着一切危险继续进行,绝不撤退。"②

---

① 蕾妮·德·弗朗斯(1510—1574),法兰西国王路易十二和安妮·德·布列塔尼的小女儿,安妮·埃斯特的母亲,弗朗索瓦一世的妻妹,亨利二世的姨妈和三位国王弗朗索瓦二世、查理九世和亨利三世的姨奶奶。
② 德拉博尔德公爵:《法兰西王国海军上将加斯帕尔·德·科利尼》,第1卷,1879年,第504页。德鲁布:《安托万·德·波旁和珍妮·阿布莱特》,1561年5月24日,第3卷,第169页。来自卡尔维尼的信。让·加尔文:《卡尔维尼全集》,第18卷,第466页到第467页。——原注

第4章　美第奇王太后摄政、查理九世登基及安抚新教的政策

在对新教教徒最初的容忍之后，天主教教徒开始以威胁和袭击新教教徒。1561年4月24日，大学生们用棍棒驱逐了在普黑·奥·克莱克①边走边唱圣歌的新教教徒。两天后，众多学生又围攻了被殴打的新教教徒的避难地——隆格瑞莫先生的住所。在博韦②，民众入侵新教主教宫殿，据说1561年4月6日复活节，那里的加斯帕尔·德·科利尼的哥哥卡迪纳·德·科利尼，竟以日内瓦的方式庆祝了逾越节。在勒芒，庆祝天神报喜的那一天，圣让城区的工匠们殴打了举行集会的新教教徒，并在殴斗中杀死了一名新教教徒。在昂热及像勒芒一样的许多其他城市，许

勒芒城

---

① 普黑·奥·克莱克，曾经是巴黎的一块著名的草地，决斗前的约会就在此地会进行。
② 博韦，法国一个市镇，位于上法兰西大区的瓦兹省。

多民众都自发地聚集起来反对新教。尽管美第奇王太后不同意，但图卢兹和普罗旺斯议会均执意迫害新教教徒。

政府认为有必要依据1561年4月19日的法令停止暴力。这一法令明确规定禁止用言语侮辱胡格诺派[①]和帕皮斯派教徒[②]，只有司法人员才有权入室揭发"非法集会"，重申释放因宗教原因被拘押的人。掌玺大臣米歇尔·德·洛皮塔尔是温和派的独裁者，在还未把法令提交议会进行核实的情况下就将其送交执行官，甚至递交给了巴黎市政长官。行政官员们抗议这种颁布法律的新方式，甚至提到要传讯掌玺大臣米歇尔·德·洛皮塔尔[③]。

1561年4月19日的法令还明确规定不允许私人讲道，但美第奇王太后请总检察官雅克·布尔丁"不要太好奇地搜查那些待在家的人，也不要寻根究底地探问他们在家做什么"。但她又命令雅克·布尔丁对普黑·奥·克莱克的暴徒做出"严厉惩罚"，无论他们拥有什么"地位、状况、条件和信仰"[④]。王太后派去巴黎的纳瓦拉国王安托万·德·波旁将教区牧师、各级宗教代表、大学校长、索邦大学的教师和神学家都召集到卢浮宫。在让人读了国王写给煽动叛乱的天主教教徒的严厉信件后，他严厉地指责了那些允许学生如此胡闹的校长、煽动狂热崇拜的天主教神甫及容忍暴乱的市政官员。受这次事件的影响，大会取消了。

[①] 在宗教战争期间（16世纪下半叶），胡格诺派指法兰西王国新教教徒，他们用这个名字与天主教教徒对抗。

[②] 帕皮斯派教徒提倡教皇的绝对权威，即使教皇不一定尊重天主教的精神，但大多数教皇都是天主教教徒。

[③] 丹尼斯－弗朗索瓦·塞古斯：《孔代亲王回忆录》，第2卷，第334页起。议会的谴责，同上，第2卷，第352页；皮埃尔·德·拉普拉斯：《对亨利二世、弗朗索瓦二世及查理九世时期国家和宗教状况评论》，第124页到第126页。关于反对掌玺大臣米歇尔·德·洛皮塔尔，请参阅巴黎圣母院议事司铎、巴黎议会参议员教士皮埃尔的日记，丹尼斯－弗朗索瓦·塞古斯：《孔代亲王回忆录》，第1卷，第27页。——原注

[④] 1561年4月27日。赫克托·德·拉费里埃，巴格诺·德·普晒斯：《凯瑟琳·德·美第奇的信件》，第1卷，第193页。——原注

塞纳河畔的卢浮宫

但天主教领袖随后给予了反击。在加冕典礼上（1561年5月15日），兰斯大主教洛林红衣主教查理·德·洛林向年轻的国王宣布："无论是谁建议国王改变宗教信仰，都是在从他头上抢夺王冠。"兰斯大主教以所有神职人员的名义向美第奇王太后表示"有关宗教问题的法令根本没有被遵守……审判官也为没有遵从寄送给他们的公函中所包含的很多法令而道歉"①。从兰斯回来后，美第奇王太后在纳特依尔稍做停留。东道主第二代吉斯公爵弗朗索瓦·德·洛林告诉她，只要王太后和国王一直信仰天主教，他就会服从他们。

西班牙传来了对美第奇王太后的严厉警告。腓力二世的特使胡安·曼里克·德劳拉先对弗朗索瓦二世的驾崩向美第奇王太后表示哀悼，接着强烈建议："不要让起源于这个王国的新事物继续恣意发展，不要以任何方式赞成或允许您的亲信中有不坚定分子。"②主教格朗韦勒③的兄弟，常任大使尚托奈也一直监督着美第奇王太后，因她的过失不停地责备她，这使她很烦。美第奇王太后为自己在过往事件中所表现的温和宽容进行辩护，"这都是为了让国家休养生息，以便未来能更好的发展"④。但美第奇王太后在写给自己的女儿——腓力二世妻子伊丽莎白·德·瓦卢瓦的信中，大胆地将在西班牙流传的关于她对改革派献殷勤的谣言说成"谎言"，为此她也指责吉斯家族："你们可以想象那些习惯于当王侯的人，总是不厌其烦地挑我的毛病。"王太后美第奇之所以不能马上做"别人希望她做的事"，错在吉斯家族，是他们"扰乱

---

① 皮埃尔·德·拉普拉斯：《对亨利二世、弗朗索瓦二世及查理九世时期国家和宗教状况的评论》，第127页。——原注
② 赫克托·德·拉费里埃，巴格诺·德·普晒斯：《凯瑟琳·德·美第奇的信件》，1561年1月4日，第1卷，第168页，注释（胡安·曼里克·德劳拉的训言）。——原注
③ 格朗韦勒全名安托万·佩勒诺·德·格朗韦勒（1517—1586），阿拉斯的主教、马林大主教、红衣主教、外交官、神圣罗马帝国皇帝查理五世及他的儿子西班牙国王腓力二世的国务委员。
④ 赫克托·德·拉费里埃，巴格诺·德·普晒斯：《凯瑟琳·德·美第奇的信件》，1561年3月3日，第1卷，第587页。——原注

格朗韦勒

了我们的事业"。腓力二世若相信吉斯家族就大错特错了。当吉斯家族成员成为王侯后，他们就唆使弗朗索瓦二世反对腓力二世，也因此导致美第奇王太后与自己儿子的不和，因为她总是建议弗朗索瓦二世要与西班牙国王保持良好的关系①。美第奇王太后没有想过，在指责吉斯家族一心想毁掉她的同时，她反而为他们一直对腓力二世的偏见进行了辩解。但美第奇王太后宁愿被反驳所困，也不去回应指责。对吉斯家族散布的谣言——"由于自己对他们的仇恨，不再顾及她的女儿洛林公爵夫人克劳德·德·瓦卢瓦的利益"，美第奇王太后发出了控诉，并表示强烈的

克劳德·德·瓦卢瓦

---

① 1561年3月。赫克托·德·拉费里埃，巴格诺·德·普晒斯：《凯瑟琳·德·美第奇的信件》，第1卷，第581页。——原注

第 4 章　美第奇王太后摄政、查理九世登基及安抚新教的政策

愤慨，认为这是他们所有诽谤中最恶毒的，因为"如果我连自己的女儿都忽略的话，人们又怎么会信任我呢"？美第奇王太后最后总结说，"但我依然坚韧地控制着一切。最主要的是，感谢上帝，我还拥有无上的统治权……"① 这是她发自内心的呼喊。

美第奇王太后之所以责怪吉斯家族还有其他原因。吉斯家族成员打算将他们的外甥女玛丽·斯图亚特——一个寡妇，嫁给腓力二世唯一的儿子阿斯图里亚斯卡洛斯亲王，而美第奇王太后当时也有一个待嫁的女儿——玛格丽特·德·瓦卢瓦。美第奇王太后敦促自己的女儿西班牙王后要不惜任何代价破坏这个计划。因为如果卡洛斯娶了玛丽·斯图亚特，那么腓力

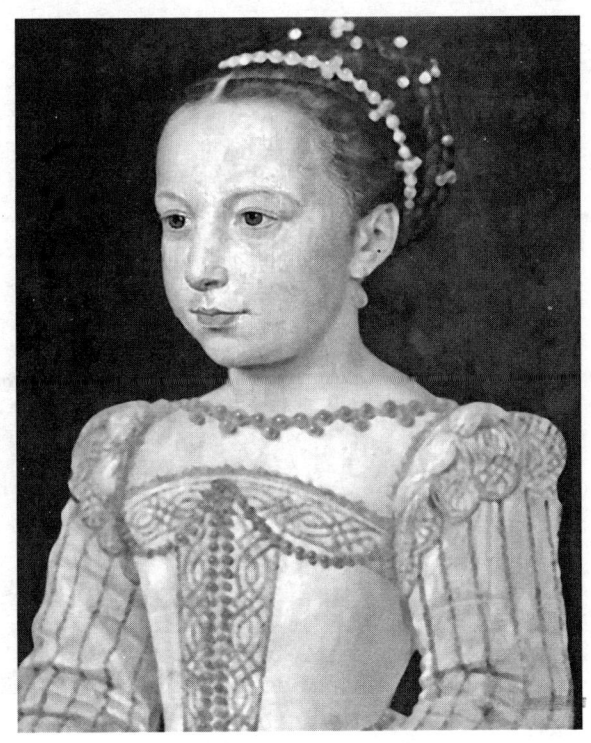

玛格丽特·德·瓦卢瓦

---

① 1561 年 5 月。赫克托·德·拉费里埃，巴格诺·德·普晒斯：《凯瑟琳·德·美第奇的信件》，第 1 卷，第 597 页。——原注

二世驾崩后，在美第奇王太后的统治下，她（伊丽莎白·德·瓦卢瓦）这个西班牙太后将成为世界上最不幸的女人。西班牙王后伊丽莎白·德·瓦卢瓦可以将自己的妹妹玛格丽特·德·瓦卢瓦嫁给自己丈夫的继承人，以此保障自己日后的生活。美第奇王太后告诉自己女儿一个迫使玛丽·斯图亚特离开，并将玛格丽特·德·瓦卢瓦推到前面的计划。美第奇王太后让自己女儿西班牙王后伊丽莎白·德·瓦卢瓦鼓动腓力二世那位享有亡夫遗产的妹妹，葡萄牙王妃胡安娜[①]，向自己的侄子卡洛斯求婚。与卡洛斯是

胡安娜

[①] 胡安娜（1535—1573），是西班牙公主，查理五世和葡萄牙的伊莎贝拉的女儿。1552年与其表弟葡萄牙王储诺昂·曼努埃尔结婚。1554年1月2日，她的丈夫去世后十八天，他们的遗腹子葡萄牙的塞巴斯蒂昂出生。

第4章 美第奇王太后摄政、查理九世登基及安抚新教的政策

卡洛斯

近亲的胡安娜，比自己的侄子大得多。尽管胡安娜可能会拒绝这个提议，但她仍会感谢弟媳想着把自己嫁给未来的君主，自然也会尽力帮助伊丽莎白·德·瓦卢瓦使玛格丽特·德·瓦卢瓦成为卡洛斯的妻子。"我认为你必须千方百计促成她们其中一个的婚姻。"[①]

如果腓力二世愿意给自己丈母娘行方便，法兰西王国的事务就很容易处理了。难道他不应该满足这位王太后想依仗安托万·德·波旁来反

---

① 1561年1月底。赫克托·德·拉费里埃，巴格诺·德·普晒斯：《凯瑟琳·德·美第奇的信件》，第1卷，第576页。——原注

对吉斯家族的要求吗？如果腓力二世不想归还人称天主教教徒的斐迪南①曾在1513年抢夺的比利牛斯山以外的纳瓦拉，他也可以将意大利的锡耶纳或撒丁岛给安托万·德·波旁作为赔偿。每个人都可以通过这种安排获益，即便是天主教也不例外。美第奇王太后没有具体说要怎么做，可能她自己也不知道该怎么做吧，这不过是她为了谋利而做出模糊承诺的惯用伎俩罢了。

西班牙政府决定既不给美第奇王太后送礼，也不会通过与她联姻来讨好她。但出于谨慎，他们也没有直接拒绝她。纳瓦拉国王安托万·德·波旁因美第奇王太后没有遭到断然拒绝而非常惊讶，甚至开始天真地有所期望了。为了想让腓力二世看到自己的诚意，安托万·德·波旁不再热衷于改革事业了。而美第奇王太后认为，如果她能见到女婿腓力二世并和他说几句话，一切将进展得更快。她肯定能说服腓力二世承认自己宗教政策的合理性，促成卡洛斯和玛格丽特·德·瓦卢瓦的婚事并补偿纳瓦拉国王。1561年4月，美第奇王太后提出在加冕后立刻与腓力二世会晤。②她会从兰斯返回巴黎，并立即与纳瓦拉国王一起出发前往南方。她把一切解释清楚，所有的误会也就消除了。但腓力二世却借故拒绝了。作为一个谨慎稳重的政治家，腓力二世的准则是"以沉稳的步伐缓慢前进"，所以他不急于轻率地马上处理西班牙和天主教的利益冲突问题。他让人告知美第奇王太后，并一再重申，她对改革者的善意是危险且有罪的。美第奇王太后努力为自己辩解，但因辩解无效而倍感失望。她的解释对腓力二世来说是如此苍白无力，腓力二世根本不愿意与美第奇王太后单独会晤，他担心自己会被误解为也赞同改革派。

---

① 斐迪南这里指人称天主教教徒的阿拉贡的斐迪南二世（1452—1516），1474至1504年他以斐迪南五世的名义通过婚姻成为卡斯和莱昂的国王，1479至1516年又成为阿拉贡、瓦伦西亚、马略卡岛、撒丁岛和西西里岛的国王，以及巴塞隆的国王、鲁西永和塞尔达涅伯爵。

② 赫克托·德·拉费里埃，巴格诺·德·普晒斯：《凯瑟琳·德·美第奇的信件》，第1卷，第189页。1561年4月21日美第奇王太后写给西班牙王后伊丽莎白·德·瓦卢瓦的信。——原注

第4章　美第奇王太后摄政、查理九世登基及安抚新教的政策

美第奇王太后宣称，在法兰西王国，"宗教事务的处理"一切进展顺利，但她知道一切其实正相反。新教人士违反禁止公开或私自讲道的法令，白天晚上都聚集在一起，甚至还带着武器。在南方，他们对天主教教徒以牙还牙。在巴黎，据传他们打算在圣体瞻礼节当天（1561年6月15日）扰乱圣礼的进行。1561年4月19日的法令仍然是一纸空文，裁判官拒绝执行掌玺大臣米歇尔·德·洛皮塔尔让登记的法律，而改革者又认为法律太过严苛，坚持要求拥有自己的礼拜堂。

美第奇王太后决定做出新的让步，但又不愿承担全部责任。在兰斯，洛林红衣主教查理·德·洛林因对实施法令过于"冷淡"而受到责备后，鼓动美第奇王太后让亲王、领主和其他枢密院成员与议会的议长和议员们就宗教问题进行磋商，"然后严格监控那些将被逮捕的人"。王太后也希望借此机会在一个几乎全是天主教教徒的大会上通过自己的宗教政策。她向吉斯家族示好，将第二代吉斯公爵弗朗索瓦·德·洛林召回巴黎来护送圣体瞻礼节的游行队伍。她还写信给西班牙的大使，向腓力二世说明了玛丽·斯图亚特的私心。此后，美第奇王太后自认为一切都在掌控中，便带领国王查理九世和枢密院召开会议"讨论宗教间的各种纠纷"[①]。

掌玺大臣米歇尔·德·洛皮塔尔不得不承认，这个国家的"骚乱和不安"日益加重。他请求大会成员提出"某个恰当的补救办法"，但他的期待并未实现。经过长时间的辩论（1561年6月23日至7月11日），这个"伟大的团体"以三票的优势通过了法令："无论是否佩带武器，禁止新教教徒进行公开或私人集会及会议，否则将处以拘禁和没收财产。"

根据美第奇王太后的意愿，掌玺大臣米歇尔·德·洛皮塔尔确立了《七月法令》（1561），禁止当众或私下进行改革派的礼拜，并让天主教教会

---

① 这个"伟大磋商"是在议会、神职人员和索邦大学之间进行了十天的法治神学会议，莫吉斯：《从瓦卢瓦国王继位到亨利四世驾崩时期的巴黎议会历史》，第2卷，1914年，第29页。——原注

成员控告"异端"的犯罪行为。然而，死刑被暗中废除，被定罪的异教徒只会被驱逐出境。法令中"绞刑罪"适用的范围是"以宗教或其他任何借口"发表侮辱性言论或侵入"住所"，传道者"在布道中不得使用引诱犯罪或有激怒倾向的话语"。最后，掌玺大臣米歇尔·德·洛皮塔尔再次宽恕"自亨利二世驾崩以来，那些能和平地依照天主教方式生活的所有新教教徒的错误及由此引起的骚乱"①。

此外，出于一直以来朝令夕改的"习惯"，政府正准备违反它自己刚刚出台的法令。1561 年 7 月 14 日，让·雷蒙德·梅林牧师写信给信徒："我们中最不坚定的分子肯定会在自己或邻居的房子里享受上帝的说教。"他甚至让信徒猜到了他本不想透露的"新的不幸"，并表明为避免我们的对手密谋"剥夺我们的财产，这些财产只能通过秘密和隐蔽的手段重新回到我们手中"②。加冕仪式结束后，宫廷迁至圣日耳曼。在那里，西班牙大使尚托奈写道："总有人在一些领主和夫人的房子里讲道，而且最近有些人甚至大胆到在圣日耳曼城堡宣讲，这是被明文禁止的。"③一旦法令出台，普瓦捷法院院长就可能面临发生暴动的危险，他就此向王太后咨询，美第奇王太后命令他"只要在他的住所让人宣读一下法令就行了，不必像一贯那样隆重地当众宣布"，她还补充说"根本不用费力气观察得那么准确"④。政府的裁判惯例总比法律更自由。

大部分胡格诺派教徒对美第奇王太后的好意毫不领情。在 1561 年 5 月的选举中，胡格诺派教徒态度强硬地发起攻势，最后他们在蓬图瓦兹三级会议的世俗等级中占了多数。新教人士认为，现在是夺走这位王

---

① 1561 年 7 月 30 日法令。丰塔农：《法兰西国王的法令和条例》，第 4 卷，第 264 页到第 265 页。——原注
② 德拉博尔德公爵：《在普瓦西研讨会上的圣日耳曼宫廷的新教教徒》，1874 年，第 79 页。——原注
③ 丹尼斯-弗朗索瓦·塞古斯：《孔代亲王回忆录》，第 2 卷，第 13 页，第 16 页。——原注
④ 1561 年 9 月 2 日。赫克托·德·拉费里埃，巴格诺·德·普晒斯：《凯瑟琳·德·美第奇的信件》，第 1 卷，第 233 页到第 234 页。——原注

第4章　美第奇王太后摄政、查理九世登基及安抚新教的政策

太后摄政权,支持"新大卫"安托万·德·波旁建立新的耶路撒冷的时候了①。但那时纳瓦拉国王安托万·德·波旁正忙于妄图赢取西班牙国王腓力二世的信任,并因此拒绝了新教人士的提议。加斯帕尔·德·科利尼也让他们"为了政府,赞同美第奇王太后和纳瓦拉国王安托万·德·波旁之间的协定"。神职人员支付了协谈的费用。1561年7月26日,来自蓬图瓦兹的世俗等级和普瓦西②的教士等级聚集在圣日耳曼城堡召开会议。市民等级的演说家,欧坦③的行政长官布列塔尼以庶民拥有"救赎灵魂"的"伟大热情"为由,为信仰自由辩护。他提醒国王查理九世:"陛下的职责中

圣日耳曼城堡

---

① 关于纳瓦拉国王安托万·德·波旁与大卫的"相似性",参见费拉尔公爵夫人蕾妮·德·弗朗斯的一封信。让·加尔文:《卡尔维尼作品集》,第20卷,第271列。——原注
② 普瓦西是法兰西岛地区伊夫林省的一个市镇。
③ 欧坦是法国勃艮第弗朗什孔泰地区索恩-卢瓦尔省的一个市镇。

最珍贵和最有用的就是效仿大卫①、希则克雅②和约西亚③那样的国王"，在自己的王国行使"上帝赋予的真实且正确的使命"。同时布列塔尼还要求给"那些思想健康但无法接受罗马教会仪式的教徒们提供一些基督教教堂或其他活动场所"④。贵族的发言人也支持这一要求。市民等级的请愿书提出，应该通过没收拥有"超越其他人利益和便利手段"的神职人员的财产来偿还国家贷款。政府正好利用世俗等级的敌对情绪，诱使不愿纳税的神职人员同意向国王支付六年一百六十万里弗的捐税，并让他们承诺在十年内分期偿还市政厅的年金，也就是公共债务⑤。这就是1561年9月21日最终商定的《普瓦西契约》⑥。⑦

而美第奇王太后追求的是更大的目标。对于这个时代的教徒来说，一个国家有两大宗教并存，似乎就是承认两个真理的渎圣宣言，是对民族团结的破坏。米歇尔·德·洛皮塔尔对奥尔良三级代表说："我们看到，两个信奉同一宗教的法兰西人和英格兰人比同一个城市的两个公民相处起来更融洽，因为后者虽是同一领主的臣民，却拥有不同的信仰。"⑧此外，当时的思想中，宽容并不是对信仰选择权的放任，而是发现两种信仰中的

---

① 大卫，《圣经》中的一个人物，是以色列的第二位国王，和他的儿子所罗门一起出现在《圣经》的叙述中，是古代以色列国家的两位建立者之一。
② 公元前8世纪末，在希则克雅统治犹太的二十九年间，北方犹太王国被亚述军队入侵，其居民被驱逐出境。希则克雅积极抵抗亚述人的统治，为拯救这座城市付出了沉重的代价。但据传这位天使般的国王杀死了坐在耶路撒冷前的十八万五千名亚述人，迫使亚述王返回到他的国家。
③ 约西亚，阿蒙的儿子和继承人。《圣经》记载他是犹太的第十六位国王，他与先知耶利米和西番雅处于同一时代，被认为是"新的"大卫。
④ 皮埃尔·德·拉普拉斯：《对亨利二世、弗朗索瓦二世及查理九世时期国家和宗教状况的评论》，第146页。——原注
⑤ 巴黎市政厅行使发行货币的职责。为了支付欠款，国家给予它某些税款的支配权。——原注
⑥ 《普瓦西契约》是1561年普瓦西会谈中所签署的契约，目的是为了维持法兰西王国的宗教和平。美第奇王太后通过召集四十六位天主教的主教、十二位新教教牧师和四十位神学家进行商谈来试图将天主教教徒和新教教徒聚集在一起。
⑦ 路易·塞尔巴特：《法兰西王国神职人员大会》，巴黎，1906年，第36页。——原注
⑧ 拉鲁赫塞和杜瓦尔：《剧作集》，第1卷，第58页到第59页。——原注

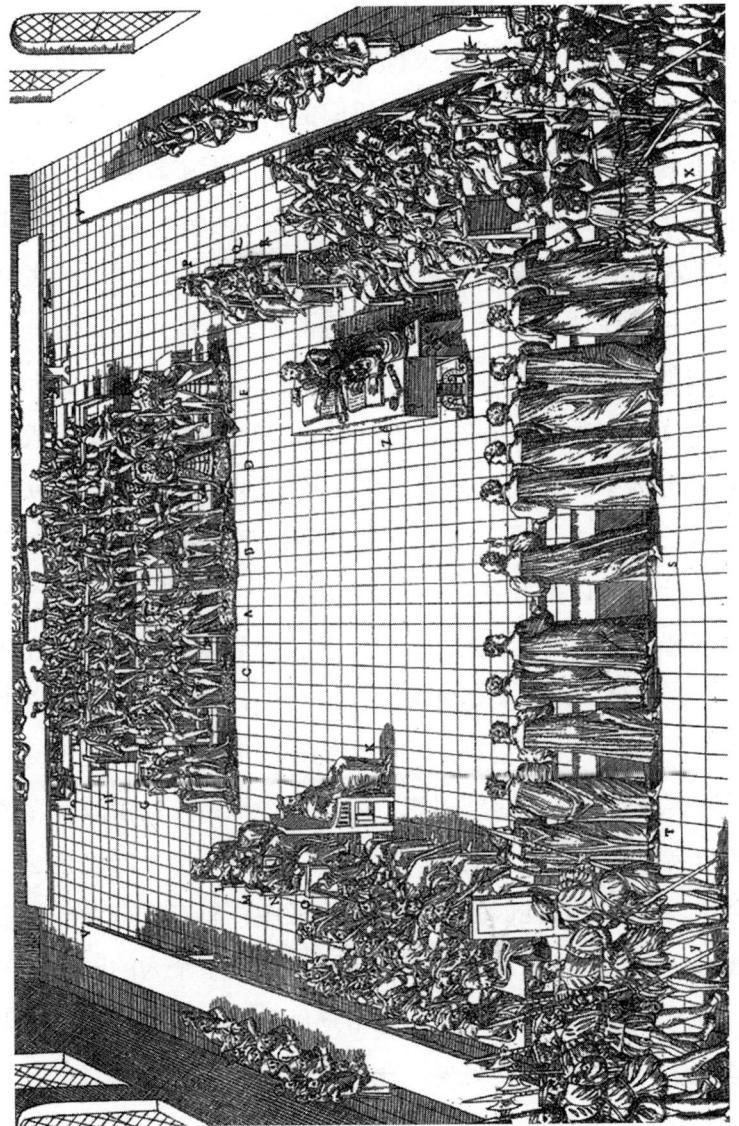

签订《普瓦西契约》

一种无力消灭另一种，或只能通过毁灭整个民族才能实现，是某种不得不进行的妥协。但新教教徒和天主教教徒所想的根本不一样。如果新教教徒成为法兰西王国的主人，他们就会努力实现非天主教化。新教教徒要求建立基督教教堂，拥有当众庆祝礼拜的权利，希望能使足够多的新入教者在任何地方都可以合法地推行他们的信仰。出于同样的思想，并且由于担心遭到报复还进一步强化了这一思想，天主教教徒用尽一切手段捍卫他们在法兰西王国至高无上的地位。意大利和西班牙的天主教消灭了零散的新教教徒，英格兰的新教逐步压制了多数地区的天主教；瑞典和丹麦则强行改变信仰。至于神圣罗马帝国，可能只有政治分裂才能使它从几种宗教共存的状态中走出来吧。维护单一宗教在物质上是不可能的，而承认两种宗教同时存在精神上又是不现实的，想要达成两者的和解，只会损害国家的最高权力而增加诸侯的权力。法律上的联邦国家神圣罗马帝国已经变成了一个事实上的联邦：两个甚至三个教派拥有各自的领土，统治者可以推行各自信仰的宗教。

另外，理智派和温和派认为，要应对政治分裂或迫害，除了让相互敌对的教会进行联盟外，再无其他补救办法。他们认为这种联盟是必要的，也是可能的。美第奇王太后自诩，在强大的查理五世都以失败告终的问题上，她可以取得成功。一段时间以来，她一直在准备一场由改革派牧师与现任天主教教会代表共同参加的会议，授意《七月法令》的议会法院也同意了这场会议。出现在普瓦西的六位红衣主教中，有三位是忠于美第奇王太后的：波旁红衣主教查尔斯一世·德·波旁是出于个人的同情，图尔农红衣主教一直习惯顺服，而沙蒂隆主教卡迪纳·德·科利尼则是由于自己对宗教改革运动的献身精神。另外，亚文邑的红衣主教是外交官。洛林红衣主教查理·德·洛林虽已妥协，但还希望这次改革派能与他从神圣罗马帝国请来的路德派学者们对立起来，借此来捉弄一下改革派。吉斯红衣主教路易一世·德·洛林总是与他的兄长第二代吉斯公爵弗朗索瓦·德·洛

第4章　美第奇王太后摄政、查理九世登基及安抚新教的政策

林的看法一致。美第奇王太后希望新教教徒和天主教神学家面对面地辩论，并像外交官大会一样，通过相互让步来解决纠纷。

但美第奇王太后并不知道，在信徒眼中，哪怕是最微小的差异也至关重要，因为灵魂永恒的救赎就在这些差异中。美第奇王太后的出生和接受的教育都是天主教式的，她习惯并喜欢这种宗教信仰。天主教宏伟辉煌的宗教仪式能触动她。但这位王太后的行为却不符合天主教的规定。在后来对女儿玛格丽特·德·瓦卢瓦的忠告中，美第奇王太后阐明了原因：她从来只依赖于人类的智慧，宗教并没有真正渗透到她内心。美第奇王太后对人类与造物主之间关系的认识方式一直是异教式的。她对上帝所尽的义务并不是因为感激和喜爱，而是将这种义务当作赢得仁慈名声或安抚愤怒的手段之一。这实际是一种交换。她没有受到来世之谜的折磨，无法在这面映照灵魂的镜子中长久地审视自己。而纳瓦拉王后珍妮·阿布莱特却能在镜子中[①]意识到自己的罪恶和耶稣基督的恩典，自己的虚无和所拥有的一切，既因从神圣的丈夫那里受到的苦难而羞耻，又因对他的爱而狂喜。美第奇王太后对宗教没有太多感觉，尽管这听起来可能有些奇怪，但极有可能是事实。在法兰西王国生活的前二十五年里，美第奇王太后肯定听说过对异教的镇压，但她并没想过要去了解受迫害者所犯的错误。当美第奇王太后身处宗教斗争中时，才开始对宗教改革运动感兴趣，但她并不想学习宗教教义。这位王太后也不太关心是否要回归福音的纯洁，恢复对精神和真理的崇拜。她不反对这些新事物，或者说她对此无动于衷。正是因为美第奇王太后忽视了激情和狂热的力量，夸大了党派领导人的能力，认为纠纷的终结要靠他们的智慧。因此，她才坚持要向两个教会展示一个团结的宫廷，并希望让他们明白他们彼此不妥协是没用的。美第奇王太后让第二代吉斯公爵弗朗索瓦·德·洛

---

① "罪恶女士的镜子，在那里她认识了自己的错误和罪恶，也获得了她的丈夫——一个基督徒的宽恕和眷顾。"阿伦科，1531年，在1533年的巴黎版中，"在那里她看到她的空虚和一切"。——原注

林和孔代亲王路易一世·德·波旁进行和解谈判。会议在整个宫廷成员的见证下格外庄严肃穆。议定书已经事先通过了，某位秘书还被要求草拟了会议记录。第二代吉斯公爵弗朗索瓦·德·洛林对孔代亲王路易一世·德·波旁说："先生，我既不希望提出任何有损您荣誉的事，也不想成为您被监禁的始作俑者。"对此，孔代亲王路易一世·德·波旁回答："我认为那些肇事者都是邪恶可憎的。"第二代吉斯公爵弗朗索瓦·德·洛林又说："我也这么认为，但这跟我一点关系也没有。"说完，国王查理九世请他们像至亲一样相互拥抱，并保持友好关系（1561年8月24日）[①]。在普瓦捷会谈期间，至少天主教和新教之间的休战得到了保障。

应纳瓦拉国王安托万·德·波旁邀请，改革派教会派遣了牧师代表与天主教学者就教义观点及和解手段进行辩论。让·加尔文因身体虚弱无法远行，同时新教政府也担心他无法抵御天主教的谋害，所以改派雄辩的助理西奥多·德·贝泽前往。改革派中最著名的神学家之一——皮埃尔·维米格利，也就是出生于意大利的皮埃尔·马特，由于当时正遭受迫害，在苏黎世担任牧师。皮埃尔·马特在受到邀请后，也从瑞士赶来。西奥多·德·贝泽自述说，在抵达后的第二天晚上，他"惊讶"地发现美第奇王太后、孔代亲王路易一世·德·波旁、波旁红衣主教查尔斯一世·德·波旁、洛林红衣主教查理·德·洛林、于泽斯公爵夫人路易丝·德·克莱蒙及另一位女士已经在纳瓦拉国王安托万·德·波旁的住所等候着他了。西奥多·德·贝泽向美第奇王太后保证自己会和同伴们一起"为这样一个神圣而必要的事业，为上帝和陛下效劳"。美第奇王太后回答说："很高兴会看到如此美好的结果，这样国王就可以好好休息了。"[②] 尽管洛林红衣

---

① 西奥多·德·贝泽：《改革派教会的教会史》，第1卷，第522页到第523页。——原注
② 西奥多·德·贝泽，在1561年8月25日写给让·加尔文的信中，自满地说，他告诉她自己前来的原因，"她非常仁慈地回复了我"。让·加尔文：《卡尔维尼作品集》，第18卷，第631列到第632列。——原注

皮埃尔·马特

于泽斯公爵夫人路易丝·德·克莱蒙

第4章　美第奇王太后摄政、查理九世登基及安抚新教的政策

主教查理·德·洛林马上就圣体圣事的教理与西奥多·德·贝泽进行了辩论，但洛林红衣主教查理·德·洛林说这些话时毫不尖刻，甚至还为自己的鲁莽而道歉，看得出他非常希望和解。西奥多·德·贝泽也有同样的意愿，同意这种说法——尽管"基督的圣体"在天堂……但它也通过永生的信仰为我们所拥有，并被我们接受"。据说毫不相信圣餐中的面包和葡萄酒分别变成了耶稣的身体和血液的洛林红衣主教查理·德·洛林，也谈到了圣餐变体的问题。西奥多·德·贝泽对此进行了阐述。洛林红衣主教查理·德·洛林认为他们在这个根本性的观点上达成了共识。这位红衣主教对美第奇王太后说："夫人，我相信他了，我很满意。"之后西奥多·德·贝泽又转向美第奇王太后说："这就是肯定圣体的象征意义，否认基督现实存在的圣体形式论，但长期以来这种形式论一直被矫饰并遭受各种诽谤。"①在圣体形式论的名义下，天主教教徒包容了各种不信奉国教者。慈运理的门徒在最后的晚餐中看到的只是纪念救世主的献祭仪式，但对于加尔文主义者来说，尽管是精神上的，但圣餐也真正地融入了耶稣基督的身体和血液。西奥多·德·贝泽略带讥讽地指出了天主教对手们的错误。美第奇王太后寻找着和解的迹象，并表明了自己的观点。她说："您听到了吗，主教先生？他说的圣体形式论也正是您认同的。"谈了几个关于协议和统一的话题后，美第奇王太后"非常满意"地离开了。在接下来的几天，这位王太后表现得非常友善，她询问或让人询问让·加尔文的消息：年龄、健康和事业。她还饶有兴致地打听稍后要到达的西奥多·德·贝泽的同胞皮埃尔·维米格利的情况。美第奇王太后允许西奥多·德·贝泽在孔代亲王路易一世·德·波旁和海军上将加斯帕尔·德·科利尼的住所布道。她相信这两个教派的学者们最终可以和解。

但这只是她的幻想。天主教教徒和改革派有着同样的目标，那就是

---

① 西奥多·德·贝泽在让·加尔文《卡尔维尼作品集》中的信（第18卷，第632列到第633列）。这封信是法语的，但这句说给太后的话是拉丁语：美第奇王太后懂这种语言。——原注

摧毁对方的教会。西奥多·德·贝泽在与第二代吉斯公爵弗朗索瓦·德·洛林"会见"的当天就向孔代亲王路易一世·德·波旁表明,"至于亲王的特别诉讼",他(孔代亲王路易一世·德·波旁)"应该知道向谁报复。但如果没有公开宣布自己反对那些与上帝或教会为敌者,谁也不能被当作是上帝的朋友"[1]。天主教会还是觉得应该反对异教徒。出于对天主教的热忱,美第奇王太后授权在法兰西王国设立耶稣会修会。而在此之前,由于憎恶教皇绝对权利主义原则,她一直是排斥这个命令的。美第奇王太后也同意听取改革者的辩解,但前提是她可以作为负责判决的法官。改革派牧师去国王查理九世那里恳请他宣布"天主教的主教、神甫和教士"都不能成为他们的"法官",因为这些人是"当事人"。但美第奇王太后认为改革派牧师"当时这样做不合适","再加上她已经承诺过,天主教神职人员是决不会成为法官的,改革派应该对她的话和承诺感到满足"[2]。

  天主教神职人员根本不接受平等。他们在普瓦西修道院的食堂——他们平常举行会议的地方,等着新教的捍卫者。红衣主教、主要神职人员和学者各自一列,站在大厅两边。在后面,支持大会的是坐在木板搭建的台子上的国王查理九世、美第奇王太后、国王的弟弟亨利·亚历山大、妹妹玛格丽特·德·瓦卢瓦,以及纳瓦拉国王安托万·德·波旁和王后珍妮·阿布莱特。掌玺大臣米歇尔·德·洛皮塔尔宣布了国王对本次会议承诺的好处后,各位牧师被领入会场。他们身着简单而严肃的服装,由第二代吉斯公爵弗朗索瓦·德·洛林和弓箭手护送,沿着栅栏站立。栅栏将他们与坐着的天主教学者们分开了[3]。

---

[1] 西奥多·德·贝泽给让·加尔文的信。让·加尔文:《卡尔维尼作品集》,1561年8月25日,第18卷,第631页。——原注

[2] 欧斯贝·德·塞萨雷:《教会史》,第1卷,第553页到第555页。——原注

[3] 赫克托·德·拉费里埃,巴格诺·德·普晒斯在《凯瑟琳·德·美第奇的信件》,第1卷,第238页;德鲁:《普瓦西1561年9月至10月的会谈》;《巴黎历史协会回忆录》,1889年,第16卷,参考文献。——原注

亨利·亚历山大

西奥多·德·贝泽解释了改革派教会的教义。[①]他说明了它与罗马教会相同的方面，也说了与之不同的方面，而且还坦率地讲到了圣体圣事的问题。西奥多·德·贝泽的语言高贵典雅，准确有力，听众听后甚是惊讶，也更加崇拜他了。但当他说到基督的身体"远离面包和葡萄酒，就像天空远离大地一样"时，引起了一阵低声的抗议。图尔农红衣主教对国王查理九世和美第奇王太后说："你们听过这种亵渎神明的话吗？""请求国王、太后和在场者不要被他们听到的错误观点误导！"美第奇王太后尴尬地表示："她和她的儿子，法兰西国王，都希望在天主教的信仰中生活及死去，这也正是前任国王们所经历的。"[②]

第二天西奥多·德·贝泽写信向美第奇王太后做了解释。改革派被错误地指责"把耶稣基督排除出圣餐，这明显是不信任的表现……事实上，如果不是这样，那根本就不是我们主的最后的晚餐"……"只是耶稣基督存在于圣餐中的方式有很大不同，因为他真的给予我们他的身体和血液——他的身体和血液与面包和葡萄酒结合在一起了。"美第奇王太后根本不愿意让西奥多·德·贝泽区分它们的不同之处。王太后写信给维也纳的大使说，"西奥多·德·贝泽忘乎所以地进行了荒唐的比较，这可能会激怒与会者，所以我得强行让他安静，并遣散不断靠近他的人。"[③]洛林红衣主教查理·德·洛林利用了西奥多·德·贝泽的"比较"。在1561年9月16日以天主教教士名义进行的反驳中，洛林红衣主教查理·德·洛林几乎只针对他们之间最大的两点分歧：天主教会及其教谕的权威和圣体圣事的信条。洛林红衣主教查理·德·洛林集中力

---

① 西奥多·德·贝泽在让·加尔文《卡尔维尼作品集》中提到的发言（第18卷，第688页到第702页）。——原注

② 克劳德的熟人，一个被德鲁布写进《巴黎历史协会回忆录》的天主教学者之一（1889年，第16卷，第29页）；克劳德：《教会史》，第1卷，第578页。——原注

③ 1561年9月14日。赫克托·德·拉费里埃，巴格诺·德·普晒斯：《凯瑟琳·德·美第奇的信件》，第1卷，第608页。——原注

第 4 章　美第奇王太后摄政、查理九世登基及安抚新教的政策

量证实了耶稣基督身体和血液的真实和肉体的存在，并由此来反驳这些异端的观点。他向牧师们叫喊道："至少，希腊教会不会拒绝用这个不同来判断你们是痛恨罗马教会的。也可以说，正因为大部分人都对你们不满，你们才只能求助于一小部分人。为什么我会说希腊教会呢？相信《奥格斯布信纲》①和接受它的教会吧！你们立刻会被说服的。"②

西奥多·德·贝泽本来还想再反驳的，但人们不允许他这么做了。所有寻求和解的企图破灭了。费拉尔主教希波吕忒·埃斯特③是负责宣布总理事会即将举行下一次会议的教皇特使，即使法兰西王国天主教会

呈送《奥格斯布信纲》

---

① 《奥格斯布信纲》是 1530 年 6 月 25 日在奥格斯布大会期间向查理五世呈送的路德宗主义的主要文本。马丁·路德确实像天主教教徒一样承认耶稣基督以某些面包和葡萄酒的形式（圣体同在论）真实存在，但否认天主教教义中认为的面包和葡萄酒变为了耶稣的身体和血液（圣餐变体）。——原注
② 欧斯贝·德·塞萨雷：《教会史》，第 1 卷，第 160 页。皮埃尔·德·拉普拉斯：《对亨利二世、弗朗索瓦二世及查理九世时期国家和宗教状况的评论》，第 176 页。——原注
③ 希波吕忒·埃斯特（1509—1572）又称费拉尔红衣主教，是埃斯特·希波吕忒一世的侄子。

同意和解，他也会不顾一切地进行阻止。美第奇王太后只好将"讨论会"缩小成神学家们关着门的模糊辩论会。陪伴特使的耶稣会副会长雅克·莱内①还当面对美第奇王太后说："如果她不把这些邪恶的人从基督教中驱赶出去，他们就会损害整个法兰西王国。"他如此激烈地"用意大利人的方式说出这些话，太后都落泪了"②。

然而，美第奇王太后依然坚持实施宽容政策，她相信自己一定能做好这项事业。这位王太后顽强地抵制着三个执政官和西班牙施加的压

雅克·莱内

---

① 雅克·莱内（1512—1565），耶稣会牧师和西班牙神学家。
② 德鲁布德：《巴黎历史学会回忆录》，第16卷，第39页。——原注

第4章　美第奇王太后摄政、查理九世登基及安抚新教的政策

力。与教皇特使重聚的教廷大使普罗斯珀·德·圣克罗伊①写道，美第奇王太后很害怕自己看起来被"操纵"。海军上将加斯帕尔·德·科利尼对她的善意表示感谢。孔代亲王路易一世·德·波旁总是躲在兄长安托万·德·波旁背后。而安托万·德·波旁正完全专注于他在纳瓦拉的野心，对法兰西王国事务毫无兴趣。美第奇王太后比以前更支持新教领导人了。

普罗斯珀·德·圣克罗伊

---

① 普罗斯珀·德·圣克罗伊（1516—1589），奇萨米和阿尔巴的主教，1565年被教皇庇护四世任命为红衣主教，同时也担任阿尔勒大主教的职务（1566—1574）。

也许美第奇王太后也看好改革派未来的发展，希望能在其中占据要位。新生教会变化巨大。许多群众虽仍然忠于天主教，但有产阶层和贵族的一部分人已经改变了信仰。在政界，既有改变信仰的，也有保持原有信仰的。对吉斯家族的仇恨将法兰西王国的胡格诺派变成了信奉纯粹耶稣教义的胡格诺派。布莱斯·德·蒙吕克①甚至说只要是好母亲的

布莱斯·德·蒙吕克

---

① 布莱斯·德·蒙吕克（1500—1577），法兰西元帅和《16世纪的回忆录》作者。布莱斯·德·蒙吕克是五位法兰西国王（弗朗西斯一世、亨利二世、弗朗西斯二世、查理九世和亨利三世）的仆人，在意大利战争和宗教战争中脱颖而出，并于1574年升任为法兰西元帅。

第 4 章　美第奇王太后摄政、查理九世登基及安抚新教的政策

子女都会加入新教。普罗万神甫克劳德·哈顿估计新教教徒已有王国人口的四分之一。这么说可能有些夸张，但在所有省份和阶层中，新教教徒确实已经人数众多。1558 年，在召开巴黎第一次主教会议时，只有十一个基督教礼拜堂派代表参加。1560 年，仅普罗旺斯代表就打算占有六十个席位。加斯帕尔·德·科利尼为诺曼底五万名信徒向枫丹白露大会提交了呈请。在普瓦西，两千五百名牧师要求获得修建礼拜堂的权利。对新教官方认可的讨论会进一步增加了改革派的胆量和希望[①]。在服侍美第奇王太后的女士和先生们中就有或多或少公开承认的新教支持者：负责美第奇王太后的钱款收据和分配的高格尔领主之妻克劳德·德·博恩、美第奇王太后的诉状主管拉罗什修道院院长夏特鲁、美第奇王太后的马厩管理员费格尔、为美第奇王太后服务的绅士之一赫曼·塔凡。美第奇王太后的亲密朋友——蒙特庞谢公爵夫人杰奎琳·德·朗威甚至说过只有在和一位新教牧师"诚实地"谈话之后才愿意死去（1561 年 8 月）。美第奇王太后最宠爱的、才华横溢且迷人优雅的于泽斯公爵夫人路易丝·德·克莱蒙也不反对新教，还有喜欢和美第奇王太后一起嘲笑图像崇拜的苏比斯也完全支持新教。美第奇王太后认为不同于粗暴士兵，极具智慧，并写出了《回忆录》的让·德·蒙吕克主教，也已经游走在正统观念的边缘。就连沙蒂隆红衣主教卡迪纳·德·科利尼也开始逐渐偏向新教了。最近几个月发生的事让美第奇王太后更靠近了新教的伟大女士和公主们：费拉尔公爵的遗孀蕾妮·德·弗朗斯、罗伊女士和她的女儿、孔代亲王路易一世·德·波旁的妻子埃莉诺·德·鲁瓦、海军上将加斯帕尔·德·科利尼的夫人、隆格维尔年轻公爵的母亲、罗素林侯爵夫人，以及纳瓦拉王后珍妮·阿布莱特。这位纳瓦拉王后珍妮·阿布莱特于 1561 年 8 月 29 日到达圣日耳曼，监视着那些对她丈夫和对改

[①] 赫克托·德·拉费里埃，巴格诺·德·普晒斯：《凯瑟琳·德·美第奇的信件》，第 1 卷，简介，108 页和 109 页。——原注

革派利益不忠者①。生活在这样炽热的新教环境中，美第奇王太后依然对新教没有任何感觉，这难道不是有些令人难以置信吗？

　　另外还须提及一位在新教传播方面特别有影响力的人：西奥多·德·贝泽。正如我们前文所提及，西奥多·德·贝泽是一位雄辩的传道者。他的演说机智又清晰，摆脱了学术上前后不一致的无条理性，引发了宫廷对神学的讨论。西奥多·德·贝泽的对手克劳德·哈顿谈到了他"有条理且富有逻辑的雄辩""美丽又通俗得体的语言"，在嘲弄的同时也承认了他演说的魅力。克劳德·哈顿说，"他赢了，这个不知趣的饶舌者，他连表情和手势都能迷惑听众的心灵。"②还有一位见证者说，就连亲王和领主们都跑去听西奥多·德·贝泽讲道了。追随者们像对待国王一样护送他，青年侍从和仆人跪在他要经过的路上，美第奇王太后本人也想听到他的声音，并对他"很感兴趣"③。也许是为了安抚被剥夺了反驳权的西奥多·德·贝泽，在洛林红衣主教查理·德·洛林高谈阔论的第二天，美第奇王太后非常亲切地对西奥多·德·贝泽说，他可以亲自把这一切写信告诉让·加尔文，并对他给予厚望。第二天美第奇王太后再次让他和皮埃尔·马特一同前来，并建议他们要用一切办法达成一致。④纳瓦拉国王安托万·德·波旁和海军上将加斯帕尔·德·科利尼从让·加尔文那里获悉，他将让受大家喜爱的西奥多·德·贝泽再待一段时间。美第奇王太后也请他留下来。西奥多·德·贝泽说："我不知道为什么，美第奇王太后很乐意见到我。她已经向许多人说过这话，

---

① 只是到了1561年巴伯罗的圣诞节晚餐，珍妮·阿布莱特才公开放弃罗马宗教信仰，但在1561年4月，她已经派过一名牧师到图尔农组织改革教会（让·加尔文：《卡尔维尼作品集》，第18卷，第433列）。——原注
② 普罗旺斯教区牧师，《克劳德·哈顿回忆录》（1553—1582），费利克斯·布尔克洛出版（未出版文件集），1857年，第1卷，第156页。——原注
③ 德鲁布：《巴黎历史协会回忆录》，第16卷，第8页。——原注
④ 让·加尔文：《卡尔维尼作品集》，第18卷，第25列。——原注

第4章 美第奇王太后摄政、查理九世登基及安抚新教的政策

我自己也可以证明这一点。"①《七月法令》推行的效果并没有比以前的更好。1561年10月30日，西奥多·德·贝泽给让·加尔文写道："最后，感谢上帝，我获悉我们的教友兄弟可能会被允许安全地举行集会。但在庄严的法令提出更好、更有保证的条件之前，他们只能通过默认授权的形式进行。"②新教教徒聚会的人数最少为两人，但上限从三百人激增至三千人，有时甚至到一万人。巴黎地方长官永河畔拉罗什亲王以自己听从的只是镇压暴徒的命令为借口，保护着新教修道院，他的士兵也会逮捕或殴打那些企图干扰新教集会的天主教教徒③。西奥多·德·贝泽说："感谢上帝，事情在几个小时内发生了巨变。曾经将

拉罗什亲王

---

① 这是写给让·加尔文的。让·加尔文：《卡尔维尼作品集》，第19卷，第97列。——原注
② 让·加尔文：《加尔维尼作品集》，第18卷，第88列。——原注
③ 朗盖：《奥秘》，第2册，第155页；丹尼斯-弗朗索瓦·塞古斯：《孔代亲王回忆录》，第1卷，第59页。——原注

我们送进监狱的人现在却成了集会的守卫者。"然而，西奥多·德·贝泽也担心一些信徒的急躁会在"一天"内摧毁掉他一个月才建成的事业①。的确，国王理事会为了中断允许新教教徒集会的许可，制定了一项法令，规定只在郊区和节日之外的时间允许他们集会。稍后才得知消息的西奥多·德·贝泽从去往巴黎的途中返回，向让·加尔文宣称，如果当时他在圣日耳曼，很有可能已经阻止了这项政策的制定②。后来西奥多·德·贝泽了解到这些限制条件实际更糟，集会的地点不是在市郊，而是在城墙外二百步的地方。他抗议说自己会让他们取消这一条款③。但他可以向谁请求这种特许权呢？是向米歇尔·德·洛皮塔尔——"这个早已被大家所知的掌玺大臣"吗？西奥多·德·贝泽曾在1561年8月谈起米歇尔·德·洛皮塔尔，就好像只将他当成了一个假冒的同胞④。还是那个既软弱又摇摆不定，正向西班牙人献殷勤的纳瓦拉国王安托万·德·波旁呢？美第奇王太后还能依靠谁在天主教教徒占多数的会议上强行修正一项对改革者不利的法令呢？

腓力二世也因法兰西王国竟有这么多人信奉新教而被激怒了。他深信法兰西王国的宗教变革会"破坏和扰乱自己的国家"⑤。伊丽莎白·德·瓦卢瓦给她的母亲写信道："腓力二世也怕被波及，因为法兰西王国的路德派（意思是加尔文主义者）领地弗朗德勒和西班牙离得并

---

① 西奥多·德·贝泽写给让·加尔文。让·加尔文：《卡尔维尼作品集》，1561年11月4日，第19卷，第96列到第98列。——原注
② 让·加尔文：《卡尔维尼作品集》，1561年11月9日，第19卷，第109列。——原注
③ 让·加尔文：《卡尔维尼作品集》，1561年11月29日，第19卷，第141列。——原注
④ 据让·加尔文描述，米歇尔·德·洛皮塔尔在枫丹白露大会上讲话的开始部分是"讨厌的阿谀奉承式的前言"。让·加尔文在布林格。《卡尔维尼作品集》，1560年10月1日，第18卷，第206列。西奥多·德·贝泽在普瓦西的讨论会期间，写信给让·加尔文："您知道的，掌玺大臣米歇尔·德·洛皮塔尔希望有幸引荐我。我必须跟随他，但我的表情足以告诉他我早就了解他了。"让·加尔文：《卡尔维尼作品集》，1561年8月25日，第18卷，第630列。——原注
⑤ 1561年10月30日法兰西王国驻西班牙大使给美第奇王太后的信。赫克托·德·拉费里埃，巴格诺·德·普晒斯：《凯瑟琳·德·美第奇的信件》，第1卷，第601页，注释。——原注

伊丽莎白·德·瓦卢瓦

不远。"因此美第奇王太后手里掌握着一笔交易：或是自己与腓力二世结盟反对新教教徒，或是让腓力二世与法兰西王国天主教教徒结盟反对她①。尚托奈甚至为此向查理九世发表了声明。为了表示不满，吉斯家族离开了宫廷（1561年10月底）。据说他们本来做了更坏的打算。在他们离开的前几天，人们认为出于对吉斯公爵夫人安妮·埃斯特的爱慕而效忠于她丈夫第二代吉斯公爵弗朗索瓦·德·洛林的内穆尔公爵雅克·德·萨伏伊，曾向法兰西王国年轻国王的弟弟亨利·亚历山大提议带他去洛林或萨伏伊。如果亨利·亚历山大投靠了新教，那就意味着反对自己的母亲美第奇王太后。这位奥尔良公爵亨利·亚历山大是美第奇

吉斯公爵夫人安妮·埃斯特

---

① 西班牙王后对1561年7月来自美第奇王太后的一封信的回复。赫克托·德·拉费里埃，巴格诺·德·普晒斯：《凯瑟琳·德·美第奇的信件》，第1卷，第600页，注释。——原注

第4章　美第奇王太后摄政、查理九世登基及安抚新教的政策

16世纪60年代的吉斯公爵弗朗索瓦·德·洛林

王太后所有孩子中她最喜爱的。美第奇王太后很受触动，向腓力二世揭露了这个绑架阴谋①。她要求第二代吉斯公爵弗朗索瓦·德·洛林对此做出解释。但这位公爵冷冷地回答说自己什么也不知道。

与此同时，从荷兰、神圣罗马帝国及罗马传来的消息也预示法兰西王国和西班牙之间即将发生战争。美第奇王太后吓坏了。②她问马德里的大使，自己的女婿会有这个打算吗？"不过，我什么都不愿相信，我认为他是一个真正有美德并守信的国王。谁都不能让我相信他会无缘无故地发动战争。"③出于女性的自负，美第奇王太后相信如果自己能见

---

① 赫克托·德·拉费里埃，巴格诺·德·普晒斯：《凯瑟琳·德·美第奇的信件》，第1卷，第245页到第246页；利摩日主教塞巴斯蒂安·德·洛布松的信，同上，第250页。——原注
② 1562年1月4日，给利摩日主教塞巴斯蒂安·德·洛布松的信。赫克托·德·拉费里埃，巴格诺·德·普晒斯：《凯瑟琳·德·美第奇的信件》，第1卷，第253页。——原注
③ 1561年11月。赫克托·德·拉费里埃，巴格诺·德·普晒斯：《凯瑟琳·德·美第奇的信件》，第1卷，第252页。——原注

到腓力二世，她就能争取让他同意自己的政策。因此美第奇王太后首先提出了会见计划。腓力二世本来只是指责美第奇王太后的行为过于轻率，而现在却开始怀疑她的诚意了。

美第奇王太后总是不愿意听取别人的建议。美第奇王太后写信给她在马德里的大使："这件事不能通过武力解决。因为我不想让事情恶化，也不想和陌生人打交道，我只是在拖延时间。如果可能的话，在我儿子成年之前，尽量不要留下任何无法修复的损伤。"她又亲自补充道："我不愿意用武力来对付改革派。"[1] 她比以往任何时候都更偏向新教领袖加斯帕尔·德·科利尼、弗朗索瓦·安德洛特、孔代亲王路易一世·德·波旁及纳瓦拉王后珍妮·阿布莱特，甚至允许他们在她面前违反法令。1561年11月25日，西奥多·德·贝泽在宫廷所在地圣日耳曼向让·加尔文宣布，他们已经开始在那里建造一座礼拜堂了。下个星期天，在上帝的帮助下，他们将庆祝圣餐。西奥多·德·贝泽还热情地向让·加尔文提起了美第奇王太后的三个儿子："可以看出他们都是值得仰慕的。鉴于他们的年龄尚小，他们的未来大有可期，甚至包括最小的（亨利·亚历山大）。虽然劫持亨利·亚历山大的企图没有成功，但给他带来了惊人的好处。"[2] 内穆尔公爵雅克·德·萨伏伊的建议的确取得了意外结果，这个十岁的天主教小王子开始厌恶自己的宗教了。他不断地向姐姐玛格丽特·德·瓦卢瓦喊叫说，要她改变宗教信仰。玛格丽特·德·瓦卢瓦在《回忆录》中讲到了这点：亨利·亚历山大把她的《日课经》扔到火里，却给了她胡格诺派的赞美诗和经文。小女孩和她的家庭女教师一起去找了图尔农红衣主教。主教给她更换了《日课经》，并增加了数念珠的祷告。然后，玛格丽特·德·瓦卢瓦还说，"我的弟弟和那些试图使我堕入地狱的人再次

---

[1] 1561年11月28日的信。赫克托·德·拉费里埃，巴格诺·德·普晒斯：《凯瑟琳·德·美第奇的信件》，第1卷，第612页。——原注

[2] 让·加尔文：《卡尔维尼作品集》，第19卷，第131列。——原注

第 4 章　美第奇王太后摄政、查理九世登基及安抚新教的政策

在我身上发现了《日课经》，他们愤怒地辱骂我，称我是愚蠢至极才会这么做。我弟弟还威胁说，我们的母亲会让人鞭打我。这其实是他自己说的，因为我们的母亲根本不知道他已经陷入了这个错误。"[1] 令人难以相信的是，美第奇王太后对她最爱的儿子的教育竟如此糟糕，她大概只是为了防止他再次被劫持，装作没看见这个小"胡格诺派"的冲动罢了。但这个孩子劝人改变宗教信仰的热忱使人想到一个"被感染了异教的宫廷"。教廷大使普罗斯珀·德·圣克罗伊于 1561 年 11 月 15 日向罗马教廷报告说，在化装舞会上，年轻的国王查理九世头戴一个主教冠出现，他这分明就是在嘲笑教士阶层。

可能是在 1561 年 11 月的某一天，查理九世与胡格诺派的珍妮·阿布莱特交谈时，惊奇地发现纳瓦拉国王安托万·德·波旁也跟随着来做弥撒，还说是为了保护他。查理九世说自己很乐意免除纳瓦拉国王的这个任务。至于自己，他做弥撒是为了让母亲高兴的。美第奇王太后自己也一直在坚持做弥撒，但西奥多·德·贝泽认为这并不能完全表达王太后的诚意。1561 年 12 月 16 日，西奥多·德·贝泽给让·加尔文写信时说道："我向你保证，与从前相比，我们的太后现在对我们更有好感了。"他还补充说："除了上帝外，我只告诉你这位王太后三个儿子的事，这些都是我从可靠的证人那里听来的。当然，就他们的年龄来看，你是不会希望他们这样的。"

美第奇王太后有时无法控制自己的冲动，但她也会为自己的大胆感到害怕。美第奇王太后受新教牵累最严重时，曾给女儿西班牙王后伊丽莎白·德·瓦卢瓦写了一封信。一向热衷于撮合儿女们婚姻的这位王太后，竟突然感到了幸福的不确定性。她担心女儿会在上帝恩赐的"快乐""舒适"和"喜悦"中将上帝遗忘，而不像以前那样全身心地为他服务。"还

---

[1] 赫克托·德·拉费里埃，巴格诺·德·普晒斯：《玛格丽特·德·瓦卢瓦的信件和回忆录》，由盖萨尔出版，巴黎，1842 年，第 6 页。——原注

是回到上帝的身边，重新感激他吧！否则上帝也可能会像曾对待你善良的母亲一样带给你惩罚。没有上帝，你将失去自我，失去一切。"[1] 当时美第奇王太后肯定遇到了危险，这才使美第奇王太后这位全能的和多疑的人在主面前低下了头。

出于对天主教教徒的骚乱和西班牙的威胁的担心，美第奇王太后想知道在自己需要时改革者能用什么样的军事力量协助她。当时已经有超过"两千一百五十个新教教会组织"成立了。出现在巴黎的新教代表和牧师联名向国王请愿，要求拥有一些礼拜堂，并承诺如果需要的话，他们将提供"一切服务……包括他们的财产和人员"。但对于美第奇王太后来说，不确切承诺是不够的。为了满足她，加斯帕尔·德·科利尼在党派的领导人和牧师会议上，要求每个教会在讲道时都要统计出可以捍卫国家、抵御外族的步兵和骑兵名单，以备国家因宗教原因受到攻击时调用。

出于自身利益的考虑，西奥多·德·贝泽反对统计人数的计划，不过他也承认诬蔑并不可怕。虽然王太后不想被提及，但没有任何事是可以永远保密或不受神庇护的[2]。许多教会也对这个统计要求感到惊讶甚至震惊，但他们并没有对此做出回应或提出疑义。有些教会甚至把整个省份都组织起来以便保护王国或发起进攻，比如上吉耶讷[3]和利木赞。但进攻对象不仅仅是西班牙人。

呼吁新教教徒援助国家的后果很严重。它鼓励不信奉国教的少数派武装起来，也让天主教多数人感到恐惧。在南方，狂热的宗教激情盛行，西南部的胡格诺派教徒驱赶或杀死修士，打碎圣像，大量屠杀他们的对

---

[1] 赫克托·德·拉费里埃，巴格诺·德·普晒斯：《凯瑟琳·德·美第奇的信件》，第1卷，第612页。——原注
[2] 1563年1月6日由西奥多·德·贝泽写给让·加尔文的信，让·加尔文：《卡尔维尼作品集》，第19卷，第238列到第239列。《教会史》，第1卷，第168页。西奥多·德·贝泽和《教会史》指出的不完全一致，但也不矛盾。——原注
[3] 上吉耶讷是法国曾经的一个省份。

第4章 美第奇王太后摄政、查理九世登基及安抚新教的政策

手。菲梅勒男爵被信仰新教的农民所杀害（1561年11月24日）[①]。几天前（1561年11月19日），卡奥尔的平民攻击、烟熏及屠杀了三十多名改革派人士。这些改革派人士当时正在其中一位的住所举行祭拜活动。同样的暴力威胁着王国的其他地方。巴黎发生了一场血腥的战争。在摄政王太后的默许下，尽管违背法令，新教教徒还是聚集在大学区紧挨着圣梅德教堂的圣马塞尔门外，"在名为'主教'的房子里祭拜"。圣诞节之后（1561年12月26日），教区的神职人员为了防止新教牧师讲道，让人使劲敲钟。一位改革派成员想中断这种震耳欲聋的声音，结果却被杀害了。他的同伴强行闯入教堂，殴打并打伤了信徒和神甫。夜间巡逻队逮捕了世俗及神职人员中的挑衅者，在光天化日之下就将他们送进了沙特莱监狱。神甫被拘捕的丑闻引起巴黎天主教教徒的愤怒。

改革派被杀害

[①] 吉耶讷的无政府状态，见库尔托：《历史学家布莱斯·德·蒙吕克》，1908年，第402页。库尔托将卡奥尔大屠杀放在1561年11月16日。——原注

议会审理了这一事件,立即释放了神职人员。为了赎罪,几个月后,议会还让人抓捕了夜间巡逻队的骑士(1562年8月21日)。

美第奇王太后不得不承认,在王国各地,"煽动与骚乱"不仅没有减少,反而大大增加了。但她并未反省造成这些后果的原因是否也和自己冒称拥有中断刚出台的律法的权力有关。她总期望某个新法令能产生缓和效果。美第奇王太后让"最高法院主要和最著名的审判员及顾问"来圣日耳曼与枢密院共同商议实现和平的手段。国王也与大家就此进行了磋商。掌玺大臣米歇尔·德·洛皮塔尔的乐观不知从何而来,竟说自从骚乱开始以来,王国的状况从未如此好过。[1] 他摒弃了国王查理九世宣布的支持一派,歼灭另一派的想法,认为歼灭异教徒违反基督教与人类"事业",在国家和家庭分裂的状态下根本无法实现。因为到目前为止,已有的"铲除邪恶"的方法没有任何效果,米歇尔·德·洛皮塔尔要求与会人员宣布是否同意进行新的尝试,即赋予牧师举行集会的自由。但米歇尔·德·洛皮塔尔希望这些与会人员不要搞错自己的角色,并说,"国王不想让你们争论什么是最好的观点,因为这不是宗教问题而是国家问题。有些人虽不是基督教教徒,但也是法兰西王国的公民,即使被逐出教会他们也依然是王国公民"。

讨论很激烈,有时甚至可以说有些粗暴(1562年1月7日至15日)。投票时,四十九名发言者中,有二十二名同意让改革派修建教堂,有二十七人反对。但这些反对者同意像过去几个月一样,允许改革派聚集起来进行礼拜。大会结束之前,美第奇王太后[2] 也发了言。教廷大使普罗斯珀·德·圣克罗伊的报告里提道:"她说得很好,人们从来没有听过比这

---

[1] 这个演讲有两个文本,一个是在埃蒙《法兰西改革教会的全国性宗教会议》中(1710年,第1卷,第49页到65页);另一个是在丹尼斯-弗朗索瓦·塞古斯的《孔代亲王回忆录》中(第2卷,第606页到第612页)。前者是意大利语,伴有法语,某些部分由后者补充。——原注

[2] 而不是纳瓦拉王后珍妮·阿布莱特,如同教廷大使普罗斯帕·德·圣克罗伊——美第奇王太后的信件翻译者,愚蠢地想象的那样。——原注

第4章　美第奇王太后摄政、查理九世登基及安抚新教的政策

更雄辩的发言"。美第奇王太后自己也说她发言时，好像上帝已经把话放在嘴边了。美第奇王太后请求代表们重申她和她的孩子们，以及所有理事会成员所希望的，生活在天主教会和神圣罗马教会的统治之下，革新者不仅不可以拥有教堂，相反还须归还他们已经强占的。他们会被禁止在城内建立教堂或者拥有其他集会场所，但在某些情况下，她可以忍受他们在某些房子里私下聚会。美第奇王太后仅是为了防止骚乱和流血事件才做出了这一让步。但在特伦特理事会最后决定之前，她会对这些聚会进行临时全方面跟进或让人监督。与大多数人的意见一致，《一月法令》（1562年1月17日）禁止新教教徒"公开或私下，无论白天或黑夜"进行讲道和布教，但授权他们在上述总理事会做出决定前，暂时还可以白天在城外聚集，"进行他们的讲道、祷告和其他宗教活动"[1]。

　　尽管可能会使不信奉国教者感到不安，但为了让天主教教徒接受这种半容忍的制度，美第奇王太后再次重申了天主教的正统地位。然而，只有教廷大使普罗斯帕·德·圣克罗伊认为随着美第奇王太后的权力在一步步扩大，她越来越公开地表明自己的美好愿望。在巴黎，圣奥梅尔事件后，所有居民都很兴奋，而胡格诺派教徒却受到了侮辱。议会拒绝登记《一月法令》。西班牙大使尚托奈先生向王太后申述，掌玺大臣米歇尔·德·洛皮塔尔的讲话"倾向于采取一种临时的政策，让每个人都随意生活"。西班牙大使尚托奈还以赋予美第奇王太后最高权力为条件，催促她驱逐传教士。但美第奇王太后表示，"她不愿意在王国内看到外族人，也不愿挑起一场迫使自己还得再召请这些人的战争"。当她的来访者[2]说到法兰西国王和他的兄弟们的教育时，声称在

---

[1] 丹尼斯-弗朗索瓦·塞古斯：《孔代亲王回忆录》，第3卷，第10页到第11页。——原注
[2] 美第奇王太后和尚托奈先生（《孔代亲王回忆录》，第2卷，第601页）的会见叙述可能没有发给她的收信人——法兰西王国驻西班牙大使尚托奈。快信的原稿中有内容被另一个人做了修正和补充。快信的日期是1562年1月8日或9日，正是《一月法令》筹备会议举行的时候。——原注

他们面前"每个人都可以随意讲述自己信仰的宗教"。美第奇王太后愤怒地反驳道，这只是针对她的指控，她觉得他（尚托奈）也在反对她，虽不是诚心的，却也莫名其妙。如果让她知道了那些诽谤她所有行动的对手，她会让这些人明白他们是多么胆大妄为，竟敢如此不尊敬和不切实际地谈论王太后。"她的孩子们对她非常顺从，别人告诉他们什么，他们都会说给她听。对此尚托奈应该相信她知道别人对她孩子们说的所有话。（美第奇王太后确信）她让他们接受教育的方式，是这个王国和所有子民都应该接受的方式。"① 在当月给腓力二世的一封信中，美第奇王太后向她的女婿保证，"我的孩子，亲爱的先生"，就像她当面叫他时一样，她说自己总是"将信奉我们高尚宗教的人和拒绝接受它的人区分得非常清楚"。但她儿子的年龄和王国内的骚乱无法使所有人"了解我内心的想法"，美第奇王太后还说，"这也迫使我做了很多在别的时期没有做过的事"②。

然而，无论这个解释是否真诚，无论它是出自政治原因，还是对暴力的厌恶，人们都开始欣赏美第奇王太后沿着自己开辟的道路勇敢前进的勇气。在1562年1月的最后几天，美第奇王太后召集了几位神学家和几位新教牧师，特别讨论了教堂中图像的使用问题。她还为这个讨论会召来了几位主教和红衣主教。她向教皇特使希波吕忒·埃斯特解释说："这是说服无知牧师的最好办法，比让他们自己陈述要好得多。"③ 实际上，美第奇王太后想要的是一个天主教教徒和新教教徒都认可的改革计划，一个她可以向下一届理事会呈现的两个教会的共同愿望。西奥多·德·贝泽知道这个尝试有些自负，但为取悦她还是决定一试④。让·德·蒙吕克和最好

---

① 丹尼斯-弗朗索瓦·塞古斯：《孔代亲王回忆录》，第2卷，第603页。——原注
② 赫克托·德·拉费里埃，巴格诺·德·普晒斯：《凯瑟琳·德·美第奇的信件》，第1卷，第265页。——原注
③ 1562年1月17日费拉尔红衣主教的信。巴豪尼、亥那勒第和拉代尔基：《教会编年史》，1879年，巴勒迪克和巴黎，第34卷，第178页。——原注
④ 欧斯贝·德·塞萨雷：《教会史》，第1卷，第692页。由西奥多·德·贝泽写给让·加尔文的信。让·加尔文：《卡尔维尼作品集》，第19卷，第273列到第275列。——原注

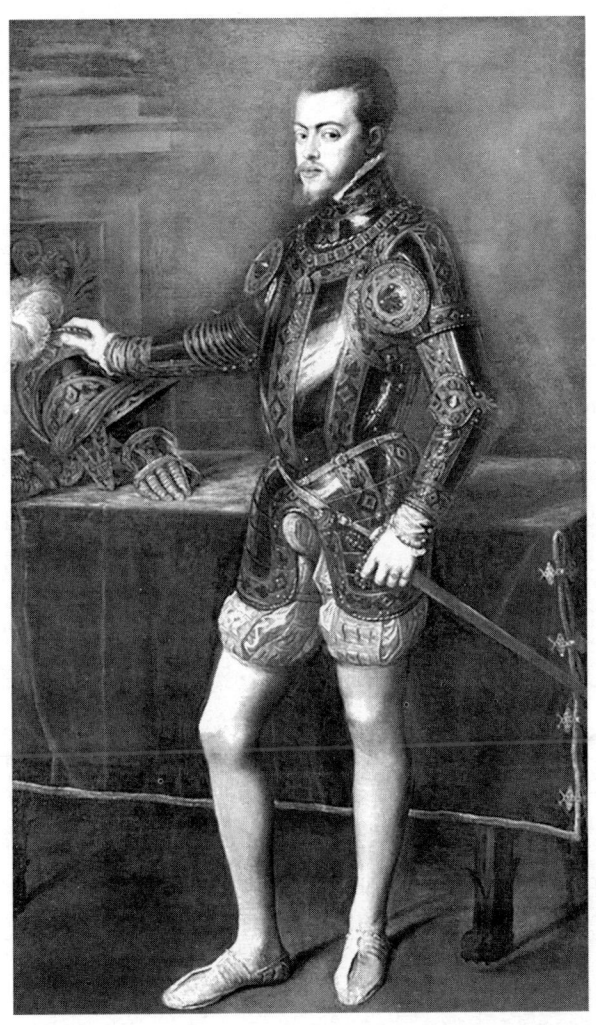

16世纪60年代的腓力二世

说话的天主教学者萨利尼亚克、戴皑斯邦斯、皮舍雷尔和布泰勒都不愿意像牧师一样完全摒弃这些图像，他们希望"主教、神甫和其他牧师经常向人民表明，教会里使用的那些形象只是为了教导那些思想单纯的人并向他们展示我们的主曾为我们做过的事"。它们本身不是崇拜的对象。除了简单的十字架之外，别的都可以"从祭坛里"搬离，安放到某些地方的隔墙上，这样人们就无法崇拜、亲吻它们；无法用鲜花装饰它们；无法向它们许愿；也无法将它们扛到或抬到街上及别的教堂里了。大多数学者在指责滥用图像的同时，仍然决定继续使用它们。在这个小讨论会上提出的意见与在普瓦西大讨论会上的是一样的。

美第奇王太后继续谨慎行事。她一方面进一步激发大家对天主教的热情，另一方面让改革派享受《一月法令》的好处，甚至是更多的自由。但安托万·德·波旁[①]的一个新的决定性的变化剥夺了新教教徒对美第奇王太后最大的支持。那个像王太后一样敏感的教皇使者，一直都小心翼翼，避免与她发生正面冲突。为了取悦王太后，这位使者甚至说某一天他还会陪她一起去听讲道。在此期间，这位使者仿佛只想协助美第奇王太后，并努力接近腓力二世。1561年安托万·德·波旁的宗教思想变化很大：接连去做弥撒，去听讲道，一时兴起还会忠实于这个或那个教会。但他一边和让·加尔文通信，一边却托付罗马教皇帮他从西班牙国王腓力二世那里得到他急切想要得到的补偿。罗马教廷给了他承诺。红衣主教希波吕忒·埃伊斯特和尚托奈劝他说，如果他能带着珍妮·阿布莱特曾认真地用新教思想培养的儿子去做弥撒的话，他将赢得信奉天主教的国王的信任，并从国王那里获得他想要的东西。安托万·德·波旁相信了。在《一月法令》颁布后他便立即与改革派彻底决裂了。这对改革派来说是一个沉重的打击，人们从西奥多·德·贝泽的愤怒中就可以判断出这一点。1562年2月1日，

[①] 安托万·德·波旁的最终变节是在《一月法令》颁布之后。欧贝斯·德·塞萨雷：《教会的历史》，第1卷，第688页。——原注

第4章 美第奇王太后摄政、查理九世登基及安抚新教的政策

西奥多·德·贝泽写信给让·加尔文："这个可怜的人彻底迷路了,他（安托万·德·波旁）已决心丢弃一切。他抛弃了自己的妻子,甚至几乎不敢再见自己亏欠的海军上将加斯帕尔·德·科利尼。"①西奥多·德·贝泽甚至都不愿意叫他"朱利安（背教者）"。西奥多·德·贝泽说："很难找到一个像他这样如此轻率、背信弃义和邪恶的人。"②至于美第奇王太后,或者如西奥多·德·贝泽所说的我们的"独裁统治者",西奥多·德·贝泽承认,"她没有任何过错,却被发生的事连累了"③。在最初愤怒时,美第奇王太后曾责怪应对纳瓦拉国王安托万·德·波旁的彻底改变负责的陆军统帅阿内·德·蒙莫朗西,并且"对他说了一些尖酸刻薄的话,致使陆军统帅阿内·德·蒙莫朗西离开了"④。在关键时刻,美第奇王太后与天主教会的领导人闹翻了。在新教,只有海军上将加斯帕尔·德·科利尼和他的弟弟弗朗索瓦·安德洛特、纳瓦拉王后珍妮·阿布莱特,以及二月底刚刚从发烧中恢复的孔代亲王路易一世·德·波旁愿意支持美第奇王太后了。面对这些,美第奇王太后不知所措。她不得不改变自己的行为了。美第奇王太后命令所有女仆,如果不想被不体面地驱逐和惩罚的话,就要学她遵从天主教的方式生活。1562年2月4日,美第奇王太后在宫廷全体成员的陪同下,领了圣体并参与了迎神活动。她中断了亨利·亚历山大的

---

① 让·加尔文：《卡尔维尼作品集》,第19卷,第275列。——原注
② 让·加尔文：《卡尔维尼作品集》,第299列。——原注
③ 让·加尔文：《卡尔维尼作品集》,第275列。西奥多·德·贝泽在他手写的信中没有提及这点,因此旧版本中没有提及太后的善意的段落（见上文,第109页,第110页,和这里第115页的参考文件）。但出版《加尔文全集》的细心的学者鲍姆、库尼茨和罗伊斯恢复了所有被取消和未出版的地方,这样,他们就为研究美第奇王太后的历史学家提供了无价的帮助。西奥多·德·贝泽后悔自己成为受骗者,让·加尔文的信件的编辑们为弄错了美第奇王太后的性格和她孩子们的美德而羞愧（19卷,第178列,注释6,注释7和第275列,注释16）。事实上,没有什么好羞愧的。西奥多·德·贝泽见到了真实的美第奇王太后,她真诚地试图安抚和宽容。如果她改变了感情,那也是因为她受到外部事物的限制。我们必须不带偏见地思考她的好意。——原注
④ 西班牙驻法兰西王国大使尚托奈,1562年2月3日。丹尼斯-弗朗索瓦·塞古斯：《孔代亲王回忆录》,第2卷,第21页到第22页。——原注

胡格诺派幻想。玛格丽特·德·瓦卢瓦讲述说，美第奇王太后"严厉地训斥亨利·亚历山大及他的官员，让人教育了他，迫使他重新接受自己从未离开过的天主教，这种为我们祖先所信奉，真实、圣洁而又古老的宗教"①。之后在给西班牙王后的信中，美第奇王太后终于可以起来反对诬蔑她儿子行为的人了。她写道："图尔农的红衣主教亲自跟我说了他在做弥撒时看到的一切。"②

美第奇王太后努力说服她在罗马教廷的担保人教廷大使普罗斯珀·德·圣克罗伊，他要求美第奇王太后对巴黎议会执意不肯登记的《一月法令》进行修改。美第奇王太后向这位大使解释说，她很难改变在

少女时期的玛格丽特·德·瓦卢瓦

---

① 弗朗索瓦·盖萨德：《玛格丽特·德·瓦卢瓦的回忆录和信件》，巴黎。1842 年，第 7 页。——原注
② 路易·巴黎：《弗朗索瓦二世时期的谈判》（未出版资料集），第 849 页。这里所说的不是像路易·巴黎认为的那样，和他的母亲住在一起的查理九世，而是拥有单独"住所"，并且她很少有机会见到的亨利·亚历山大。另外，这个指示指更像是玛格丽特·德·瓦卢瓦对她的哥哥和以色列红衣主教说的话。——原注

第4章 美第奇王太后摄政、查理九世登基及安抚新教的政策

圣日耳曼时曾咨询过的那些人的意见。但她还是承诺在与掌玺大臣米歇尔·德·洛皮塔尔商谈后，会让他知道后续事情。教廷大使普罗斯珀·德·圣克罗伊明白，美第奇王太后是不会告诉他任何事的。于是美第奇王太后为不能再继续自己的计划，而且也无法用其他方式治愈这个创伤而大声哀叹。这里所说的其他方式是指通过温和的方式。赶走新教牧师突然间好像变成了不可能的事，但美第奇王太后仍然希望每天都能做得更好。为了表达自己的善意，美第奇王太后把海军上将加斯帕尔·德·科利尼送回他的住所。这就再次表明她默认海军上将加斯帕尔·德·科利尼可以像以前那样生活。美第奇王太后还对这位海军上将说，她刚刚写信给王国的主教和被她选为大使的坎达莱先生（亨利·德·富瓦），要他们出席宗教评议会，但她希望新教人员也可以安全地去那里参加讨论并发表意见。她这么做混淆了虚假和真实，夸大了承诺，以至教廷大使普罗斯珀·德·圣克罗伊向罗马教廷证实，美第奇王太后确实有终止"宗教多样性"的"宏伟愿望"。

说服议会并不容易，所以在美第奇王太后通过敕令书颁布法令并要求再次核实法令的同一天，她还让人有针对性地发布了限制性条款（1562年2月14日）。授权将参加宗教大会的"普通官员为司法执行官、司法总管或宫廷大法官等"，但禁止"最高法院"的官员及"有法官身份或职位"者出现在那里。因为他们是"生活在我们及我们前辈的宗教和信仰中的人"[①]。她让弗朗索瓦·安德洛特和加斯帕尔·德·科利尼离开了宗教大会（1562年2月22日）。

然而，美第奇王太后偶尔也会表现出她是被迫才放弃了自己的政策的。教廷大使普罗斯珀·德·圣克罗伊在1562年2月28日写道，胡格诺派继续在巴黎布道，并聚集了一万到一万两千人。[②] 天主教教徒辱骂那些要拿起武器的行人。双方都向美第奇王太后求助。她请改革者对国王查理九

---

① 丹尼斯-弗朗索瓦·塞古斯：《孔代亲王回忆录》，第3卷，第16页。——原注
② 埃蒙：《法兰西改革教会的全国性宗教会议》，第1卷，第77页到第79页。——原注

世赋予他们的自由应该感到满足，并承诺天主教教徒会在星期一给他们答复。美第奇王太后虽没有最终决定是否要疏远沙蒂隆红衣主教卡迪纳·德·科利尼，但也无法容忍他继续在城堡里传教了。随后她将一个支持让步的神学家路易·布泰勒作为传教士和宫廷大神甫留了下来。

美第奇王太后拒绝辞退被西班牙大使尚托奈揭发为异教徒的掌玺大臣米歇尔·德·洛皮塔尔。在给她女儿西班牙王后伊丽莎白·德·瓦卢瓦的一封信中，美第奇王太后愤怒地提到，"相比于谈论他（米歇尔·德·洛皮塔尔）的那些人，我的大臣更值得信任。我确信这一点。而且他只为我服务，不依赖任何人。他们恨他，而我却因此热爱他"①。

为了让纳瓦拉人不再参与到反对自己的行列，美第奇王太后向法兰西王国驻马德里大使表明了自己的愿望——她比以往任何时候都更强烈地想要会见腓力二世，她相信自己一定能说服他。议会一直顽固地反对《一月法令》，这激怒了美第奇王太后。她骑着马跑到巴黎，强迫他们对《一月法令》进行了登记（1562年3月6日）。这是在瓦西大屠杀六天以后的事。

三个执政官汇聚巴黎，想让美第奇王太后下决心或强迫她做出让步。1562年3月1日（星期日），离开茹安维尔城堡的第二代吉斯公爵弗朗索瓦·德·洛林在瓦西停留，还去听了那里的弥撒。他的一些随从与镇上那些正在教堂附近的谷仓里举行布道的改革派发生了争执。这些随从向同伴寻求了帮助后，他们武装袭击了信徒的集会，殴打并杀害了这些信徒②。这场血腥的战斗被天主教教徒当作胜利来庆祝。陆军统帅阿内·德·蒙莫朗西一直走到纳特依尔，去迎接第二代吉斯公爵弗朗索瓦·德·洛林③。1562年3月16日，当第二代吉斯公爵弗朗索瓦·德·洛

---

① 1562年2月。赫克托·德·拉费里埃，巴格诺·德·普晒斯：《凯瑟琳·德·美第奇的信件》，第1卷，第614页；路易·巴黎：《弗朗索瓦二世时期的谈判》，第849页。——原注
② 欧内斯特·拉维斯：《法国通史》（第6卷，第58页到第59页）。——原注
③ 米肖和普茹拉：《吉斯公爵回忆录》，第6卷，489页。——原注

瓦西大屠杀

林进入巴黎时，陆军统帅阿内·德·蒙莫朗西用欢呼声向他致敬。为了恢复宗教和平，巴黎市长以城市的名义向第二代吉斯公爵弗朗索瓦·德·洛林提供了两万人和六百万里弗。第二代吉斯公爵弗朗索瓦·德·洛林谦虚地回应说，这是美第奇王太后的事，也是国王查理九世的大将军纳瓦拉国王安托万·德·波旁的事，并说"作为国王的子民，他以服从他们为荣"①。对此新教教徒武装起来进行自卫和报复。在巴黎，数百名绅士重新加入了孔代亲王路易一世·德·波旁。自从他哥哥叛逃，孔代亲王路易一世·德·波旁就被视为党派的领导人了。西奥多·德·贝泽赶到圣日耳曼，要求对大屠杀事件进行裁判。纳瓦拉国王安托万·德·波旁被迫将瓦西大屠杀归咎于新教教徒蛮横无理的言行，但美第奇王太后则做出了优雅的答复，承诺"只要他们能克制自己并提供所需的所有证据，她将收集到令人满意的信息"②。美第奇王太后任命波旁红衣主教查尔斯一世·德·波旁为巴黎的新任地方长官。作为纳瓦拉国王安托万·德·波旁和孔代亲王路易一世·德·波旁的兄弟，波旁红衣主教查尔斯一世·德·波旁应该能赢得双方的信任。这位红衣主教将代表们召集到议会，根据他们的意见，决定请第二代吉斯公爵弗朗索瓦·德·洛林和孔代亲王路易一世·德·波旁离开巴黎。但居民，尤其是商人们，均要求三位执政官"不要放弃这座城市"，于是第二代吉斯公爵弗朗索瓦·德·洛林和阿内·德·蒙莫朗西留了下来。几天后，那个害怕与街头狂热人群发生斗争的孔代亲王路易一世·德·波旁带领他的军队离开了。

孔代亲王路易一世·德·波旁本应前往宫廷所在地枫丹白露，带走国王查理九世和美第奇王太后，将他们带到营地，也就是将合法性带到那里。但他根本没想要留在附近帮助他们对抗三位执政官的进攻。美第奇王太后从1562年3月16日至1562年3月26日写给孔代亲王路易一

---

① 德鲁布：《安托万·德·波旁和珍妮·阿布莱特》，第4卷，第119页。——原注
② 欧斯贝·德·塞萨雷：《教会史》，第2卷，第3页。——原注

第 4 章　美第奇王太后摄政、查理九世登基及安抚新教的政策

世·德·波旁的四封信中非常清楚地指出了这点。她在其中一封中说："我永远不会忘记，我和我儿子为您做了什么。"在另一封中，美第奇王太后写道："我看到这么多令我不悦的事，有些人想摧毁一切。如果不是我对您和上帝的信任在支撑我继续为这个王国和我的儿子服务，我会更加恼火。但我仍希望您能提出一些良好建议来补救这一切……"①在第三封信中，美第奇王太后还说："我永远不会忘记您都为我做了什么。如果我临死都没有认清这点的话，这对我的孩子来说也是个教训。"后来美第奇王太后承认，当孔代亲王路易一世·德·波旁离开拉弗尔泰前往巴黎时，"出于对自己安全的考虑"，孔代亲王路易一世·德·波旁曾要求美第奇王太后允许他继续保留武装。美第奇王太后回答说，她认为"这也可行，只要当她召见他时，他还没有被迫解除武装"②。孔代亲王路易一世·德·波旁缺乏决断力或他根本不想强迫国王查理九世和美第奇王太后。他放弃了巴黎，也没有插手查理九世的事务。这位亲王忘记了别人对他的忠告：控制了国王或巴黎就取得了一半的胜利。

然而三位执政官却很清楚这一点。第二代吉斯公爵弗朗索瓦·德·洛林和安托万·德·波旁带领一千骑兵直奔枫丹白露，邀请王太后与她的儿子一起返回巴黎。王太后对此表示拒绝，请求甚至祈求安托万·德·波旁。她与安托万·德·波旁单独待在一起，成功地得到了他的同情。但第二代吉斯公爵弗朗索瓦·德·洛林突然来了。安托万·德·波旁又恢复了镇定，下令准备出发，用棍棒威胁"那些因为害怕美第奇王太后而不愿从国王床上搬下东西的人"③。宫廷成员像囚犯一样前往巴黎（1562

---

① 赫克托·德·拉费里埃，巴格诺·德·普晒斯：《凯瑟琳·德·美第奇的信件》，第 1 卷，第 283 页。——原注
② 赫克托·德·拉费里埃，巴格诺·德·普晒斯：《凯瑟琳·德·美第奇的信件》，第 1 卷，第 291 页。——原注
③ 德鲁布：《安托万·德·波旁和珍妮·阿布莱特》，第 4 卷，第 134 页。当国王查理九世从一个住所搬到另一个住所时，他都带着自己的卧具。——原注

年3月31日）。美第奇王太后怨恨地流着泪。但第二代吉斯公爵弗朗索瓦·德·洛林却嘲笑她说："爱与权力带来的并不永远都是福利。"

美第奇王太后并没有悲伤很久。她实行宽容政策并不是因为同情那些她并不了解的教义，而是由于厌恶迫害和看到被迫害者的无助。如果新教教徒占了上风，她也可能为了维持权力，同意去听用法语做的弥撒。但她没有别的选择了。第二代吉斯公爵弗朗索瓦·德·洛林的力量决定了她只能支持天主教了。美第奇王太后不是一个能为那些既无法自卫，也不能保护她的少数派而牺牲自己的人。她很容易地就与征服者达成了一致。他们除了要求改变《一月法令》的让步外再没有向她要求任何其他条件，这点从下文的陈述就可以判断出。吉斯家族很谨慎地对待美第奇王太后并维护她的体面和地位，这样就使他们的对手没有机会装出一副国王查理九世的捍卫者的样子。美第奇王太后的转变是如此迅速，好像她根本不是被迫的。她重新开始，或者说是继续统治着国家，并且自如地追随着天主教教会。美第奇王太后刚写给孔代亲王路易一世·德·波旁的信的意图是很明显的，但她想向大使们、腓力二世、沙蒂隆红衣主教卡迪纳·德·科利尼以及收信人本人证明，这些信并没有它们看起来的那么有意义。因孔代亲王路易一世·德·波旁坚持强调美第奇王太后和她的儿子是三巨头的囚犯，她也改变了反对拥有武装的胡格诺派的理由，"我必须相信，他们强行扣留了孔代亲王路易一世·德·波旁……以便为自己争取更多的权力"。但"即使受这两位天主教教徒所迫，我的儿子和我还是把他们（三巨头）当作亲王和领主，他们的精神和生活为了王国的利益受到如此大的影响，我看到的是他们愿意牺牲这些来维护法兰西王国的利益和为国王服务"。

美第奇王太后特别担心自己的信让神圣罗马帝国信奉新教的亲王们产生错误的理解。孔代亲王路易一世·德·波旁给这些亲王们及神圣罗马帝国议会发送了一份副本来证明他拿起武器是正当的，并要求得到他们人员

第4章　美第奇王太后摄政、查理九世登基及安抚新教的政策

和资金的援助。美第奇王太后认为无论将这些新教首领当作共犯还是当作受害者都很危险。1562年4月15日，还不知道美第奇王太后思想变化的路德教教徒符腾堡公爵给她写信，要她注意那些反对上帝言语的人。那些反对上帝言语的人为使她"通过神圣的恩典，从我们的主为她阐明了的神圣《福音书》的真实教义和宗教信仰中脱离并堕落"，会采用各种方式，并设置其他可能的阻碍"[①]。他就像对一个已皈依者那样和她说话。的确，在这个时代对一个教义的宽容似乎总被认为是对它的赞同。但在接受这一劝诫之前，美第奇王太后因一直担心着对瓦西大屠杀和枫丹白露绑架事件

符腾堡公爵

---

① 《法兰西王国新教社会公报》，1875年，第24卷，第507页。——原注

的反政变。为了王国的安全，1562 年 4 月 17 日，她让德语翻译库特拉里前往神圣罗马帝国。库特拉里负责在法庭上亲口向虔诚的君主保证，美第奇王太后会永远信奉基督教《福音书》中的神圣教义①。美第奇王太后认为为了避免战争，适当的谎言是允许的。

三位执政官的不满主要体现在给予巴黎的特权上。1562 年 4 月 11 日，国王在肯定《一月法令》的同时，特别提出禁止在巴黎城内和市郊布道，禁止除以天主教以外的任何形式进行公众或私人聚会及行圣事。在美第奇王太后首先做出妥协后三位执政官颁给了她一种凭证，她赶紧把这个凭证寄给了腓力二世（1562 年 4 月 16 日）②。1562 年 5 月 12 日，美第奇王太后离开了巴黎，住在她蒙索③ 的城堡里。

有了行动自由后，美第奇王太后并没有放弃维持和平的愿望。这是她的坚定信念。在桑斯、昂热、图尔和别的大城市，天主教教众重新采取了之前在瓦西的鲁莽行动，就像前文所说，这只大"猎狗"疯狂地追捕异教徒。④ 而另一方，胡格诺派团伙袭击了要塞，用暴力对抗暴力。孔代亲王路易一世·德·波旁与数百名绅士一路驰骋，攻克了奥尔良（1562 年 4 月 2 日）。孔代亲王路易一世·德·波旁的军队首领们占领了昂热、图尔、布洛瓦等卢瓦尔河的整个中游地带。在罗纳河谷，1562 年 4 月 27 日，阿德亥男爵⑤ 突袭了瓦伦西，三天后，又突袭了王国的第二大城市里昂。

---

① 1562 年 5 月 16 日，符腾堡公爵给美第奇王太后的信。丹尼斯-弗朗索瓦·塞古斯：《孔代亲王回忆录》，第 3 卷，第 286 页。他回复美第奇王太后 1562 年 4 月 17 日的信上并未提类似的事（丹尼斯-弗朗索瓦·塞古斯：《孔代亲王回忆录》，第 283 页）。美第奇王太后曾受过教训懂得书写的危险，因此她小心翼翼，以免再次受到牵累。但很可能她给了符腾堡公爵口头上的承诺，他也许就是重复了他们转达给他的同样的诺言。——原注
② 赫克托·德·拉费里埃，巴格诺·德·普晒斯：《凯瑟琳·德·美第奇的信件》，第 1 卷，第 296 页到第 297 页。——原注
③ 蒙索是位于上法兰西大区瓦兹省的一个市镇。
④ 欧内斯特·拉维斯：《法国通史》，第 1 卷，第 6 卷，第 63 页到第 64 页。——原注
⑤ 阿德亥男爵原名弗朗索瓦·德·博蒙特（约 1513—1587），是宗教战争中多菲内人的上尉，以残酷闻名。他原是新教军队的忠实支持者，然后于 1567 年改变立场，加入天主教。

昂热城

阿德玄男爵突袭泰里昂

阿德亥男爵屠杀里昂居民

维埃耶维尔元帅

这些失败影响了三巨头的威望,而美第奇王太后却可以更自在地谈判了。她不喜欢战争,因为战争让军队的领导人变得非常重要。美第奇王太后向已经成为新教首府的奥尔良派去各个等级的大使:穿袍的、佩剑的及教会人员,包括古诺先生阿斯特·德·科塞、圣约翰拉昂修道院院长、维埃耶维尔元帅、维拉尔先生,以及为了在这个城市逗留更长时间,先是装病,后来甚至传言已经死亡的让·德·蒙吕克。但这都是在白费力气。美第奇王太后希望在所有地方都取消改革派宗教活动的自由。而孔代亲王路易一世·德·波旁却想在《一月法令》授权的地方继续进行宗教活动。这些都是不可调和的。

美第奇王太后亲自去了战场,并与孔代亲王路易一世·德·波旁在图

第 4 章 美第奇王太后摄政、查理九世登基及安抚新教的政策

里会晤（1562年6月9日）[①]。由于担心有人会监视，或因纳瓦拉国王安托万·德·波旁在场而让她感到尴尬，美第奇王太后这时表现出异于自己本性的粗暴和攻击性。她甚至还说要把叛乱的官员们排除在赦免范围之外。由于孔代亲王路易一世·德·波旁对自己的部队很有信心，她以一种威胁的语气回击道："既然您相信您的力量，我们也会向您展示我们的。"他们什么事也没谈成就分开了。然而，舆论认为，作为天主教军队的首领，三巨头的出现就是和平的最大障碍。孔代亲王路易一世·德·波旁向他的兄长纳瓦拉国王安托万·德·波旁提出，如果他们离开，他就将自己交给美第奇王太后作为人质：这是双方约定的条件。当新教领袖到塔尔西面见美第奇王太后（1562年6月29日或30日）而她要求他们放弃《一月法令》和信仰活动的自由时，加斯帕尔·德·科利尼代表所有人提出抗议。美第奇王太后发怒了，责备孔代亲王路易一世·德·波旁在教派人员的安置上欺骗了她。"啊！您让我疯狂，您正在毁灭我。"[②] 美第奇王太后能相信胡格诺派会任人摆布吗？即使他们对她的善意充满信心，他们也可能怀疑她的力量不足，会担心天主教领袖的压力和群众的愤怒。美第奇王太后觉得一方毫无保留的投降，对她来说是有用的，会让她有力量强迫另一方妥协。美第奇王太后一直担任的就是调解员和仲裁员的角色。但在交战双方被战斗折磨得筋疲力尽之前能制定出法律吗？过去发生的事使人无法确认这一点。但可以肯定的是，美第奇太后不会再为了把新教教徒当作战利品送给天主教教徒，从而解除他们的武装了。

美第奇王太后非常希望和解，所以她想到了一个特殊的手段。因知道孔代亲王路易一世·德·波旁不愿意"对自己的王国发动战争"，美第奇王太后让让·德·蒙吕克建议孔代亲王路易一世·德·波旁尽可能

[①] 这次会面和随后的会面。德鲁布：《安托万·德·波旁和珍妮·阿布莱特》，第4卷，第244页。——原注

[②] 德鲁布：《安托万·德·波旁和珍妮·阿布莱特》，第4卷，第263页。——原注

通过"提供良好服务和取得的卓越影响"来表达自己的情感，就像和美第奇王太后会面时，孔代亲王路易一世·德·波旁曾宣布自己宁愿与朋友们离开王国，也不想"看到王国在战火和血泊中挣扎"。让·德·蒙吕克透露说，当时美第奇王太后非常惊讶孔代亲王路易一世·德·波旁的这种宽宏大量，都"不知该怎么回应了"，只能做出更多让步。所以当孔代亲王路易一世·德·波旁再次见到美第奇王太后，向她表明如果这是让王国免受不幸和战争所必需的，他愿意忍受流亡的痛苦。美第奇王太后在孔代亲王路易一世·德·波旁说到这里时接过他的话，当场就给了他在法兰西王国以外的地方生活和休假的权利，直到国王查理九世成年。但阅历和性格几乎和蒙特庞谢公爵路易·德·波旁相同的海军上将加斯帕尔·德·科利尼，并不相信军队会被他们首领的轻率行为左右。他询问了那些士兵，他们一致回答说"是法兰西的土地孕育了他们，这里也将是他们的埋葬地"。这出意大利式的喜剧就这样结束了。

这场斗争在全国各地引发了更多的暴力活动，连外国人都参与进来了。美第奇王太后向腓力二世、萨伏伊公爵伊曼纽尔·菲利贝托和教皇求助，孔代亲王路易一世·德·波旁和加斯帕尔·德·科利尼向神圣罗马帝国和英格兰的新教求助。而英格兰人的援款和士兵却是非常昂贵的。在《卡托－康布雷西和约》中，英格兰人曾把吉斯家族人通过辉煌胜利而征服的加莱让给亨利二世统治八年，以此作为给法兰西国王的捐税。但如果亨利二世逾期未还，在不损害英格兰人权利的前提下，作为补偿，亨利二世要向他们支付五十万克朗。这是一种照顾自尊和掩饰最终转让的外交手段。英格兰女王伊丽莎白一世[①]继位时曾很不情愿地批准了这

[①] 伊丽莎白一世（1533—1603），英王亨利八世的女儿。她的母亲安妮·博林在她出生三年后被处决，她因此失去了公主头衔。她同父异母的弟弟爱德华六世将珍妮·格雷任命为自己的继承人，后者将伊丽莎白一世和她的同父异母的姐姐玛丽·都铎从王位继承人中移除。然而爱德华六世的意愿被忽略，珍妮·格雷被处决，玛丽·都铎于1553年成为女王，五年后伊丽莎白一世接替了她。

伊丽莎白一世

个难以接受的条约,现在她希望能利用邻国的分裂来夺回"她的财产"。胡格诺派的谈判人员恳求伊丽莎白一世插手保护教会,她答应了。但孔代亲王路易一世·德·波旁和加斯帕尔·德·科利尼须承诺尽快帮她收复加莱,而无须等待《卡托－康布雷西和约》规定的八年期限。另外,为了保证他们信守承诺,他们要立刻将勒阿弗尔①交给她(汉普顿法院协定,1562年9月20日)②。

王室军队在征服了普瓦捷(1562年5月31日)和布尔日(1562年8月31日)之后,直接向鲁昂进发,当时紧要的是他们要在英格兰人

《卡托－康布雷西和约》,亨利二世与腓力二世握手拥抱

---

① 勒阿弗尔是法国科坦登半岛西海岸的一部分,从北部的卡特雷角延伸到南部的格兰维尔角。
② 丹尼斯－弗朗索瓦·塞古斯:《孔代亲王回忆录》,第3卷,第689页。——原注

第4章　美第奇王太后摄政、查理九世登基及安抚新教的政策

登陆（1562年9月）之前接管胡格诺派。美第奇王太后和围攻者在广场前驻扎了下来。布朗托姆说，为了鼓舞他们，"她（美第奇王太后）每天都来俯视这个城市的圣凯瑟琳城堡防御工事，听取意见和观看炮台的建立。我经常看到当她经过圣凯瑟琳这条凹凸不平的道路时，连续的炮火声和火枪射击声在她身边响起。面对这些，她表现得很平静，就像什么也没发生似的……当陆军统帅先生（阿内·德·蒙莫朗西）和吉斯先生（弗朗索瓦·德·洛林）向她表现出很痛苦的样子时，她只是笑了一下，表明她之所以会视而不见，听而不闻，是因为她有足够的勇气"[①]。美第奇王太后像一个男人一样无视死亡。如美第奇王太后所愿，她的声望提高了。

美第奇王太后依然十分渴望和平，她也得到了这样的机遇。安托万·德·波旁在鲁昂被攻占的几天后因臀部中枪而亡（1562年11月17日）。在德勒战役[②]中，两位军队首领孔代亲王路易一世·德·波旁和陆军统帅阿内·德·蒙莫朗西被囚禁，圣安德烈勋爵被杀。这是第一次内战中最令人难忘的一次战役。第二代吉斯公爵弗朗索瓦·德·洛林也在围攻的奥尔良城前被保勒涛·德·梅勒[③]刺杀了（1563年2月24日）。美第奇王太后暂时或永远摆脱了天主教和新教两派的主要领导人。但加斯帕尔·德·科利尼还在继续进行战斗，英格兰人也到了勒阿弗尔。美第奇王太后曾派去安抚朗格格克，并娶了美第奇王太后最喜欢的一位女士于泽斯公爵夫人路易丝·德·克莱蒙，异常顺利地与该省胡格诺派人士达成了谅解。必须尽快实现和平。美第奇王太后似乎把和平视为天主教教徒和新教教徒之间的一个协定，而国王查理九世只需最后批准就行

[①] 布朗托姆：《作品集》，第7卷，第365页。——原注
[②] 德勒战役发生在1562年12月19日，德勒市的南部乡村是孔代亲王的新教军队和加斯帕尔·德·科利尼海军上将的部队与"天主教和王室军队"之间宗教战争的第一次重大对抗。
[③] 保勒涛·德·梅勒（1537—1563），梅勒领主，在宗教战争期间暗杀了王室天主教军队的首领第二代吉斯公爵弗朗索瓦·德·洛林。

德勒战役

保勒涛·德·梅勒刺杀第二代吉斯公爵弗朗索瓦·德·洛林

了。为此，她需要某种相互承担义务的协定来防止他们提出过分要求。陆军统帅阿内·德·蒙莫朗西和孔代亲王路易一世·德·波旁双方都不急于协商条约的具体内容。美第奇王太后确信谈判者们未得出结论是不会分开的。这主要得看引发冲突的主要负责人之一的陆军统帅阿内·德·蒙莫朗西能对新教教徒做出哪些让步了，但这位三巨头的最后一个幸存者坚持不愿推翻前面所说的话。在与孔代亲王路易一世·德·波旁第一次见面时，陆军统帅阿内·德·蒙莫朗西坚决拒绝重建《一月法令》。这个无法忍受囚禁之苦的年轻亲王最后不得不做出让步，接受了不太有利的条款[①]。《昂布瓦兹赦令》（1563年3月19日）在整个王国内赋予改革派信仰自由，但在某些地区或对某些人又进行了限制。对于拥有审判权的领主及他们的家人和臣民，有封地的领主及其家人，他们能在家中享受这项权利。在司法管辖的城市，所有的信徒的礼拜堂仅限于被设在郊区。而在巴黎的子爵领地和司法官吏管辖区，只允许天主教的崇拜活动。这样一来，宗教权利被分级和本地化了。高级法官可以允许他们的臣民参加家里的庆祝活动，这是普通有封地者无法做到的。至于其余的贵族、城里的居民和农民，除非他们是高级审判官的臣民，否则都得去很远的地方才能找到礼拜堂或参加祷告集会。由于疲倦和社会等级的偏见，保卫奥尔良的绅士们接受了在此地避难的牧师们一致谴责的《昂布瓦兹赦令》[②]。精神上的领袖们可以预见，被隔离，或被圈禁的宗教改革运动将不再具有影响力。每个影响源都将被孤立，进而变得弱小。加斯帕尔·德·科利尼在《昂布瓦兹赦令》缔结后立即赶来，责怪孔代亲王路易一世·德·波旁"损害了上帝的利益"，用一纸协议便毁灭了所有敌人在十年里都未能打败的教会"[③]。让·加尔文把孔代亲

[①] 丹尼斯-弗朗索瓦·塞古斯：《孔代亲王回忆录》，第4卷，第311页。——原注
[②] 让·加尔文：《卡尔维尼作品集》，第19卷，第681列和注释2。——原注
[③] 欧斯贝·德·塞萨雷：《教会的历史》，第2卷，第335页。——原注

第4章　美第奇王太后摄政、查理九世登基及安抚新教的政策

王路易一世·德·波旁称作"无耻之徒",他"因虚荣心而背叛了上帝"①。这个过错确实在当时和未来都造成了严重后果。新教党派的贵族似乎也对新教事业失去了兴趣。保留充分的信仰自由,继续占领国家最高的职位和爵位,同意剥夺大部分城镇居民最昂贵的自由,这些都表现了对谦卑和弱小者的冷漠,并在信仰的统一中宣告了条件的不平等。对于那些看问题过于简单的群众来说,新教是属于高级贵族的宗教,是一种新的特权。下层民众中新参加者的人数减少了。②

美第奇王太后从这么多危险的经历中毫发无伤地挺了过来。作为一个女人和外来者,她在一个还未成年的国王的统治下,在一个监狱里充满了异教徒的国家,一个迫害者和被迫害者都指责对方是异端并都公开表明她应该受到惩罚甚至是被处死的时代,美第奇王太后曾试图实施宽容政策。尽管有威胁也有危险,但萌生了这种意图,并努力去实现它,这已经是她的伟大之处了,是永远不能被磨灭的伟大。然而,由于美第奇王太后既没有预测到自己宽容政策的影响,也没有预见这一政策在民众中引起的反应,因此她对突然出现的仇恨和苛求十分震惊。美第奇王太后过于相信自己的手段了,并且确信只要她张嘴就能说服别人。美第奇王太后本想操纵某些人,结果反过来却被这些人操纵了。在某一天的某一刻,美第奇王太后一定对此进行过反思。实际上,美第奇王太后只是不停地在已经做出的让步中再让步,而无法或不愿在短时间内告诉改革派:"你们不要再走得更远了。"天主教领导人发起了进攻,催促美第奇王太后在两种宗教之间做出选择。如果孔代亲王路易一世·德·波旁应美第奇王太后的要求赶来,带她去了他的营地,并使她担任新教首领,那美第奇王太后又会经历些什么呢?美第奇王太后的好运使她免遭

---

① 让·加尔文在苏贝斯。让·加尔文:《卡尔维尼作品集》,1563年4月5日,第19卷,第686列。——原注
② 欧内斯特·拉维斯:《法国通史》,第1卷,第6卷,第74页到第75页。——原注

这种风险。她被迫从枫丹白露返回巴黎的道路，就是她的大马士革之路①，向她揭示了天主教的未来。美第奇王太后庄严地主持了讨论会，出席了布道仪式，与西奥多·德·贝泽和皮埃尔·马特进行了亲切会谈，参加了查理九世戴主教冠的化装舞会和奥尔良公爵亨利·亚历山大有悖传统的示威，这一切都是必然的。美第奇王太后从中感受到了民众和国家三大等级的力量，以及他们对传统教会的狂热和依恋。尽管她日后会将新教教徒视为不信奉国教的少数派，不再对他们刻意讨好，但她还是会推行自己适度和宽容的政策。

---

① 大马士革之路源出《圣经》，圣保罗在去大马士革的路上遇耶稣显圣而改信基督教，后喻改变信仰或找到合适的道路或职业。

第5章

第一次宗教和解尝试与圣丹尼斯之战

美第奇王太后是个幸运的女人，机遇和狂热分子帮她获得了一个她所希望的最有利结果。美第奇王太后的对手纳瓦拉国王安托万·德·波旁和第二代吉斯公爵弗朗索瓦·德·洛林都已经去世[①]，只留下两个孩子——九岁的亨利·德·纳瓦拉[②]和十三岁的亨利一世·德·洛林[③]。这两个孩子成了王室的领袖。三头同盟中的最后一位，阿内·德·蒙莫朗西，由于在德勒的不幸遭遇变得温顺了。孔代亲王路易一世·德·波旁也对战争也感到厌倦了，只希望能夺回安托万·德·波旁在宫廷的权力。由于各派政党的削弱而变强大的美第奇王后，统治了王国四年。在其威权的震慑下，既没有骚乱，也没有反叛。

[①] 仅根据那句谣言"这对她是有好处的"，就暗示她是保勒涛·德·梅勒的同谋，并不充足，就像在这部凄惨的作品《几个刺客》里，（第2版，巴黎，1912年，第84页起），在法兰西王国的外交官、绅士和克里奥尔人中显得如此仁慈又平凡的，优雅杰出的历史学家皮埃尔·德·韦西埃里先生所做的那样。——原注

[②] 亨利·德·纳瓦拉（1553—1610），先以纳瓦拉王国的亨利三世的名义担任纳瓦拉国王（1572—1610），然后又以法兰西王国亨利四世之名成为法兰西国王（1589—1610），并以此身份成为来自波旁卡佩家族的第一任法兰西国王。

[③] 亨利一世·德·洛林（1550—1588）即第三代吉斯公爵，人称"疤面煞星"。作为一个强大贵族家族的首领，他因在宗教战争期间充当天主教信仰的捍卫者而受到欢迎。在参加了圣巴塞洛缪大屠杀（1552年）之后，他在与新教教徒对抗的战场上取得了许多优秀战绩。他先是约恩维尔的亲王，后来成为吉斯公爵（1563），同时作为法兰西王国的大国师和重臣，在法兰西宫廷占有重要地位。

亨利·德·纳瓦拉

这段暂时平静的时期似乎是了解美第奇王太后的为人处世,并对她本人进行公平评判的最佳时机。在此之前,是宽容政策的不断尝试,之后,又是一场灭绝新教教徒的长期战争。在充满妄想和仇恨的两次危机中,她可能表现得比自己想象得更好或更差。但从1563至1567年,在美第奇王太后拥有实权的这段和平时期,没有任何事可以阻止或改变她的想法,她完全是按照自己的原则或利益主持工作。由此我们能十分准确地了解美第奇王太后的政治头脑和统治制度。

第5章 第一次宗教和解尝试与圣丹尼斯之战

第一次宗教战争已经具有了世界性的特点,这个特点也是随后的宗教战争所具备的。天主教教徒和胡格诺派人呼吁各国教友的帮助,但人们意识到这种求助是危险的。为了获得萨伏伊公爵伊曼纽尔·菲利贝托的支持,美第奇王太后不得不以都灵、基耶里①、维伦纽夫-阿斯蒂②及基瓦索③(由《卡托-康布雷西和约》规定暂属法兰西王国)来交换价值

萨伏伊公爵伊曼纽尔·菲利贝托

---

① 基耶里是一个拥有约三万六千居民的意大利城市,位于意大利西北部的皮埃蒙特地区。
② 维伦纽夫·阿斯蒂是位于上法兰西大区诺尔省的一个市镇,是欧洲里尔大都会的一部分。
③ 基瓦索,意大利城市,位于意大利西北部皮埃蒙特地区。

远低于它们的佩鲁贾①和撒威朗(《福萨诺条约》,1562年11月2日)。至少人们相信,在美第奇王太后看来,更严密地监视自己的财产是极具吸引力,也很值得的。在给皮埃蒙特行政长官布尔迪永元帅的一封信中,美第奇王太后几乎是在请求他原谅自己在这段动荡期间对此地的放弃,并为萨伏伊公爵伊曼纽尔·菲利贝托曾承诺的她所需要的三千人和二百匹马辩解②。

为了得到帮助,胡格诺派人做得更糟糕的是将英格兰人引入了法兰西王国。伊丽莎白一世通过对胡格诺派施以人员和金钱的援助,得到了勒阿弗尔要塞。而在和平实现后,如果孔代亲王路易一世·德·波旁和加斯帕尔·德·科利尼不遵守汉普顿-库尔③的承诺(1562年9月20日),尽快使伊丽莎白一世收复"她的城市"加莱,伊丽莎白一世就会继续保留勒阿弗尔要塞。然而,1559年的《卡托-康布雷西和约》规定在八年后法兰西王国必须将加莱归还英格兰,甚至规定了在延迟或者拒绝归还的情况下的惩罚——支付赔偿金五十万克朗。当新教领袖意识到他们承诺的期限,甚至提前交还加莱,是如此轻率,甚至是罪恶时,已经有些晚了。孔代亲王路易一世·德·波旁在通告伊丽莎白一世签署和平协议时,有意夸奖她,并宣称"这是表现您渴望保护那些想传播纯洁的耶

---

① 佩鲁贾位于意大利同名省佩鲁贾省,是佩鲁贾省和翁布里亚地区的首府。这座城市以拥有欧洲最古老的大学之一而闻名。
② 美第奇王太后致皮埃蒙特省长布尔迪永元帅的信。赫克托·德·拉费里埃,巴格诺·德·普晒斯:《凯瑟琳·德·美第奇的信件》,1562年7月17日,第1卷,第359页。曾被布尔迪永元帅替换的布里萨克元帅要求被召回,以免被迫执行《卡托-康布雷西和约》的条款。作为补偿,美第奇王太后将皮卡第政府交给他管理。根据1889年《卡托-康布雷西和约》第55页到第56页,德鲁布错误地认为法兰西王国也放弃了皮内罗。美第奇王太后写道:"根据我的儿子,国王的全体议会成员的意见,我们很乐意接受皮内罗、拉彼鲁兹和撒威朗以及以前的罚款和领土。"——原注
③ 汉普顿-库尔是一座位于泰晤士河畔里士满区的城堡,坐落于大伦敦西南部的泰晤士河左岸,靠近英格兰萨里郡的边界,这里曾是亨利八世最喜欢的住所。

第 5 章　第一次宗教和解尝试与圣丹尼斯之战

稣教义的信徒的最好时机，再没其他任何机会可以让您帮助我们了"①。但伊丽莎白一世拒绝接受这些"大公无私"的说辞，生硬地提起了汉普顿宫-库尔的条款，她想要用勒阿弗尔换回加莱。

美第奇王太后并没有立即居间调停这些老盟友。她打发走了一个虽正直但毫无能力的胡格诺派队长布里奇莫特。孔代亲王路易一世·德·波旁和加斯帕尔·德·科利尼曾派他前往英格兰，让他以政党的名义建议伊丽莎白一世在《卡托-康布雷西和约》到期时不再要求归还加莱，但他一无所获地回来了。他还幼稚地向美第奇王后解释说，如果他有权将王太后的儿子奥尔良公爵亨利·亚历山大，或纳瓦拉王子亨利·德·纳瓦拉，或第三代吉斯公爵亨利一世·德·洛林作为人质，他肯定能成功缔结协议。凯瑟琳·德·美第奇觉得这位如此"慷慨"的外交官很可笑，并建议他赶紧回家休息。但她又说"我们是绝不会浪费一点时间的"②。美第奇王太后决心保卫加莱并重获勒阿弗尔。在此之前，查理九世只是以友好的语气给伊丽莎白一世写了封信，表明不同宗教信仰的臣民之间已经可以和平相处，她再没有理由占领勒阿弗尔了（1563 年 4 月 30 日）。当新教教徒与英格兰人之间的关系变得紧张时，查理九世直接进行了干预。美第奇王太后派一个非常年轻但十分大胆的国务秘书阿卢列先生前往英格兰。因这位国务秘书的顶撞而被激怒的伊丽莎白一世，甚至给法兰西国王写信说她已经夺取并成功接管勒阿弗尔，"这不是出于宗教原因，仅是为了报复法兰西王国及他们对她的侮辱，并补偿自己在加莱的损失"③。

无论这封信是否属实，都很好地表达了伊丽莎白一世的态度，进而

---

① 1563 年 3 月 8 日，奥尔良写来的信。奥马勒公爵：《16 和 17 世纪的孔代亲王史》，1889 年，第 1 卷，附录，第 405 页。——原注
② 1563 年 5 月 17 日，伊丽莎白一世在法兰西王国的代理人米德尔莫尔写给女王的秘书塞西尔。奥马勒公爵：《16 和 17 世纪的孔代亲王史》，第 1 卷，附录，第 497 页。——原注
③ 1563 年 6 月 19 日，米德尔莫尔写给塞西尔的信。奥马勒公爵：《16 和 17 世纪的孔代亲王史》，第 1 卷，第 497 页。——原注

招致了许多胡格诺派人的不满。孔代亲王路易一世·德·波旁和许多新教教徒加入了在勒阿弗尔城墙下的王室军队。战壕才开放,这个地区就投降。外国驻军离开后,美第奇王太后让人逮捕了英格兰大使尼古拉·特罗克莫顿[①](1563年8月5日)。这位大使曾在内战期间加入新教,并在最后时刻受伊丽莎白一世委派,协商确认《卡托-康布雷西和约》条款。为了密切监视围攻行动,美第奇王太后搬到了波旁红衣主教查尔斯一世·德·波旁的盖隆城堡,并把国王查理九世带到鲁昂最高法院。就在查理九世宣布成年的会议上,大法官宣布英格兰人由于一场无理的侵略而丧失了原本在加莱可以得到的所有的权利(8月17日)。伊丽莎白一世出于对政府决策和党派约定的畏惧,希望减少补偿,但没有成功。经过长时间的讨价还价后,伊丽莎白一世最终接受了查理九世"诚实而礼貌地"提供的十二万克朗。加莱最终归法兰西王国所有(《特鲁瓦条约》,1564年4月12日)。美第奇王太后也为解决了宗教纠纷而庆幸。

可能是为了确保国王下达的命令是至高无上的,也可能是为了打消孔代亲王路易一世·德·波旁对副王这一职务的企图,美第奇王太后解除了对查理九世的监护。查理五世的法令将法兰西国王的成年年龄定在十四岁,而查理九世只有十三岁。但议会从最有利的角度提出法案,认为这意味着只要进入第十四年就可以了。大法官还以王国所有议会都是法兰西国王议会的"地区分会"为借口,让大家同意授予国王权力的开幕典礼不设在巴黎议会,而在鲁昂议会。事实上,大法官是希望避免王国最高法院对《昂布瓦兹赦令》[②]确认声明的进谏,这个声明本应附在成年证明的后面。

1564年8月17日,查理九世在美第奇王太后、亲王们、陆军统帅

[①] 尼古拉·特罗克莫顿(1516—1571),英格兰外交官和政治家,曾担任英格兰驻法兰西王国大使。
[②] 《昂布瓦兹赦令》是1563年3月19日由新教教徒领袖孔代亲王路易一世·德·波旁和天主教军队负责人阿内·德·蒙莫朗西签署的和平条约。——原注

尼古拉·特罗克莫顿

基隆城堡

第5章 第一次宗教和解尝试与圣丹尼斯之战

阿内·德·蒙莫朗西、法兰西王国元帅以及许多领主和其他议员的陪同下参加了会议。年轻的查理九世坐在王位上，右边是他的母亲美第奇王太后、他的弟弟奥尔良公爵亨利·亚历山大和其他亲王，左边是沙蒂隆红衣主教卡迪纳·德·科利尼和吉斯红衣主教路易一世·德·波旁。议会大门关上后，查理九世宣布神已经赋予他安抚王国、驱逐英格兰人的荣耀。他来到这个城市就是让人们知道"既然现在我已经成年，我不愿再去忍受有人在我的王国继续进行反抗国王的叛乱"。查理九世命令他的臣民遵守《昂布瓦兹赦令》，否则会把他们当成反叛分子来惩罚。无论是平民还是贵族，甚至是他的兄弟，在没有得到他允许的情况下，对外禁止与亲王的朋友或敌人串通；对内禁止在王国里筹集或征收钱财。

在查理九世增强了王国的防卫能力并宣布加莱并入法兰西王国后，掌玺大臣米歇尔·德·皮洛塔尔赞扬了他的智慧。新国王既没有"改变自然法则，也没在不合时宜的时候装聪明"。掌玺大臣米歇尔·德·皮洛塔尔希望通过这个神圣的命令来结束一直以来无处不在的骚动和混乱，就像我们在所有的历史故事中看到的那样。虽已成年，但查理九世自己补充说："我还是要坚持说明，除了在将永远为其保留指挥权的母后面前，我希望自己在所有人心中及所有方面都能被当作一个成年人对待。"

米歇尔·德·洛皮塔尔也没有错过这个难得的机会来教训官员们。米歇尔·德·洛皮塔尔责备官员置法令于不顾，命令他们"不带任何情绪和感情"地推行法令。他还严厉斥责了官员的偏袒、不公和贪婪[1]。

在首席议会会长做了回复后，"表示臣服和承认"的仪式开始了，"就像臣民们对他们的国王该做的那样"。

美第奇王太后向她的儿子走去，宣布自己将王国管理权交还给他。查理九世从宝座上毕恭毕敬地走下来，手拿便帽，在太后对他行了屈膝

---

[1] 迪普伊：《法兰西国王及摄政者条约》，1665年，第376页。杜费伊：《法兰西王国掌玺大臣米歇尔·德·洛皮塔尔作品集》，1824年，第2卷，第67页起。——原注

礼并亲吻了他之后对王太后说，她将拥有与以往同样大，甚至是更大的国家统治权和指挥权。

在美第奇王太后之后，奥尔良公爵亨利·亚历山大、纳瓦拉王子亨利·德·纳瓦拉、孔代亲王路易一世·德·波旁和其他亲王、红衣主教、大官员及在场的领主都走近坐在宝座上的年轻国王，"每个人都对国王行了郑重的屈膝礼并亲吻了他的手"。

大门随后打开，掌玺大臣米歇尔·德·洛皮塔尔让人读了前一天的声明，确认了安抚法令，并下令所有手中拥有武器的城镇居民交出武器。虽允许贵族把武器留在家中，但禁止贵族携带或让人携带"任何火枪和军械"走过田野或进入城镇。只有国王的士兵才可以这样做。

16世纪60年代的查理九世

与当时的惯例相反，政府并没有马上解散在战争期间征集的所有部队，而是保留了一部分步兵，将他们分配到由以勇敢忠诚闻名的让·德·蒙吕克向美第奇王太后推荐的八个掌旗官领导的部队中。这些掌旗官同时也是国王的卫兵，并由美第奇王太后任命为查里兵营的首领。这就是法兰西王国卫队的起源[①]。国王查理九世独享向各党派发号施令的权力。

---

① 苏珊：《法兰西古代步兵史》，1849年，第1卷，第155页到第156页。——原注

第5章　第一次宗教和解尝试与圣丹尼斯之战

被认为是"王国第一法院、朝臣法庭和国王司法之地"的巴黎最高法院在鲁昂行动中受到了伤害。巴黎最高法院拒绝登记国王的成年宣言并指出：通过确认安抚法令，宣言似乎赋予了这一法令某种永久生效的特点，这将导致承认两种宗教共存的错误。巴黎最高法院还为巴黎人请命"在巴黎最高法院的命令下，为了王国的事务，必要时巴黎人有权拿起他们的武器"。

查理九世"十分乐意地"接受了进谏，但对这些进谏置之不理。巴黎最高法院为国王制造了很多难题，并在服从国王裁减军备的特权中附加了一些条件。最后国王生气了，他派往默朗的议员（1564年9月24日）并没有向他们的同僚隐瞒国王对最高法院表现出的某种"糟糕的评价和不满"，但却没有多说。正如我们从其他证词中得知的那样，国王掷地有声地宣布"现在我已经成年，我不希望你们插手我对臣民的裁判。因为我的先辈国王们并没有允许你们这么做——既没有让你们做我的监护人，也没有让你们成为王国及我的城市——巴黎的保护者。只因你们过高看待自己才使一切成为现在这样"①。最终，最高法院屈服了（1564年9月28日）。

美第奇王太后假装相信，但也许她也确实相信，三位执政官拿起武器是毫无理由的。美第奇王太后从来没有承认是由于她放任不管的制度才让天主教置于危险之中。在给当时的亲信古诺先生阿特斯·德·科塞的一封信中（1563年4月19日），美第奇王太后骄傲地谈到"她在圣日耳曼开始做得很好的事业"，并轻蔑地说到了《昂布瓦兹赦令》，"对于天主教教徒来说，《一月赦令》已经没有什么好处了"。如果那些还未获得报酬的骑兵践踏王国，如果巴黎人被迫缴纳赋税②，这些都不是她的错，而是

---

① 弗洛凯：《诺曼底法院史》，第3卷，第5页。——原注
② 政府通过惯用的"应急办法"获得资金：对诉讼人的征税，对金融家的诉讼（其中一些人被处以死刑，其他人则被判处大量罚金）及价值三百万里弗的神职人员财产的转让。艾蒂安·帕斯基耶尔：《作品》，1723年，第2卷，第108列到第110列。——原注

阿特斯·德·科塞

那些妄图"扮演国王"角色的吉斯家族成员的错。美第奇王太后还傲慢地补充说:"如果他们没有阻止我,我希望他们知道,这个女人也渴望保护她所在的王国,并向那些谈论她的人展示这点。因为这是她作为国王母亲的真实情感——她只爱戴国王,只想维护国王及他的臣民。"[1]

美第奇王太后急于安抚所有人。巴黎是盲目崇拜的中心,而且战争也助长了这种盲目。巴黎人就像信仰殉道者一样崇敬在奥尔良被暗杀的第二代吉斯公爵弗朗索瓦·德·洛林,他们对胡格诺派教徒的同情也变

---

[1] 赫克托·德·拉费里埃,巴格诺·德·普晒斯:《凯瑟琳·德·美第奇的信》,第2卷,第17页。——原注

第 5 章　第一次宗教和解尝试与圣丹尼斯之战

成了对他们的激烈对抗。保勒涛·德·梅勒被施刑的那天，最高法院下令在四个地方用烧红的烙铁对他施钳烙刑，然后用四匹马拉着他穿过挤满市民的街区，最后将他碎尸万段（1563 年 3 月 18 日）。第二天在一片群情激愤中举行了人民英雄第二代吉斯公爵弗朗索瓦·德·洛林的葬礼。他的灵柩穿过巴黎，前往位于茹安维尔的历史悠久的吉斯家族城堡。市民为他哀悼，一起参加的还有绅士、最高法院代表、教区神职人员、各级修道士、胳膊下夹着火枪的有产者——火枪兵部队、身后拖着铁矛的士兵、肩上扛着军旗的旗手、手中拿着火炬作为武器的城镇自由民、修道院院长、市政长官、市议员和骑着骡子穿着黑袍的贵族。在巴黎圣母院，因袭击新教教徒而闻名的牧师雅克·勒·洪格尔在送葬者的哭泣

巴黎圣母院

与哀悼中发表了葬礼演说①。尽管有诏令，取得和平后的巴黎人并没有马上解除武装。另一位演说家阿特斯·得泽黑②用自己的方式解释了基督给使徒们的建议："没有剑的人可以卖掉自己的衣服去买一把。"

正是在这种狂热的环境中，美第奇王太后鲁莽地尝试进行第一次和解，正如她向萨伏伊公爵夫人玛格丽特·德·弗朗斯解释的那样——希望首府的例子"能为整个王国带来彻底的安宁"③。

萨伏伊公爵夫人玛格丽特·德·弗朗斯

---

① 罗比凯：《从建立初期到亨利三世登基的巴黎市政史》，1880 年，第 557 页。——原注
② 阿特斯·得泽黑（1510—1519）的生平鲜为人知，但他从 1545 年开始直到去世发表了将近两百本小册子，来谴责新教的进步。
③ 1563 年 6 月 11 日。赫克托·德·拉费里埃，巴格诺·德·普晒斯：《凯瑟琳·德·美第奇的信》，第 2 卷，第 57 页。——原注

第5章　第一次宗教和解尝试与圣丹尼斯之战

圣体瞻礼节（1563年6月）前夕，在带领胡格诺派和天主教教徒反对英格兰人时，美第奇王太后和查理九世曾一起住进了孔代亲王路易一世·德·波旁位于巴黎的居所，并且为了了解公众舆论，她还在新教领袖的陪同下一起横穿了巴黎。在王太后给心腹的信中，她说"臣民看到我们所有人时表现得很自在"。美第奇王太后为"孔代亲王路易一世·德·波旁和这座城市之间不再有戒备和敌意"而感谢上帝。但第二天游行结束后，当她和客人们一起回万塞讷时，她才发现自己高兴得太早了。乘坐第一辆旅行马车离开的孔代亲王路易一世·德·波旁的妻子埃莉诺·德·鲁瓦，在门外遇到了"本打算出现在国王面前的五百名全副武装的巴黎人"。就在孔代亲王路易一世·德·波旁的妻子埃莉诺·德·鲁瓦马车前，他们杀死了因一些特殊原因而被怨恨的胡格诺派队长古贝，但没有抓孔代亲王路易一世·德·波旁的妻子埃莉诺·德·鲁瓦，任由她逃走了。国王查理九世及其随从在刺杀事件之后马上赶到了。孔代亲王路易一世·德·波旁认为这是吉斯公爵夫人安妮·埃斯特和洛林红衣主教查理·德·洛林对他们夫妻的伏击，他以离开巴黎和宫廷相要挟。美第奇王太后费了很大劲才让孔代亲王路易一世·德·波旁平静下来。美第奇王太后又补充道："我以为我们已经摆脱麻烦了，但有些不幸的事似乎又将我们卷了进来。不过，在他们变得更强大之前我会下令封死他们的道路。"对此，她并没有绝望，或者说她从来就没有绝望过。几天后，美第奇王太后向公爵夫人宣布，虽然颇费周折，但她还是成功地使孔代亲王路易一世·德·波旁与内穆尔公爵雅克·德·萨伏伊及吉斯红衣主教路易一世·德·洛林和解并使他们相互拥抱。美第奇王太后希望"既然这些党派领袖们已经和解"，"王国以后就可以保持和平了"①。

国王的卫兵营营长查尔斯深得美第奇王太后和狂热的天主教教徒的

---

① 1563年6月25日（而非21日）。赫克托·德·拉费里埃，巴格诺·德·普晒斯：《凯瑟琳·德·美第奇的信件》，第2卷，第62页。今天"就是圣让的第二天"。——原注

内穆尔公爵雅克·德·萨伏伊

信任，他拒绝服从在战争期间曾被撤职，但现已复职的法兰西王国步兵上将弗朗索瓦·安德洛特。1564年1月1日，查尔斯在副官拉图雷特的陪同下通过圣米歇尔大桥时，他们被海军上将的掌旗官沙斯特里欸-波尔道、南方胡格诺派队长木旺和一名士兵包围了。在查尔斯拔出剑之前，沙斯特里欸-波尔道已经"在他身上狠狠地刺了一剑，并将剑在他身体里转了两圈，以使伤口变得更大"[1]。查尔斯和拉图雷特都死了，凶手从奥古斯丁码头溜走后，骑着早已等在内斯勒的马逃跑了。

这可能是一次仇杀：十四年前查尔斯杀死了沙斯特里欸-波尔道的兄弟。这次仇杀在巴黎造成了很大的影响。天主教教徒指责是弗朗索瓦·安德洛特和海军上将加斯帕尔·德·科利尼设计的摆脱对手的行动。

---

[1] 布朗托姆：《作品集》，第5卷，第345页；赫克托·德·拉费里埃，巴格诺·德·普晒斯：《凯瑟琳·德·美第奇的信件》，第2卷，第136页和注释。——原注

第5章 第一次宗教和解尝试与圣丹尼斯之战

美第奇王太后从来没有忘记这个忠仆的死,但她认为过于好奇且非要去寻找真相是很危险的。①

几天后,美第奇王太后解决了一场更严重的争论。流言称保勒涛·德·梅勒曾主动或被迫一再指控海军上将加斯帕尔·德·科利尼参与了暗杀第二代吉斯公爵弗朗索瓦·德·洛林的阴谋,而加斯帕尔·德·科利尼则坚决地对这些谣言表示抗议(1564年3月12日)。加斯帕尔·德·科利尼宣称自己从未"亲自或让人用言语和金钱诱导或请求任何人直接或间接地做这种事"。即使在瓦西大屠杀之后,他抓获并起诉了"作为上帝、国王和王国和平公敌"的第二代吉斯公爵弗朗索瓦·德·洛林及其追随者,"他也只允许以这种方式来惩治第二代吉斯公爵弗朗索瓦·德·洛林本人"。但之后由于被无情地告知第二代吉斯公爵弗朗索瓦·德·洛林和圣安德烈元帅"已经委派某些人前来杀害孔代亲王路易一世·德·波旁和弗朗索瓦·安德洛特领主",他承认从那时起,如果再听说有人将一直追到营地去杀死第二代吉斯公爵弗朗索瓦·德·洛林时,他就不会再打断或劝阻了。

海军上将加斯帕尔·德·科利尼真诚到让人感觉有些轻率地给美第奇王太后写信,表明自己并没有什么错,他也为第二代吉斯公爵弗朗索瓦·德·洛林的死亡感到惋惜,但他认为"这样做可能是对这个王国和教会,特别是对我和我的整个家族最有利。"②

这是一个无辜者的笨拙辩解。如果死者的母亲、妻子和孩子相信了这个辩解,就如同相信了加斯帕尔·德·科利尼是同谋一样,这种辩解同

---

① 西班牙大使尚托奈以他一贯的偏见指责美第奇王太后的漠不关心几乎等同于同谋了。赫克托·德·拉费里埃,巴格诺·德·普晒斯:《凯瑟琳·德·美第奇的信件》,第2卷,第136页,注1。——原注
② 德拉博德公爵:《法兰西王国海军上将加斯帕尔·德·科利尼》,第2卷,第230页到第234页:加斯帕尔·德·科利尼1564年3月12日的抗议和1563年5月5日在他卡迪纳·德·科利尼的房子里起草的辩护陈情书。——原注

样会激起他们的仇恨。和平一达成,吉斯家族就要求对这一罪行进行公正处理,并将自己武装起来进行报复。胡格诺派贵族赶去为加斯帕尔·德·科利尼出谋划策,但他劝他们回去。在宫廷,警报也已经拉响。美第奇王太后相信将会发生新的内战。她把这起事件提交给理事会审理。但原告和辩护人严格行使他们的权利——他们不接受除国王和美第奇王太后之外任何其他法官的评审。而国王和美第奇王太后却并不想深入审理此事。查理九世在理事会上决定在三年内解决所有争端,他让双方承诺在这段时间内"既不通过法院也不诉诸武力做任何要求"。美第奇王太后隐退一旁让年轻的君主自己做决定。但王太后很快就为出现的奇迹而欢欣鼓舞,她写信给萨伏伊公爵夫人玛格丽特·德·弗朗斯说:"虽没有任何人告诉他(查理九世)该怎么做,但他做出了如此英明的决定,所有议会成员都称赞这些简直是上帝让他说的话,而他们都认真听从他下达的命令。"上帝给他的启示就像过去所罗门在判决中得到的一样(1564年1月)[1]。

仅有诚意还不够。斗争仍持续了一年,留下的是和从前一样的混乱、愤怒和怨恨,这都来自仇恨。一方面,信仰新教的武装分子只在口头上放弃了傲慢和崇尚暴力的思想。他们虽不贪婪,但没有耐心,不肯顺从。战争为他们提供了以自己的方式进行宗教改革的机会——掠夺天主教教会的财宝及夺取神职人员的财产。在普瓦捷和其他地区,新教武装分子人数众多,权力巨大,他们拒绝交回已经获得的好处。而天主教教徒攻击了回归家园的改革派。在一些省份,杀手组织被整合起来,为了获取报酬,他们迅速了结那些被指定要打击的人。一些法官即使不算是主谋,至少也是纵容这些罪行的旁观者。旺多姆的新教贵族拉古黑曾经为国王特派员查尔斯·米隆[2]逮捕刺客,结果自己也被这位专员派来的杀手杀死了。

---

[1] 1564年1月5日到10日。赫克托·德·拉费里埃,巴格诺·德·普晒斯:《凯瑟琳·德·美第奇的信件》,第2卷,第128页。——原注
[2] 查尔斯·米隆(1569—1628),先是昂热的主教,后来又成为里昂大主教。

第 5 章 第一次宗教和解尝试与圣丹尼斯之战

政府试图强迫所有人服从《昂布瓦兹赦令》。维埃耶维尔陆军元帅被派往里昂、多菲内、朗格多克和普罗旺斯收复被胡格诺派占领的要塞地区①。布尔迪永②元帅迫使鲁昂天主教教徒就范。因狂热主义而闻名的普罗旺斯最高法庭已被关闭，由巴黎议高等法院取代（1564 年 11 月 24 日）。这个特别法庭的主席莫尔桑③的贝特朗·普雷沃斯特严厉打击煽动暴乱的天主教教徒。虽然这些天主教教徒中有两千人得到教皇的庇护躲在孔塔④避难，但他们最后还是被引渡并审判了⑤。

布尔迪永元帅

美第奇王太后给国王的中将们写信，提醒狂热的天主教教徒——朗格多克省行政长官蒙莫朗西-当维尔⑥必须严格遵守和平敕令。查理九世补充说："这是王国和平稳定的唯一方式，为此，您作为省长应该明白我对它的态度，必须不带情绪也不带任何宗教和个人偏见去维护它，

---

① 1563 年 3 月 13 日，美第奇王太后写给苏比斯的信。赫克托·德·拉费里埃，巴格诺·德·普晒斯：《凯瑟琳·德·美第奇的信件》，第 2 卷，第 33 页。——原注
② 布尔迪永全名安贝尔·布尔迪永·德·拉普拉埃尔（1505—1567），曾是法兰西王国的元帅。他先是弗朗索瓦一世的车马侍从，后来成为王太子亨利的骑术教官。
③ 莫尔桑，法国市镇，位于卢瓦尔河谷中心大区的安德尔-卢瓦尔省。
④ 孔塔是西班牙巴伦西亚地区阿利坎特省的一个市镇。
⑤ 阿尔诺：《普罗旺斯和孔塔-维奈桑的新教教徒史》，1884 年，第 1 卷，第 178 页，第 180 页。授权派出参议员去执行任务的委员会是在丰塔农。阿尔诺：《普罗旺斯和孔塔-维奈桑的新教教徒史》，第 4 卷，第 274 页到第 276 页。——原注
⑥ 蒙莫朗西-当维尔（1534—1614），是法兰西王国的陆军统帅，当维尔的领主并在朗格多克担任了五十一年的行政长官。

蒙莫朗西－当维尔

必须严惩第一个胆敢违反它的人以便杀一儆百。"[1]美第奇王太后直截了当地向尚托奈的继任者新任西班牙大使弗朗西斯·德·阿拉瓦表示,"必要时他们可以为维护国家利益颁布赦令,这对国王非常重要",她的儿子"在任何情况下都不会违背这一赦令。只要王国的任何一个地区曾因此受益,以后就必须保存下来"[2]。

16世纪,代表国王意愿的主要机构是区别于枢密院的国王议会。国王

---

[1] 1564年1月8日。赫克托·德·拉费里埃,巴格诺·德·普晒斯:《凯瑟琳·德·美第奇的信件》,第2卷,第129页到第130页,注2。——原注
[2] 1564年2月26日。赫克托·德·拉费里埃,巴格诺·德·普晒斯:《凯瑟琳·德·美第奇的信件》,第2卷,第159页。——原注

第 5 章　第一次宗教和解尝试与圣丹尼斯之战

议会管理王国的行政、司法和财政权,并对处理国内外最重要问题的国家事务委员会负责①。国王议会作为审议理事会和执行理事会整合了现在的国务院、最高法院和部长委员会三者承担的职能。当时,那些从路易十四时起就一直是中央政权最高官员的国务秘书,现在只是议会命令的发布人,即使他们参加会议也没有审议权和投票权。如果他们中的一些人可以出席会议并进行投票,那也是由于特别指派而不是以国务秘书的身份来参与政府决策的。

无论王国任何地区的臣民的条件和状况如何,他们都应能感受到国王议会的权威。因此,在满怀宗教激情的时代,国王议会的公正性不被质疑是非常重要的。美第奇王太后让各方代表都进入议会。在 1563 至 1567 年的议会名单中,我们找到了十六位虔诚的天主教教徒的名字:洛林红衣主教查理·德·洛林和吉斯红衣主教路易一世·德·洛林,蒙特庞谢公爵路易·德·波旁和讷韦尔公爵路易·德·冈萨格②,勃艮第国王的将领加斯帕德·德·索尔斯③,未来掌玺大臣河内·德·比拉格④等,此外还有六个新教教徒:孔代亲王路易一世·德·波旁,沙蒂隆家族的三位成员,埃斯特雷,拉罗什富科,以及大约二十个温和派:洛皮塔尔大法官,财务总监阿特斯·德·科塞,奥尔良主教让·德·莫维利耶⑤,让·德·蒙吕克

---

① 1560 年 12 月 21 日的规定限定了王太后和纳瓦拉国王安托万·德·波旁的权力,它似乎区分了四个理事会:枢密院、国家事务委员会、各党理事会、财务理事会,但当我们仔细看时,我们会发现各党理事会只是枢密的"一部分",财务理事会是一个筹备委员会,可以说是一个负责将财务决定提交给枢密院的"财务管理处"。——原注
② 讷韦尔公爵路易·德·冈萨格(1568—1591),耶稣会成员,1591 年在罗马为瘟疫受害者服务,并被天主教会认定为圣人。
③ 加斯帕德·德·索尔斯(1509—1573),人称塔瓦讷元帅,也是塔瓦讷的领主。
④ 河内·德·比拉格(1506—1583),法兰西王国掌玺大臣和红衣主教,在 16 世纪 70 年代成为美第奇王后非常有影响力的顾问。
⑤ 让·德·莫维利耶(1506—1577),奥尔良主教皮埃尔·杜赫特尔的继任者,还曾是威尼斯共和国大使及查理九世的掌玺大臣(1568—1571)。

等①。出于人性和对暴力的厌恶，甚至只是为了王国的利益，这些可以把陆军统帅阿内·德·蒙莫朗西及美第奇王太后的私人朋友波旁红衣主教查尔斯一世·德·波旁都算进去的"政治家"们，他们想如同美第奇王太后一样实施和平敕令。他们的数量与其他议员的数量保持了平衡，这很好地表明了政府的整体倾向及构建凌驾于各个党派之上的王权的野心，同时也使王权成为他们之间纷争的裁判及公共秩序的捍卫者。

国王议会的组成及法兰西宫廷与神圣罗马帝国的关系让改革者安心了。美第奇王太后通过全国主教会议威胁教皇庇护四世②，强迫他召开大公会议。但这次会议并没有像斐迪南要求的那样，在一座新教教徒可以安全前往并参与讨论的神圣罗马帝国的城市召开③。如果没有一个新的能解决宗教纠纷的"自由而圣洁"的宗教评议会，美第奇王太后将不得不接受在特伦特④重新召开两次被组织又两次被中断的主教会议。她希望至少能废除一些恶习，批准一些新的行为准则，最重要的是避免过于明确教义的内容。美第奇王太后还错误地认为适当的让步能使异端分子回头。大使们在庄严的开幕式当天（1562年5月26日）还在嘲讽教会的腐败。在普瓦西会谈后，美第奇王太后派洛林红衣主教查理·德·洛林和六十多个法兰西王国主教前往特伦特，与同样希望恢复宗教团结的神圣罗马帝国协商，要求在尽可能大的范围内进行改革，特别是在用俗语做祷告和允许教士结婚方面⑤。法兰西王国天主教会的代表在这方面并没有走得太远。在他们1563年1月2日提交主教会议的《改革条例》

---

① 诺埃尔·卢瓦：《14、15、16世纪的国王议会》，巴黎，1888年，第193页，第195页，第196页。——原注
② 庇护四世原名让-昂热·德·美第奇（1499—1565），1559到1565年以庇护四世的名义担任教皇，他的名字与特伦特主教会议的结束有关。
③ 詹森：《神圣罗马帝国与改革》（译自德语），巴黎，1895年，第4卷，第333页。——原注
④ 特伦特，意大利城市，位于意大利东北部的阿尔卑斯山脉。
⑤ 詹森：《神圣罗马帝国与改革》，第4卷，第161页到第162页。——原注

教皇庇护四世

中，并未对教士的独身发表意见，仅允许基督教教徒们在祭礼后用法语唱宗教圣歌和大卫的赞美诗。他们建议使用两种方式让世俗教徒也可以领取圣体，并消除可能陷入图像崇拜、朝圣、宗教团体、赦罪等迷信的行为。

但法兰西人与神圣罗马帝国人、意大利人与西班牙人都发生了冲突，他们拒绝任何妥协。教皇庇护四世不喜欢法兰西王国天主教会，因为它否认教皇的绝对权威。教皇庇护四世宣称要在天主教中组建另一个拥有自由、习俗和特权的独立团体，它在国王的监控下将比在罗马教廷的权威统治下更顺从。在洛林红衣主教查理·德·洛林前往罗马的旅程中，教皇特使用"亲王们的改革方案"反驳了"教会改革条款"。教皇特使要求教会法院收回审判神职人员的特权。即便教会法官同意放弃特权，也禁止世俗法官介入宗教、婚姻及异教的诉讼案件。除非是在反对基督教教徒的战争中或在非常有必要的情况下，统治者们才可以向神职人员征收捐税、通行税或补贴，否则，统治者们还被威胁说会被逐出教会。此外，在最高法院的协助下，教皇特使们对法兰西国王的司法管辖权、行政权和教会财产的所有权提出质疑，发动了反对王权的进攻。费了很大周折，此次进攻才被勉强压制住。一段时间后，特使们返回了威尼斯。查理九世"无法忍受神父们想要咬掉国王的指甲而任由他们自己的肆意生长"[①]，命令国王代表们在教皇特使没有对"涉及法兰西国王和天主教会权力、习俗、特权和权威"的条款进行必要的修改之前，不要返回特伦特，以便这些条款不再被提起并引起争议[②]。美第奇王太后对令她所有希望都落空的主教会议非常不满。当洛林红衣主教查理·德·洛林从特伦特回来时，作为一名悔悟的改革者，他为正在服丧的家族向罗马

---

① 迪普伊：《基督教国王和他们的大使关于特伦特主教会议的指示和信函》，1654年，第479页，圣西尔万，1563年8月28日。——原注
② 迪普伊：《基督教国王和他们的大使关于特伦特主教会议的指示和信函》，1654年，第538页，蒙索，1563年11月9日。——原注

寻求支援，要求主教会议的法令应该像国家的法律一样被接受。这件事在国王议会的"全面参与"下进行了讨论，邀请了最高法院的四名主席和辩护人以及总检察官参加（1564年2月22日）。洛林红衣主教查理·德·洛林被他的前任心腹，掌玺大臣米歇尔·德·洛皮塔尔的反对激怒了。他对掌玺大臣米歇尔·德·洛皮塔尔说，现在是脱下面具的时候了，也就是说该宣布支持改革了。而掌玺大臣米歇尔·德·洛皮塔尔回答说，洛林红衣主教查理·德·洛林自己早已在瓦西违反了《一月敕令》，造成了许多严重的后果①。就像美第奇王太后写信给法兰西王国驻维也纳大使雷恩主教时所说，国王议会在法令中找到"许多违反国王权威"并"损害法兰西王国天主教教会自由和特权"的有害条款，她已经"建议并决定延缓一段时间后再由最高法院对它们进行登记"②。这个"一段时间"却变成了永远。

法兰西王国天主教教会的特权有助于掩护温和政策的实施。庇护四世已经将艾克斯、于泽、瓦伦西、奥洛龙、莱斯卡、沙特尔和特鲁瓦七个地区的大主教作为异端嫌疑人。法兰西国王查理九世拒绝了罗马法庭未通过法兰西王国主教和大主教的中间裁判就直接提出诉讼的要求③。教皇威胁纳瓦拉王后珍妮·阿布莱特，说如果她六个月后没有亲自出庭或请罗马的检察官为她的异教罪行辩解的话，教皇将废黜她并剥夺她的权利。法兰西国王对此提出更强烈的抗议④。美第奇王太后委托奥依赛尔的先生告知教皇庇护四世："教皇庇护四世对那些拥有国王或王后头衔

---

① 西奥多·德·贝泽写给布林格。《卡尔维尼作品集》，第20卷，第262列到第263列。——原注
② 美第奇王太后给雷恩主教的信。赫克托·德·拉费里埃，巴格诺·德·普晒斯：《凯瑟琳·德·美第奇的信件》，第2卷，第153页到第154页和第10卷，第128页到第129页；休伯特·朗格：《16世纪的秘密信件》（第2卷，第286页到第287页），讲述了为什么议会推迟登记的原因。原来推迟是为了照顾洛林红衣主教查理·德·洛林自尊的权宜之计。——原注
③ 赫克托·德·拉费里埃，巴格诺·德·普晒斯：《凯瑟琳·德·美第奇的信件》，第2卷，第119页，注1。——原注
④ 博尔德纳夫：《纳瓦拉和贝阿恩的历史》，1873年，第12页到第122页。——原注

的人没有任何司法管辖权，而且也不是教皇把王国赐给他们作为战利品的，尤其是这位由于服从我的儿子——国王陛下，而拥有他财产中最好的一部分的纳瓦拉王后。"① 庇护四世不敢继续了。纳瓦拉王后珍妮·阿布莱特在给美第奇王后的一封信中承认自己"永远无法表达对这褒扬了所有人的恩宠的感激之情"，并急切地表示自己要去美第奇王太后的住地找她，用"比对罗马教皇更真挚的感情来亲吻她的脚"②。

天主教大国对法兰西王国政府的态度感到气愤。教皇庇护四世、神圣罗马帝国皇帝、西班牙国王腓力二世及萨伏伊公爵伊曼纽尔·菲利贝托的大使一起来到法兰西宫廷所在的枫丹白露，就像约定好了似的要求查理九世向整个法兰西王国下令遵守特伦特主教会议的所有法令，还要求他改变和平敕令，惩罚近期骚乱的制造者和杀害第二代吉斯公爵弗朗索瓦·德·洛林的凶手。他们邀请查理九世参加在南希举行的诸位亲王和基督教大使的会议，就如何根除异教提出建议（1564年2月12日）。查理九世回答说，他赞同母亲的做法，本希望能按照罗马教会一直以来遵守的良好习惯生活，并让自己的臣民也如此。而事实上他却被迫为了"赶走敌人"而与对手讲和。如果没有"再次爆发战争"，他是不会宣布取消和平敕令的。为此，他因自己无法前往南希而请求谅解（1564年2月26日）③。

但为了抵抗这些外来的压力，美第奇王太后不得不开始怀疑自己对胡格诺派一贯的宽容政策了。美第奇王太后看到国家大部分军队和民众对传统教会依然很忠诚，这是一个像她那样有着强烈现实主义思想的人今后必须重视的一个事实。《一月敕令》已经包含了一个最大的让步。

---

① 1563年12月13日。赫克托·德·拉费里埃，巴格诺·德·普晒斯：《凯瑟琳·德·美第奇的信件》，第2卷，第119页。——原注
② 赫克托·德·拉费里埃，巴格诺·德·普晒斯：《凯瑟琳·德·美第奇的信件》，第120页，注释。——原注
③ 丹尼斯-弗朗索瓦·塞古斯：《孔代亲王回忆录》，1743年，第5卷，第45页。让·勒布劳尔：《卡斯泰尔诺-穆维希尔回忆录》，第5册，第1卷，第5章，第167页。——原注

希南

美第奇王太后认为如果再退让就会非常危险了。而新教领袖却错误地以为，战争结束后，美第奇王太后会重新开始像在圣日耳曼一样容忍一切。孔代亲王路易一世·德·波旁每天在王宫布道。① 费拉尔公爵夫人雷妮·德·弗朗斯也将自己在巴黎和枫丹白露的房子变为一个做礼拜的地方。② 尚托奈说，这就是想让国王查理九世在他的宫廷容忍那些有审判权的高级官员，在他们的居所做些不被允许的事。美第奇王太后耐心地等待正与一个陪伴她的贵族女子打得火热的孔代亲王路易一世·德·波旁，放弃在各个王宫搭建相互对抗的祭坛的想法③，但费拉尔公爵夫人蕾妮·德·弗朗斯却一直在虔诚地坚持着。当国王查理九世在枫丹白露逗留期间，美第奇王太后禁止这位公爵夫人在城堡，甚至在枫丹白露的一个乡村里买的房屋内布道和祝圣④。

西奥多·德·贝泽已经猜到美第奇王太后的新安排。1563年5月，当他再次回到日内瓦时，他对这个地方又充满信心。由于上帝的保护，耶稣教义的主要敌人已经死亡或无能为力，改革派领袖在政府中占有了一席之地。他继续说道，"这就是我们国王（查理九世）和他兄弟们的本性，让所有信徒都能从他们那里得到各自信仰的切实而巨大的发展"⑤。但对于美第奇王太后，西奥多·德·贝泽意味深长地沉默着。显然，在1563年7月2日的一封信中，让·加尔文谈到了美第奇王太后的"轻浮"和"奸诈"，这些是不应该或几乎是不被认同的⑥。两个星期后（1563年7月19日），让·加尔文又抱怨说美第奇王太后在极力反对合理的诉讼。在胡格

---

① 让·加尔文：《卡尔维尼作品集》，第20卷，第6列；西班牙大使尚托奈在《孔代亲王回忆录》（第2卷，第160页）中被收集的信。——原注
② 丹尼斯-弗朗索瓦·塞古斯：《孔代亲王回忆录》，第2卷，第183页和第187页。——原注
③ 1564年6月24日，在里昂宣言的演讲中，国王查理九世暗示新教首领自愿放弃在王室进行礼拜活动。——原注
④ 让·加尔文：《卡尔维尼作品集》，第20卷，第267列。——原注
⑤ 让·加尔文：《卡尔维尼作品集》，第20卷，第21列。——原注
⑥ 让·加尔文：《卡尔维尼作品集》，第54列。——原注

日内瓦

诺派队长古贝被谋杀后，让·加尔文还指责她不够公正，偏袒巴黎的宗教动乱（1563年7月19日）。让·加尔文曾在1563年8月的信中说，正是美第奇王太后的背信弃义才导致改革派的敌人无视国王的敕令。"他们说掌玺大臣米歇尔·德·洛皮塔尔对我们表现得非常宽容。因为在他们内心深处，他们认为掌玺大臣米歇尔·德·洛皮塔尔是支持我们的。但由于美第奇王太后隐蔽的手段，所有在议会中达成的良好决议都被否决了。"[①] 让·加尔文对米歇尔·德·洛皮塔尔这种态度的变化值得注意。西奥多·德·贝泽也重新投入了反对女性权力的争论中。他在1563年7月20日写道："这就是在这位女性统治下的人民最后的不幸。"[②]

对新教改革派的宽容政策其实战前就已经结束了。《万塞讷敕令》（1563年6月14日）禁止新教教徒在天主教会的节日里开店工作[③]。1563年12月14日的重要宣言与解释通过限制少数派的权力，填补了《昂布瓦兹敕令》的空白。该敕令特许新教教徒在1564年3月7日前，除了隶属司法管辖区的城市外，可以在别的所有城市进行礼拜仪式。但必须指出的是，宣言里所说的"所有城市"，只是"那些在动乱期间被占领的城市，在1564年3月7日之前新教活动只能在这些地方公开进行"。这样也就否定了在此期间在别处进行祷告或聚会的合法性。美第奇王太后重申了禁止节日里"在营业的商店"中工作、售货或做展示，禁止肉店在天主教教会指定的斋戒日开张的规定。她命令在最近的骚乱期间及骚乱之后被遣散的修士和修女，或者返回修道院，或者离开王国，"即使他们已经违反自己的职业要求结了婚"[④]。特别是在巴黎，出于对天主教教徒发动暴乱的担心，美第奇王太后倾向于限制甚至压制新教的各种显眼的行为。她

---

① 让·加尔文：《卡尔维尼作品集》，第20卷，第133列。——原注
② 让·加尔文：《卡尔维尼作品集》，第20卷，第67列。——原注
③ 丰塔农：《敕令和条例》，第4卷，第276页。——原注
④ 丰塔农：《敕令和条例》，第4卷，第276页到第278页。——原注

第5章 第一次宗教和解尝试与圣丹尼斯之战

拒绝给予这个城市的改革派"前往附近的司法管辖区参加宗教活动的权利"。即便是新教教徒的葬礼也只能"在夜晚,没有任何随从及同伴",并在夜间巡逻队的护送下进行。而在其他地方,送葬的队伍可能有二十五到三十人。在巴黎,以及在所有拥有礼拜自由的私人场所,接受洗礼的儿童只能被带到最近的受洗场所,而且也"只有四五个人"参加。这些措施就像确定了新教改革派在法律上就低人一等似的伤害了他们。

美第奇王太后在加斯帕尔·德·科利尼和第三代吉斯公爵亨利一世·德·洛林之间的中立态度,以及为调解孔代亲王路易一世·德·波旁和洛林家族纠纷所做的努力,对新教教徒来说都像是一种背叛。他们将国王查理九世1564年1月13日授予巴黎贵族拥有武器的特权理解为一种威胁,因这违反了附属于多数派契约的宣言(1563年8月)。出于担心和怀疑,新教教徒们已做好了进行战争的所有准备,并开始"公开谈论"。美第奇王太后在致海军上将加斯帕尔·德·科利尼(1564年4月17日)的一封信中温和地抱怨说,政府一直想惩罚天主教的暴力行径,并严加执行那些她和她儿子经常向司法人员下达的,但到目前为止绝大多数都没有被遵守的命令。接着她还补充说:"我必须告诉您,您写信告诉我说由于有人谣传我们在商议镇压他们,而且有些教会成员已经参与进来。您的这种不信任令我很不愉快。""我非常珍惜这个国家的安宁,也非常希望保护我的国王儿子的所有臣民。无论如何,在有生之年我绝不会同意,更不会允许和容忍这种事发生。"美第奇王太后一方面请海军上将加斯帕尔·德·科利尼向跟他讲述这些的教友们表明"敕令一定会毫不动摇地被遵守",另一方面又威胁道,"如果让她看到纠纷出现在不尊重彼此宗教的任何一方,那就再也没人会去维护这个王国的安定了"①。

---

① 赫克托·德·拉费里埃,巴格诺·德·普晒斯:《凯瑟琳·德·美第奇的信件》,第2卷,第177页。——原注

一般情况下,掌玺大臣米歇尔·德·洛皮塔尔并不被当成是美第奇王太后最正直、仁慈的顾问[①]。关于米歇尔·德·洛皮塔尔有一个故事和一个传说。这个故事客观地赞美了一个有信仰自由和礼拜自由的新教教徒米歇尔·德·洛皮塔尔。而那个传说则是指他启发了美第奇王太后实施明智、宽容的宗教政策,尽管她当时并不太愿意。宽容的行为和律法归功于米歇尔·德·洛皮塔尔,而妥协、退缩和懦弱的责任却归咎于美第奇王太后。其实这种不平等的评判与事实并不相符。美第奇王太后喜欢权力,并且等待的时间越长,她对权力就越渴望。美第奇王太后还非常活跃。已经发表的美第奇王太后书信集中的十本对开卷,以及本应增加到这些中的丢失或被毁坏的另一部分都证明这个不知疲倦的作家对行政细节如同对最重要的事务一样密切关注。当这些信件由国务秘书撰写时,上面都有美第奇王太后的亲笔批注,甚至有很多信件完全是她亲手执笔。米歇尔·德·洛皮塔尔在议会、三级会议及神职人员会议上都是以国王和美第奇王太后的名义正严词的侃侃而谈,甚至因其平和、温柔和仁慈的精神而打动人。但我们在他的作品中并没有找到他给王国高级官员,各省行政长官,议会各院,代表国王负责行政、司法的执行官和宫廷总管大臣及法兰西王国财务总管的命令。如果说米歇尔·德·洛皮塔尔曾是非常"重要的官员",这些都是有力的证据。因此我们不得不猜想美第奇王太后从1560年到1568年是心甘情愿为掌玺大臣米歇尔·德·洛皮塔尔当"秘书"的,而这并不是美第奇王太后呈现给那个时代的大使们和政治家们的形象。

　　说实话,由于宗教的冲突而实行的跷跷板游戏比起米歇尔·德·洛皮塔尔的手段要逊色得多。当然,这个正直的人的确是个聪明人,他的职业生涯成功地证明了这一点。

[①] 有许多关于米歇尔·德·洛皮塔尔"这个推行宽容政策英雄"的不可思议的赞颂。其中最有说服力的是维尔曼的。另外还有一些很好的作品,但仍然需要写一段真正关于他的生活和政治角色的批评性历史。——原注

第 5 章　第一次宗教和解尝试与圣丹尼斯之战

作为波旁陆军统帅的医生的儿子,米歇尔·德·洛皮塔尔曾跟随他的父亲逃到了国外,人们后来都忘记了他这个人生最初的污点。米歇尔·德·洛皮塔尔风格庄重的拉丁诗使他在学者们中受到重视,皮埃尔·德·龙萨和马罗学派都把他当作他们文学争论的仲裁者[①]。1537 年,米歇尔·德·洛皮塔尔娶了刑事总监让·莫林的女儿。这位刑事总监把

波旁陆军统帅

---

① 杜普雷-拉萨尔:《被选为法兰西王国掌玺大臣(1505—1558)前的米歇尔·德·洛皮塔尔》,巴黎,1875 年,第 163 页到第 171 页。——原注

巴黎议会顾问一职当作嫁妆送给了米歇尔·德·洛皮塔尔[①]。议会的学究气、喜好争论及对胜利的贪婪曾令米歇尔·德·洛皮塔尔感到厌恶。数年后他成了审计法院的主席之一。因曾用拉丁文颂扬了第二代吉斯公爵弗朗索瓦·德·洛林和洛林红衣主教查理·德·洛林的军事荣耀和雄辩之才，所以在他们的保护下，米歇尔·德·洛皮塔尔被提拔为法兰西王国掌玺大臣——王室的最高级官员之一，也是唯一一个可以穿法官礼袍的官员。但在权力上升的过程中，米歇尔·德·洛皮塔尔的刚毅已经屈服于野心，直到西奥多·德·贝泽指责他过于追求"奉承的技巧"时，他才开始重新找回刚毅这一良好的品性。虽然行政官员们觉得米歇尔·德·洛皮塔尔在行使职权时总是很生硬，令人不快甚至有些冒昧，但也许并不是这个"真正的加图[②]"用宽容的思想拉拢了那些曾被他无情指责出卖正义的大大小小的司法官员。米歇尔·德·洛皮塔尔还曾通过让人在某个省级法院登记多数派宣言来侮辱巴黎议会。人们记得，但却非常不愿意提及这个"伟大"的记忆。掌玺大臣米歇尔·德·洛皮塔尔在那些不幸的时刻并不总是能够长袖善舞、左右逢源[③]。

米歇尔·德·洛皮塔尔是善良和仁慈的。他所追求的目标就是爱和慈善，他讨厌限制信仰自由。但我们需要知道米歇尔·德·洛皮塔尔的

[①] 这位刑事总监后来成为改革派的积极迫害者。他以某种不为人知的代价作交换，从国王那里得到了在议会中担任顾问的权利，这对他的未来女婿是有利的。议会起初难以接受米歇尔·德·洛皮塔尔，但最后还是妥协了。关于这个与调查者拉扎雷·德·贝夫有关的任命，请参见杜普雷－拉萨尔：《被选为法兰西王国掌玺大臣（1505—1558）前的米歇尔·德·洛皮塔尔》，第75页到第76页。——原注

[②] 加图，这里指老加图（公元前234—公元前149），罗马政治家、作家。他虽来自一个古老的平民家庭，但建立了赫赫战功，然而却没有在罗马担任行政官员。

[③] 玛吉斯先生曾非常认真地分析了议会的登记册（《从瓦卢瓦国王登基到亨利四世去世前的巴黎议会史》，第3卷，巴黎，1913至1916年），但他对米歇尔·德·洛皮塔尔形成了一个错误的看法。认为他是"温和的调解者"，他"认识到要调和议会和王室的权力，有必要使他们不再相互对立，说得更好听些就是：将他们团结起来对抗共同的危险"，第2卷，第28页。有什么危险呢？是天主教的顽固态度还是新教的推动呢？在最后两卷中也有一些忽略或鄙视印刷资料的偏见，这也是唯一与我相关的。这是新的学科。除了还没有发表的东西，实在没有什么真实和有趣的。——原注

第5章 第一次宗教和解尝试与圣丹尼斯之战

宗教政策是受到容忍原则的启发，还是出于他对改革者所怀有的个人同情。我们刚刚看到让·加尔文在1563年时曾期待从他那里得到什么样的帮助。米歇尔·德·洛皮塔尔一直信奉天主教，但他的妻子和女儿支持改革派。在他刚任职时，他曾用严格的法律来规束那些扰乱秩序的宗教人士，但后来他似乎认为天主教教徒的严酷反而使新教教徒的反抗精神更合理了。掌玺大臣米歇尔·德·洛皮塔尔和美第奇王太后在向相反的方向发展，却没有意识到正是他内心的宽容推动了这一切。美第奇王太后停留在原地，甚至出于对天主教力量或自己利益的考虑还向后退缩了。不过，她否认自己曾想要撤销和平敕令。事实上，只要新教教徒安分守己，她就会遵守敕令，也会尽可能地让别人遵守。尽管面对来自王国内部及天主教大国的压力，美第奇王太后仍然希望可以继续这个由她构想并主动提出的宽容政策。

美第奇王太后有自己的安抚手段。一天她给她的一个儿子写信道①："我曾听你的祖父说过，为了和弗朗索瓦家族和平相处并让他们爱戴自己的国王，需要做两件事——让他们保持快乐和让他们做一些操练。因为弗朗索瓦家族在没有战争时已习惯了操练，如果不让他们继续，他们会做更危险的事。"美第奇王太后总是想起弗朗索瓦一世统治时的宫廷。在出现矛盾后，她马上就营造出一个类似的来，而且人数更多，更加辉煌。她召来了当时法兰西王国最高贵家族出身的八十位夫人和小姐帮她体现王室住宅的体面。布朗托姆说，这位王太后想让她们像女神一样穿着丝绸和金饰衣服，却像平凡人那样殷勤好客。美第奇王太后希望她们优雅美丽，过着考究奢华的生活，可以通过一些游戏和表演吸引新教和天主教贵族，将他们留在国王身边，使他们厌恶可怕的战争。

---

① 赫克托·德·拉费里埃，巴格诺·德·普晒斯：《凯瑟琳·德·美第奇的信》，第2卷，第92页。我们将在第8章看到的这封信是写给亨利三世而不是查理九世的，而且正如拉费里埃所说，美第奇王太后是在1576年底而不是1563年写的，这封信是政府的某种内部文件。——原注

布朗托姆

在这些夫人和年轻小姐中,有一些是美第奇王太后在度假和外出巡视中带回的宠信者。这是一支美第奇王太后以自己的方式软化、笼络政党领袖的著名"流动大队"[①]。但必须指出的是,这支队伍里还有一些并不年轻的女子和一些一直被视为品德高尚的女士。

在这个宫廷中可能存在一些品行不端的人,但我们怎敢说哪个宫廷中的人品行都是好的呢?美第奇王太后非常谨慎地对待这些人,甚至对

---

① 由于我们看到的原因,我不敢再像我在欧内斯特·拉维斯《法国通史》第6卷,第88页那样肯定流动队伍的作用。——原注

第 5 章 第一次宗教和解尝试与圣丹尼斯之战

许多错误装作视而不见。这位王太后当时有三个儿子,其中一个还统治着国家。当他们成年后,她有义务像其他母亲一样,甚至像自己一直容忍不忠的丈夫一样,容忍他们的差异。我们必须警惕那些由于种种原因而书写了歪曲事实的抨击文章的作者和传道者。纳瓦拉王后珍妮·阿布莱特曾向自己儿子揭露法兰西宫廷是一个让人堕落的地方,在这里"不是男人恳求女人,而是女人恳求男人"①。但对这些话,我们不必太过当真。这个刻板的胡格诺派,大概是出于对女性的维护,而在恶意诽谤美第奇王太后周围那些取悦者和无辜的主动接近者。

老年时曾写回忆录来教育子女的布永公爵也属于胡格诺派,他却用另一种口吻讲到了自己进入宫廷时的样子:"那时我们有个认知,如果贵族子弟没有一位女教师是不合礼仪的。这个女教师是谁不是由他们自己决定的,更不是出于喜好选择的,而是或者由某些亲戚、上级赐予,或者由女教师自己选择她愿意为之服务的人。"当蒙莫朗西-当维尔元帅——"法兰西王国现任陆军统帅"②,"也是莎涛讷芙小姐的日耳曼叔叔"——"将莎涛讷芙小姐赐予我做我的女教师时,我在自己的权限和年龄(十三岁)允许的范围内尽可能认真地遵从她的教导。她也十分关心我,为一切在她看来做得不妥当、不得体或不礼貌的事而责备我。做这些时,她带着一种似乎与生俱来的庄重,除了她没有人帮我进入这个宫廷并让我有了宫里人的气派。在后来的圣巴泰勒米女士到来之前,我一直是跟着她学习,而且一直以此为荣。我不能指责这个习俗,因为当时在大家看来这些都是理所当然的。年轻人在这个时期是不愿意做任何不合礼仪的事的……自从人们只会用厚颜无耻、恶意中伤和污言秽语

---

① 1572 年 3 月 8 日的信。《法国历史学会公报》,1835 年,第 2 卷,第 167 页。——原注
② 这一章写于 1593 年,也就是蒙莫朗西-当维尔被任命为陆军统帅的那一年,以及 1614 年,他去世的那年,大概是在亨利四世统治期间。事实上,豪泽在《16 世纪法兰西历史的起源》,第 3 卷:《宗教战争》,第 62 页中说这些回忆录是在 1609 年写的。——原注

来做装点后,美德就被蔑视,谦虚就被指责,这也使年轻人再无法实现他们怀揣已久的目标了①。"

这些贵族女士对年轻绅士在品行礼仪和上流社会的优雅举止方面所做的指点,可以阐释布朗托姆的这一评价,但人们曾一度试图将这个评价当作悖论。"美第奇王太后的陪伴者们让她的宫廷成为一个真正的人间天堂,成为法兰西王国培养正直、美德的学校及王国的荣耀②。"布永公爵不愿意为了说教,再去过多美化那些年轻人的过去;这个过去如此富有魅力,甚至钦佩美第奇王太后的布朗托姆也不想再过多指责那些为这位王太后服务的年轻女子了。令人难以置信的是,这两个性格如此不同的人竟然都在颂扬美第奇王太后的宫廷。

当代人都赞同美第奇王太后的宫廷是伟大的。正如亨利四世在征服了法兰西王国的子民之后,曾在比隆元帅面前曾夸耀说,自己有朝一日也将"建成和美第奇王太后的宫廷完全一样的宫廷,既丰富多彩又辉煌壮丽"。而比隆元帅却回答说:"这既不是您也不是将来的国王可以做到的,除非您与上帝做交易将美第奇王太后复活并把她带回来。"③

宴会是美第奇王太后王宫日程表的一部分。1564年2月和3月期间她在枫丹白露宫举办了一系列奢华的欢宴庆典。每天都有新的表演:由最伟大的领主率领装备精良的六支队伍进行的游行;六个穿戴华丽服

---

① 巴格诺·德·普晒斯:《自布永公爵以来(1565—1586)的图伦内子爵回忆录》,第17页到第18页。根据布朗托姆的说法,在这三年中,图伦内说到他尊敬的美丽的莎涛讷芙一直是安茹公爵的女教师(自亨利二世以来)(布朗托姆:《作品集》,第9卷,第509页)。后来由于一时冲动,她在马赛嫁给了佛罗伦萨人安蒂诺蒂,但因当场捉住他通奸而亲手杀死了他(1577年9月)。布永公爵不可能不知道这些事,但他仍然尊重对这位仁爱和正义的人的回忆。女孩和安茹公爵,两个自由的年轻人之间的关系,因感情、持续时间及莎涛讷芙擅长的世俗礼仪艺术而如此高尚,甚至让布永公爵忘记了这种关系的不合法性,他几乎没有想到要指责这位年轻女子报复了欺骗她的低级官员。作为基督徒,又是贵族的布永公爵,认为世人已有的观点应像福音格言一样应受到尊重。——原注
② 布朗托姆:《作品集》,第7卷,第377页。——原注
③ 布朗托姆:《作品集》,第7卷,第400页。——原注

比隆元帅

饰的美女组成的马队表演；马上比武、骑士比武、枪骑兵训练、障碍比试；以"花园水渠中的美人鱼演奏着完美音乐"为背景的罕见盛宴；"皮埃尔·德·龙萨的牧歌音乐独奏会和以美丽的日尼尔为主题的悲喜剧"。这部剧是由一位著名的作者从阿里奥斯托的《愤怒的罗兰》①中改编而来的。②这样一来，骑兵竞技表演、列队操演、力量和技能的对决与更精美的娱乐就交织在了一起。

由军队向军队，或由骑士向骑士提出的挑战联盟，歌舞者们向女士们吟诵的恭维诗歌，或可以根据装扮者的标识辨认出的朱庇特、帕拉斯③、墨丘利④、爱神⑤等诸神及寓言中的人物，来赞美主权的假面舞剧，圣诗、歌曲、对话、独白等所有由伟大的皮埃尔·德·龙萨撰写的应景诗歌⑥，以及那些在鲁特琴、六弦琴、双簧管、古提琴的音乐声中朗诵吟唱的同样由皮埃尔·德·龙萨撰写的插曲，所有这些仅是为了填补《美丽的日尼尔》的幕间休息时间。这出悲喜剧首次上演是在宫廷前的城堡大厅里，也就是现在的亨利二世画廊，并且由一些法兰西王室的子嗣，如玛格丽特·德·瓦卢瓦和亨利·亚历山大；有着王室血统的亲王和公主；伟大的领主和女士们：孔代亲王路易一世·德·波旁、第三

---

① 《愤怒的罗兰》是一首由阿里奥斯托创作的史诗，由四十六首八行诗体的歌曲组成，共计三万八千七百三十六句。此诗于1505年开始创作，1516年首次出版，随后于1521年再版，1532年全部完成。最初用费拉拉的意大利方言写成，后由托斯卡纳文学作者进行了改编。
② 让·勒布劳尔：《卡斯泰尔诺－穆维希尔回忆录》，1659年，第1卷，第5册，第6章，第168页到第169页；布朗托姆：《作品集》，第7卷，第370页；洛莫尼耶：《抒情诗人皮埃尔·德·龙萨》，1909年，第220页到第221页起。——原注
③ 帕拉斯又称帕拉斯·雅典娜，是希腊神话中的女神，在罗马被认为是智慧女神，军事战略及艺术女神等。
④ 墨丘利对应希腊神话中的赫尔墨斯。他是罗马神话中众神的使者，以及畜牧、小偷、商业、交通、旅游和体育之神，罗马十二主神之一。
⑤ 爱神这里指维纳斯，她是罗马神话中爱与美的女神，罗马十二主神之一。她最初可能是一种果园的精灵。小爱神丘比特是她的儿子。
⑥ 洛莫尼耶：《抒情诗人皮埃尔·德·龙萨》，第216页起。——原注

阿里奥斯托

代吉斯公爵亨利一世·德·洛林、于泽斯公爵夫人路易丝·德·克莱蒙、雷斯公爵等出色的演员表演。后来成为驻英大使的卡斯泰尔诺-穆维希尔还诠释了戏剧的结局和寓意。当时的法兰西宫廷给那些体验了艰苦军队生活的贵族，尤其是美第奇王太后希望争取的孔代亲王路易一世·德·波旁，提供了一个乐园。在福音诗中，皮埃尔·德·龙萨肯定是按顺序把缔结和平的荣誉归到了这位孔代亲王和美第奇王太后身上。

一位和我们的国王有着共同祖先的
出身良好的亲王
与美第奇王太后团结一致
轻松打败了
低声埋怨的玛斯[①] 战神[②]

孔代亲王路易一世·德·波旁已经成为大家所希望的样子：不仅是一个英勇健壮的亲王，而且是世界上最聪明的骑士。他不遗余力地取悦国王，并让陛下和整个宫廷都知道"这位亲王内心一点也不乖戾"[③]。

孔代亲王路易一世·德·波旁有着波旁家族多情的性格，不完全是清教徒的胡格诺派士兵曾赞赏地唱道："这位总在歌唱，欢笑的英俊小亲王一直在亲吻他的爱人……"

美丽的圣安德烈元帅夫人喜爱孔代亲王路易一世·德·波旁，还把瓦勒里城堡作为礼物送给了他——这在当时是非常体面的。而孔代亲王路易一世·德·波旁爱着的却是陪伴美第奇王太后并为她服务的一名

---

① 玛斯是罗马神话中的战争之神，代表荣誉、农业、勇猛、生产力。
② 布朗什曼：《皮埃尔·德·龙萨作品全集》，1860年，第4卷，第18页到第19页。——原注
③ 让·勒布劳尔：《卡斯泰尔诺-穆维希尔回忆录》，1659年，第1卷，第5册，第6章，第168页到第169页。——原注

第5章 第一次宗教和解尝试与圣丹尼斯之战

贵族女子，漂亮的伊莎贝尔·德·利默伊①。但据说这位伊莎贝尔·德·利默伊更喜欢年轻的国务秘书弗洛蒙·罗伯特②，而孔代亲王路易一世·德·波旁却不愿相信③。当伊莎贝尔·德·利默伊在庄严的庭讯那天在第戎分娩时，美第奇王太后被这个错误或者说丑闻激怒了，把她安置在奥克松的一个修道院，而孔代亲王路易一世·德·波旁却非常高兴地给她写信说，他已经知道她决心不再接受除他以外的男人了。"我的爱人，我向你坦白，我很烦恼竟会有人问到这个问题：这个孩子是谁的？就好像你有过两个男人似的……"④路易一世·德·波旁给伊莎贝尔·德·利默伊的信向大家证明了一些事，虽然似乎有些晚，但他确实是这个孩子的父亲。然而美第奇王太后却不为这种过度的自信所动，免去了伊莎贝尔·德·利默伊为自己服务的贵族女子的身份。

枫丹白露宫只是美第奇王太后开始将年轻的法兰西国王展现给他的子民，并重现君主信仰的漫长征程——环法旅行的第一步。这次大型的环法旅行持续了两年多（1564年3月到1566年5月），从法兰西岛大区到巴鲁瓦⑤，从勃艮第到普罗旺斯，从朗格多克到巴约讷及西班牙边界，从加斯科涅到布列塔尼，从卢瓦尔河到奥弗涅，这场旅程的起点是美第奇王太后的母系家族所在地拉图尔。查理九世率领作为随从的国王议会

---

① 伊莎贝尔·德·利默伊（1535—1609）曾是陪伴并为美第奇王后服务的女士。她其实是美第奇王后的远房表妹（两位女性均来自奥弗涅的拉图尔家族）。据同时代人说，伊莎贝尔·德·利默伊是一位大美女，被誉为陪伴美第奇王太后的著名的"流动队伍"的宝石之一。这里的女士都有很好的出身，即美丽又有学识。她们中的许多人还负责间谍活动，甚至可以操纵王国或外国大使中的重要人物。
② 弗洛蒙·罗伯特（1540—1569），法兰西宫廷的大臣和国务秘书。
③ 奥马勒公爵：《16和17世纪的孔代亲王史》，第1卷，第259页到第268页。——原注
④ 奥马勒公爵：《16和17世纪的孔代亲王史》，第1卷，第547页。这名年轻女子也被指控曾想毒死拉罗什亲王。孔代亲王路易一世·德·波旁从图尔农带走了她，在那里她又被转移到了奥克松。后来她嫁给了有钱的意大利医生——卢瓦尔河畔肖蒙地区的男爵西皮奥·萨尔迪尼。（《凯瑟琳·德·美第奇的信件》，第2卷，第189页，注释2）。——原注
⑤ 巴鲁瓦是法国默兹省西南部一个自然形成的地区。

成员，一小支包括四名武装随从和近卫骑兵的军队，以及菲利普·斯特罗齐指挥的法军卫队走在前面。整个宫廷都陪着查理九世，贵族、女士及公主们有的骑着马，有的在礼梯艾贺里①，还有的坐在四轮旅行马车或四轮货车上行进。后面还跟着数千名服务人员，有仆人、驯马师、养

菲利普·斯特罗齐

---

① 在当时行进中的队伍中使用的一种帷幔。美第奇王太后就在她的礼梯艾贺中。这是老式的乐提轧，今天仍在西西里岛使用，诚实的西尔维斯特·勃纳尔说在那里还能找到它。阿纳托尔说："乐提轧是一种没有车轮的车，或者就是一个礼梯艾贺。一个由一前一后两只骡子驮着的轿子。"西班牙人在 15 和 16 世纪也让人在路途中带着这些"加大的礼梯艾贺"。——原注

第5章 第一次宗教和解尝试与圣丹尼斯之战

狗官、车马侍从、收集草料的骑兵、卖酒食的随军商贩、厨师、洗衣妇和各个等级的工人。这个流动的宫廷在短时间内四处移动，停留在可以满足它进行商业、娱乐和补给的地方。国王查理九世庄严地进入各个主要城市，如特鲁瓦、第戎、里昂、马赛、蒙彼利埃、图卢兹、波尔多、拉罗谢尔等地。当地的行政官员们在大门前迎接查理九世。国王查理九世与穿着华丽的随从穿过壁垒，在行政官员和军队的双重人墙中，在讲述着主人的荣耀和表达臣民欢迎愿望的雕塑和刻有诗歌、散文、铭文的一个个凯旋门下列队行进。在巴勒迪克各处，当美第奇王太后为了外孙

第戎

亨利二世·德·洛林①在巴约讷的洗礼而与西班牙王后伊丽莎白·德·瓦卢瓦——她的女儿相遇时，举办的各种比武、骑马驰骋、舞蹈、歌唱和音乐会都向国内外展示了法兰西王室的辉煌和财力。

在北部平原长大的年轻国王查理九世看到了山脉、大海和南部地区。普罗旺斯，正如在游记作家亚伯·古安的叙述中描写的那样让他震惊。这仿佛是另一个国家，有着不一样的天空，不一样的气候。"在

亨利二世·德·洛林

---

① 亨利二世·德·洛林（1563—1624），他是洛林公爵查理三世和克劳德·德·瓦卢瓦的长子，也是洛林公国的继承人。

第 5 章　第一次宗教和解尝试与圣丹尼斯之战

耶尔①这座城市周围，有如此多的橙树、棕榈树、胡椒树和其他覆盖着绒毛的树，好像形成了一个森林。"拉克罗②是"一个被百里香和鼠尾草覆盖的大平原"。"蒙彼利埃附近的马盖隆新城③是一个满是海藻沼泽的要塞，那里有许多被叫作火焰的大鸟（可能是火烈鸟）"……除此之外，查理九世还见识了法兰西王国南部自然气候的恶劣：在通过罗讷时，他在阿尔勒"被大水围困"了二十一天（1564 年 11 月 16 日至 12 月 7 日）；在卡尔卡松④，下了一整晚的大雪又困了他好几天；1564 年 6 月，在巴约讷，有五六名骑兵竟因"酷热"而窒息死亡⑤。

在此期间，查理九世也经历了许多快乐的时光。在马赛时，他喜欢在西皮翁·德·菲斯科⑥伯爵指挥的两艘战船上散步。查理九世甚至想离开港口前往伊芙城堡，但波涛汹涌的地中海让这个想去大海冒险却不识水性的人望而却步了。查理九世在巴约讷和圣·让·鲁兹⑦时更开心。他在军舰甲板上凝视着广阔的海洋，也许他还想到了刚刚冒着生命危险穿过海洋的让·里博⑧和劳顿尼尔贺上尉⑨，他们在西班牙佛罗里达州边上建立了法兰西王国的一个殖民地，并将它命名为"卡罗来纳"。查

---

① 耶尔是今法国普罗旺斯-阿尔卑斯-蓝色海岸大区瓦尔省的一个城市。
② 拉克罗是位于今法国普罗旺斯-阿尔卑斯-蓝色海岸大区瓦尔省的一个市镇，是土伦地区东部的一部分，在海耶和卡尔基兰海滨度假胜地的后面。
③ 马盖隆新城是今法国南部的一个市镇，位于奥辛塔尼地区的埃罗省的蒙彼利埃市郊。
④ 卡尔卡松是今法国欧西坦尼亚地区奥德省的省会城市。
⑤ 奥拜侯爵的《由国王的仆人亚伯·古安收集整理的国王查理九世以摄政者名义发布的旅行演讲文集》（巴黎，1566 年），重新印刷在《法兰西历史的短暂瞬间》一书中，巴黎，1759 年，第 2 卷，第 3 册，第一部分。——原注
⑥ 西皮翁·德·菲斯科（1528—1598），菲斯科伯爵，忠实于美第奇王太后、奥地利的伊丽莎白和路易丝·德·洛林。
⑦ 圣·让·鲁兹是位于新阿基坦地区比利牛斯-大西洋省的一个法国市镇。
⑧ 让·里博（1520—1574），法兰西王国海军上尉和探险家。
⑨ 劳顿尼尔贺上尉全名雷内·德·古莱纳·劳顿尼尔贺（1529—1574），是一位来自南特的法兰西王国胡格诺派探险家。

伊芙城堡

劳顿尼尔贺上尉

理九世热爱比阿里茨①，一个"美丽的海滨村庄，在那里人们能抓到鲸鱼"。在布鲁阿格，一个创建在美丽的天然港口的"新城市"，海员们为查理九世上演了一出海战剧。法兰西国王查理九世开始对海洋感兴趣了。此外，他也喜欢看自己子民的娱乐活动。这些对国王查理九世来说是新鲜的。这也唤起了美第奇王太后对佛罗伦萨公牛比赛的回忆。亚伯·古安曾说，在阿尔勒角斗场中，角斗士攻击野牛并使它们"一头头倒在地上"，而在巴扎斯，角斗士用"很长的专门戳牛用的尖棒"攻击野牛。在官方记述中，各省的舞蹈也占了很大的篇幅。在布里尼奥勒，一些穿着绿色塔夫绸、白色塔夫绸的美丽女子跳着普罗旺斯风格的舞蹈；在蒙彼利埃，戴着面具、穿着好看的斗篷的男子，手执用花装饰的木环随着音乐的节奏，跳着特嗨耶舞②；在圣·让·鲁兹，巴斯克女孩拿着能发出声音的铃鼓表演；在南特，表演的是"布列塔尼特的黑奥合舞以及快三步舞和吉勒嗨舞③"。王公贵族在各处都能看到富有异域风情的表演，新世界是新奇的④。远离海洋的特鲁瓦人民为了迎接查理九世的到来，甚至让一群穿着森林之神衣物的男子和打扮成"野蛮人"的部队一起前进。波尔多作为一个港口也更好地展示了"大量形形色色和城市人一起游行的蛮族"。

然而在这次旅程中，美第奇王太后并非除了享乐无事可做。在梅肯，她接见了由八位耶稣教牧师陪同的纳瓦拉王后珍妮·阿布莱特。珍妮·阿布莱特恳求美第奇王太后辞退这些令她名誉受到影响的随从，并且像人们在罗马控诉的那样，让美第奇王太后承诺不再迫使自己的臣民信仰天

---

① 阿里茨是位于今法国西南部阿基坦地区的比利牛斯－大西洋省的一个乡村。它毗邻大西洋，位于比斯开湾的凹陷处，距离西班牙边境不到二十五千米，海岸线长四千米。
② 特嗨耶舞是蒙彼利埃一种传统的舞蹈，流行于15和16世纪。
③ 特黑奥合舞和吉勒嗨舞均是16世纪布列塔尼流行的传统舞蹈。
④ 这些原始人激起的新奇。蒙田：《残忍的人》，第30章；《母猪》，第3册，第6章；外交官吉尔伯特·卡纳德：《19世纪法国文学的美国情调》，巴黎，1911年。——原注

第 5 章　第一次宗教和解尝试与圣丹尼斯之战

主教。可能正是由于珍妮·阿布莱特的这种轻率或莽撞,导致了政府禁止公众在国王经过的所有地方,在他逗留期间,公开进行新教礼拜活动(《里昂宣言》,1564 年 6 月 24 日)。但政府也向那些"会克制地待在自己房屋"的新教教徒承诺"不会用任何方式搜捕他们"[5]。《鲁西永敕令》[6](1564 年 8 月 4 日)重新捍卫有审判权的领主和其他胡格诺派贵族接纳外来者参加他们私人仪式的权利,允许牧师们在特权场合外布道、举行主教会议和进行募捐。此教会还下令教士、僧侣和已婚修女中止他们的婚姻,或"返回修道院",或离开法兰西王国。否则男人会被罚做苦役,女人会被关进"高墙大狱"[7]。在王国和教会合二为一的时代,这种严酷的律例和治安措施是可以理解的,然而改革派却收留了那些还俗教士。但如果美第奇王太后严格执行和平敕令,她会用它来反对官员、行政长官和城市修会的专横。尽管陪审员、市长和治安法官不愿意,国王查理九世还是免除了波尔多的新教教徒在仪式队伍经过时必须覆盖他们房屋正面的要求。免除了他们支付宗教协会贡金,以及向"圣安东尼的圣物"宣誓。另外,尽管城市立法议会不同意,国王查理九世仍宣称新教教徒有担任市政职务的资格[8]。美第奇王太后致信在多菲内的国王中将戈尔德男爵[9],命他为布赖恩奈斯[10]新教教徒的礼拜活动提供方便。而当天主教教徒抱怨这位"有手腕的"总督时,美第奇王太后却让议会因他一直让国王臣民们在其管辖省份保持休息和安宁而感谢他。美第奇王太后要求能够指挥罗马教皇在阿维尼翁、塞尔

---

[5] 丰塔农:《法兰西国王的法令和敕令》,1611 年,第 4 卷,第 279 页。——原注
[6] 《鲁西永敕令》也叫《巴黎敕令》,是 1564 年的法令,于下一年 1 月 1 日开始在法兰西王国实施。
[7] 丰塔农:《法兰西国王的法令和敕令》,1611 年,第 4 卷,第 280 页到第 281 页。——原注
[8] 丰塔农:《法兰西国王的法令和敕令》,1611 年,第 4 卷,第 281 页到第 282 页。——原注
[9] 戈尔德男爵原名贝特朗·兰博·德·西米五世(1513—1578),是戈尔德和卡瑟纳沃的男爵,是第一个被称为戈尔德男爵的人。
[10] 布赖恩奈斯是一个法国的自然区,位于普罗旺斯-阿尔卑斯-蓝色海岸地区的上阿尔卑斯省北部,是法国阿尔卑斯山的一部分,处在意大利的边界。

戈尔德男爵

贝罗尼驻扎的军事力量，最终允许让新教教徒返回家园，并返还了孔塔－维奈桑①新教教徒的财产②。

但美第奇王太后无法安抚具有不同思想的各党派和控制他们的宗教热情。"在普罗旺斯，在查理九世经过的所有城镇里，孩子们穿着白衣一直到城镇外半英里远的地方迎接，叫着国王万岁，神圣的弥撒万岁……"③恰恰相反的是，尼姆④的改革派则大喊着"正义、正义"来

---

① 孔塔－维奈桑是一个古老的邦国，是教会国的一部分，在中世纪1274年成立，并于1791年9月14日完全解散。它是现在的法国沃克吕兹省的一部分。
② 阿尔诺：《普罗旺斯和孔塔－维奈桑的新教教徒史》，第2卷，1884年，第204页到第205页。——原注
③ 亚伯·朱安：《国王查理六世的旅行讲话和文集》，第12页。——原注
④ 尼姆是今法国东南部的一个城市，属于当时的朗格多克地区。

第 5 章　第一次宗教和解尝试与圣丹尼斯之战

反对他们的行政长官蒙莫朗西-当维尔的不宽容政策。在卡尔卡松时，美第奇王太后收到北方的重要消息。离开时，她已将巴黎和法兰西岛政府留给了陆军统帅阿内·德·蒙莫朗西的长子——弗朗索瓦·德·蒙莫朗西元帅管理。他是一个谨慎又温和的人，但却盲目服从命令，反对吉斯家族成员。当弗朗索瓦·德·蒙莫朗西知道洛林红衣主教查理·德·洛林带着火枪兵部队准备穿过巴黎时，1564 年 12 月 13 日，他要求洛林红衣主教查理·德·洛林签署一份国王此前做出的声明，那就是无论在

弗朗索瓦·德·蒙莫朗西

什么情况下，都禁止法兰西王国所有臣民带着武器出行。洛林红衣主教查理·德·洛林因担心会被当成保勒涛·德·梅勒的同谋，所以在1563年2月25日就请求并取得了美第奇王太后的赦免。因此洛林红衣主教查理·德·洛林直接忽视并拒绝执行这一声明，带队从圣丹尼斯进入巴黎。但他的护卫队受到地方长官弗朗索瓦·德·蒙莫朗领导的部队的攻击而溃败（1565年1月8日）[①]。美第奇王太后非常纠结：她不敢责备陆军统帅阿内·德·蒙莫朗西的儿子，又担心令洛林家族不满。幸运的是，改革派领导人内部意见产生分歧。海军上将加斯帕尔·德·科利尼赶来协助他的表弟弗朗索瓦·德·蒙莫朗西；而孔代亲王路易一世·德·波旁，自从妻子埃莉诺·德·鲁瓦去世以来，已经和享有亡夫遗产的公爵夫人弗朗索瓦丝·德·奥尔良再婚并和吉斯家族交好，宣布支持红衣主教，并且还去巴黎捍卫他。美第奇王太后利用这种分歧，禁止洛林家族、沙蒂隆家族和其他胡格诺派人士在首都停留。法兰西王国再次重归平静。

　　这种远距离干预措施的成功使美第奇王太后产生了错觉。她以为两个党派及其领导人都同意或支持她的跷跷板游戏。出于对自己的能力和运气的自信，美第奇王太后前往巴约讷，在那里高兴地会见了西班牙王后——她的女儿伊丽莎白·德·瓦卢瓦。但美第奇王太后本应想到这次将沙蒂隆红衣主教卡迪纳·德·科利尼、孔代亲王路易一世·德·波旁、纳瓦拉王后珍妮·阿布莱特和大法官排除在外的会见有可能会让新教教徒感到不安。

　　美第奇王太后想要的不仅仅是一个简单的家庭聚会。在昂布瓦兹实现和平之后，教皇、西班牙国王和神圣罗马帝国皇帝都宣称自己非常不

[①] 赫克托·德·拉费里埃，巴格诺·德·普晒斯：《凯瑟琳·德·美第奇的信件》，第2卷，第253页到第255页和注释，及第261页到第262页各处。德鲁布：《巴黎和法兰西岛的总督：弗朗索瓦·德·蒙莫朗西》，第6卷，第245页到第248页及第236页。——原注

第 5 章　第一次宗教和解尝试与圣丹尼斯之战

满。美第奇王太后因此提出了与这些不满者召开一个大会的想法，希望大家能在这个会议中一起想出如何平衡宗教差异的方法。美第奇王太后打算用宽容政策的必要性来说服他们。即便无法达到目的，她也希望能诱导这些人做出某个长期的承诺，毕竟需要依靠他们来获取更多利益。美第奇王太后是一个母亲，当时家中还有一个待嫁的女儿和几个未娶的儿子。洛林红衣主教查理·德·洛林做得很好，美第奇王太后在1563年6月写道①："皇帝（斐迪南）②已经同意玛格丽特·德·瓦卢瓦与他的孙子罗多尔夫③，以及查理九世与他一个孙女的婚礼。但这还需征得哈布斯堡王室的领袖腓力二世的同意。"事实上，美第奇王太后更愿意将女儿嫁给西班牙王位的铁定继承人卡洛斯，并为安茹公爵——她的儿子亨利·亚历山大向腓力二世请求迎娶享有亡夫遗产的葡萄牙王妃胡安娜，同时要求将一个公国作为他们的婚礼礼物。美第奇王太后想让人明白，她将以此为代价挽救法兰西王国的宗教形势，但没有说明推行这一挽救行动的方法。就在这时（1564年7月25日），神圣罗马帝国皇帝驾崩了，美第奇王太后把所有希望都放在了她最期待的腓力二世身上。为了能在会晤时赢得他的支持，美第奇王太后用了所有方法：暗示、恳求、压迫和温柔的抗议来使她的女婿就范。腓力二世习惯于通过论证推理及书面陈情书严肃地处理事务，对于这种用感情取代理性的女性式外交，他非常困惑。似乎除了期许女儿和儿子的美好婚姻外，所有东西在美第奇王太后的声明中都含糊不清。两个统治者的信件内容如下。美第奇王太后说："安置好我的孩子们以后，我们将很容易就宗教问题达成

---

① 赫克托·德·拉费里埃，巴格诺·德·普晒斯：《凯瑟琳·德·美第奇的信件》，第2卷，第58页。——原注
② 斐迪南这里指哈布斯堡王朝的斐迪南一世（1503—1564），1556年至1564年在位。
③ 罗多尔夫这里指罗多尔夫二世（1552—1612）。他从1576年开始一直是神圣罗马帝国的皇帝，并在帝国之外还统治着匈牙利王国和波希米亚王国。他放弃了其父马克西米利安二世宽容新教的政策，支持反宗教改革的派系。

斐迪南一世与妻子安娜

罗多尔夫二世

一致。"腓力二世回信说:"停止偏袒异教徒,然后我们才会考虑婚姻问题。"腓力二世说他一直排斥会晤,是不想引起自己仍须谨慎对待的英格兰女王伊丽莎白一世的"怀疑和忌妒"。但腓力二世同意让他的主要顾问之一,阿尔巴公爵费尔南多·阿尔瓦雷斯·德·托莱多陪同他的妻子到巴约讷。荷兰的一些省份受到了加尔文派传教士的煽动,无论他们是否是法兰克人,都想穿越法兰西王国边界逃入到那里。腓力二世很想了解岳母美第奇王太后对此的安排,以及她是否能如他所愿将协助逮捕这些煽动者。

在西班牙王后伊丽莎白·德·瓦卢瓦在巴约讷短暂停留(1565年6月16日—7月2日)期间,法兰西王国举办了大量宴会和庆典活动:王室成员入场、参观套圈比赛、烟花、弥撒、游行、徒步或马上格斗、剑矛格斗、在阿杜尔河漫步和在艾格茂岛(今天的朗克岛或在巴约讷下游两千米处的罗尔岛)举行宴会、"所谓好汉们的对峙"及从晚上十点持续到凌晨四点的法兰西王国喜剧。美第奇王太后举办这些旨在向西班牙人证明,法兰西王国并没有因内战而遭到破坏,而且这些也满足了这位王太后对奢华的渴望。但这花销非常大。宴会宾客乘坐着由国王的"壮丽城堡式"船只领路的"装饰豪华"的游船航行到岛上。他们沿途欣赏渔民在渔船上用鱼叉捕捉人造鲸鱼的表演,就像在海上真实发生的一样。在蓝色背景下,一只巨大的海龟由六个穿着银色呢绒的人身鱼尾的特里通[①]海神抬了上来。那些出色的小号角手一发现国王陛下就开始一起吹奏。坐在三辆由海马拉着的马车上的尼普顿[②],和由海豚带领的阿里翁[③]从大海深处赶来向查理九世珍爱的"非凡的伊丽莎白·德·瓦卢瓦"致敬。当王室的船经过时,三条美人鱼同时歌颂查理九世、西班牙国王腓力二世和王后伊丽莎白·德·瓦卢瓦,说他们是西班牙和法兰西王国

---

① 特里通指在一些传说中的男性美人鱼。
② 尼普顿是罗马的海洋之神,朱庇特的兄长,对应希腊神话的波塞冬。
③ 阿里翁是波塞冬(海神和地震之神)和塞雷斯(罗马农业女神)的儿子。

第 5 章　第一次宗教和解尝试与圣丹尼斯之战

的荣耀，查理九世、西班牙王后、腓力二世和美第奇王太后是"宇宙的荣耀"。在岛上登陆时，王室的客人被一队队牧羊人邀请跳舞，这些人穿着由金色布料或缎子制成的法兰西王国的特色服装。在他们前往已经摆好座位的林中空地时，三位仙女拦住并邀请他们一起庆祝法兰西王国和西班牙王国签订的协议，以及他们为"对抗北方及其冰冷细雨"所做的努力，这也许是意味着反对英格兰人潜在的敌意吧①。盛宴之后是仙女和森林之神的芭蕾舞剧，以及回程时夜晚的水上灯饰。客人们欣赏着这些结束了"卓越的一天"②。第二天（1565 年 6 月 24 日），客人们还观看了在比武场内进行的马上决斗。骑士们组成了两支队伍，他们分别是严肃英勇的布列塔尼人和真挚爱情的守护者爱尔兰人。为了展示效果，他们还给国王查理九世和美第奇王太后派了六名优秀的乐器演奏者，其中两人弹里拉琴，两人弹鲁特琴，另外两人拉小提琴。同时还有一个布列塔尼歌手用一种"与人们听到的朗诵语言十分切合的曲调歌唱，清楚明确地发音，他的声音和里拉琴融为一体"。这位歌手颂扬了她伟大的事业——这是对英格兰女王伊丽莎白一世，这位贞洁女王的致敬吗？某个爱尔兰人就此提出了反驳③。这就像在沃尔特堡的音乐表演中，沃尔弗拉姆·埃斯巴克④和坦豪泽⑤把对纯粹的爱情的赞美和世间佳人的赞美进行了对比。

音乐剧序幕结束后，对手们要求现场解决争议。国王查理九世指挥布列塔尼人，国王的弟弟则领导爱尔兰人。

---

① 亚伯·古安：《逃犯》，第 1 卷，第 25 页起。另见《国王的姐姐天主教王后的到来及通过游戏、战斗、骑士比武、套圈比赛、化装舞会、喜剧片及为她创作的优美文集》，巴黎，1565 年，再现了《逃犯》，第 1 卷（第 2 部分），第 2 卷，第 13 页到第 23 页。——原注
② 亚伯·古安：《大型演讲》，第 2 卷；《逃犯》第 1 卷，第 26 页。盖萨尔：《玛格丽特·德·瓦卢瓦回忆录》，第 9 页到第 10 页。——原注
③ 洛莫尼耶：《抒情诗人皮埃尔·德·龙萨》，第 745 页。——原注
④ 沃尔弗拉姆·埃斯巴克（1170—1220），中世纪的德国诗人，他被认为是他那个时代最伟大的史诗诗人之一。
⑤ 坦豪泽（生卒年不详），中世纪德国的爱情诗人。

被选为比赛场地的地方已经为双方主要人员用木板搭建了看台。王室的看台上装饰着代表西皮翁胜利的美丽挂毯，这是弗朗索瓦一世让人根据朱利奥·罗马诺的画编织而成的。从营地的一个门首先进入的是代表着九位缪斯女神的九个小号手所乘坐的一辆象征英勇、审慎、勇气、正义、节制这五种美德的装饰精美的马车，由另一扇门进来的是端坐着爱神与他的母亲维纳斯的四轮马车，以及由九个小爱神陪同的美惠三女神。爱尔兰和布列塔尼骑士让人为他们选择的女士们提供了一枚刻有希腊语或拉丁语的金牌，而作为交换，他们会收到女士们的"惠赠"。之后还有比赛和骑兵竞技表演。当时巴黎的一位目击者讲道：西班牙人和外国人"这时不得不承认法兰西王国在仪式的隆重、场面的壮观方面已经超越了其他所有国家，而且也包括过去的法兰西王国"。这就是美第奇王太后对认为她过于铺张浪费的批评者的答复。

在此期间，阿尔巴公爵费尔南多·阿尔瓦雷斯·德·托莱多和美第奇王太后在相互观察。令这位西班牙大臣震惊的是，就在1565年6月18日会晤时，查理九世和他的母亲在巴约讷门口的圣伯纳德修道院接见了某个由基督教教徒和哈布斯堡最大的敌人所派遣的使者。"伟大的索利曼"①让此人向他的盟友法兰西国王查理九世提出要求，请求法兰西国王查理九世答应在普罗旺斯给他准备一个港口，"以便他的士兵在没有攻克被围困的马耳他市时可以到那里恢复体力"②。美第奇王太后玩了一个双重游戏以便让腓力二世在婚姻问题上妥协：她既请求又威胁，试图通过恐吓得到自己无法通过说服获得的东西。就在美第奇王太后伟大的法兰西王国之旅期间，她曾提出让十六岁的儿子查理九世向三十二岁的伊丽莎白一世求婚，这样就会使西班牙国王因法兰西王国与英格兰

---

① "伟大的索利曼"这里指索利曼一世（1494—1566），他是塞利姆一世·亚维兹的唯一的儿子，也是1520至1566年奥斯曼王朝的第十个苏丹。在西方他被称为"伟大的索利曼"，在东方则被叫作"立法者"，因为他重建了奥斯曼法律体系。
② 亚伯·古安：《国王查理九世的旅行讲话和文集》，第25页。——原注

"伟大的索利曼"

的联盟而感到恐惧①。土耳其大使的出现向美第奇王太后证明，如果她愿意，她就有办法让西班牙国王腓力二世在西地中海的统治及西班牙海岸的安全陷入险境。但这样一来，美第奇王太后将不得不和一个强大的对手为敌。而阿尔巴公爵费尔南多·阿尔瓦雷斯·德·托莱多则建议两个宫廷联合起来反对异教。一个月后，开始驱逐新教牧师出境，取消礼拜自由，发布《特伦特教谕》，并将持不同意见的地方长官、议员、军队指挥官、营地主人、上尉和国王的官员（治安法官）们革职。但在这份协议草案中，为了防止加尔文主义侵入荷兰，法兰西国王必须中止宽容政策，这就使法兰西王国重新陷于动乱之中。阿尔巴公爵费尔南多·阿尔瓦雷斯·德·托莱多提出了这些后开始保持沉默并等待回应。但他后来厌倦了，又提出了新的会晤要求。在发表了对法兰西王国宗教分裂的几点看法之后，美第奇王太后恳请阿尔巴公爵费尔南多·阿尔瓦雷斯·德·托莱多给出补救办法，因为他很清楚王国的病症。而这位公爵却回答说，这不是他的事，况且美第奇王太后应该比他了解得更多。美第奇王太后再三问道：如果是腓力二世，他会用什么方法使新教教徒和反叛分子重守本分呢？阿尔巴公爵费尔南多·阿尔瓦雷斯·德·托莱多指出宽容政策对天主教是非常有害的。他只是有所保留地提出了这些，并给出了可行的建议。当美第奇王太后问他是否赞成诉诸武力时，阿尔巴公爵费尔南多·阿尔瓦雷斯·德·托莱多虽认同暂时没有必要，但愤怒地高声讲到，这个邪恶的教派应该从法兰西王

---

① 1563年，孔代亲王路易一世·德·波旁已经提出这个和平解决加莱争端的婚姻计划。1565年，美第奇王太后委托她在英国的大使保罗·德·福克斯向伊丽莎白一世求婚。大使写信说，美第奇王太后表明的追求"带着某种混合着真诚的谦逊和快乐"，同时宣称自己因年龄过大而"不适合"这个"如此重要的工作"。美第奇王太后致保罗·德·福克斯的信，1565年1月24日。《凯瑟琳·德·美第奇的信件》，第2卷，第256页以及在注释中保罗·德·福克斯的回信。参考美第奇王太后的一封更加完整的信，《凯瑟琳·德·美第奇的信件》，第10卷，第151页。皮埃尔·德·龙萨自愿或被命令把他出版于1565年8月1日的《哀歌，假面舞剧和牧歌》献给了英格兰女王伊丽莎白一世，这里面包含了为枫丹白露的节日所做的诗。洛莫尼耶：《抒情诗人皮埃尔·德·龙萨》，第214页。关于这桩婚姻的请求，参见米涅：《玛丽·斯图亚特史》，1851年，第1卷，附录D，第473页到第475页。——原注

第5章　第一次宗教和解尝试与圣丹尼斯之战

国被驱逐出去。为了制定适用于对所有人的律法，美第奇王太后提议法兰西国王查理九世、西班牙国王腓力二世和神圣罗马帝国新皇帝马克西米利安二世①三者联盟。但阿尔巴公爵费尔南多·阿尔瓦雷斯·德·托莱多答复说这个联盟是不可能结成的，于是美第奇王太后终止了会晤②。

在接下来的几天里，美第奇王太后向自己的女儿谈到了婚事。伊丽莎白·德·瓦卢瓦告诉她，腓力二世不想让儿子卡洛斯结婚，就算安茹公爵亨利·亚历山大娶了他的妹妹胡安娜，腓力二世也不会将公国作为嫁妆

马克西米利安二世

---

① 马克西米利安二世（1527—1576），哈布斯堡的斐迪南一世和波希米亚的安娜的长子，1562年11月30日当选为神圣罗马帝国皇帝。在1564年7月25日，他父亲驾崩后，他继位为波希米亚国王、匈牙利国王及神圣罗马帝国皇帝。
② 赫克托·德·拉费里埃，巴格诺·德·普晒斯：《凯瑟琳·德·美第奇的信件》，第2卷，引言，第86页到第87页，根据国家档案馆的公函，1504年。——原注

送给安茹公爵亨利·亚历山大。阿尔巴公爵费尔南多·阿尔瓦雷斯·德·托莱多更是清楚地告诉美第奇王太后,西班牙王后伊丽莎白·德·瓦卢瓦来到巴约讷只是为了知道她的母亲是否会和腓力二世一起反对异教徒,会晤很糟糕。教廷大使普罗斯帕·德·圣克罗伊和布尔迪永元帅进行了调解。但不管多气恼,美第奇王太后还是坚持和女儿和睦地道了别。阿尔巴公爵费尔南多·阿尔瓦雷斯·德·托莱多可能担心两个宫廷之间的紧张局势会使改革派有机可乘。1565年6月20日,在查理九世主持下举行了由两位王后、阿尔巴公爵费尔南多·阿尔瓦雷斯·德·托莱多和法兰西王国前大使胡安·曼里克·德劳拉、蒙特庞谢公爵路易·德·波旁、吉斯红衣主教路易一世·德·吉斯和波旁红衣主教查尔斯一世·德·波旁、陆军统帅阿内·德·蒙莫朗西和布尔迪永元帅出席的会议。阿内·德·蒙莫朗西为法兰西王国的宗教政策辩解,并表明了内战的危险。正如我们在腓力二世给其罗马大使红衣主教帕切科的信中所看到的那样:美第奇王太后承诺"一旦结束现已开始的旅行,她就会为宗教事务采取补救措施。我的妻子十分满意这个解决方法,因为她清楚地明白,当人们愿意补救时,毫无疑问事情就成功了。"补救措施显然是阿尔巴公爵费尔南多·阿尔瓦雷斯·德·托莱多建议的①。而现任巴约讷常驻大使弗朗西斯·德·阿拉瓦却怀疑美第奇王太后是否会信守承诺。"像我预见的那样,我认为她有时会犹豫不决。这些异端分子的首领及其他不知名的异教徒都会使她忐忑不安。"② 非常了解法兰西王国事务的荷兰前总督红主教格朗韦勒对此更

---

① 1565年8月24日腓力二世给红衣主教帕切科的信。《凯瑟琳·德·美第奇的信》,第2卷,第301页到第302页,注释。在给腓力二世的1565年7月6日的信中(《凯瑟琳·德·美第奇的信件》,第2卷,297页),美第奇王太后向他保证,"我们对自己的宗教信仰是有渴望和热情的,希望看到所有的事物都能为上帝服务,这是我们不会忘记的。我们将努力做好令您满意的事。我们也希望一切圆满"。这里并没有很多承诺。——原注

② 弗朗西斯·德·阿拉瓦给西班牙国务秘书埃拉索的信。《历史文学》,第2卷,第259页。"我害怕有时在她身上所感到的混乱,我预测他们应该会连续打击异教创始人和别的不知名的异教分子。"这是一个误解,孔布从中提出了圣巴塞洛缪屠杀是在巴约讷决定的证据。——原注

第5章　第一次宗教和解尝试与圣丹尼斯之战

加怀疑。他写道，美第奇王太后已经答应会进一步改善，但是在"避免最终可能引起战争的一切因素"的前提下。格朗韦勒认为美第奇王太后根本不会采取什么措施，她只不过是在拖延时间。

新教教徒有理由担心这次会议。他们认为宗教事务已经在此次会议中被研究过了。在圣巴塞洛缪大屠杀之后，他们竟无故认为大屠杀是在这次会议中被决定的。事实上在巴约讷时，的确有人说过一些带有血腥、暴力因素的话，但这些话已经被证实其实是由几个法兰西王国天主教教徒说的。蒙特庞谢公爵路易·德·波旁的亲信对阿尔巴公爵费尔南多·阿尔瓦雷斯·德·托莱多说："最快捷的手段就是将孔代亲王路易一世·德·波旁，海军上将加斯帕尔·德·科利尼，弗朗索瓦·安德洛特和拉罗什富科斩首。"尽管腓力二世的代表先是否定了这个建议，但他还是建议美第奇王太后"在

弗朗索瓦·安德洛特

迫不得已时要拿起武器来消灭"[1]另一种宗教的信仰者。这难道可以被当成是美第奇王太后默许此建议的证据吗？如果腓力二世同意了婚约的话，美第奇王太后很可能会更加严格地执行和平敕令，然而她也可能会以种种借口来逃避遵守诺言。

在这个所谓的巴约讷协议之后，两个宫廷的关系继续恶化[2]。西班牙人给查理九世和奥地利公主伊丽莎白的婚姻计划设置障碍，美第奇王太后又推迟了一年才回到巴黎。美第奇王太后本来承诺在1565年11月回到巴黎"处理宗教事务"的。在科涅克写给吉斯公爵夫人安妮·埃斯特的信中，美第奇王太后和吉斯公爵夫人安妮·埃斯特谈论了那场"胡格诺派人士和天主教教徒一起跳舞"的舞会，"如果上帝能让他们在别处也这么坦诚的话（在别处，就是在王国的其余地方），我们就高枕无忧了"。

然而双方仍然保持警惕。掌玺大臣米歇尔·德·洛皮塔尔以一贯倾向于少数异端分子的容忍态度，在没有咨询理事会的情况下，向第戎议会发出了一项准备在那里登记的法令，即在改革者的礼拜活动未被允许的城市，允许改革者"在多次要求后被同意用上述宗教思想安安抚牧师，接受教诲，及教育子女"。议会对此发出抗议，但理事会审查官中没有一个人愿意报告这个针对掌玺大臣米歇尔·德·洛皮塔尔的抗议活动。洛林红衣主教查理·德·洛林负责这起事件，宣布对和平敕令的这种解释会导致授权允许召开秘密会议，这与该法令是矛盾的。波旁红衣主教查尔斯一世·德·波旁声称，由于没有咨询国王议会就颁布法令，所以根本就"不再需要国王

---

[1] 赫克托·德·拉费里埃，巴格诺·德·普晒斯：《凯瑟琳·德·美第奇的信件》，第2卷，引言89。阿尔巴公爵费尔南多·阿尔瓦雷斯·德·托莱多给法国驻西班牙大使圣叙尔皮斯的声明。——原注

[2] 他们以前不是很好。会晤前的几个月（1565年1月22日），美第奇王太后致信她在马德里的大使圣叙尔皮斯说，在法兰德斯，西班牙人"数百次警示我们，这有时让我怀疑腓力二世是因为想要开战而不愿见我"。赫克托·德·拉费里埃，巴格诺·德·普晒斯：《凯瑟琳·德·美第奇的信件》，第10卷，第150页。她在给她的女儿西班牙王后的一封信中抱怨了他们对她的国王儿子所做的"可耻的行为"。——原注

第 5 章　第一次宗教和解尝试与圣丹尼斯之战

议会了，而他也将永远不再参加"。掌玺大臣米歇尔·德·洛皮塔尔一直对此回避，最后不得不对洛林红衣主教查理·德·洛林说："先生，你的到来扰乱了我们。"洛林红衣主教查理·德·洛林反驳说："我不是来找麻烦的，而是为了阻止你像过去一样制造麻烦。"这两位同时起身去美第奇王太后房间里找当时正生病的她。美第奇王太后尽可能地安抚他们，并派她的另一个儿子安茹公爵亨利·亚历山大主持被这一争执中断的国王议会。掌玺大臣米歇尔·德·洛皮塔尔的命令被废除了。

与此同时又发生了另一起事件。美第奇王太后让人打开了刚刚从西班牙送来的一包信，里面有几封是腓力二世指责她"尽管已做出承诺，却还要继续赦免异教徒，并控诉她侮辱了洛林王室"。这可能是对圣丹尼街袭击事件及对第二代吉斯公爵弗朗索瓦·德·洛林前心腹米歇尔·德·洛皮塔尔过度庇护的影射，米歇尔·德·洛皮塔尔似乎成了狂热的天主教徒们宣称的对手。美第奇王太后责备洛林红衣主教查理·德·洛林竟向马德里控诉，但洛林红衣主教查理·德·洛林为此替自己辩白，当时在场的西班牙大使弗朗西斯·德·阿瓦拉证实了洛林红衣主教查理·德·洛林的话。此外，这个包裹里的其他信也完全可以证明洛林红衣主教查理·德·洛林是无辜的。因为在这些信中腓力二世还指责洛林红衣主教查理·德·洛林也容许了这些可耻的行为。洛林红衣主教查理·德·洛林抗议说，正是因为有国王和美第奇王太后的命令他才容忍这些的，"对于这两位的命令他是死也不敢违抗的"，而且这也是在维护天主教和废除新教的条件下进行的。"洛林红衣主教查理·德·洛林用所有亲王都能听到的声音喊道，这种事情他是绝不会做的"[①]，之后就非常生气地离开了。美第奇王太后只好赶紧派他的嫂子吉斯公爵夫

---

① 来自穆兰的匿名信，1566年3月16日。丹尼斯-弗朗索瓦·塞古斯：《孔代亲王回忆录》，第5卷，第50页到第52页或《法国新教协会公报》，第14卷，第412页到第413页。波迪尔在《公报》中错误地声称，埃图瓦尔收集的证据表明争吵的地方是默伦而不是穆兰。——原注

人安妮·埃斯特去平息他的怒火。我们可以看到美第奇王太后当时是在多么艰难的困境下挣扎的。

洛林红衣主教查理·德·洛林该感谢美第奇王太后的好意。在穆兰长时间逗留期间①，美第奇王太后平息了阿内·德·蒙莫朗西元帅和洛林红衣主教查理·德·洛林之间的争执，甚至试图调解因被认为是保勒涛·德·梅勒的同谋而被厌恶的海军上将加斯帕尔·德·科利尼与吉斯家族之间的关系。议会宣布海军上将加斯帕尔·德·科利尼无罪之后（1566年1月29日），美第奇王太后敦促洛林家族和沙蒂隆家族尽快和解。如果美第奇王太后曾如《苏比斯回忆录》的作者所暗示的那样本打算与激进的天主教教徒一起让所有的新教领袖惨死在穆兰的话，她为什么不努力使这些怨恨永久延续下去呢？掌玺大臣米歇尔·德·洛皮塔尔影响力巨大，有一天（但这不是上面提到的争吵的第二个版本），洛林红衣主教查理·德·洛林责备他贬低枢密院议员的身份，让他们在那里只是"作为旁观者"，只是在"听他发号施令"。查理九世对红衣主教很满意，但提防着掌玺大臣米歇尔·德·洛皮塔尔。海军上将加斯帕尔·德·科利尼也因此又受到了宠信。

宗教改革之前，在亨利二世统治下，海军上将加斯帕尔·德·科利尼已经着手在巴西建立一个殖民地，这将成为受迫害的法兰西王国新教教徒的避难所。但这个在葡萄牙领土上建立的第一个安置点并没能持续

---

① 1566年2月的著名法令也在那里确定，它就像16世纪的其他伟大法令一样，在它的八十六条规定中涉及政府的许多部门和机构：司法部门、警察局、行政部门、医院、教士俸禄、各行业和宗教协会等等。美第奇王太后对强化和扩大王室权力特别感兴趣。当国王发布命令进行登记时，她禁止议会一再重申对王室行为进行审核的进谏。在她拥有城市的刑事审判权时，她维护了这些城市的刑事管辖权，并在所有还没有审判权的城市建立了简单的警察审判权。尽管有先前的特权，为了将其交给国王的官员，她还是剥夺了他们的民事审判权。正如一位历史学家所说，这正是"某种反对市政法官的政变"。她禁止给予在以前的骚乱中放任自己的地方长官恩典、宽恕、赦免，禁止批准建立集市和市场，禁止用他们自己的权力筹集资金，禁止在普通法官面前讨论未判决的事，禁止干涉司法事务，除了协助法官、保持国家权力、防止抢劫及参观要塞以外。这些重复以前命令的条例和禁令证明了内战产生了一定的损害，以及政府认为必须采取预防措施。这些措施是用来对付城市和贵族的不服从以及市镇精神和封建精神的苏醒。——原注

第 5 章 第一次宗教和解尝试与圣丹尼斯之战

很久。海军上将加斯帕尔·德·科利尼在 1562 年又恢复了自己的计划,他认为这个计划在北美更容易成功,因布列塔尼渔民曾在那里长期捕捉纽芬兰岛的鳕鱼①。在由雅克·卡蒂埃②发现的圣劳伦斯海湾与西班牙要求收回的佛罗里达州之间有很多没有主人的领土。海军上将先派了让·里博特(1562—1563)前往那里,在昂布瓦兹恢复和平之后,又派

雅克·卡蒂埃

---

① 亨利二世说地图上将邻近纽芬兰岛的大西洋部分地区都称为法兰西王国的领海。琼纳德:《古代欧洲和东方地图文集或地理建筑》,巴黎,日期不明。——原注
② 雅克·卡蒂埃(1491—1557),法兰西航海家、探险家和游记作家。他是发现圣劳伦斯湾的地图的作者,也是第一个描述和命名这些水域、海岸和居民,以及以加拿大易洛魁人的名称访问其领土的欧洲人。

出了劳顿尼尔贺在佛罗里达北部修建了卡罗来纳堡，并开始移民。但腓力二世无法忍受，正如他的妻子对法兰西王国大使圣叙尔皮斯所说的那样："腓力二世征服的领地与法兰西王国如此接近，甚至他的舰队在新西班牙领地来回穿梭一下，都要从法兰西人面前经过。"当弗朗西斯·德·阿拉瓦询问美第奇王太后这次远征时，她回答说，查理九世并没有声称"要在此地保管由法兰西人发现并拥有的土地，因为'布列塔尼的土地'这个名称本身就足以证明这一点了。"[①]（1565年11月）1566年1月18日，弗朗西斯·德·阿拉瓦重新上任，并催问是否美第奇王太后的儿子法王查理九世"已经命令那些去佛罗里达州的人开始在那里做买卖和进行运输了"。美第奇王太后反驳说"贸易在臣民朋友之间是自由的，海洋不会对任何往来和进行诚信交易者关闭"，至于"布列塔尼的土地"，这个名字"已经证明那是我们的"了。美第奇王太后还说："还请他记得法兰西国王不习惯受到威胁。她的儿子，法兰西国王虽然年轻，但已知道再也没有能约束和挑衅他的事了。"[②] 然而在法兰西宫廷知晓此事前，西班牙人已经做出决定。腓力二世派出了两千人，由来自阿维莱斯的曾阴险地殴打和屠杀士兵和移民的佩德罗·梅内德斯[③]指挥（1565年10月）。美第奇王太后后来还为此派人向马德里理论及要求补偿（1566年3月）。当西班牙王后质疑海军上将加斯帕尔·德·科利尼的威信时，法兰西王国大使富尔屈埃沃反驳说："这位先生有足够的能力，无论在议会还是其他地方，他都应该受到尊重和青

[①] 1565年12月30日的信。信中涉及了1565年11月在图尔发生的事情。赫克托·德·拉费里埃，巴格诺·德·普晒斯：《凯瑟琳·德·美第奇的信件》，第2卷，第337页到第338页，以及《凯瑟琳·德·美第奇的信件》中关于佛罗里达州事件的附注（第2卷，第337页，注释1，特别是第341页，注释1）。欧亨尼奥·雷迪亚斯和卡拉维亚：《佛罗里达州和他征服阿维莱斯》，马德里，1893年，第2卷。——原注

[②] 1566年1月10日的信。赫克托·德·拉费里埃，巴格诺·德·普晒斯：《凯瑟琳·德·美第奇的信件》，第2卷，第342页到第343页。——原注

[③] 佩德罗·梅内德斯（1519—1574），一位西班牙贵族中的水手，先是海盗，后成为海军上将。

佩德罗·梅内德斯

睐。因为除了他管辖的地区外，他还拥有王国最大一部分领地"，"今天没有任何一个亲王和领主比他更有资格承担这一职责"①。

尽管没有证据，新教教徒还是执意认为美第奇王太后与西班牙宫廷联合反对他们。新教教徒认为法令在束缚礼拜活动的同时，还禁止他们宣扬他们信仰。他们憎恶政府对法令的严格实施。天主教大众讨厌新教教徒，这种讨厌一有机会就会表现出来。后来，据加斯帕尔·德·科利尼估计，从第一次到第二次内战，一共有五百名与自己同宗的新教教徒被杀害。还有一些天主教教徒也被谋杀。在帕米尔，这两个教派的信徒互敌人，失去耐心的改革派袭击了修道院，杀害修道士，并将天主教教徒从城市驱逐出去（1566年6月5日）。②

这是自昂布瓦兹恢复和平后的第一次血腥大暴动。美第奇王太后写信给阿内·德·蒙莫朗西元帅，称哥特人和土耳其人从来没有过这么多的暴行③。美第奇王太后想给罗马和西班牙做出示范，证明容忍政策并不是软弱的政策。萨拉布利亚营地首领用武力占领了城市④。闹事者感到了恐惧，从那里逃走了。其中二十四个危害最大的人在图卢兹议会的命令下被逮捕了。但这些人成功越狱，与他们的牧师塔卡尔躲在山上避难。但第二年他们还是被抓住处决了（1567年5月）。新教教徒将塔卡尔当成英雄并颂扬他。

改革派也为国外的事务担忧。荷兰的改革派教会就像法兰西王国的教会一样都源于日内瓦。加尔文教义由法兰西王国的边界，通过说法语的

---

① 1566年4月9日，富尔屈埃沃给王太后的信。博韦主教阿贝·杜亚：《国王查理九世在西班牙（1565—1572）的大使富尔屈埃沃先生的信件》，1896年到第1904年，第1卷，第75页。——原注
② 崴赛特：《朗格多克的历史》，普里瓦出版，图卢兹，1889年，第11卷，第474页到第478页。——原注
③ 1566年6月5日的信，赫克托·德·拉费里埃，巴格诺·德·普晒斯：《凯瑟琳·德·美第奇的信件》，第2卷，第366页。——原注
④ 崴赛特：《朗格多克的历史》，普里瓦出版，图卢兹，1889年，第12卷，第794列。——原注

第 5 章　第一次宗教和解尝试与圣丹尼斯之战

牧师被介绍到了腓力二世统治的国家。突然间，宗教迫害所积累的仇恨在西班牙爆发了，新教民众跑到天主教教会，推翻了祭坛，打碎了圣像（1566年8月）。胡格诺派人为他们的教会兄弟感到担忧。他们本来希望法兰西王国可以介入这场叛乱，但美第奇王太后只是从中看到自己需要反思的地方。从第一批骚乱的消息传来，美第奇王太后写道，她的女婿腓力二世应该"向我们学习，我们的经验教训已经向别人展示了应该如何控制局面"[①]。当西班牙人准备暂缓执行严苛政策的谣言传来时，美第奇王太后赞扬了腓力二世。她向马德里的大使圣叙尔皮斯宣布说："我十分高兴，西班牙人现在的做法是他们原先不认同甚至是指责的。当时他们甚至认为这种做法会毁灭整个王国的。这次，他们也体会到了有多少阻碍（对宗教问题）。对我来说，我要感谢上帝让我们摆脱了这个问题，并诚心祷告不要让我们再次陷入其中。"查理九世支持道："无论为了谁或出于什么原因，我都会尽可能地避免再回到其中。"[②]

但腓力二世迟迟不做出让步，还派阿尔巴公爵费尔南多·阿尔瓦雷斯·德·托莱多领导一支军队来对付叛乱分子，美第奇王太后赶紧采取了预防措施。她加强了皮卡第要塞的防御，让在加莱指挥的阿格斯上尉禁止"意大利人或任何其他国家的人"[③] 在这里短暂停留。但另一方面，美第奇王太后也小心地对待西班牙人的敏感之处。厌倦了与伊莎贝尔·德·利默伊在萨达纳帕生活的孔代亲王路易一世·德·波旁在沙蒂隆家族的建议下娶了隆格维尔小姐弗朗索丝·德·奥尔良（1565年11月）。可能就是因为婚姻的不幸，孔代亲王路易一世·德·波旁又重新对改革萌生了热情。

---

① 1566年5月13日。赫克托·德·拉费里埃，巴格诺·德·普晒斯：《凯瑟琳·德·美第奇的信件》，第2卷，第363页。——原注
② 1567年2月29日。赫克托·德·拉费里埃，巴格诺·德·普晒斯：《凯瑟琳·德·美第奇的信件》，第3卷，第12页，和注释，第13页。——原注
③ 1567年3月21日。赫克托·德·拉费里埃，巴格诺·德·普晒斯：《凯瑟琳·德·美第奇的信件》，第3卷，第19页。——原注

隆格维尔小姐弗朗索丝·德·奥尔良

第 5 章　第一次宗教和解尝试与圣丹尼斯之战

美第奇王太后也许认为让胡格诺派领导人穿越荷兰边界是很危险的，因此她曾两次写信给孔代亲王路易一世·德·波旁，请他原谅不能把他派往皮卡第政府。孔代亲王路易一世·德·波旁会因此责备她吗？美第奇王太后否认了查理九世正招募土耳其舰队，打算征服科西嘉的谣言在写给法兰西王国驻马德里大使圣叙尔皮斯的回信中说："我的儿子法兰西国王对天主教国王先生没有任何不好的企图，我的儿子会让天主教国王先生知道自己也是重视荣誉的亲王。"① 法兰西和西班牙两个宫廷不信任地互相监督着。

与此同时，阿尔巴公爵费尔南多·阿尔瓦雷斯·德·托莱多带领一万名士兵从米兰，经萨伏伊、弗朗什-孔泰、洛林到了布鲁塞尔。这些有资历的士兵英勇善战、赫赫有名，所有天主教国家都怕他们靠近。在法兰西王国，加斯帕尔·德·科利尼和弗朗索瓦·安德洛特强烈要求招募六千瑞士士兵和一万法兰西步兵保卫边疆。一直都很谨慎的美第奇王太后正式向西班牙国王通报将会有增援部队前往。腓力二世对这次武装非常惊讶，将它看作是一种威胁。美第奇王太后在马德里的大使说"在无处不在的武装动荡中，让我们任凭那些妄图统帅一切事物的阴谋者摆布"，并让法兰西国王"将权力随意给予其他人"，这是否是合理的②。她给已经赌气六个月没有出现在宫廷的西班牙大使弗朗西斯·德·阿拉瓦做了非常生动的解释（1567 年 7 月 3 日）。美第奇王太后对富尔屈埃沃说，弗朗西斯·德·阿拉瓦十分惊讶"我们是少数腓力二世为了恢复子民对他的臣服而被允许通过的军队"，并由此得出结论，查理九世并不太需要招募瑞士人。弗朗西斯还抱怨说，居住在瑞士的法兰西人为了防止西班牙委托人从他们中挑选士兵，曾不满地说，"这简直就是让瑞士人对抗瑞士人"，好

---

① 1567 年 3 月 30 日。赫克托·德·拉费里埃，巴格诺·德·普晒斯：《凯瑟琳·德·美第奇的信件》，第 3 卷，第 24 页。——原注
② 1567 年 6 月 2 日和 3 日的信。赫克托·德·拉费里埃，巴格诺·德·普晒斯：《凯瑟琳·德·美第奇的信件》，第 3 卷，第 42 页。——原注

像他们预见了法兰西王国和西班牙之间的战争似的①。当阿尔巴公爵费尔南多·阿尔瓦雷斯·德·托莱多抵达卢森堡时，美第奇王太后就不再担忧了。然而，法兰西国王和美第奇王太后还是参观了皮卡第要塞，并修复了那里的防御工事②。但这些最新招募并付了很高报酬的瑞士人能用来干什么呢？美第奇王太后从佩隆写信给陆军统帅，让他下令让这些数量众多的瑞士人向前行进，以便法兰西国王能看到他们，"至少他的钱可以用于这种消遣"③。

新教领袖催促美第奇王太后武装部队，并希望她能救助他们的外国教友。但美第奇王太后保持中立，甚至帮忙为途经萨伏伊、布瑞赛和弗朗什－孔泰的天主教军队提供了六千担小麦的军需④。美第奇王太后认为，在王国分裂的状态下，与西班牙国王对抗是愚蠢的，就连亨利二世及其所有联合势力都不曾战胜他。胡格诺派人希望反对腓力二世的战争能拯救同一教派的邻近教会，并发展他们的共同事业。美第奇王太后理智地希望和平，而胡格诺派人却因传播信仰的热忱而好战。但这些多疑者看到美第奇王太后迅速组建了部队却不急于派遣他们后，认为她之所以没有攻击西班牙人，是因为同意西班牙并与之共同消灭法兰西王国和荷兰的新教教徒。加斯帕尔·德·科利尼和孔代亲王路易一世·德·波旁都要求辞退瑞士人。

这些胡格诺派人的恐惧中还包含有个人的不满。法兰西陆军上将弗朗索瓦·安德洛特与科塞元帅阿斯特·德·科塞在权限范围上发生了冲

---

① 赫克托·德·拉费里埃，巴格诺·德·普晒斯：《凯瑟琳·德·美第奇的信件》，第3卷，第43页。——原注
② 赫克托·德·拉费里埃，巴格诺·德·普晒斯：《凯瑟琳·德·美第奇的信件》，第3卷，第51页和第57页。——原注
③ 佩罗，1567年8月21日。赫克托·德·拉费里埃，巴格诺·德·普晒斯：《凯瑟琳·德·美第奇的信件》，第3卷，第51页。——原注
④ 1567年3月30日，赫克托·德·拉费里埃，巴格诺·德·普晒斯：《凯瑟琳·德·美第奇的信件》，第3卷，第27页。——原注

第 5 章　第一次宗教和解尝试与圣丹尼斯之战

突。孔代亲王路易一世·德·波旁希望在战争期间利用副王的头衔指挥军队。对此，美第奇王太后最喜欢的儿子安茹公爵亨利·亚历山大明确提出指责孔代亲王路易一世·德·波旁竟敢谋求理应属于国王查理九世的弟弟的权力。这个当时刚满十六岁的年轻人用言语顶撞孔代亲王路易一世·德·波旁，并威胁说，如果孔代亲王路易一世·德·波旁坚持，"他会让孔代亲王路易一世·德·波旁后悔，他可以把孔代亲王路易一世·德·波旁当成对手也可以把孔代亲王路易一世·德·波旁变得微不足道"①。布朗托姆认为，这次激烈争吵是由美第奇王太后引起的，但实际上她丝毫没有挑衅的意图。由于孔代亲王路易一世·德·波旁非常不满地离开了宫廷（1567 年 7 月 11 日），美第奇王太后还得想方设法安抚他。当孔代亲王路易一世·德·波旁向美第奇王太后转达了国王想雇用瑞士人来废除宗教自由的传言时，她以"太后"和"好女人"的信义发誓只要她的意见在自己儿子那里还能起作用，安抚法令将继续有效②。查理九世并不知道腓力二世的计划，所以对埃格蒙伯爵和合恩伯爵③被逮捕（1567 年 9 月 8 日）的消息感到非常惊讶，他写信给布鲁塞尔的代表法维列斯说："鉴于阿勒维公爵已经开始行动，我估计那边的事情将会朝着和平的方向发展。"④但新教教徒坚持认为这两个宫廷之间已经串通好了。

---

① 布朗托姆在缴获新教教徒的武器前三个半月就故意诱发了这次争吵（拉朗纳出版社，第 4 章，第 344 页到第 345 页），但他本应该是两个半月前说的。戈德斯先生的仆人居荣，在圣日耳曼写信给他说孔代亲王路易一世·德·波旁今天早上已经离开（1567 年 7 月 11 日）。英格兰大使莫里斯 1567 年 7 月 9 日的一封快信中提到。奥马勒公爵：《16 和 17 世纪孔代亲王们的历史》，第 1 卷，第 288 页，注释 1，第 502 页附录。——原注
② 莫里斯给伊丽莎白一世的信，1567 年 8 月 29 日。奥马勒公爵：《16 和 17 世纪孔代亲王们的历史》，第 1 卷，第 561 页。——原注
③ 合恩伯爵这里指蒙莫朗西-尼维尔家族的菲利普二世（1524—1568），荷兰海军上将查理五世的绅士，也是 1555 年的金羊毛骑士。
④ 赫克托·德·拉费里埃，巴格诺·德·普晒斯：《凯瑟琳·德·美第奇的信件》，第 3 卷，第 58 页注释。——原注

埃格蒙伯爵

美第奇王太后十分高兴,"感谢上帝,现在法兰西王国正如我们所期待的一样和平"①。美第奇王太后之前已被告知在海军上将加斯帕尔·德·科利尼的住所卢万河的沙蒂隆附近,集合了一千两百至一千五百名骑兵,但她并没有重视。1567 年 9 月 18 日,美第奇王太后在埃蒙格和合恩被监禁之后给富尔屈埃沃写信说,有一些毫无根据的谣言说有宗教人士会发动一些骚动,据说这些人开始还有些害怕,但很快就不害怕了。

美第奇王太后搞错了。聚集在瓦莱里孔代亲王路易一世·德·波旁家的新教党领袖已经决定动员几千名贵族前往宫廷度假的蒙索城堡控制国王查理九世和美第奇王太后了,就如同之前三个执政官所做的那样。对于卡

---

① 给戈德斯的信,1567 年 9 月 19 日。赫克托·德·拉费里埃,巴格诺·德·普晒斯:《凯瑟琳·德·美第奇的信件》,第 3 卷,第 59 页。——原注

第 5 章　第一次宗教和解尝试与圣丹尼斯之战

斯泰尔诺-穆维希尔带来的关于第一个胡格诺派行动的消息，陆军统帅阿内·德·蒙莫朗西指出："连一百匹马和一百名步兵聚集在一起都不可能，他并没有接到任何通知。"掌玺大臣米歇尔·德·洛皮塔尔对国王查理九世和他的母后说："给予最高亲王错误的警告，尤其是将他置于臣民的不信任中，还为他准备了一支不适合的军队，这些都是致命的错误。只会谈论'消遣和狩猎'的亲王、领主及女士们也'不愿意'再向这个捣乱分子'提出警告了'。"① 但消息数量倍增且逐渐变得明确，宫廷只好暂时躲在莫城要塞避难，并寻求被安置在蒂埃里城堡的瑞士人的帮助。在这些因拥有大量武器并且胡格诺派骑兵不敢与之对抗的步兵的保护下，查理九世夺取了拉尼，并从那里逃往马上就会被封锁的巴黎（1567年9月26日至28日）。

美第奇王太后十分意外。正如她1567年9月27日在莫城写给在诺曼底的国王中将马提尼翁的信中所说的那样"对此事件我们非常惊讶"，"根本不了解也不知道任何情况"②。在她给富尔屈埃沃的信中也对这起"无耻事件"感到愤怒和悲伤："你想想我看到这个王国又回到了骚乱和不幸之中的痛苦，这个因上帝的恩典我才艰难摆脱的痛苦。"③ 这是美第奇王太后和平幻想的毁灭。她写信给萨伏伊公爵伊曼纽尔·菲利贝托，"我几乎从未考虑过这种惊天的阴谋会由臣民设计出来对付他们的国王"④。这个"没有任何理由"的起义是一种"恶毒的行为"——当时"恶毒"这个词的意思比今天更严重——"世界上最恶毒的行径""纯粹的背叛"。美第奇王太后认为这将会带来"损害我们生活和颠覆整个国家的危险"。

---

① 勒拉布勒：《回忆录》，第6卷，第4章，第198页到第200页。——原注
② 赫克托·德·拉费里埃，巴格诺·德·普晒斯：《凯瑟琳·德·美第奇的信件》，第3卷，第60页。——原注
③ 赫克托·德·拉费里埃，巴格诺·德·普晒斯：《凯瑟琳·德·美第奇的信件》，第3卷，第61页。——原注
④ 赫克托·德·拉费里埃，巴格诺·德·普晒斯：《凯瑟琳·德·美第奇的信件》，第62页到第63页。——原注

在枢密院，掌玺大臣米歇尔·德·洛皮塔尔预言内战将是宽容政策尝试的结束，美第奇王太后打断了他并提议通过一些让步来结束这些骚乱。美第奇王太后对他说："是您用您的建议把我们领到了这一步。"但她也没有阻止温和派尝试和解。掌玺大臣米歇尔·德·洛皮塔尔、维埃耶维尔元帅及让·德·莫维利耶去找了孔代亲王路易一世·德·波旁并向他承诺，如果他放下武器，就会进行全面而彻底的大赦。

新教领导人意识到他们要担心的并不是一个灭绝计划，而是如何能让王朝统治者们对他们的事业产生兴趣并尝试修正错误。除了毫无保留和限制地执行《昂布瓦兹赦令》外，新教领导人提出召开三级会议并减少赋税的要求。他们在诉状上说"穷人哀叹和抱怨，在没任何战争和商业开支等合理理由的情况下，他们却被与日俱增的捐税、附加税、新税和无法承受的贡品压迫得喘不过气……"但没有什么比谴责美第奇王太后的宫殿和宴会的巨大开支，并谴责她的银行家和意大利税收承包者更笨拙的了。

查理九世用旧时代的礼仪回复了这个新事业联盟。走在小号手后面的军队使者出现在圣丹尼斯反叛分子的总部，并指名道姓地要求孔代亲王路易一世·德·波旁、弗朗索瓦·安德洛特、加斯帕尔·德·科利尼和其他政党领袖及指挥官放下武器，以叛乱罪的名义向国王查理九世投降（1567年10月7日）。这种罕见的仪式扰乱了新教领导人的计划，他们担心所提出的涉及税收和政府管理的要求超越了他们的权限。而正如奥比涅所说的那样，"他们只是为自己的要求套了一件外衣"[①]，事实上他们只是想对《昂布瓦兹赦令》进行简单纯粹地重建。但陆军统帅阿内·德·蒙莫朗西声称，只要国王认为有必要，国王就有权修改甚至撤销法令。谈判破裂了。

[①] 拉波普利尼埃：《真实完整的动乱史》，1573年，第2卷，第45页；欧内斯特·拉维斯：《法国通史》，第6卷，第97页。——原注

奥比涅

王室军队在圣丹尼斯发起了战斗（1567年11月10日），并成功地解救了巴黎，但也失去了其领导人陆军统帅阿内·德·蒙莫朗西。阿内·德·蒙莫朗西在一次任务中受伤身亡了。战败者逃到洛林，在那里接受了神圣罗马帝国新教领袖派来的救援。美第奇王太后不顾陆军统帅阿内·德·蒙莫朗西的尊严下令任命她最喜爱的儿子安茹公爵亚亨利·历山大为大将军，而他当时只有十六岁，还没有到可以指挥军队的年龄。新教教徒的起义迫使美第奇王太后依赖天主教派，将军事行动指挥权移交给和吉斯公爵夫人安妮·埃斯特一起维护洛林家族利益的内穆尔公爵雅克·德·萨伏伊。但她同时又担心以后的胜利会进一步增强这个本已很有威望的家族的威望，所以她又给内穆尔公爵雅克·德·萨伏伊增加了两名同职者，一位是嫡亲王蒙特庞谢公爵路易·德·波旁，另一位是激进的天主教教徒及阿内·德·蒙莫朗西的政治同盟阿特斯·德·科塞。内穆尔公爵雅克·德·萨伏伊建议追赶叛军，并在增援抵达之前击溃他们。阿特斯·德·科塞却出于对吉斯家族的憎恨或者由于无能，阻碍了所有行动。他甚至为了节约军队供养而指责美第奇王太后想发起战争。阿特斯·德·科塞在1567年11月2日时恰好生病了，导致孔代亲王路易一世·德·波旁和加斯帕尔·德·科利尼出逃。愤怒的内穆尔公爵雅克·德·萨伏伊很难不相信是阿特斯·德·科塞在拖延执行命令。美第奇王太后向他们两位都说明了原因。她对阿特斯·德·科塞解释说她不想为了钱而拿许多正直的人和她儿子的生命冒险①。而对内穆尔公爵雅克·德·萨伏伊，她先是感谢他尽全力阻止胡格诺派和神圣罗马帝国雇佣骑兵的会合，后又补充说，"我认为上帝是绝不会赦免那些损害我们的人的"②。

---

① 1567年12月4日。赫克托·德·拉费里埃，巴格诺·德·普晒斯：《凯瑟琳·德·美第奇的信件》，第3卷，第84页。——原注
② 赫克托·德·拉费里埃，巴格诺·德·普晒斯：《凯瑟琳·德·美第奇的信件》，第3卷，第103页（在1568年1月15日到1月20日期间写的信）。——原注

圣丹尼斯战役

在内心深处，美第奇王太后急于结束战争并收回军队领导人的权力。她想尽快重新开始谈判。美第奇王太后去找了沙蒂隆红衣主教卡迪纳·德·科利尼（1568年1月），并约他在巴黎继续谈判。但美第奇王太后不敢在白天接待沙蒂隆红衣主教卡迪纳·德·科利尼，担心他可能遭到暗杀，让他住到了万塞讷城堡。十分确信群众之所以仇恨沙蒂隆红衣主教卡迪纳·德·科利尼只是想得到一个永久且不可撤销的赦令，美第奇王太后便让他离开了。

双方的敌对最终因疲劳和资金匮乏而停止。王室没有长期战斗所需的储备，围攻沙特尔的孔代亲王路易一世·德·波旁更是难以支付雇佣军的军饷。孔代亲王路易一世·德·波旁在看起来还算有利的条件下停止了战争（隆格瑞莫，1568年3月23日）。国王查理九世承认了《昂布瓦兹赦令》没有限制，并接管了神圣罗马帝国非正规部队战斗人员的军饷。然而，这位"孔代亲王"像往常一样轻率地同意了解散他的军队，而查理九世却保留了保存自己军队一段时间的权力。这个"非天主教"亲王将解除了武装的新教党交给了曾经欺骗过美第奇王太后和曾在他面前不得不后退的十七岁国王查理九世。这是一种非常草率的行为。

无论改革者怎么为自己辩护，对成年国王的这次袭击都是一种犯罪，或者如果他们愿意承认的话，至少是一个错误。他们在议会的成员知道，自巴约讷会谈以来，法兰西王国和西班牙宫廷之间的关系就非常不好。希望在荷兰问题上让法兰西王国调整宗教行为准则的政策是不可能被接受的。被指责出现得并不合时宜的瑞士人已在改革派同意甚至是要求下被撤回了。美第奇王太后并没有考虑用诡计对付改革派，也没有什么邪恶的计划。她正在乡村的一个开放城堡中忙着取乐和打猎。因为美第奇王太后确实无辜，所以她也不相信会有什么攻击。

改革者们唯一真正有理有据的不满就是对《昂布瓦兹赦令》条文的解释。这些处处受限制的解释其实部分是出于维持社会秩序的需要或政

围攻沙特尔

治上的原因，但因改革者们是受害者，所以不得不将其视为威胁。美第奇王太后可能——因为两种宗教在同一个国家共存的想法和当时思想的不一致——曾认为拥有不同信仰的人总有一天会和谐相处，她也的确希望那样。改革派的礼拜活动被限制在司法管辖区城市和一些有高级审判权的领主的城堡中，可以说它们被分散安置在了那些不太有宣传力度的小中心。美第奇王太后曾希望阻止改革派的扩展和重聚。在她看来，这并不是一个不可能的计划，而同样焦虑的新教教徒在他们控制的地区极力压制天主教。然而王太后依然坚决抵制使用暴力，只要一有机会就会重申遵守安抚法令的意愿。简而言之，她在少数派叛乱之前的四年中曾努力地对抗多数派，最终成功地维持了宗教的和平。

改革派的错误就在于低估了任务的困难和美第奇王太后的诚意。他们一旦不把美第奇王太后当作盟友，就把她视为了敌人了。美第奇王太后无法原谅他们的忘恩负义。她疏远了继续维护改革派的米歇尔·德·洛皮塔尔，并对宽容政策感到了厌倦，决定消灭这些与国王为敌的教会敌对者。

第 6 章

圣巴塞洛缪大屠杀与安茹公爵
亨利·亚历山大戴上波兰王冠

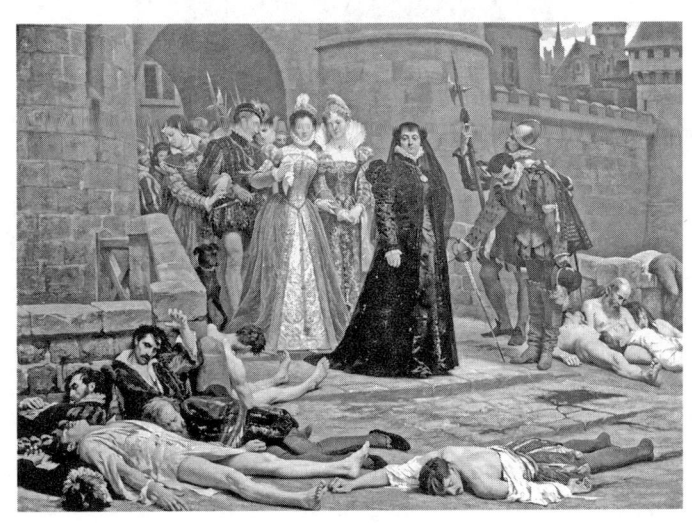

由于莫城的意外，美第奇王太后的安抚政策发生了变化，出现了一些特殊的表现。在1568年9月24日的袭击之前，美第奇王太后向在多菲内的中将戈德斯先生建议："让那里遵纪守法的臣民安稳并平静地生活。"① 但十几天后，她又让法兰西国王给这位先生写道："您如果认为有些人在那里只是为了支持和帮助新教教徒而摇摆不定，要用尽一切方法阻止他们。如果您了解到他们非要顽固地坚持这么做，那就砍掉他们的头颅，将他们撕成碎片，一个不留。我们宁可错杀也不可放过。"② 美第奇王太后相信新教教徒已经武装起来了，他们并不像宣称的那样只是以防遭到迫害，而是为了控制国王和政权。她自认为很了解这一切，并且出于本性，她准备报复。

　　在此期间，美第奇王太后要做的就是放松对天主教大众的控制。教会几乎收回了全部从1559年至1562年由于滥用职权、吉斯家族的暴政及改革派官员的狂热而失去的土地。教士和修道士走过"城市、村庄和私

---

① 赫克托·德·拉费里埃，巴格诺·德·普晒斯：《凯瑟琳·德·美第奇的信件》，第3卷，第59页。——原注
② 赫克托·德·拉费里埃，巴格诺·德·普晒斯：第65页，注1。国王查理九世的这封信不可能是1568年10月13号的，因为美第奇王太后在1568年8月8日的信中提到过它。参见奥马勒所写的《16和17世纪孔代亲王们的历史》，第564页，这本书似乎相信这封信是1568年9月28日的。但它也很可能与美第奇王太后的信在同一天，也就是说1568年10月8日，这符合美第奇太后在国王的信后面再追加一封自己写的信的习惯。——原注

人住所,去劝诫每一个新教教徒"。他们已经开始教诲那些经常跑去听新教布道的人们。这是他们最简单的理由之一,却给人留下了深刻印象。可能在15、16世纪,在这些改革者出现之前,上帝就已经把这么多国王、亲王和其他大人物都置于错误之中,并剥夺了给予他们"恩典"和"耶稣基督血液"的机会。这种假设"会亵渎上帝的善良,指责上帝的不公"①。天主教信仰危机曾使天主教会下决心承认耶稣会的新秩序,为法兰西王国的天主教带来知识、言辞、传教思想和技巧上的帮助。法兰西王国的天主教还特别重视通过对信仰的宣讲教育和意识指引来取得与国家统治阶级、上层有产阶级及贵族和亲王② 的紧密联系。

与此同时,天主教教徒也被组织起来进行战斗。经验证明,在敌对行动开始时,法兰西国王与他和平时期供养的几千人根本无法应对坚决的新教教徒的力量。新教教徒们的动员是经过长期准备的③。让·德·蒙吕克在1563年就曾有过这个想法,现又由塔瓦讷领主斯帕尔·德·索尔斯和其他天主教领袖重新提起,那就是用天主教的同行之谊对抗新教的同行之谊,用天主教的才智对抗新教的才智。在由加斯帕尔·德·索尔斯担任地方长官的勃艮第,一些教士、贵族和有产者组成了联盟或协会,他们以我们的主耶稣基督的名义,通过领取他珍贵的血液,宣誓支持所有"上帝教会的权力,保护我们古老的信仰及天生的统治者,信奉基督教的领主——我们的国王和他的王国"。这些神圣的宗教协会,就像它们在勃艮第通常被称作的那样,应该拥有共同的思想基础,有随时

---

① 让·勒布劳尔:《卡斯泰尔诺-穆维希尔回忆录》,第3卷,第6章,第137页。——原注
② 亨利·富克雷:《法国耶稣会历史,从它的起源到消灭》,第1卷(1528—1575),巴黎,第二、三册各处。——原注
③ 吉恩·德·塔瓦讷:《塔瓦讷领主加斯帕尔·德·索尔斯回忆录》中,作者虽不是非常公正,却很有趣的篇章;查理九世统治时期,伊斯兰教纪元1567年,布琼出版社,第318页,特别是第320页。——原注

第6章　圣巴塞洛缪大屠杀与安茹公爵亨利·亚历山大戴上波兰王冠

可以调动的部队，以及负责突袭和指明胡格诺派行动的使者。仅勃艮第一个省就可以组建一千五百名骑兵和四千五百名步兵。

天主教教徒支持的洛林家族又出现在宫廷和军队中。年轻的吉斯公爵——当时只有十八岁的亨利一世·德·洛林表现出与其家族相符的优越才能。然而，像孔代亲王路易一世·德·波旁一样，他很小心地避免成为安茹公爵亨利·亚历山大的竞争对手。作为家族的精神领袖，洛林红衣主教查理·德·洛林对这个王太后十分宠爱的儿子表现出极大的忠诚。

英格兰大使莫里斯写道：洛林红衣主教查理·德·洛林曾经许诺安茹公爵亨利·亚历山大，"法兰西王国神职人员每年会出二十万法郎支持罗马宗教，因此罗马教廷的教皇、西班牙国王以及其他天主教亲王也答应援助和支持这位公爵所做的一切试图消灭破坏宗教信仰者的努力"[①]。这正好迎合了美第奇王太后对亨利·亚历山大的偏爱，还向她保证了天主教会的忠诚，并承认安茹公爵亨利·亚历山大是他们的首领。因此，洛林红衣主教查理·德·洛林在当时是一个大宠臣。英格兰大使莫里斯说，他一个人"能做任何事"。掌玺大臣米歇尔·德·洛皮塔尔在1568年5月24日交出了印章，他认为"在王国需要时将它让给新任高级官员们要比与他们争抢更好"。在纳瓦拉王后珍妮·阿布莱特写给美第奇王太后的信中，她说："我很惊奇，夫人，在他（洛林红衣主教查理·德·洛林）做过的那么多事中，您之所以从未见过一个好的结局，可能是因为他经常这样欺骗您。"[②]孔代亲王路易一世·德·波旁和加斯帕尔·德·科利尼将他们受到的不公正对待，以及签署了和平协议之后，他们的教友所遭受的谋害自然而然地

[①] 1568年6月7日的信。奥马勒公爵：《16和17世纪孔代亲王们的历史》，第2卷，第364页。——原注

[②] 赫克托·德·拉费里埃，巴格诺·德·普晒斯：《凯瑟琳·德·美第奇的信件》，第3卷，第349页。——原注

归咎到洛林红衣主教查理·德·洛林身上。但美第奇王太后并没有因此而采取行动。美第奇王太后就像曾经依赖米歇尔·德·洛皮塔尔那样依赖洛林红衣主教查理·德·洛林。只是在改变了政策后，她也换了仆人。

然而，天主教教徒的暗杀行动延长了战争。国王查理九世派去为图卢兹议会登记《隆格瑞莫和平命令》的新教教徒拉宾，被这个议会以早已被取消的两三个赦令为依据，进行了缉获、审判和处决。欧塞尔^① 驻军抢掠了加斯帕尔·德·科利尼为催促神圣罗马帝国雇佣骑兵离开法兰西王国而发放给他们的五万埃居。被指派前去追索这笔钱的阿曼泽先生被六名蒙面男子暗杀。一个大贵族，西皮耶尔的领主雷内·德·萨伏伊^②，和他的三十六名随从在弗雷瑞斯^③ 被阿赫克男爵屠杀。民众也参与了进来并发生

欧塞尔

---

① 欧塞尔，法国城市，位于勃艮第－弗朗什－孔泰地区西北部的约恩省。
② 雷内·德·萨伏伊（1473—1525），人称"萨伏伊家族伟大的私生子"，是萨伏伊家族的腓力二世和利北哈·波托尼私通的儿子，是维拉尔（1497）和唐德（1501）的伯爵。
③ 弗雷瑞斯是一个位于普罗旺斯－阿尔卑斯－蓝色海岸地区瓦尔省的法国城市。

第6章 圣巴塞洛缪大屠杀与安茹公爵亨利·亚历山大戴上波兰王冠

了激烈冲突。奥比涅有些夸张地说,在三个月时间里,民众在贵族支持下,将一万多具尸体堆放在了方砖铺砌的地上①。政府并未出面制止,听之任之。这是它对一个不愿屈从的党派的报复。胡格诺派人并不急于将他们在战争期间占领的城镇归还法兰西国王,蒙托邦、桑塞尔、阿尔比、米洛和卡斯特尔这几个地区的胡格诺派让驻军"在城门外久久等候"。曾在最后一次战争中支持孔代亲王路易一世·德·波旁(1568年1月9日)的拉罗谢尔,同意接受派给他的地方长官盖伊沙博·德·雅纳克②,但不接受同他一起来的士兵。因此,加斯帕尔·德·科利尼愤怒地认为,凶手和叛乱者若不是"有一个明确的命令让他们这么做",至少也是被"默许"的。美第奇王太后反驳说,她的儿子国王陛下已经下令一视同仁地对待所有臣

---

① 天主教教徒犯下的罪行和暗杀事件被罗列在由加斯帕尔·德·科利尼和孔代亲王路易一世·德·波旁呈给国王查理九世的陈情书中,并标着他们逃走的日期(1568年8月23日)。逃走的人数以百计或者更多,但远不及一万。历史学家奥比涅没有允许富有想象的诗人随便乱说。这个陈情书已经作为德拉博尔德伯爵《法兰西海军上将加斯帕尔·德·科利尼》一书的附录出版了(第3卷,第496页起,515页)。——原注
② 盖伊沙博·德·雅纳克(1541—1609),第三代雅纳克的男爵,圣格莱斯的领主,圣奥莱埃及蒙特利的领主,1561年加入了新教。

民,"如果不是武器还在根本不该拥有它们的人手中,他早看到他所希望的结果了"①。

美第奇王太后和海军上将加斯帕尔·德·科利尼之间的关系更加透明,他们之间对话也就更加直接尖锐。海军上将加斯帕尔·德·科利尼就像他的舅舅陆军统帅阿内·德·蒙莫朗西那样,相当粗鲁,难以相处。他怨恨欧塞尔州地方长官德普里先生曾经派人合法地杀害了自己的一位绅士。而在向美第奇王太后宣布德普里夫人的死讯时,这位海军上将却从她身上吸取了一个比从她丈夫身上得到的更有意义的教训。"我不想这么自以为是地判断上帝的事,但我想引用德普里夫人的话——所有违反民众信仰的人都会受到惩罚。"海军上将加斯帕尔·德·科利尼向美第奇王太后承诺会尽可能防止"在这个王国中出现骚乱和武装暴动"。他还补充说:"如果我们不得不捍卫我们的信仰自由、我们的荣誉、我们的生命和财产,我们可不会像洛林红衣主教理·德·洛林每天吹嘘的那样,那么容易就被击败。"加斯帕尔·德·科利尼还申诉说自己得到一个可靠的消息说有人打算暗杀他。美第奇王太后让加斯帕尔·德·科利尼告诉她,他怀疑哪些人要暗杀他。但这位海军上将回答说,美第奇王太后从未说过会保护他的性命。美第奇王太后其实早知道有好几个人想暗杀他,只是不愿承认罢了。美第奇王太后本应为他揭露这些"邪恶的人",并将他们指认给他,以便让他知道该防备谁。这些指责和行为是不祥之兆。一千名胡格诺派信徒和外国新教教徒沿边界逃走,准备加入已经武装起来反对西班牙人的"沉默寡言的威廉"②和他的弟弟卢多维克·德·拿骚。美第奇王太后命令骑兵军官

---

① 德拉博尔德公爵:《法兰西海军上将加斯帕尔·德·科利尼》,第3卷,第33页。赫克托·德·拉费里埃,巴格诺·德·普晒斯:《凯瑟琳·德·美第奇的信件》,第3卷,第164页(1568年8月)。——原注
② "沉默寡言的威廉"这里指奥兰治亲王,拿骚伯爵纪尧姆·德·拿骚(1533—1584),他曾统治着当今比利时和荷兰之间的领地。

"沉默寡言的威廉"

阿特斯·德·科塞跟着这伙人，并让阿尔巴公爵费尔南多·阿尔瓦雷斯·德·托莱多将他们当作"伊拉曼人"（这里可能是指弗拉芒人）和已经加入天主教王国的其他子民一样，"按照他们应得的来对待他们。指挥这些人的队长弗朗索瓦·德·托克维尔[①]在圣瓦莱里（在索姆河上）被捕，并与几个同伴一起被斩首。美第奇王太后补充道："至于其他成为囚犯的法兰西人，我认为他们中的一部分人应与被处决的那些人一样受到惩罚，其余的应被送去做苦役。"我们由此可以看到美第奇王太后的态度已经变了，她已经不再是从前的那位王太后了。

不安的孔代亲王路易一世·德·波旁和加斯帕尔·德·科利尼躲在莫尔旺山脉入口处塞兰河畔的努瓦耶尔，这是一个属于孔代亲王路易一世·德·波旁的妻子埃莉诺·德·鲁瓦的足够安全的小地方[②]。美第奇王太后有抓捕他们的想法，甚至会像阿尔巴公爵费尔南多·阿尔瓦雷斯·德·托莱多对待埃格蒙特和合恩伯爵那样对待他们。但她小心地隐藏了自己的意图。

法王查理九世在国王议会中察觉到了新教领袖的不满，并对此做出了回应。他下令调查他们控诉的罪行和屠杀行为，还为此向欧塞尔派遣了一名审查官并向第戎最高法院委派了第一主席。查理九世宣布解散了神圣宗教协会，这些协会骚扰了附近努瓦耶尔的居民[③]。他停止了已经决定驻扎在奥克萨的布里萨克部队的行军。他还向在勃艮第的中将加斯帕尔·德·索尔斯指出，孔代亲王路易一世·德·波旁曾指责这位中将试图袭击自己。然而，美第奇王太后单独与洛林红衣主教查理·德·洛林和新的掌玺大臣河内·德·比拉格进行了磋商。一个叫莱斯卡勒的人在测量努瓦耶尔城墙的高度时被抓获了。美第奇王太后派出河内·德·比

---

① 弗朗索瓦·德·托克维尔，法兰西王国宗教战争期间新教派的一位队长。
② 斯蒂芬-克洛德·吉冈：《第三次宗教战争》，巴黎，1909年，第35页。——原注
③ 阿堡贺：《欧坦市联盟与改革史》，第1卷，第392页。——原注

阿尔巴公爵费尔南多·阿尔瓦雷斯·德·托莱多

拉格的秘书贡瑟瑞,以及一名队长帕斯基耶尔先生,去向塔瓦讷领主加斯帕尔·德·索尔斯下令——可能只是个口头的命令——让他包围努瓦耶尔。但就像这位地方长官的儿子讲述的那样,塔瓦讷领主加斯帕尔·德·索尔斯可能回答说:"给美第奇王太后出主意的人有的更多的是激情而不是理性。听取头脑发热、缺乏经验的人提出的建议是很危险的,他承受不起这种意外……"而当塔瓦讷领主加斯帕尔·德·索尔斯正准备执行这个命令时,"拥有好马"的孔代亲王路易一世·德·波旁和海军上将加斯帕尔·德·科利尼"早已逃走了,他只能看着马尾,承担打破和平的骂名了"。塔瓦讷

塔瓦讷领主加斯帕尔·德·索尔斯

第6章 圣巴塞洛缪大屠杀与安茹公爵亨利·亚历山大戴上波兰王冠

领主加斯帕尔·德·索尔斯在给国王的一封正式信函中否认了自己有反对波旁家族的不良企图，但他又补充说："的确，当涉及陛下您的指挥，您的国家和我的责任时，我不仅会反对他，甚至也会反对我的父亲，如果他还活着的话。"[1] 塔瓦讷领主加斯帕尔·德·索尔斯准备遵照国王的命令前进，拒绝"与女人和文人"妥协。

然而，塔瓦讷领主加斯帕尔·德·索尔斯担心美第奇太后会坚持己见，还会派其他队长到他的辖区协助执政，因此塔瓦讷领主加斯帕尔·德·索尔斯决定向孔代亲王路易一世·德·波旁发出警报。他派信使带着信函，前往"努瓦耶尔附近，信上面写着'鹿在画布上了，狩猎准备好了'"。就像塔瓦讷领主加斯帕尔·德·索尔斯希望的那样，携带信件的人被捕了，孔代亲王路易一世·德·波旁借助自己的臆测解释了这些古怪的句子。1568年8月23日孔代亲王孔代亲王路易一世·德·波旁与加斯帕尔·德·科利尼秘密离开了努瓦耶尔。孔代亲王孔代亲王路易一世·德·波旁还给国王留了一封道别的陈情书，里面列举了新教党派的不满，并将这一切都归咎于洛林红衣主教查理·德·洛林，"他是这个王国所有分裂和不公现象的根源"。

逃跑者于1568年9月14日或9月18日抵达拉罗谢尔。在那里他们和带来加斯科特遣队的纳瓦拉王后珍妮·阿布莱特及她的儿子亨利·德·纳瓦拉会合。圣约翰·当热利、桑特和科涅克地区都给他们送去了援助。由于迫切需要在远离巴黎的地方建立一个据点，这些人仅局限在西部活动。当时在这里的大贵族罗什富科家族、特莫瓦勒家族、苏比斯家族，甚至几乎所有的贵族都加入了改革派。位于被征服的要塞后

---

[1] 1568年8月20日的信，出自斯蒂芬-克洛德·吉冈《第三次宗教战争》，第385页。从这封信中，吉冈先生认为他可以得出结论：美第奇王太后从未想过要围困努瓦耶尔，而是回忆录的编者塔瓦讷领主加斯帕尔·德·索尔斯的儿子捏造的。但其实儿子的叙述与父亲的信并不相互矛盾，却互相补充。——原注

面及雷岛和多莱龙①前面的拉罗谢尔成了一个中央避难所，在此可以通过海路联系英格兰新教教徒，因为由法兰西王国天主教教徒控制的陆路几乎是坚不可摧的。

知晓这些事后，美第奇王太后震惊了。1568年9月28日王国政府曾发布了两个法令。这两个法令赋予了改革派信仰自由，但禁止任何人进行除了天主教和罗马宗教以外的宗教活动，命令改革派牧师在十五天内离开王国，并以补偿将成为新教会员的王国官员为承诺，免除他们的职务②。孔代亲王路易一世·德·波旁拒绝服从这样的政府。但即使这样，美第奇王太后依然希望进行谈判，她总想通过谈判来解决问题。

美第奇王太后任命她的儿子安茹公爵亨利·亚历山大为王国的大将军（1568年8月29日），专门领导西部的军队。为了弥补他经验的不足，美第奇王太后为他增添了两名上尉，塔瓦讷领主加斯帕尔·德·索尔斯和桑萨克。他们曾在皮埃蒙特战争中有过突出的表现。出于与1567年同样原因造成的指挥权的分裂导致了与其相同的结果：战争延长了。桑萨克后来辞职了。有了行动自由的塔瓦讷领主加斯帕尔·德·索尔斯1569年3月穿过夏朗德河，在雅纳克附近的巴萨克突袭了防备不足的加斯帕尔·德·科利尼。前来援助的孔代亲王路易一世·德·波旁给教会人员组成的骑兵队配备了三百匹战马，带领他们猛烈攻击，强行进入巴萨克。但由于寡不敌众，孔代亲王路易一世·德·波旁从战马上跌落下来，被安茹公爵亨利·亚历山大冷酷的卫兵杀死了（1569年3月13日）。加斯帕尔·德·科利尼命令军队全面撤退，从而挽救了新教军队。

在梅斯，美第奇王太后收到了巴萨克胜利的消息。两个月后，她离

---

① 多莱龙也是位于新阿基坦地区的加斯科涅湾的一个岛屿，距离西班牙顶端1.5千米，它与黑岛都是夏朗德群岛的一部分。

② 赦令中其中一条是在1568年9月制定的，但没有明确的日期，另外一条是1568年9月25日制定的，两条均于1568年9月28日发布。丰塔农：《法兰西国王们的赦命和命令》，第4卷，第292页到第295页。——原注

巴萨克战役

开了巴黎。尽管疲惫不堪、病魔缠身，但美第奇王太后还是竭力关闭了尚帕涅和三个主教管辖区的入口，以防准备加入胡格诺派的外援进入。因为当时在拥有相同信仰的教徒之间，不分国家地域的相互援助已经成为习惯。反对西班牙天主教国王的纪尧姆·德·拿骚与反对基督教国王的孔代亲王路易一世·德·波旁和加斯帕尔·德·科利尼已经签署了条约（1568年8月），承诺在他们的"权力和力量"范围内互相"帮助，彼此支援"。"而且这个联盟必须是非常牢固的。当上帝愿意支持某个国家，给予它充分信仰自由时，那些幸福的人是不会放弃帮助另一方的，就像他们也一起遭受苦难一样……"①

纪尧姆·德·拿骚没有攻击阿尔巴公爵费尔南多·阿尔瓦雷斯·德·托莱多，而是在1568年11月19日进入了法兰西王国。人们猜想他可能会在西班牙人到来之前撤退，或打算接近法兰西王国的教友。大部分法兰西王室军队正在西部作战，查理九世在尚帕涅只有几千名士兵，而阿尔巴公爵费尔南多·阿尔瓦雷斯·德·托莱多也没有履行承诺，马上派遣增援部队。美第奇王太后让人向这个态度不明的入侵者提供了可以自由前往神圣罗马帝国的通道，而且法兰西国王"出于对其部队的怜悯"，让人为他们设立了"不需要时也可以放弃"的"休息处"②。尽管西班牙大使弗朗西斯·德·阿拉瓦提出抗议，美第奇王太后还是为腓力二世的反对者们提供了他们最需要的钱和粮食。不过，由于担心纪尧姆·德·拿骚可能会利用这些来对付自己，美第奇王太后让招募来的神圣罗马帝国雇佣兵积极行动起来，聚集在一起，迫使纪尧姆·德·拿骚重新穿过了摩泽尔河（1569年1月13日）。

第一个危险被排除之后，美第奇王太后努力阻挡德波公爵沃尔夫冈·德·巴伐利亚从神圣罗马帝国带领军队援助胡格诺派。但她仍然把

---

① 格陵兰·范·普林斯特勒：《拿骚家族的档案资料》，第285页。——原注
② 格陵兰·范·普林斯特勒：《拿骚家族的档案资料》，第315页到第316页。——原注

第6章 圣巴塞洛缪大屠杀与安茹公爵亨利·亚历山大戴上波兰王冠

东部边界的防守任务分派给了彼此不了解的欧马勒公爵克劳德·德·洛林和内穆尔公爵雅克·德·萨伏伊。纪尧姆·德·拿骚带领一千两百名骑兵加入了沃尔夫冈·德·巴伐利亚的队伍。沃尔夫冈·德·巴伐利亚用了欧马勒公爵克劳德·德·洛林和内穆尔公爵雅克·德·萨伏伊的不和,迅速战胜了他们(1569年3月),越过勃艮第,穿过卢瓦尔河并进入拉马什地区。安茹公爵亨利·亚历山大受到被这些外国人和胡格诺派人夹击的威胁,请求母亲援助。安茹公爵亨利·亚历山大指责让入侵者通过的欧马勒公爵克劳德·德·洛林和没有给他送来军饷的洛林红衣主教查理·德·洛林。在蒙索休息的美第奇王太后赶到营地,集合所有的王室军队对抗德波公爵沃尔夫冈·德·巴伐利亚。美第奇王太后虽见证了这个她宠爱的儿子的胜利,却并没有为此感到十分高兴,那些没有得到报酬的神圣罗马帝国天主教的

德波公爵沃尔夫冈·德·巴伐利亚

雇佣骑兵拒绝参加战斗。美第奇王太后写信给查理九世："如果这些雇佣兵愿意在星期四上帝日（1569 年 6 月 10 日）那天行动的话，我本来可以是世界上最幸福的女人，您的王弟则是最光荣的男子。"

美第奇王太后对此非常失望，但几个月后，塔瓦讷领主加斯帕尔·德·索尔斯在蒙孔图尔击败了加斯帕尔·德·科利尼（1569 年 10 月 3 日）。美第奇王太后相信这场战争之所以能取得胜利，就和在第一次内战中一样，运气起了很大作用。孔代亲王路易一世·德·波旁已经战死（1569 年 3 月 13 日），德波公爵沃尔夫冈·德·巴伐利亚在与胡格诺派汇合的前一天死于疾病（1569 年 6 月 11 日）。科利尼地区最好的将领，弗朗索瓦·安德洛特也死了（1569 年 5 月 7 日）。美第奇王太后说："我的儿子，你看连神都在帮助我们，他让您的敌人还未交战就死去了。"①

美第奇王太后期待着还有其他神灵保佑的迹象。她给她的马德里大使写信说："富尔屈埃沃先生，弗朗索瓦·安德洛特死亡的消息使我们非常高兴。自从令我非常遗憾的布里萨克公爵蒂莫莱翁·德·科塞－布里萨克事件②以来，我希望上帝最后能让那些人得到他们应得的下场。有人断言鲍德内③已经死了，瘟疫在他们待的科桑特盛行。"然后，她又毫无过渡地得出结论："对于剩下的，我请您，富尔屈埃沃先生，第一时间就给我送来二十几个相似的消息……"④（1569 年 5 月 19 日）

然而，美第奇王太后的喜悦表现得有些过头了。当时在英格兰避难的沙蒂隆红衣主教卡迪纳·德·科利尼写信给选帝侯弗雷德里克三世

---

① 1569 年 6 月 14 日。赫克托·德·拉费里埃，巴格诺·德·普晒斯：《凯瑟琳·德·美第奇的信件》，第 3 卷，第 251 页。——原注
② 从弗朗索瓦·安德洛特撤回后被任命为法兰西王国步兵上将的布里萨克公爵蒂莫莱翁·德·科塞－布里萨克（查理一世·德·科塞的大儿子），在围攻米西时遇害（1569 年 4 月 28 日）。——原注
③ 鲍德内领主卡尧·德·克吕索尔是新教长官，于泽斯公爵安托万·德·克吕索尔的兄弟。——原注
④ 赫克托·德·拉费里埃，巴格诺·德·普晒斯：《凯瑟琳·德·美第奇的信件》，第 3 卷，第 241 页。——原注

蒙孔图尔战役

布里萨克公爵蒂莫莱翁·德·科塞－布里萨克

弗雷德里克三世

(1569年6月10日),告诉他其兄长弗朗索瓦·安德洛特被毒死了,他既可以"通过对尸体的解剖",也可以从一个吹嘘"在这之前已经给巴黎和宫廷好几个人下过毒"的意大利人所说的话中得知真相,这个人知道自己投毒成功后还要求"对他如此勇敢的行为进行奖赏"①。然而失去兄长的悲伤没能让弗雷德里克三世轻信这一切。英格兰驻法兰西王国大使莫里斯1569年5月27日发送给塞西尔的一封急件中也表示,一名意大利人吹嘘自己毒死了弗朗索瓦·安德洛特,本来是想把海军上将加斯帕尔·德·科利尼和他弟弟也一起毒死的②。诺里斯提醒伊丽莎白一世的国务秘书说,自己长期以来一直关注的那个意大利人拿了很多钱离开了巴黎,去执行同样的任务了。的确,1569年6月14日,诺里斯还在报告里说,加斯帕尔·德·科利尼已经让人用四匹马拖出了投毒者,"安茹公爵亨利·亚历山大的一位绅士",还说布列塔尼国王的中将马尔蒂盖的先生是这一罪行的唆使者③。由于有些细节不够详尽,人们怀疑诺里斯是否了解弗朗索瓦·安德洛特的真正死因。

1569年6月1日,当诺里斯的第一封信一到伦敦,英格兰宫廷就公开采取措施保护伊丽莎白一世,因为查理九世因她帮助他的反叛臣民而一直对她怀恨在心。法兰西王国大使1569年6月10日给美第奇王太后的信中写道:"从这以后,他们就命令专人负责品尝她(伊丽莎白一世)的食物,并取消了所有意大利人的服务。另外,大家都不说,甚至不许说也不许相信这件事(弗朗索瓦·安德洛特中毒事件)是在您的授意下完成的。现在这些事您都无须承认了。然而,今后所有的亲王都不得不遭受怀疑,并

---

① 克拉克洪:《普法尔茨选民弗雷德里克虔诚的信件》,第2卷,第一部分,第334页到第338页,不伦瑞克,1870年。——原注
② 《伊丽莎白一世统治时期国家文件一览表·国际系列》,1569年至1571年,第79页。英格兰王室1569年5月10日收到第一个匿名警告,说明了弗朗索瓦·安德洛特死了和怀疑他是中毒而亡,第70页。——原注
③ 《伊丽莎白一世统治时期国家文件一览表·国际系列》,第88页。——原注

第6章 圣巴塞洛缪大屠杀与安茹公爵亨利·亚历山大戴上波兰王冠

忍受因此而造成的任何指摘。英格兰宫廷也会借此来指责法兰西王国或让人憎恶法兰西王国,而我认为他们在别的地方也是这么做的"。① 很奇怪,拉莫特费内隆② 似乎早已准备好接受抗议这些侮辱性质疑的指令了。1569年6月10日他向美第奇王太后表示自己会亲自处理这件事,因为他已经从5月14日国王的一封姗姗来迟的官方公函中获悉③,弗朗索瓦·安德洛特先生在战斗中遭到了火枪袭击,而且"不知道他是否已经康复"。在这个"承诺"中,他说:"我敢断言,这个所谓的毒药就是诽谤,陛下根本不会用这种方式谋害他人,而是按照您的吩咐,对那些打算否认法令的人做出公正的惩罚。"④ 拉莫特费内隆的理由似乎并不能令人信服。没有人听说过弗朗索瓦·安德洛特受过伤⑤。美第奇王太后1569年7月9日的一封信中指出了诺里斯的不准确之处,她说弗朗索瓦·安德洛特是因为"工作过度劳累而死于高烧的"⑥。事实上,在胡格诺派营地有许多人受瘟热的折磨,瘟热的确也有可能摧毁一个由于战争的疲惫和忧虑而身体虚弱的人。新教历史学家拉波普里尼⑦ 认为不排除有中毒的可能,但他似乎更相信

---

① 特勒:《拉莫特费内隆的外交信函》,第2卷,第16页到第17页(1569年6月10日)。——原注
② 拉莫特费内隆全名弗朗索瓦·德·萨利尼亚克·德·拉莫特费内隆(1529—1580),是一位教会人士,从1568年到1579年担任萨拉的主教。
③ 查理九世的急件。《外交信函的补编》,第7卷,第21页到第22页。——原注
④ 特勒:《拉莫特费内隆的外交信函》,第2卷,第17页。——原注
⑤ 当弗朗索瓦·安德洛特试图与布列塔尼特遣队一起加入在拉罗谢尔的孔代亲王路易一世·德·波旁和加斯帕尔·德·科利尼时,他与想阻止他穿越卢瓦尔河的马尔蒂盖进行了较为激烈的战斗。在这场堤坝上的战斗中,新教历史学家拉波佩利耶尔仅于1568年9月,在其书卷的第四册129页中提道:"弗朗索瓦·安德洛特几乎没带几个人就突然来了,他被马尔蒂盖的副官卢尔切带着火枪追赶,后来又被他的随从塞因特—博内特救了,这个随从一枪打死了这个副官。"他没说弗朗索瓦·安德洛特受伤了。拉波普利尼埃:《自1562年以来,发生在法兰西王国和法兰德斯及周边国家的纷乱和令人难忘的真实历史》,拉罗谢尔,1573年。——原注
⑥ 凯瑟琳·德·美第奇:《信函补编》,第7卷,第30页。——原注
⑦ 拉波普里尼这里指兰斯洛特·杜瓦辛(1541—1608),他是拉波普里尼的绅士,还是一名战士,历史学家和作家。

是发烧导致的①。但遗憾的是，在弗朗索瓦·安德洛特死后第七天，法兰西国王查理九世给出了一个编造的解释，他的母亲不得不为此寻找或编造一个更合理的解释。

比这些矛盾更令人不安的是美第奇王太后与弗朗西斯·德·阿拉瓦在梅斯的对话。在事发前一个月，1569年4月7日，西班牙大使弗朗西斯·德·阿拉瓦立刻向他的主人对此进行了报告。美第奇王太后哀叹了王室部队对反叛分子的无能为力后，问弗朗西斯·德·阿拉瓦应该怎么做。西班牙人的意见是敲响"海军上将加斯帕尔·德·科利尼、弗朗索瓦·安德洛特及拉罗什富科的丧钟，就像人们在意大利传言的那样"……美第奇王太后回答说："三天前她就解决了有关丧钟的事，承诺给杀死海军上将加斯帕尔·德科利尼的人五万埃居，给杀死另外两人的两万或三万埃居。"②她正等着找到执行者。在美第奇王太后表达自己意图的日期和弗朗索瓦·安德洛特死亡的日期，存在着令人不安的巧合。③

不幸的是，这并不是美第奇王太后唯一一次被怀疑妄图通过不正当方式来摆脱反叛领导人。1569年7月18日，诺里斯再次致信塞西尔："我得知，一名神圣罗马帝国（一个阿尔曼人）的海格斯上尉被派往这里试图用毒药杀死海军上将加斯帕尔·德·科利尼，他为此得到了和其他曾做过类似事件的人同样多的报酬。"④

雇用除嫌疑太大的意大利人以外的其他密使，是不会让人产生怀疑的。在1569年8月8日的一封急件中，弗朗西斯·德·阿拉瓦告诉告腓力二世，在他的旅店里，一名来自海军上将加斯帕尔·德·科利尼营地

---

① 拉波普利尼，第5册，第176页，1569年5月。——原注
② 皮埃尔·德·维西耶：《一些刺客》，巴黎，1912年，第99页中引用的信。——原注
③ 在这个对话中没有提到（皮埃尔·德·维西耶：《一些刺客》，第99页）七年前美第奇王太后就有这种意图。在第一次内战中她并没有表现出反对新教教徒的激情，却希望腓力二世的大使接受这一点。这是一种抹去她五年的宽容主义政治缺陷的方式。我们不能总相信她的话。她经常会通过算计某一刻突如其来的想法而确认未曾发生的过去。——原注
④ 《伊丽莎白一世统治时期的国家文件一览表·国际系列》，1569—1571，第96页。——原注

塞西尔

的神圣罗马帝国人看起来非常了解那里发生的事。弗朗西斯·德·阿拉瓦向国王和太后请示，如果他们想与这个德国人对话，他就会把此人送到他们那里。但他又补充说，这名叛逃者知道他们策划谋害海军上将加斯帕尔·德·科利尼，还知道美第奇王太后和查理九世当时抓着海军上将加斯帕尔·德·科利尼的胳膊，"把他推到一个没有人的小房间"，"一起和他说，上帝是不会管这件事的，因为他们还在一直期待着他的好消息。他们说到这些时还带着一种明显出卖了自己的快乐，可以看出他们就是在阴谋策划杀死海军上将加斯帕尔·德·科利尼"。美第奇王太后回复说，无论如何都不能让这个神圣罗马帝国的人来和她对质，而且她还请求大使让这个人像他一样保持沉默。如果大使认为合适，甚至还可以适当给这个人某个不错的礼物来让他沉默。弗朗西斯·德·阿拉瓦想知道是否是神圣罗马帝国的人将杀死海军上将加斯帕尔·德·科利尼，美第奇王太后回答说："嘘！暂时什么也不要问，你很快就会知道一切的。"而且他们说这些话时那么警惕，眼睛一直盯着房间的墙壁，好像在仔细检查那里是不是还有一个可以用来监听他们谈话的窗户或别的开口似的。①

　　在这个悲喜剧似的一幕过去后一个月，胡格诺派抓住了一个正返回营地的海军上将加斯帕尔·德·科利尼的仆人——多米尼克·阿尔巴。他被派往巴伐利亚的沃尔夫冈那里，但因在路上耽误的时间太久而成了一名嫌疑犯。人们在他身上找到了日期是 1569 年 8 月 30 日并有安茹公爵亨利·亚历山大名字的一张通行证，和一种白色粉末。经医生和药剂师鉴定，这种粉末就是毒药。多米尼克·阿尔巴承认，由于被天主教教徒捕获，并受公爵警卫队长拉里维埃逼迫，他已经同意谋害海军上将加

---

① 皮埃尔·德·维西耶：《一些刺客》，第二版，巴黎，1912 年，第 100 页到第 101 页。我从中借来了它优美而忠实的译文。这个公函应该是 1569 年 8 月 8 日的。弗朗西斯·德·阿拉瓦说，在上一个 1569 年 8 月 6 日的公函中（《国家档案》，第 40 号），他忘了把这次谈话汇报给腓力二世。鉴于事情的重要性，忘记是有点奇怪的。所以我对几天以后，他凭借想象力非常准确地阐述出内容并不感到惊讶，这是如此戏剧化的叙述。——原注

第 6 章 圣巴塞洛缪大屠杀与安茹公爵亨利·亚历山大戴上波兰王冠

斯帕尔·德·科利尼并收到了钱财和"白色粉末状"的毒药。由海军上将加斯帕尔·德·科利尼和两名波旁家族成员出席的战争委员会对此做出判决,多米尼克·阿尔巴被处以绞刑(1569 年 9 月 20 日)①。

美第奇王太后之所以激烈反对海军上将加斯帕尔·德·科利尼,是因这位海军上将自孔代亲王路易一世·德·波旁去世以来就一直独裁指挥着新教部队。两位年轻的正统亲王亨利·德·纳瓦拉和孔代亲王的儿子亨利一世·德·波旁的出现使反叛合法化了,而且根据《胡格诺决疑法》,他们有权担任军队的首领。但实际上就像被称呼的那样,他们只是"海军上将加斯帕尔·德·科利尼受过骑士训练的年轻侍从"。除掉加斯帕尔·德·科利尼,也是对新教的打击。他应该死,美第奇王太后对此毫不怀疑。无论加斯帕尔·德·科利尼怎么为自己辩护,王国的法律都不会接受叛逆者的解释。但可能除了路易十一以外,法兰西王国的国王们都是通过武力或审判来处理罪犯的。他们将正义视为最高权力的基本属性,但把它留给自己的官员去执行,并会在利用权力下达杀死一个臣民的命令时表现得瞻前顾后。至于雇用一个投毒者的想法,他们

亨利一世·德·波旁

---

① 1569 年 9 月 30 日,反对海军上将加斯帕尔·德·科利尼的仆人多米尼克·阿尔巴的判决在让·德·塞尔:《查理九世统治时期法兰西王国第三次内战和最后的动乱回忆录》,1571 年,第 411 页到第 415 页中记录。——原注

更不可能会有①。但美第奇王太后没有这种抵触。她来自一个建立在暴力基础上的年轻王朝，一个拥有着老资格且多疑寡头势力的国家，他们除了关心自己的安全外并没有什么其他对权力的限制规则。对于他们来说，毒药就像暗杀一样，是一种解决逃避法律制裁的敌人的有效手段。在与新教的斗争中，美第奇王太后使用了法兰西王国向她提供的武器。但必要时，她也会采用通过自己在意大利的经历而知晓的方法。

就在安茹公爵亨利·亚历山大的卫兵队长为多米尼克·阿尔巴提供的白色粉末而被确认是毒药的当天（1569年9月13日），巴黎议会在开始审理由法兰西国王查理九世1569年7月下达命令的诉讼案之后，宣布逮捕加斯帕尔·德·科利尼，这个"陛下首要的罪犯、和平的破坏者、王国安宁和公共安全的敌人及叛乱的主要领导人、制造者和指挥者"，密谋反对"国王和他的王国"。由于这些罪行，加斯帕尔·德·科利尼被剥夺了所有荣誉、职务和尊严，被没收了财产，并被判处绞刑，挂在格雷夫广场的绞刑架上。对于借助"国王和正义之手"把加斯帕尔·德·科利尼交出来的人，即使这个人是加斯帕尔·德·科利尼的同谋，也可以"去巴黎市政府和王国其他城镇领取五万盎司的金币"②。国王认为议会判决得很好，"除了有必要"在交出加斯帕尔·德·科利尼的后面增加"无论死活"这个词。此外在1569年9月28日的一项新的判决中就是这么写的。

悬赏通缉反叛分子是国家将杀人权力转交给个人的一种不人道但却合法的措施，即使在19世纪的文明中也可以找到这样的例子。嗜血成性的年轻绅士毛贺外赫的卢维埃③自愿提出执行下毒任务。他以前是吉

---

① 即使他们因为国家的缘故将犯罪分子从国王那里移交到普通司法机关，他们也是由一个理事会来审判的。这个理事会由各个议会成员、议会顾问及其他人组成。这些专员们的判决往往是模仿司法机关的，但他们证实，国王只有通过授权才能行使裁判权。——原注
② 德拉博尔德公爵：《法兰西海军上将加斯帕尔·德·科利尼》，第3卷，第145页。——原注
③ 毛贺外赫的卢维埃，这里指查尔斯·德·卢维埃（1505—1583），毛贺外赫的领主。他可能就是1572年8月22日射向海军上将加斯帕尔·德·科利尼的那枚火枪子弹的人。但在犯罪当天，没有人发现那个逃离的枪手。

第 6 章　圣巴塞洛缪大屠杀与安茹公爵亨利·亚历山大戴上波兰王冠

斯家族的年轻侍从，因杀了为某个过错而鞭打他的总督，而被迫逃到国外，最后得到了赦免。卢维埃作为一个吉斯家族的受害者出现在亲王们的军队里，当然很受欢迎，尤其是受到以前是仆人，是年轻的侍从，现在却是主要队长之一的穆伊的欢迎。这位卢维埃没有找到暗杀加斯帕尔·德·科利尼的机会，但为了不白辛苦，他一枪射中他以前主人的后背，杀死了他（1569 年 10 月 9 日）。布朗托姆以见证人的身份说："毛贺外赫的卢维埃可能被国王的弟弟安茹公爵亨利·亚历山大或委员会的某个人派来的，但被我军所有人憎恶。"此外，"没有一个人愿意上前和他攀谈"，不是因为他们不喜欢攀谈，"甚至他们也承认卢维埃为他们提供了很好的帮助，为国家消灭了一个非常勇敢和强大的敌人"。但对军人们来说，"背信弃义地杀死主人和恩人是非常可耻的"。① 即使当时的人们很容易宽恕一些政治谋杀事件，但那个被冠以寡情和不忠之名者也会被一些绅士所憎恶。然而当时在普莱西斯-雷图尔城堡的查理九世，却写信给留在巴黎的王弟阿朗松公爵弗朗索瓦·德·弗朗斯，要他把圣米歇尔的骑士团徽章项链颁发给穆伊军队的这个凶手，还让"巴黎的僧侣和居民根据他的功劳奖赏给他某个恰当的礼物"②。

穆伊控制着出于恐惧而在谋杀案之后投降了的尼奥尔。蒙孔图尔的失败者溃败逃跑。但查理九世的介入中断了塔瓦讷领主加斯帕尔·德·索

---

① 布朗托姆：《作品集》，第 7 卷，第 253 页。——原注
② 德拉博尔德公爵：《法兰西海军上将加斯帕尔·德·科利尼》，第 3 卷，第 159 页和德瓦西耶：《几个刺客》，1912 年，第 112 页到第 113 页。肯定地说明了这封信的真实性。但还是有一些令人质疑的地方。这封信的风格感觉像是模仿的。另一方面，骑士的晋级一年只进行一次，就是在 9 月 29 日圣米歇尔的那一天，而暗杀是在 1572 年 10 月 9 日。这封信说，毛贺外赫的卢维埃是"被同伴兄弟们按照命令选出来的"。这次选举是何时又是怎样发生的？如果有完整的骑士团骑士的名单，这个问题就会马上解决。但还有些什么人呢？《圣米歇尔骑士团章程》（皇家印刷局，1725 年）通常只提供首领和军官的名字。至少，可以在城市范围接收的资料中（国民档案馆，历史类）寻找巴黎给毛贺外赫的卢维埃的"奖赏"。但令人吃惊的是，盖兰先生竟然没有发现这个奖赏，因为他在 1569 年 10 月，在《巴黎市政厅主席团审议登记册》（巴黎，1891 年）第 6 卷的注释中提到了别的奖赏。——原注

普莱西斯－雷图尔城堡

阿朗松公爵弗朗索瓦·德·弗朗斯

尔斯的追捕。美第奇王太后对安茹公爵亨利·亚历山大表现得太过偏爱了，她授予他军队的总指挥权及在其管辖区的总督职位。美第奇王太后还不断增加亨利·亚历山大的财富，力求为他在王国创立一个独立的、不在法兰西国王之下，而是与法兰西国王平等的地位。美第奇王太后想创造出一个混合政府，一个名副其实的三位一体的政府。她是这个政府的头领，安茹公爵亨利·亚历山大是臂膀，查理九世是王国代表。年轻的法兰西国王查理九世，骄傲又敏感，因其王弟的荣耀而痛苦。且查理九世依然与王弟会合，打败了叛军。然而，在查理九世看来，受形势所迫追赶逃跑者似乎与自己的高贵身份不符，于是决定围攻通往拉罗谢尔大马路的几个要塞，享受以凯旋者身份进入的乐趣。就在王室军队竭尽全力攻打一直在抵抗的圣让当热利期间（1569年10月16日至12月2日），加斯帕尔·德·科利尼向南方逃窜了。他在阿根诺和蒙托邦的富饶地区过冬，休养生息。另外，加斯帕尔·德·科利尼还通过从天主教教徒手里重获贝阿恩的蒙哥马利的军队而变得更强大。来年春天，加斯帕尔·德·科利尼加紧穿过朗格多克继续行军，一路上通过抢劫和纵火来证明胡格诺派人并没有全部死亡，军队最终抵达了罗恩。

在圣让当热利被围期间，美第奇王太后与新教教徒进行了谈判。她让人用信仰自由做交换与他们达成和解（1570年2月），但新教教徒还要求更多的礼拜自由（1570年3月）。

美第奇王太后没想到他们会提出这个要求。查理九世对新教代表表现得很粗暴甚至还威胁他们，因为他们在保证忠诚的同时，竟在服从的条件方面讨价还价（1570年4月25日）。然而加斯帕尔·德·科利尼的队伍正沿着罗纳河谷，一直向北方逼近，这使查理九世不得不继续进行和解。但协议的条款几乎全部不再被执行了，而主管大使特里尼[①]还鲁莽地向他

[①] 特里尼全名查理-路易·德·特里尼（1535—1572），国王的绅士，陪同加斯帕尔·德·科利尼海军上将的副官及其女婿，是圣巴塞洛缪当天被暗杀的新教教徒领袖之一。

第 6 章　圣巴塞洛缪大屠杀与安茹公爵亨利·亚历山大戴上波兰王冠

宣布:"亲王们和海军上将加斯帕尔·德·科利尼命令自己告诉国王陛下,他们无法保障陛下的财物和生命安全,除非加莱和波尔多属于他们。"要求得到两个港口,特别是加莱,这个总令英格兰人垂涎,并且加斯帕尔·德·科利尼在1562年就已承诺会归还伊丽莎白一世的要塞,这几乎是一种挑衅了。"为此国王查理九世气得拿起了匕首,如果不是有人挡在他们之间……相信查理九世会用匕首刺向特里尼的。"国王查理九世想让人觉得他可不是一个如他们(胡格诺派人)以为的草包国王。①

特里尼

---

① 赫克托·德·拉费里埃,巴格诺·德·普晒斯:《凯瑟琳·德·美第奇的信件》,第3卷,第201页。——原注

然而，加斯帕尔·德·科利尼还在继续前进。在圣艾蒂安停留了很长一段时间后，他再次出发，躲开了在通往阿赫玛－勒－杜克[①]的路上拦截他的阿特斯·德·科塞元帅，最后在卢瓦尔河畔拉沙里泰[②]安营扎寨。在那儿，他可以直逼巴黎的郊区。在西部的朗乌埃[③]，胡格诺派的贝亚尔也重新发起了进攻，占领了尼奥尔、布鲁阿格和桑特。

美第奇王太后早已经厌倦了战争。她很难忍受长时间的谋划，她毕竟是个女人。斗争仍然毫无结果的拖延着，钱财匮乏[④]，西班牙人也再

阿赫玛－勒－杜克

---

① 阿赫玛－勒－杜克是勃艮第－弗朗什－孔泰地区科多尔省的一个法国市镇。
② 卢瓦尔河畔拉沙里泰是位于勃艮第－弗朗什－孔泰地区涅夫勒省的一个市镇。
③ 朗乌埃是位于阿尔萨斯－香槟－阿登－洛林大区马恩省的一个城市。
④ 这是许多逆转的原因之一。日尔曼·巴普斯特：《法兰西王冠珠宝史》，巴黎，1889年，第2册，第1章，第86页起。——原注

第6章 圣巴塞洛缪大屠杀与安茹公爵亨利·亚历山大戴上波兰王冠

没有给她更多的援助。最重要的是,美第奇王太后私下对腓力二世非常不满。前一年,1568年10月3日,西班牙王后——美第奇王太后的女儿伊丽莎白·德·瓦卢瓦在蒙孔图尔薨逝。尽管很悲伤,但美第奇王太后还是立即提出将自己的最后一个女儿玛格丽特·德·瓦卢瓦作为西班牙王后候选人送给她的女婿。然而腓力二世拒绝了她提供的女人,甚至还可能阻止了葡萄牙国王塞巴斯蒂昂迎娶玛格丽特·德·瓦卢瓦。不再顾及对美第奇王太后应有的尊重,腓力二世利用哈布斯堡王朝在维也纳赋予他的领导资格和权力,娶了美第奇王太后原打算让查理九世迎娶的奥地利长公主安娜,只把小公主留给了法兰西国王。而为了表明前后,腓力二世还决定将这两个协议都交给马德里,但他要比自己未来的连襟早一刻钟签字。与胡格诺派人的和解,在某种意义上,是美第奇王太后作为岳母对这个不礼貌的女婿的报复。美第奇王太后开始相信人们对腓力二世的指控。二十三岁的伊丽莎白·德·瓦卢瓦是在与她几乎同龄的卡洛斯死后几个月去世的。虽然这只是个简单的时间上的巧合,但同时代的人却努力寻找两者之间的关系[①]。很快就有传闻说卡洛斯爱上了他的继母并得到了回应,腓力二世惩罚了伊丽莎白·德·瓦卢瓦。但实际上,伊丽莎白·德·瓦卢瓦是因结婚时太年轻,又多次生产,最后因产褥热失去了生命,这种死因在当时很常见。卡洛斯是一个精神病患者,清醒时像他的曾祖母疯女珍妮[②]一样,也聪明智慧。但由于他时常发作的疯病,对自己父亲的仇恨,以及先逃往意大利再到叛乱的荷兰的计划,使腓力二世为了王朝和西班牙的利益,决定将他关押起来(1568年1月18日)。六个月后,这个囚犯在被隔离的公寓里死去,死于冷冻甜烧酒导致的消化不良。一个绝望、耻辱而无能为力的疯子的生命就

[①] 卡洛斯死于1568年7月24日;伊丽莎白·德·瓦卢瓦死于1568年10月3日。——原注
[②] 疯女珍妮(1479—1555),查理五世的母亲。她的父亲和儿子患有痴呆症,她只能在理论上摄政,将自己所有事实上的权力交给她的儿子查理五世。

奥地利长公主安娜

疯女珍妮

此结束了。这个父亲的罪行就是将生病的儿子当作反叛者,切断了他与世界一切的联系。尽管儿子在痛苦时刻曾一再请求,但作为父亲的腓力二世依然无情地拒绝去看望他[1]。

作为卡洛斯的继母,伊丽莎白·德·瓦卢瓦非常感激王子对她的感情。她曾在卡洛斯被关押的当天写信给法兰西王国大使,"我对他(卡洛斯)的责任及国王被迫关押他而使他承受的痛苦,将我置于一种连我自己都不知道该如何向您讲述的境地"。另外腓力二世刚刚跟卡洛斯讲了他做过的错事,"命令他不能再写那么多想和我(伊丽莎白·德·瓦卢瓦)说的话"。伊丽莎白·德·瓦卢瓦还补充说,她因继子的不幸感受到的痛苦并不比自己亲生儿子的少。这位继母用令人感动的真诚谈到了他们的关系——"我只想帮助他们"。这意味着她正在努力使她的继子和丈夫和解,但没有成功。这位大使写信给美第奇王太后说:"王后(伊丽莎白·德·瓦卢瓦)深爱着他们,并因对他们的爱而哭泣。"[2]也就是说,这是一种正常的爱,是一种有责任的爱,这种爱与应受惩处的不伦之爱是有很大区别的。但法兰西王国大使嘲讽说,除了爱情还有什么样的感情能使一个体弱多病、高低肩、长短腿的精神不太正常的青春期男子向这个温柔的年轻女子表现出自己的男子气概呢?

在腓力二世帮了倒忙之后,美第奇王太后倾向于相信是腓力二世毒死了自己的女儿。但必须要提的是,在伊丽莎白·德·瓦卢瓦刚去世时,正是美第奇王太后最有可能了解到实情的时刻,但她却什么也没说,什么也不知道。无论美第奇王太后怎样期许孩子们能有一个美好的婚姻——

---

[1] 最重要的作品仍然是考据翔实的加沙尔的《卡洛斯和腓力二世》(布鲁塞尔,1863年,第2卷)里面有许多附录。我们还可以阅读查尔斯·德·穆伊的《卡洛斯和腓力二世》(第三版,1888年)。——原注

[2] 加沙尔:《卡洛斯和腓力二世》,1863年,第2卷,第524页到第525页及第524页的注释2。——原注

第6章　圣巴塞洛缪大屠杀与安茹公爵亨利·亚历山大戴上波兰王冠

这肯定是她爱他们的表现——但她都不该冒险将自己最后一个女儿送给可能谋害自己大女儿的凶手。

美第奇王太后怨恨所有妨碍她撮合自己孩子们婚姻的人。十七岁的玛格丽特·德·瓦卢瓦个性敏感,很愿意听从年轻的公爵亨利一世·德·洛林的话。据说,洛林红衣主教查理·德·洛林没有阻止这份单纯的爱情的发展,并希望促成他们,并以此获得王室家族的财富。出于对这个同样强大的对手的担心,或是出于对曾经非常喜爱的妹妹的怒恨,安茹公爵亨利·亚历山大竟向美第奇王太后揭露了他们之间的感情。美第奇王太后是一个专制的母亲。她打算为了自己的政策和利益,把女儿嫁给一个有最高权力的王子,无论她女儿是否愿意。愤怒又傲慢的查理九世,虽然是哥哥,却受到这些自高自大的弟弟妹妹们的伤害。一天早上,他"穿着衬衫",来到了美第奇王太后的住处,在那里召见了玛格丽特·德·瓦卢瓦。当和这个私通者单独待在一起时,他们扑到她身上,粗暴地殴打了她。"他们把她的衣服撕得粉碎,头发弄得乱蓬蓬的"。美第奇王太后担心被人怀疑,"花了一个小时才整理好女儿的衣着"(1570年6月25日)[1]。国王查理九世命令他的弟弟——亨利·德·昂古莱姆去杀死第三代吉斯公爵亨利一世·德·洛林。为了保住性命,第三代吉斯公爵亨利一世·德·洛林不得不宣布与波蒂恩公主凯瑟琳·克莱沃[2](一个非常可爱的年轻寡妇)会马上成婚。另外他也对这位波蒂恩公主发动了殷勤的追求。洛林红衣主教查理·德·洛林离开宫廷,回了自己的教区。天主教领袖的声望丧失了。

---

[1] 西班牙大使弗朗西斯·德·阿拉瓦的叙述。赫克托·德·拉费里埃,巴格诺·德·普晒斯:《凯瑟琳·德·美第奇的信件》,第3卷,简介,第64页。玛格丽特·德·瓦卢瓦在她的回忆录中并没有提及体罚,而是通过辩解来证明自己无罪。她通过促成第三代吉斯公爵亨利一世·德·洛林与波蒂恩公主凯瑟琳·克莱沃的婚姻大大阻止了谣言的传播。她说,其中该负主要责任的人是安茹公爵的宠臣加斯特先生。盖萨尔:《玛格丽特·德·瓦卢瓦回忆录》,第19页到第20页,第22页到第23页。——原注

[2] 凯瑟琳·克莱沃(1548—1633),波蒂恩公主。1570年到1620年,她曾担任美第奇王太后或伊丽莎白·德·奥特里希、路易丝·德·洛林和玛丽·德·美第奇的陪伴女士。

天主教教徒和新教教徒在圣日耳曼签署了和平协议。和解法令（1570年8月8日）授予新教教徒在整个王国信仰自由及在战前已存在的地区拥有礼拜自由，在高级官员的住所和两个城市的郊区享有礼拜自由。但在宫廷和巴黎，其中包括王室周围方圆两里的区域和首都周围方圆十里的地区，只能进行罗马宗教活动。新教教徒还被允许在和平措施暂时无法起作用的两年内，将拉罗谢尔、蒙托邦、卢瓦尔河畔的拉沙里泰和科涅克四个地区作为应对天主教暴力活动的临时避难所。纳瓦拉王子亨利·德·纳瓦拉和孔代亲王亨利一世·德·波旁及由国王任命的二十名新教教徒绅士，以全体新教教徒的名义起誓，两年后归还这四个安全区。

为了使这种和平得以持续并加强新教在欧洲的发展，战争期间在英格兰避难的两名胡格诺派首领——沙蒂隆红衣主教卡迪纳·德·科利尼和沙

拉罗谢尔

第6章　圣巴塞洛缪大屠杀与安茹公爵亨利·亚历山大戴上波兰王冠

特尔的主教代理让·德·费尔里埃①力图拉近美第奇王太后和伊丽莎白一世的关系。因为他们熟悉王太后的口味，采取了对她最合适的诱饵，提出了英格兰女王和查理九世的王弟安茹公爵亨利·亚历山大的联姻计划。

在此之前，两个宫廷之间的关系并不亲密，但这并不是美第奇王太后的过错。弗朗索瓦二世驾崩后，对玛丽·斯图亚特一直怀恨在心的美第奇王太后曾催促玛丽·斯图亚特返回苏格兰，并将她留在那里与受英格兰军队支持、曾强迫她（玛丽·斯图亚特）母亲——摄政的玛丽·德·吉斯②承认他们教会的长老会成员进行斗争③。虽然伊丽莎白一世在第一次内战期间为了重新得到加莱，曾与孔代亲王路易一世·德·波旁和加斯帕尔·德·科利尼结盟，但在签署《特洛伊条约》之后的几个月，伊丽莎白一世又两次为玛丽·斯图亚特向查理九世寻求帮助④。在伊丽莎白一世最终遭到拒绝（1565年6月12日）之后，英格兰人在随之而来的两场战争中不再公开帮助胡格诺派了。美第奇王太后坚决终止了查理九世和吉斯家族的约定，放弃了对天主教的保护，从而也就放弃了法兰西王国在苏格兰的利益。玛丽·斯图亚特完全需要依靠自己。起初她曾成功地通过温和的方式安抚了宗教反对派，但后来由于玛丽·斯图亚特让人或任由别人杀死了凌辱过她的丈夫达恩利勋爵亨利·斯图亚特⑤，而且不管是不是出于自愿，她还嫁给了其中某个她并不憎恶的凶手博思韦尔公爵詹姆斯·赫

---

① 让·德·费尔里埃指的是费尔里埃家族的让二世（1520—1586），他是马利尼的领主，沙特尔的主教代理官，是一名16世纪的新教绅士。
② 玛丽·德·吉斯（1515—1560），先是朗格维尔公爵夫人，然后又成为苏格兰詹姆斯五世配偶和苏格兰的摄政者，她属于洛林家族的吉斯分支。
③ 舍乎艾勒，《玛丽·斯图亚特和凯瑟琳·德·美第奇》，巴黎，1858年，第2章，第17页到第28页。——原注
④ 舍乎艾勒：《玛丽·斯图亚特和凯瑟琳·德·美第奇》。1564年9月的婚姻申请（《特洛伊条约》是1565年4月11日）由卡斯特诺·德·毛伟斯艾尔先生提出的。1565年2月，由保罗·德·福克斯再次提出。米涅：《玛丽·斯图亚特史》，1851年，第1卷，附录，第473页起。比较第1卷，第195页到第199页。——原注
⑤ 达恩利勋爵亨利·斯图亚特（1545—1567），苏格兰女王玛丽·斯图亚特的第二任丈夫。

玛丽·斯图亚特返回苏格兰

达恩利勋爵亨利·斯图亚特与玛丽·斯图亚特

本①。因此，玛丽·斯图亚特又遭到了人们更强烈的反对②。玛丽·斯图亚特从被关押的反叛贵族的城堡逃出来后，再次失败，只好逃到英格兰，向她的表姑伊丽莎白一世寻求庇护和支持（1568年5月15日）。但在英格兰，迎接玛丽·斯图亚特的也只是一场牢狱之灾。亨利八世和安妮·德·博林③的女儿伊丽莎白一世将这个求助者"保护"了起来，因为玛丽·斯特亚特和自己一样，也是都铎王朝④亨利七世的后代。而且许多英格兰天主教教徒考虑到伊丽莎白一世的异教信仰和出生的不合法性，还将玛丽·斯图亚特当作玛丽·都铎⑤的合法继承人。虽然不被认可，伊丽莎白一世还是成了苏格兰人的最高统治者和饱受指责的仲裁者。然而出于对玛丽·斯图亚特捍卫者的数量及热情的不安，伊丽莎白一世进一步加强了对玛丽·斯图亚特的监禁。

这种打着正义与美德旗帜的虚伪的手段，以及看似受到宗教迫害的英格兰和苏格兰新教教徒的顽强，在整个天主教世界，特别是在第二大受害国——法兰西王国，激起了巨大的愤慨。人们忘记了玛丽·斯图亚

---

① 博思韦尔公爵詹姆斯·赫本（1534—1578），是奥克尼第一任公爵，博思韦尔的第四位伯爵，世袭的苏格兰大元帅。由于与苏格兰女王玛丽·斯图亚特的恋情而出名，他最终成为她的第三任丈夫。

② 玛丽·斯图亚特在暗杀达恩利勋爵亨利·斯图亚特及她与波特温的婚姻的犯罪或责任程度。米涅：《玛丽·斯图亚特史》，1851年，第2卷；马丁·菲利普森：《玛丽·斯图亚特统治史》，巴黎，1891年到1892年，第3卷。高斯：《玛丽·斯图亚特的历史》，第二版，巴黎，1875年；安德鲁·朗：《玛丽·斯图亚特的秘密》，伦敦，1900年。介绍了之前的讨论和对玛丽·斯图亚特的质疑。——原注

③ 安妮·德·博林（1500—1536），1533年到1536年英王亨利八世的第二任妻子，女王伊丽莎白一世的母亲。她与亨利八世的婚姻是英格兰政治和宗教改革复杂且悲剧性的起源。她被指控犯有通奸、乱伦和叛国罪，被斩首处决。现在人们普遍认为她是无辜的。安妮·德·博林后来被称为新教文化的殉难者。

④ 都铎王朝是英国历史上1485至1603年间统治英格兰王国及其属土的王朝。都铎时代包括了帮助英格兰成为欧洲主要大国的五位君主的统治，标志着英格兰内战结束。

⑤ 玛丽·都铎这里指都铎王朝的玛丽一世（1516—1558），从1554年到她去世均是英格兰和爱尔兰女王，并通过她的丈夫成为西班牙、西西里岛和那不勒斯王后，米兰、布拉班特、卢森堡、勃艮第公爵夫人。

亨利八世和安妮·德·博林

玛丽·都铎

第6章 圣巴塞洛缪大屠杀与安茹公爵亨利·亚历山大戴上波兰王冠

特在感情上所犯的错误,根据当时的观念,对错与否本应让上帝来评判。人们在她身上看到的只是一个信仰殉难者的形象。1570年2月25日,教皇庇护五世的谕旨宣布,将这位英格兰的"耶洗别①"作为异教徒和私生子废黜并逐出教会,这一谕旨1570年5月15日张贴在伦敦英格兰圣公会主教的门上。为了避免这次私下审判产生的后果,改变法兰西王国与西班牙联合起来对付自己的状况,伊丽莎白一世主动接近美第奇王太后。当时,伊丽莎白一世三十七岁而安茹公爵亨利·亚历山大只有十九岁,但富有想象力的主教代表信心满满地列举出这种年龄差异可能带来的优势和希望。"陛下(安茹公爵)成为伊丽莎白一世的丈夫后,将有权拥有法兰西王国的军队,英格兰的庇护和奥兰治亲王(纪尧姆·德·拿骚)的财产,还可以通过垄断地位以叛逆罪为借口将弗朗德勒收入囊中"。这样"以世袭制和君主制为基础的奥地利众宫廷将马上有两个可以制衡其野心的兄弟,他们都是同样强大的国王,并都已与神圣罗马帝国新教的亲王结盟。在神圣罗马帝国内,这俩兄弟将比那些希望通过摧毁日耳曼旧王室而获得权力的人,拥有更多的份额"。"由于受到神圣罗马帝国、瑞士人及对法兰西王国非常恭敬的意大利亲王们的青睐,阿朗松公爵弗朗索瓦·德·弗朗斯(美第奇王太后最小的儿子)将很容易在米兰公国分得一杯羹,而如果那不勒斯王国的复兴需要的话,土耳其人对此的惠赠也会很快出现。"以这种方式,"太后非常高兴地看到自己所有的孩子都成了国王"②。

美第奇王太后被对未来的幻想冲昏了头脑,她忘了想一想伊丽莎白一世是否是真诚的。

安茹公爵亨利·亚历山大十分抵制这种诱惑。他对这个时髦的大龄

---

① 耶洗别在西方语言中喻指无耻恶毒的女人。这里用来指玛丽·斯图亚特。
② 1570年10月。赫克托·德·拉弗里:《据大英博物馆和记录办公室收集的16世纪和瓦卢瓦家族未曾发表的文件资料》,第270页到第271页。——原注

姑娘有偏见。伊丽莎白一世过于自爱，对英俊男子的致意很敏感，而且还与她的重臣莱斯特伯爵罗伯特·达德利的亲近引发了一些令人不悦的谣言。美第奇王太后给法兰西王国驻伦敦大使拉莫特－费内隆的信中写道："国王让我说明，即使伊丽莎白一世同意，他也绝不愿意娶她。更何况他经常听到些关于她名誉的不良言论，还看过在那里待过的大使们写的信。法兰西国王认为自己的名誉都被玷污了。"① 美第奇王太后为出于这种厌恶而导致"失去这样一个王国"而痛苦，只好提出其他解决方案。伊丽莎白一世无法收养自己的某个亲戚作为继承人，那么她是与安茹公爵亨利·亚历山大结婚呢，还是将就与阿朗松公爵弗朗索瓦·德·弗朗斯结婚呢？"阿朗松公爵弗朗索瓦·德·弗朗斯刚过了十六岁，但他渴望迎娶伊丽莎白一世。"然而伊丽莎白一世愿意接受这个"年纪还那么小"的亲王吗？美第奇王太后成功地将安茹公爵亨利·亚历山大又带了回来，并马上向大使宣布了这一消息（1571年2月18日）。这些行为导致的后果就是，伊丽莎白一世和纳瓦拉王后珍妮·阿布莱特儿子亨利·德·纳瓦拉之间的婚姻计划被中断了。纳瓦拉王后珍妮·阿布莱特的儿子是位于卡洛斯、塞巴斯蒂昂和腓力二世三个人之后，美第奇王太后为女儿玛格丽特·德·瓦卢瓦挑选的结婚对象。亨利·德·纳瓦拉是新教党的领导人，母亲薨逝后他将成为国王。这样美第奇王太后一下子就会赢得两个王国②。

要想取得成功，美第奇王太后还需胡格诺派的帮助。然而，和平虽已达成，新教党的领导者仍然对她态度冷淡、不够信任。加斯帕尔·德·科利尼、纳瓦拉王后及亲王们都已经隐退到了拉罗谢尔，他们拒绝参加查

---

① 1571年2月2日的信。赫克托·德·拉费里埃，巴格诺·德·普晒斯：《凯瑟琳·德·美第奇信函补编》，第7卷，第179页。——原注
② 关于法兰西王国的婚姻以及伊丽莎白一世真实或虚伪的安排，请参阅阿姆斯特丹：《大使们的回忆录和说明》或《英格兰女王伊丽莎白一世统治时期的部长和国务卿沃尔辛厄姆的信件和谈判》，译自英文，1700年，伊丽莎白一世1571年3月24日的一封信，第68页到第72页的几处，以及沃尔辛厄姆给伯利爵士的回信，第74页起。——原注

第6章 圣巴塞洛缪大屠杀与安茹公爵亨利·亚历山大戴上波兰王冠

理九世与奥地利公主伊丽莎白在梅齐埃①举行的婚礼（1570年11月26日）。海军上将加斯帕尔·德·科利尼以他一贯的粗暴态度谴责天主教教徒的罪行，要求"不仅是在口头上，必须实际有效地"推行法令。当美第奇王太后假装抱怨他的夸张和坏脾气时，海军上将反驳道："我很谦卑地请求您，可千万别说这些是我的意见或是我对国王的威胁。"当法兰西王国元帅阿特斯·德·科塞去拉罗谢尔向纳瓦拉王后珍妮·阿布莱特提出婚约建议时，他并没有被热情的接待。意大利政策的一个附属事件改变了这些安排。教皇庇护五世利用自己的权威，将佛罗伦萨公爵科西莫一世·德·美第奇提升为托斯卡纳大公。作为神圣罗马帝国君主的马克西米利安二世和作为意

奥地利公主伊丽莎白

---

① 梅齐埃，法国城市，位于布列塔尼地区的伊尔－维兰省市。

大利最高统治者的腓力二世，他们都反对教皇庇护五世的倡议和对公爵的提升。科西莫一世·德·美第奇焦急地派了一名代表——弗雷西斯前往神圣罗马帝国，以便争取得到新教亲王们的支持。

在海德堡①，弗雷西斯受到巴拉丁选民十分冷淡的接待。因为对他们来说，所有的天主教教徒都值得怀疑，特别是来自意大利的。弗雷西斯又去拉罗谢尔找到纪尧姆·德·拿骚的弟弟卢多维克·德·拿骚洽谈。卢多维克·德·拿骚此刻正忙于组织拉罗谢尔人的私掠船及荷兰的海盗对西班牙海军进行"伟大的海盗抢劫"。他们的会谈主要涉及如何反对腓力二世并促成法兰西王国和托斯卡纳联盟的问题。得知这个协议方案的查理九世热情地加入了进来。查理九世一直忍受着被母亲控制的痛苦，他想抓住这个机会获得解放。查理九世委托佛罗伦萨大使彼得鲁奇写信给科西莫一世·德·美第奇，表明自己会支持科西莫一世·德·美第奇，还说自己不会在意大利进行扩张，只会把目光放在弗朗德勒上。查理九世告诉彼得鲁奇，他的计划很容易赢得太后的赞同，但目前先得瞒着她，"我的母亲太害羞了"，但有一天他一定会告诉美第奇王太后的。也许查理九世是希望自己能走得足够远，让母亲到时候不得不顺从他吧。

美第奇王太后一心想继续她的婚姻谈判②，所以同意了这个她并不知情的阴谋。英格兰与纳瓦拉的婚姻还没有最后确定。英格兰人严肃地讨论了他们是否将给予信奉天主教的女王的丈夫以信仰自由。实际上，伊丽莎白一世并不是很想结婚，她只是认为接近法兰西国王对自己是有利的，而且在本已很长的求婚者名单中再增加一个名字也不会令她不悦。当时机成熟时，伊丽莎白一世会借助人民反教廷的态度来帮自己脱身。纳瓦拉王后珍妮·阿布莱特获悉美第奇王太后对自己儿子的看法后，放

---

① 海德堡，德国西南部城市，位于巴登 - 符腾堡州内卡河两岸。
② 佩鲁济写给大公的儿子弗朗切斯科一世·德·美第奇，1571 年 3 月 19 日。阿尔贝·德·贾斯丁：《法兰西与托斯卡纳的外交谈判》，第 3 卷，第 656 页。——原注

第 6 章　圣巴塞洛缪大屠杀与安茹公爵亨利·亚历山大戴上波兰王冠

弃了谈判。在新教首领中,卢多维克·德·拿骚是唯一能与这个脾气不太好的纳瓦拉王后相处的人。美第奇王太后决定争取与这位西班牙人的敌人结交,但不是为了纳瓦拉王后珍妮·阿布莱特的儿子。

卢多维克·德·拿骚利用了这一点。先是在卢米尼(1571 年 7 月 14 日),几天后又在枫丹白露,他非常神秘地与法兰西国王和太后进行了两次会面,要求法兰西王国军队帮助荷兰人民摆脱阿尔巴公爵费尔南多·阿尔瓦雷斯·德·托莱多的暴政。要想成功其实很容易,因为只要解放力量一出现,一半的城市就会起义。只要法兰西国王愿意与英格兰和神圣罗马帝国分享十七个省份的主权,他就可以依靠伊丽莎白一世和神圣罗马帝国新教的亲王们了[①]。当着母亲的面,查理九世谨慎地回答说,如果卢多维克·德·拿骚保证提供这样的回报,他很乐意支持这个事业。但私下,他答应卢多维克·德·拿骚武装一支舰队来威慑腓力二世。

美第奇王太后曾一度被诱惑了,相信如果安茹公爵亨利·亚历山大娶了伊丽莎白一世,所有的梦想就都会实现。但安茹公爵亨利·亚历山大根本没有表现出任何想要取悦伊丽莎白一世的意思。在 1571 年 8 月 2 日寄给达克斯主教,也是法兰西王国在君士坦丁堡的使者,诺阿耶先生的信中,美第奇王太后痛惜"没有人能让她的儿子亨利·亚历山大明白这个婚姻可以带给他带来多么大的好处,还可以帮他获得正在征服荷兰的神圣罗马帝国亲王们的友谊"[②]。

加斯帕尔·德·科利尼认为此刻十分关键,他决定通过接近王室并向美第奇太后提供谦卑的帮助来实现王国和平。1571 年 9 月 12 日,加斯帕尔·德·科利尼抵达布卢瓦,在第一次尴尬的会见之后,双方建立了信任。美第奇王太后坚定地表示,如果加斯帕尔·德·科利尼能证明

[①] 约瑟夫·凯尔万·德·勒滕霍夫:《胡格诺派和贫穷者》,第 2 卷,第 307 页到第 312 页。——原注
[②] 赫克托·德·拉费里埃,巴格诺·德·普晒斯:《凯瑟琳·德·美第奇的信件》,第 4 卷,第 63 页。——原注

自己是一个忠心的臣民及国王的仆人，她愿意忘记过去，"她会拥抱他，并给予他种种惠赠"[①]。美第奇王太后把加斯帕尔·德·科利尼带回了安理会，给了他十五万里弗的赏赐，并且不忌讳他的宗教信仰，赐予他一个有两万里弗收入的修道院[②]。美第奇王太后认为加斯帕尔·德·科利尼一定会用忠诚来回报自己。

在安抚法令普及前几个月，美第奇王太后曾要求得到四个和平敕令未涉及的安全区。海军上将加斯帕尔·德·科利尼轻率地应允了，但现在他却借故推脱，声称没有新教党领导人亨利·德·纳瓦拉和亨利·德·波旁的同意，他不能下达这样的命令。美第奇王太后回答说自己不相信他的话，因为亲王们一直都是在做海军上将加斯帕尔·德·科利尼想让他们做的事[③]。

美第奇王太后还急着中断纳瓦拉王子亨利·德·纳瓦拉与玛格丽特·德·瓦卢瓦的婚姻。有一天，当美第奇王太后向海军上将加斯帕尔·德·科利尼表示希望在宫廷见到纳瓦拉王后珍妮·阿布莱特时，他竟愚笨地说纳瓦拉王后曾吓唬他说，这是个圈套，劝他不要来。那么当涉及纳瓦拉王后自己时，她肯定会更加谨慎。这句话让美第奇王太后很受触动，向他哭喊道："你和我，我们都这么大年纪了，不能再相互欺骗了。""你一定是最不信任他（查理九世）的。难道纳瓦拉王后珍妮·阿布莱特相信国王会和她儿子结盟来杀死她吗？"

他们的分歧主要还是体现在外交政策上。美第奇王太后幻想着赋予安茹公爵亨利·亚历山大王室的权力，却没想使用光明正大的手段。美第奇王太后既没有军队，也没有资源，对内没有权力，对外没有必须以牺牲奥地利宫廷为代价才可以壮大联盟。美第奇王太后曾有过这样的愿望

[①] 阿尔贝·德·贾斯丁：《法兰西与托斯卡纳的外交谈判》，第3卷，第705页。——原注
[②] 阿尔贝·德·贾斯丁：《法兰西与托斯卡纳的外交谈判》，706页。——原注
[③] 阿尔贝·德·贾斯丁：《法兰西与托斯卡纳的外交谈判》，第3卷，第709页。——原注

第 6 章 圣巴塞洛缪大屠杀与安茹公爵亨利·亚历山大戴上波兰王冠

吗？她不喜欢战争，甚至可以说她害怕战争——在这个粗暴的游戏中，女性的灵巧毫无用武之地。荷兰的叛乱分子被行刑、被监禁或逃跑之后，在美第奇王太后看来腓力二世的力量已经很强大了，这也让她的羡慕和恐惧。想要再得到她曾想让腓力二世给予的东西似乎不大可能了。带着嫁妆和希望的婚姻是一种与美第奇王太后的性别和手段相符的征服方式。美第奇王太后对腓力二世进行了长时间的围攻，但最终没有成功。后来，美第奇王太后甚至试图从新教派方面寻找突破口，想让这个西班牙国王腓力二世因阻止她、在任何方面都未能满足她而后悔。美第奇王太后处处为腓力二世设置障碍和制造敌人。美第奇王太后不仅没有打击荷兰的反叛分子，而且还同意提供一些物资来帮助他们。但美第奇王太后认为公开地向荷兰反叛分子提供人力、物力支持，甚至让胡格诺派以部队的形式前往援助都太危险了。加斯帕尔·德·科利尼鼓动弗朗德勒人入侵西班牙并与之彻底决裂，而美第奇王太后却不太赞同任何可能导致战争的公开敌对行为。除了两种宗教的冲突之外，两种政策的敌对也加入了进来。

美第奇王太后获悉科西莫一世·德·美第奇拒绝接受法兰西王国与佛罗伦萨的结盟计划。科西莫一世·德·美第奇对马克西米利安二世和腓力二世的意图很了解，提出和平的建议来取代查理九世的战争企图。这就使查理九世不再冲动行事。对此美第奇王太后非常高兴，称赞科西莫一世·德·美第奇和他的儿子弗朗切斯科一世·德·美第奇是在非常努力地维护法兰西王国的利益。美第奇王太后对查理九世说："好好感激他们的仁慈吧，听从他们的意见，和平地统治您的王国，因为它是圣洁而美好的。"

年轻的国王因失败而愧疚，把自己的右手放在胸脯上，保证永远不会再背着母亲进行任何战争或采取任何行动了。

几天后，勒班陀特战役的胜利（1571年10月7日）使西班牙人的海

弗朗切斯科一世·德·美第奇

勒班陀特海战,西班牙海军大败奥斯曼土耳其帝国海军

上权力得到认可，这似乎也证明了美第奇王太后的智慧。但在没有达成婚约前，美第奇王太后是不会疏远新教领袖的，而新教领袖也想借此机会笼络查理九世，向他宣扬弗朗德勒"美丽而光荣的事业"。玛格丽特·德·瓦卢瓦说，他们就这样赢得了查理九世的"心"。加斯帕尔·德·科利尼因深受大众的爱戴，被允许拆毁巴黎人为纪念两个胡格诺派人士遭受的酷刑而在屋前竖立的加斯蒂纳①十字架。远征考察的秘密准备正在南特和波尔多进行。法兰西王国步兵上校菲利普·斯特罗齐和双桅战船的将军拉加尔德②男爵，将商船武装起来用于战争，组建了一支强大的舰队。1572年4月11日，亨利·德·纳瓦拉与玛格丽特·德·瓦卢瓦的婚姻合约被签署了，1572年4月29日法兰西王国与英格兰的联盟契约也缔结了③。海盗们对布里勒④的强占（1572年4月1日）及随后的泽兰省⑤的起义，似乎都证实了卢多维克·德·拿骚所预测的西班牙统治的脆弱。彼得鲁奇在1572年4月17日和1572年4月20日之间写道："我知道，国王决定了一些违背他母亲意愿的事，而且已就此下达了命令。"

查理九世派大使前往君士坦丁堡（1572年5月11日）通知大领主们，他将在本月月底以保护被抢劫的港口和科斯特地区为由，派出一支一万两千到一万五千人的海军……但实际上却是试图控制西班牙国王，并让这些荷兰的海盗像他们曾对整个泽兰省所做的那样，肆意妄为，以此动摇整个荷兰的统治……查理九世自豪地宣称："我所有的精力都集中到对抗西班牙人的豪情壮志上了……⑥"几天后，卢多维克·德·拿

---

① 加斯蒂纳这里指菲利普·德·加斯蒂纳，他是一名胡格诺派商人，1569年6月30日被绞死。
② 拉加尔德是一个位于普罗旺斯－阿尔卑斯－蓝色海岸地区瓦尔省的法国市镇。
③ 杜蒙：《外交使团》，第5卷，第1部分，第211页到第215页。——原注
④ 布里勒是荷兰梅里迪奥纳尔省的城市，位于沃恩普滕岛。
⑤ 泽兰省是荷兰西南部的一个沿海省份。
⑥ 诺瓦利斯侯爵：《亨利·德·瓦卢瓦和1572年的波兰》，巴黎，1867年，第1卷，第9页，注1。帕奎纳特·德·普晒斯：《让·德·莫里利耶》，1869年，第253页。——原注

海盗强行占领布里勒

骚带着查理九世承认某事业的国书秘密离开了巴黎,之后,率领着胡格诺派部队的卢多维克·德·拿骚又突然出现在蒙斯和瓦朗谢讷。这两座城市向他敞开了大门。

美第奇王太后不知所措,只知道无论是与腓力二世,还是与新教教徒决裂都同样危险。塔瓦讷领主加斯帕尔·德·索尔斯说:"美第奇太后在和平与战争之间纠结,对内战的恐惧使她倾向于借助外籍军团。但作为一个女人,她优柔寡断,举棋不定。"① 美第奇王太后在等待成功的启示。

卢多维克·德·拿骚

---

① 吉恩·德·塔瓦讷:《塔瓦讷领主加斯帕尔·德·索尔斯的回忆录》,布肯出版社,第419页。——原注

第6章　圣巴塞洛缪大屠杀与安茹公爵亨利·亚历山大戴上波兰王冠

不幸的是，对于胡格诺派来说，瓦朗谢讷得来的容易失去的也容易。西班牙人在蒙斯包围了卢多维克·德·拿骚和他的部队。这些失败也连累了他的党派。年轻的国王，既易受感动又变化无常，出于害怕进一步受到牵连，禁止海军上将加斯帕尔·德·科利尼对被困者进行救援。可能是在母亲的口头授权下，查理九世写信给奥地利的大使乌乐高波先生（1572年6月16日），把卢多维克·德·拿骚的进攻描述为"不幸的事业"，并赞扬"上帝对那些反对他们亲王的人给出了公正的判决"[1]。这个与事实不符的谴责通过维也纳传到了马德里，甚至传言说必要时还会解除卢多维

围攻蒙斯

---

[1] 赫克托·德·拉费里埃，巴格诺·德·普晒斯：《凯瑟琳·德·美第奇的信件》，第4卷，第104页，注1。——原注

克·德·拿骚的职务。佩罗奇 1572 年 7 月 4 日写道:"现在,我们正在讨论是否应该在弗朗德勒掀起战争。许多人主张并希望这么做,但国王和太后不愿意,因为他们厌倦了战鼓和号角。"①1572 年 7 月 3 日,美第奇王太后致信教皇,表明她的儿子是不会主动向腓力二世"挑起战争的"②。

欧洲新教教规要求行事尽量谨慎。英格兰女王伊丽莎白一世冷静地评估着干预荷兰事务的好处和风险,并且出于对法兰西王国的猜疑,拒绝与查理九世就此进行磋商。伊丽莎白一世重新与弗朗德勒建立了已暂停的商业往来,也与阿尔巴公爵费尔南多·阿尔瓦雷斯·德·托莱多重新建立了联系。正如伊丽莎白一世预料的那样,她和安茹公爵亨利·亚历山大的婚姻计划由于宗教问题被破坏了。不愿意放弃这顶王冠的美第奇王太后立刻提出让自己的第三个儿子——温和的天主教教徒阿朗松公爵弗朗索瓦·德·弗朗斯作为候选人。伊丽莎白一世要求用一个月的时间来考虑此事。伊丽莎白一世的官员塞西尔郑重地给巴黎写信说,为了让伊丽莎白一世做出决定,美第奇王太后需把加莱和年轻的亲王一起送给她。英格兰还委托加斯帕尔·德·科利尼就此提出建议。但如果法兰西人愿意送出加莱,他们就不会采取其他行动了③。神圣罗马帝国新教的首领们并未表现出比伊丽莎白一世更多的对付改革派的热忱④。诺阿耶在君士坦丁堡警告法兰西宫廷不要指望土耳其人。如果发生战争,查理九世只能孤军奋战了。

相反,天主教大国们在法兰西王国和西班牙之间积极调解以便阻止

---

① 阿尔贝·德·贾斯丁:《外交谈判》,第 3 卷,第 788 页。——原注
② 赫克托·德·拉费里埃,巴格诺·德·普晒斯:《凯瑟琳·德·美第奇的信件》,第 4 卷,第 106 页。——原注
③ 厄斯塔什·德·勒弗热:《沃尔辛厄姆回忆录》,第 256 页。伯利勋爵写给在沃尔辛厄姆,257—259 页,沃尔辛厄姆写给伯利,1572 年 7 月 13 日。——原注
④ 与神圣罗马帝国新教教徒的谈判。瓦克茨霍夫:《1570—1573 年的法兰西王国和神圣罗马帝国的新教教徒》(历史书籍),慕尼黑和柏林,1912 年,第 28 卷,第 23 页起。——原注

第6章　圣巴塞洛缪大屠杀与安茹公爵亨利·亚历山大戴上波兰王冠

冲突的发生①。新任教皇格里高利十三世②一改庇护五世傲慢不妥协的态度，委派了一个讨美第奇王太后喜欢的教廷大使、美第奇家族的亲戚萨尔维亚蒂来到她身边。威尼斯共和政体也赶紧派往巴黎一个非凡的大使负责维持和平事务③。腓力二世并不理睬挑衅，仅向查理九世表示，查理九世对胡格诺派臣民的容忍可能会损害两个王国的联盟。

然而，尽管遭受英格兰的背弃和神圣罗马帝国的冷漠，加斯帕尔·德·科利尼还在顽固地坚持着。由于一直被内战的噩梦所纠缠，他

教皇格里高利十三世

---

① 鲍姆加滕：《在巴塞洛缪之夜前夕》，1882年，第218页起。——原注
② 格里高利十三世这里指乌戈·邦科姆帕格尼（1502—1585），1572年5月14日他以格里高利十三世的名义接替了教皇庇护五世。
③ 乔瓦尼·米奇尔1572年7月10日离开威尼斯，1572年7月24日抵达巴黎。他当时带着大使的车马扈从，这已经算是非常快的旅程了。——原注

说自己宁愿被巴黎街道的居民拖死，也不想重新挑起对抗国王的战争了。在查理九世的默许下，加斯帕尔·德·科利尼继续秘密招募士兵。而查理九世派去由让利斯指挥的支援蒙斯的四千名士兵却遭到西班牙部队的突袭，几乎全部被杀或被俘。据说西班牙人是从法兰西人那里得知这些士兵的行程的。（1572年7月17日）

塔瓦讷领主加斯帕尔·德·索尔斯说：“西班牙的部队令太后害怕了。”一直令人怀疑的海军上将加斯帕尔·德·科利尼又变得危险了。在美第奇王太后的掌权时期，到处都有这个人的影子：作为党派的首领，他击败了国王的所有力量；作为王国的顾问，他又把她的儿子置于险境。无论是朋友还是敌人，加斯帕尔·德·科利尼都是可怕的。美第奇王太后又想通过谋杀的手段来摆脱这位海军上将了。为此她向还未在保勒涛·德·梅勒罪行上原谅海军上将的吉斯家族敞开心扉。佛罗伦萨大使在1572年7月23日的一封信中明确地记录着美第奇王太后与第二代吉斯公爵弗朗索瓦·德·洛林的孀妇内穆尔公爵夫人安妮·埃斯特的频繁会谈。虽然内穆尔公爵夫人安妮·埃斯特已经再婚，但依然把报复海军上将加斯帕尔·德·科利尼作为自己的责任①。

然而令查理九世感到愤怒的是，阿尔巴公爵费尔南多·阿尔瓦雷斯·德·托莱多在让利斯早已发现了查理九世承认卢多维克·德·拿骚事业的王室公函，却仍公开指责他口是心非，为此查理九世准备再次发动战争。然而，本已经离开去见女儿洛林公爵夫人克劳德·德·瓦卢瓦的美第奇王太后赶来了，用她的理性和眼泪平息了这个好战者的愤慨。在庄严地接见威尼斯使者时，查理九世申明了自己的和平愿望。美第奇王太后还补充说，不仅在言语上，而且在行动中，她和她的儿子都会表明决心的。为了解决荷兰问题，1572年8月初举行了两个特别会议，一

---

① 彼得鲁奇写给弗朗切斯科一世·德·美第奇的信，1572年7月23日。阿尔贝·德·贾斯丁：《法兰西与托斯卡纳的外交谈判》，第3卷，第799页。——原注

第 6 章　圣巴塞洛缪大屠杀与安茹公爵亨利·亚历山大戴上波兰王冠

内穆尔公爵夫人安妮·埃斯特

个是枢密院会议,另一个是军队首领会议。军方的人,如蒙彼利埃、讷韦尔公爵路易·德·冈萨格、阿特斯·德·科塞、安茹公爵亨利·亚历山大和塔瓦讷领主加斯帕尔·德·索尔斯,他们同政府人员一样支持和平。美第奇王太后也出席了。在这两次会议上,海军上将加斯帕尔·德·科利尼对这种一致反对战争的态度感到愤怒,一直克制着避免发生激烈争吵,只是到最后才对美第奇王太后说:"夫人,国王是打算不再参加战争了。上帝也希望在国王身上不会再发生国王自己也无法退出的战争。"美第奇王太后和狂热的天主教教徒把这句体现了海军上将的担忧的气话理解为一种威胁[①]。

[①] 奥伯里:《威尼斯大使在参议院的报告》,法国,第 1 系列,第 4 卷,第 285 页。布朗托姆:《作品集》,第 4 卷,第 299 页。——原注

但加斯帕尔·德·科利尼依然固执己见,并且确信国王是默许自己的。所以他几乎是公开招募军队了。大量绅士和胡格诺派队长们受纳瓦拉王子亨利·德·纳瓦拉马上就要进行的婚礼或弗朗德勒计划的吸引,纷纷来到巴黎,商谈改换国王议会的事务。外国大使预见将会出现骚乱。

美第奇王太后的主意更加坚定了。任何敢于反对她的意志,争夺她儿子的权力,把国王和王国置于危险之中的人,都必须得死。与吉斯家族达成一致后,美第奇王太后召见了已经表明愿为国王查理九世充当杀手的毛贺外赫领主卢维埃。

美第奇王太后等着在自己女儿的婚礼上敲响丧钟。未得到罗马的特许,波旁红衣主教查尔斯一世·德·波旁就同意了由于纳瓦拉王后珍妮·阿布莱特的亡故而成为纳瓦拉国王的亨利·德·纳瓦拉与玛格丽特·德·瓦卢瓦的结合,他们是有着亲戚关系的一个改革派和一个天主教教徒(1572年8月18日)。

四天之后(1572年8月22日星期五),在早上十点到十一点之间,加斯帕尔·德·科利尼从卢浮宫返回位于拜斯兹街的住所时,被一枚火枪子弹击中。这颗子弹打中了他右手的食指和左臂。几个跟着他的绅士跑向子弹射出来的房子。他们发现了冒着烟的火枪,但开枪者不见了。

当消息传来时,查理九世正在玩手球。听到消息后,他愤怒地扔了球拍,没说一句话就退回了自己的房间。美第奇王太后平静地听了这起罪行的叙述,与安茹公爵亨利·亚历山大一起闭门谢客[①]。

新教的贵族涌向海军上将加斯帕尔·德·科利尼在拜斯兹街道的府邸,他们焦急而愤怒。纳瓦拉国王亨利·德·纳瓦拉和孔代亲王亨利一世·德·波旁则马上前去要求查理九世主持公道。查理九世向他们承诺会将这个公道主持得非常"难忘……而且海军上将和他的朋友对此都会

---

① 西蒙·古拉特:《查理九世统治下的法兰西王国回忆录》,时间地点不详,第272页。迭戈写给腓力二世,引自佛贺讷宏的《腓力二世的历史》,第2卷,第326页。——原注

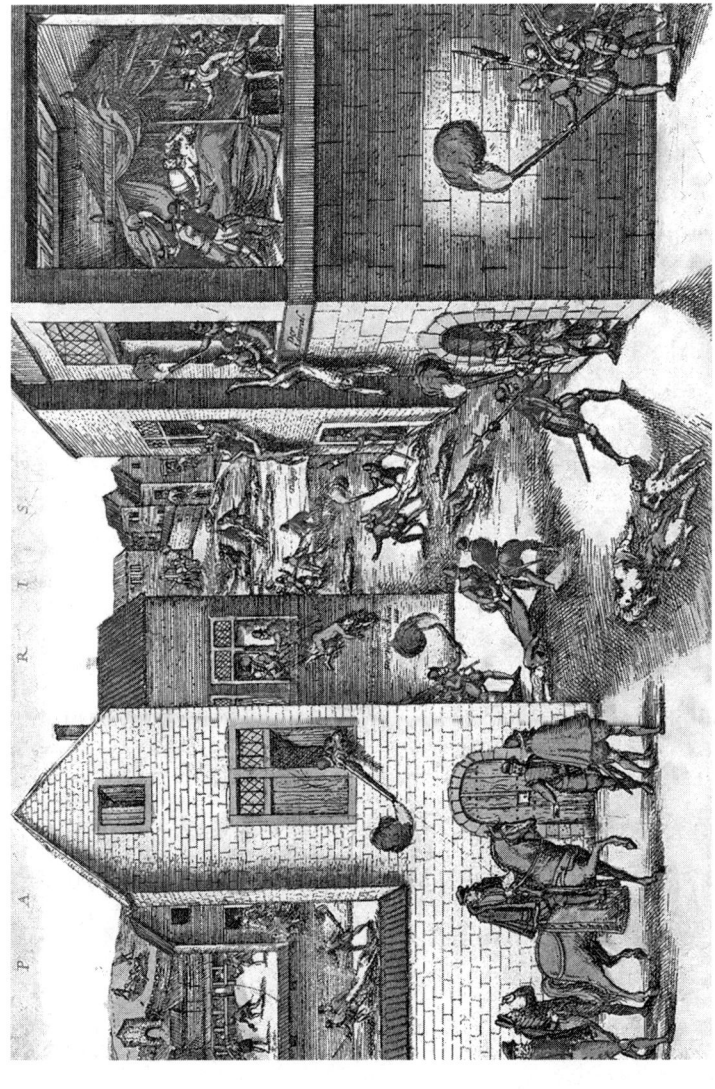

这幅图分为三个部分：左边是加斯帕尔·德·科利尼被一枚火枪子弹击中，右边是加斯帕尔·德·科利尼在拜斯街宅邸的房子里被杀害，中间是巴黎大屠杀

满意的"。美第奇太后出来宣布:"此次事件是对国王极大的侮辱。如果我们今天忍受了,明天就有人敢在卢浮宫做同样的事,下一次是在国王的床上,再下一次就是在国王的胸口和怀里了。"海军上将加斯帕尔·德·科利尼表达了想面见国王的愿望。为了避免他们单独会面,美第奇王太后决定无所顾忌地将拜访变为隆重的接待。朝臣、大领主、正统亲王,甚至加斯帕尔·德·科利尼的敌人都在那里,只是缺少了吉斯家族。海军上将加斯帕尔·德·科利尼大胆地劝告查理九世要提防自己的顾问们,是他们给西班牙人泄露了决议的秘密。另外,他还再次建议查理九世征服弗朗德勒。国王向死神发誓一定会为海军上将所遭受的袭击报仇。

然而,就在同一时间,由最高法院理事会进行的调查,确定了凶手所待的房屋是属于第三代吉斯公爵亨利一世·德·洛林的一个仆人的。此次袭击事件已经明了,就是吉斯家族成员对保勒涛·德·梅勒事件的假想主谋的报复,是一次家族间的仇杀。纳瓦拉王后玛格丽特·德·瓦卢瓦还保证说:"如果那天亨利一世·德·洛林不藏起来,国王一定会让人把他带走。"[①]

美第奇王太后在私下努力安抚查理九世。她向查理九世表明,一个儿子想为父亲的死报仇是完全"可以理解的"。她还提醒查理九世,就是海军上将加斯帕尔·德·科利尼让人杀死了她摄政期间曾忠心耿耿服务的军官查尔斯。但这位年轻的国王还是"强烈地希望"能伸张正义。

胡格诺派的绅士们知道该找谁负责,他们表现出强烈的仇恨。最狂热者"戎装列队来到第三代吉斯公爵亨利一世·德·洛林和欧马勒公爵查理·德·吉斯的住所前"。他们还去杜伊勒里宫的花园骚扰美第奇王太后。布朗托姆说:"他们发表了过于蛮横无礼的言论和威胁,甚至又打又砸。"[②]

[①] 玛格丽特·德·瓦卢瓦:《玛格丽特·德·瓦卢瓦回忆录》,盖萨尔出版社,第28页。——原注
[②] 布朗托姆:《作品集》,第4卷,第301页。——原注

第6章　圣巴塞洛缪大屠杀与安茹公爵亨利·亚历山大戴上波兰王冠

美第奇王太后的确非常期待加斯帕尔·德·科利尼的死和其党派的混乱，所以她一言不发，沉默以对。如果第三代吉斯公爵亨利一世·德·洛林为了给自己辩解而揭露美第奇王太后是同谋，她怎么会不害怕这些仅对这样一场尚未完成的行凶都如此愤慨的战士呢？于是美第奇王太后想到或者被人建议了一个自救的办法——让人将他们全部杀死来实现社会安定，自己也乘机脱身。美第奇王太后将安茹公爵亨利·亚历山大和顽强地为父亲报仇的第三代吉斯公爵亨利一世·德·洛林秘密安置起来。同时她还提防着塔瓦讷领主加斯帕尔·德·索尔斯、讷韦尔公爵路易·德·冈萨格和掌玺大臣河内·德·比拉格，这些因狂热崇拜或国家原因而冷酷无情的人。巴黎人的协助是毫无疑问的。海军上将加斯帕尔·德·科利尼的朋友们担

河内·德·比拉格

心民众会冒犯海军上将，恳求国王让人守卫他的住所。安茹公爵亨利·亚历山大派他的士兵前往，然而正是这些士兵为刺客打开了大门。

胡格诺派的愤怒使这场危机进一步恶化了。1572年8月23日星期六，加斯科涅先生派帕代兰在美第奇王太后晚餐时威胁说，如果他们无法获得正义，他们将自己伸张正义。美第奇王太后决定在当晚行动。但她首先需要得到国王的同意。美第奇王太后尽管比较精通控制这个本性暴躁、力量弱小，而且会临阵变卦的人，但还是怀疑自己是否能轻而易举地让国王查理九世下定决心，杀死这些他已同意进行报复的队长和绅士们。美第奇王太后的"亲信"，也是比其他人更受查理九世器重的宠臣阿尔伯特·德·冈迪，"晚上九点或十点来到查理九世的办公室"找他，直率地说自己有义务"作为忠实的仆人"向国王承认，并不是第三代吉斯公爵亨利一世·德·洛林一个人行凶的，美第奇王太后和安茹公爵亨利·亚历山大"也有参与"袭击事业。查理九世知道他的母亲一直对那位勇敢又忠诚的查尔斯被暗杀耿耿于怀。当天主教教徒支持第三代吉斯公爵亨利一世·德·洛林，而新教教徒支持孔代亲王亨利一世·德·波旁时，查尔斯只愿服从美第奇王太后的统治。因此，"美第奇王太后曾发誓要为这次暗杀报仇"。海军上将加斯帕尔·德·科利尼在这个国家永远是害群之马，"他表面上愿意为陛下在弗朗德勒服务，实际上只是想扰乱法兰西王国……"对美第奇王太后来说，"她一直想除掉海军上将加斯帕尔·德·科利尼这个王国的祸害"。"但不幸的是，毛贺外赫领主卢维埃失败了。"阿尔伯特·德·冈迪还狡猾地补充道，"胡格诺派人非常绝望，他们不仅谴责了第三代吉斯公爵亨利一世·德·洛林，还控诉美第奇王太后和查理九世的弟弟波兰国王[①]。他们还相信查理九世已经同意，并决定当晚就诉诸武力。"[②] 国王

[①] 安茹公爵亨利·亚历山大不久后当选为波兰国王。——原注
[②] 玛格丽特·德·瓦卢瓦：《玛格丽特·德·瓦卢瓦回忆录》，盖萨尔出版社，第29页到第31页。——原注

第6章 圣巴塞洛缪大屠杀与安茹公爵亨利·亚历山大戴上波兰王冠

查理九世被这个秘密搞得措手不及,他在对荣誉的向往,对母亲的孝顺,对新内战的忧虑甚至是当晚的袭击之间纠结。阿尔伯特·德·冈迪恰到好处的坦诚让人预见到了新教领袖将在巴黎被屠杀的结果。阿尔伯特·德·冈迪是成功地说服了查理九世,还是仅仅动摇了他呢?美第奇王太后会再次插手,从怨恨和惧怕中终止将他们全部杀死的计划吗?后来,查理九世亲口告诉他的妹妹玛格丽特·德·瓦卢瓦,要让他同意此事非常难,若不是那些与他朝夕相处的人想如此,他是绝不会这样做的①。

阿尔伯特·德·冈迪

---

① 玛格丽特·德·瓦卢瓦回:《玛格丽特·德·瓦卢瓦回忆录》,盖萨尔出版社,第27页。——原注

当同谋者制定好计划并分配完任务时，夜已经很深了①。只有两位正宗亲王——纳瓦拉国王亨利·德·纳瓦拉和孔代亲王亨利一世·德·波旁应该能幸免于难了。国王负责遣散待在他居所卢浮宫的绅士和门客。第三代吉斯公爵亨利一世·德·洛林、塔瓦讷领主加斯帕尔·德·索尔斯、讷韦尔公爵路易·德·冈萨格将在城堡外展开屠杀。第二天，在星期天这个圣巴塞洛缪的节日，城市的民兵一大早就被召集起来，他们占领了广场、桥梁、通道和大门，等待着破晓时分堵截那些逃跑的流放者。在最后一刻，美第奇王太后"自己反悔了"，她没有勇气了。这是仁慈的体现吗？人们愿意相信是的。但简单地说，这更像是出于焦虑和恐惧而产生的不安。她的心腹们不得不重新鼓起她的勇气。黎明时，作为王宫卫士的瑞士人在卢浮宫开始进行大屠杀。第三代吉斯公爵亨利一世·德·洛林首先跑到贝泽兹府邸给了海军上将加斯帕尔·德·科利尼致命的一击。大多数新教绅士还在床上就被勒死了，还有一些在躲避的屋顶上被火枪射死。狂热主义者将谋杀的范围扩大了。加入士兵的民兵和民众不分年龄、性别地屠杀异教徒。中午时已有三千人受害。"血流成河、尸横遍野，连屠杀者自己都恐惧地无法继续待在卢浮宫了。"②

杀戮断断续续，一连持续了好几天。法兰西王国最高行政机构不愿对其罪行负责。国王查理九世在1572年8月24日给大使们和各省长官的信中，谈到吉斯家族的支持者和海军上将加斯帕尔·德·科利尼的支持者之间发生了战斗，他只是为了平定叛乱进行干预③。然后，查理九

---

① 博纳多：《巴黎市局审议记录》，1893年，第7卷，第10页到第11页。巴黎市长在星期六这天"晚上很晚时"被传唤到卢浮宫。国王查理九世向他宣布了有人想窃取他的性命和国家，并命令巴黎市长召集资产阶级民兵。书记员起草了"命令"，这个命令在"1572年8月24日星期日，圣巴塞洛缪日"一大早被下达给了警卫官、弓箭手、火枪兵。——原注
② 吉恩·德·塔瓦讷：《塔瓦讷领主加斯帕尔·德·索尔斯的回忆录》，布琼出版社，435页。——原注
③ 西蒙·古拉特：《查理九世统治下的法兰西王国回忆录》，第1卷，第296页到第299页。——原注

第三代吉斯公爵亨利一世·德·洛林刺杀海军上将加斯帕尔·德·科利尼

圣巴塞洛缪大屠杀

美第奇王太后离开卢浮宫时,看见满街的遇害者

世向议会宣布,所有这一切是在他的授权下完成的。后来,1572年8月28日,国王查理九世表面禁止继续粗暴对待安静地待在房屋中的胡格诺派,但却秘密下令要把所有剩余者赶尽杀绝[①]。随着巴黎"凌晨"消息的传播,许多城市的天主教教徒冲向改革派。自1572年8月26日开始,杀戮从毗邻巴黎的莫城蔓延到这个王国的边界波尔多,直到1572年10月3日才结束。

在消灭了数千名异教徒之后,美第奇王太后度过了一段完全支持天主教的时期。兴奋的巴黎人宣称美第奇王太后是王国的母亲和有着基督教名称的保守党人。格里高利十三世催促红衣主教奥尔西尼[②]赶紧离开。奥尔西尼最初也许是被选来指责太后的新教政策的,但后来

红衣主教奥尔西尼

---

① 有关这些变化。赫克托·德·拉费里埃:《凯瑟琳·德·美第奇的信件》第4卷,第92页,第93页,第94页起。——原注
② 红衣主教奥尔西尼这里指弗朗西奥提·奥尔西尼(1473—1543),一位意大利的红衣主教。

第6章　圣巴塞洛缪大屠杀与安茹公爵亨利·亚历山大戴上波兰王冠

角色发生了反转，他又承担起了因美第奇王太后信奉天主教的热忱而以教皇和神学院的名义赞扬她的责任①。

当腓力二世获悉拯救了荷兰、西班牙和法兰西王国天主教的这起血腥处决时，他表现出"与他的个性和习惯截然相反的反应，腓力二世比经历所有幸运的冒险更加惊喜激动"。他接待了法兰西王国大使圣古阿尔领主让·德·维沃讷②，而在看到这位大使走近时"他就开始笑了"。这也许是腓力二世一生中唯一一次在公开场合这么做。他还对查理九世说，没有一个国王能在才能和谨慎上与他相提并论。腓力二世无法掩饰自己的"巨大喜悦"，但为了不必履行他应该提供的而他却无意提供的义务，腓力二世通过"一会儿夸奖儿子有这样一位了不起的母亲……一会儿又赞美母亲有如此能干的儿子"③来假装颂扬这个"伟大事业"的大公无私。美第奇王太后并没有被民众的喝彩和亲王们的赞美冲昏头脑。她问阿尔巴公爵费尔南多·阿尔瓦雷斯·德·托莱多的使者："我是像弗朗西斯·德·阿拉瓦宣称的那么糟糕的基督徒吗……真幸运我没有被流言所伤。"④

为了得到尽可能丰厚的回报，美第奇王太后想让天主教大国们相信她是很早以前就准备对胡格诺派进行屠杀了。但实际上美第奇王太后只是曾预谋暗杀加斯帕尔·德·科利尼，只是失败后害怕被报复，才决定打击其党派的其他领导者。教廷大使萨尔维亚蒂1572年8月24日在巴黎写给格里高利十三世的国务卿科西莫红衣主教的信中说："如果海军上将斯帕尔·德·科利尼死于火枪的那一击，我相信不会发生一场如此巨大的杀戮。"⑤西班牙大使弗朗西斯·德·阿拉瓦还说："刺杀海军

---

① 卢西恩·罗米耶：《圣巴塞洛缪》，16世纪的杂志，第1卷，第552页。——原注
② 圣古阿尔领主让·德·维沃讷（1530—1599），16世纪法兰西王国的外交官和军人。
③ 1572年9月12日和9月19日，圣古阿尔领主让·德·维沃讷的信。《拿骚议院档案馆的第一卷补充》，1847年，第1卷，第125页和第127页。——原注
④ 赫克托·德·拉费里埃，巴格诺·德·普晒斯：《凯瑟琳·德·美第奇的信件》，第4卷，第94页。——原注
⑤ 戴内：《教会年鉴》，第1卷，第329页。——原注

上将斯帕尔·德·科利尼是蓄意为之，而屠戮胡格诺派却是突然做出的决定。"① 军人和群众的愤怒也增加了受害者的数量②。

美第奇王太后希望圣巴塞洛缪事件可以帮助她完成安茹公爵亨利·亚历山大与西班牙的联合。但腓力二世根本不关心什么拯救天主教，拒绝了美第奇王太后预期的回报。于是，美第奇王太后又无所顾忌地重新回到新教联盟。美第奇王太后解释说，胡格诺派密谋了国王和王国的毁灭，她只是为了保护自己，才被迫杀死了他们。美第奇王太后向准备前往神圣罗马

---

① 德科胡：《政党》，巴黎，1892年，第175页。这也是吉恩·德·塔瓦讷的观点。《塔瓦讷领主加斯帕尔·德·索尔斯的回忆录》，布琼出版社，第434页。——原注
② 预谋的论点由意大利档案馆耐心的考察者卢西恩·罗米耶先生重新提出（卢西恩·罗米耶：《圣巴塞洛缪》，《16世纪的回顾》，1913年，第1卷，第529页到第561页），但他似乎并没有如人们所想的那样指责美第奇王太后和查理九世。为了扼杀政府的新教政策，防止与西班牙关系的破裂和战争，吉斯家族在1572年4月曾计划让人杀死加斯帕尔·德·科利尼和其他胡格诺派领导。罗米耶先生在第546页说，"恰恰相反，没有任何迹象表明美第奇王太后是同谋，或者早已知晓吉斯家族的计划。在这个计划实施过程中，当美第奇王太后找到合适的办法来解决预料之外的困难（即荷兰的困难）时，已经晚了"。实际上，美第奇王太后在1572年7月与内穆尔公爵夫人安妮·埃斯特的秘密会见中，与事实证实的一样，才商定要暗杀加斯帕尔·德·科利尼。卢西恩·罗米耶认为，吉斯家族在此很久之前就预谋了一次全面的灭杀。卢西恩·罗米耶在第553页还说，洛林红衣主教查理·德·洛林1572年5月离开罗马时就"准备对胡格诺派首领进行谋杀，但不知道形势竟会让国王和王太后成了这场悲剧的共犯"。他从教皇那里获悉（1572年8月27日），当圣巴塞洛缪的消息尚未传到罗马时，任命了一名在预期的大屠杀刚一结束就抵达巴黎的教皇特使奥尔西尼红衣主教，就是为了以"教廷"的名义捍卫吉斯家族的行为，并迫使查理九世任命伸张正义者作为大臣。在这个论证中要记住的是，卢西恩·罗米耶并没有在他的档案研究中发现任何美第奇王太后早已商讨过屠杀新教教徒计划的证据。至于他归予吉斯家族的伟大企图，以及红衣主教奥尔西尼的作用，在没有先入为主的想法的情况下，从文件中是看不出来的。仅在事件发生后才被转述的洛林红衣主教查理·德·洛林的吹嘘是不够的。的确，自从第二代吉斯公爵弗朗索瓦·德·洛林死后，他的支持者们坚持要求报复加斯帕尔·德·科利尼，他们一直认为加斯帕尔·德·科利尼是保勒涛·德·梅勒的同谋，所以肯定会伺机杀死他，但在1572年时，他们还没有强大到可以违背国王和美第奇王太后的意愿，与巴黎进行一场战斗的程度。如果他们曾想到把亨利·德·纳瓦拉和玛格丽特·德·瓦卢瓦的婚礼当作吸引新教领导们来到巴黎的手段，借此将他们聚集起来全部杀死的话，洛林红衣主教查理·德·洛林就不会在罗马用尽全力去预防了。马耶讷公爵夏尔·德·洛林不是前往威尼斯去对抗土耳其人，而是和他的哥哥第三代吉斯公爵亨利一世·德·洛林及他叔叔欧马勒公爵克劳德·德·洛林待在一起共同参与斗争。1572年4月，洛林家族反对新教党及与新教联盟政府的商议只是一个假设，没有任何准备的痕迹和表明吉斯家族为使它成为一场政变而进行武装的痕迹。——原注

第6章 圣巴塞洛缪大屠杀与安茹公爵亨利·亚历山大戴上波兰王冠

帝国担任大使的肖姆伯格①建议（1572年9月13日），不要让帝国亲王们认为对海军上将加斯帕尔·德·科利尼及其同伙所做的一切是出于对新教的仇恨，更不是为了根除新教，只是为了惩罚他们进行的罪恶阴谋……"②美第奇王太后根本没有被英格兰政治家对"这一充满血腥，大多数是无辜者，并被极度怀疑是个陷阱的屠杀"所表现出的愤慨所动摇，继续就阿朗松公爵弗朗索瓦·德·弗朗斯与伊丽莎白一世的婚姻与英格兰人进行谈判③。美第奇王太后又恢复了与卢多维克·德·拿骚和纪尧姆·德·拿骚的关系。她让那位前来恭喜自己的教皇使者在阿维尼翁苦苦等待了一段时间，又借故拒绝加入对抗土耳其的地中海强国联盟，甚至还让人公布了特伦特教规。美第奇王太后并不因自己的行为前后自相矛盾而感到不适。

自那些可怕的日子以来，查理九世一直被那些血淋林的场面所困扰，满腹忧郁，

查理九世对屠杀事件进行忏悔

---

① 加斯帕·德·肖姆伯格（1540—1599），为法兰西王国服务的撒克逊血统的政治家。
② 参见安茹公爵给肖姆伯格的信："除此之外我们还可以说一些发生在这个国家与事实相反的事件，我们比以往任何时候更渴望谈判，更想让亲王们知道我们是他们最可靠和最完美的朋友……"1572年10月9日和10月10日来自加斯帕·德·肖姆伯格的两封信，可能是为了回复查理九世以自己的方式解释圣巴塞洛缪大屠杀的信，在《法兰西王国新教社会公报》，第16卷，1867年，第546页到第551页。——原注
③ 关于太后和她并不知情的阿朗松公爵同时进行的这个追求，见拉费列雷的《16世纪的法国和瓦卢瓦王朝》，第357页，以及拉莫特费内隆：《外交通信》，第5卷，第126页，第142页，第192页各处。国王查理九世和美第奇王太后对大使的回信在第7卷《凯瑟琳·德·美第奇信函补编》中。——原注

愁眉不展。由于为自己所犯的罪行而内疚，查理九世变得佝偻而苍老，但美第奇王太后却从未表现出遗憾或悔悟。没有作战，她就消灭了那些在战场上不可战胜的胡格诺派队长。她还控制着两位正统亲王，至少她认为是最后两个可能反叛的领袖，并迫使他们改变了宗教信仰。新教党的武装被解除了，也没有了首领，在这种情况下，几个绅士、自由民和普通平民又能做出什么对抗王室的举动呢？胜利使美第奇王太后充满了喜悦。在圣米歇尔骑士团授职仪式的那天（1572年9月29日），当美第奇王太后在新骑士中看到自己的女婿纳瓦拉国王亨利·德·纳瓦拉在祭坛及在诸位女士们面前依次优雅地鞠躬时，她突然转向大使们大笑起来④。

但美第奇王太后高兴得太早了。热爱安逸，害怕同样遭到迫害的新教有产者，只要能获得信仰的自由，他们就愿意向权力低头。但利益和威吓对民众却一点儿也不起作用。他们继续追随当时的新教牧师，这些牧师虽已被军事领导者降到次要地位，但仍像上帝的先知一样出现在大众面前，鼓动被压迫的教徒捍卫他们的信仰，惩罚背叛和伪誓。

至于蒙托邦、尼姆、欧布纳和普里瓦，有的关上了大门，有的决定推迟开放。像桑塞尔一样，拉罗谢尔是位于王国内部的另一个宗教改革运动的中心。正是在此地，普通市民、士兵或海军战士迫使那些打算屈服的有产者就范，甚至把他们当场杀死。躲过了大屠杀的五十五个新教牧师和五十位绅士，以及一千五百名来自斯特罗齐舰队的逃兵，在拉罗谢尔闭门不出。他们拒绝接受由国王委派来的地方长官比隆，尽管这位长官性格温和，并在圣巴塞洛缪救过许多新教教徒的性命。这些牧师受狂热激情推动，恳求金雀花王权的继承人英格兰女王伊丽莎白一世，帮助他们对抗那些"希望消灭永远忠于您的臣民——吉耶纳人"⑤。由安

---

④ 西班牙大使迭戈·德·坤轧的快信。佛贺讷宏：《腓力二世的历史》，第2卷，第332页，注1。——原注

⑤ 赫克托·德·拉费里埃：《16世纪法国和瓦卢瓦家族》，1879年，第336页。——原注

围攻拉罗谢尔

茹公爵亨利·亚历山大指挥的一支王室军队在拉罗谢尔围攻了几个月（1572年11月至1573年7月），依然无法用武力战胜它。尽管他们进行了连续炮轰，毁坏了城墙，发起了无数次的突击，但都是徒劳的，始终无法打破封锁。然而如果没有波兰事件，他们最终肯定也会因对手弹尽粮绝而取得胜利。

雅盖洛王朝①的最后一位国王奥古斯特的西吉斯蒙二世②驾崩后没有男性继承人。为了给他选出一个继任者，1572年7月7日举行了一次国会。沙皇伊凡雷帝③为能和平吞并波兰提出了自己拥有候选资格。已是波

西吉斯蒙二世驾崩

---

① 雅盖洛王朝是一个王朝的名字，最初来自立陶宛，在14世纪和18世纪之间统治着中欧的一部分地区，现在对应的是属于立陶宛、白俄罗斯、波兰、乌克兰、拉脱维亚的领土，及爱沙尼亚、加里宁格勒地区以及俄罗斯和匈牙利的其他西部地区。
② 奥古斯都的西吉斯蒙二世（1520—1572），立陶宛大公和1548至1572年的波兰国王。
③ 沙皇伊凡雷帝（1530—1584），1533至1584年弗拉基米尔和莫斯科的大王子，也是1547至1584年的第一位俄国沙皇。

第6章　圣巴塞洛缪大屠杀与安茹公爵亨利·亚历山大戴上波兰王冠

希米亚和匈牙利最高统治者的好战的奥地利王室也推出了一位大公。美第奇王太后同样想击败哈布斯堡人，将这个遥远的王冠送给那个她最珍爱的孩子——安茹公爵亨利·亚历山大。她曾为他设法迎娶英格兰女王伊丽莎白一世、葡萄牙享有亡夫遗产的王妃胡安娜或腓力二世的女儿，甚至还曾为他谋划得到阿维尼翁的副本堂神甫的位置及阿尔及尔的王位。也许，美第奇王太后是在用王室的权力努力使安茹公爵亨利·亚历山大带着荣誉离开，从而避免使他面对失去在他看来是比自己的生命更重要的法兰西王国的主导地位[①]。对此查理九世一直忌妒又焦躁地忍受着。美第奇王太后立即派出了最能言善辩的外交官瓦伦西主教让·德·蒙吕克[②]。这位外交官与圣巴塞洛缪大屠杀的消息几乎同时抵达波兰。在这个有众多新教教徒的国家，人们为此义愤填膺，因为那里除几个主教外，大部分天主教贵族都公开声明应对新教教徒采取宽容的政策。让·德·蒙吕克一度对安茹公爵亨利·亚历山大入选不抱任何希望，因维也纳宫廷揭露了安茹公爵也是圣巴塞洛缪大屠杀的主要唆使者之一。但让·德·蒙吕克还是狡猾地进行辩护，用波兰语和拉丁语貌似有理的叙述改变了舆论。他还努力粉饰屠杀事件，将这种大规模屠杀说成仅为对付几个煽动叛乱的胡格诺派领导人，而被民众的愤怒所扭曲的维护公共安全的措施[③]。两位竞争对手引起反感甚至是恐惧的论述使让·德·蒙吕克获得了成功。另外如果法兰西国王查理九世的弟弟亨利·亚历山大被选中，查理九世会给波兰人提供在波罗的海地区建立一支舰队的财物，他还承诺波兰人会让自己的盟友、波兰的敌人——大土耳其[④]接受他们。大部分议会成员支持安茹公爵亨利·亚历山

[①] 玛格丽特·德·瓦卢瓦：《玛格丽特·德·瓦卢瓦回忆录》，第14页。——原注
[②] 关于这次谈判，我们可以参阅让·德·蒙吕克的秘书之一让·史瓦斯南的《让·史瓦斯南的回忆录》，布琼出版社（《文学万神殿》，第677页起）和诺阿耶侯爵的《1572年的亨利·德·瓦卢瓦和波兰》，1867年，第1卷和第2卷。——原注
[③] 赫克托·德·拉费里埃，巴格诺·德·普晒斯：《凯瑟琳·德·美第奇的信件》，第4卷，第156页，第157页。——原注
[④] 大土耳其这里指托克门巴，是土库曼斯坦的一个城市和港口。

大（1573年5月9日）当选，但新教教徒和他们的支持者要求把保持宗教自由郑重地写进新国王必须发誓做到的条款中。为了取悦她儿子的那些遥远的臣民，美第奇王太后解放了快被饿死的拉罗谢尔居民①。拉罗谢尔的围困在1573年7月6日被解除了。在同一个月，查理九世还签署了《布洛涅赦令》，赋予改革派在整个王国信仰自由和在拉罗谢尔、尼姆和蒙托邦三个城市的礼拜自由。此外，在英勇抵抗之后，桑塞尔也在1573年8月被攻占后体面的投降。

围攻桑塞尔

---

① 查理九世给他的弟弟下达了放弃围困拉罗谢尔的命令吗？这并不确定。当查理九世一得知安茹公爵亨利·亚历山大可能"晋升"为波兰国王后，就在1573年6月1日的信中命令他"尽快"派出波兰人对抗土耳其人所必须的四千名加斯科人，并让安茹公爵自己也准备离开。再没有什么别的了。但美第奇王太后在和国王查理九世放在一起的信中补充说："如果你用武力或通过妥协夺取了拉罗谢尔，国王查理九世会告诉你他的意图，我请你对此下定决心，并相信我……"（《凯瑟琳·德·美第奇的信件》，第4卷，第227页，注1）。但如果安茹公爵亨利·亚历山大无法夺取拉罗谢尔，美第奇王太后是不是就不会促使他与拉罗谢尔人达成由她承担责任的协议呢？——原注

第6章　圣巴塞洛缪大屠杀与安茹公爵亨利·亚历山大戴上波兰王冠

这是留给新教党人的暂时的安宁。在圣巴塞洛缪大屠杀发生之后，他们虽然无法忘记也不能原谅，但已经变得无能为力了。美第奇王太后不再继续为他们出力了。为了一个宏伟的事业和家族联盟，美第奇王太后忽视了对自己所犯的残酷罪行应负的责任。现在，美第奇王太后又要说服安茹公爵亨利·亚历山大不要对天主教过度热情。耶稣会会士爱德蒙·奥格[①]教父是一位著名的传道士和忏悔者，他对年轻的安茹公爵有很大的影响。凯瑟琳·德·美第奇写信给她的儿子："要提防耶稣会会士爱德蒙·奥格先生，因为他到处宣扬说你答应要清除所有帮助过胡格诺派的人。这些流

爱德蒙·奥格先生

[①] 爱德蒙·奥格（1530—1591），法兰西王国耶稣会牧师，传教士。

言对现在的事情很不利。"① (1573 年 5 月 30 日) 美第奇王太后非常热衷于她的波兰计划,1573 年 3 月与塔瓦讷领主加斯帕尔·德·索尔斯聊天时还谈到了这个计划。但这个"老好人"认定"波兰王国是废墟,一文不值,根本没有人们所说的那么强大。那里的人也很粗鲁"。美第奇王太后因此非常生气,并断言:"波兰人是文明的,是容易相处的。波兰是一个很强大的国家,一个拥有十五万匹战马,可以任安茹公爵亨利·亚历山大做自己想做的事的王国。"美第奇王太后还向安茹公爵亨利·亚历山大解释说"塔瓦讷领主加斯帕尔·德·索尔斯说这些的真正的理由是他不想跟着你离开自己的家园"②。美第奇王太后对洛林红衣主教查理·德·洛林也非常生气,因为他没有马上让她从法兰西王国的神职人员中获得她需要的三十万法郎。而这位红衣主教都不敢告诉她,在要求交出这笔献纳金时,"人们在背后说这一大笔钱将离开法兰西王国……"但美第奇王太后尖锐地指出,"是他(洛林红衣主教查理·德·洛林)本人不愿付出他曾为苏格兰王国支付过的那么多的钱"。洛林红衣主教查理·德·洛林曾在那里花了超过一千万,相比之下,她为了一个如此宏伟的目标,要求的又是多么的少啊。"这是在联合一个要与法兰西王国并肩前进的王国,一次最多三百万法郎,而法兰西王国却将拥有每年超过两千万的收益。而除此之外,我们还会赢得这个伟大的王国,以及摧毁那些我们早已想毁掉的废墟。"③

阻碍法兰西王国得到波兰王冠的黑色计划,就是腓力二世拒绝继续与安茹公爵亨利·亚历山大联合,以及奥地利的一个大公与安茹公爵亨利·亚历山大竞争波兰王位。美第奇王太后的外交政策始终具有个人

---

① 美第奇王太后写给波兰国王亨利·亚历山大,1573 年 5 月 30 日。赫克托·德·拉费里埃,巴格诺·德·普晒斯:《凯瑟琳·德·美第奇的信件》,第 4 卷,第 225 页。——原注
② 1573 年 3 月 15 日。赫克托·德·拉费里埃,巴格诺·德·普晒斯:《凯瑟琳·德·美第奇的信件》,第 4 卷,第 186 页。塔瓦讷领主加斯帕尔·德·索尔斯 1573 年 6 月去世。——原注
③ 美第奇王太后写给波兰国王亨利·亚历山大,1573 年 5 月 30 日。赫克托·德·拉费里埃,巴格诺·德·普晒斯:《凯瑟琳·德·美第奇的信件》,第 4 卷,第 225 页。——原注

第6章 圣巴塞洛缪大屠杀与安茹公爵亨利·亚历山大戴上波兰王冠

主义的特点和母性的特征。她太希望能赢得选举了,好像波兰未来的新国王有能力在欧洲东部建立一个法兰西帝国,进而从后方占领维也纳的哈布斯堡王朝似的。美第奇王太后相信自己的儿子将是一个伟大的君主,就像她认为他是一个伟大的统帅一样。美第奇王太后崇拜自己的儿子亨利·亚历山大。而事实上,她的英雄主要关注的却是宫廷和他自己的阴谋。安茹公爵亨利·亚历山大既没有一个男人该有的魄力,也没有当国王的野心。美第奇王太后因对他过度的溺爱对此视而不见,一心只想维护他的利益和他的未来。纪尧姆·德·拿骚曾向查理九世提出,只要查理九世在自己的王国重新建立宗教和平,他就会协助查理九世征服整个荷兰地区。除了荷兰省和泽兰省将保持自由之外,别的地方都将置于查理九世的保护之下。但美第奇王太后当时却放弃了和纪尧姆的谈判①。现在为了平息神圣罗马帝国新教教徒的不满,美第奇王太后又恢复了这些谈判,并确保安茹公爵亨利·亚历山大可以顺利当上波兰国王。安茹公爵亨利·亚历山大本来想反悔,因为法兰西王国对他太有吸引力了。但法兰西国王——他的王兄查理九世,很高兴能借此摆脱他,一听到安茹公爵亨利·亚历山大当选的消息,就一直催促他尽快与其"非常渴望和期待"的臣民会合。美第奇王太后努力激发安茹公爵亨利·亚历山大的自豪感。她写信给这位安茹公爵说:"我已经多次向你表明,我更希望你获得荣誉和辉煌,而不是看到你在我身边,尽管这样我会非常满足。但我不是那些只为了自己而宠爱孩子的母亲,我更想看到你成为伟大且有声望的君主……"②谣言说,吉斯家族正在策划阻止他们认定的天主教派领导人离开。查理九世却在更不耐烦地把他的弟弟推离王国。

---

① 格伦·范·普林斯特勒:《拿骚家族的档案资料》,第4卷,第44页起。此方案由卢多维克·德·拿骚和肖姆伯格在1573年3月27日起草的,并由纪尧姆·德·拿骚进行了修正。——原注
② 凯瑟琳·德·美第奇的信。格伦·范·普林斯特勒:《拿骚家族的档案资料》,第4卷,第227页。——原注

查理九世一直陪安茹公爵亨利·亚历山大走到了尽可能远的地方。一直到了维特里城，查理九世的病情迫使他不得不卧床休息时，他才停了下来。当美第奇王太后看到国王查理九世的身体每况愈下时，也许开始对自己成功的外交感到后悔。美第奇王太后跟着安茹公爵亨利·亚历山大到了洛林的边界布拉蒙，在那里她会见了卢多维克·德·拿骚和帕拉丁选帝侯的儿子克里斯托夫公爵，并与他们讨论了神圣罗马帝国新教和法兰西王国达成协议的条件（1573年11月29日至12月3日）。

美第奇王太后给了卢多维克·德·拿骚三十万埃居去帮助他的哥哥纪尧姆·德·拿骚。美第奇王太后承诺"在新教亲王们愿意接手处理之前会尽量管理荷兰的事务"①。她说到了"尽量"及"之前"，却没有说之后。波兰国王亨利·亚历山大"既以自己的名义，又作为他的兄长法兰西国王的代表"愿意达成这个协议。但陪同这位新任波兰国王到黑森-卡塞尔的卢多维克·德·拿骚却无法使他下决心把在布拉蒙的会谈加入条款中。亨利·亚历山大发誓"既然已经有了必要的资金，他要在神圣罗马帝国捉弄一下他们"。

法兰西王国查理九世的状况很快就给了安茹公爵亨利·亚历山大机会。南方的胡格诺派自圣巴塞洛缪大屠杀以来一直保持武装，"没有停止骚动"。他们不接受《布洛涅赦令》（1573年7月），因该赦令仅允许在尼姆和蒙托邦自由地进行礼拜活动。即便在天主教教徒中，也依然存在不满情绪。圣巴塞洛缪大屠杀吓坏了某些人。一些地方长官，国王中将，以及下诺曼底的马提尼翁、奥弗涅的圣赫楞、第戎的沙伯-沙尔尼、巴约讷的奥贺特子爵②等人，他们并没有执行屠杀命令。法兰西王国驻威尼斯大使阿尔

---

① 格伦·范·普林斯特勒：《拿骚家族的档案资料》，第4卷，第279页。——原注
② 关于奥贺特子爵写给国王查理九世的那封著名的信的真实性，请查寻参考文献，赫克托·德·拉费里埃，巴格诺·德·普晒斯：《凯瑟琳·德·美第奇的信件》，第2卷，第117页。参见表现仁慈的官员的名单，赫克托·德·拉费里埃，巴格诺·德·普晒斯：《凯瑟琳·德·美第奇的信件》，第4卷，引言，第61页。——原注

布拉蒙

诺·杜·费里尔坦率地批评美第奇王太后竟为腓力二世这个杀害她女儿的凶手的利益提供了服务①。第一任主席德图②私下悲叹这一天在史书中将无法抹去了。陆军统帅阿内·德·蒙莫朗西的一个孙子，图伦内子爵说："此次不人道的行为让我很痛心，但也让我爱上了信仰新教的人和他们的事业，尽管我当时还不了解他们的信仰。"③一些人的愤慨和另一些人的同情是骚乱的根源。

在查理九世派出的进攻拉罗谢尔的军队中，听从安茹公爵亨利·亚历山大的命令并肩战斗的是思想、观点及情感都完全不同的人。其中有圣巴塞洛缪事件的刽子手及刽子手的敌人，有刚加入的新教教徒及忠实的新教教徒，有纳瓦拉国王亨利·德·纳瓦拉、孔代亲王亨利一世·德·波旁，还有朗乌埃和吉斯家族。对于蒙莫朗西家族的人来说，圣巴塞洛缪不仅仅是大众的不幸。海军上将加斯帕尔·德·科利尼的日耳曼表兄弟、新教联盟的支持者、与伊丽莎白一世签署契约者及英格兰婚礼的谈判者，他们都看到了天主教政党的胜利及他们的敌人吉斯家族的重新得宠，这些都威胁到了他们的立场和有损他们的名誉。这些人甚至相信，如果弗朗索瓦·德·蒙莫朗西元帅没有离开巴黎，他们也会在大屠杀之中被谋害。他们的这位平静而忠诚的首领，甘于不幸。年轻的朗格多克地方长官蒙莫朗西－当维尔，既谨慎又深思熟虑，同意在不损害自身利益的情况下会尽忠尽职地为宫廷服务。但年龄更小的科塞元帅阿斯特·德·科塞的女婿梅鲁和托雷具有冒险的精神，随时准备发动攻击。他们的侄子图伦内也展现出了后来使他成名的杰出阴谋家的才能。在拉罗谢尔营地，

---

① 1572年9月16日费里尔的信和1572年10月1日美第奇王太后的回信，一个意识不到的纪念碑。赫克托·德·拉费里埃，巴格诺·德·普晒斯：《凯瑟琳·德·美第奇的信件》，第4卷，第130页到第133页，文本和注释。——原注
② 第一任主席德图这里指奥古斯都·德图，他是巴黎议会的第一任主席。
③ 巴格诺·德·普晒斯公爵：《自布永公爵以来的图伦内子爵的回忆录1565—1586》，1891年，第31页。——原注

第6章　圣巴塞洛缪大屠杀与安茹公爵亨利·亚历山大戴上波兰王冠

一些眼线被安置在那些出于各种动机，本着人道或警戒思想谴责"这可怕的一天"的人中间。所有人都围绕在美第奇王太后的第三个儿子阿朗松公爵弗朗索瓦·德·弗朗斯的周围，这个还是孩子的"像摩尔人一样的好斗者"，正如他母亲所说，"在他脑子里只有战争和暴风血雨的画面"。为了得到一顶王冠，十六岁的弗朗索瓦·德·弗朗斯宣布自己准备迎娶三十七岁的伊丽莎白一世，甚至如果有必要的话还会放弃去做弥撒。他依恋曾许诺给他弗朗德勒公国的海军上将加斯帕尔·德·科利尼。在获悉毛贺外赫领主卢维埃的行凶事件时，他竟说出："这是多么大的背叛啊！"弗朗索瓦·德·弗朗斯就是新教教徒为了被允许再次拿起武器而一直寻求的首领。他们不相信没有正宗亲王的帮助可以进行合法的暴动。此时情况对他们就更有利了：有一个国王的弟弟，法兰西王室的王子来支援他们。

当安茹公爵亨利·亚历山大出发去了波兰后，阿朗松公爵弗朗索瓦·德·弗朗斯就像有了继承权似的，要求得到空缺的军队的最高指挥权。但查理九世摆脱了母亲强加给他的宫相后宣布不再设立中将了①。美第奇王太后知道她最小的儿子对蒙莫朗西家族、对新天主教教徒和拿骚家族的依恋，所以她有太多拒绝他的理由了。在宫廷从洛林返回巴黎期间，阿朗松公爵弗朗索瓦·德·弗朗斯的一些支持者怂恿他与纳瓦拉国王亨利·德·纳瓦拉一起逃跑，前往色当，一个属于胡格诺派布永公爵的领地。在这个非常可靠的地方，这位阿朗松公爵肯定可以利用内战进行威胁，然后以自己定的价码让人们为弗朗索瓦·德·弗朗斯的返回付账。

美第奇王太后被她女儿玛格丽特·德·瓦卢瓦警告说，要看管好阿朗松公爵弗朗索瓦·德·弗朗斯，以防他逃跑。在尚蒂伊时，宫廷暂设在蒙莫朗西家族的住宅中。阴谋重新开始了。就像卢多维克·德·拿骚

---

① 菲利普·胡浩勒：《舍韦尼伯爵菲利普·胡浩勒回忆录》，布琼出版社，第230页到第231页。——原注

预见的那样，胡格诺派人也参与了进来。他们中有很好的作家，正如在昂布瓦兹骚乱时一样，他们书写的抨击文章很有文采。但这次是反对美第奇王太后。法语题目为《关于法兰西王国肆虐的狂怒的真实说辞》中的《关于狂怒者》（1573）一文，其匿名作者并不是弗朗索瓦·霍特曼，而是里昂的一个改革派牧师里科①。他在此文中义正言辞地讲述了发生在巴黎的大屠杀。另外，一直以来女性统治下的政府，特别是外来女性政府与王国的法律是如此相悖，哪一个不是带来了毁灭和耻辱呢？在同年出现的《弗朗哥－加利亚》②中，弗朗索瓦·霍特曼陈述了王国的古老宪法，至少是他想象中的古老宪法。以前君主在法律上并不是世袭的，尽管事实上是。最高权力属于三级会议，其权限大到包括一切事务，甚至可以废黜国王。国家不需要遵循长子继承的规矩，可以在各个等级和有杰出功绩的家族成员中选拔领导者。

王国的最高权力机构和正宗亲王对王室权力的参与一直是神学家和胡格诺派法学家经常用来对付吉斯家族甚至是法兰西国王时使用的两面论证。然而，尽管承认三级会议是组成政府的国家最高权力机构，但预见到查理九世马上就要驾崩的弗朗索瓦·霍特曼却拒绝给予三级会议任命一位女性的权力。将女性排除在王位之外的《撒利克法典》甚至将美第奇王太后排除在摄政之外。历史早已证明了传统的睿智：布吕纳奥③和弗蕾德贡德④用恶习和罪行玷污了自己的清白；伊萨伯·德·巴伐利亚⑤

---

① 鲁道夫·达雷斯特：《关于弗朗索瓦·霍特曼的评论》，1850年，第63页；《历史回顾》，1876年，第2卷，第369页；叶尔汉：《维迪奇亚反对暴政》，海德堡，1905年，第33页到第36页。关于让·里科或里科，在哈格的《新教的法兰西》，第8卷，第432页有一些介绍。——原注
② 弗朗索瓦·霍特曼：《法国高卢》，高老尼亚，1574年。1573年在日内瓦出现了第一版。——原注
③ 布吕纳奥（547—613），西哥特公主，后来成为法兰克王后。
④ 弗蕾德贡德（545—597）与墨洛温王朝国王士勒贝海克一世结婚后成为纽斯特利亚王后。她与王后布吕纳奥都是在法兰克国王之间的长期战争中发挥主导作用的女性。
⑤ 伊萨伯·德·巴伐利亚（1371—1435），查理六世之妻，法兰西王后。她的统治时期正值阿马尼亚克派和勃艮第派内战爆发。

伊萨伯·德·巴伐利亚

将法兰西王国出卖给了英格兰人；布兰奇·德·卡斯蒂尔的暴政激起了贵族的叛乱。美第奇王太后虽没有被提及，但这份言辞激烈地抨击太后们的公诉状却是针对她的。

　　西部的新教贵族选择了朗乌埃担任军队首领。他的权力比过去任何时期都要大。这也为明确任命阿朗松公爵弗朗索瓦·德·弗朗斯提供了条件。为了防止内战，弗朗索瓦·德·蒙莫朗西元帅请求查理九世满足其王弟的要求。国王因担心出现大面积骚动，只得同意让阿朗松公爵弗朗索瓦·德·弗朗斯担任委员会主席，并给了他军队指挥权[①]，这实际说明了弗朗索瓦·德·弗朗斯没有被任命为大将军。

阿朗松公爵弗朗索瓦·德·弗朗斯

---

① 德克胡：《圣巴塞洛缪大屠杀之后的政党》，1892年，第131页到第132页。——原注

第6章　圣巴塞洛缪大屠杀与安茹公爵亨利·亚历山大戴上波兰王冠

查理九世因发烧而身体日渐衰弱。美第奇王太后担心，如果查理九世驾崩，阿朗松公爵弗朗索瓦·德·弗朗斯会趁着本是合法继承人的波兰国王远离之机，争夺权力。因此美第奇王太后将阿朗松公爵弗朗索瓦·德·弗朗斯的实权进行分解，让他只拥有一个空头衔。然而，朗乌埃决定在星期二忏悔日的晚上（1574年2月23日至2月24）发动武装夺取政党的暴动。阿朗松公爵弗朗索瓦·德·弗朗斯被周围的人说服，准备利用此次暴动的消息引起宫廷的混乱，1574年3月10日，阿朗松公爵弗朗索瓦·德·弗朗斯只得从圣日耳曼逃离。但由于本应带着一队骑兵护送他的胡格诺队长肖蒙-基特里提早了十天到达，阿朗松公爵弗朗索瓦·德·弗朗斯意外地被抓住了。出于害怕，弗朗索瓦·德·弗朗斯向母亲承认了一切。城堡的警报被激烈地拉响了。被吓坏的朝臣们带着车马随从从各处赶回巴黎。美第奇王太后也从容不迫地回来了，同时在她华丽的四轮马车里坐着一直在她的监视和掌控之下的儿子阿朗松公爵弗朗索瓦·德·弗朗斯和女婿纳瓦拉国王亨利·德·纳瓦拉。

查理九世饶恕了他们，但把两位亲王带到了万塞讷城堡。为了呼吸比巴黎更纯净的空气，亨利九世在那里定居下来。随着西部叛乱的蔓延，以及无意杀害亨利二世的人——加斯帕尔·德·科利尼最好的将领之一的蒙哥马利已登陆诺曼底（1574年3月11日）的消息传来，对这两位亲王的监视就变得更加严密了。

认为自己极可能有生命危险的这两位亲王再次决定逃往色当寻求庇护。阿朗松公爵弗朗索瓦·德·弗朗斯手底下的两位绅士、圣巴塞洛缪大屠杀的参与者拉莫耶和高高纳与托雷和图伦内达成了协议，获得了各种各样的人的援助。这些人中有失业的队长和士兵、巴黎的有产者、贩卖马匹的商人及两名怪人：一个是认为自己在"灰色的利格斯"[①]附近

[①] "灰色的利格斯"是一个在1395年形成的领土联盟，现在是瑞士格劳宾登州。灰色联盟的名字源于其居民所穿的衣服的颜色。

蒙哥马利

发现了金矿石的法兰西王国前代理人格雷利耶，另一个是美第奇王太后的常客——既是占星师、神职人员、死灵法师又是春药的制造者和巫师的科西莫·鲁杰里[①]。

但美第奇王太后得到了消息。查理九世对刚获赦免就再犯的背叛非常愤怒，让人逮捕了自己的王弟和妹夫（1574年4月），并把他们交给专员审讯。吓得发抖的阿朗松公爵弗朗索瓦·德·弗朗斯低声下气地讲述了阴谋的细节。这个冗长的叙述连累了所有人。而亨利·德·纳瓦拉却很有尊严地为自己辩护，借美第奇王太后对他的蔑视，吉斯家族享

---

① 科西莫·鲁杰里，佛罗伦萨的占星家及美第奇王太后的顾问，1615年在巴黎去世。

第6章 圣巴塞洛缪大屠杀与安茹公爵亨利·亚历山大戴上波兰王冠

有的恩惠,以及他们想除掉阿朗松公爵弗朗索瓦·德·弗朗斯和自己的谣言来推脱他的计划。托雷和图伦内逃跑了。孔代亲王亨利一世·德·波旁在自己的皮卡第政府拉拢神圣罗马帝国成员。令女士们失望的是,拉莫耶和高高纳被斩首了,队伍中的首领们也被绞死了[①]。科西莫·鲁杰里借助自己的身份,反而只被判了几年的苦役,而且很快就得到了赦免。

在审讯期间,弗朗索瓦·德·蒙莫朗西元帅的名字被提到了好几次。查理九世在1574年5月4日让人把弗朗索瓦·德·蒙莫朗西监禁起来。同时被监禁的还有查尔斯·德·蒙莫朗西及梅鲁领主的岳父科塞元帅阿斯特·德·科塞。但必须逮捕的还应有陆军元帅阿内·德·蒙莫朗西的另一个儿子,从其父辞职以来就担任郎格多克地方长官、当维尔领主的亨利一世·德·蒙莫朗西[②]。当时这位蒙莫朗西-当维尔手中还有一支军队、阿尔巴尼亚近卫军士兵、一个大省的所有资源,以及和其父经过半个世纪的权力把持而在三个等级中广泛结交的拥护者。国王曾命令蒙莫朗西-当维尔与南方的新教教徒缔结和约,但因他未能取得成功而对他横加指责,就好像他只要做个信仰自由的简单承诺就能拉拢一个迫切要求行使礼拜自由的党派,就能为圣巴塞洛缪的受害者昭雪,并正式消除屠杀的罪行似的。美第奇王太后在1574年4月18日写给蒙莫朗西-当维尔的一封信中,赞扬了他为国王服务时所表现的热情[③]。但在同一天,查理九世却命令蒙莫朗西-当维尔将他的三四个近卫队士兵派往忠实于宫廷的图卢兹中将纪尧姆·德·茹瓦约斯那里。他们是想通过削弱蒙莫朗西-当维尔来更有把握地打击他。元帅们的失宠也导致了蒙莫朗

---

① 欧内斯特·拉维斯:《法国通史》,第6卷,注1,第148页起。桑贝尔,当茹:《奇怪的档案》,第一辑,第8卷,第127页到第220页。——原注
② 亨利一世·德·蒙莫朗西为陆军统帅阿内·德·蒙莫朗西的第三个儿子,出生时就是当维尔领主,所以又被称作蒙莫朗西-当维尔。
③ 赫克托·德·拉费里埃,巴格诺·德·普晒斯:《凯瑟琳·德·美第奇的信件》,第4卷,第291页。——原注

西－当维尔的失势。无论是否是无辜的，蒙莫朗西－当维尔家族的关系网都使当时法兰西政府的活动陷于瘫痪。西方的胡格诺派全副武装。孔代亲王亨利一世·德·波旁正与神圣罗马帝国新教首领就一次新的入侵进行谈判。在查理九世将弗朗索瓦·德·蒙莫朗西关入巴士底狱的同一天，还签署了对他兄弟蒙莫朗西－当维尔的罢免决定。然而这个决定执行起来就困难多了。被任命为新任朗格多克地方长官的蒙特庞谢公爵路易·德·波旁的儿子弗朗索瓦·德·波旁，根本无法削弱蒙莫朗西－当维尔的军事力量。被派到蒙莫朗西－当维尔身边的外交官圣叙尔皮斯和国务秘书维勒鲁瓦，在阿维尼翁宿营地接到向蒙莫朗西－当维尔宣布他已被革职的任务，如果蒙莫朗西－当维尔不服从，就解散他的部队。但他们没有采取这种古罗马式的威慑行为[①]。没有了职位且更加担忧的蒙莫朗西－当维尔，与几个月以来他一步步慎审地靠近的新教教徒的关系变得亲密起来。1574年5月29日，蒙莫朗西－当维尔与朗格多克教会代表签署了将持续到1575年1月1日的停战协定。休战结束后，他又与南部的胡格诺派组建了一个温和天主教教徒的"联盟"[②]。这是由两个教派中对美第奇王太后不满者组成的联盟。

这就是因莫城行凶事件而制定的暴力政策所产生的后果，由于这项政策提出了对新教教徒的毁灭，从而最终导致了天主教的分裂。美第奇王太后曾很好地——这不只是为了她死后的名声——坚持了她最初的调解和安抚方案。这与她的性别，同时也与她的性格、心理及举止非常相符。美第奇王太后说过的甜言蜜语、表现出的友好和圣洁的意图及她的微笑和承诺，虽然并不总是真诚的，但她所擅长的这些非常女性化的行为在灭绝性的战争中没有一点用处。受自己婚姻的影响，美第奇王太后对所有王冠都充满

[①] 维勒鲁瓦：《维勒鲁瓦回忆录》，色当，1622年，第1卷，第8页。这两名王室特使不可能走出阿维尼翁，"这是肯定的"。维勒鲁瓦也承认，"如果我们和这位当维尔元帅一起，那在他的地盘上使我们得到我们所希望的对待公使的待遇对他来说是易如反掌的。"——原注

[②] 韦塞特：《朗格多克通史》，新版，图卢兹，第12页。——原注

第6章 圣巴塞洛缪大屠杀与安茹公爵亨利·亚历山大戴上波兰王冠

野心，对荣耀和辉煌极度渴望。但这种宏伟的事业所要求的持之以恒精神是她最缺乏的品质。所以美第奇王太后总是走走停停，不愿意做出持续的努力，而且对主要目标也总是心不在焉。美第奇王太后与腓力二世的不和及她的新教联盟是比圣巴塞洛缪大屠杀更令人意想不到的结果。要从这种骇人的罪行中谋利是多么艰难啊！为了让安茹公爵亨利·亚历山大顺利进入波兰并愉快地登基，美第奇王太后放弃了必须不计任何代价都应夺取的拉罗谢尔。出于冲动，也是为了其儿子的利益，美第奇王太后曾激烈反对弗朗索瓦·德·蒙莫朗西。可能托雷、梅鲁以及图伦内才是应极力追捕的阴谋者。事实上他们的首领弗朗索瓦·德·蒙莫朗西元帅总是在劝说阿朗松公爵弗朗索瓦·德·弗朗斯放弃逃跑计划①。这位元帅只是因为没有讲出那些计划，甚至只是没有全部揭发那些计划而受到惩处。人们猜想由他的弟弟梅鲁领主通知的科塞也是因保持沉默而受到怀疑。蒙莫朗西-当维尔在言辞上非常保留，在行动中又毫无过错，不能只因他在自己的地盘太过强大而受到责备。但这位朗格多克前行政长官并不乐意为美第奇王太后想要的平静而牺牲自己。为了自卫，蒙莫朗西-当维尔让胡格诺派人支援自己，并作为回报帮助他们抵御敌人。新教被拯救了，不是靠其信徒的力量，而是依赖天主教教徒蒙莫朗西-当维尔的补给。

强烈的仇恨之所以造成了如此严重的后果，主要是由于美第奇王太后对安茹公爵亨利·亚历山大——如她自己所说的"她珍贵的眼睛"——热切且固执的偏爱。美第奇王太后让亨利·亚历山大成为仅次于国王查理九世的王侯，帮助他与国王同样强大。但美第奇王太后并未想到这种做法是不恰当的，进而就像后来发生的事实那样，激发了她第三个儿子阿朗松公爵弗朗索瓦·德·弗朗斯的欲望。而法兰西王国的这位王子（弗朗索瓦·德·弗朗斯）的失望和野心使叛乱者有了一个比正宗亲王更有权威的领导。

---

① 德克胡：《圣巴塞洛缪大屠杀之后的党派》，1892年，第176页到第177页。——原注

就像对之前的罪行一样，美第奇王太后对随后而来的骚乱也负有责任。查理九世的确执政过，却是在美第奇王太后的统治之下。终于，这位二十四岁的年轻国王于 1574 年 5 月 30 日驾崩了，他的最后一句话是"和我的母亲"①。美第奇王太后写道，能被自己儿子查理九世"所承认并接受的，除了上帝就是我了"②。在人们对查理九世进行评价时，这种过分执着的孝道是应被保留的。除了曾有过短暂的个人权力的欲望外，这位儿子给了母亲所有执政的特权：创制权和处决权。为了取悦她，查理九世承受着与王弟安茹公爵亨利·亚历山大分享权力的痛苦。查理九世既暴躁冲动又温顺驯良，无论是未成年时还是成年后，他一生都忍受着美第奇王太后专横的"母爱"。

---

① 写给亨利三世的信，1574 年 5 月 31 日。赫克托·德·拉费里埃，巴格诺·德·普晒斯：《凯瑟琳·德·美第奇的信件》，第 4 卷，第 310 页。——原注
② 写给费拉尔公爵夫人的信，1574 年 6 月 11 日。赫克托·德·拉费里埃，巴格诺·德·普晒斯：《凯瑟琳·德·美第奇的信件》，第 5 卷，第 12 页。——原注

凯瑟琳·德·美第奇
瓦卢瓦王朝最后四十年

[下]

[法] 让·伊波利特·马里耶奥勒 ——— 著

郝晓莉 ——————————— 译

第 7 章

凯瑟琳·德·美第奇对文艺复兴时期法兰西王国艺术的影响

美第奇王太后是一个性格复杂的女人，虽然爱好广泛，但她的时间好像都被处理国家事务占据了。政治历史学家们只用了很少的笔墨或在一些文章底部的注释中对她的性格进行过描述。一些并不完全真实的轶事及佛罗伦萨人和意大利人对她的描述都透露出一些她的品位、感受和思想。这位统治者热爱文学和艺术，同时也是文学家和艺术家，在这些方面她得到了较为公正的评价，而她自己的爱好却在处理瓦卢瓦王朝的事务中逐渐丢失或消失了[①]。人们认为这些本该是属于这位外来者的荣耀，但圣巴塞洛缪大屠杀使法兰西王国的人对此有所顾虑而不愿宣扬。不过请不要忘记，这位美第奇家族的女性离开意大利时还是一个非常年轻的女子，甚至可以说是一个孩子，美第奇王太后居住在法兰西王国之后就再也不曾离开，收养国对她的影响可能与她的出生地的一样大了。

为了展现这个不太为人所知的美第奇王太后，我们可以选择的最好时刻应该是亨利三世统治初期。从当时的事件我们得知，美第奇王太后有充分的时间来展现自己的长处和弥补自己的不足。十几年来，她以最高统

---

① 除了在布绍的《凯瑟琳·德·美第奇》（巴黎，1899年）中，这些都是正确的。——原注

治者的身份管理着国家，掌握着宫廷的财政大权。从来没有人能像她那样慷慨地赞助节日、宫廷建筑，以及资助学者、诗人和艺术家。查理九世统治时期是美第奇王太后权力的巅峰，确切来说，这是她的统治时期。因而以此为中心，我们可以把这位王太后在1574年前后在道德、艺术和统治才华方面的各种表现，以及她最突出的性格特点进行分析。

亨利三世登基时，美第奇王太后已经五十五岁。这个年龄正是中年的终结，老年的开始。由于生养了十个孩子，岁月使这位如朱诺天后般

登上法兰西王位的亨利三世

第7章 凯瑟琳·德·美第奇对文艺复兴时期法兰西王国艺术的影响

的女性变得肥胖且笨重。以前金色的头发也已经褪变成暗红色，她那仿佛是脸上的花朵般的栗色眼睛①也变得无神。她的神情庄严而带着贵族气派，由于双下巴更显丰满、男性化，鼻子肥大，嘴唇厚实，这一切都让人觉得她是一个能干的女人。美第奇王太后还总穿着一身黑色寡妇服饰，只有在查理九世和亨利三世的婚礼当天才有所改变，这让她显得更加威严。她的言辞温和，语气却是少有的专横。这位王太后仪表大方，表现出了她想呈现的感觉：政治所需将一位伟大女性的人格艺术推向了极致。

如果不是身体原因，美第奇王太后的活动将一如往常。尽管她有风湿病和慢性黏膜炎，在旅途中偶尔也会碰上不良的住宿条件和恶劣的天气，但她仍喜爱旅行。虽然美第奇王太后曾在1564年因头部受伤，"做了环钻手术"，但依然是勇敢无畏的"六十多岁"的女骑士。同时，这位王太后很擅长徒步行走，而且还会尽可能地去狩猎。布朗托姆说："她非常喜欢用小卵石弩击射猎物，而且射得很准，之后还会把猎物捆绑在自己身上。当她认为时机恰当时，她便会射击。"②美第奇王太后似乎永远不会休息，她有时会连续写二十封信③，或从陪伴她的夫人们那里回来后，继续刺绣。布朗托姆说："晚饭后，她会充分利用这段时间完成她的刺绣作品后才去工作。对于这些，她会做到尽善尽美。"④娴熟的绣品

---

① 在卢浮宫第10室的第1030号，陈列着美第奇王太后的画像。在尚蒂伊的康德博物馆，第418号，有由1572年去世的弗朗索瓦·克鲁埃所绘的铅笔画。在佛罗伦萨皮蒂宫的乌菲齐走廊，皮蒂宫一角的第19号有一幅年老的美第奇王太后的画像。在乌菲齐博物馆的缩影和蜡烛室，第3380号，有十二枚代表了瓦卢瓦家族主要成员的纪念章，美第奇王太后也在其中。她像其他成员一样有着蓝色的眼睛，但这显然是一种作画的习惯。——原注
② 布朗托姆：《作品集》，第7卷，第364页。小卵石弩用于投掷小卵石（也就是小石头或鹅卵石）、或黏土子弹。美第奇王太后的镶嵌黄金的黑弩在炮兵博物馆。——原注
③ 布朗托姆：《作品集》，第7卷，第374页。——原注
④ 布朗托姆：《作品集》，第7卷，第347页。——原注

晚年的美第奇王太后

布朗托姆与贵妇们

制作者威尼斯人弗雷德里克·德·万修罗,将"各种内衣作品的奇异和新颖图案"[①]献给这位有着仙女般巧手的美第奇王太后。

美第奇王太后无比热爱美食。皮埃尔·埃图瓦尔记载说,她认为自己消化不良,是因"吃了太多洋蓟茎和鸡肾"[②]。除此之外,生活给予了这位王太后很多,她很开心,非常享受意大利喜剧带给自己的快乐,"她会像别人一样开怀大笑,因为这是发自内心的笑"。美第奇王太后一点都不是个假正经的女人,至少在她年轻时是这样的。在第二次内战期间,美第奇王太后喜欢消遣别人,甚至使一位天主教守卫都脸红了。胡格诺派为此将他们最大口径的长炮命名为"王太后"。美第奇王太后相信快乐才是生育的原则,并推荐她的儿子亨利三世和儿媳路易丝·德·洛林以这种方式来生儿育女:"你们看,因为我从不忧伤,上帝赐予了我多少个孩子啊。"[③] 即使出现了某些批判性的文章,也从未能改变她幽默的本性,哪怕是在君权面临危机的时候,当她不得不接受联盟领导人制定的律法时[④],她也依旧积极乐观地对这些人做出回应。几天之后,美第奇王太后和她伟大的朋友于泽斯公爵夫人路易丝·德·克莱蒙还一起取笑一出由严肃的财政总监贝利耶夫和年老的波旁红衣主教查尔斯一世·德·波旁参演的滑稽剧。在剧中他们被打扮成女士并"戴着像床帐制成似的头饰"[⑤]。美第奇王太后当时已六十六岁了,时局变得更糟了,但她并不担心忧虑。"如果我不是尽可能地愉悦自己,去狩猎

[①] 鲍那非:《1589年凯瑟琳·德·美第奇的用具》,巴黎,1874年,第101页和第108页,注释。关于弗雷德里克·德·万修罗,参见达达:《关于挂毯和蕾丝内衣的古代式样的目录文献》(《美术公报》,巴黎,1864年,第425页到第426页)。——原注

[②] 皮埃尔·埃图瓦尔:《皮埃尔·埃图瓦尔日志回忆录》,1575年6月,第1章,第64页。——原注

[③] 1586年12月2日。赫克托·德·拉费里埃,巴格诺·德·普晒斯:《凯瑟琳·德·美第奇的信件》,第9卷,第103页。——原注

[④] 指《内穆尔条约》,1585年7月7日。——原注

[⑤] 赫克托·德·拉费里埃,巴格诺·德·普晒斯:《凯瑟琳·德·美第奇的信件》,第8卷,第341页,注1。——原注

路易丝·德·洛林

和散步,我想我会生病的。我明天还要等隆格维尔夫人,她愿意和我一起度过快乐的时光。"①

一个问题摆在了历史学家面前。作为妻子和寡妇的美第奇王太后是一个贞洁的女人吗?不能仅凭她在摄政期间曾为了位某些政治目的,利用自己的女性魅力来获得权力,就得出结论说她有利用男人弱点的嫌疑,这是站不住脚的。但我们也知道要证明这一点是多么困难。腐败者不一定都是被腐蚀的。布朗托姆非常尴尬,他曾说美第奇王太后的宫廷是纯洁的。但看起来自相矛盾的是,他又暗示当这位美第奇王太后她还是王太子妃时曾非常喜欢一个名叫皮埃尔·斯特罗齐②的出色士兵及优秀学者。

皮埃尔·斯特罗齐

---

① 赫克托·德·拉费里埃,巴格诺·德·普晒斯:《凯瑟琳·德·美第奇的信件》,第8卷,第352页,1585年9月14日。——原注
② 布朗托姆:《作品集》,第2卷,第269页。——原注

第7章 凯瑟琳·德·美第奇对文艺复兴时期法兰西王国艺术的影响

然而"喜欢"这个词是否是历史学家对那些爱调情的夫人们与情人之间关系的含蓄表达呢?皮埃尔·斯特罗齐是美第奇王太后的日耳曼表兄,是克拉丽斯·德·美第奇的一个儿子。美第奇王太后为了让人们记得皮埃尔·斯特罗齐,保护了所有斯特罗齐家族的成员。如果美第奇王太后害怕国王——她的丈夫,怀疑她和皮埃尔·斯特罗齐之间存在婚外情,她就不会在1551年为皮埃尔·斯特罗齐辩护了[①]。布朗托姆曾说,还有一位伟大"波旁人的主宰"——沙特尔主教的代理官弗朗索瓦·德·旺多姆,曾身着"绿色"衣服[②],"以为美第奇王太后服务为荣"[③]。亨利二世知道弗朗索瓦·德·旺多姆只是一个柏拉图式的爱人。尽管亨利二世自己

弗朗索瓦·德·旺多姆

---

① 见本书第2章美第奇王后被诬陷与亨利二世之死。——原注
② 美第奇王太后丧夫之前喜爱的颜色。——原注
③ 布朗托姆:《作品集》,第6卷,第117页。——原注

不是，但他不会接受主教代理官弗朗索瓦·德·旺多姆除了尊重王后外还妄图照顾她。如果美第奇王太后不愿意向自己的丈夫和情敌证明她也有对男性的吸引力，那她就不是个女人了。无论这位王太后是否是出于自爱，还是出于对不忠的丈夫的爱，以及犯错后可能出现的后果，成为寡妇后，她任由弗朗索瓦二世那些全能的大臣吉斯家族的成员将她的这个崇拜者关在了巴士底狱，理由是他曾支持孔代亲王亨利一世·德·波旁并公开与吉斯家族对抗。在查理九世登基及美第奇王太后获得了执政权后，她把生病的弗朗索瓦·德·旺多姆"在没有任何国王禁卫队弓箭手的看管和守卫下"关在了杜尔纳尔宫一个下等人的房间，之后他就死在了那里（1560年12月22日）①。美第奇王太后可能想以这种残酷的方式来打破有关他们奸情的谣言，表明自己对婚姻的忠诚，或想以此证明她对男人的好感永远不会胜过国家的利益②。

《卡斯泰尔诺－穆维希尔③回忆录》的编辑让·勒布劳尔④也说美第奇王太后有过一个情人，一个并非柏拉图式的情人。这个人是她以前的一个年轻侍从特洛伊罗斯·德·梅古艾⑤。但让·勒布劳尔没有指明任何日期，也没有给出权威的来源。关于这段感情，让·勒布劳尔出的唯一证据就是美第奇王太后曾让这位下布列塔尼绅士做了拉罗什－赫尔古阿

---

① 1560年12月18日至21日期间弗朗索瓦·德·旺多姆在那里口述了他的遗嘱。约讷省的一名社会历史和自然科学学会成员莱昂·德·巴士达伯爵：《马尼利的领主、沙特尔的主教代表让·德·费尔里埃的一生》，欧塞尔，1858年，第211页到第228页（附录中可以找到该遗嘱）。关于他的半囚禁，见第212页。——原注
② 也许美第奇王太后对主教代理官支持的正统亲王们感到怨恨，因为他们损害了她的利益。她不得不承认，作为一个尚处于期望中的宠臣，弗朗索瓦·德·旺多姆并不了解她的兴趣。她认为他是一个傻瓜，并粗暴地让他明白了这一点。——原注
③ 这里指穆维希尔的领主卡斯泰尔诺（1517—1592）。他是16世纪法兰西王国的外交官和战士，先后为法兰西王国弗朗索瓦一世、亨利二世、弗朗索瓦二世、查理九世、亨利三世及最后的亨利四世国王服务。
④ 让·勒布劳尔（1623—1675），法兰西王国牧师、文书代笔人及历史学家。
⑤ 特洛伊罗斯·德·梅古艾（1536—1606），布列塔尼的绅士，曾是美第奇王太后王宫的侍卫，后来成为圣楼和卡伦坦及莫尔莱的地方长官。

杜尔纳尔宫

赫的侯爵并允许他随意地使用"她的恩惠"①。但还可能在别处去找到那些为了尊重王室成员可能被禁止记录的细节。几封日期为1577年3月，由亨利三世在布卢瓦签署的公开信，授权高答贺莫勒侯爵，同时是克莫拉莱克②及茹瓦约斯·加德③伯爵，也是骑士、枢密院国王顾问及莫莱克斯州长的这位拉罗什先生特洛伊罗斯·德·梅古艾让在纽芬兰（加拿大等）和其他邻近的地方招募、雇佣及装备一些士兵及装备船只和军舰，并在那里定居，以便亨利三世及他的继承者们能将这些地区"作为自己和王室获得的领地"而永远享有它们，"使它们不再属于与这个王国已经结盟或结为联邦的友国"④。1578年1月3日的其他几封公开信还任命了特洛伊罗斯·德·梅古艾为"新大陆的将军和总督"。

这么多的恩惠施予同一个人身上，但其实这个人既没有什么功绩，也没有明显的优点，这些足以欺骗那位诚实的学者，并让他承认那个受美第奇王太后偏爱的布列塔尼人的传说⑤。

但这位拉罗什先生特洛伊罗斯·德·梅古艾的好运却并不太可能是因为美第奇王太后对他的"喜欢"。他是法兰西宫廷和爱尔兰逃犯的中间人——正如我们将在后面看到的那样，也是布列塔尼对英格兰的仇恨的发起者，或者说是法兰西王国政府的秘密代理人，曾在一个不愿服从英格兰人统治的地区秘密鼓动反叛思想。也有可能是让·勒布劳尔弄混了这个布列塔尼的拉罗什与另一个拉罗什——安托万·德·布雷汉特，美

---

① 让·勒拉布勒：《卡斯泰尔诺-穆维希尔回忆录》，1659年，第1卷，第291页到第292页。——原注
② 属于布列塔尼。——原注
③ 属于普罗旺斯。——原注
④ 亚森特·莫里斯：《作为布列塔尼教会和世俗史证明的回忆录》，1742—1746年，第3卷，第1439列到第1440列。——原注
⑤ 让·保迈浩勒从中获得了一本令人愉快的历史小说的灵感，他将它以《莫莱克斯的先生们》呈现出来，作为想象中的档案资料。出自杂志《巴黎回顾》，1908年3月1日，第1页到第50页。——原注

第 7 章 凯瑟琳·德·美第奇对文艺复兴时期法兰西王国艺术的影响

第奇王太后 1578 年的司肉官，1584 年时又被提拔为第一司肉官①。美第奇王太后写道②，"拉罗什是我的小拉罗什"③，就像她亲切称呼的那样，他"是一个重要公函信件的递送者"，美第奇王太后还在遗嘱中馈赠给他六千埃居④。这两个拉罗什，一个是美第奇王太后特殊的仆人，另一个是法兰西王国的政治家，让·勒布劳尔将他们当成了一个人，并当成了唯一一个受到王室恩典提拔而拥有高职位的人。

事实上，从 1547 到 1585 年⑤，这位美第奇王太后所谓的最爱并没有出现在为她服务的先生们的名单中，这证明特洛伊罗斯·德·梅古艾并不在靠近美第奇王太后的宫廷居住。只是到了 1575 年 7 月⑥，在美第奇王太后写的关于爱尔兰事务的一封信中，特洛伊罗斯·德·梅古艾才第一次作为"阿朗松公爵弗朗索瓦·德·弗朗斯"的亲信被提到。但当时阿朗松公爵弗朗索瓦·德·弗朗斯已经失宠，被亨利三世半监禁在卢浮宫。美第奇王太后提到特洛伊罗斯·德·梅古艾时还在他的名字前面加上他所在的省：布列塔尼的拉罗什。但如同大家所知道的，如果这位拉罗什对美第奇王太后来说已经不再像从前一样有用，那么在给法兰西王国驻伦敦大使拉莫特-费内隆写信时这种准确的指代也就没有什么意义了。区

---

① 赫克托·德·拉费里埃，巴格诺·德·普晒斯：《凯瑟琳·德·美第奇的信件》，第 10 章，附录，第 523 页。——原注
② 1579 年 5 月 17 日。赫克托·德·拉费里埃，巴格诺·德·普晒斯：《凯瑟琳·德·美第奇的信件》，第 6 章，第 366 页。——原注
③ 赫克托·德·拉费里埃，巴格诺·德·普晒斯：《凯瑟琳·德·美第奇的信件》，第 6 章，第 132 页；第 7 章，第 47 页，第 75 页，第 239 页和各处。——原注
④ 赫克托·德·拉费里埃，巴格诺·德·普晒斯：《凯瑟琳·德·美第奇的信件》第 9 章，附录，第 497 页。——原注
⑤ 绅士仆人名单。赫克托·德·拉费里埃，巴格诺·德·普晒斯：《凯瑟琳·德·美第奇的信件》，第 10 章，第 519 页到第 523 页。附录中这几乎是完整的，见出版人巴格诺·德·普晒斯伯爵的注释第 538 页，注释 3。——原注
⑥ 美第奇王太后写给法兰西王国驻英大使拉莫特-费内隆，1575 年 7 月 29 日。赫克托·德·拉费里埃，巴格诺·德·普晒斯《凯瑟琳·德·美第奇的信件》，第 5 章，第 127 页，第 129 页。——原注

阿朗松公爵弗朗索瓦·德·弗朗斯在出行中

别主要出现在接下来的两年中，假如原来的倾向一直存在，如何解释美第奇王太后为什么会推迟那么长时间才让他返回，为什么从来没有将这个她爱的人安置在自己身边呢？后来美第奇王太后就更不可能爱上他了。她已经五十七岁，一位到了这个年龄都一直保持贞洁的女性是会一直坚守下去的。

此外，受胡格诺派或"政治"意图驱使制作的那些"伟大"的宣传册，特别是在圣巴塞洛缪事件之后，肆无忌惮地收集了最损害美第奇王太后名誉的谣言，甚至试图诋毁她的祖先——这些满是"恶习，乱伦及罪行"的美第奇家族的人。但这些小册子对这段暮年的爱情却只字未提。它们竟对弗朗索瓦·德·旺多姆对美第奇王太后的崇拜保持缄默，这真是

第7章　凯瑟琳·德·美第奇对文艺复兴时期法兰西王国艺术的影响

有些不可思议。此外，昂布瓦兹阴谋的所有同谋也都对此保持沉默。况且如果说高答贺莫勒侯爵特洛伊罗斯·德·梅古艾既是美第奇王太后的宠臣、伊丽莎白一世的敌人，又是改革派的保护者，这是多么难以令人信服的道德和宗教谎言啊！新教教徒之所以只对美第奇王太后的其他错误抓住不放，那或许是因为他们根本不知道美第奇王太后还有这种迟来的爱情，或许这种感情可能根本就不存在。新教教徒把与美第奇王太后关系亲密的人都归到她的宠臣或情人中了，他们把阿尔伯特·德·冈迪①说成了"种公马"，而他们的敌人之一，洛林红衣主教查理·德·洛林其实也并不是美第奇王太后的朋友。在这些毫无根据的污蔑中，《关于凯瑟琳·德·美第奇的生活、行为和举止的精彩言辞》（1574）一书后来给出了结论：匿名作者说，"我不想谈论我们的这位王太后及别的太后们的滔天恶行，当这些以后如有机会被公布，关于她——美第奇王太后需要一部专门的巨著来阐述。现在我只谈她的政府。"②而这个机会却从未出现过。布朗托姆大量探究了这位寡妇太后的弱点，但依然对她不甚了解。美第奇王太后年老时，在给一个为她女儿授日课的亲信的一封信中，没敢说自己从来没有做过任何损害"荣誉"和"声望"的事，并提到在自己死后不必在这一点上请求上帝的宽恕，也不必害怕自己的名声不被称颂③。如果美第奇王太后未曾被普遍认为是一位无可非议的女性的话，亨利三世也不会说她是拥有"没有罪行的人生"的榜样了。

---

① 法兰西王国的元帅、雷茨公爵阿尔伯特·德·冈迪深受查理九世的喜爱，他曾是查理九世的地方长官。阿尔伯特·德·冈迪只比美第奇王太后小三岁。而可能是因为同为某个孩子的教父和教母而被称为美第奇王太后的"伴侣"的里昂前银行家，让·巴普蒂斯特·德·冈迪则比她年长得多，当他在1558年与有外交手腕的作家路易吉·阿拉曼尼的遗孀结婚时已经被认为是个老头了。——原注
② 尼克尔·卡佐朗：《关于凯瑟琳·德·美第奇的生活、行为和举止的精彩言辞》，巴黎，1650年，第151页；桑贝尔·当茹：《搜集的档案》，第9章，第99页。——原注
③ 美第奇王太后致贝利耶夫的信，1584年4月25日。赫克托·德·拉弗里埃，巴格诺·德·普晒斯：《凯瑟琳·德·美第奇的信件》，第8卷，第181页。——原注

意大利历史学家戴维拉是与美第奇王太后同时代的她的崇拜者之一，一直为她歌功颂德。他不仅看到美第奇王太后的精明，也注意到了她的品德。戴维拉说："在这些政治品质中，还需增加另外几个消除了她性别缺陷和弱点的方面。美第奇王太后总习惯用谨慎战胜生活道路上的激情。"①

意大利历史学家戴维拉

---

① 戴维拉：《法兰西王国内战史》，由鲍杜安译成法语，巴黎，1657年，第1卷，第9章，第544页到第545页。——原注

第7章 凯瑟琳·德·美第奇对文艺复兴时期法兰西王国艺术的影响

美第奇王太后忠于丈夫，做事谨慎，关注舆论且洁身自好。无论她出于何种原因这样做，她都这样做了，而历史研究却无法说明她这样做的动机。

美第奇王太后还是有一些独特优点的。比如美第奇王太后有非常强的掌控能力，若非如此，她的女儿玛格丽特·德·瓦卢瓦也不会如此佩服她了。另外美第奇王太后拥有某些奇异感受。除去那些因愤怒和恐惧造成的冲动，她冷静的外表下藏着一颗非常敏锐的心。据说，就在美第奇王太后丈夫去世的那场致命比赛前的晚上，她梦见了他被"伤了眼睛"。玛格丽特·德·瓦卢瓦还曾说："她从来没有遗忘任何一个孩子。而在她还没有看到什么大火时，却像获悉了某个预言似的，突然叫道：'上帝保佑我的孩子！'"① 这些幻觉可以解释为出于某种焦虑而导致的情绪危机，或者由于某个令人不安的警告，被死亡形象所困而造成的，但还有一件事就更令人费解了。1569 年，安茹公爵亨利·亚历山大在西部追赶孔代亲王路易一世·德·波旁，而当时美第奇王太后正在王国的另一端——梅斯，忙着监视神圣罗马帝国新教亲王的军备。美第奇王太后病得很重，在发烧的谵妄中，人们听到她喊叫："看，他们逃跑了，我的儿子胜利了。啊！我的上帝！扶起我的儿子吧！他跌倒了！看呀，看呀，孔代亲王死了。"② 第二天晚上，当一位信使带来了雅纳克胜利的消息时，美第奇王太后抱怨说人们将她叫醒，只不过就是为了向她宣告自己前天就已得知的消息。奥比涅，这个极富想象力的人还说，1574 年的一个晚上，洛林红衣主教查理·德·洛林在阿维尼翁生病期间，美第奇王太后睡得"比平常更早"，但"她一下子扑到床边，用手捂住眼睛似乎以免看到什么"，并喊道："主教先生，我和您没关系！"这个时间正是

---

① 玛格丽特·德·瓦卢瓦：《玛格丽特·德·瓦卢瓦回忆录》，盖萨尔出版社，第 42 页。——原注

② 玛格丽特·德·瓦卢瓦：《玛格丽特·德·瓦卢瓦回忆录》，盖萨尔出版社，第 43 页。另外我们还要指出，安茹公爵亨利·亚历山大并没有跌倒。——原注

奥比涅

红衣主教去世的那一刻。虽然洛林红衣主教查理·德·洛林离得美第奇王太后很远,但美第奇王太后却好像亲眼看到了他。她大声呼喊,并想用声音推开这位灾难政策的主要合作者①。

玛格丽特·德·瓦卢瓦认为是上帝赋予了她母亲这个能力,并借此来解释美第奇王太后的预感。玛格丽特·德·瓦卢瓦说:"母后在精神上表现出某些不寻常的卓越,上帝通过赠予她某种天赋来秘密使她知晓

---

① 奥比涅:《普遍的历史》,第7卷,第12章,第4卷,第300页到第301页。——原注

第 7 章 凯瑟琳·德·美第奇对文艺复兴时期法兰西王国艺术的影响

某些将要发生的事故。"① 这是一个柏拉图式的解释,苏格拉底的恶魔信奉了基督教。

但美第奇王太后并不满足这些非凡的启示,她还在寻找其他启示。美第奇王太后来自一个直到 16 世纪初才出现了大学教育的国家,而那里的贵族和民众一直以来都相信天体运行会影响人类的生活,一个专业的观察者可以在天空中读到命运之书。黄道十二宫的标志预示着一个孩子来到人世,他出生时行星的连接方式是影响这个孩子性格和命运的表征,甚至是决定因素。美第奇王太后深信这种关系及其变化的不确定性,并且在未来某些不幸的时刻对此更加确信。在美第奇王太后所接触的法兰西王国和意大利最有名的占星家中,有作为城市公爵主教去世的卢克·高里克②、意大利伦巴第族人杰罗姆·卡尔丹③、佛罗伦萨人弗朗索瓦科·吉温蒂尼④,还有普罗旺斯人米歇尔·德·诺查丹玛斯⑤。美第奇王太后还有自己的星相学者雷尼尼⑥和科西莫·鲁杰里。七星诗社为了取悦这位王太后,还颂扬了星辰的"美德"。庞蒂斯·德·萨尔德⑦是这些人物中的佼佼者,他在自己的《占星》一书中肯定了这种占卜术:

当自然完成世界的堡垒时,
……
不在其他地方,就在这个世界,

---

① 玛格丽特·德·瓦卢瓦:《玛格丽特·德·瓦卢瓦回忆录》,盖萨尔出版社,第 41 页到第 42 页。——原注
② 卢克·高里克(1476—1558),意大利占星家和主教。
③ 杰罗姆·卡尔丹(1501—1576),意大利数学家、哲学家、占星家、发明家和医生。
④ 弗朗索瓦科·吉温蒂尼(1523—1590),意大利佛罗伦萨的神学家、天文学家及占星家。
⑤ 米歇尔·德·诺查丹玛斯(1503—1566),法兰西王国药剂师。
⑥ 或叫雷尼耶。——原注
⑦ 庞蒂斯·德·萨尔德(1521—1605),法兰西王国主教、作家和诗人,是文艺复兴时期法兰西王国的七星诗社文学界的成员。

杰罗姆·卡尔丹

米歇尔·德·诺查丹玛斯

美第奇王太后与科西莫·鲁杰里

庞蒂斯·德·萨尔德

在这里存在着所有的行为，

它们与永恒的云朵并存于天空。

这就是生命与命运。①

占星学在宫廷获得了肯定和青睐。在美第奇王太后伟大的法兰西王国之旅中，1564年11月15日，当她经过沙龙②时，接见了米歇尔·德·诺查丹玛斯，他因用晦涩的西班牙语书写的四行诗《诸世纪》曾被誉为时间的先知。诸如：

年轻的狮子将征服老狮子，

双方在进行一对一的斗争：

在金色的笼子里，它们紧盯彼此，

两者之一，其中一只将会死去，残酷地死去。

在蒙哥马利通过骑士比武杀死了亨利二世之后，这首诗被解释为对此事的预言。美第奇王太后写信给陆军统帅阿内·德·蒙莫朗西说，米歇尔·德·诺查丹玛斯"确信我的儿子可以拥有大量财富，并像您一样长命百岁"。美第奇王太后还明智地补充说："我向神祈祷，但愿他说的是真话。"③这一次，为了炫耀，美第奇王太后似乎把上帝的意志说得太过清楚了。三年后，阿内·德·蒙莫朗西死了，只活了七十多岁，而查理九世二十四岁时也去世了。但美第奇王太后没有追究占星家占星术的责任。这是一种科学，它像其他学科一样，由于科学家或神圣意志的干预，有失败的可能。美第奇王太后难道就真的没有考虑过占星术的可

---

① 庞蒂斯·德·萨尔德：《占星》，马蒂-拉沃出版社，第81页。——原注
② 沙龙，位于法国新阿基坦地区多尔多涅省的一座城市。
③ 1564年11月。赫克托·德·拉费里埃，巴格诺·德·普嘞斯《凯瑟琳·德·美第奇的信件》，第10章，第1455页。——原注

第7章 凯瑟琳·德·美第奇对文艺复兴时期法兰西王国艺术的影响

靠性吗?卢克·高里克作品的发行者们说,卢克·高里克曾宣布亨利二世大约将在四十一岁时,死于一场一对一的单打格斗[1],但不能仅凭口头传说就完全相信这些。事实上,在卢克·高里克1559年之前的预卜中,他也仅是预测过法兰西国王将活到六十九岁两个月十二天,但前提是国王能活过五十六岁、六十三岁和六十四岁[2];这是一个几乎不会使名誉受到影响的预言,确切地说,他几乎看不到最后的期限,因为他比亨利

卢克·高里克

---

[1] 布朗托姆:《作品集》,第3卷,第280页到第283页。——原注
[2] 拿骚:《历史研究综述》,1901年,第217页;参见《贝勒词典》,亨利二世词条。——原注

二世大三十岁。被美第奇王太后咨询过的弗朗索瓦科·吉温蒂尼和杰罗姆·卡尔丹也曾向她保证，她的丈夫将有漫长而荣耀的一生。

知道了自己的命运就有机会在上帝的帮助下避免一些不好的事情的发生，但同时还必须使自己免受魔法师和死灵法师及与恶魔精神有关的邪恶法术的影响。占星家科西莫·鲁杰里是"意大利人，他皮肤黝黑，面目可憎，会演奏一些乐器，是一个总穿着黑色长袍的强壮男子"[①]，并被认为是一个可以通过恶魔让对手死亡的可怕的中间人。这是一个大胆且放肆的人。在圣巴塞洛缪大屠杀之后，科西莫·鲁杰里竟敢当面对美第奇王太后说当时是这位王太后在为西班牙国王工作[②]，而他只是被迫卷入这起政策阴谋中的[③]。人们在科西莫·鲁杰里好友拉莫耶的"物品"中发现一个蜡质玩偶。美第奇王太后曾担忧地认为，这件针对查理九世的玩偶就是科西莫·鲁杰里让人做的，只要用针刺这个玩偶的心脏或身体其他部位，对它施予咒术就可以慢慢折磨或杀死她的儿子。美第奇王太后告诉总检察长说，当科西莫·鲁杰里被带走时，他曾向宫廷大法官的副官询问，"国王是否呕吐，是否有出血及痛苦的迹象，以及拉莫耶是怎么离开的"，而且宣称只要国王活着，国王就会一直爱着拉莫耶。美第奇王太后希望有人可以让科西莫·鲁杰里当着这位副官、第一主席及艾马尔·赫南基[④]议长的面，重述这一宣称，她说："让科西莫·鲁杰

---

① 桑贝尔·当茹：《法国历史中搜集的档案》，第1系列，第8卷，第192页。参见德弗朗斯：《神秘主义的信仰者凯瑟琳·德·美第奇，她的占星家和她用魔法害人的医生》，巴黎，1911年，第198页到第199页。——原注
② 彼得鲁奇的信，1572年9月2日。阿贝尔·德·贾斯丁：《法兰西王国和托斯卡纳之间的外交谈判》，第3卷，第836页。——原注
③ 这种说法是作为佛罗伦萨大使佩特鲁奇的继任者文森佐·阿拉曼尼提供的，1574年4月22日至26日和1574年5月1日的信件。阿贝尔·德·贾斯丁：《法兰西王国和托斯卡纳之间的外交谈判》，第3卷，第920页到第923页，关于科西莫·鲁杰里与美第奇王太后最初的联系的有趣细节。阿贝尔·德贾斯丁认为科西莫·鲁杰里不是一个伟大的占星师，并认为他只是被错误地指责为死灵法师。——原注
④ 艾马尔·赫南基（1543—1596），16世纪法兰西王国的一位高级教士，雷恩的主教。

第 7 章 凯瑟琳·德·美第奇对文艺复兴时期法兰西王国艺术的影响

里说出一切,让人们知道国王生病的真相。如果是科西莫·鲁杰里施了某些妖术来损害国王的健康,并让我的儿子爱上拉莫耶,就必须让国王摆脱这些妖术。"① 但科西莫·鲁杰里引起的恐慌救了他自己,他只被判处了九年的苦役,而且在马赛短暂停留期间,那里的行政长官还曾授权他开设了一个占星学校。西莫·鲁杰里被释放后,又重新被宠信,并在年老时,到了路易十三② 统治时期,以布列塔尼的圣马歇尔修道院院

法兰西国王路易十三

---

① 1574 年 4 月 29 日,晚上十一点。赫克托·德·拉弗里埃,巴格诺·德·普晒斯:《凯瑟琳·德·美第奇的信件》,第 4 卷,第 296 页到第 297 页。尤金·德夫朗斯:《凯瑟琳·德·美第奇》,第 196 页。——原注
② 路易十三世(1601—1643),人称"正义者",1610 到 1643 年是法兰西国王和纳瓦拉国王,在三十年战争期间肯定了法兰西王国军事统治在欧洲的地位。

长的身份逝世。在此期间他竟难以置信地被广为人知,而且人们对他总是既惧怕又钦佩①。

也许美第奇王太后认为那些类似于魔力和法术的词有某种力量,可以产生神奇的效果。她曾被告知,一名想要杀死阿朗松公爵弗朗索瓦·德·弗朗斯的宠臣阿维里的士兵说,一看到亨利三世和他哥哥的肖像,就知道他们活不了多久了。这个邪恶的预言者的话让美第奇王太后心神不宁,她写道:"他说他们活不了多久,这让我很痛苦,上帝会让他的话站不住脚的。"②这位王太后急于呼唤上帝的力量来帮助她对抗这种言语的诅咒。

虽然我们不能完全相信已经流传或正在流传的关于美第奇王太后的迷信故事③,但以下是事实。曾因一位占卜者向美第奇王太后预言说圣日耳曼对于她是不祥的,她就不再前往圣日耳曼城堡。这位王太后甚至让建筑师菲利贝尔·德·洛尔姆从1564到1570年建造了杜伊勒里宫之后,却不再在那里居住,只因这些新建筑位于欧塞尔圣日耳曼教区。这也是为什么美第奇王太后会在圣尤斯塔什教区购买了房屋和土地并打算在那里建造另外一座宫殿。然而尽管采取了所有这些预防措施,美第齐王太后还是无法逃避命运——在布卢瓦主持她临终圣事的牧师就叫圣日耳曼④。

---

① 关于科西莫·鲁杰里最重要的文本出现在1598年《雅克·奥古斯特·德·图的回忆录》,第6册,(布琼出版社,第671页到第672页),参考1573年的通史。雅克·奥古斯特·德·图声称,科西莫·鲁杰里被套上铰链,由"一些阿谀逢迎的人"送到通往马赛的路上。孔西尼本想将这个没有举行圣事就死去的享有教皇授予的产业用益权的修道院院长埋葬在圣地,巴黎的主教让人把他扔到路上,另见《黎塞留红衣主教的回忆录》,社会、历史、法兰西王国部分,第1卷(1610—1615),第391页。——原注

② 赫克托·德·拉费里埃,巴格诺·德·普晒斯:《凯瑟琳·德·美第奇的信件》,第8卷,第168页。——原注

③ 德勒·杜·拉迪耶:《评判历史回忆录和法兰西王国摄政者王后们的轶事》,巴黎,1808年,第4卷,第253页到第268页。其中收集了一些关于她的迷信故事,但作者本人却并不太相信。——原注

④ 在鲁昂议会的第一任主席克劳德·库鲁特的回忆录中,我们看到了同一个说明文字的变体,里面说美第奇王太后去世时所在的布卢瓦城堡属于"一个名叫圣日耳曼的教区"。米肖,普茹拉:《回忆录》,第1系列,第11页,第585页。——原注

杜伊勒里宫全景

事实上，如果像美第奇王太后在查理九世结婚后曾计划的那样，她没有定居在杜伊勒里宫，而是仅限于在那里举行宴会，或去有着生动雕像、潺潺流水及布满荫翳的花园散步，这个位于巴黎城墙之外田野上的宫殿在骚乱时期很可能会免于因政变而遭受破坏。在美第奇王太后定居在位于圣奥诺雷路的宫殿很长一段时间后，她仍然继续在圣日耳曼城堡长住或短暂停留①。另一个传言说，这是因为美第奇王太后用于天文观测的宏伟圆柱就矗立在这个宫殿的院子里。这个建筑现在还在，就毗邻小麦市场②。这根圆柱内部设有一个二百八十级台阶的窄楼梯，并由六英尺③长的梯子连着通向平台，平台上面安放着一个十英尺高的铁质浑天仪。想象一下，当这位因年老发福的六十多岁的老太后，通过螺旋楼梯的窄道登上立柱的顶部，夜里站在距离地面一百四十三英尺，直径八英尺六英寸的楼梯平台上研究星体的运行和启示时，她是什么样的心情呢④？也许所谓的天文台可能就是一座瞭望塔，用于夜里监视容易发生火灾的邻近小巷，并在发生火灾时发出警报罢了。

　　如果亨利二世还活着的话，浑天仪将指明他的活动领域或展示出他的荣耀，这就是刻在这个浑天仪上的铭文："国王的荣耀将不断扩大直至充满整个世界"的释意。而沿着柱子排列的湖泊就像破碎的镜子，象征着被毁掉的爱和丧偶的遗憾。

　　为了保护自己免受各种危险，美第奇王太后身上很可能是带有护身

---

① 1583年11月11日—25日和12月12日—19日以及1584年1月19日—26日、11月12日—29日、12月12日—19日，美第奇王太后都住在圣日耳曼。巴格诺·德·普晒斯《凯瑟琳·德·美第奇的信件》，第10卷，第574页到第589页。1585年、1586年、1587年和1588年她不会出现在那里，因为出于谈判需要，当时她在卢瓦尔河或香槟地区，或只是由于其年龄或紧急事务才会留在巴黎。——原注
② 小麦市场，当今的巴黎证券交易所所在地。
③ 一英尺约等于零点三米。
④ 在拉哈雷·奥·布勒的凯瑟琳·德·美第奇的专栏：《法兰西岛和巴黎历史协会回忆录》，巴塞罗缪，1879年，第6卷，第180页到第199页。——原注

第7章 凯瑟琳·德·美第奇对文艺复兴时期法兰西王国艺术的影响

小麦市场的贮存仓库

符的。伏尔泰似乎描述过某个圣牌,在上面"赤身裸体的美第奇王太后位于白羊座和金牛座之间,头上是艾布雷·阿斯摩太的名字,一只手拿着一只飞镖,另一只手则是一颗心脏,在背面的花纹和边缘之间是奥西尔的名字"①。还出现过另一块圣牌,②上面坐着一位国王,手中拿着权杖,反面是一个赤裸的女人,站立着,并被神秘的标志和名字包围:姬路、哈

---

① 莫兰德:《伏尔泰全集·关于道德的随笔》。第12卷,第23章,第527页。——原注
② 它被复制在拉蒂斯博纳版本的《萨提洛斯·梅尼贝》,1726年,第2卷,第422页。关于1826年在拉瓦尔发现的护身符,参见雷德亚伯拉罕:《凯瑟琳·德·美第奇的护身符》(拉瓦尔,1885年)。关于巴约的护身符,参见朗伯:《巴约人群体的农业、科学、艺术与文学回忆录》(1850年,第231页)。所有这些所谓的护身符都非常相似,无法得出关于它们的起源、特点及日期。——原注

尼尔①、埃布莱和阿斯莫尔②。在国王脚边还放置着一个带有字母 H 的小王冠，这似乎是指亨利二世。再往下，首字母 K、F、A，每个上面都有一个王冠，可能指他的前三个儿子查理·马克西米利安、弗朗索瓦·德·弗朗斯和亨利·亚历山大。弗雷尼尔的名字有些轻微变形，应该是费内尔——亨利二世和美第奇王太后的医生及熟练的助产师。美第奇王太后应该就是这个赤裸的女人，她右手握着一个心脏，左手拿着一把斩刀，象征着纯洁和对配偶的爱。

这种解释似乎非常巧妙。如果认为王冠的首字母 K、F、A 代表美第奇王太后三个曾统治法兰西王国的儿子的话，则护身符应出现在 1574 年亨利三世加冕之后。但很奇怪，亨利三世一直被称为亚历山大，更确切地说是亚历山大·爱德华，一个他只用到 1565 年的名字。另外，同期出现的护身符中还有一块似乎是一个避孕套的形状。这是为了避免生育吗？美第奇王太后是一个寡妇，并以自己的贞洁为荣耀，而且 1574 年她已经五十五岁。或者是针对不育症的吗？但补救办法似乎来得迟了一点。只在 1556 年美第奇王太后最后一次分娩，也就是她第九个孩子出生时，才辅助过她的费内尔出现在这里又是什么原因呢③？在四个男孩和几个女孩出生后，人们只会想到美第奇王太后是为了庆祝自己生育了许多孩子吧。所谓的护身符可能只是一个纪念奖牌罢了。也不必非得相信《皮耶尔·德·埃斯布瓦埃图瓦尔日志回忆录》④的一位发行者，他认为这枚勋章或护身符是由人血、羊血和各种金属在各个星座下熔化在一起的，与美第奇王太后的诞生有关。另外一个是略显幼稚的学者让·勒

---

① 哈尼尔，犹太传统天使等级中的七个创造天使之一。
② 阿斯莫尔，这里指阿斯摩太，他出现在古时用咒语召唤恶魔的魔法信仰中，字面意思是愤怒的恶魔，也可能意味着希伯来语"使人毁灭"。
③ 古兰：《服务于古代和现代医学的文学回忆录及语文学、传记和目录学评论》，1775 年，第 341 页。——原注
④ 拉艾：《皮耶尔·德·埃斯布瓦埃图瓦尔日志回忆录》，1744 年，第 2 卷，第 160 页。——原注

第7章 凯瑟琳·德·美第奇对文艺复兴时期法兰西王国艺术的影响

布劳尔还认为美第奇王太后"为了安全起见，在她的肚子上围了一张羊羔皮，上面写满从各种语言中选取的图形和文字，并染上各种颜色，组成了半希腊语、半拉丁和半蛮族的字词"。

据说美第奇王太后有一个很好的护身符手镯。这是一串由十个镶嵌着各种稀有宝石和骨头的金质底盘组成的念珠：椭圆形的鹰石、八面的玛瑙、三色缟玛瑙、穿着金丝的绿松石、黑白大理石碎片、褐色的玛瑙、圆形小金块、双色玛瑙、头骨等。在这些宝石中，有刻着表示征象、名字或数字的浮雕；有1559年的日期；有在蝎子和太阳的标志之间的蛇星座——一条有翅膀的龙；还有四大天使的名字——拉斐尔[①]、加布里埃尔[②]、米凯尔[③]、乌里埃尔[④]及耶和华[⑤]和一个不知名的天才——普勒尼[⑥]。

在这个带有各种色彩和多截面宝石的手镯上面还出现了耶和华和水星神杖，要是没有小块人骨，它就是一个非常美丽的吉祥物了。这应是一个从外国引入的精致的护身符，来源于本民族的古老巫术是无法实现这种巧妙的兼收并蓄的。

从这些可被证实的特征中，我们可以了解这个来自另外一个国家的女性。对占星术、魔法和死灵法术的信仰并不是意大利人特有的，但对于最高阶层和最底阶层的民众，对于神职人员、世俗人员、学者和无知者来说，这种信仰却在意大利比在其他国家得到了更多的推崇。

---

① 拉斐尔，天主教会认可并在《多俾亚传》中引用的第三位大天使："我是拉斐尔，是出现在主的荣耀面前的七位天使之一。"
② 加布里埃尔，在《圣经》和《古兰经》中被认为是上帝的使者天使。人们认为"圣加布里埃尔会带来好消息"。
③ 米凯尔，跟随上帝的天堂的大师，是亚伯拉罕诸教（犹太教、基督教、伊斯兰教）七大天使之一。
④ 乌里埃尔，一神教传统的天使长的名字。他被认为是第四个天使长。
⑤ 耶和华，以色列和犹太王国中受人尊敬的民族之神。它的至圣所是第一座耶路撒冷圣殿。
⑥ 保罗·拉克鲁瓦的描述，由爱德华·弗黑密：《凯瑟琳·德·美第奇的未出版的诗歌》，1885年，第221页到223页，注释中引用我无法在拉克鲁瓦的无数出版物中找到这段话，他指出自己是以由雷米和米利奥迪先生编写的已故的王宫马厩管理员埃内里先生收藏的珍贵稀有物品目录为参照的。他可能没有在其中看到手镯。——原注

天使拉斐尔

天使加布里埃尔

占星学家、魔术师、春药制造者、命运缔造者和毁坏者几乎都是意大利人或意大利人的学徒。在意大利，古玩市场和东方精油及香料的提取也吸引了美第奇王太后及许多被称为放毒者的香水师。美第奇王太后委任的供货商——米兰的雷内工匠是一个可恶的人，在圣巴塞洛缪大屠杀中，他因贪图赃物而成为可耻的杀手之一。

毫无疑问，美第奇王太后为摆脱敌人而命人编造的那些添油加醋的故事都成了浪漫文学和浪漫小说的来源①。事实上她既没有毒害自己丈

米兰的雷内

---

① 吕西安纳斯医生：《凯瑟琳·德·美第奇是投毒者吗？》历史研究杂志，1901年，第208页到第221页。吕西安纳斯医生从她被指控的大部分投毒事件中排除了凯瑟琳·德·美第奇，他得出结论：美第奇王太后从来没有想过毒害任何人。——原注

第 7 章　凯瑟琳·德·美第奇对文艺复兴时期法兰西王国艺术的影响

尼科洛·马基雅维利

夫的哥哥弗朗索瓦王储、珍妮·阿布莱特及弗朗索瓦·德·旺多姆，也没有毒害那么多今天看来只是夭折、意外或自然死亡的人。但正如我们所见，人们有充分的理由相信，美第奇王太后曾将某些新教领袖及其中最强大的加斯帕尔·德·科利尼都当作了叛徒和不忠者，并允许使用所有武器来对付他们。

这种能让美第奇王太后在圣巴塞洛缪大屠杀之后没有任何悔悟或遗憾的无情或冷酷，都源于她的出身。但尼科洛·马基雅维利必须对此负

朱利亚诺·迪·洛伦佐·德·美第奇

责吗？我们再简单重复一下，《君主论》是美第奇王太后的枕边书。但或许可以这么说，她了解甚至应该是欣赏这本建立和维护国家艺术的著名手册，至多只是出于家族的自豪。从美第奇王太后伟大的叔叔朱利亚诺·迪·洛伦佐·德·美第奇开始至她的父亲洛伦佐二世·德·美第奇，无不在阅读《君主论》这本书。

这位伟大的佛罗伦萨思想家（尼科洛·马基雅维利）的根本思想是，

第7章　凯瑟琳·德·美第奇对文艺复兴时期法兰西王国艺术的影响

政治是一种不同于道德和宗教的独立科学，它有自己的规则，是无关善恶的。说实话，这只是尼科洛·马基雅维利把在这段历史时期，甚至是别的时期所看到的提出来作为原则罢了。马基雅维利主义[①]是一种没有教义的权谋术，它与最古老的人类社会一样历史悠久。马基雅维利主义的准则简而言之就是：人民的福利是最高的法律！马基雅维利的独创性仅是从几个世纪的经验中提炼出了一种方法论。事实充分证明，最幸福的主权国家除了国家理性再无其他行为规则。马基雅维利总结提出，君主们应该毫无顾虑地去实现自己的目标。但他又从未能如人所愿地宣称，管理政府是没有什么好方法的[②]。暴力和欺骗并不总能实现管理者的目标，甚至往往与之相违背。尼科洛·马基雅维利肯定不会欣赏圣巴塞洛缪大屠杀，那只是权谋的冲动、愤怒，或者说粗暴。经过深思熟虑后，统治者在一天的时间内将新教党领导人在整个王国冷酷无情地屠杀，这是倚仗权谋的滔天大罪。尽管有些杀戮是得知巴黎的突发消息后，城市人民临时进行的，但这些屠杀在几个人道主义者或某些行政官员的谨慎劝阻下，同时又在另外一些狂妄者的鼓动下，从1572年8月26日（梅奥）到1572年10月3日（波尔多）之间断断续续地进行，这就让胡格诺派人有了逃跑的时机，这难道不是与权谋的使用完全相悖的吗？

因此，意大利的思想家无法想象美第奇王太后是在恐惧和野心的危机中指挥了这一血腥的行动。一位绅士，也是教皇的秘密管家卡米尔·卡皮卢皮在还未完全了解情况就匆忙写了著名的《查理九世的阴谋》一书。在此书中他肯定并试图证明这是个预谋。就在同一天，1572年9月5日，教廷大使萨尔维亚蒂的带有圣巴塞洛缪大屠杀官方消息的信件抵达了罗马。正如人们在卡米尔·卡皮卢皮给他兄弟的一封信中所看到的那样，这

[①] 马基雅维利主义，当时指的是一种政治概念，主张通过各种手段征服和维护权力。
[②] 区别还是很清楚的。君主应该"如果可能的话，尽量做好事，但在必要时也要有做恶事的勇气"。尼科洛·马基雅维利：《君主论》，都灵，1852年，第18章，第78页。——原注

位卡米尔·卡皮卢皮仅根据某个高级教士从洛林红衣主教查理·德·洛林那里得到的消息，就肯定国王和太后对此次事件进行了长期的预谋[1]。《查理九世的阴谋》一书就建立在这个轻率假设的基础上。事发两天前就通过一个信差知道了大屠杀，并被罗马人怀疑已在巴黎失宠的红衣主教，为了显示自己的声望，希望人们相信他在秘密出发前往法兰西王国时，就已卷入了某个圈套。卡米尔·卡皮卢皮为了博取更大的荣耀也犯下了更大的罪行，那些逃脱死亡的新教教徒自然倾向于将圣巴塞洛缪事件想象成一次蓄谋已久的谋杀。同时为了得到补偿，美第奇王太后也想让教皇和腓力二世相信，她一直就想摧毁异教徒。因此，出于各种原因，新教教徒和天主教教徒在解释这一"阴谋"时进行了合作。同时马基雅维利主义对此也提供了支持。当安茹公爵亨利·亚历山大穿过神圣罗马帝国去统治波兰王国时，他本应向黑森伯爵援引"马基雅维利式"的理由来为圣巴塞洛缪大屠杀辩解，但人们却看到了他当时对此的想法[2]。

---

[1] 因特拉：《卡米尔·卡皮卢皮和他的作品》（《伦巴底历史档案》，第二系列，第10卷，第20章，第704页到第705页）。卡米尔·卡皮卢皮的文章在1572年10月22日之前完成。参见在1574年依据一个意大利文"复制品"翻译为法文的他寄给他兄弟的书信（《桑贝尔和当茹搜集的档案》，第7卷，第410页）。罗马尼先生：《圣巴塞洛缪惨案》（《16世纪回顾》，第1卷，1913年），第535页到第536页。书中声称，卡米尔·卡皮卢皮的手稿于1572年9月18日完成并印刷。让我们先将印刷的问题放在一边，对此某一天我会说出自己的意见的，现在我们仅谈一下作品。根据洛林和贝勒维红衣主教查理·德·洛林及讷韦尔公爵路易·德·冈萨格的随行人员等的道听途说，一部需要那么多调查的作品，仅在一个半月内（1572年9月5日—10月22日），甚至在十三天里（1572年9月5日—18日）就完成了，除了只是凭空的假设以外，还会是什么呢？卡米尔·卡皮卢皮本应考虑到，1572年8月24日在巴黎的法兰西王国教皇的大使萨尔维亚蒂是不会相信预谋之说的。见第6章，193页。——原注

[2] 拉胡格尔耶：《拉胡格尔耶回忆录》，第1卷，第200页。在《历史季刊》，1903年，第333页起的一篇文章中，约旦认为在美第奇王太后的信件或行为中并没有马基雅维利主义的痕迹。如果他的研究中没有这么多的细节错误，会更容易让人相信。新教教徒指责马基雅维利主义是他们不幸的原因，其中一个新教教徒，可能是格勒诺布尔议会议员——无辜者让蒂尼勒，于1576年在向新教教徒和天主教教徒的联合首领阿朗松公爵弗朗索瓦·德·弗朗斯献辞时，发表了《良好的管理和维持王国或其他公国的和平手段的讲话》，这是对从尼科洛·马基雅维利的书中摘取的主要准则的逐条驳斥。——原注

黑森伯爵

意大利共和政体及亲王们的示范，对权力的激情、妒忌及恐惧，这些的确对美第奇王太后的言行起了决定性的作用。但美第奇王太后更倾向于温和地行动，尽管有时也很残忍。就像美第奇王太后总记得别人对她的好一样，她也不会忘记自己所受的侮辱。美第奇王太后是个记仇的人，特别是在她的利益不会受影响时，她的报复心更强。美第奇家族的人对他们的敌人从来没有温柔过，他们几乎只会原谅那些不会再次对他们造成伤害的人。

　　美第奇王太后是美第奇家族的成员，但也是法兰西王国的人，因为她的母亲是法兰西一位家世悠久的伟大领主和一位正统公主的女儿。当美第奇王太后十四岁来到了这个她并不陌生的国家，就再也没有离开过。因为这位王太后自身的能力和适应力，她比其他人更强烈地感受到这个新环境带给她的影响。在美第奇王太后到来时，法兰西王国的宫廷正处在辉煌时期，或者像布朗托姆所说的，"如同盛宴一般"。

　　此外，这里也是一所优秀文化和世俗教育的学校。美第奇王太后在跟弗朗索瓦一世、丈夫亨利二世、玛格丽特·德·昂古莱姆、玛格丽特·德·弗朗斯以及伊坦斯公爵夫人等伟大女士的亲密相处中，学习法语及这门语言所包含的情感和思维。她在这里发挥了自己本有的天赋，学到了王后的职责，完美地掌握了维持一个社交圈的聊天艺术，培养了和蔼的态度并获得了许多财富。让我们将这位美第奇王太后与另一个美第奇家族的女性——亨利四世的妻子、奥地利大公的女儿玛丽·德·美第奇进行比较。玛丽·德·美第奇被当时佛罗伦萨小宫廷的西班牙标签压制了二十七年。虽然她非常聪明，却从不知道如何摆脱自己忧郁的傲慢，或者逃脱原生家庭的控制。这样人们就会明白美第奇王太后从母亲玛德莱娜那里获得的秉性是多么重要，而且如同布朗托姆所说的那样，"她还借这个伟大的弗朗索瓦国王之手对此进行了培养"。

　　毫无疑问，美第奇王太后在自己所说的托斯卡纳的方言中忠实地保留

玛丽·德·美第奇

一些法语的单词和表达法①。我们有充分的理由相信，她的发音总是带着某种异国情调。比如，她一直将法语里的自反代词"se"写成"si"（连词），并且在发"ou"音时总是掺杂着意大利的"u"音，以至在她的笔下不由自主地将"but"（目标）写成了"bout"（尽头）。由于美第奇王太后不知道"e"在法语词末是不发音的，所以会把"fasset"当作"fasse"，把"cet"当作"ce"，将"emet"当作"aiment"等②。美第奇王太后对这两种语言的一些模糊记忆奇怪地混杂在她给意大利人的一些信中。这位王太后用混合了拉丁语和加拉丁语词尾的法语来感谢教皇西克斯特五世③，这也使她

教皇西克斯特五世

---

① 布绍：《凯瑟琳·德·美第奇》，第137页。——原注
② 美第奇王太后的手稿中有很多这种例子。她甚至同时使用两种表达，例如，在赫克托·德·拉费里埃《凯瑟琳·德·美第奇的信件》，第6卷，第38页："爱他的人更希望他不那么自爱"（爱他的人比他自己更爱他）。——原注
③ 西克斯特五世这里指菲利斯·佩雷蒂（1521—1590），是一位1585年4月24日以西克斯特五世的名义当选的教皇。

第 7 章　凯瑟琳·德·美第奇对文艺复兴时期法兰西王国艺术的影响

加入了西克斯特五世的阵营①。美第奇王太后的拼写有时是纯粹按照发音书写的，只需大声朗读便能理解某些晦涩的段落②。她的书写形式一般来讲还是非常法语式的，这点从美第奇王太后手写的信件就可以判断出来。她的句子保持了谈话原有的样子，流畅又冗长。逻辑不紧密，段落之间衔接不当，拐弯抹角，看起来并不知道会在哪里结束。但美第奇王太后偶尔也知道该如何提炼自己的想法。例如，她可以用几个字就表达出恭维或同情。在经过里昂时，美第奇王太后拜访了萨伏伊公爵夫人——玛格丽特·德·弗朗斯，并希望在巴黎再次见到她。她写道："我从来没有如此渴望见到您，因为看到您的机会实在太少了。无法经常在您身边真的让我非常遗憾。"③另外下面的叙述中有一个使用了省略法的非常生动的描写：美第奇王太后向老朋友于泽斯公爵夫人路易丝·德·克莱蒙宣布说："我的姐妹，我正踏入您的多菲内公国，最可怕和让我生气的就是，每天都有冷、热、雨、晴及下冰雹的变化，而那些重要人物也总是这样……"④

美第奇王太后在瓦卢瓦宫廷还学到了说话的艺术，她的个性也是在那里形成的。另外在运用使自己的智慧得以充分通过语言表达出来方面，美

---

① 赫克托·德·拉费里埃，巴格诺·德·普晒斯《凯瑟琳·德·美第奇的信件》，第 8 卷，第 356 页。就像亨利·艾蒂安在《新意大利式法语的两次对话》中说的一样，但这些"美丽的意大利语"在她的信中是罕见的，而且美第奇王太后也并不因这种假面舞会似的行为受到谴责。意大利的战争、意大利的文学、文艺复兴时期意大利的艺术、银行和贸易长远来看最终都让人感受到了这种语言的影响，特别是在亨利三世时期，他明明很懂意大利语，却装作与半岛不同国家的大使只讲法语。克莱门：《亨利·艾蒂安和他的法语作品》，巴黎，1898 年，第 4 章。第 305 页到第 362 页。——原注
② 美第奇王太后非常清楚自己的拼写是错误的，她有时会向秘书口述一封新的信，内容与她刚刚写的相似，但让秘书以通用的格式书写。赫克托·德·拉费里埃，巴格诺·德·普晒斯《凯瑟琳·德·美第奇的信件》，第 9 卷，第 124 页，第 125 页。——原注
③ 赫克托·德·拉费里埃，巴格诺·德·普晒斯《凯瑟琳·德·美第奇的信件》，第 10 卷，第 146 页。——原注
④ 赫克托·德·拉费里埃，巴格诺·德·普晒斯《凯瑟琳·德·美第奇的信件》，第 7 卷，第 111 页。——原注

第奇王太后也取得了成功。随着时间推移,她用意大利语书写的信函逐渐减少。这些信函中所包含的信息才有价值,而且也只有文献价值。

　　这种受意大利语和法语影响的混合体还表现在美第奇王太后的文学和艺术品位中,表现在她对聚会、奢华、珠宝①及盛大的王室活动的热爱上,我们无须也不太可能将它们分辨清楚。美第奇王太后从佛罗伦萨的祖先及在法兰西王国接受的教育中引发了她对知识的极大好奇。美第奇王太后是一个文人,也是一个学者。正如我们看到的那样,在大量的文献中,她还学习了数学、天文学、占星学及自然科学。她喜欢书籍,并研究书籍,相信它们是国王住所必需的"装饰"。在美第奇来到法兰西宫廷之前,王室图书馆已经被搬动好多次,先是查理五世在巴黎建立

查理五世

---

① 巴普斯特:《法兰西王国皇冠的历史》,巴黎,1889年,关于这种品位说得非常好,第114页到第115页和以后。关于美第奇王太后精心制作的物品,见第96页,注释3和第97页,注释1,注释2,注释3。美第奇王太后寻求和他们的合作,并给他们提供图纸。——原注

第7章　凯瑟琳·德·美第奇对文艺复兴时期法兰西王国艺术的影响

了图书馆，路易十二将它迁至布卢瓦，最后弗朗索瓦一世又将它变成在枫丹白露宫的样子。经院哲学和亚里士多德著名的对手，数学家和哲学家皮埃尔·拉穆斯曾提醒美第奇王太后，她有一天曾当着他的面宣布了反对位于枫丹白露的图书馆的保养和维护。于是皮埃尔·拉穆斯用可以打动这位王太后的理由，请求她把这座图书馆搬回巴黎，并建造在大学的山上。"您在那里将要建立的献给缪斯的神殿将拥有最广大和最优美的视野。美第奇家族的科西莫长老和洛伦佐二世·德·美第奇知道这些书既不是为了田地，也不是为了树林而书写的，他们没有将自己的图书馆放在优美舒适的托斯卡纳别墅里，而是放在了自己国家的中心，最容易被学习者接触的城市……把这个图书馆放在您王国的首府，让它挨着最古老和最著名的大学。"①

美第奇王太后将图书馆从枫丹白露宫搬出来了，却把它留在了卢浮宫②。像以前的科西莫长老和洛伦佐二世·德·美第奇一样，美第奇王太后也曾让人搜集过"各种语言的旧手稿"，而且她自己也低价买了很多③。美第奇王太后的表兄皮埃尔·斯特罗齐曾收藏了许多珍贵的手稿，这些是他从利奥十世的侄子——红衣主教尼科洛·里多尔菲那里继承而来的，后来自己也收集了不少。皮埃尔·斯特罗齐在蒂维埃尔被杀后（1558年），美第奇王太后曾劝说他的遗孀劳多米娜·德·美第奇和他的儿子菲利普·斯特罗齐用一万五千埃居将这些转让给她，但美第奇王太后可能自己忘了或也许根本无力偿清这笔钱。债权人在美第奇王太后去世后强

---

① 爱德华·伏黑幂：《未出版的凯瑟琳·德·美第奇的诗歌》，巴黎，1885年，第239页到第240页。——原注
② 亨利四世在不了解雷默斯愿望的情况下，将图书馆运送到拉丁区由于驱逐了耶稣会士而空闲的克莱蒙大学。——原注
③ 爱德华·伏黑幂：《未出版的凯瑟琳·德·美第奇的诗歌》，巴黎，1885年，第75页到第78页。——原注

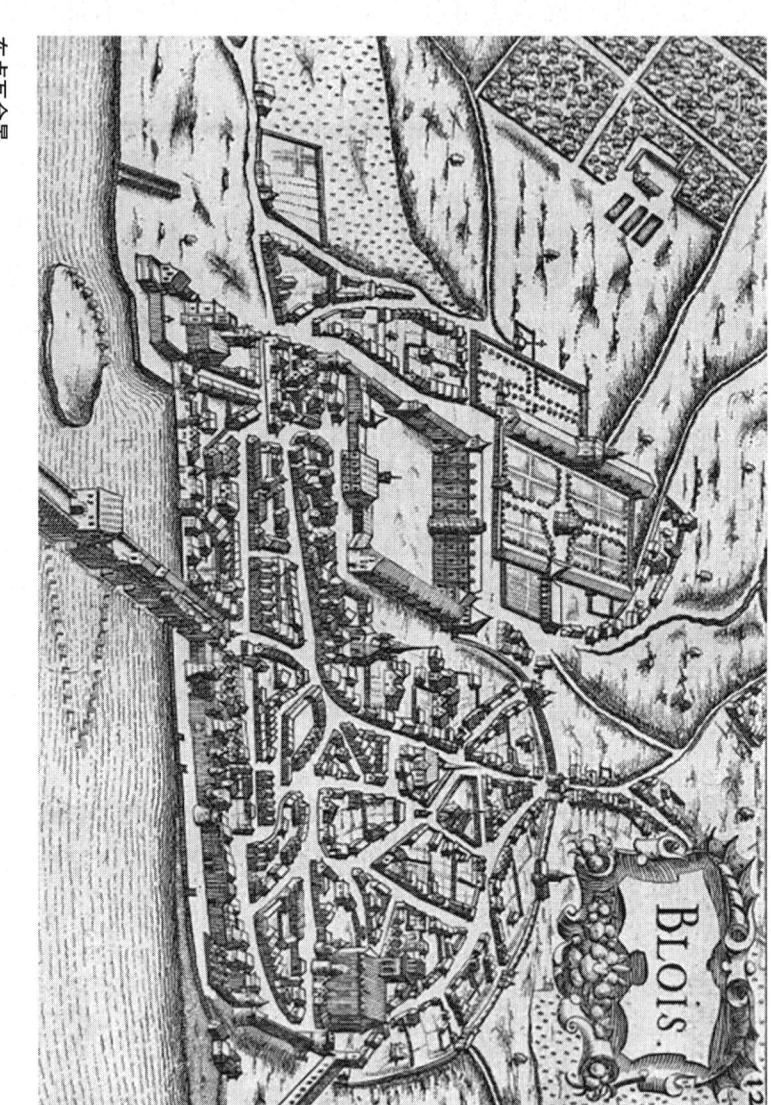

布卢瓦全景

皮埃尔·拉穆斯

占了她的图书馆,但学者们提出了抗议,并按照亨利四世的命令,将足足四千五百册的书籍和手稿充实到了国王的图书馆中[①]。

美第奇王太后喜欢博学的人,比如我们刚刚提到的像皮埃尔·拉穆斯一样的人,她愿意与他们交谈。美第奇王太后还经常与艺术爱好者来往。这位王太后有自己喜欢的诗人,比如皮埃尔·德·龙萨、雷米·贝洛[②]、让·安东尼·德·巴伊夫和让·多拉特,她还有自己的设计师、挂毯师、帷幔安装师和建筑师。美第奇王太后一直努力保护这些人,让

让·多拉特

[①] 爱德华·伏黑幂:《未出版的凯瑟琳·德·美第奇的诗歌》,巴黎,1885 年,第 239 页到第 242 页。赫克托·德·拉费里埃,巴格诺·德·普晒斯《凯瑟琳·德·美第奇的信件》,第 1 卷,第 563 页,脚注 1 和参考文献。——原注

[②] 雷米·贝洛(1528—1577),法兰西王国七星诗社的诗人。

第 7 章 凯瑟琳·德·美第奇对文艺复兴时期法兰西王国艺术的影响

他们充满诗意地描述她的节日。美第奇王太后给让·安东尼·德·巴伊夫一笔抚恤金。美第奇王太后还把圣科西莫①小教堂给了皮埃尔·德·龙萨,并且在从巴约讷回来的路上,和查理九世一起去那里拜访了他。美第奇王太后曾两次高薪雇用了菲利贝尔·德·洛尔姆,关闭了正在建设中并向伟大诗人开放的杜伊勒里宫的入口。这位王太后告诉菲利贝尔·德·洛尔姆:"请记住,杜伊勒里宫是奉献给缪斯的。"但皮埃尔·德·龙萨却因美第奇王太后更喜欢"泥瓦匠",也就是建筑师,而非诗人,而有些怨恨她。在那些接收了美第奇王太后恩泽者的赞美中,通常提到的是她的政治才能或她的美德。美第奇王太后以为他们对自己已经不是阿谀奉承,而是发自内心的赞美,如同皮埃尔·德·龙萨像对查理九世那样对她说:

圣科西莫小教堂

① 圣科西莫岛在图尔附近。——原注

皮埃尔·德·龙萨在诗歌中向您臣服,就像在散文中向雅克·艾米乐①臣服一样②。

此外,美第奇王太后还为法兰西文学发展提供过其他帮助。美第奇王太后很了解当时的两大文学——意大利文学和法兰西文学。它们中的

皮埃尔·德·龙萨

---

① 雅克·艾米乐(1513—1593),法兰西王国大主教,也是文艺复兴时期最著名的翻译家之一。
② 皮埃尔·德·龙萨:《皮埃尔·德·龙萨作品全集》,布朗什曼出版社,第3卷,第257页。参见"对国王母后的抱怨",在"王室小树林"第二部分的开头,布朗什曼出版社,第3卷,第369页。——原注

第 7 章　凯瑟琳·德·美第奇对文艺复兴时期法兰西王国艺术的影响

杰作要比英格兰和西班牙出现得更早，与希腊和罗马文化直接相关。美第奇王太后还多少知道些希腊语和拉丁语。虽然在古典文化方面，她无法与纳瓦拉王后玛格丽特·德·昂古莱姆和玛格丽特·德·弗朗斯相媲美，但她们都属于很有智慧的女性。美第奇王太后对意大利文学的兴趣从未停止过。美第奇王太后接受了自 1571 年以来在法兰西王国担任埃斯特红衣主教秘书的塔索推荐的《里纳尔多》一书，并将自己肖像画送给了这位年轻的诗人，作为对他钦佩的见证①。美第奇王太后让阿雷维诺，这位易被收买的大文学家，颂扬自己是"女性中宁静纯洁的女神，人与神共同的君主"，并希望阿雷维诺用上帝和天使般的语言，以适当的方式赞美"她作为上帝的宠儿而被赋予的神圣恩典和惠顾"②。

所有意大利人都会或多或少地谈到美第奇王太后的温柔和善良。在她的赞助下，意大利喜剧落户巴黎③。在亨利二世发生意外之前，美第奇王太后曾和他在布卢瓦城堡一同观看了《索福尼斯巴》。这部戏剧是由一个启蒙者——特里森以希腊悲剧为模型编写，并由梅利·德·圣格莱从意大利语翻译成法语的。美第奇王太后认为女主角悲惨的结局——由西皮奥的无情意志所强加的自杀行为，就像糟糕的运气一样，给法兰西王国带来了不幸，"如同之后接踵而来的"。从此之后，这位王太后只愿意看结局完美的剧目。这样，她出于妇人的感情偏好却促进了一种新的文学体裁的产生。

1564 年 2 月 13 日星期天，有历史记载的第一部悲喜剧《美丽的日尼尔》，以人们可以想象的最盛大的场面在枫丹白露宫上演了。这是阿里奥斯托

---

① 爱德华·伕黑幂：《未出版的凯瑟琳·德·美第奇的诗歌》，巴黎，1885 年，第 42 页到第 43 页。——原注
② 意大利语文本。爱德华·伕黑幂：《未出版的凯瑟琳·德·美第奇的诗歌》，巴黎，1885 年，第 52 页。——原注
③ 阿尔芒·巴斯赫特：《查理九世和亨利三世时期法兰西王国宫廷的意大利喜剧演员》，日期不明。——原注

布卢瓦的城堡

第7章　凯瑟琳·德·美第奇对文艺复兴时期法兰西王国艺术的影响

《愤怒的罗兰》中一个片段，由一位不知名的诗人改编成了剧本①。剧中奥尔巴尼公爵波利亚西无法使苏格兰国王的女儿吉内夫拉爱上自己，于是想对她进行报复。他告诉公主的未婚夫——骑士阿隆多特，自己是公主的情人，公主晚上会在她的房间接待他。为了说服这位骑士，波利亚西让阿隆多特藏在宫殿附近，看到当波利亚西走近时，一个穿着像吉内夫拉的女子出现在窗前，并给了他一个手势。这个女子其实是侍女达林达。达林达是波利亚西的情人。波利亚西用威胁和承诺让达林达穿上了公主的衣服。绝望的阿隆多特跑向大海。阿隆多特的兄弟吕贺卡尼奥偶然看见了这一幕，也被欺骗了，吕贺卡尼奥指责这个无耻的未婚妻，并让人判处她被活活烧死。但感到内疚的达林达揭露了波利亚西的骗局。欺骗者被投入为无辜公主堆设的柴垛。阿隆多特从大海中被救出，迎娶了他忠实的未婚妻吉内夫拉。故事有了一个幸福的结局，就像美第奇王太后所希望的那样，美德终将获胜，而犯罪终于受到了惩罚。

美第奇王太后希望戏剧具有道德感。在意大利喜剧表演中，她开心地取笑着笨拙幼稚的扎尼②，愚蠢的士兵奥古斯特及总被孩子和仆人愚弄的老潘塔隆。这些有时甚至有些放荡的小丑并没有激起这位王太后的反感，但美第奇王太后谴责那些猥亵者。1567年1月28日，当美第奇王太后在吉斯府邸看了让·安东尼·德·巴伊夫改编自普洛提斯《骄兵》③的《勇敢者》之后，她鼓励作者把特伦斯的作品放到法兰西王国的舞台上④。但美第奇王太后特地建议，如果想让她接受就得"删去"古人的"淫言秽语"。

---

① 阿里奥斯托，第四、第五咏叹调的结尾和第六咏叹调《愤怒的罗兰》的开始。雅克·马德琳：《文艺复兴》，1903年，第30页到第46页。参见：托尔多：《波尔多学院年鉴的意大利公报》，1904年，第50页到第52页。——原注
② 乔瓦尼的威尼斯形式。——原注
③ 《骄兵》是拉丁语，翻成法语为《爱吹牛的士兵》，是普洛提斯最长的喜剧（共有一千四百三十七节经文）。它改编自希腊戏剧，描绘了一个虚荣的士兵。
④ 也许为了让《宦官》上演，让·安东尼·德·巴伊夫在1565年12月就完成了翻译，但直到1573年才出现在舞台上，并进行了大量修改。马蒂·拉沃：《作品》，第451页。——原注

《愤怒的罗兰》

戏剧中的老潘塔隆

这个建议也是美第奇王太后希望人们在她周围保持端庄的佐证。美第奇王太后试图净化表演，改变作家模仿古代及淫秽现实主义的风气。事实上，官方艺术从未像在美第奇王太后宫廷中所表现的那样贞洁，因此我们有理由相信官方艺术曾是十分腐化的。在枫丹白露宫时，皮埃尔·德·龙萨的"餐后甜品"、化装舞会及所有美第奇王太后为会见巴约讷所指定的作品，讲述的都是纯粹的爱情和对爱情的贞节。这样，她似乎忘记了洛伦佐二世·德·美第奇、利奥十世曾耽于声色之乐，巴别纳红衣主教为给红衣主教们取乐而制作了淫秽的喜剧《拉卡兰德黑亚》①。但也许美第奇王

巴别纳红衣主教

---

① 《拉卡兰德黑亚》，一部人文主义的喜剧，1513年左右由红衣主教贝尔纳多·多维兹·大比别纳所写。

第 7 章　凯瑟琳·德·美第奇对文艺复兴时期法兰西王国艺术的影响

太后认为，王后们一直以来都承受着文艺复兴时期所盛行的道德偏见的严格约束，而这种偏见就是男人和国王们给出的。另外，美第奇王太后的宫廷很具诱惑力，而且王太后的儿子们也长大了，出于这两个现实的原因，她甚至希望抒情诗中不要过多表达情欲。大约在五十年间，皮埃尔·德·龙萨一直用年轻人的热情和狂热不停地歌颂"爱情、葡萄酒和放荡的宴会"。有一天，当有人在美第奇王太后面前称赞彼特拉克写给劳拉的十四行诗时，她"激励"那位在场的伟大诗人皮埃尔·德·龙萨，"写出更符合他

意大利诗人彼特拉克

年龄和学识的这种风格的作品"①。皮埃尔·德·龙萨遵从这个王室邀约，在美第奇王太后住所的陪同女子中，选了出身于圣通日地区②贵族之家的海伦·德·叙尔热雷，向她献上诗意的崇拜。皮埃尔·德·龙萨向自己敬重的这位情人题献了一百一十二首纯洁和精美的理想主义的十四行诗，但诗中各处却贯穿着耽于声色之乐的冲动和激情。这表明，拥有一颗永远年轻的心的皮埃尔·德·龙萨在以自己的方式进行精神恋爱③。这是受来自佛罗伦萨的美第奇王太后明示而从意大利借鉴来的众多事物之一。幸运的是，它给皮埃尔·德·龙萨的杰作提供了灵感。的确，皮埃尔·德·龙萨的成功促使他的后来者们比以往任何时候都谦卑地模仿意大利文学。但美第奇王太后并不对他们模仿意大利诗人彼特拉克的这种枯燥无味，并且复杂晦涩的文体承担责任。这种文体中满是俏皮尖刻的话，缺乏情感。这种风气一直延续到弗朗索瓦·马勒布④的时代，甚至更久远⑤。

　　这些庆典很符合美第奇王太后的个人品位，所以当她提及弗朗索瓦一世，甚至罗马的皇帝们为自己的开支辩解时，其实并不是真心实意的。为

---

① 克劳德·比奈：《皮埃尔·德·龙萨的生活》，由洛莫尼耶出版，巴黎，1909年，第26页，第23行到第24行。一般很审慎的洛莫尼耶先生，有些怀疑美第奇王太后是否曾建议龙萨模仿彼特拉克（评论，第163页）。在同一年《皮埃尔·德·龙萨的抒情诗》里，他就更不肯定了，承认她是通过"幻想"（第256页），曾邀请诗人让这个年轻女子永远被人记住。克劳德·比奈的有关资料就显得更有可能了。味亚内：《彼特拉克文体在法兰西王国》，蒙彼利埃，1909年，第257页，认为菲利普·德波特（1573年）的《最初的作品》给了皮埃尔·德·龙萨《给海伦的十四行诗》的想法。但很难想象，1573年出现的初学者的诗歌会对龙萨有如此迅速的影响，皮埃尔·德·龙萨是伟大的皮埃尔·德·龙萨，虽然他的十四行诗仅在1578年出版，但相信他早在1574年5月就写过。毫无疑问的是，皮埃尔·德·龙萨像菲利普·德波特、特巴勒都一样也模仿过15世纪作家中最著名的彼特拉克主义者，但无论他是在菲利普·德波特之前或之后，都无法排除美第奇王太后的干预。——原注
② 圣通日地区是一个古老的法国省份，其边界随着时间的推移变化了好几倍。它先是古代罗马阿基坦省的一部分，后来根据阿基坦国王和公爵的活动并入安茹公爵领地、普瓦捷伯爵领地，最后几个世纪之前再次融入阿基坦公国。
③ 洛莫尼耶：《抒情诗人皮埃尔·德·龙萨》，第242页到第256页。——原注
④ 弗朗索瓦·马勒布（1555—1628），法兰西王国诗人。
⑤ 兰森：《法兰西王国文学史》，巴黎，1895年，第290页和第377页到第378页。——原注

弗朗索瓦·马勒布

了对带给安茹公爵亨利·亚历山大王冠的波兰使团表示敬意，美第奇王太后在漫长的旅行及在杜伊勒里宫的奢侈花费是前所未有的。她对贵族们的习惯太过宽容了，并没有正式取消击剑和带有武器的马上比武，虽然"自从她亲眼看到自己的国王丈夫死于此时，也曾发誓决不允许再进行此类活动了"。此外美第奇王太后还开创了一些意大利式的，以自己为原型的娱乐项目，其中就包括了些最能愉悦心灵、满足想象力和视觉感受的危险项目，有像从前一样进行的徒步、骑马及在障碍物上的战斗。在枫丹白露宫，她还效仿阿玛迪斯和其他罗马骑士，让"长期以来对爱情和一位女士的美一直争议很大"的十二个希腊人和十二个特洛伊人，"在伟大的亲王、领主、骑士和美丽女士们在场作为胜利的见证和裁判"[1]下，手拿武器结束这场争论。还有一天，孔代亲王路易一世·德·波旁和内穆尔公爵雅克·德·萨伏伊向所有来者发起战斗。他们在城堡等待接受挑战时所待的猎狗窝，代表着农场岛的支配者和伟大魔术师阿波罗顿的神奇宫殿[2]。在封闭场地的入口处，筑有宽阔的护城河和障碍物。这里还是一个隐修修士的住所，这个修士其实是战斗的传令官，听到警告钟声后，会接待挑战者，并去通知两位不会拒绝任何来者的优胜保持者，"折断他们的长枪，在比武场拔剑迎战"。"所有这一切都是美第奇王太后和勇敢的梅西德·塞西埃的创举"[3]。为了结束战斗，这位年轻的国王和他的兄弟袭击了一座中了魔法的塔楼，那里"监禁着好几位美丽的女士，她们被几个恶魔似的悍妇看守着，还有两个非常强壮的巨人看守大门"。最后他们终于解救了被囚者[4]。

---

[1] 让·勒布劳尔：《卡斯泰尔诺－穆维希尔回忆录》，1659年，第1卷，第5册，第6章，第168页到第169页。——原注

[2] 关于阿波罗顿和他的宫殿，见"高卢的阿玛迪斯的第二本书，开头有对农场岛的描述，有人在那里施了魔法，放置了大量宝藏，并待在那里……"第1章，第3章和第4章前后。——原注

[3] 布朗托姆：《作品集》，第5卷，第276页到第277页。——原注

[4] 让·勒布劳尔：《卡斯泰尔诺－穆维希尔回忆录》，第1卷，第169页。——原注

第 7 章 凯瑟琳·德·美第奇对文艺复兴时期法兰西王国艺术的影响

在巴约讷，布列塔尼骑士是反对爱尔兰人朴素美德的先锋。爱尔兰人当时支持真实的爱情。文艺复兴时期的创造力又使中世纪充满了活力。

然而，创新远不止是这些。那边由每队六名骑兵组成的六个团队还在打转闪避，而这边由最伟大的领主和亲王领导，穿着摩尔人、印度人、土耳其人和其他野蛮人服饰的骑兵队已在木板搭成的台前列队走过了。台子搭建在古典建筑之上，并覆盖着令人眼花缭乱的挂毯。在那些穿着精美的女士中，美第奇王太后穿着黑衣庄严地端坐在主位上。这是骑兵竞技表演的起源，也是没有战斗时的阅兵①。诗歌和音乐与这些场景融合在了一起。在安茹公爵亨利·亚历山大宴请王兄查理九世的那一天，"出现在花园运河中的"美人鱼歌颂了"在举止和行为方面像神一样的"国王亨利二世的伟大光辉，并向查理九世预言：

> 由这样的母亲养育的儿子，
> 必定会有幸福的结局。②

在战斗之前，英格兰和爱尔兰骑士还在带有音乐伴奏的诗歌比赛中讨论了美德和爱情。

在巴约讷，有陆地上的乐团，还有水上的乐团。一些人身鱼尾的海神栖息在海龟上，吹着小号角。在树下，一些萨特人在演奏长笛。九个喇叭代表着九个缪斯。此外，美第奇王太后还改革了宫廷的芭蕾舞。这位王太后可能在昂布瓦兹听弗朗索瓦一世说过，在她父母的婚礼上③曾

---

① 从亨利二世开始。索瓦尔：《巴黎市古代历史与研究》，1724 年，第 3 卷，第 692 页。描述了一支装饰精美并蒙面的骑马者队伍和一场比赛。——原注
② 《皮埃尔·德·龙萨作品集》，布朗什曼出版社，第 4 卷，第 141 和第 144 页。——原注
③ 或者说，三天前的弗朗索瓦王子的洗礼。由乌尔比诺公爵洛伦佐二世·德·美第奇做孩子的教父，但由利奥十世负责代表他担任命名人。《冒险少年陈述的弗洛朗格元帅的回忆录》，由罗伯特·古鲍和安德烈·莱蒙出版，1913 年，第 1 卷（1505—1521），第 223 页和第 224 页。——原注

巴约讷

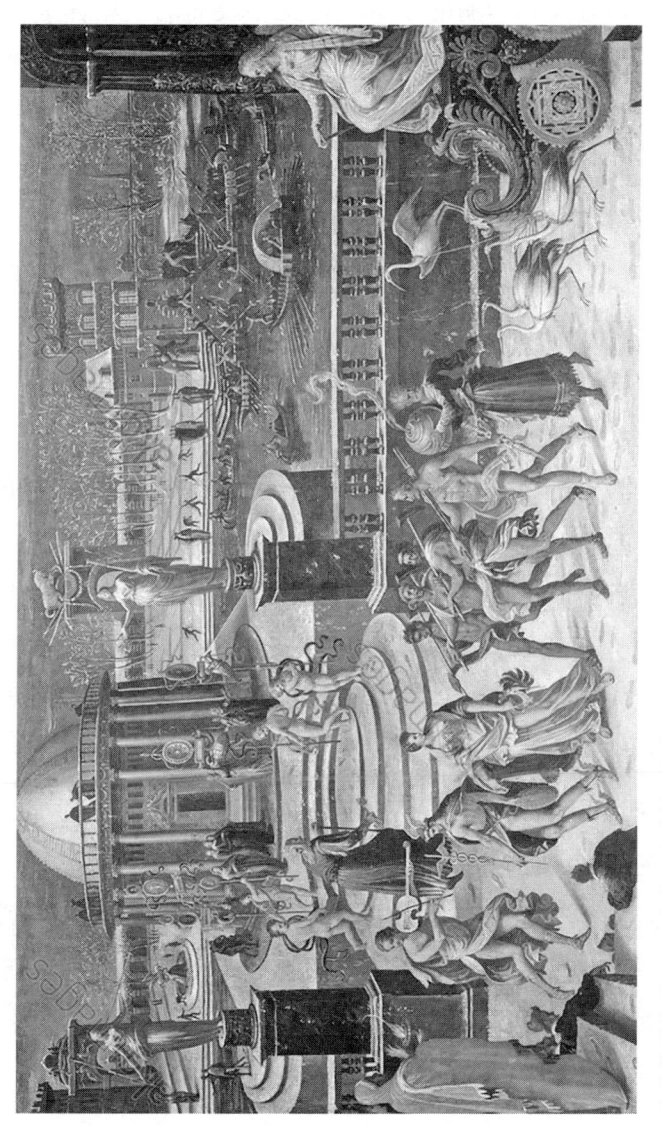

安茹公爵亨利·亚历山大·宴请其王兄查理九世那一天的娱乐活动

有七十二位十二三岁的女孩,她们戴着"面具"并拿着"手鼓"。美第奇王太后的这种家庭记忆让她觉得很愉快。于是她接受了这一做法,并在里面增加了创造性和华丽的场景。在艾格茂岛的一块林中空地上,穿着王国各"民族"服饰,但都披着金丝布料和锦缎的好几队牧羊人和牧羊女,跳着法兰西王国这些地区独特的舞步,伴着当地的音乐曲调和乐器翩翩起舞。在杜伊勒里宫举办的迎接波兰大使的招待会上,代表十六省的十六位最美丽最有学识的女士和小姐跳完舞后,向国王、王后、王侯贵族以及来自法兰西王国和波兰的伟大人物们献上"用珐琅装饰的金盘",上面托着的是被制成各种造型的每个省份的水果及特产,如普罗旺斯的橘子和柠檬、勃艮第的葡萄酒、香槟地区的小麦等[①]。美第奇王太后每次都能从创新或生动的细节中,衬托出一个主题。

美第奇王太后还善于把这些搬上舞台。在爆竹的噼啪声和烟火的爆炸声中枫丹白露宫发生过大火,而且还有一座城楼倒塌了。一些美人鱼在花园的运河里边游泳边唱歌。在巴勒迪克的一个大厅里,代表着国王亨利二世、奥尔良公爵查理·马克西米利安和其他两位亲王的四"元素":"土、水、气、火",由某些"器械"推着前进。以发着光的四颗行星——木星、水星、土星和火星为背景,支撑着木星的大块乌云下降了,一直降到最下面,但"没有任何人注意到这一点"[②],也就是说,没有人对使它们运动的原动力产生怀疑。在杜伊勒里宫,上面站立着十六位法兰西王国美女的银色岩石在大厅盘旋,就像在某个营地"检阅"骑士队似的。实际上巴约讷的成功是机械化的胜利。海神尼普顿"在由三匹海马拉着的战车上,坐着底部由蓝色大理石支撑的一个由金布制成

---

① 布朗托姆:《作品集》,第7卷,第372页。——原注
② 安托万·萨龙给西班牙大使尚托奈的信。丹尼斯-弗朗索瓦·塞古斯:《孔代亲王回忆录》,第2卷,第199页。——原注

第 7 章 凯瑟琳·德·美第奇对文艺复兴时期法兰西王国艺术的影响

的贝壳状座椅"从公海赶来,遇到了国王的船①。早在1550年,当亨利二世和美第奇王后庄严地进入鲁昂时,塞纳河水面上就出现过女神和海神的造型,当时就表现得非常成功。这部分庆祝活动已被命名为"河流的胜利"②,但这次美第奇王后还为它增添了歌曲、诗文、音乐。王室队伍在阿杜尔还遇上了可以通过鼻孔喷出水柱的机械鲸。

歌剧用其装饰背景、芭蕾舞、合唱团、管弦乐队和各种角色,比较真实地展示出了宫廷的景象。事实上,歌剧也来源于此。《王后的喜剧芭蕾》是1581年在茹瓦约斯举行的婚礼上上演的,它是法兰西王

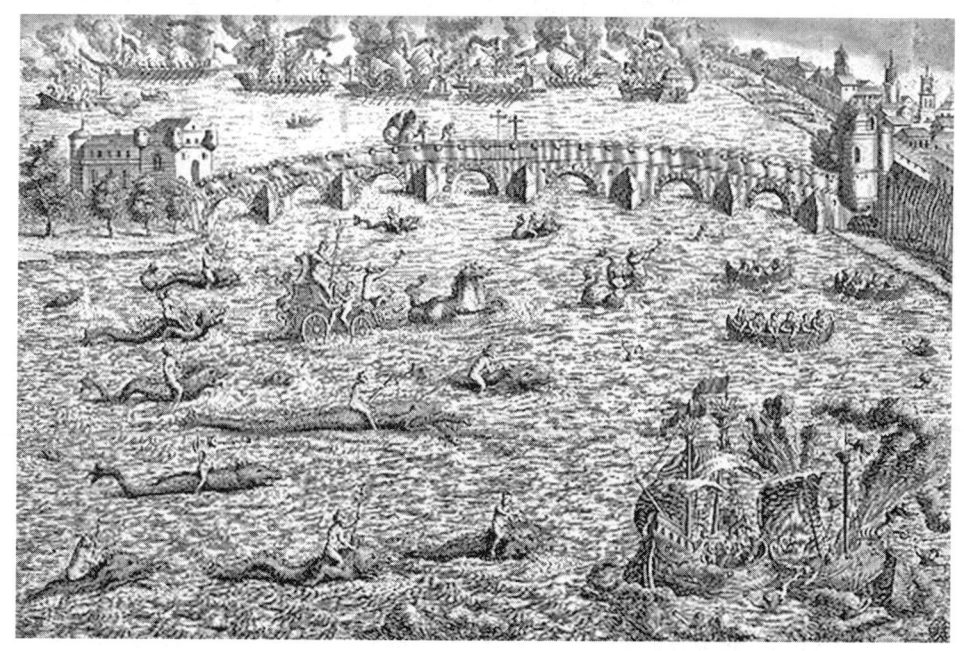

1550年,亨利二世和美第奇王太后庄严地进入鲁昂,塞纳河水面出现女神和海神造型

---

① 查理九世的一个仆人,与亚伯·古安来往的人。奥拜侯爵:《短暂的剧作》,第1卷,第1部分(混合),第25页及以后;《天主教教徒王后到达后的大量演讲》(在同一个集子中),第1卷,第2部分,第2卷,第13页到第3页(混合部分)。——原注
② 伯纳德蒙福孔:《法兰西君主制遗迹》,巴黎,1733年,第5卷,第12页。——原注

国第一次舞台活动的尝试，里面还夹杂着歌曲、音乐、舞蹈及艺术装饰品③。

美第奇王太后真是一个优秀的组织者啊！她一直记得在佛罗伦萨，记得由穿着天鹅绒和丝绸的年轻男子组成的队伍一遍遍地演唱颂诗和讽刺诗的美好狂欢节，以及那些庄严的游行和王侯招待会④。在这些用木材、石膏和颜料即兴布景的伟大日子里，城市的街道和广场经过颇具想象力和创造性的天才和建筑师、雕塑家和画家们的改造、修饰而变得美丽起来。在美第奇王太后童年听到和看到的所有的艺术表现形式中，她借鉴了最适合法兰西民族口味和风俗的内容，并补充了能展现基督教最强王国之一的荣誉、财富及辉煌场面的仪式。

正如皮埃尔·德·龙萨抱怨的那样，比起文人，美第奇王太后更像艺术家。她更喜欢雇佣建筑师、雕塑家、画家及室内装潢师，而不是诗人。这是她与其他美第奇家族成员的共同特征。在美第奇家族中，除了伟大的洛伦佐这个文艺复兴时期的典型人物外，比起思想，他们更欣赏颜色和形状，特别仰慕通过造型和实物而体现出的美。

但即使是在这个美第奇王太后喜欢的领域，在这个她曾用孩童的眼睛和鲜活的想象力在罗马和佛罗伦萨都留有深刻印象的美好领域，长期以来，在美第奇王太后身上还是可以感受到她后来的寄居国对她的影响。

---

③ 这里指的王后是路易丝·德·洛林，亨利三世的妻子。关于歌剧的起源，孔巴里厄：《音乐史》，第 1 卷，第 23 章和普鲁米尔：《在卢里之前位于法兰西王国的意大利歌剧院》，1913 年，第 24 页到第 26 页。戏剧芭蕾的歌词和音乐来自一位皮埃蒙特地区的音乐家，亨利三世和美第奇王太后的侍从，鲍尔萨泽·德·保勒茹阿耶。鲍尔萨泽·德·保勒茹阿耶说："我在序言中，使芭蕾舞能表达，使戏剧可以歌唱和思考，并给它们添加了几种少见但丰富的表现形式和装饰物，我可以说在一个匀称的身体里同时还满足了眼睛、耳朵和智力的需求。"——原注

④ 我们可以引用某种类似招待会的方式，这是查理五世经过佛罗伦萨时举行的。特罗洛普：《凯瑟琳·德·美第奇的少女时代》，伦敦，1856 年，第 252 页及以后及附注。这两处对此进行了描述，但特罗洛普其实是编造了美第奇王太后曾出席了该招待会的事实。因为三年前她就离开了这座城市。——原注

第7章 凯瑟琳·德·美第奇对文艺复兴时期法兰西王国艺术的影响

当她1533年抵达法兰西王国时，意大利古典艺术对法兰西王国艺术的渗透已经很深了。意大利的建筑师和画家弗朗西斯科·普里蒂克西奥①受弗朗索瓦一世委派指导大型工程（1532年），弗朗索瓦一世还雇用了许多弗朗西斯科·普里蒂克西奥的同胞。弗朗索瓦一世已把枫丹白露宫变成文艺复兴时期的城堡，装饰了壁画，使之成为古典艺术的传播中心。美第奇王太后无须再引进新的审美了，在法兰西宫廷从来没有过如此众多来自她祖国的艺术家和工匠，但当时她太年轻，还没有足够的声望或能力。

弗朗西斯科·浦雷马蒂斯的画作《奥菲欧与尤丽》

---

① 弗朗西斯科·普里蒂克西奥（1504—1570），文艺复兴时期意大利的画家、建筑师和雕塑家。

尽管受外来艺术的影响，法兰西王国的艺术仍然保留了自己的某些特色。卢瓦尔河的索米尔城堡并不完全仿造意大利的宫殿和别墅。在雕塑方面，法兰西保留了旧"雕刻家"的现实主义传统。绘画的独立性受到画像喜爱者的捍卫，进而与国外的流派对立起来，这在16世纪是非常伟大的。在亨利二世统治时期，甚至出现了一种反对外来艺术家独占官方作品的声音。以弗朗索瓦一世时期为例，如果美第奇王太后加强了枫丹白露宫意大利艺术家的队伍，那么这些意大利大师的创作思想就会

卢瓦尔河边的索米尔城堡

第7章 凯瑟琳·德·美第奇对文艺复兴时期法兰西王国艺术的影响

压制法兰西王国的艺术家的。好在美第奇王太后没有做任何事，也没有表现出排外性。由于菲利贝尔·德·洛尔姆的管理不善，美第奇王太后剥夺了他建筑总监的职位①，让为她服务了十年的弗朗西斯科·普里蒂克西奥接任。但1564年时，美第奇王太后又将杜伊勒里宫的建造委托给了伟大的法兰西王国建筑师菲利贝尔·德·洛尔姆，而只是到弗朗西斯科·普里蒂克西奥（1570）去世时②，美第奇王太后才恢复了菲利贝尔·德·洛尔姆的总监职位，后来由让·布兰特接替了他。

这两名法兰西王国的艺术家指挥了这个作品的完成，他们没叫意大利的艺术家和工匠帮忙。其实自1570年以来，法兰西的建筑几乎就只雇佣法兰西人了。他们像弗朗西斯科·普里蒂克西奥一样是古典艺术的热忱崇拜者，但他们认为不再需要中间人帮忙了。他们国家的古典艺术启蒙已经完成，启蒙者可以离开了。法兰西王国自己的艺术体系已经建立起来，而且建立得很完善，并将在一段时间内自给自足，自力更生。值得注意的是，法兰西王国的艺术解放一度是在这位意大利籍王太后的统治下获得的。

建筑是所有艺术中，美第奇王太后最感兴趣也是最精通的一种。一旦这位太后有权自由处置王国财产后，她就开始了王室和她自己府邸的建造工作。美第奇王太后派人继续完成复兴宫——这座在弗朗索瓦一世和亨利二世时期已经开始着手修建，用于取代查理五世的卢浮宫的宫殿。皮埃尔·莱斯科完成了已经开始的工作，重建了位于新旧建筑交界处的西南角——这个被拆毁的旧城堡的唯一部分。而在它的外面，美第奇王太后还让人继续朝着塞纳河的方向建造了一个柱廊，后来在这里建立了

---

① 这并不是因为他曾经是戴安娜·德·普瓦捷最喜爱的建筑师及阿内城堡的建造者。亨利·克鲁佐特：《菲利贝尔·德·洛尔姆》（著名艺术家），第65页到第67页。——原注
② 弗朗西斯科·普里蒂克西奥于1570年3月—9月期间死亡，迪米耶：《画家、雕塑家和法兰西国王的建筑师弗朗西斯科·普里蒂克西奥》，巴黎，1900年，第210页。——原注

菲利贝尔·德·洛尔姆

皮埃尔·莱斯科设计建造的喷泉

阿波罗画廊。美第奇王太后同时委托另外一名法兰西人皮埃尔·甘比格斯①负责这项工作,他是博韦伟大石匠的后代。在这个柱廊的后面是平行于河岸的当今古典艺术画廊②。柱廊和画廊都修建在一个有虫迹饰的凸雕饰底座上,这使人想起佛罗伦萨的拉·维亚·拉尔加宫和其他宫殿的质朴风格。既是画家又是建筑师的弗朗西斯科·普里蒂克西奥在去世之前一直推进着枫丹白露的工程,他自亨利二世时期就在负责这些工程了。侍卫厅的建造、火炉间或池塘的扩建只是美第奇王太后巨大建筑群中的一部分。

美第奇王太后委托建筑师菲利贝尔·德·洛尔姆为她的儿子国王查理九世把原本为让·贝拉主教③建造的圣莫尔·德·福塞斯工程"做得尽善尽美",并将这个由红衣主教献给弗朗索瓦一世和缪斯的狩猎约会地变为一栋"别墅","极其

皮埃尔·甘比格斯

---

① 皮埃尔·甘比格斯是马丁·尚比格斯的儿子,弗朗索瓦一世的建筑师,被称为巴黎砖石和铺砌工程的大师,参与了桑利斯圣母大教堂、卢浮宫、巴黎市政厅、圣日耳曼昂莱城堡、尚蒂伊城堡及枫丹白露城堡等工程的建造。1544年在巴黎去世。
② 巴博:《卢浮宫及其历史》,巴黎,1895年,第68页起。——原注
③ 让·贝拉大主教(1498—1560),法兰西王国大主教、外交官。

第7章　凯瑟琳·德·美第奇对文艺复兴时期法兰西王国艺术的影响

壮观和卓越地建成非常豪华和适于居住的",并作为——至少菲利贝尔·德·洛尔姆认为——可以为查理九世在文森堡城堡提供消遣娱乐的居所①。美第奇王太后在乡间也有自己的府邸,她在梅奥附近蒙索的宫殿会在1561年提前建成,以便她能在那里接待宫廷来访者②。这也就是远离巴黎,位于卢瓦尔河地区,美第奇王太后曾让戴安娜·德·普瓦捷让给她的舍农索城堡。这座位于谢尔河的河床上,甚至部分在桥面上的城堡别出心裁。美第奇王太后要求菲利贝尔·德·洛尔姆对它进行扩建。菲利贝尔·德·洛尔姆还曾向她提交了一个将舍农索宫变成比枫丹白露

文森堡城堡

---

① 菲利贝尔·德·洛尔姆:《建筑学第一卷》,第251页。这次扩建并没有达到美化目的,优雅的凉亭被两个平庸的翅膀压得沉重了(巴鲁斯特:《文艺复兴》,第2卷,第70页)。——原注
② 巴鲁斯特:《文艺复兴时期的建筑》,第197页;布绍:《凯瑟琳·德·美第奇》,第146页。——原注

宫和尚博尔宫更辉煌的宫殿扩建计划[①]。但后来菲利贝尔·德·洛尔姆去世了，钱也没了，所以不得不缩减这个项目的开支。不过，美第奇王太后每年从勒夫鲁男爵领地[②]得到一千两百金冠的收入外。从1576年起，美第奇王太后开始从事她自己喜爱的装饰事业了。这位王太后开拓花园，把邻近的水流通过地下运河引到这里。这使她在卡亚诺的波焦拥有一条水量丰富的河流——谢尔河，而不是贫瘠的恩波浩那河。另外，美第奇王太后还效仿把自己的财产用在建造实验室、博物馆和驯化培养动植物园区[③]的洛伦佐二世·德·美第奇，种植了从国外引进的葡萄，建了养蚕场和丝纺厂，以及一个珍贵鸟类的鸟舍和稀有动物的小动物园。因此，在美第奇王太后所有的乡间屋舍中，亨利三世曾说："这里比在其他任何地方都更让她感到欢欣和喜悦。"

美第奇王太后在巴黎，在卢浮宫是有住所的，但从她摄政时起，她就在准备建一个完全属于自己的宅邸，以便在成年的查理九世结婚并接管宫廷和国家后，她可以有隐退的地方。美第奇王太后从维勒鲁瓦购买了名为"杜伊勒里"的地区，此地位于城外塞纳河右岸，但靠近新门，并于1564年时还增加了"钟声花园"。菲利贝尔·德·洛尔姆为这位王太后制订了建造一座意大利风格宫殿的计划：带有室内庭院的一个封闭的四边形，但其正面却是法式风格，里面有一个花园。但菲利贝尔·德·洛尔姆仅建造了西面的几部分。资金缺乏、各种接踵而至的麻烦，以及美第奇王太后想留在靠近自己儿子的卢浮宫的愿望，这些打断了她要完成这项工程的计划。此外，美第奇王太后想要的不仅仅是一

[①] 塞尔索的巴普蒂斯特·安德鲁埃：《法兰西王国最优秀的建筑收藏录》；克卢佐：《菲利贝尔·德·洛尔姆》，第151页。——原注
[②] 除了她为亨利二世在克莱里教堂的教务会保留的二百二十里弗以外。卡尔·谢瓦利埃修道院院长：《美第奇王太后的债务和债权人》，引言，第36页到第40页。——原注
[③] 关于在卡亚诺的波焦，参见曼茨：《穿越托斯卡纳，佛罗伦萨附近的美第奇家族的别墅》（《环球旅行》，1883年，第195页到第200页）。——原注

第 7 章　凯瑟琳·德·美第奇对文艺复兴时期法兰西王国艺术的影响

座意大利别墅式的宫殿①，里面还要有花园、洞穴、水流和喷泉。杜伊勒里宫是一个挨着城市的城堡，其中有许多别致的景观，美第奇王太后虽没有在那里长期居住，但会在那里散步、举行宴会和节日庆典。一名瑞士大使说，他曾在1575年参观过杜伊勒里宫的花园，"非常宽阔，相当惬意，一条又长又宽的林荫道横穿期间"，两边种着高大的树木，榆树和梧桐树"为步行者提供树荫"。这是一个"人工建成的迷宫，却使用了如此超凡的技艺，一旦进入就不容易出来了"。喷泉是从躺着的仙女和农牧之神的瓦罐里流出来的②，还有"某种悬岩"，上面镶嵌着蛇、贝壳、海龟、蜥蜴、蟾蜍、青蛙和各种水鸟形状的陶瓷制品，这些都"通过嘴巴往外流水"③。美第奇王太后还打算修建一个人造洞穴——这也是从意大利引进的。洛林红衣主教查理·德·洛林在他的默东城堡已经给出第一个样本，而且美第奇王太后也已经给法兰西王国的一位上釉"质朴古陶器"的发明家伯纳德·帕利西下达了命令④。但这项被各区代表都声称"奇妙"的工程后来遭到了破坏，并在美第奇王太后去世时就完全被毁掉了。这位王太后的计划总是超出自己的能力。

美第奇王太后不再关注杜伊勒里宫了。1572年，美第奇王太后又得到了卢浮宫附近本属于女子感化院教会组织，位于格勒内勒街的奥尔良宫，位于弗贺街的阿布莱特宫，以及靠近考克利艾贺街附近的几栋房子。她拆毁了女子感化院除小教堂之外的建筑，修建了一个宽敞的花园，并

---

① 赫克托·德·拉费里埃，巴格诺·德·普晒斯：《凯瑟琳·德·美第奇的信件》，第10卷，第214页，1567年9月9日，威尼斯大使杰罗姆·利波马诺的秘书在托马塞奥对杜伊勒里宫的描写。——原注
② 这可能是保罗·庞塞·特里巴蒂已经开始的巨大喷泉的一部分，但由于他去世因此没有建完。亨利·索瓦尔：《巴黎市古代历史与研究》，巴黎，1724年，第2卷，第60页。瑞士大使将两位水神和两个河神当作农牧之神和仙女。——原注
③ 厄内斯特·迪普伊：《伯纳德·帕利西》，第59页到第60页。——原注
④ 这是"一个巨大的洞穴"，这个优秀的陶匠本想建造某种地下寺庙。《伯纳德·帕利西作品集》，由阿纳托尔·法朗士出版，第466页。他应该仅限于装饰"他的悬岩"。——原注

默东城堡

奥尔良宫

伯纳德·帕利西

第7章 凯瑟琳·德·美第奇对文艺复兴时期法兰西王国艺术的影响

且在阿布莱特宫的遗址上,让菲利贝尔·德·洛尔姆和让·布兰特建造她自己的宫殿,那就是太后宫,在这里她度过了自己最后的八九年①。

太后宫是一个法式宫殿,带有庭院和花园,大部分向阳,而不是像菲利贝尔·德·洛尔姆在杜伊勒里宫开始建造的那种,内部庭院式的意大利宫殿。伟大的仿古建筑师让·布兰特还根据马克·奥雷莱圆柱②和图拉真圆柱③的模样,在主庭院里,矗立了一个高达一百四十三英尺的宏伟立柱,但将此立柱上面的宽阔凹槽饰以"百合花冠、兽角、数字及破碎的镜子和被撕碎的爱情湖"。这些是在象征被亨利二世的死所毁灭的繁荣和幸福④。

在美第奇王太后摄政之初,她就让人在国王的墓地——圣丹尼斯开始工作了。美第奇王太后用于安放丈夫遗体的是丧葬教堂,而安放她孩子们和她自己的是一个独立的建筑,这个建筑与修道院教堂北部通过横木连接,只要过一扇门便可进入教堂了。这个教堂是圆形的,底部直径三十米,两层楼高的柱廊上面是由十二根柱子支撑的穹顶,而且还有一个灯笼式天窗⑤。这个圆形大厅的想法是由美第奇王太后任命施工的弗朗西斯科·普里蒂克西奥提出的。而事实上,这个设想应该是来自一

---

① 赫克托·德·拉费里埃,巴格诺·德·普晒斯:《凯瑟琳·德·美第奇的信件》,第10卷,428页;巴泰勒米,《凯瑟琳·德·美第奇在拉哈雷·奥·布勒的圆柱》,巴黎历史学会,第6卷(1879年),第183页。——原注
② 马克·奥雷莱圆柱是一座罗马的纪念碑,建于176年和192年之间,用于庆祝马克·奥雷莱(121—180)在多瑙河以北战胜马尔科曼日耳曼人和萨尔马提亚人的胜利。
③ 图拉真圆柱,一个罗马凯旋柱,位于罗马的图拉真论坛上。它高四十米,并以其周围螺旋形的浮雕而闻名,用以纪念图拉真皇帝在两次达契亚战争期间(101—102和105—106)击败达契亚人。
④ 赫克托·德·拉费里埃,巴格诺·德·普晒斯:《凯瑟琳·德·美第奇的信件》,第10卷,第428页;巴泰勒米,《凯瑟琳·德·美第奇在拉哈雷·奥·布勒的圆柱》,巴黎历史学会回忆录,第6卷(1879年),第184页。——原注
⑤ 保罗·维特里,加斯顿·波黑艾贺:《圣丹尼斯的修道院教堂及其陵墓》,巴黎,1908年,第19页到第21页。迪米耶:《普里蒂克西奥》,1900年,第353页及以后。——原注

个见过罗马万神殿①、布拉曼特的坦比哀多小神殿②及比萨和佛罗伦萨圣洗堂③的意大利人,这最自然不过了。在弗朗西斯科·普里蒂克西奥去世后,让·布兰特继续完成这项工程,最后由塞尔索的巴普蒂斯特·安德鲁埃④接管,但他可能修改了原始方案,使它变得有些累赘了。

我们可以看到美第奇王太后喜欢不同风格的建筑师。她像亨利二世和弗朗索瓦一世一样不加区别地雇用法兰西或意大利的建筑师。但与其他热爱建筑的君王有所不同的是,美第奇王太后并不仅对工程计划感兴

罗马万神殿

---

① 罗马万神殿,一座古老的宗教建筑,位于罗马罗通达圆形广场,在阿格里帕的命令下建于公元前1世纪。曾受到几次火灾的破坏,并在哈德里恩时代(2世纪初)被重建。
② 布拉曼特的坦比哀多小神殿,一座由布拉曼特建造的小型纪念神殿,大约建于1502年,位于蒙托里奥圣彼得教堂的庭院内。它被认为是文艺复兴时期的建筑杰作。
③ 比萨的圣洗堂在比萨大教堂的正西面,在坎波桑托和钟楼附近的大教堂广场。佛罗伦萨的圣洗堂则位于圣母百花大教堂以西的多莫广场。
④ 巴普蒂斯特·安德鲁埃(1544—1602),法兰西王国建筑师。

趣,还在咨询、提议和观察的过程中参与了工程的实施。在 1567 年出版的献给美第奇王太后的《建筑学第一卷》中,菲利贝尔·德·洛尔姆感叹道:"当您亲自为预定的建筑做草图时,您的思想就越来越多地体现其中,并且闪闪发光。"① 在工程进行过程中,菲利贝尔·德·洛尔姆还提到了与美第奇王太后的合作,"她用令人愉快的思想和令人敬佩的理解力,同时以极大的谨慎和智慧,带着独特的兴致,不辞辛苦地为宅邸的大厅、前厅、房间、壁橱和画廊安排布局,甚至给了我它们的长度和宽度,这些我都是根据陛下的意愿来执行的"②。

美第奇王太后并不满足于有些冰冷的古典风格之美。为了使墙壁的外观更加明亮、悦目,菲利贝尔·德·洛尔姆总是说,"美第奇王太后还想让我对各种大理石、镀金的青铜和矿石进行反复镶嵌,比如镶嵌在某地区石材上的白铁矿,无论是作为宫殿内部还是外部的表面装饰都非常漂亮……"

通过这种对光泽亮度的追求,美第奇王太后以设计师的身份脱颖而出。她的灵感来自圣米尼亚托和圣母百花大教堂,它们多彩的大理石是那么令人愉悦。正如我们通过美第奇王太后家具的"财产清册"看到的那样,在杜伊勒里宫的建筑工地上,放满了各种颜色的大理石:迪南③的黑色大理石,蒙斯的红色的、红绿色的、红白色的、红褐色的、黑白相间的、白色上面有黄色斑点的、全部是白色斑点的大理石。在今天的卢浮宫,当人们沿着画廊行走,在公主花园内院的角落,还会发现一些彩色的大理石桌,尽管岁月使它们多少失去了原有的色泽,但依然可辨出绿色、红色等各种颜色。在坐落于圣丹尼斯的亨利二世的陵墓中,淡红色的怪面饰出现在了白色大理石的浮雕中,象征性雕塑所使用的黑色

---

① 菲利贝尔·德·洛尔姆:《建筑学第一卷》,巴黎,1567 年,引言,第 1 页。——原注
② 菲利贝尔·德·洛尔姆:《建筑学第一卷》,巴黎,1567 年,,第 20 页。——原注
③ 迪南,位于布列塔尼地区的阿摩尔滨海省的法兰西王国城镇。

青铜与在墓石上代表死者的白色形成了对比[①]。画廊和邻近门廊上的虫迹凸雕饰是美第奇王太后祖国的标志，也可以说是这位意大利籍的王太后制造的标记。

在雕塑方面也一样，美第奇王太后喜欢不同的风格，这也受到了她在佛罗伦萨那段时期所见到的事物的影响。美第奇王太后很自然地把自己亡夫骑马的雕像交给了曾在圣洛伦佐新教堂附属室，理想化了她父亲形象的天才雕塑家米开朗琪罗。这座雕像可能在两封信中提到过，一封是法兰西王国驻罗马大使维尔巴里西斯（1564年5月31日）的，另一封是美第奇王太后自己的（1564年6月15日）[②]。尽管年纪很大了，但八十多岁才去世的米开朗琪罗还是有可能负责这项工作的[③]。无论如何，米开朗琪罗肯定已经拟定了"肖像和轮廓"。就像维尔巴里西斯给美第奇王太后的信中所写的那样，为了将它们完成，这位维尔巴里西斯已经选出了"一个非常精通这类工作的人"，但遗憾的是，他搞错了所需的青铜数量，还得从距离"最近"的威尼斯让人送来需要补充的金属。但维尔巴里西斯认为，一切都将在"1564年8月中旬左右"完成。

然而，这个作品未如大使和美第奇王太后所希望的那么快完成。美第奇王太后说，被认为是基督教教徒中唯一可以胜任这项工作的负责雕塑的工匠"很可能中风了"，他同意在最后发作之前加快工作。丹尼尔·里恰雷利——这里肯定指的是他——于1566年去世，当时他只剩下铸造马的时间了[④]。

[①] 保罗·维特里，加斯顿·波黑艾贺：《圣丹尼斯修道院教堂及其陵墓》，巴黎，1908年，第154页。——原注

[②] 赫克托·德·拉费里埃，巴格诺·德·普晒斯：《凯瑟琳·德·美第奇的信件》，第2卷，第193页，同一页注释2。——原注

[③] 也许米开朗琪罗也为自己在这个年龄进行这样的工作而感到力不从心，但他很乐意地接受了，但仅限于制作出"肖像和轮廓"。他于1564年2月18日去世。——原注

[④] 丹尼尔·里恰雷利1509年左右出生于沃尔泰拉。芒茨：《文艺复兴》，第3卷，第551页到第552页。——原注

第7章 凯瑟琳·德·美第奇对文艺复兴时期法兰西王国艺术的影响

为了用青铜将自己丈夫的形象也铸造出来，美第奇王太后这次又想起了米开朗琪罗的另一个门徒，受意大利文化影响的狂热的佛拉芒人让·德·波伦亚①。美第奇王太后恳请佛罗伦萨亲王弗朗切斯科一世·德·美第奇委任让·德·波伦亚为雕刻师，并将他借给自己来罗马完成亨利二世的雕像，以便使这个雕像"可以完美地配得上这匹已经完成的精致的马"。但弗朗切斯科一世·德·美第奇拒绝了美第奇王太后的要求。被送到法兰西王国的马徒劳地等待着他的骑士。这匹马后来被

让·德·波伦亚

---

① 让·德·波伦亚（1529—1608），来自佛拉芒的矫饰主义雕塑家。

用作路易十三骑着的战马雕像，矗立在王室广场，后来又于1793年被破坏了。

　　这并不是美第奇王太后对米开朗琪罗赞赏有加的唯一证明。当美第奇王太后得知一位罗马医生想要出售她年轻时见过的作品《垂死的阿多尼斯》后，她曾说"它是如此美丽"，还亲自写信给教皇大使图恩公爵询问价格，如果有必要，她甚至会通过给卖方教士提供俸禄①来得到它。

亨利二世的骑马雕像

---

①　赫克托·德·拉费里埃，巴格诺·德·普晒斯：《凯瑟琳·德·美第奇的信件》，第2卷，第394页。1566年10月（可能是20日）的信。《垂死的阿多尼斯》现在佛罗伦萨国家博物馆。有争议的是它是否的确属于米开朗琪罗，一些蹩脚的原因被索德的《米开朗琪罗》，（柏林，1912年）第3卷，第111页起的地方进行了陈述。美第奇王太后在米开朗琪罗去世之后两年写的信似乎证明，《垂死的阿多尼斯》确实是出自伟大的雕塑家。还有哪个其他的阿多尼斯可以得到这个赞赏呢？这是我很快会再提及的一个问题。——原注

第 7 章　凯瑟琳·德·美第奇对文艺复兴时期法兰西王国艺术的影响

圣丹尼斯的作品让美第奇王太后对法兰西的雕塑也给予了很高的评价。

美第奇王太后在瓦卢瓦教堂为亨利二世立了一块可以与已故国王弗朗索瓦一世和路易十二的纪念碑相媲美的墓碑。弗朗西斯科·普里蒂克西奥公正地将浅浮雕和雕像任务委托给了意大利人及法兰西人：多米尼克·弗洛伦丁[①]、杰罗姆·德拉·罗比亚、格拉曼·皮隆、庞塞·杰奎诺[②]、洛伦佐·雷加诺丁以及弗朗索瓦·鲁塞尔。但除了格拉曼·皮隆外，所有人在完成甚至开始任务之前就去世了。格拉曼·皮隆继续或接替了同伴们的工作，我们可以说，他是亨利二世陵的主要甚至是唯一的雕塑家。在当时的伟大陵墓中，亨利二世和美第奇王太后两人的塑像出现了两次：在底部，是死亡和裸体塑像，在高处平台上，他们穿着王族服装在做祈祷。躺卧的是大理石的，而祈祷像是青铜的。它们都是格拉曼·皮隆的作品。

亨利二世的尸体显得僵直而下沉，却是有节制的写实作品。他美丽的头颅后仰在垫子上，让人想起汉斯·荷尔拜因[③]所画的耶稣基督的头[④]。美第奇王太后的身体则展示出四十岁女性的丰满和依旧年轻的线条，反映了她在丈夫去世时的状况[⑤]。两座跪在已消失了的祷告台上的祈祷像也是这两位威严的统治者的。美第奇王太后的塑像和她本人是相似的，但并不丑陋。她的礼仪斗篷下穿着一件可以显示出腰身的缀满宝石的女士短上衣。亨利二世则披着饰有巨大百合花图案的大衣，他相貌

---

① 多米尼克·弗洛伦丁（约 1501—1570），文艺复兴时期的意大利雕塑家，16 世纪主要活跃于法兰西王国。
② 庞塞·杰奎诺（1527—1571），文艺复兴时期法兰西王国雕塑家，毛粉饰工和画家。
③ 汉斯·荷尔拜因（1497—1543），德国画家和雕刻家。
④ 在巴塞尔博物馆。——原注
⑤ 美第奇王太后雕塑在墓石上的卧像据说在美术学院的院子里躺了半个世纪，现被放在了卢浮宫。这个有着扁平的大鼻子、厚实的嘴唇、平坦的乳房、粗糙轮廓的女人的尸体，它真的是美第奇王太后吗？人们将此归罪于杰罗姆·德拉·罗比亚，他竟敢向他的王族同胞呈现出这种死后失势的残酷的形象。即便他这样做了，我们也知道美第奇王太后并不想要这样的肖像。——原注

多米尼克·弗洛伦丁的女性雕像作品

格拉曼·皮隆的作品

高贵，并带着一个倔强者的坚毅表情。像古老雕刻家一样，格拉曼·皮隆用作品表现了艺术之美。

在这个大理石砌成的小教堂四角，是四位用黑色青铜制成的女性人物像，它们象征着当时的主要美德：温和、审慎、力量、正义。这些与纪念碑建筑一样受到了意大利古典艺术的影响[1]。

由文艺复兴的风格理想化了的，穿着猎手制服短衣上装的三根女像柱，代表了神学美德。她们的头上顶着用青铜制作的骨灰瓮，在那里，亨利二世和阿内·德·蒙莫朗西的心在死后就像他们生前一样结合在了一起[2]。

美第奇王太后是可以理解融合了法兰西传统和新灵感的伟大艺术家的。这位王太后来自佛罗伦萨的一个城市，那里雕刻大理石和青铜的工匠，除了天才米开朗琪罗以外，多纳泰洛、韦罗基奥、安东尼奥·罗塞利诺[3]、卢卡·德拉·罗比亚[4]甚至米诺·德·菲耶索莱[5]等人总是比其他意大利人与自然的关系更加密切。格拉曼·皮隆之所以是美第奇王太后最喜欢的雕塑家，可能正是因为美第奇王太后在他身上重新找到了返祖般的艺术感吧。1583年时美第奇王太后与她丈夫的形象由格拉曼·皮隆以躺在青铜床铺上的大理石卧像呈现了出来，但这次她头戴王冠，身着加冕服饰。这个非常写实主义的作品以严谨的忠实性，再现了织物、饰品及礼服的细节。特别是美第奇王太后的头像极其逼真，这可能是她在年老时最逼真的形象了：男性化厚实的身材，像带着一个项圈似的肥胖的短双下巴，塌脑门。

---

[1] 保罗·维特里，加斯顿·波黑艾贺：《圣丹尼的修道院教堂及其陵墓》，巴黎，1908年，第155页到第158页。——原注
[2] 见下文，第十一章。——原注
[3] 安东尼奥·罗塞利诺（1427—1479），佛罗伦萨雕塑家。
[4] 卢卡·德拉·罗比亚（1400—1481），佛罗伦萨雕塑家、陶艺家。
[5] 米诺·德·菲耶索莱（1429—1484），佛罗伦萨雕塑家。

第7章　凯瑟琳·德·美第奇对文艺复兴时期法兰西王国艺术的影响

卢卡·德拉·罗比亚的雕塑作品——《母与子》

为了装饰宫殿的礼拜堂，美第奇王太后还向格拉曼·皮隆定制了一座《天使报喜像》[1]，格拉曼·皮隆为美第奇王太后用石材雕刻的令人羡慕的《圣母怜子像》[2]，今天被安放在了卢浮宫。在这尊塑像中，人性和神性不仅体现在上帝母亲瘦弱的身影上，还融入了对痛苦的表达中[3]。

除了格拉曼·皮隆、韦罗基奥和多纳泰洛以外，从克鲁埃父子[4]开始到许多意大利的画家，他们都为美第奇王太后画过肖像。的确，1541

---

[1]　《天使报喜像》是大天使加百列向圣母玛利亚宣布自己怀孕的画。
[2]　《圣母怜子像》，基督教绘画和雕塑中描绘母亲玛丽亚的一个艺术主题，在基督死后从十字架下降，被放在坟墓里之前，他的母亲抱着在她膝盖的孩子哭泣。
[3]　欧内斯特·拉维斯：《法国通史》，第5卷，第56页。——原注
[4]　克鲁埃父子，这里指法兰西王国肖像画家让·克鲁埃（1480—1541）和他的儿子肖像及素描画家弗朗索瓦·克鲁埃（1520—1572）。

年时美第奇王太后曾让教廷大使向保罗三世讨要《朱丽亚》的肖像画,因她幼年时曾在红衣主教希波吕忒·德·美第奇的房间里看到过这幅画,并"一下子就爱上了它"①。但这是因画中女子的美丽还是因画家塞巴斯蒂安·德·皮翁博的成就呢?更值得注意的是,1557年时美第奇王太后曾写信给她的表兄红衣主教洛伦佐·斯特罗齐,向他请求给自己派

弗朗索瓦·克鲁埃的作品:《弗朗索瓦一世骑马像》

---

① 卢西恩·罗米耶:《宗教战争的政治起源》,第1卷,第17页。我可以确定的这个朱丽亚是一个与萨波耶内塔和博佐洛同一家族的贡扎格人,是维资巴斯阿诺·科隆纳的妻子,但维资巴斯阿诺·科隆纳在1528年英年早逝,朱丽亚成了一个很年轻的寡妇。她被认为是意大利最美丽的女人之一。爱慕她的男人,红衣主教希波吕忒·德·美第奇在1531年6月8日到7月15日之间,让塞巴斯蒂诺·德·皮翁博为她作了一幅肖像画。一幅被瓦萨里·乔尔乔(米兰人版本,第5卷,第578页)描述为"神圣绘画"的作品。美第奇王太后只是在1532年4月或5月离开罗马时才看到过它,这肯定是她想要的那幅肖像画。在曼图亚出现的是它的复制品,但它却成了我们在维也纳的皇家博物馆看到的小画像的模板。弗里德里希·肯纳博士:《蒂罗尔州大公爵斐迪南的肖像收藏,在最古老的王室艺术史年鉴收藏的意大利肖像》,1896年,第17卷,第216页,第89A号;布鲁托·阿曼特:《朱利亚·冈萨加》,布洛涅,1896年。——原注

第7章　凯瑟琳·德·美第奇对文艺复兴时期法兰西王国艺术的影响

一个"可以画出非常生动的作品"的画家，"让这位画家先为您，或任何其他我认识的人画幅肖像，并把这个作品寄给我。如果我觉得画得很好的话，再请您将这个人指派给我，让他为我服务"①。但这个要求并不一定就证明美第奇王太后更喜欢意大利肖像画家而不是弗拉芒肖像画家的理想主义表达方式。当时弗朗索瓦·克鲁埃②已经为美第奇王太后画过了肖像，她只是想再看看别的：出于女人的幻想，或者希望给意大利朋友一个符合他们的品位和时尚的画像作为礼物。但美第奇王太后可能没有坚持，因为后来出现了许多法兰西人为她作的画像，而意大利画家的却很少。

可以考证的美第奇王太后肖像集能为此提供证明③，但它们却很难找全。美第奇王太后被画家用那么多方式表现了那么多次，今天分散在各处的关于她的油画、壁画、素描、珐琅工艺品、蜡像只能在法兰西和欧洲所有博物馆及王室和私人收藏中寻找。至于那些彩色画像，它们大部分属于一些不知名的画家，而在被识别和考证出作品的日期之前，如果可能的话，也只能先将它们按学派分类。在卡亚诺的波焦有一幅像美第奇王太后儿时的肖像画。画上面是一个十四或十五岁的女孩，并不难看，戴着缀满珍珠的冠形发饰，披着一件华贵的斗篷④。布绍曾与这个摩尔多瓦⑤公主玩得很开心，大多数人认为布绍就是那位想给由提香·韦切利奥所绘的红衣主教

---

① 赫克托·德·拉费里埃：《凯瑟琳·德·美第奇的信件》，第1卷，第109页。——原注
② 1564年时，她和她的孩子们一起在里昂由科尔内耶·德拉海（又名德·里昂）画了肖像，他也是弗拉芒人。——原注
③ 布绍和阿尔芒·巴谢曾尝试去寻找它们，但找到的却是不完整和有错误的。在佛罗伦萨，从乌菲兹美术馆到皮蒂宫的画廊里很容易看到的许多画像并没有被提到，相反他们却将乌尔比诺·朱利亚公爵夫人的肖像当作了由丁托列托所绘的美第奇王太后的肖像（正如格罗诺在1904年《提香·韦切利奥》中所证明的）。——原注
④ 由美第奇王太后遗赠给托斯卡纳大公克里斯蒂娜·洛兰的财产清单中，第288条（勒蒙-巴谢，第346页）提到了她祖母的"一幅带着黄金饰品的美第奇王后的画像"，这会不会是她呢？——原注
⑤ 这里指摩尔多瓦公国（1359至1859年），它是一个历史悠久的欧洲邦国。

的浪漫画像提供一幅成对画像的不知名画家。但不应忘记的是，乔尔乔·瓦萨里在美第奇王太后大婚前夕也曾为她画了一幅肖像画送给法兰西王国宫廷及她未来的丈夫①。当时人们还不了解这位乔尔乔·瓦萨里的绘画风格，但其实他给这位未婚妻（凯瑟琳·德·美第奇）作画像时只有二十一岁，还没有形成自己的风格。另外值得注意的是，这幅画中的美第奇王太后与乔尔乔·瓦萨里在韦奇奥宫②所绘的婚礼巨幅画中的很相似。

由奥伯里在《凯瑟琳·德·美第奇的生平》的封面公开的那幅头上戴着鲜花的画像，肯定既不是美第奇王太后本人的，也不是在16世纪绘制的。在乌菲兹美术馆③有一幅把美第奇王太后画得比较漂亮的肖像，目录（第四十号）上标明是由一位佛罗伦萨画家塞迪·第·提托④所作。在这幅画中，美第奇王太后的身材很普通，但嘴唇很薄，看起来很聪明。她坐在一张靠背很高的椅子上，身着半丧服，袖子上有黑色和白色的条纹，看起来有四十到四十五岁。但塞迪·第·提托曾到过法兰西王国吗⑤？另一个不知名的意大利人，在美第奇王太后晚年给她作过画，但可能是根据法兰西学派的某张画像临摹的⑥。

意大利画家的贡献仅限于这三四幅画了，在佛罗伦萨和罗马再找不到美第奇王太后的同胞为她作的画像了。不过，法兰西王国所有年龄段和所有画派的画家却都画过她的画像。佛罗伦萨博物馆里有特别丰富的肖像画集，它们无疑都是克鲁埃画派的作品。从乌菲兹美术馆到皮蒂宫的

---

① 见乔尔乔·瓦萨里的信，从中人们获悉他正在为奥尔良公爵做肖像画，他将为美第奇王太后的老堂兄，奥塔维亚诺·德·美第奇复制一份，甚至他还承诺给一位罗马的朋友梅塞尔·卡斯科西尼另一个副本。——原注
② 韦奇奥宫，意大利托斯卡纳首都佛罗伦萨的市政厅。这座形状是平行六面体的宫殿堡垒位于市政广场，是该市最美丽的建筑之一。
③ 乌菲兹美术馆，佛罗伦萨的一座宫殿，位于乌菲齐博物馆，是世界上最著名的艺术遗产之一。
④ 塞迪·第·提托（1536—1603），佛罗伦萨学派的意大利矫饰主义的画家。
⑤ 这幅半身肖像画，像被一笔笔复制在韦奇奥宫利奥十世大厅的一个窗户上面的椭圆形画像中。但抄写员或墙的曲线显然使原型变得臃肿了。——原注
⑥ 在皮蒂宫的走廊，第1121号。由阿里纳利拍摄，第2页，第725号。——原注

乌菲兹美术馆的内部

画廊里共有三幅美第奇王太后的画像，其中一幅是接近三十岁的美第奇王太后，它与卢浮宫的奥地利的伊丽莎白及维也纳帝国博物馆的查理九世都属于弗朗索瓦·克鲁埃的杰作。年轻的美第奇王太后穿着华丽的服装站立着，戴着珍珠头饰、珍珠项链，她金褐色长袍和粉红色的衬裙上也缀满珍珠，腰间还托着一条珍珠和黄金相间的很粗的束腰链。在她的披风外面，是一件几乎覆盖整个手臂的白色貂皮，中断了有纵向绉泡的袖子，这也与珍珠拼成的一个个方形图案相交错。美第奇王太后美丽的双手，又细又长，十分抢眼，右手还拿着一把白色羽毛饰的扇子。

在卢浮宫保存的美第奇王太后的圣书中，在乌菲兹美术馆的色粉画和细密画大厅里，在帝国博物馆和维也纳帝国宝库中，都有在羊皮纸或珐琅上所作、被着色或上漆的美第奇王太后圆形或椭圆形的画像或浮雕。"这些精细的作品"体现的都是的克鲁埃画派"独一无二"的艺术手法。同一个流派中也有许多黑色或彩色铅笔的绘画作品。随着年龄的增长，美第奇王太后的画像就不再像她本人了。铅笔肖像画家中的卡伦派、杜·蒙斯蒂派、奎内尔派，这些弗朗索瓦·克鲁埃的不忠门徒，将这位王太后的外形描绘得肥胖且臃肿，但我们可以从让·戈洪[①]为戴安娜·德·普瓦捷所雕刻的作品中，猜测到这个情妇服装下的纤细形象。阿谀逢迎的思想助长了古典唯心主义的这些谎言。但这并不能代表美第奇王太后的品位。在佛罗伦萨的乌菲兹美术馆有一幅画像，表现的是这位王太后年老时，由于年龄而变得粗壮的身体，几乎到了头顶的大眼睛和红色的厚嘴唇。除了白色的头巾外，她全身都是黑色，而且还坐在黑色的座位上，在两块黑色的窗帘之间，背景也是黑色的挂毯。看到这幅写实主义的肖像画后，我们惊讶于布绍怎么会认为，美第奇王太后不想被画成她本身的样子，而是她想要的样子[②]？

[①] 让·戈洪（1510—1567），16世纪法兰西王国雕塑家和建筑师。
[②] 从皮蒂宫到乌菲齐美术馆的走廊，皮蒂宫第19号。——原注

第 7 章　凯瑟琳·德·美第奇对文艺复兴时期法兰西王国艺术的影响

这有可能，但这也仅是一个假设。这幅肖像画就是美第奇王太后承诺送给米哈特修道院女仆们（1588 年 1 月 3 日）的那幅："一幅画得很好，非常像我本人的画像。"而写实主义的雕像则委托给了格拉曼·皮隆。

事实上美第奇王太后的兴趣要广泛得多。在她死后列的财产清单中还提到了一些来源于宗教或古代艺术灵感的绘画：《爱德》《浪子回头》《所罗门的审判》《以斯帖和亚哈苏鲁斯的故事》《奥菲斯①的故事》《维纳斯》《海伦的狂喜》。所有这些很可能都是以意大利古典主义的方式创作的。但正如我们在同一张清单上看到的那样，美第奇王太后并没有鄙视当时弗拉芒人的已经很出色的绘画作品，那些被后来伟大的国王称作是臣民中的"无尾猕猴"的现实主义老好人所绘的室内或小酒馆场景的画作。为了使"弗朗德勒式滑稽"的墙壁变得更悦目，美第奇王太后在自己的宫殿建造了一个也不知是厨房还是简单焙烧炉的"炉灶"②，一支由"水猎狗，滑稽者和弗朗德勒的厨师们"组成的队伍，以及在木头上刻有"各种风景和人物③"的三十六张小图，这些都表现出了同样的特征。美第奇王太后将"二十幅画在画布上的风景画用钉子固定"，铺满了自己的工作间。然而，我们知道，景观之于景观，不仅仅只是装饰，在当时，这并不是一种被意大利或法兰西画家赞成或者使用的风格。这位佛罗伦萨女性对北方的艺术没有任何偏见。

伦纳德·利木赞的珐琅装饰品从神话和现实中借用主题，它们展示了法兰西宫廷和奥林匹斯诸神，这些饰品是古老的，同时也是现代的。美第奇王太后让人在护墙板上镶嵌了"三十九幅椭圆形的利摩日小型彩绘"及"三十二幅大约一英尺高的各位亲王、领主和女士们的画像"④。

---

① 奥菲斯，希腊神话中的英雄，是色雷斯·阿格雷国王和缪斯卡利奥普的儿子。他是诗人和音乐家，有时还被认为是先知。
② 鲍那非：《财产清单》，第 72 页。——原注
③ 鲍那非：《财产清单》，第 83 页，第 95 页。——原注
④ 我们仍然在卢浮宫的阿波罗画廊的橱窗中可以看到它们。——原注

伦纳德·利木赞和他的珐琅装饰品

其他可运输的"珐琅物件"都被锁在了旅行箱里：这个里装着一百四十件，那个里有四十八件①。

美第奇王太后在修建杜伊勒里宫岩洞时雇佣的杰出陶匠伯纳德·帕利西对古典主义根本不了解，而且因为他从事的是一种古罗马人和希腊人都未曾知晓的艺术，伯纳德·帕利西甚至无视古典主义，并说："除天空和大地外，我再没有其他书本了。"

---

① 鲍那非：《财产清单》，第155页，第74页，第81页。1549年3月12日，《凯瑟琳·德·美第奇的信件》，第1卷，第29页和注2，她推荐给科西莫一世·德·美第奇的杰罗姆·德拉·罗比亚，出身于佛罗伦萨大搪瓷工人的家族，但他自己还是建筑师和雕塑家，正是因为这种能力，他在弗朗索瓦一世和亨利二世统治时期，已经在法兰西王国工作三十多年，例如马德里城堡的建设，见第4卷，第234页。——原注

第7章　凯瑟琳·德·美第奇对文艺复兴时期法兰西王国艺术的影响

美第奇王太后奉行的是艺术的折中主义，可以进一步证明这一点的是她拥有的两个系列的挂毯。其中一个系列只有复制品了，保存在巴黎家具贮藏室，另外一个系列则是陈列在考古博物馆（阿拉齐部分）和佛罗伦萨的乌菲兹美术馆的真迹。这两个系列的挂毯讲述的都是美第奇王太后的统治，有时甚至是对同一事件的说明，但它们的呈现方式却不同。

家具贮藏室系列来源于经典故事。它们的第一作者是巴黎的一个有产者尼古拉·霍埃尔。这个前药剂师和杂货商通过做买卖而致富，后来成为"圣马修郊区基督教慈善修会[①]的总管和负责人"。尼古拉·霍埃尔曾说明、收集、购买，也可能转售绘画，因此他与各个阶层的人都有接触。正如尼古拉·霍埃尔自己所说，设计出"一幅画的图案"可以更好地为上至老板下到许多工人—很可能是挂毯工人—服务，而且还能添加"一点书写的内容，使其想法更清晰生动"。一些"有学识的人物"鼓动他把毛瑟斯[②]的妻子阿特米西斯[③]的故事用绘画表现出来，换句话说，就是去展现美第奇王太后的故事。因为美第奇王太后也是一名孤独的寡妇，也像阿特米西斯一样，为死去的丈夫修建了一座陵。经过一番犹豫，为了将这个故事完美呈现出来，尼古拉·霍埃尔打算一边依赖最优秀的画师和雕塑家朋友，一边撰写说明文字，并将这两项工作同时进行。但尼古拉·霍埃尔却苦于不知该如何，或找谁完成挂毯。一天，当他正在"痛苦"中煎熬时，竟"惊讶"地看到美第奇王太后走进自己的居所，前来参观他的工作间和几幅出自法兰西王国最好工匠之手的画。

---

① 这是一所孤儿学校，也是一个为穷人而设的避风港。这个计划由尼古拉·霍埃尔向亨利三世的妻子孔德·巴伦提出，《路易丝·德·洛林》，巴黎，1884年，第97页到第98页。关于尼古拉·霍埃尔，见朱勒·吉布雷，"尼古拉·霍埃尔，巴黎药剂师，基督教慈善修院的创始人，阿莫蒂斯挂毯的第一作者"（《巴黎和法兰西岛历史社会回忆录》，第25卷，1898年，第179页到第271页）。——原注
② 毛瑟斯，卡利的哈里卡纳斯国王。
③ 阿特米西斯，卡利的哈里卡纳斯王后，毛瑟斯国王的妻子。她在阿契美尼德王朝帝国的宗主权下进行统治。

尼古拉·霍埃尔借此机会向美第奇王太后展示了故事的"原稿"及几幅绘画的大草图。这位来自王室的访客发现这些画"真的非常美丽"，很喜欢看他的画，听他的解说，并鼓励他积极推进他的工作。很快，尼古拉·霍埃尔就向美第奇王太后呈现出了这个故事的前两册，以及"由第一批意大利和法兰西艺术家们制作"的插图，这样就可以"为装饰美第奇王太后的宫殿制作出美丽而丰富的挂毯绘画作品了"。美第奇王太后批准了这个项目，并委派王室挂毯工在卢浮宫的城堡里进行①。

国家图书馆铜版画陈列馆有三十九张这种用于挂毯的大草图，还有尼古拉·霍埃尔用韵文编写的解释性说明文字②。但依据这些图纸为美第奇王太后制造的挂毯却没有留下一幅。在家具贮藏室、卢浮宫、枫丹白露宫等地发现的挂毯，其中有表现阿特米西斯的伟大事迹，她辉煌的政府，以及她对小儿子彼赞德利国王的教育的，但这些都是17世纪的作品。玛丽·德·美第奇的摄政，甚至后来"安妮·德·奥特里希"③的摄政，都被拿来带着某种奉承的意味进行了比较。一些旧草图被复制了，还有些进被行了必要的修改，其他的就被淘汰了。此外还制作了一些新的，也就是《阿特米西斯皇后续集》。路易十三和路易十四时期，有些人曾两次将这些草图重新制版，并用了整整半个世纪来制作这些挂毯，甚至持续到了1664年。

这里提到的只是由尼古拉·霍埃尔定做的大草图。它们通过连续的绘画，讲述了卡利王国的阿特米西斯王后在儿子年幼时摄政的故事。里面有她深受爱戴的丈夫毛瑟斯的葬礼"仪式"，以及这个"仪式"的所有细节：牧师、儿童和妇女的游行，葬礼音乐会，携带被征服国家战利品的二轮马

---

① 这可能是亨利二世在枫丹白露的旧车间，被转移到了卢浮宫。——原注
② 尼古拉·霍埃尔的阿莫蒂斯王后的故事是非常不易理解的辑录作品，存放在手稿陈列馆，法兰西王国F区，第306号。——原注
③ 安妮·德·奥特里希（1601—1666），路易十三的妻子，法兰西王国和纳瓦拉的王后。在她儿子年幼期间（1643—1651）曾担任这两个王国的摄政者。

尼古拉·霍埃尔

毛瑟斯的雕像

阿特米西斯

车和战士的游行，悼词，祭品的焚烧，用于接收王室成员骨灰的圣殿的建造。其中还有王国统一和阿特米西斯摄政宣言，有阿特米西斯王后"通过信件或戒具"对儿子彼赞德利的训导，有阿特米西斯王后发起并取得胜利的战斗。还有其他的作品，如她的建筑，花园，动物园和宫殿等。在这些作品中，服饰、武器和盔甲、娱乐、仪式、建筑物等，一切都是古老的，希腊或罗马式的，因为当时的艺术家只有通过罗马才能看到希腊。

但通过改编，尼古拉·霍埃尔和他的合作者想要借此表现的是他们当代的事件和人物。他对美第奇王太后说，"您会看到"，阿特米西斯在马苏勒斯建立的"陵墓"，"将永久为所有人服务。在您的丈夫亨利二世去世后，这对于您来说是种再现"。对彼赞德利的教育会使美第奇王太后回想起自己对孩子们的教育。卡里昂的三级会议将令她联想到聚集在奥尔良的法兰西王国三个等级的代表。罗德人[①]，这些类似拉罗谢尔新教岛民和邻近岛屿的人的失败也让美第奇王太后想到自己对抗反叛臣民的五次胜利及给予他们的宽恕。无论在罗德还是在哈利卡那索斯，卡利王后建造的建筑物都是杜伊勒里宫和圣莫尔及蒙索城堡的原型。比较是自然而然的，尼古拉·霍埃尔说："可以说我们在这个世纪进行的是对这位善良王后阿特米西斯统治下的古老王国的追忆。所以，我们作品的主要目标就是通过阿特米西斯，向您描绘和展示出她所在的时代与我们时代的相似性。"

尼古拉·霍埃尔雇佣的工匠对古代艺术无比敬仰，他们认为除此之外还有其他艺术。尼古拉·霍埃尔说，无论是法兰西人还是意大利人，他们都属于枫丹白露学派，这个学派的大师就是弗朗西斯科·普里蒂克西奥。这些绘画是在1570年8月至11月期间完成的[②]，刚刚去世的弗朗西斯科·普里蒂克西奥应该授意过这些作品，甚至也参与过制作。无论如何，

---

① 罗德人，在这里特指是一个来自多德卡尼斯群岛中最大的希腊岛屿罗德的人。
② 这不是假设。在给美第奇王太后的关于阿特米西斯的两册书的献辞中，尼古拉·霍埃尔提到了圣日耳曼（1570年8月）和平的终结，也提到了1570年11月26日在梅泽埃勒举行的查理九世的婚姻在不久的将来也会终结。——原注

第7章 凯瑟琳·德·美第奇对文艺复兴时期法兰西王国艺术的影响

安妮·德·奥特里希与子女

弗朗西斯科·普里蒂克西奥的一名学生,博若地区的安东尼·卡龙,被认为是几乎所有铜版画陈列馆草图的制作者①。安东尼·卡龙和其合作者们把当代事件置于古代背景之中,并用一种古老的形式表现出来:袭击要塞、比赛、肉搏、骑兵和步兵的战斗、亨利二世的葬礼。他们发现将法兰西美第奇王太后与隔着许多个世纪和几个文明的卡利亚王后等同起来,并借鉴《尤利乌斯·恺撒的胜利》来传扬查理九世和他摄政母后的故事都是很自然的事。

---

① 曼茨:《法兰西王国挂毯历史》,第93页。应卡隆要求收回所有图纸,但不包括第2、3、9、10、14、18、19、28、31这几张;朱尔斯·吉弗里:《12世纪到16世纪末的挂毯历史》,第6卷(《16世纪末应用于工业的艺术通史》),巴黎,中央美术出版社,日期不详,第204、第207页及以后。朱尔斯·吉弗里承认,这些草图有些来自勒朗贝尔。但迪米耶尔在《阿尔特米西斯的挂毯和勒朗贝尔的绘画》(《艺术编年史》,1902年,第327页到第328页)中,声称持有相反的证据,以及勒朗贝尔是在《阿特米西斯续集》之后才工作的。——原注

《尤利乌斯·恺撒的胜利》：恺撒乘坐的战车（1）

《尤利乌斯·恺撒的胜利》：展示缴获的战利品（2）

《尤利乌斯·恺撒的胜利》：展示奖杯和铠甲（3）

《尤利乌斯·恺撒的胜利》：凯旋式上的俘虏（4）

然而美第奇王太后并不满足于这种借鉴，她向布鲁塞尔或恩赫恩的作坊①定制了几幅自己摄政期间最辉煌事迹的挂毯作品。佛罗伦萨的挂毯非常逼真地重现了当时的服装、武器、战斗、娱乐和人物。与人们一直认为的不同，这些挂毯反映的是美第奇王太后在枫丹白露宫、在巴约讷宫、在杜伊勒里宫所举行的重大庆典活动，她将它们视为自己的荣耀之一。在这八幅颜色鲜艳的挂毯中，接连表现了环游法兰西王国时的场景：宫廷之旅、陆地和水上比武、音乐会、骑士比武和车马行列，最后还有以杜伊勒里宫为背景，为了向把王冠带给了安茹公爵亨利·亚历山大的波兰使团表示敬意而举行的舞会。人们使用了古代的装饰，如马战车、雕像、寓意画和诸神像，但景观和城市却都来自法兰西王国，外形、服饰、娱乐和战斗也都是16世纪的。在这些挂毯中，到处都能看到观众和演员，以及如肖像画中一样的美第奇王太后的儿女们。美第奇王太后总是穿着黑色衣服主持着这些娱乐活动。

我建议稍后再出版一本关于佛罗伦萨挂毯的书，我想我都可以在里面确定地点、场景和某些人物了。而今天，我只对形成美第奇王太后智慧和多种品位所必须的部分进行说明。

因此，为了保留这些宏伟的记忆，美第奇王太后让人将它们以两种风格表现了出来，一种是传统和有象征意义的，另一种则是严格符合史实真相的。她既是"阿特米西斯"，也是美第奇王太后。她没有仅追求一种艺术风格，而是接受了现实主义和新古典主义这两种不同的艺术风格。

1580年或1581年，美第奇王太后离开了卢浮宫，并定居在她刚刚建成的位于圣奥诺雷街的宫殿。美第奇王太后想拥有自己的住所，一个比卢浮宫更方便，远离宠臣，在旅行和度假间歇，在巴黎逗留期间，她可以度过自己生命最后几年的住所。之后我们还会讲述她这几年的故事。也许美

---

① 朱勒·吉弗雷：《12世纪到16世纪末的挂毯历史》，第6卷，第122页，注2。书中指出了制造地点是在昂吉安，以及定做日期是1585年。——原注

第 7 章　凯瑟琳・德・美第奇对文艺复兴时期法兰西王国艺术的影响

为表达对波兰使团的敬意而举行的舞会

第奇王太后也想借此让人相信她正在退出政坛，最终让国王自己统治王国。但美第奇王太后的宫殿距离卢浮宫并不远，即使为了自己儿子的利益做出了必要的让步，但她还是希望能保留实权。美第奇王太后作为一个最高统治者居住在那里，有自己的陪同女士、仆人、管家，有自己的护卫队长、司酒官、马厩管理员，还有她的议会人员、她的秘书、她的小矮人们，简而言之，这里就是另一个宫廷①，美第奇王太后在这里保持着与在卢浮宫一样的仪式和礼节。

通过美第奇王太后离世后立即建立的关于她收藏、艺术品和家具的财产清单，人们比较容易了解这位王太后的习惯、爱好和私生活。这里虽缺少了所有美第奇王太后带到布卢瓦的东西：床上用品、衣服、银器、珠宝，但里面还是有足够的物品可以重现美第奇王太后的生活场景。在那座位于圣奥诺雷街的宫殿里，都是唤起美第奇王太后回忆的东西。首先，在贯穿宫殿的大厅墙面上，是三十九张自弗朗索瓦一世以来法兰西王国的国王、王后、王子、公主，以及与法兰西王国王室联姻或联盟的君王们的肖像画。在这个大厅的尽头，是以家族进行分类的两个陈列室，右边那个是美第奇王太后及美第奇家族的，左边属于她的母亲玛德莱娜、她的儿媳奥地利的伊丽莎白和她的两个西班牙的外孙女。

可以看出，就像在杜伊勒里宫一样，美第奇王太后一直向建筑师要求能"拥有具有各种用途的房间"。比如须有一个有很多面镜子的房间，就像凡尔赛宫玻璃厅的缩影，还要有一个珐琅装饰品陈列室，"在那里的护墙板上镶嵌着许多小幅的珐琅画作"，其中有三十二幅是"约一英尺高的各位王妃、领主和夫人们的肖像画"。

美第奇王太后的工作间里面全是壁柜，里面装满了日常用品。在这个工作间里她还有自己的书架。美第奇王太后的大图书馆和手稿被安置在不远的普拉特艾贺大街，处于贝尔布兰奇修道院②的监督下。清单中

---

① 有两个宫廷的事实部分解释了为什么美第奇王太后"内务官员"数目的增多。自从查理九世去世以来，特别是亨利三世大婚及美第奇王太后的新居建成以后，（由巴格诺·德·普晒斯伯爵公布的名单，《凯瑟琳·德·美第奇的信件》，第10卷，第504页起）。女官，1575年五人，1583年八人；其他女士，1576年四十八人，1583年八十一人；贵族女子，1576年十五人，1583年二十二人，1585年二十五人；议会人员，1576年三十人，1583年五十八人；秘书，1576年二十二人，1583年八十九人，1585年一百零八人等。——原注

② 百勒波行士修道院，指前西都修道会的百勒波行士圣母修道院，位于法兰西王国马延昂热地区马延省东南部的圣布莱斯。

第7章　凯瑟琳·德·美第奇对文艺复兴时期法兰西王国艺术的影响

列出了美第奇王太后的枕边作品：皮埃尔·格兰戈尔的《世界的弊端》《公历》《女预言者之书》《布洛涅伯爵家谱》和《布洛涅伯爵的起源和继承》①，还有其他没有给出标题的书。清单还提到了两个放满书籍的旅行箱，因为没有钥匙而无法打开②。美第奇王太后手中当然有自己母系家族的历史和画像以备不时之需。但《女预言者之书》则反映了她对占卜艺术的喜爱。皮埃尔·格兰戈尔的那本"滑稽剧"也许是玛格丽特·德·昂古莱姆或玛格丽特·德·弗朗斯送给她的礼物，这本书让我们猜想，至少在少女时期，美第奇王太后的快乐源泉应该是老诗人戏谑罗马教士的腐败。负责编写财产清单的专员并没有尽力将所有的书卷都明确地编成目录，也没有设法打开锁着的箱子，这对我们了解美第奇王太后的心理和喜好是多么大的损失啊！

但幸运的是，他们详细地罗列了美第奇王太后拥有的地图。我们尽管知道这位女性是个政治家，但她拥有的地图数量还是出乎我们的意料。这里面有当时人们已经知道的四个地方的地图：欧洲、亚洲、非洲、美洲，还有与美第奇王太后有特别事务往来的国家的地图：英格兰、西班牙、荷兰、神圣罗马帝国。她还有双份北美地区、加拿大和纽芬兰的地图。纽芬兰的海岸和水中资源早已被布列塔尼和巴斯克渔民长期利用，结果毗邻大西洋的部分在"亨利二世地图"中已被称为"法兰西海"。美第奇王太后是多么想亲眼看到这个加斯帕尔·德·科利尼曾两次试图以牺牲西班牙人的利益来向南推移边界的新法兰西王国啊！这虽可以理解，但也许还有其他原因。在这些收集的地图中还发现了几内亚、东印度、西印度、埃塞俄比亚和"吉恩牧师的国家"③。据此可以认为美第奇王太后一直对地理发

---

① 鲍那非：《财产清理》，第85页，第242条到第243条注释。——原注
② 人们在各处都没有看到曾提过的她所谓的床头书，尼科洛·马基雅维利的《君主论》。——原注
③ "吉恩牧师的国家"，一个位于东方的基督教国家——由12世纪和13世纪的几位欧洲旅行者（休斯·加巴拉，威廉·吕布鲁克和马可波罗）所证实。尽管如此，欧洲人对这个王国毫无结果的探索使它变得神秘莫测。14世纪时，有些人认为这个王国就是埃塞俄比亚。

美第奇王太后的西班牙外孙女伊莎贝拉

美第奇王太后的西班牙外孙女卡塔利娜

现很感兴趣，并且一直在想方设法跟进它们的发展。美第奇王太后所接受的科学教育增强了她的好奇心，将她与其他文艺复兴时期的公主区分开来。这位王太后甚至还有风向图。她的占星术包含了一些宇宙学的知识：天空、空气和大地同样也吸引着这位热爱科学的王太后[①]。

美第奇王太后还拥有其他一些大国的各种纪念品、书籍和图片：挂在天花板的鳄鱼皮、变色龙、珊瑚枝、弗朗德勒的地毯、土耳其的地毯、波斯的地毯及中国漆器——她的确是一位伟大的收藏家。

人们错误地认为小饰品是现代人的嗜好，但美第奇王太后的工作室里却早已装满它们。可以看到在一块搁板上有十二块岩石水晶，其中有三块是很大的珐琅底座的贝壳状，或"舟形酒杯"状的。在壁柜中，来自黎凡特[②]的用皮革制成的扇子，用于制作头巾的丝绸，六个穿着丧服、黑色衣服及贵族女子服饰的"玩具娃娃"，香料罐，威尼斯的面具，玻璃器皿，中国的漆器，木质的纺锤，红木棋盘，珍珠螺钿质棋盘，四个小炮模型，一些游戏棒，几个文具包，最后还有相当数量的艺术品和古玩等。因为实在太多了，财产清单的出版商甚至放弃对此再做简单的罗列了。

所有美第奇王太后的房间，甚至宫殿的阁楼都摆满了各种各样的家具，因为当时还没有给长凳和椅子装饰布料和填充垫料的做法，美第奇王太后有五百个羊毛、天鹅绒和丝绸制成的靠垫以便将最硬的木制座椅变成软座椅。

[①] 埃德蒙·鲍那非：《凯瑟琳·德·美第奇的财产清理》，第65页到第66页，第77页到第78页和第83页。这些地图大多数是"手工绘制"的，它们是复制而来的吗？是由谁制作的呢？财产清理的不精确性不允许我们提出是否其中一些是复制了亨利二世的世界地图，而另一些是来自当时的宇宙志专家和地理学家——芒斯特、墨卡托、奥特利乌斯等人的地图。乔马德：《地理学古迹或东方及欧洲古代地图集》，巴黎，日期不详。——原注

[②] 在传统上，黎凡特指与地中海东海岸接壤的国家。一般是黎巴嫩和叙利亚，但有时还包括以色列、巴勒斯坦、约旦、安纳托利亚、美索不达米亚和埃及。

第 7 章　凯瑟琳·德·美第奇对文艺复兴时期法兰西王国艺术的影响

一百三十五幅图画和三百四十一幅肖像画挂在住所的各个房间。在这里美第奇王太后可以凝视着自己和其他基督教首领的画像,将自己置身于一种伟大的氛围之中。

美第奇王太后在宴会、建筑物、收藏品和礼品方面花费了巨款。在巴约讷,由于骑士比武、宴会、陆上和海上比赛的花费数额过于巨大,甚至因此出现了一些怨言。为了给自己辩护,美第奇王太后解释说:"我只是希望向友邦展现法兰西王国并没有像他们所认为的那样,因过去的战争被破坏,变得贫穷了。"美第奇王太后还会以"罗马皇帝"为例,"通过致力于向人民展示各种比赛和游戏,来给予他们快乐",防止他们做坏事。但美第奇王太后其实根本不需要找这种不相干的理由。

当美第奇王太后还是个孩童时,她就有爱花钱的习惯,并因此被人们认为很慷慨。这位王太后后来对奢华生活的欲望加重了政府的负担,查理九世去世后国库就空了,所有可征的赋税都被征收过了。出于对国家困境的担心,美第奇王太后建议亨利三世密切关注王国的财政状况,但亨利三世更倾向于效仿母后而不是听从她的建议。美第奇王太后并不是个可以管理自己收入的理财好手[①],她也不知道该如何拒绝向她提出请求的人,比如对于一个她无法给予钱财资助的绅士,美第奇王太后就会赏赐给他一块木头。长期以来,美第奇王太后的总管阿布·德普莱恩一直在竭力限制这位慷慨的王太后的过度花销,但当他去世后,美第奇王太后就停止了精打细算。像其他统治者一样,美第奇王太后的周围也有庸才,但她唯一能做的,就是供养着这些官员和官员夫人。对于那些丑恶者,美第奇王太后就像是一个宫廷大神甫,当他们忏悔后,她还会花巨款为他们举办婚礼并送给他们礼物。

---

① 布绍:《凯瑟琳·德·美第奇》,巴黎,1899,第 147 页。波恩的账簿,参见第 149 页;支出的原因,参见第 151 页。——原注

美第奇王太后利用通过各种方式借来的钱财满足自己的欲望和需求，而且当她没有资金时，甚至还会预支自己的收入。因此，在美第奇王太后的宫中出现了不定期支付甚至不支付官吏和女佣工资的情况。在美第奇王太后去世后，她拖欠了八十万埃居，约是现在两千万法郎的债务，而且她也没有任何土地。美第奇王太后曾为自己的窘态而自嘲，告诉征税官自己"必须通过赞美上帝才能找到活下去的方法"[①]。这几乎是美第奇王太后的叔叔利奥十世说过的原话："让我们享受教皇职位的乐趣吧，因为神已经将它赐予了我们。"

---

① 卡尔·谢瓦利埃修道院院长：《美第奇王后的债务和债权人》，特社内尔，1862年，第43页。1588年时美第奇王太后就已经挥霍了1589年的收入，并且还拖欠了仆人一年的工资。——原注

第 8 章

美第奇王太后与亨利三世的二元政治

美第奇王太后肯定曾为查理九世哭泣过，正如她自己所言，当查理九世跟她道永别，请求她最后再亲吻自己一次时，她也想到过死①。但第二天，美第奇王太后给新国王，也是她更喜爱的儿子亨利三世写信说："如果我失去了您，我会将自己与您一起埋葬。"她敦促他立即从波兰返回："……我非常想再次见到您，您知道我是多么爱您。当想到我们再也不会分开时，我才能耐心地接受一切。"于是美第奇王太后期望着这次"快乐又心满意足"的重逢②。

礼美第奇王太后深信亨利三世会像他的前任法兰西国王一样给予自己同等的权威，但她知道亨利三世很敏感，并且担心随着他不断强大还可能会变得有些傲慢。因此在给亨利三世的第一封信中，美第奇王太后是非常谨慎的。美第奇王太后告诉亨利三世，在他回来之前，在国王查理九世临终时的一再坚持下，她只好选择摄政，并为没有等他的命令而请求原谅。美第奇王太后刚刚获悉亨利二世的前卫队长，也是胡格诺派最优秀的领导人之一的蒙哥马利，已于1574年5月27日在栋夫龙投降。作为一个冷酷的寡妇，美第奇王太后急切地想亲眼看见那个杀死她丈夫

---

① 1574年5月31日。赫克托·德·拉费里埃，巴格诺·德·普晒斯：《凯瑟琳·德·美第奇的信件》，第4卷，第310页。——原注
② 赫克托·德·拉费里埃，巴格诺·德·普晒斯：《凯瑟琳·德·美第奇的信件》，第4卷，第311页到第312页。——原注

的无辜凶手被处决。但她并不承认自己有复仇的愿望。美第奇王太后说，查理九世曾郑重建议她"给那些他所认为的王国所有罪恶根源的囚犯一个公正的判决"。美第奇王太后还将如何对待阿朗松公爵弗朗索瓦·德·弗朗斯和纳瓦拉国王亨利·德·纳瓦拉的更好的建议告知亨利三世。亨利三世已经知道"他的兄弟们"——他的弟弟和他的妹夫"对他们的所作所为追悔莫及，这让亨利三世觉得他们会顺从他，但现在必须等待"[1]。因此，对于亨利三世，这个有着根深蒂固的怨恨，但又因突然收到慷慨的馈赠而容易冲动者，美第奇王太后没有直接向他提议，

亨利三世与大臣

---

[1] 赫克托·德·拉费里埃，巴格诺·德·普晒斯：《凯瑟琳·德·美第奇的信件》，第4卷，第310页。——原注

第8章　美第奇王太后与亨利三世的二元政治

而是间接让他明白：给予宽恕是明智的，但要谨慎地推迟进行。美第奇王太后如此波澜不惊地说着波兰的事，很难有人猜到她真实的想法。起初她敦促亨利三世尽早回来，也许是害怕波兰的臣民想一直"留着他直到将他们自己的事务处理好"为止。美第奇王太后让亨利三世不要屈服马上离开，但这可能会有失去波兰王位的风险。因为"对于贫穷的波兰人来说，亨利三世同时成为一个富有，另一个广阔而高贵的两个大国的国王也太过美好了"。难道亨利三世无法在离开波兰的同时依旧保留波兰王位吗？于是美第奇王太后悄悄对亨利三世说，能不能将阿朗松公爵弗朗索瓦·德·弗朗斯派到波兰呢？"如果您能把某个亲信留在那里让他统治，那么波兰王国就还能属于您或您的兄弟。我非常希望，您对他们说您会派您的王弟或第二个孩子①前往那里，在此之前他们可以自治，但要选出一名法兰西人来协助他们处理所有公务。我想他们会非常高兴的，因为他们在拥有您派去的国王之前，他们是自己的主人。"②

物美第奇王太后太异想天开了，竟自作聪明地以为，在王位空缺时波兰人会一直等那个背弃他们的国王派来一个替代者。美第奇王太后一边急不可耐地等着亨利三世回来，一边又暗示他至少应该在波兰选出一个大将军，或者想办法进行协商，好让他的王弟当选波兰国王。但不幸的是，美第奇王太后可能只想着尽快再次见到自己的儿子了，她为了自己的快乐牺牲了法兰西王国在波兰的利益。美第奇王太后此次伟大又昂贵的外交胜利的结局是多么可悲啊！

"我保证永远不会有一位比您更睿智的国王可以获得您在旅途中所获得的经验……而且您也不会愿意像那些只能待在家的人一样活着③，

---

① 亨利三世尚未结婚。——原注
② 赫克托·德·拉费里埃，巴格诺·德·普晒斯：《凯瑟琳·德·美第奇的信件》，第4卷，第311页。——原注
③ 这是她第二次使用这个词来应对像塔瓦讷领主加斯帕尔·德·索尔斯那样反对波兰冒险和宏伟政策的人。——原注

我希望您的当选和波兰之行不会给您带来任何损失或有损您的伟大、荣耀及名誉。"[1] 美第奇王太后很高兴，她的儿子有了见识，当了国王，学会了如何使用权力。美第奇王太后让他赶快回到法兰西王国。

亨利三世也很想尽快回去。从 1574 年 6 月 18 日到 1574 年 6 月 19 日的晚上，他从克拉科夫来到维也纳，查理九世的岳父马克西米利安二世在那里迎接了他。由于对神圣罗马帝国新教教徒的安排感到不适，随后亨利三世又取道威尼斯。威尼斯市政议会对他热情款待，他在此地逗留了八天。

马克西米利安二世及其家人

---

[1] 赫克托·德·拉费里埃，巴格诺·德·普晒斯：《凯瑟琳·德·美第奇的信件》，第 4 卷，第 312 页。——原注

第 8 章　美第奇王太后与亨利三世的二元政治

意大利的亲王们，费拉尔公爵、曼图亚公爵、萨伏伊公爵伊曼纽尔·菲利贝托、红衣主教的侄子，他们要么亲自，要么派各自的大使迎接这位法兰西王国的新国王，想借此从这名雅纳克和蒙孔图尔的征服者身上寻求支持，反对西班牙霸权压迫。但亨利三世还有许多别的顾虑。白天，亨利三世走访了一些商家店铺，从珠宝商安东尼奥·德拉·韦克奇亚那里购买了一些珍贵的珠宝首饰，又从百合花香料店购买了一千一百二十五埃居的麝香，晚上还去参加了一些宴会。接着亨利三世不慌不忙地越过了意大利北部，穿过萨伏伊，去了里昂，在那里他的母亲正等待着他。美第奇王太后按照亨利三世的要求，还带去了阿朗松公爵弗朗索瓦·德·弗朗斯和纳瓦拉国王亨利·德·纳瓦拉。美第奇王太后对他们的顺从非常满意，"他们跟我说自己已获得了自由，并急切地想为我们服务"。然而谁知道是真是假呢？在整个旅途中，美第奇王太后一直都让这两个人待在她乘坐的"四轮马车"里，也只让他们在她的"居所"休息①。1574 年 9 月 5 日，美第奇王太后在布光幸福地拥抱了新国王。美第奇王太后认为亨利三世终于熬过来了。

美第奇王太后终于能实现自己的伟大梦想了。她有了一个比丈夫或情人更好的助手来弥补自己的缺点，那就是她的儿子。美第奇王太后认为自己会成为首脑，她的儿子将是臂膀。他们一起打败新教党，摧毁政治乱党，使法兰西王国像在路易十一和弗朗索瓦一世统治时那样强大。因为路易十一就是美第奇王太后不久前刚刚给亨利三世选择的一个榜样。

亨利三世最初的举动真是不祥之兆。在都灵接受了他的姑姑——萨伏伊公爵夫人玛格丽特·德·弗朗斯所表示的亲近后，为了萨伏伊公爵伊曼纽尔·菲利贝托的利益，亨利三世像处理自己的私有财产一样让出了法兰西王国在皮埃蒙特的最后一些领地：皮涅罗尔、撒威朗和佩鲁贾。

---

① 赫克托·德·拉费里埃，巴格诺·德·普晒斯：《凯瑟琳·德·美第奇的信件》，第 5 卷，第 73 页。——原注

威尼斯一隅

路易十一

在对《卡托-康布雷西和约》进行解释的《福萨诺条约》[1]中，这些领地原是留给或让给法兰西王国的[2]。而亨利三世只保留了在阿尔卑斯山脉以东的萨吕斯侯爵领地。这是亨利三世给予在威尼斯曾对他表示尊敬的意大利亲王们的回报。亨利三世将阿尔卑斯山的钥匙和从意大利前往法兰西王国的通道交给了老对手和不怀好意的盟友萨伏伊人。

在没有咨询其理事会的情况下，亨利三世就擅自把这件王室礼物送给了他的姑姑。这时美第奇王太后周围的意大利人比国王更加担心王室的权利。掌玺大臣河内·德·比拉格拒绝为转让书盖章。路易·德·冈萨格是曼图亚家族的幼子，娶了讷韦尔的继承人，统治着阿尔卑斯山以外的地区。路易·德·冈萨格要求在议会对此进行磋商，并签订一份公共文书来记录自己对此的抗议[3]。

美第奇王太后并不是那么勇敢，甚至看不出她是否曾反对过这位新国王的决定。从美第奇王太后写给亨利三世的含糊回信中什么也推断不出来，讷韦尔公爵路易·德·冈萨格几乎要为此指责她了[4]。美第奇王太后非常喜欢萨伏伊公爵夫人玛格丽特·德·弗朗斯，也无意对抗自己权力的依赖者，她的儿子亨利三世。不管如何，对突然得到的这么多慷慨相赠的萨伏伊公爵伊曼纽尔·菲利贝托，美第奇王太后仍然表现出令人不快的殷勤。萨伏伊公爵伊曼纽尔·菲利贝托担心捐赠者在反思后可能会反悔，于是美第奇王太后向他保证——1574年10月1日给他写信说："没人能够阻止国王，我的儿子，遵守对您的承诺，相信您可能已经从

---

[1] 赫克托·德·拉费里埃，巴格诺·德·普晒斯：《凯瑟琳·德·美第奇的信件》：第5卷，第125页到第126页。——原注
[2] 迪蒙：《外交使团》，第5卷，第231页。——原注
[3] 赫克托·德·拉费里埃，巴格诺·德·普晒斯：《凯瑟琳·德·美第奇的信件》，第5卷，第102页，注释2。——原注
[4] 1574年10月16日。赫克托·德·拉费里埃，巴格诺·德·普晒斯：《凯瑟琳·德·美第奇的信件》，第5卷，第99页。——原注

第 8 章　美第奇王太后与亨利三世的二元政治

萨伏伊公爵伊曼纽尔·菲利贝托戎装像

大修院院长亨利·德·昂古莱姆和索沃秘书的到访中得知,我目前正想着如何才能更好地满足您和国王的心愿。"让美第奇王太后遗憾的是玛格丽特·德·弗朗斯刚刚去世,玛格丽特·德·弗朗索瓦再也没有办法看到这些了。但美第奇王太后向萨伏伊公爵伊曼纽尔·菲利贝托表明,"由于您的功德,亨利三世对公爵夫人的记忆会一直深刻地保留在他脑海中,并将永远为您服务"⑤。

美第奇王太后非常巧妙地隐藏了自己的失望,甚至把自己内心的指责变成了对国王行为的称颂,这表明她不可能是共犯。但同时,由于美第奇王太后对绝对权力的偏见,即使儿子将领土当作奖励送给别人,她也不会感到惊讶。

---

⑤ 赫克托·德·拉费里埃,巴格诺·德·普晒斯:《凯瑟琳·德·美第奇的信件》,第 5 卷,第 92 页。——原注

令美第奇王太后更担忧的是，那些会让她和自己的儿子都可能遭殃的奉承。1574年5月31日，在美第奇王太后的一封信中，她提醒亨利三世要警惕小帮派思想。在母亲的帮助下，在他兄长查理九世统治期间，亨利三世曾成功地在国内创造了一个自己的帮派。甚至，为了提防查理九世的嫉妒，亨利三世还到处寻找朋友和服务者，并向他的妹妹玛格丽特·德·瓦卢瓦承认，如果国王剥夺了自己大将军的职务，这对他来讲"无异于毁灭"。如果让他去接受这样的落差，他宁可选择"残酷地死去"[1]。亨利三世曾是党派的领导人，美第奇王太后可能担心出于这个原因，他

纳瓦尔国王亨利·德·纳瓦拉与玛格丽特·德·瓦卢瓦

---

[1] 她与玛格丽特·德·瓦卢瓦的谈话，《玛格丽特·德·瓦卢瓦回忆录》，盖萨尔出版社，第14页。——原注

第8章　美第奇王太后与亨利三世的二元政治

会受到原先拥护他的那些人的摆布。美第奇王太后敦促亨利三世用智慧改变自己的现状，但却没想到自己也是她所谴责的这个不幸的部分原因。"……不要让侍从们的激情影响您，因为您不再是国王的弟弟，不再需要赢得侍从们的支持来成为最强者了。您是国王，所有人都必须让您变成最强大的人，他们都得为您服务，爱您所爱，恨您所恨……爱您的侍从并让他们为您所用吧，但他们对您的敬爱不是因为您，而是为了得到上帝赠予的荣耀。"因美第奇王太后知道亨利三世容易被随行人员怂恿，所以建议他返回法兰西王国后再给他们分配恩典和职务。"……我请您在回到这里之前不要给他们任何承诺，因为您不知道那些人是否真心为您服务，我会在您回来后将那些真心为您服务的人指出并亲自告诉您，您要提防那些想得到利益和职务的人。这也将是获得钱财的手段。"我们会把这些钱财放入捐税，因为如果手头没有必要的钱财您是无法维持一个王国的。"①

美第奇王太后在一个委派切维尔尼带给都灵的包含了完整政府方案②的简短指示中，强调了法兰西国王需要极力使人们忘记他曾是安茹公爵。

作为法兰西国王必须"表现得像主人而不是同伴……不能让人们认为他年轻，就可以，或用陪伴或用令他不快的方式，让他做那些他们想要他做的事。亨利三世应该改变赏赐冒犯他的人的习惯，他得大胆地打破两三个甚至更多的常规。别的就让它们照常进行吧。美第奇王太后让亨利三世亲自给那些忠实地为他服务，并一直不离不弃地在他身边分担事务的人以恩惠。""……国王应将权力授予各个地区而不是具体的人，否则会给自己的事业带来危害，因为有时为了奖励一个人，人们会赋予他与其能力不

---

① 1574年5月31日。赫克托·德·拉费里埃，巴格诺·德·普晒斯：《凯瑟琳·德·美第奇的信件》，第4卷，第311页到第312页。——原注
② 赫克托·德·拉费里埃，巴格诺·德·普晒斯：《凯瑟琳·德·美第奇的信件》，第5卷，第73页到第75页，此处我以注释的方法将最难的段落现代化了。——原注

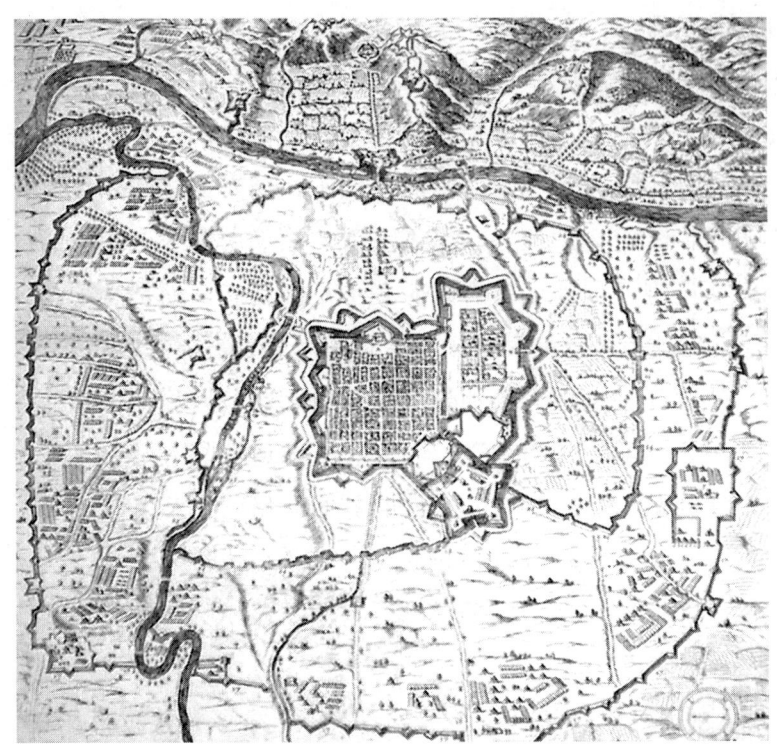

都灵城

匹配的职务。"① 美第奇王太后还让亨利三世直接用钱或别的方式奖励他们的忠心。法兰西国王不是一个拥有一切的宠儿,"因为与其满足许多臣民,在每一个省都安置能为自己服务的人,国王不如只重用十几个亲信,这样这十几个人会认为自己是少数几个重要的人,他们就会效忠

---

① 赫克托·德·拉费里埃,巴格诺·德·普晒斯:《凯瑟琳·德·美第奇的信件》,第5卷,第74页。国王亨利三世必须"表现得自己是主人,而不再是伙伴……"人们不能想"因为国王年轻,就让国王去做合自己心意的事",国王必须"改变自己对冒犯他的人、让他做同伴或不快乐的人的态度,国王要大胆地打破两到三个甚至更多人们似乎无动于衷的习惯。别的就暂且让它们以本来的样子进行吧。国王要自己给那些能够很好地为他服务的人一些好处,只要他们不为职务的事纠缠国王就不要让他们离开自己的位置,""……国王要赋予各个地区而不是具体的人权力,否则国王的事业将受到损害,因为有时为了奖励某个人,人们会给予此人与之能力并不相符的职务。"——原注

第 8 章　美第奇王太后与亨利三世的二元政治

国王，而且认为并不是国王让他们这样做的①。""有必要在各个省内，将职务、责任、利益及尊严赋予那些最伟大和最有判断力的人"，"就像路易十一与弗朗索瓦一世时习惯做的那样"。主教也应该受到青睐，"因为在教区里，主教的服务包含一切"。作为国王，亨利三世要自己管理宫廷，"为了管好它，国王首先得自我管理"。亨利三世应该在"确定的时间"起床，并让人将公函立即送到自己的房间以便及时阅审。国王还要向国务秘书说明哪些需要做出答复。国王要命令将原来通常交给国务秘书的申诉书和请求书直接送过来，以便让每个人都知道亨利三世才是恩典的唯一授予者。"这样做了之后，人们就只感激、追随国王了。"亨利三世应改革议会，把议会成员裁减到"合适的数目"。他还须撤销财政理事会，就像在弗朗索瓦一世时期那样，把一切都交给管理王国事务及"为所有党派"服务的枢密院决定②。

但最重要的是，美第奇王太后必须尽早推行这些改革，"因为如果不从一开始就着手进行的话，改革恐怕永远完成不了"。但人们会说，既然弊端已经如此明显，为何美第奇王太后没有早点进行补救呢？美第奇王太后回答说："尽管我一直在进行，但我的儿子才是国王。"也就是说，尽

---

① 国王不应是拥有一切的宠儿。"因为不是为了赐予恩惠而去满足所有的臣民，而是在每个省都安置为国王服务的人，因为国王只有十几个亲信。当看到自己是少数几个重要的人物时，他们就会效忠于国王，而不会认为国王让他们这样做。"——原注

② 出于当时的情况，国王议会明确了工作的分工。枢密院在国事、司法和财政方面的会议倾向于成为国王议会工作的"组成部分"。但当国王想直接关注它的事务，并且日复一日地跟踪了解它们时，他会重新开始让安理会当着他的面进行审议，而不是由一组顾问单独决定。因此，弗朗索瓦一世从被囚禁的马德里返回时，已经把曾分为战争事务、商业、金融和司法的"枢密院"合为一体。这个统一的议事会举行两次会议：一次一般是早上，用于处理财政和国家事务（16世纪曾使用的各种名称有理事会、议会理事会、议会委员会、早晨事务会议，这些名称都来源于此），另一次会有更多的工作人员参与，专门用于请愿和诉讼（当事人理事会、枢密院和诉讼理事会）。美第奇王太后是参考弗朗索瓦一世时期组织的，这是我们通过1543年的规定知道的。美第奇王太后建议取消自己已经建立的财务委员会。最初财务委员会只是一个由更有能力的顾问组成的筹备委员会，负责编写提交枢密院的关于财务方面事务的决定，但它已经习惯于处理所有事，导致将枢密院压缩成了一个注册议会。——原注

管王太后认为自己很强大,是自己行为的主人,但"我还是把权力交给了他"。美第奇王太后最后说:"只要国王愿意,他无所不能。"①

似乎一切都已被安排好了。亨利三世一到达里昂就把议事会成员减少到了八个:掌玺大臣河内·德·比拉格、莫维里埃斯、利摩日、富瓦的先生们、皮布拉克、让·德·蒙吕克、切维尔尼、贝利耶夫,另外亨利三世还把亲王们也召集来了。亨利三世任命贝利耶夫为金融总监,这实际上是撤销了金融筹备委员会。亨利三世会亲自听取公函并口述回复的内容。那些冒称有权打开信件并迅速处理紧急事务的国务秘书,又沦为他们原来为国王和议事会起草命令的角色。一个见证者说,如果国王没有亲手签署请愿书,那么它们都是无效的。②

莫维里埃斯

---

① 赫克托·德·拉费里埃,巴格诺·德·普晒斯:《凯瑟琳·德·美第奇的信件》,第5卷,第75页。——原注
② 赫克托·德·拉费里埃,巴格诺·德·普晒斯:《凯瑟琳·德·美第奇的信件》,第5卷,第85页,注释1。——原注

第 8 章　美第奇王太后与亨利三世的二元政治

然而，个人集权的政府需要意志、专注和不懈的努力，而这些亨利三世都无法做到。他很快就厌倦了审阅、签署和召见。旧的错误又重新出现，而且由于间歇性的行为和最高统治者的任性，情况变得更加严重。亨利三世并不听取他母亲美第奇王太后的建议，如他的父亲和祖父那样与所有亲王和绅士们亲近，而是把自己局限在跟他年纪相仿的同伴的圈子里。亨利三世放弃了自己应尽的义务，就好像他不喜欢在臣民面前展示自己一样。亨利三世让人在他的桌子旁边设了一个扶手栏，以便和话多的人及讨厌的人保持距离，并要求在表示恭敬的宁静氛围中就餐。那些习惯了看望国王，与国王接近，并和他交谈的大大小小的领主，因对这种未开化的萨尔马特式的"装腔作势"感到愤慨而离开了宫廷[①]。

亨利三世继续像他母亲所担心的那样，一直优待与他亲近的人。在抵达里昂之前，亨利三世就剥夺了骑兵军官雷斯第一宫内侍从的职务并将这一职务赏赐给维勒基耶。美第奇王太后提醒亨利三世，如果他赶走自己兄长的仆人，"大家"会觉得"非常奇怪"。但亨利三世也只承诺让雷斯和维勒基耶各负责六个月。尽管四位任职者还健在，但美第奇王太后无法阻止亨利三世决定提拔贝勒格德[②]为法兰西王国元帅，并为雷斯设立了第五位国务秘书的职务。亨利三世让拉赫尚在当前职务的拥有者去世后担任美第奇王太后已经授予朗萨克的卫兵队长的职务，并让吉勒斯·苏务贺[③]成为他藏衣室的负责人。这些人都是亨利三世在波兰时的同伴，他像对待为自己牺牲的人一样奖励了他们。

很快，美第奇王太后就更加失望了。革命之火在蔓延，她又得开始压制新教党了，这是圣巴塞洛缪事件残酷但又合乎逻辑的延续。在这场

[①] 赫克托·德·拉费里埃，巴格诺·德·普晒斯：《凯瑟琳·德·美第奇的信件》，第 5 卷，第 85 页，注释 1；安东尼·维迪尔：《基督教和世俗名人描写》，里昂，1603 年，第 3 卷，第 2558 页到 2559 页。——原注
[②] 这里指圣拉里贝勒的罗杰一世（1525—1579），贝勒格德的领主，亨利三世的宠臣之一。
[③] 吉勒斯·苏务贺（1540—1626），十六七世纪法兰西王国的贵族，也是亨利三世的宠臣之一。

令人震惊的大屠杀之后，与受难者拥有共同信仰者，甚至一定数量的天主教教徒都指责美第奇王太后涉嫌预谋和伏击，他们不会再理解或信任当政者了。然而黎塞留的弗朗索瓦四世却不畏惧任何报复行为①继续奉行这种镇压政策，并将它作为结束内战的唯一途径。美第奇王太后的错误在于没有明白要战胜胡格诺派，必须先推翻他们的政治支持者。想让不久前还是狂热天主教教徒的蒙莫朗西-当维尔回头，可能只要让他离开朗格多克政府，并释放弗朗索瓦·德·蒙莫朗西和阿特斯·德·科塞元帅就够了。但美第奇王太后高估了自己儿子的军事

黎塞留的弗朗索瓦四世

才能，认为他有能力打败由不满者组建的联盟。再次见到亨利三世之前，美第奇王太后还曾让他提防为了证明自己无罪而到都灵来见他的蒙莫朗西-当维尔。如果反叛分子不接受亨利三世约束改革派信仰的条件，美第奇王太后就让亨利三世公开宣布自己与他们作战的意图。因为拥有六千新征召的瑞士雇佣军及弗朗索瓦·德·波旁②的军队，亨利三世很容易就能压制朗格多克的反抗。另外美第奇王太后还提醒亨利三世不要随便达成休战协议，因为休战会导致他的部队战斗力日趋下降。这个盲目自大的母亲

---

① 黎塞留，这里指黎塞留的弗朗索瓦四世（1548—1590），是黎塞留的领主，法兰西王国上尉和伟大的王室军官。
② 蒙特庞谢公爵路易·德·波旁的儿子。——原注

第8章　美第奇王太后与亨利三世的二元政治

甚至自以为"您看起来很强大，就算您没有让叛乱者来认输，他们也会自己来的……我认为在您离开里昂之前，要先让这个王国休养生息，然后再出发前去接受加冕，这将使您成为有史以来最荣耀的国王"[1]。

经过美第奇王太后的精心培训，亨利三世漫不经心地听取了蒙莫朗西-当维尔的解释以及萨伏伊公爵伊曼纽尔·菲利贝托和公爵夫人玛格丽特·德·弗朗斯的劝告[2]。这位朗格多克行政长官回到蒙特庞谢的阵营，决定以后只会看着国王的画像，再不去当面拜见他了。

反对美第奇王太后的笔头战争更加激烈地重新展开了。无论是在短的讽刺诗还是长篇抨击文章中，政客和新教教徒们用韵文和散文，用拉丁语和法语，激起民众反抗美第奇王太后及别的外族人统治法兰西王国的民族感情。米兰人河内·德·比拉格是掌玺大臣，菲利普·斯特罗齐是法兰西王国步兵上将，讷韦尔公爵路易·德·冈萨格是军队的指挥官，阿尔伯特·德·冈迪是法兰西元帅。萨尔迪尼和另一支冈迪家族的让·巴普蒂斯特·德·冈迪，依靠法兰西人的税收并从中攫取超额利益，阿德然赛[3]也使用同样的手段抢夺法兰西人的财富。"因此，这个美第奇家族女人是把王国移交给了奥佐尼[4]的宠臣"。另外，美第奇王太后一直在通过让吉斯家族对抗沙蒂隆家族，并对他们使用诡计而让法兰西臣民相互攻击。她用狡猾、庭审、暗杀和毒杀来对付那些凭武力无法战胜的人。她预谋了圣巴塞洛缪大屠杀，致使人民相互残杀。她大量使用阴谋与诡计来彻底摧毁法兰西王国。法兰西人，如果你们再不决定拿起武器

---

[1] 1574年8月，赫克托·德·拉费里埃，巴格诺·德·普晒斯：《凯瑟琳·德·美第奇的信件》，第5卷，第67页到第68页。——原注
[2] 据1557年在法兰西王国的威尼斯大使乔万尼·米奇利透露，是威尼斯的市政议会使国王解除了武装进入法兰西王国，并宣布大赦及释放囚犯。尼科洛·托马塞奥：《16世纪威尼斯大使在法兰西王国事务中的关系》，第2卷，第245页。——原注
[3] 阿德然赛，这里指西皮翁·萨皮尼（1526—1609），他是法兰西王国托斯卡纳家族的金融家，是美第奇王太后的随行人员中最有影响力的意大利"征税官"之一。
[4] 奥佐尼，意大利拉齐奥地区弗罗西诺内省的一个城市。

推翻佛罗伦萨人的政权，你们就只能怯懦地听任这些蛊惑者的摆布，成为他们的奴隶，或者被迫离开家园，这个属于你们自己的国家①。

这些诽谤中最著名和最值得一提的是书名为《关于凯瑟琳·德·美第奇的生活、行为和举止的精彩言辞》的一本小册子。这本小册子给美第奇王太后打上圣巴塞洛缪惨案制造者的烙印，而且好像这个罪行还不够恶劣，它还指控她毒害或杀死所有的伟大人物，因为这些人的死亡显然对她是最有利的。美第奇王太后的政府只有诡计、阴谋、奸诈和可恶的算计。她带坏了她的儿子们，消耗他们的精力，削弱了他们的智慧，使他们厌恶有所作为。她是所有那些贪婪、罪恶和乱伦的美第奇家族人的"可敬"的女儿。

《关于凯瑟琳·德·美第奇的生活、行为和举止的精彩言辞》不仅仅是一本小册子，它还是新教教徒和联合天主教教徒的宣言。这本小册子倾向于煽动贵族及两个教派的成员反对美第奇王太后。它对第三代吉斯公爵亨利一世·德·洛林很宽容，认为他参与圣巴塞洛缪大屠杀仅是出于个人报复，这几乎是原谅了他②。这本册子只怨恨最大的罪犯，即控制亲王们并把法官送入监狱的法兰西王国的敌人——美第奇王太后。必须坚决地揭露她的企图，"对于这一点，责任和荣誉呼吁你们，法兰西王国的领主和先生们，你们拿起武器不只是表明你们的态度，还是为了拯救你们的首领、你们的国家和你们自己。不要忍气吞声让你们的亲

---

① 第一次与原稿完全符合的编辑，出现在皮埃尔·埃图瓦尔：《皮埃尔·埃图瓦尔日志回忆录》，巴黎，茹奥斯特，第1卷，1875年，第18页到第19页。——原注
② 在背叛（圣巴塞洛缪大屠杀）后的第六个月第二十二天，也就是1573年2月4日或5日，出现的另一本新教教徒小册子，1574年也在爱丁堡出现了，由费舍布斯·费拉德尔弗编写的《法兰西人及邻居的早晨的觉醒》甚至讲得更确切些，暗示了第三代吉斯公爵亨利一世·德·洛林自认是查理曼大帝的后代，此书宣称："胡格诺派人最希望看到的就是您（亨利一世·德·洛林）重新登上于格·卡佩从您的祖先那里篡夺的王位，以确保（就像这本书所记载的）您不仅可以允许他们保留自由的信仰，而且还可以在整个法兰西王国完全自由安全地进行他们的宗教活动。——原注

第 8 章　美第奇王太后与亨利三世的二元政治

王成为奴隶，仅为了保留对这个女人的感情就让法兰西王国的官员拿生命去冒险。而你们自己，每天也都要用死亡来满足一个女人的复仇欲望。"宗教分裂就是美第奇王太后的愿望。"忘记它们吧。尽管没有相同的信仰，难道我们不是法兰西人，不是出生在同一个国度，属于同一个国王，同一个国家的合法子民吗？""让我们同心协力，所有等级和身份的人，绅士、有产者和异教徒，联合起来迫使她归还我们的亲王和领主们的自由吧。"①

被简称为《精彩言辞》的《关于凯瑟琳·德·美第奇的生活、行为和举止的精彩言辞》一书取得了巨大成功。里昂作为当时图书行业发展得最好的地方，那里的印刷厂主为了满足大众的需求，将他们的地窖都塞满了这本书的副本。舆论厌倦了这位女性的长期执政，没有连续性的政策，毫无结果的暴力，无休止的战争，宫廷的巨大开支，超额赋税，亲王们的失势，外国的信贷和普遍的苦难……皮埃尔·埃图瓦尔说："这本书不仅被胡格诺派人接受，而且在天主教教徒中也很受欢迎——对人们来说这个女人的名字多么可恶，据与胡格诺派誓不两立的天主教教徒说，"这本书中所讲的一切都是真实的"②。

美第奇王太后确实把她的亲戚和一些委托人送上了国家和教会的最高阶层。法兰西元帅皮埃尔·斯特罗齐的好运主要是由亨利二世和意大利的事务带来的。但美第奇王太后让他的儿子菲利普·斯特罗齐成为法兰西王国步兵上将，让他的弟弟洛伦佐·斯特罗齐成为主教和红衣主教，还将他的另一个弟弟，家族银行家罗伯特·斯特罗齐封为荣誉骑士。美第奇王太后对皮埃尔·斯特罗齐的女儿们几乎像母亲一般。在1558年，她将克拉利瑟嫁给普罗旺斯的行政长官，索姆马里瓦伯爵奥诺拉

---

① 桑贝尔，当茹：《法国历史中搜集的档案》，第 9 卷，第 111 页到第 112 页。参考蒙莫朗西－当维尔为拿起武器而辩护的宣言（1574 年 11 月 13 日），出现在新版外斯贺：《朗格多克通史》，图卢兹，1889 年，第 12 卷（证据），第 1105 列到第 1111 列。——原注
② 皮埃尔·埃图瓦尔：《皮埃尔·埃图瓦尔日志回忆录》。——原注

二世·萨伏伊·唐德①，并赐给克拉利瑟六万卢比，以及价值一万卢比的戒指和家具②；美第奇王太后还让阿方西娜代替一位嫡公主，永河畔拉罗什公主，在克拉利瑟死后成为荣誉夫人，并任命娶了这位阿方西娜的热那亚贵族成员菲斯科伯爵，为帆桨战船将军及维也纳大使。

尽管美第奇王太后萨尔维亚蒂家族的表兄弟们支持佛罗伦萨公爵科西莫一世，她也没有对他们怀恨在心。朗格多克圣帕普勒的主教区是专门

索姆马里瓦伯爵奥诺拉二世·萨伏伊·唐德

---

① 奥诺拉二世·萨伏伊·唐德（1511—1580），出自萨伏伊-唐德家族的一个贵族，由萨伏伊公爵伊曼纽尔·菲利贝托提拔为维拉尔侯爵，并担任法兰西王国元帅和海军上将。
② 卢西恩·罗米耶：《宗教战争的政治根源》，第1卷，第150页，注释2。——原注

第 8 章　美第奇王太后与亨利三世的二元政治

留给他们的教会领地。当雅克·萨尔维亚蒂与卢克莱丝·洛伦佐·德·美第奇的儿子贝尔纳多·萨尔维亚蒂信奉上帝时,他就被指定为是法兰西宫廷大神甫伯纳德的继承人了。而这个被提拔为红衣主教的贝尔纳多·萨尔维亚蒂又在圣帕普勒被安东尼·玛丽·萨尔维亚蒂所替代。安东尼·玛丽·萨尔维亚蒂成了另一位常任的法兰西宫廷大神甫。

自从美第奇王太后来到法兰西王国,她就对为自己服务的一位女士,玛丽·凯瑟琳·德皮埃尔·维维的照顾很满意。这是一位与著名的里昂

安东尼·玛丽·萨尔维亚蒂

商人——佛罗伦萨小绅士安东尼·德·冈迪结婚的里昂有产妇女①。同时，这也是安东尼·德·冈迪转运的起源。在此，我们只提这个家族的几位最突出者。查理九世议会的第一绅士阿尔伯特·德·冈迪被任命为不携带武器的法兰西王国元帅，他的雷斯男爵领地被设立为公国。皮埃尔·德·冈迪是朗格勒主教、红衣主教、巴黎主教等一个主教家族的前辈。这个从叔叔到侄子都曾是主教的家族，持续了将近一个世纪②。

安东尼·德·冈迪

---

① 科波奈里：《冈迪家族史》，巴黎，1705 年，第 2 卷。安东尼·德·冈迪是雷斯公爵的父亲，第 2 卷，第 2 页。家族系谱没有提及"冈迪的生意"。因此，有必要从查尔平·德·弗日罗勒：《里昂的佛罗伦萨人》（1894 年），在第 119 页和第 120 页中几处档案中找到一些资料来弥补他的缺失。——原注

② 科波奈里：《冈迪家族史》，第 2 卷，第 25 页到第 29 页，第 61 页。——原注

第 8 章　美第奇王太后与亨利三世的二元政治

美第奇王太后还雇佣其他佛罗伦萨人作为合作者，加达尼家族、达尔本家族也从里昂来到了巴黎。

在为美第奇王太后服务的女士名单中，我们注意到了佛罗伦萨最伟大的名字：卡瓦尔康蒂女士、托尔纳布奥尼女士和布阿纳科尔西女士。美第奇王太后为自己雇用了法兰西王国的委托人米兰多拉①伯爵路易·比克的女儿们，并将其中两人嫁给了拉罗什富科家族的成员。

所有在法兰西王国谋生或避难的意大利人，被驱逐的政治家、学者、作家、法学家和艺术家都将美第奇王太后当作是保护伞。美第奇王太后帮助他们，安置他们，不知疲倦、不加斟酌地将他们推荐给所有人。

在很大程度上，美第奇王太后更像意大利人，表现出雇主对于委托人的责任。

这似乎是美第奇王太后个人状况的必然结果。一个既没有党派支持也没有威信的外来者，在丈夫亨利二世统治期间由于一个情妇的原因而不得宠，后来在宗教危机中成为摄政者。美第奇王太后曾乐于在自己的仆人、亲戚和同胞们中寻找可以信任并愿意为她效劳的人。她非常慷慨地奖励他们，这也很正常。黎塞留想反对她，想让他的侄子和堂兄弟来取代蒙莫朗西家族、吉斯家族和埃佩尔农家族的成员。黎塞留还把自己的一个侄女嫁给了孔代亲王亨利一世·德·波旁，这样他家族的血统就与法兰西贵族的血统融为一体了。但在选用官员时，美第奇王太后更尊重出身和门第，不会以牺牲传统法兰西贵族的利益为代价来特别照顾当选者。

的确在某些法兰西王国事务中，美第奇王太后的同胞是不可或缺的。内战并非美第奇王太后的责任，但花在宴会庆典和奢侈建筑上的巨大开支，却都是她的原因。查理九世统治末期，国库空虚。为了生存，必须

---

① 米兰多拉，位于意大利艾米利亚-罗马涅地区摩德纳省的一个城市。

求助于所有乐于借款的人①，通过转让教会财产和王室领地，增加税收，征收进出口商品税和变更货币来增加宫廷收入。意大利人在聚敛钱财方面早已是行家，他们是第一批，并且长期以来一直是基督教教徒中的伟大银行家。他们让国家出面，以国家的名义借款。意大利人是美第奇王太后在税务方面最优秀和最强大的代理人。意大利人早已习惯于通过股份或份额组织共同利益体，并将它们聚集起来经营某项事业。作为贷款人，他们利用法兰西政府的挥霍，以高利率为自己谋得利润；作为包税人，他们又以最优惠的承包契约承包了征税事务。但他们总是以昂贵的价格提供服务，从国王和纳税人身上冷酷无情地获得最大的回报。

当民众正处于水深火热之中时，各党羽和叛徒们却肆意横行。冈迪家族②的成员及诸如萨尔迪尼、阿扎内特、扎梅特等之前根本无人知晓的人物在短短几年内便积累了巨大财富，娶了贵族女子，被授以爵位，成为贵族、教士和主教。这些当时的新贵并不都是意大利人。进入这些阶层的法兰西人同样唯利是图，但胡格诺派和政治家却乐于使人们相信，这些被称为各级代表的"吸血鬼"全部是美第奇王太后的同胞。反对派正努力将对美第奇王太后的攻击引导成全民性的抗议。

美第奇王太后本可以说她的前任留给她一个负债累累的国家，仅靠她自己是根本无法阻止内战再次爆发的。美第奇王太后在法兰西宫廷发现的意大利人比她自己招募来的要多得多，所有这些人都是弗朗索瓦一世和亨利二世为他们在阿尔卑斯山外的事业所做的储备。责备讷韦尔公爵是曼图亚的贡扎格家族成员，就像责备吉斯家族人是洛林家

---

① 例如，通过抵押王冠上的宝石来向威尼斯人和托斯卡纳大公借款。于是，日耳曼·巴尔斯特在他根据从未发表的文献书写的《法兰西王国王冠珠宝史》（巴黎，1889年），第二册中写下了瓦卢瓦金融史上的精彩篇章：《王冠钻石的财政角色》。——原注
② 关于里昂银行家，后来的包税者，美第奇王太后的"同伙"让·巴普蒂斯特·德·冈迪，参见科波奈里的《冈德家族历史》，第245页，里面指出他作为国王"管家"的头衔，但没有说他的投机行为。——原注

第8章 美第奇王太后与亨利三世的二元政治

族人、内穆尔公爵雅克·德·萨伏伊是萨伏伊家族人一样不合理。掌玺大臣河内·德·比拉格来自一个为了法兰西王国的事业而被毁掉的米兰家族。在反对查理五世和腓力二世的战斗中,皮埃尔·斯特罗齐和他的儿子菲利普·斯特罗齐,一个死在蒂永维尔的城墙下,另一个在亚速尔群岛的海战中被杀死。这里出现了一个问题,那就是我们是否还应将雷斯公爵和娶了地道里昂女子的著名商人之子、里昂地产业主及市议员红衣主教皮埃尔·德·冈迪看成是外来者。其实他们都是在法兰西王国长大的①,只在有某些临时任务时才离开。他们所受的教育、所接触的环境及拥有的母系血统至少也能与他们佛罗伦萨的出身相抗衡了吧。可以说经过两代人,这些人其实要比那些只是取得法兰西王国国籍的人好得

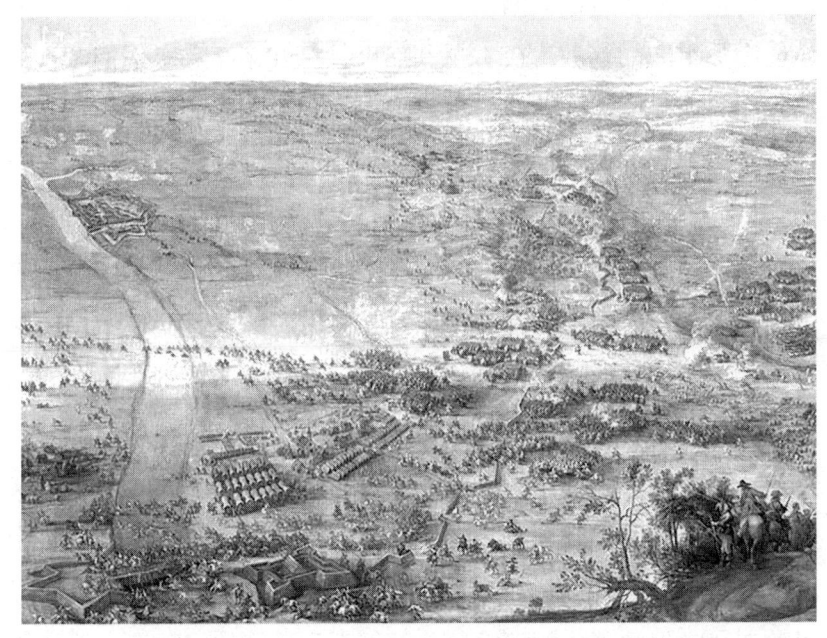

围攻蒂永维尔。皮埃尔·斯特罗齐即死于此役

---

① 1522年11月4日,阿尔伯特·德·冈迪生于佛罗伦萨,父母曾在那里居住一段时间。自1533年以来,他的父母,有可能也包括他都住在宫廷(科波奈里:《冈德家族历史》,第2卷,第25页)。红衣主教于1533年出生在里昂(科波奈里:《冈德家族历史》,第2卷,第61页)。——原注

多，他们甚至可以说自己就是一个纯粹的法兰西人了。但写抨击文章的作者并不是历史学家，他们不会仔细研究这些人。

美第奇王太后根本不把诬蔑和诽谤放在眼里，她以对对手诉诸武力为荣。像保罗·德·富瓦一样谨慎的议员，以及像让·德·蒙吕克元帅一样的勇士都劝国王做出让步，但美第奇王太后却支持强硬派。他们组建、加强了四支军队来对付南方和西方的叛乱分子。

亨利三世指挥着军队打算要铲除蒙莫朗西-当维尔。但当亨利三世到了阿维尼翁（1574年11月23日）时就获悉，他疯狂爱着的孔代公主去世了，据说亨利三世本来是想娶她的。由于失去爱人后伤心欲绝，亨利三世每天以泪洗面，痛苦尖叫，这样的日子甚至超过了八天。后来，亨利三世通过宗教信仰来减轻自己的痛苦，他在罗马教皇的土地上参加了众多由各种苦修会会员组成的宗教协会。亨利三世甚至和亲王、大臣们蒙着面罩，手持蜡烛跟着夜晚的仪式队伍前进。美第奇王太后只好顺从了亨利三世，与叛乱分子进行谈判。就在美第奇王太后抵达阿维尼翁（1574年11月22日）当天，便让人向蒙莫朗西-当维尔提出在塔拉斯孔或博凯尔进行会晤。"以王太后和公主的名义向蒙莫朗西-当维尔保证，他可以安全前来。"但和美第奇王太后打交道的是一个非常精明的男人，他猜出了她的真实想法，以"为了不让孔代亲王亨利一世·德·波旁，我们的将军，我们所有的盟友及那么多团结在我们事业周围的人嫉妒"[①]为由，拒绝前去与美第奇王太后对话。蒙莫朗西-当维尔在蒙彼利埃建了一座城堡，加强对吕内尔、尼姆、博凯尔的守卫，甚至未经同意，违背国王的意愿召开了全省的三级会议。蒙莫朗西-当维尔还进攻了罗纳河畔的圣吉利，猛烈攻打这个要塞，以致在离它仅几英里的阿维尼翁都能听到连续的炮轰声。教会和"和平天

---

① 美第奇王太后1574年11月22日的信和蒙莫朗西·当维尔1574年11月23日的回复。赫克托·德·拉费里埃，巴格诺·德·普晒斯：《凯瑟琳·德·美第奇的信件》中，第5卷，第105页到第106页，注释。——原注

笃信宗教的亨利三世与他会见的宗教人士

主教教徒"的代表们聚集在尼姆，签署了他们的伟大联盟条约，组织了南方和中部的政府。在蒙莫朗西-当维尔的指挥下，建立了共和政体，这个政体拥有自己的大会、军队、司法庭、海关、财政、税收、治安及医院（1575年1月10日）①，由唯一自由的并拥有正宗血统的孔代亲王行使最高权力。

亨利三世厌倦了战争，批准了联盟条约，并允许胡格诺派和不满者在与孔代亲王亨利一世·德·波旁达成协议后向他提交他们的请愿书。美第奇王太后的伟大计划和幻想破灭了。她终于承认自己的儿子不是如亚历山大一样的人。美第奇王太后只是将年轻人一时的热情当成了对战争的热爱，而这种热情很快就被享乐主义磨灭了。她还注意到，在亨利三世所有的行动中，他遵循的规则只是满足自己的便利和顺应自己的脾气。亨利三世哭了一周，流尽了眼泪，也结束了对孔代公主的哀悼，之后又告诉自己的母亲，他决定迎娶洛林家族的一位既没有财产也没有什么希望的公主，第三代吉斯公爵亨利一世·德·洛林的堂妹——路易丝·德·洛林为妻。就是在从波兰返回，前往南希的途中，他发现了她的温柔和美丽。美第奇王太后正在瑞典协商，准备给亨利三世物色一位也许会帮助他留住波兰王冠，并备有嫁妆，可以联姻的女子。但亨利三世首先表达了对路易丝·德·洛林的倾慕。美第奇王太后深知自己无法阻止，便批准了这桩婚事，而且为了掩盖她的失望，美第奇王太后还让人感觉是她亲手缔结了这个婚姻。至少美第奇王太后可以认为亨利三世吹嘘善良的这个儿媳，品性简单，没有野心，不会与她争夺她和自己儿子的政权。半年后（1575年8月27日），亨利三世把自己在巴鲁瓦的宗主权让给了其他家族的领袖，也是他姐姐克劳德·德·瓦卢瓦的丈夫，洛林公爵查理三世。国王冲动的代价是昂贵的。

---

① 1575年1月10日的联邦法规。外斯艾贺：《朗格多克通史》，新版，第7卷，第1114列到第1138列。由蒙莫朗西-当维尔颁布的条例，外斯艾贺：《朗格多克通史》，新版，第7卷，第1138列到第1141列。——原注

亨利三世与路易丝·德·洛林的婚礼

在所有的孩子里，美第奇王太后最疼爱亨利三世了，以至亨利三世从未感受过被强迫的滋味，认为自己是上天选择的君主。亨利三世确实拥有过人的天赋。"给他看最初一批信函"的雅克·阿米欧[1]将亨利三世的智慧与他的祖父弗朗索瓦一世相媲美，认为他像自己的祖父一样渴望"学到和听到一切伟大和高尚的事物"，但亨利三世除了拥有令人羡慕的智慧以外，还有他的祖父所没有的耐心倾听、阅读及写作的能力[2]。

雅克·阿米欧

---

[1] 雅克·阿米欧（1513—1593），法兰西王国大主教，也是文艺复兴时期最著名的翻译家之一。
[2] 1577年8月27日，雅克·阿米欧致本都·德·蒂亚尔的信。《本都·德·蒂亚尔的作品》，马蒂·拉沃出版社，前言，第23页。——原注

第8章　美第奇王太后与亨利三世的二元政治

　　亨利三世熟练掌握两种语言——法语和意大利语。亨利三世天生就是演说家。他的妹妹玛格丽特·德·瓦卢瓦说，1569 年，还是安茹公爵的亨利三世在普莱西斯－雷图尔战胜胡格诺派后，当着"法兰西贵族和领主"等军队首领的面，"为了向当时的查理九世解释自己离开王宫后是如何使用权力，亨利三世做了演讲。这篇演讲构思巧妙、逻辑清晰、语言优美，结果在场的所有人都对亨利三世敬佩之至……期间，亨利三世的所有动作也都优美流畅。这一切为他带来了好运"。"最疼爱他的我们的母亲从中感受到的已经无法用语言来表达了。我们很容易看出她表现出的过度喜悦"①。然而，亨利三世缺少男子气概。他是瓦卢瓦王朝的末代君主。与他的祖先或他的兄弟相比，他太不像个男人了。弗朗索瓦一世和亨利二世都热衷锻炼。查理九世把喇叭吹得几乎震破胸膛。为了放松，查理九世还会像铁匠一样打铁。虽然阿朗松公爵弗朗索瓦·德·弗朗斯的身材矮小、双腿细长，②但他也是一名骑士，擅长各种运动。而亨利三世受到的教育让人感觉他就像一个被宠坏的孩子。当亨利三世第一次出征时，与其他王子们相比，她的母亲更担心他。亨利三世在女侍者中待得太久了。在写给菲利普二世的陈情书上，西班牙大使弗朗西斯·德·阿拉瓦说，二十年来，为美第奇王太后服务的女性一直包围着亨利三世。她们"一个摩挲着他的手，另一个爱抚他的耳朵。这种事花去了他很多时间"③。

　　在每天所接受的轻抚中，亨利三世自然变得特别敏感，并且总是过度兴奋。亨利三世还从同伴那里学到了关注琐事、做事随心所欲的毛病。他喜欢华丽的服饰，容易流泪，并且轻信谗言。为了寻找"非凡的刺激和快感"，亨利三世在很年轻时私生活荒淫不堪，这些最后令他萎靡不振，变得很女性化。在兰斯（1574 年 2 月 13 日）的加冕典礼上，当主祭把王

---

① 玛格丽特·德·瓦卢瓦：《玛格丽特·德·瓦卢瓦回忆录》，盖萨尔出版社，第 12 页。——原注
② 奥伯里：《威尼斯大使在参议院的报告》，第一系列，法国，第 4 章，第 428 页。——原注
③ 佛贺讷宏：《腓力二世的历史》，第 2 卷，1881 年，第 297 页。——原注

冠戴在亨利三世头上时,他竟抱怨说它压疼了自己。在与路易丝·德·洛林举行婚礼那天,他起得那么晚,还花了那么长时间来打扮下午必须做弥撒的新娘①。亨利三世渴望权力却又懒于使用它,所以他将责任和烦恼都留给了他的母亲,只是由于要满足亲近者的要求或突然的自尊心才会参与一下,但很少去纠正重大的错误。在这种间歇性的二元政治中,最像男人的反而是美第奇王太后这个女人。

是时候开始行动了。蒙莫朗西-当维尔的代表和新教代表在与孔代亲王亨利一世·德·波旁在巴塞尔共同商议后返回时,已经重新加入了巴黎的御前会议。在1575年4月11日被国王召见时,他们列出了九十一条不满和愿望清单。这些人要求自由、全面地行使改革派的宗教信仰的权力,不得有任何保留或限制,要求设立旧教和新教法官各占半数的法庭,给予安全场所,释放被关押的骑兵军官,惩罚圣巴塞洛缪惨案中的刽子手,恢复受难者的声誉并召开三级会议。

国王被如此大胆的言行震惊了。据说,美第奇王太后宣布"当胡格诺派人在一次行动中,聚集了包括在世的海军上将加斯帕尔·德·科利尼在内的领袖,共计五万人时,他们只是说的比做的多"②。美第奇王太后和亨利三世都担心国家会被分裂,但也不愿做出不光彩的让步,于是在进行了很长时间的商议后,母子二人打算将这些代表遣送回他们的故乡,在那里将其释放,也就是说要减轻对他们的惩罚(1575年5月初)。

为了用一切力量对付孔代亲王亨利一世·德·波旁在神圣罗马帝国聚集的救援军队,法兰西国王亨利三世必须确保南方省份对王国绝对忠诚。但美第奇王太后发现有点儿晚了。她有一个奇怪的想法,是那种非常精明的人常抱有的天真想法,那就是让被监禁在巴士底狱的弗朗索瓦·德·蒙莫朗西元帅写信给蒙莫朗西-当维尔,禁止蒙莫朗西-当维

---

① 皮埃尔·埃图瓦尔:《皮埃尔·埃图瓦尔日志回忆录》,第1卷,第50页。——原注
② 皮埃尔·埃图瓦尔:《皮埃尔·埃图瓦尔日志回忆录》,第1卷,第56页。——原注

加冕礼上的亨利三世

尔用犯罪手段继续对他进行救助。蒙莫朗西－当维尔答复说:"如果所有在监狱中犯的罪行都被赦免",在弗朗索瓦·德·蒙莫朗西获得自由的那一天,自己愿意像最谦恭的弟弟一样听从他的训导,但在这之前,尽管"受到各种责骂和污蔑",自己还是会"为了上帝、陛下和臣民的安康",以及家族首领的自由而坚持已经开始的"正当行为"①。

美第奇王太后高兴得太早了。1575年5月,蒙莫朗西－当维尔在蒙彼利埃生病了,而且生命垂危。1575年6月,他已去世的谣言甚至传到了巴黎。美第奇王太后、切维尔尼、马提尼翁元帅和掌玺大臣河内·德·比拉格都告诫亨利三世,如果必须相信历史学家马蒂厄的话,那就得赶紧通过了结被关押的弗朗索瓦·德·蒙莫朗西和科塞元帅阿斯特·德·科塞来完成普罗维登斯②的事业。为了使舆论相信这两位是自然死亡,国王的医生米隆还到巴士底狱去探望了他们,并宣布说如果不注意的话,他们就会

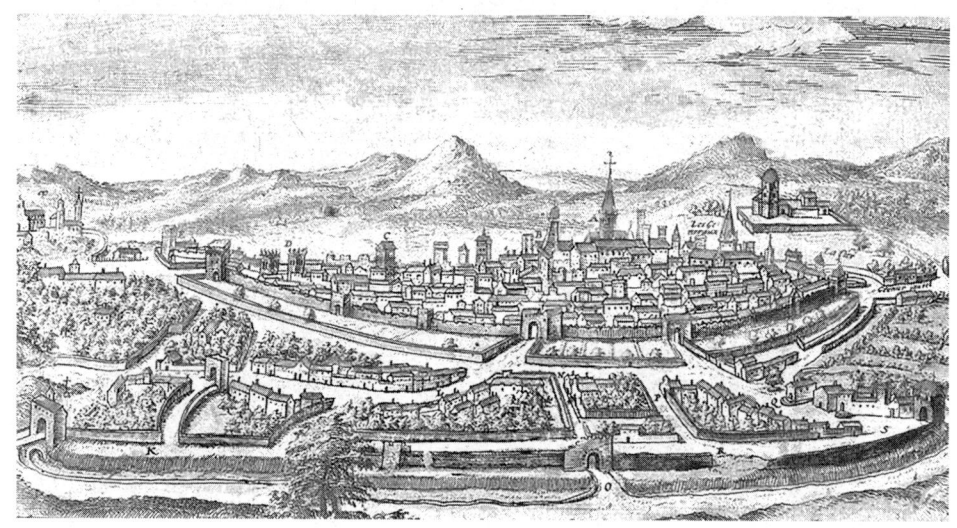

早期的蒙彼利埃

---

① 德克鲁:《政党》,1892年,第257页。文中认为相信弗朗索瓦·德·蒙莫朗西元帅的信是伪造的。——原注
② 普罗维登斯,法国的一个小村庄,位于圭亚那省的阿帕图镇。

第8章　美第奇王太后与亨利三世的二元政治

身体欠佳并患上"喉咙炎"。因此,如果某天早上人们发现他们窒息时也并不会惊讶。蒙莫朗西-当维尔没有死,科塞元帅阿斯特·德·科塞也得救了。蒙彼利埃议会(1575年7月)给代表们下达命令,那些在任何讨论之前就要求自由、全面、普遍和公开行使改革派信仰的人,以及那些要求释放被关押的元帅们并携带陈情书的人,都会被送上审判庭。这是权力对权力的最后战书①。

王室的分裂激发了叛乱。亨利三世讨厌他的弟弟阿朗松公爵弗朗索瓦·德·弗朗斯。弗朗索瓦·德·弗朗斯是另一个有良好表现但却奸诈狡猾的瓦卢瓦-美第奇人,他曾经想要得到大将军的职务,并可能在亨利三世流亡波兰期间策划过查理九世的突然死亡,妄图借此篡夺王位。美第奇王太后知道在一个分裂的王国内,家族成员的分歧是多么危险。亨利三世听从美第奇王太后的建议,选择了原谅阿朗松公爵弗朗索瓦·德·弗朗斯,但他又有太多无法原谅他的理由。亨利三世甚至怀疑阿朗松公爵弗朗索瓦·德·弗朗斯与蒙莫朗西-当维尔、拉努伊、孔代亲王亨利一世·德·波旁及所有内部和外部的敌人都有勾结。亨利三世非常怨恨弗朗索瓦·德·弗朗斯,甚至在一次自以为会死去的疾病中(1575年6月),曾鼓动那个能取悦他,并颇具幽默感和加斯科人激情的纳瓦拉国王亨利·德·纳瓦拉在自己死后夺取王权。

亨利三世和他的妹妹玛格丽特·德·瓦卢瓦也非常不和睦。他们曾一起长大,玛格丽特·德·瓦卢瓦年轻时还是亨利三世的知己。当亨利三世去军队时,他曾委托玛格丽特·德·瓦卢瓦维护自己的利益,并从他期待得到一切的母亲那里铲除敌对势力。至于他们关系破裂的原因,我们只知道玛格丽特·德·瓦卢瓦的相关陈述,并且也许不完全是事实。1570年,亨利三世被自己的宠臣加斯特先生路易·贝朗说服,"只能爱戴和信任自

---

① 爱德华·普里瓦:《朗格多克的历史》,新版本,第12章。——原注

己，不能让任何人靠近他的财富，兄弟姐妹也不例外，以及别的这种马基雅维利亚式的告诫"。因为内心孤立，亨利三世向美第奇王太后揭发她的女儿玛格丽特·德·瓦卢瓦与第三代吉斯公爵亨利一世·德·洛林的私情，并向她表示，这样的婚姻对于瓦卢瓦的敌人——洛林家族的子弟是多么有利。玛格丽特·德·瓦卢瓦被这种薄情寡义激怒了，她让母亲知道自己会"永远记得她的王兄对自己所犯的错"①。玛格丽特·德·瓦卢瓦的确坚守了自己的诺言。

当亨利三世准备出发前往波兰时，玛格丽特·德·瓦卢瓦说："他用尽一切办法想将我们的友谊恢复到最初的美好状态，并通过给予我誓言和承诺，想让我也这样。"②但从布拉蒙回来后，整个宫廷在圣日耳曼逗留期间，玛格丽特·德·瓦卢瓦承认，她被自己的弟弟，阿朗松公爵弗朗索瓦·德·弗朗斯的"顺从""隶属"和"关爱"所感动，决定"爱他，并关心与他相关的一切"③。因此亨利三世一到达里昂，便以自己的方式进行了报复。有一天，当亨利三世的妹妹玛格丽特·德·瓦卢瓦乘四轮华丽马车出来兜风时，他向无动于衷的纳瓦拉国王亨利·德·纳瓦拉暗示，并告知对女人的声誉非常在意的母亲，玛格丽特·德·瓦卢瓦是要去看望她的情人。晚上，当玛格丽特·德·瓦卢瓦出现时，美第奇王太后"开始发火，愤怒地骂出了很多难听的话"④。但风流的纳瓦拉王后玛格丽特·德·瓦卢瓦这次却无可指责，她只是去参观了圣皮埃尔女士修道院，那里男人是进不去的。

美第奇王太后知道真相后，为了替自己的儿子辩解，努力说服玛格丽特·德·瓦卢瓦，说国王是被一个宫廷侍从，一个他本要赶走的"坏人"的虚假报告欺骗了。另外，因为"她什么也没做"，国王来了，还大声地

---

① 玛格丽特·德·瓦卢瓦：《玛格丽特·德·瓦卢瓦回忆录》，盖萨尔出版社，第20页。——原注
② 玛格丽特·德·瓦卢瓦：《玛格丽特·德·瓦卢瓦回忆录》，盖萨尔出版社，第37页。——原注
③ 玛格丽特·德·瓦卢瓦：《玛格丽特·德·瓦卢瓦回忆录》，盖萨尔出版社，第38页。——原注
④ 玛格丽特·德·瓦卢瓦：《玛格丽特·德·瓦卢瓦回忆录》，盖萨尔出版社，第48页。——原注

圣皮埃尔女士修道院

向她道歉，向她赔罪，并倾尽所有向她示好[1]。然而，如果亨利三世认为作为王妹和臣子的玛格丽特·德·瓦卢瓦必须接受他的道歉，那么玛格丽特·德·瓦卢瓦会告诉这位王兄这是绝不可能的。亨利三世本来希望，玛格丽特·德·瓦卢瓦能和曾被她指责为糟糕的天才的加斯特和解，但她"怒气冲冲地"接待了亨利三世这位宠臣，并"明确表明她到死都会把亨利三世当成残忍的敌人，然后就把他打发走了"[2]。这是一场战争的宣言。美丽、聪明、热情的玛格丽特·德·瓦卢瓦也是一个可怕的敌人。

中年时期的玛格丽特·德·瓦卢瓦

---

[1] 玛格丽特·德·瓦卢瓦：《玛格丽特·德·瓦卢瓦回忆录》，盖萨尔出版社，第51页。——原注
[2] 布朗托姆：《作品集》，第8卷，第62页。——原注

第8章 美第奇王太后与亨利三世的二元政治

亨利三世继续担任党派的领导。作为曾经的安茹公爵，亨利三世总有重负之感，仿佛他不是国王，而是一个忍受特别不公正的待遇需要得到平反的人似的。亨利三世有一群狂热、勇武并忠心的年轻绅士围绕着他，阿朗松公爵弗朗索瓦·德·弗朗斯也有自己忠实的"团队"。玛格丽特·德·瓦卢瓦将被国王的党羽辞退的法兰西王国最好的剑客伯西·昂布瓦兹①，这个暴徒中的暴徒，勇士中的勇士拉拢到阿朗松公爵弗朗索瓦·德·弗朗斯的团队。加斯特为了惩罚这种背叛，让纳瓦拉王后玛格丽特·德·瓦卢瓦在感情上受到伤害，在伯西·昂布瓦兹离开卢浮宫前的一个晚上，派了"十二个"——玛格丽特·德·瓦卢瓦说是三百个——

伯西·昂布瓦兹

---

① 伯西·昂布瓦兹（1549—1579），亨利三世宫廷的一位绅士和著名剑客。他是国王的弟弟阿朗松公爵弗朗索瓦·德·弗朗斯的宠臣及纳瓦拉王后玛格丽特·德·瓦卢瓦的情人。

"骑着从国王的马厩里得到西班牙战马的勇士们"攻击他,但伯西·昂布瓦兹奇迹般地从这个伏击中逃脱了。第二天,伯西·昂布瓦兹"知道了幕后主使",开始对抗,"以劈开他们的头颅,杀死所有人相威胁"。"有人警告伯西·昂布瓦兹要老实,保持缄默,否则有人会拿着绳子对付他……会让他去个好地方换换空气。"①

亨利三世想方设法羞辱他的妹妹玛格丽特·德·瓦卢瓦。他假装指责玛格丽特·德·瓦卢瓦与她的一个"侍女"吉隆尼·戈昂有"特殊感情",这个侍女也被叫作托里尼,是马提尼翁元帅的女儿。亨利三世还强迫纳瓦拉国王亨利·德·纳瓦拉以不再爱玛格丽特·德·瓦卢瓦相威胁,将她所喜爱的仆人从家中赶走。

亨利三世一直将阿朗松公爵弗朗索瓦·德·弗朗斯视为敌人,让人监视他的活动、与他来往的人。国王还让自己的宠臣羞辱这位阿朗松公爵。加斯特"曾无视这位先生,甚至有一天在圣安托万大街碰到他时,都没有向他致意甚至还假装不认识"。加斯特曾多次说过自己只承认国王,而且就算国王吩咐他杀死自己的兄弟,他也会照做②。

为了破坏玛格丽特·德·瓦卢瓦在丈夫亨利·德·纳瓦拉和阿朗松公爵弗朗索瓦·德·弗朗斯之间努力保持的融洽,亨利三世根据加斯特的建议雇用了国务秘书的妻子夏洛特·德·索沃③——一个把他们两个都迷得失去理智的美女。这位"喀耳刻女巫"④让他俩都如此渴望将其据为己有,并为了独占这个"女巫",都决心打败对手。纳瓦拉国王亨利·德·纳瓦拉给一个朋友写道:"法兰西宫廷是我见过的最奇怪的地方,我们几

---

① 布朗托姆:《作品集》,第6卷,第186页到第188页。——原注
② 皮埃尔·埃图瓦尔:《皮埃尔·埃图瓦尔日志回忆录》,第1卷,第92页。——原注
③ 夏洛特·德·索沃(1551—1617),一位国务秘书的妻子,还是法兰西宫廷几位名人的情妇:阿朗松公爵弗朗索瓦·德·弗朗斯、纳瓦拉国王亨利·德·纳瓦拉和第三代吉斯公爵亨利一世·德·洛林。
④ 在希腊神话中,喀耳刻是一位非常强大的女巫,被荷马认为"特别擅长于各种麻醉剂或毒药的使用,而且可以变形"。

夏洛特·德·索沃

乎总是随时准备相互割断喉咙。我们带着匕首，穿着铁丝网眼的紧身短上衣，还在披风下戴着护胸甲……国王亨利三世也像我一样受到威胁，他比以往任何时候都更能理解我，整个联盟的人都因对他的爱而怨恨我，这使我非常痛苦。他们还第三次禁止我的情人夏洛特·德·索沃跟我说话，把她看得那么紧，她都不敢看我了。我只是在等待着发动一场小型战役，因为他们说会杀了我，我要占据主动权。"①

但无论纳瓦拉国王亨利·德·纳瓦拉内心燃烧着怎样的爱情之火，他并没有失去理智。一些忠心的仆人告诉纳瓦拉国王亨利·德·纳瓦拉，"有人想通过令他和自己内弟及妻子关系不和来毁灭他"，纳瓦拉国王亨利·德·纳瓦拉也发现国王在对自己表示了好感之后，开始不再"重视"他，而是"蔑视"他了。玛格丽特·德·瓦卢瓦让每天都受到加斯特当众侮辱的阿朗松公爵弗朗索瓦·德·弗朗斯待在自己身边。他们两个都认为自己"是受歧视的。加斯特独揽政府大权，如果他们有任何要求，都会被鄙夷地拒绝。如果任何人为他们服务，那么这个人将立即被千万人攻击并被毁灭……当他们意识到不和的结果就是灭亡时，决定团结起来，要求国王给予他们与自己身份相配的条件和待遇，然后带着仆人和朋友离开宫廷"②。

美第奇王太后对亨利三世的宠爱并未蒙蔽她的双眼，让她对任何事都视若无睹，公众已经非常不满了，如若任其发展，后果不堪设想。写抨击文章的作者虽继续针对她，但打击的目标却是国王亨利三世。这个如此英俊、有教养的和迷人的儿子以为所有的臣民都像自己的母亲一样崇拜他。在亨利三世统治的一年中，由于对一些同伴的专宠和对那些还没有失势或被监禁的大人物的冷淡，使他失去了一大部分贵族的支持。亨利三世成功地使人们忘记了自己母亲的错误。

---

① 伯杰·德·西弗雷：《亨利四世的书信集》，（未出版的资料集），第1卷，第81页。伯杰·德·西弗雷在1576年1月将这封信的日期写错了，因为它显然是在阿朗松公爵弗朗索瓦德·弗朗斯的出逃之前，也就是说1575年9月15日。——原注
② 玛格丽特·德·瓦卢瓦：《玛格丽特·德·瓦卢瓦回忆录》，盖萨尔出版社，第63页。——原注

第 8 章　美第奇王太后与亨利三世的二元政治

亨利三世嘲笑那些像蒙特庞谢公爵路易·德·波旁和他的儿子弗朗索瓦·德·波旁一样一直忠实的正宗血统的亲王们。女士们厌恶亨利三世以到处传播她们的风流韵事为乐。美第奇王太后早已不再惊慌失措，只是担心那些带有武器的不满者和行进中的孔代亲王亨利一世·德·波旁的军队会在王室的分歧中找到他们的认同者，甚至可能得到援助。有一天，当亨利三世谴责美第奇王太后对玛格丽特·德·瓦卢瓦和伯西·昂布瓦兹的偏爱时，美第奇王太后巧妙地回答说，这些都是那些希望让他与家人不和者所说的话。但通常美第奇王太后是不会如此坚决地对亨利三世说这种话的。美第奇王太后会眼睁睁看着亨利三世作恶而不敢揭穿他，因为他实在太多疑了。美第奇王太后知道亨利三世喜欢随心所欲，所以当她失去他的爱时，也代表着她会失去一切。美第奇王太后不得不承认亨利三世有时确实不够温顺，他很难忍受美第奇王太后一再提醒他该承担的职责，或者阻碍他的任性。虽然美第奇王太后梦想成为一个男

孔代亲王亨利一世·德·波旁

权政府的领导人，但她却不得不无休止地修复这位如此女性化的合作者的错误。的确，与做出伟大的决策相比，美第奇王太后在使用权宜之计方面更有创造性。当时的情况也完全适合她发挥自己的天赋。

阿朗松公爵弗朗索瓦·德·弗朗斯为自己的自由，甚至为自己的生命担惊受怕，他决定逃跑了。但他先得努力获得母亲的信任。阿朗松公爵弗朗索瓦·德·弗朗斯曾经多次向母亲表示出于对王兄亨利三世的忌惮，他想离开宫廷，但他又为自己这个邪恶的想法懊悔，今后他想在所有事上都讨好王兄亨利三世。阿朗松公爵弗朗索瓦·德·弗朗斯他用自己的诚心改过说服了美第奇王太后，利用监管不严的时机，在1575年9月15日晚上逃离了巴黎。第二天阿朗松公爵弗朗索瓦·德·弗朗斯安全地到达了德勒。美第奇王太后虽已得知他逃跑了，但阿朗松公爵弗朗索瓦·德·弗朗斯已用甜言蜜语很好地哄骗了她，以至于她甚至拒绝相信这一事实。但美第奇王太后马上便看到了因这件事而产生的所有后果：亨利三世不得不在抵抗神圣罗马帝国军队的救援的同时还要抵抗在"法兰西王国第二领袖"阿朗松公爵弗朗索瓦·德·弗朗斯的命令下团结起来的不满力量。那天晚上，美第奇王太后写信给萨伏伊公爵伊曼纽尔·菲利贝托，她心爱的已故的玛格丽特·德·弗朗斯的丈夫，说她自己"最大的遗憾"就是还活着就看到"如此不幸的事"。"我觉得玛格丽特·德·纳瓦拉那时死去是多么幸运啊，否则我会与她一起为再见不到国王陛下[①]和我的孩子而向上帝哭诉，我的儿子阿朗松公爵弗朗索瓦·德·弗朗斯将会多么不幸啊！"[②] 美第奇王太后的绝望并没有持续很长时间，绝望也并没有阻止她采取行动。她依靠讷韦尔公爵路易·德·冈萨格逮捕逃犯，还给他建议了一个如何除逃犯的方法：精心挑选出五六个可靠的人，让他们去找到阿朗松掉这个公爵弗朗索

[①] 指亨利二世。——原注
[②] 赫克托·德·拉费里埃，巴格诺·德·普晒斯：《凯瑟琳·德·美第奇的信件》，第5卷，第132页。——原注

第8章 美第奇王太后与亨利三世的二元政治

瓦·德·弗朗斯，向他提议以他自己的名义招募骑兵。如果阿朗松公爵弗朗索瓦·德·弗朗斯接受了，所谓征募士兵的人就会利用已经知道的信息把他带走。美第奇王太后对这个独特的想法感到自豪，她说："还没有哪个精明的男人能想到这种他们根本想不到的计谋。"① 但说实话，美第奇王太后提出的只是一个可笑的办法，她必须赶紧寻求另一个更可行的办法。美第奇王太后在得知"许多我没想到的人都在归顺这个不幸的人"② 后，决定在入侵军队越过边界之前自己前去和阿朗松公爵弗朗索

身着战袍的阿朗松公爵弗朗索瓦·德·弗朗斯

---

① 1575年9月18日。赫克托·德·拉费里埃，巴格诺·德·普晒斯：《凯瑟琳·德·美第奇的信件》，第5卷，第137页。——原注
② 赫克托·德·拉费里埃，巴格诺·德·普晒斯：《凯瑟琳·德·美第奇的信件》，第5卷，第136页。——原注

瓦·德·弗朗斯商谈。在尚博德第一次会面（1575年9月29日至30日）时，阿朗松公爵弗朗索瓦·德·弗朗斯事前就要求释放被关押的两位元帅。亨利三世不得不让步（1575年10月2日）。

然后开始讨论协议条款。阿朗松公爵弗朗索瓦·德·弗朗斯提出了很多要求，但得到亨利三世命令的美第奇王太后能满足的却很少。美第奇王太后建议亨利三世做出一些让步，而亨利三世却更愿意听从自己弟弟的敌人的意见，他们指责美第奇王太后太过软弱，甚至暗示亨利三世，美第奇王太后并不只疼爱他一个人。美第奇王太后用满含爱意的语言为自己辩护："您就是我的全部。"她还为自己出于感情的需要而给亨利三世写的信抱歉，这些在亨利三世看起来像是心血来潮。但能让亨利三世听到良好的建议也是一种措施。美第奇王太后建议亨利三世主动接近那些可能伤害他的人，不要推说他永远不会赢得那些人的信任……"必须借助于每个人的力量，但即使想这么做，也要用友善的语言和表情让他们相信他是真诚的，而非想要利用他们。不要说我做不到，您必须改变"①。在美第奇王太后的所有信中，最后都会提议加快缔结条约，实现和平。在准备战争的过程中，亨利三世一方面应加强武装，让自己变得强大，另一方面又必须尽一切可能避免战争。然而，亨利三世不仅没有加快武装，还极力阻挠谈判。他几天都没有给自己母亲做出回复。实在等得有些不耐烦了，美第奇王太后只得问他"国家是否就要被窃取了"②。美第奇王太后告诉亨利三世，已有一千五百名绅士倒向阿朗松公爵弗朗索瓦·德·弗朗斯那一边，还有不少人正准备追随他们。军事方面的背叛是最严重的。在卢浮宫，阿朗松公爵弗朗索瓦·德·弗朗斯消失的当晚，当发疯似的亨利三世命令在场的亲王和领主们骑着马，不管死活都要把他带回来时，许多人都拒绝

---

① 1575年10月5日。赫克托·德·拉费里埃，巴格诺·德·普晒斯：《凯瑟琳·德·美第奇的信件》，第5卷，第147页。——原注

② 1575年10月20日。赫克托·德·拉费里埃，巴格诺·德·普晒斯：《凯瑟琳·德·美第奇的信件》，第156页。——原注

第 8 章 美第奇王太后与亨利三世的二元政治

了这个"任务",说他们会把自己性命献给国王,"但要反对他的弟弟,他们非常清楚有一天亨利三世一定不会感谢他们"①。在卢瓦尔河路线上,蒙特庞谢公爵路易·德·波旁也没有试图阻挡逃亡者。一些人主张温和政策,而另一些人则要求拿起武器。我们可以将此解释为是对法兰西王国血统的尊敬或亨利三世的不得人心。在美第奇王太后看来,这也是尽快与不满者的领袖进行商谈的原因。她给亨利三世写道(1575 年 10 月 29 日),无论如何,都必须采纳其中一个派别的立场,在和平与战争之间做出选择。"我向上帝祈祷,让您能妥善解决,因为这将是决定性的。"②

当美第奇王太后与尚皮尼公爵成功签署了七个月的停战协议时(1576 年 11 月 21 日至 1576 年 6 月 21 日),她以为自己的苦难终于到头了。"阿朗松公爵弗朗索瓦·德·弗朗斯在这段时间肯定会占领昂古莱姆、尼奥尔、索米尔、布尔日和拉沙里泰。孔代亲王亨利一世·德·波旁也

蒙特庞谢公爵路易·德·波旁

---

① 玛格丽特·德·瓦卢瓦:《玛格丽特·德·瓦卢瓦回忆录》,盖萨尔出版社,第 65 页。——原注
② 赫克托·德·拉费里埃,巴格诺·德·普晒斯:《凯瑟琳·德·美第奇的信件》,第 5 卷,第 159 页。——原注

会得到梅齐埃。在新教教徒占领的所有地区,以及政府的另外两个城市已允许进行自由的宗教活动了。神圣罗马帝国雇佣骑兵将获得五十万里弗,而且也不会再越过莱茵河。"

  这些应该是和平的前提条件,但昂古莱姆的行政长官吕费克和布尔日的行政长官拉沙泰尔在获得"补偿"之前是很难放弃这些要塞的。城市居民宣称,他们已经决心"宁愿将自己置于危险中"[1],也不愿接受不满者的驻军,不愿解除武装。然而,孔代亲王亨利一世·德·波旁和帕拉丁伯爵让·卡西米尔及他们在神圣罗马帝国和瑞士收买的临时帮手,毫不在乎尚皮尼的协议,仍继续前进,并且正一步步靠近法兰西王国的边界。在宫廷,反对停战者甚至非常"自负地"[2]指责美第奇王太后同意了阿朗松公爵弗朗索瓦·德·弗朗斯的一切要求,而阿朗松公爵弗朗索瓦·德·弗朗斯却不能信守承诺阻止侵略者的前进。美第奇王太后特别怨恨拉沙泰尔,在他离开布尔日时,将这座城堡交给了当地居民。拉沙泰尔摆出一副"好仆人和忠臣的模样,这么做就好像是我(美第奇王太后)背叛了您(亨利三世)似的"。美第奇王太后要求亨利三世命令拉沙泰尔为这一行为道歉,这是对她的侮辱。"如果您无法让他承认自己的错误并表示臣服的话,我请求您让我休假,我会去奥弗涅[3],当所有人都背叛和不服从我时,那里还会有一些年轻人愿意和我在一起,我会让你们看到多少人会顺从我、陪伴我,而且当他们使了什么小伎俩或不听话时,我还可以惩罚他们。"[4] 美第奇

---

[1] 这就是朗布依埃先生写给美第奇王太后的布尔日居民的事。赫克托·德·拉费里埃,巴格诺·德·普晒斯:《凯瑟琳·德·美第奇的信件》,第5卷,第171页,注释1。昂古莱姆的居民也拒绝服从。赫克托·德·拉费里埃,巴格诺·德·普晒斯:《凯瑟琳·德·美第奇的信件》,第5卷,第179页,注释1。——原注
[2] 美第奇王太后写信给亨利三世,"太自负了,我一个字都无法回应。"赫克托·德·拉费里埃,巴格诺·德·普晒斯:《凯瑟琳·德·美第奇的信件》,第5卷,第171页。——原注
[3] 美第奇王太后的遗产领地。——原注
[4] 1575年12月8日—12月11日期间。赫克托·德·拉费里埃,巴格诺·德·普晒斯:《凯瑟琳·德·美第奇的信件》,第5卷,第175页。——原注

帕拉丁伯爵让·卡西米尔

王太后必须用非常严肃的语气提出这个信任的问题，并啰啰嗦嗦地为自己的受骗进行辩白。如果由于吕费克和拉沙泰尔的拒绝而阻碍了最终和约的签署，这能是美第奇王太后的错吗？难道她没有不断地向自己的儿子提议要同时进行谈判和武装两手准备吗？而那些将亨利三世推向战争的人却希望他像在和平时期一样软弱。美第奇王太后写信给亨利三世："我很荣幸，如果没有被打断的话，我想您已经开始了这个伟大的事业，从来没有一位母亲为她的孩子做过这些。"① 美第奇王太后坚持要不惜一切代价进行商谈。"我请求您给让·卡西米尔一笔抚恤金，甚至是这个国家的一些土地。"② 为了让亨利三世同意做出一些牺牲，美第奇王太后从亨利三世前辈们所犯过的错误中，引用了一个他可以借鉴的最好的例子，以便让他知道该如何去做……"您记得国王路易十一将自己在卓尔河流域所拥有的一切都交给了勃艮第公爵，导致陆军统帅圣保罗的伯爵率军反对他……"但"正因如此路易十一最终走出了歧途，摆脱了那些想迫害他的自己的兄弟、在他登上王位时曾无视他的贵族……路易十一的例子实在太值得借鉴了"。"这同样也有助于您做出决定——是否要进行一场战争。因为那些在路易十一和他兄弟周围的人一开始也并不愿意缔结和平协议，但发动战争以后却还是不得不缔结了，而且情况比之前更糟。要谨防在您身上发生同样的事……"③

当美第奇王太后离开四个月后又回到巴黎（1576年1月下旬）时，她得知阿朗松公爵弗朗索瓦·德·弗朗斯申诉有人企图对他下毒，并要求亨利三世对此做出解释。这可能只是个想要违背承诺的借口。事实上，神

---

① 赫克托·德·拉费里埃，巴格诺·德·普晒斯：《凯瑟琳·德·美第奇的信件》，第5卷，第176页到第177页。——原注
② 赫克托·德·拉费里埃，巴格诺·德·普晒斯：《凯瑟琳·德·美第奇的信件》，第5卷，第177页。——原注
③ 赫克托·德·拉费里埃，巴格诺·德·普晒斯：《凯瑟琳·德·美第奇的信件》，第5卷，第177页。——原注

第 8 章　美第奇王太后与亨利三世的二元政治

圣罗马帝国军队已经抵达并准备与他会合了。1576 年 2 月 9 日，美第奇王太后经过默兹，取道勃艮第，前往奥弗涅，在那里她定居在属于蒙莫朗西－当维尔及朗格多克管辖范围内的富饶的利马涅。而此时宫廷一片混乱。纳瓦拉国王亨利·德·纳瓦拉以去桑利斯森林追逐一只雄鹿为借口离开巴黎，并于 1576 年 2 月 5 日晚上逃离了捕猎队伍，骑着马前往旺多姆。获得自由后，纳瓦拉国王亨利·德·纳瓦拉毫不犹豫地决定重返新教布道。

据说美第奇王太后让纳瓦拉国王亨利·德·纳瓦拉逃跑就是为了给叛军再送去一个领导人，这样就增加了制造纠纷的机会。但她的这个算计落空了。纳瓦拉国王亨利·德·纳瓦拉回到已经离开了四年的领地只是为了派人完成自己的事业。这位纳瓦拉国王在二十二岁时就已经很审慎和思虑周密了。他虽因其王室嫡亲第一亲王的身份，自然而然地成为胡格诺派的首领，但对天主教会并没有表现出任何仇恨。在纳瓦拉国王的宫廷、亨利·德·纳瓦拉的议会及军队里都有天主教教徒，并出于理智和愿望，他还实施了被蒙莫朗西－当维尔和阿朗松公爵弗朗索瓦·德·弗朗斯所采纳的，作为防御手段的宗教联盟政策。在一位一心要抵制宫廷阴谋或暴力的新教最高领导者的统治下，纳瓦拉成为另一个朗格多克。

亨利三世将这个新的打击归咎于他的妹妹玛格丽特·德·瓦卢瓦。他有理由怀疑是玛格丽特·德·瓦卢瓦让当时最可怕的杀手之一——维多利奥爵士，这样一个勇猛的决斗者和一个凶狠的刺客，杀死了加斯特（1575 年 10 月 30 日）。亨利三世还指责她支持了纳瓦拉国王亨利·德·纳瓦拉的出逃，让她好好保持警惕，玛格丽特·德·瓦卢瓦宣称："如果不是被我们的母后阻拦的话，我相信他的愤怒会让他对我做出残忍的事来。"①

美第奇王太后努力平息着这些愤怒。美第奇王太后对除了有纳瓦拉国王亨利·德·纳瓦拉以外，还有其他情人的玛格丽特·德·瓦卢瓦严肃地说，之所以监禁她只是为了预防一位不能与自己丈夫见面的女性的自然欲

---

① 玛格丽特·德·瓦卢瓦：《玛格丽特·德·瓦卢瓦回忆录》，盖萨尔出版社，第 67 页。——原注

望。美第奇王太后温和地向国王亨利三世指出，必要时"也可能会有人利用我。在与也许有一天会成为敌人的朋友相处时，一定要谨慎，不能告诉他们任何秘密，因为友谊一旦破裂就可能受到损害，还要会利用某一天可能会成为朋友的敌人"①。美第奇王太后成功地说服了亨利三世，如果他不给予自己的妹妹自由的话，阿朗松公爵弗朗索瓦·德·弗朗斯就不会同意进行商谈。亨利三世去找了这位女囚犯，"用无数美好言语"，努力"让她满意"，"赢得她的友谊"②。玛格丽特·德·瓦卢瓦陪着即将在桑斯重新进行谈判的母亲。即便玛格丽特·德·瓦卢瓦的出现使阿朗松公爵弗朗索瓦·德·弗朗斯得到了满足，也没有减少联盟的要求。胡格诺派教徒获得了他们要求的一切：除巴黎之外的所有城市都可以自由地进行礼拜活动，恢复圣巴塞洛缪遇难者的声誉，设立八个安全地点。让·卡西米尔承诺赔偿三百三十八万八千五百四十九弗罗林③，而且给阿朗松公爵弗朗索瓦·德·弗朗斯增加了都兰、贝里和安茹这几处封邑。这样，这位阿朗松公爵弗朗索瓦·德·弗朗斯就拥有了一个有三十万里弗收入的真正公国。蒙莫朗西-当维尔则保留了朗格多克地区④。

这些条款对亨利三世来说是简直是奇耻大辱，签约时他甚至流下了眼泪。但美第奇王太后当天就急忙给蒙莫朗西-当维尔写信说，她通过这种平息及缓和的方式，知道了阻止联盟的艰辛，以及所有亲王、领主和其他国王的臣民相互理解的喜悦……⑤。难道美第奇王太后忘了自己反对朗格多克地方长官和蒙莫朗西家族人的偏见才是胡格诺派政治家们进行联盟及拿起武器的最初原因吗？但她有理由宣称，她自己并不对和

---

① 玛格丽特·德·瓦卢瓦：《玛格丽特·德·瓦卢瓦回忆录》，盖萨尔出版社，第68页。——原注
② 玛格丽特·德·瓦卢瓦：《玛格丽特·德·瓦卢瓦回忆录》，盖萨尔出版社，第75页。——原注
③ 弗罗林为古代佛罗伦萨金币名，后许多国家曾仿造。
④ 1576年5月7日，桑斯附近的《埃蒂尼和平协定》。布雷·德·拉默尔特伯爵：《洛什和都兰的宗教战争史》，第1卷，1906年，第133页到第145页。——原注
⑤ 1576年5月7日。赫克托·德·拉费里埃，巴格诺·德·普晒斯：《凯瑟琳·德·美第奇的信件》，第5卷，第193页。——原注

第 8 章　美第奇王太后与亨利三世的二元政治

平所付出的昂贵代价承担责任。与此同时，美第奇王太后又写信给亨利三世，让他赶紧让人支付承诺神圣罗马帝国雇佣骑兵的三十万里弗，因为这些外国人是不会空手而归的。"如果和平不会像停战那样立刻实现，请您不要怨恨我，因为如果我在停战时就被信任的话，您和王国都不会是现在这个状况。"[1] 亨利三世与美第奇王太后赌气，已经不想再见她了，但美第奇王太后仍不停地为条约的执行而努力。她让人将圣约翰·昂热利交给孔代亲王亨利一世·德·波旁来代替佩罗，因为受到皮卡第天主教贵族支持的于米埃尔地方长官，拒绝将佩罗交给胡格诺派的亲王。美第奇王太后慷慨地向蒙莫朗西-当维尔做出了友好的保证。她还提议与曾是吉耶讷行政长官却被禁止进入波尔多城的纳瓦拉国王亨利·德·纳瓦拉进行会晤。此外，美第奇王太后还一直为亨利三世指导行动和政府计划[2]，"这就是您前辈们的做法"。为了避免出现批评的言辞，美第奇王太后几乎没有提到亨利三世所犯的错误，甚至对它们进行了解释或否认。"有些歹毒的人到处宣扬，您不保护他们，甚至不愿意看到他们。"尽管美第奇王太后知道事实正好相反，但她似乎相信，令亨利三世憎恶的是那些"不好的官吏和已经出现并不断增加的流言"。美第奇王太后

---

[1] 1576年5月15日。赫克托·德·拉费里埃，巴格诺·德·普晒斯：《凯瑟琳·德·美第奇的信件》，第5卷，第198页。关于让·卡西米尔和他的王室债务人，参见巴普斯特：《法兰西王国王冠珠宝史》，1889年，第13页到第142页。——原注

[2] 这是赫克托·德·拉弗里埃在《凯瑟琳·德·美第奇的信件》第二卷中发表的观点，日期是1563年9月8日，应该是美第奇王太后向他的儿子查理九世宣布其成年后的劝告。格林：《蒙田的公众生活》，第6卷，第183页到第197页，已经肯定美第奇王太后的建议是针对亨利三世而不是查理九世的，但却错误地将它们放在1574年。在那时，他们重复使用了美第奇王太后在都灵发送给亨利三世的陈情书。对于格林论述的真正收件人来说，我将加入一些其他资料来确定该文件的确是在1576年的年底。如果美第奇王太后是写信给被宣布成年的十四岁的查理九世，她也不会说到他前任的未成年期，因为弗朗索瓦二世成为国王时已经十五岁。她不会建议这位十四岁的国王，在没有结婚的情况下就与王后共同执掌宫廷，事实上直到七年后他们才这样做。美第奇王太后打算让她的儿子结婚时，谈论这事就像曾经发生过一样，这很稀奇。但更奇怪的是，她还建议尚受监护，未做任何事的查理九世修改方案。我们能想象出一个为她自己的摄政行为而责备自己儿子的美第奇王太后吗？——原注

也承认,"虽然对于您没有尽快并且勤勉地回复一些必要的信函,大约一个月或六个星期才有一封回信,对于那些被您派到各省的负责人的信件都得不到及时回复,甚至有时还被退还",他们应该考虑到是由于"您事务繁忙,以及相关负责人的疏忽"。然而,这样做"他们会认为那些歹毒者所说的是真的"。这些话尽管形式上很婉转,却是对亨利三世本应做却没有做的事情的真实陈述,是在指责亨利三世对于自己职责和义务的懈怠、懒惰和蔑视。美第奇王太后指出,亨利三世要像他的父亲,已故国王亨利二世一样"确定一个起床的时间"。"当他穿好衬衫和衣服时,所有亲王、领主、队长、骑士、议会的绅士、宫廷的主管及服务的先生们,都有机会与他对话,也能看见他,这样他们就会很满足了。"

这个忠告是给一位本该明智地统治王国的成年国王的,它为他指明了一条"正确的道路",当然前提是因为他走的那条路是错误的。对于一个其母以自己的名义进行统治,并期望一直统治下去的孩子来说,这种忠告并不适合他。但如果将此看作是针对亨利三世前两年执政中发生的种种错误,美第奇王太后写给他的具有借鉴意义的话,一切也就合乎常理了。

在忠告的开头,美第奇王太后回忆起她在去盖隆之前给自己儿子亨利三世的告诫:她现在要说的还是亨利三世应顺应法兰西王国的需求。这并不是在美第奇王太后和亨利三世1576年2月底进行的旅程中① 她所授意的行动方案,那时美第奇王太后还可以与亨利三世随意打赌。而在那时美第奇王太后就暗示上帝会给予王国和平,也就是,令她如此高兴而他却感到羞辱的《埃蒂尼和平协定》(1576年5月7日)。这个条约之后的几天或几周的那份陈情书,很可能就是在亨利三世疏远他母亲并和她赌气期间起草的。

"做完这些以后,就去晨事理事会处理事务,除了那里本应有的人和

---

① 皮埃尔·埃图瓦尔:《皮埃尔·埃图瓦尔日志回忆录》,第2卷,第122页。——原注

第 8 章　美第奇王太后与亨利三世的二元政治

四个国务秘书外，所有人都要离开。如果您这么做的话，他们会非常满足，因为这是一个在您父亲和祖父时期就养成的习惯。"接下来，在一两个小时之后，亨利三世要去倾听那些没有他本人出面就无法处理的其他事务。美第奇王太后还让亨利三世像他的父亲和祖父一样在十点前就在所有亲王和领主陪同下去做弥撒，她说，"不要像我看到的那样，只和您的弓箭手出去"。最晚十一点吃午餐之后，"每周至少要召见两次来宾"，这是一件使您的臣民无限喜悦的事，回来后再到我这里或王后路易丝·德·洛林那里，以便我们能了解王宫的事务。如果能养成习惯，我们会非常高兴。在公共场合待了半小时或一个小时后，您还可以回来学习或以您觉得舒适的方式自己待着……"

但作为法兰西国王是没有权力一个人待得太久的。"下午三点，步行或骑马去散一会步，这是为了露一下面，满足贵族们的愿望，还要与他们进行一些适当的锻炼，就算不是每天都去，但至少每周要去两到三

亨利三世骑马散步，随从在一旁护卫

次……""做完这些以后,要和家人共进晚餐,晚饭后每周举行两次舞会,因为我听您的祖父说,要和法兰西臣民和平相处,让他们爱戴自己的国王,必须做两件事:让他们保持快乐,并做一些运动",比如"马上或徒手比武,枪骑兵追逐"。"您的父王亨利二世也是这么做的","因为在没有战争的情况下,法兰西人已经习惯于进行锻炼了,如果有人不让他们这么做,他们就会做其他更危险的事"。

美第奇王太后还让亨利三世在宫廷恢复她曾经看到过的"荣誉与秩序"。"在你的祖父当国王时,没有人敢在宫廷辱骂别人,因为如果被听到,这个人将被带到宫廷大法官那里。""卫兵队长、弓箭手、瑞士人、宫廷大法官,每个人都会履行自己的职责,坚守自己的岗位。卫兵队长在一个个房间和庭院巡逻。弓箭手会阻止年轻侍从和奴才们玩耍并抓捕那些在您居住的城堡说些亵渎神灵和咒骂言语的人,这是非常恶劣的行为"……"宫廷大法官监视着王宫中佣人的住所,以及王宫周围的小酒馆和公共场所,如果有人做了坏事",就会进行惩罚。夜幕降临时,大总管会让人点亮"所有大厅、通道及宫廷各个角落和楼梯上的大烛台"。"国王上床睡觉后,他们就关上所有房间的门,并把钥匙放在国王床头架下面","城堡的门在国王醒来之前是从来不会开的"。"进入国王住所是严格遵照等级的。除了国王的儿女和兄弟姐妹,守卫不允许任何人坐着马车或骑着马进入城堡的院子。亲王和公主们必须在门口下来,别人得在门外"。

国王的午餐和晚餐是非常讲究排场的。跟在接待人员后面的敏捷的绅士送上餐具和刀叉,之后是保护国王的军官们。宫廷主管与厨师一起呈上"不是由奴仆或厨房的随从,而是由侍童或年轻侍从"送的肉。"这样更可信更荣耀"。晚餐和宵夜后,当国王想用餐后点心时,进来的是一位手持高脚玻璃杯的绅士,他的后面跟着负责面包和饮品的军官。美第奇王太后想依靠仪式的作用来恢复君主制的信仰。

第8章 美第奇王太后与亨利三世的二元政治

美第奇王太后也提醒亨利三世要自己注意观察和迅速处理政务。美第奇王太后建议亨利三世要接见所有从各省来看望他的人,并询问"他们的差使,如果没有的话,就了解一下他们来自的地方",这样"您就会知道您的王国内发生了什么事,并让他们感到亲切"。她还建议亨利三世不要局限于"跟他们说一次话",而是,当亨利三世在自己房间或其他地方又碰见他们时,也要对他们讲"几句话"。

亨利三世必须靠自己施予别人的恩典来维持自己的权威。美第奇王太后曾无限希望自己的儿子能效仿法兰西国王路易十二,有一张列有各种服务者姓名的名单,还有一个写着"可以给予的职务、好处和其他"国王认为可以奖赏的空缺——注意她不是说值得——制成的目录。这样,

法兰西国王路易十二

"他就可以自己施恩于别人"，因为，"她说，如果您让他们通过请愿书或别的途径得到这些，他们就不会认为这是您一个人的馈赠了"。

然而，这是必需的。"您的祖父弗朗索瓦一世……知道所有在外省的王室人员及在贵族、教士、城市和人民中有权威者的名字。为了满足他们，让他们为他效劳，弗朗索瓦一世了解所有这些人所在地区的动向……并努力在所有省份中仅找十几个人，给其中一些人武器和军队，另一些则根据能力为他们安排了诸如行省要塞队长和法官的职务……这些都使他们无比满意。此外弗朗索瓦一世无须再多做什么了，无论是教士还是省内的其他人员，不管是贵族还是城镇居民，没有他不知道的。""这是让人们很容易并迅速服从您，也是去除和打破所有拥有相同观点和行径的其他联盟的最好方法。"美第奇王太后让亨利三世也"努力"在所有主要城市都安置些有才智的亲信，因为她曾经看过"在动乱时期警戒思想和抵抗力量的威力"，还让他在那里笼络"三四个在城市最有权威的自由民负责人，以及同样数量的信誉良好的大商人"。"一切都在控制之中，没有人会发现，也不会说您限制了他们的特权"，"您若用这么多的福利或其他手段优待他们……所有城市居民和贵族都不会对您有意见"。在选举之日，他们也会"通过他们的朋友和实际行动选出那些效忠于您的人"。确保在所有省份和各个等级中都有自己的委托人，恢复君主威信，但也要与贵族保持亲近，调整宫廷和议会，关注自己的事务并迅速处理它们。这些都是美第奇王太后为恢复亨利三世的权力，使他重获民众的支持而向他提的建议。

但亨利三世认为当前更紧急的是打破对胡格诺派人有利的条约，或者像人们所说的那样，打破与国王弟弟阿朗松公爵弗朗索瓦·德·弗朗斯的和约。亨利三世认为自己在加冕时的宣誓就是要维护天主教会。他注意到天主教教徒的情绪：已经武装起来反对孔代亲王亨利一世·德·波旁的皮卡第贵族，呼吁王国所有亲王、领主和高级教士"通过所有忠实的

第8章 美第奇王太后与亨利三世的二元政治

信徒和国王良好臣民的智慧和联系,组成的一个圣洁的基督教联盟,防止和摆脱异教分子的诡计和阴谋"。第三代吉斯公爵亨利一世·德·洛林正在煽动平民阶层,正如美第奇王太后1575年12月25日已经向她儿子亨利三世指出的那样,"现在这个城市会以您将知道的那个大人物的名义结盟"①。她实在是太了解第三代吉斯公爵亨利一世·德·洛林了。

第三代吉斯公爵亨利一世·德·洛林是在这场不幸的战争中唯一幸存的天主教领袖,他曾在多尔芒(1575年10月10日)打败了托雷指挥的先锋部队,并且格外幸运的是。他还因中了一枪而面部受伤。这个"光荣"的疤痕让他更受巴黎人民的爱戴了,在他们眼里,现在的亨利

第三代吉斯公爵亨利一世·德·洛林

---

① 赫克托·德·拉费里埃,巴格诺·德·普晒斯:《凯瑟琳·德·美第奇的信件》,第5卷,第181页。——原注

一世·德·洛林才像是第二代吉斯公爵弗朗索瓦·德·洛林的儿子，因为第二代吉斯公爵弗朗索瓦·德·洛林为了保卫国家也同样面部受过伤，而且就在快到奥尔良时成为新教狂热主义的受害者。因此，为了防止因对这个可耻的和平协议的怨恨而形成一个反对君主制的天主教党，亨利三世决定食言。他开始将新教教徒与通过新的封邑拥有了安茹公爵名号的弗朗索瓦·德·弗朗斯分离，并剥夺对他们有利的政策援助。亨利三世"很体面地"接待了这个自己憎恶的王弟，甚至对他的宠臣伯西·昂布瓦兹也笑脸相迎。亨利三世很容易地说服安茹公爵弗朗索瓦·德·弗朗斯相信他与胡格诺派的联盟只会使吉斯家族受益。在美第奇王太后前往布卢瓦的旅途中，亨利三世请求她停下来，所以美第奇王太后在那里满意地看到她的儿子安茹公爵弗朗索瓦·德·弗朗斯和亨利三世和好，"我希望将来在他们之间只达成一个共同意愿，那就是要维护这个王国的和平"①。

按条约规定召开的三级会议于1576年12月在布卢瓦举行了。除了在两三个管辖区外，由于两兄弟的和睦而备受打击的新教教徒，在选举中全部弃权。亨利三世期望在这个全部是天主教教徒成员的大会上为战争筹集必要的资金。他解雇了曾在埃蒂尼谈判中帮助过美第奇王太后的利摩日主教塞巴斯蒂安·德·洛布松。亨利三世还让人拿来联盟成员名单，"第一个作为领袖签署"，并在全体代表面前宣布："在最近的和平赦令中，他所做的一切不仅是为了重新拥有他的王弟，将神圣罗马帝国雇佣骑兵和外国力量赶出王国……而且也是为尽快完全恢复这个天主教国家的宗教信仰……"亨利三世推动三个等级代表投票恢复宗教团结。这也就是在向他的母亲表示，她得改变政策或放弃政权了。就在发现亨利三世根本无力领导甚至组织战争后，美第奇王太后比以往任何时候都

---

① 1576年11月2日的凯瑟琳·德·美第奇的信，赫克托·德·拉费里埃，巴格诺·德·普晒斯：《凯瑟琳·德·美第奇的信件》，第5卷，第223页；《维勒鲁瓦回忆录》，布琼出版社，第109页。——原注

第 8 章　美第奇王太后与亨利三世的二元政治

更加热爱和平了。美第奇王太后低调地指责主教向国王提出不再对异教徒"履行承诺",并"打破了她为国王承诺和缔结的一切"①。但美第奇王太后非常小心地避免当面反抗亨利三世。在她给亨利三世的新的建议中（1577年1月2日）②,美第奇王太后称赞了亨利三世在自己王国修复宗教的计划,并取消了一个"令上帝非常不满"的教派。美第奇王太后谨慎地以一种愿望的形式提出了和平的建议,她说,希望依据国王众所周知的意愿,决议可以不依靠武力执行。美第奇王太后向亨利三世指出了实施此项决议的手段,并通过请他"原谅我以不正当的方式说出我想说的话"来让他相信自己③。

法王亨利三世应向孔代亲王亨利一世·德·波旁、纳瓦拉国王和蒙莫朗西－当维尔分别派遣一位三级会议代表作为大使,让他们了解他和王国的意图。如果纳瓦拉国王亨利·德·纳瓦拉不同意,那就委派蒙特庞谢公爵路易·德·波旁去执行,"为了成为自己家族和时代的亲王,他肯定会比任何人都受到尊重和信任"。蒙特庞谢公爵路易·德·波旁可以亲自跟纳瓦拉国王亨利·德·纳瓦拉商谈他的妹妹——纳瓦拉公主凯瑟琳·德·波旁和安茹公爵弗朗索瓦·德·弗朗斯之间可能缔结的婚约,并向他宣布在三级会议之后就会恳请美第奇王太后在他的妻子玛格丽特·德·瓦卢瓦陪同下来到这里。孔代亲王亨利一世·德·波旁是会同意的。美第奇王太后说:"至于蒙莫朗西－当维尔元帅,我最担心的就是他,因为他已得到了更多的认同、经验和追随者。"所以有必要不惜一切代价笼络他。但如果这三个人非常固执,战争不可避免,那么就必须通过国家的补贴和神职人员的财产转让来筹集三支军队了。在蒙特庞谢公爵路易·德·波旁将整个

---

① 玛格丽特·德·瓦卢瓦:《玛格丽特·德·瓦卢瓦回忆录》,盖萨尔出版社,第88页。——原注
② 赫克托·德·拉费里埃,巴格诺·德·普晒斯:《凯瑟琳·德·美第奇的信件》,第5卷,第231页到第236页。——原注
③ 赫克托·德·拉费里埃,巴格诺·德·普晒斯:《凯瑟琳·德·美第奇的信件》,第232页。——原注

王国肃清之后,亨利三世将会亲自前往吉耶讷以便让所有人都臣服于他。在这个既不和平也不动乱的时期,亨利三世应该加强各个地方的军事建设,招募部队守卫城市,招募神圣罗马帝国雇佣骑兵,并向法兰西王国的亲王们派遣使臣来避免发生新的战争①。

美第奇王太后长期以来一直提防着英格兰女王伊丽莎白一世——这个胡格诺派的保护者,除了外表真诚外,自圣巴塞洛缪大屠杀以来对法兰西王国一直尖刻、冷漠,并且不信任。英格兰权力的弱点是爱尔兰天主教,它多次被击败,但从未被驯服,而且总在各处伺机武装对付这些外来的主人和异端分子。美第奇王太后认为,爱尔兰的暴动对英格兰的干预将是一个很好的反击,但美第奇王太后无法在自己不受牵累的情况下,与不满分子保持公开的联系。美第奇王太后让自己以前的一个年轻侍从,也是她众多"所谓的情人"中的一员,洛伊罗斯·德·梅古艾②担任莫尔莱总督及格朗维尔上尉,他似乎还是英格兰人的大敌。当时中央集权力量薄弱,自由主义萌芽,有时甚至还会暴发动乱。拉罗什作为一个船商或私掠船船长,出于自己的利益和责任,时常会侦察爱尔兰海域③。1570 年有人看见他在一个潜在的叛乱领导者德斯蒙德的领地登陆。不顾英格兰人的反对和他自己的承诺,拉罗什还在那里逗留了几个月,而且当他离开时,还带走了德斯蒙德的弟弟菲茨·莫里斯,并在一个要塞留了一些士兵④。拉罗什甚至在布列塔尼收留逃犯和流亡者,将他们隐藏起来,帮助他们,给他们提供武装。1575 年 7 月,拉罗什陪同

---

① 赫克托·德·拉费里埃,巴格诺·德·普晒斯:《凯瑟琳·德·美第奇的信件》,第 5 卷。第 232 页。——原注
② 参见上文,第 5 章。——原注
③ 在伊丽莎白一世统治时期法兰西王国与爱尔兰人的关系的历史还有待书写。弗劳德:《从沃尔西垮台到西班牙无敌舰队的失败的英格兰史》,第 6 章到第 13 章,1887 年的章节中只是顺便提到了一些。——原注
④ 《沃尔辛厄姆回忆录》,第 34 页,第 36 页,第 49 页各处。《拉莫特费内隆的通信》,第 3 卷,第 444 页;第 3 卷,第 450 页和第 4 卷,第 485 页。——原注

第8章 美第奇王太后与亨利三世的二元政治

本打算去西班牙求见腓力二世,但由于风暴而被迫在法兰西王国靠岸[①]的菲茨·莫里斯前往法兰西宫廷。几天后一位自称受基尔代尔爵士委托的托马斯·贝特[②]上尉来找这个中间人——菲茨·莫里斯并向美第奇王太后提出,可以利用被关押在伦敦的拉图尔的爱尔兰贵族的才能为在爱尔兰的法兰西国王提供"巨大的服务"。这位伊丽莎白一世的间谍托马

托马斯·贝特

---

① 伊丽莎白一世让人感谢亨利三世没有鼓励菲茨·莫里斯。拉莫特－费内隆:《拉莫特－费内隆的通信》,第6卷,第488页。——原注
② 托马斯·贝特,出生日期不明,但死于1606年,他是阴谋暗杀英格兰国王詹姆斯一世的英格兰天主教教徒团体中的一员。

斯·贝特想诱惑美第奇王太后，迫使她暴露自己。美第奇王太后察觉到了这个陷阱，让人将这个挑衅的委托人逮捕并关押到万塞讷森林。美第奇王太后为了解释对这个英格兰臣民的监禁，让人传唤了英格兰事务代理人戴尔，并抓住这个机会揭发拉罗什的行为及他与爱尔兰反叛分子的关系。美第奇王太后申明她对这些阴谋一无所知，但承认自己可能曾和这位安茹公爵弗朗索瓦·德·弗朗斯的属下拉罗什交谈过某个计划，而且他也很乐意听，"正如他那个年龄的亲王们常做的那样，特别是当别人和他们说是为了自己的伟大理想时"①。作为为安茹公爵弗朗索瓦·德·弗朗斯服务的绅士，第三代吉斯公爵亨利一世·德·洛林的朋友，天主教会的领导人及国王的总督，拉罗什是一个有着多副面孔的有胆识并且雄心勃勃的人②，人们从来不知道他到底为谁服务，或是不是只是为了他自己。但伊丽莎白一世知道如何对付拉罗什。伊丽莎白一世曾对法兰西王国大使说，这是一个"与她敌对的既可怕又优雅的人"③。拉罗什在1577年3月的公开信件中所拥有的头衔是，高答贺莫勒侯爵、克莫拉莱克和茹瓦约斯·加德伯爵、国王枢密院顾问及十字勋章获得者。这些可能都是对这场反对英格兰的暗战的奖励。但在这些公开信中所授予拉罗什和他的继承人可以永远在美洲新大陆定居的权力却不是对他的奖赏。这个垦殖项目（1577年3月）与对抗胡格诺派人的战斗的爆发非常吻合，我们有理由不再对此过分追究了。尽管瓦卢瓦人的政策一直缺乏

---

① 这个情节参见戴尔的公函，《伊丽莎白一世时期的国家文件的国外系列日志》，第11卷（1575至1577年），第101页，以及1575年7月29日美第奇王太后写给拉莫特费内隆的书信，《凯瑟琳·德·美第奇的信件》，第5卷，第127页到第129页。——原注
② 布莱给沃尔辛厄姆的信中（1577年6月）说："拉罗什是一个厚颜无耻的小丑，他完全依靠吉斯家族，一个王国对他来说都太小了。"《伊丽莎白一世时期的国家文件的国外系列日志》（1575—1577），第11卷，第594页。——原注
③ 1575年7月13日。拉莫特-费内隆：《拉莫特-费内隆的通信》，第6卷，第468页。不太懂法语的伊丽莎白一世从我们的语言中搬运了她语言中一些来自其他地方的词汇，但却在搬运途中改变意思。英文中的"Gallant（优雅）"意味着英勇、大胆。——原注

第8章　美第奇王太后与亨利三世的二元政治

连贯性，他们也不可能在担心着英格兰海军进入防线时还放弃一部分布列塔尼的船。就像查理九世曾在1571年，以设立一个海外驻地为借口，建立了一支旨在"思想上"能控制西班牙王国的舰队，亨利三世授予拉罗什征收、装备和武装一定数量的人员、船和舰队的权利，而不是像王室宣言发布的那样前往新大陆。但在伊丽莎白一世无所顾忌地帮助法兰西王国反叛分子的情况下，必要时拉罗什也可以向爱尔兰的反叛分子提供援助。英格兰委托人在比较这个殖民地的重要性与其负责人的不足时并没有自欺欺人，他们警告自己的政府（1577年6月）有"某个隐藏着的危险的阴谋在针对爱尔兰"[①]。在舰队准备好之前战争已经结束了（1577年9月），伊丽莎白一世撤离了。为了挽回颜面或补偿拉罗什所预支的金钱，他被任命为将军及即将开发和征服的新大陆的总督（1578年1月）。拉罗什带着一艘三百吨左右的船出发，但遭到"四条他认为是英格兰海盗船的猛烈攻击"[②]，因此他很可能重新回到了港口。

为了可以同样有效地防止英格兰支持胡格诺派人士，美第奇王太后采取了另一种手段。她提出了安茹公爵弗朗索瓦·德·弗朗斯和伊丽莎白一世之间的婚姻计划。为了让亨利三世可以轻松取得胜利，美第奇王太后对内对外一起努力。美第奇王太后费了不少力气才使亨利三世对他过去非常怨恨的，并一直要求被赦免的反叛者——蒙莫朗西-当维尔消除了疑虑。承诺对美第奇王太后来说一文不值。她让法兰西国王的朋友和他所有敌人的盟友，萨伏伊公爵伊曼纽尔·菲利贝托对蒙莫朗西-当

[①] 《伊丽莎白一世时期国家文件的国外系列日志》，第11卷（1575年至1577年），第1467条，第594页。参见英格兰大使布莱和亨利三世及美第奇王太后之间的相互指责，《凯瑟琳·德·美第奇的信件》，第5卷，第268页。注1，1577年6月20日，更充分的在第5卷，第268页，1577年8月1日美第奇王太后给莫维西埃的关于菲茨·莫里斯和拉罗什的行动的信函。她对布莱说，拉罗什没有"去任何一个地方"，并向他承诺"没有进行任何反对这位女主人（伊丽莎白一世）的行为"，而且"如果他做了违背命令的事，肯定会受到惩罚"。——原注

[②] 1578年7月7日，布莱写给伊丽莎白一世的信。《伊丽莎白一世时期国家文件的国外系列日志》，第13卷，（1578年到1579年），第71条，第53页。——原注

维尔说,如果他能按照要求恢复自己的职责,美第奇王太后就同意为他免除将从亨利三世那里得到的一切惩罚,上帝也会这么安排的[①]。美第奇王太后恳请蒙莫朗西-当维尔的妻子安托瓦内特·德·拉马克——一个热心的天主教教徒,劝他离开胡格诺派。但蒙莫朗西-当维尔想要比言语更实在的东西。他希望,如果他能使所有的朗格多克人都臣服于法兰西国王,应该被授予萨吕斯侯爵的头衔。美第奇王太后同意了这个要求,声称她的儿子法王亨利三世"就算死,也不会食言"[②]。让步尽管是有条件的,但这是打破新教教徒和政治家联盟的一笔很划算的买卖(1577年5月)。

美第奇王太后已经准确地预见到亨利三世很快就会厌倦战争。亨利三世先是给了他的弟弟安茹公爵弗朗索瓦·德·弗朗斯主要军队的指挥权,但在攻取了伊索尔要塞(1577年6月11日)之后出于嫉妒又将它收了回来。由于缺乏资金,曾支持亨利三世恢复信仰统一计划的三级会议拒绝了继续实施他的计划了。而这时因背叛了联合天主教教徒而被削弱的胡格诺派却接受了《贝尔热拉克和约》[③](1577年9月7日)。

《普瓦捷赦令》确认了这一条约,除了在最后一次武装前就已存在的被允许自由从事宗教活动的城镇和乡村外,禁止在司法管辖区的城市进行改革派礼拜活动。这个和平协议是亨利三世的和平协议,洗刷了他弟弟安茹公爵弗朗索瓦·德·弗朗斯的协议带给他的耻辱。为此感到骄傲的亨利三世忘记了母亲的建议,只想着自己快活了。

风度翩翩的宠臣加斯特死后,自1576年起,亨利三世又与十到十二位英俊的年轻男子亲密地生活在一起。当亨利三世看到他们像女性一样讲

---

① 给萨伏伊公爵伊曼纽尔·菲利贝托的信,1577年1月9日。赫克托·德·拉费里埃,巴格诺·德·普晒斯:《凯瑟琳·德·美第奇的信件》,第5卷,第236页。——原注
② 致蒙莫朗西-当维尔的信,1577年1月27日。赫克托·德·拉费里埃,巴格诺·德·普晒斯:《凯瑟琳·德·美第奇的信件》,第5卷,第240页。参考1576年12月16日的美第奇王太后的信件,第228页。关于萨吕斯的让步,参考第5卷,第240页,注释。——原注
③ 《贝尔热拉克和约》是1577年9月17日由亨利三世和新教教徒签署的临时结束冲突的协议。

第8章 美第奇王太后与亨利三世的二元政治

究并精致地梳妆打扮、佩戴头饰及身着奇装异服时,他找到了一种暧昧的快乐。这些被称为嬖幸者,有凯吕斯①、毛吉龙②、圣吕克的让·德·维沃纳、达尔克、圣麦斯戈翰等人。这些人唯恐失去主人的宠幸和兴趣,故意激起了亨利三世对他弟弟的怨恨和怀疑。他们还攻击了将他们直截了当地称为"床上的嬖幸"的伯西·昂布瓦兹。几天后,在圣吕克的让·德·维

凯吕斯跪像

---

① 凯吕斯(1554—1578),原名雅克利维,是凯吕斯伯爵,亨利三世的嬖幸之一。
② 毛吉龙,这里指路易·德·毛吉龙(1560—1578),人称"美丽的博尔涅",是亨利三世的嬖幸之一。

沃纳（1578年2月9日）的婚礼上，因支持美第奇王太后的和解意图才出现在舞会上的安茹公爵弗朗索瓦·德·弗朗斯却被亨利三世的嬖幸们潮弄了。安茹公爵弗朗索瓦·德·弗朗斯非常气恼和愤怒，离开舞会后就去告知母后刚刚发生的事，"她对此非常懊悔"。安茹公爵弗朗索瓦·德·弗朗斯说了让美第奇王太后认为"非常好"的意愿，那就是通过让他离开几天去狩猎，来"减轻和转移一些宫廷不和的思想"。但国王对安茹公爵弗朗索瓦·德·弗朗斯的突然离开感到不安，担心这是一次出逃。亨利三世派人叫醒美第奇王太后，并进了安茹公爵弗朗索瓦·德·弗朗斯的房间，后面还跟着侍卫队长和一些苏格兰弓箭手。美第奇王太后"担心亨利三世在匆忙中会对安茹公爵弗朗索瓦·德·弗朗斯的性命造成伤害"，"都来不及穿戴整齐，仅穿着睡衣"就跑来了[①]。亨利三世在房间里和床上搜查，不顾安茹公爵弗朗索瓦·德·弗朗斯的恳求，从安茹公爵弗朗索瓦·德·弗朗斯的手中夺取了一封他认为有阴谋的信，而实际上这只是夏洛特·德·索沃给安茹公爵弗朗索瓦·德·弗朗斯的一封情书。但失望更加激怒了亨利三世，他出去时命令劳斯看守自己的弟弟，不让他和任何人说话。安茹公爵弗朗索瓦·德·弗朗斯在极度焦虑中过了一夜。当晚为了不激化矛盾，美第奇王太后保持了缄默，但第二天她就派人"找来理事会所有元老、掌玺大臣、亲王、领主和大法官们"，他们都同意美第奇王太后"应该向亨利三世指出他所犯的错误"，并尽可能"努力掩盖"。美第奇王太后和"所有这些先生们"去找亨利三世，而且还找了当时在宫廷的女婿洛林公爵查理三世帮忙。亨利三世"睁开双眼后"，同意和解，为自己所做的事道歉。安茹公爵弗朗索瓦·德·弗朗斯宣布"如果王兄亨利三世能承认他的清白，他就满足了"。这时，美第奇王太后"抱住了他们，并让他们互相拥抱"[②]。

[①] 玛格丽特·德·瓦卢瓦：《玛格丽特·德·瓦卢瓦回忆录》，盖萨尔出版社，第137页。——原注
[②] 玛格丽特·德·瓦卢瓦：《玛格丽特·德·瓦卢瓦回忆录》，盖萨尔出版社，第146页。——原注

第8章　美第奇王太后与亨利三世的二元政治

但五天后，被亨利三世禁止离开卢浮宫的安茹公爵弗朗索瓦·德·弗朗斯，从他的姐姐纳瓦拉王后玛格丽特·德·瓦卢瓦居所的窗口逃跑了，躲到了自己封邑的首府安吉尔。

与1575年一样，这次出逃预示着战争的开始。但更令人担心的是不满者的人数更多了。为了满足最近几次战争的开支、随从的欲望和自己的挥霍，亨利三世继续加大了母后推行的临时财政措施的力度。亨利三世增加了人头税，强行向个人和城市借款，向神职人员征收普遍及特别所得税，让出教会财产，并计划在法兰西王国的出口设立一种新税，也就是在王国的市集贩卖玉米、布匹、葡萄酒和菘蓝①时要交的税。这将有把法兰西王国的四个财富来源挥霍殆尽的危险②。亨利三世推广了进口关税，而且为了提高这些税收，还修改了旧税则，集中了间接税，以及通过汇票，收回掌握在某些意大利人手中的款项来敲诈纳税人③。

巴黎三级会议在1575年给亨利三世的陈情书上，已经对法兰西王国在农作物上征收过多新税提出抗议并发出严厉的警告："当您统治您的子民时，上帝是您的上级和统治者，您必须向他解释您的职责。而且您要明白，陛下，对子民征收和要求太多的君主会失去民心，而赢得民心是他们服从的前提。"④1578年，诺曼底三级会议的发言人，鲁昂圣母院的议事，司铎尼古拉·克雷海勒向国王的大将军描述了"诺曼底乡村的穷人……（他们）瘦骨嶙峋，衣衫破烂，有气无力，就像被从墓穴拉出来只剩一口气似的"。他大声说道："那些制定出有悖王国和公众

---

① 制染料的植物。——原注
② 以本地税、市集税和通道税的名义，对于要出口或经过内地海关的农产品和货物，共征收三种税。1577年2月，亨利三世以一种新的税收加重了玉米、布匹、葡萄酒和菘蓝生产者的负担，那就是王国市集贩卖税，这是除了前面的税收之外，只在王国的边界征收的赋税。——原注
③ 欧内斯特·拉维斯：《法国通史》，第6卷，第223页到第233页。——原注
④ 巴黎市政府和当地自由民和市民非常谦恭的进谏。《巴黎市政厅办事处资料汇编》，第7卷，第313页到第317页。——原注

鲁昂圣母院

第8章　美第奇王太后与亨利三世的二元政治

休养的法令者，不要忘记在所有国王之上的上帝是绝不会让他们成功的。因为只要上帝高兴，他会惩罚罪恶深重并不顾正义的王国和君主制度，就像他在《放肆者》①第十三章中所威胁的那般：我一气之下会夺走你的王位②。西多修道院院长，勃艮第三级会议的发言人（1578年5月）尼古拉·布舍拉还无所顾忌地提醒亨利三世，罗波安就是因为对其臣民的抱怨只做出"尖酸且冷酷的回应"，就失去了本已归顺的十个部落③。

由于勃艮第享有的特权，它在没有经过三级会议表决的情况下，就放弃了设立新税。其他省份也提出它们各自拥有的历史权利：布列塔尼享有安妮王后婚约条款；诺曼底有路易-勒胡廷的诺曼人宪章。1576年的大联盟已经在法兰西王室的压迫下瓦解了，但过重的税收负担使四处重新燃起了地方主义思想，同时还加入了其他不满的情绪，因此在佩里戈尔、奥弗涅、多菲内、普罗旺斯等地区，各种各样的联盟形成并组织起来。

亨利三世本应紧紧依附在巴黎和在大部分大城市都很受欢迎的第三代吉斯公爵亨利一世·德·洛林，但他固执地企图依靠自己的绝对权力来管理王国，好像他根本不需要谨慎对待任何事或任何人似的。亨利三世以傲慢的态度对待第三代吉斯公爵亨利一世·德·洛林，甚至让人感觉他打算剥夺第三代吉斯公爵亨利一世·德·洛林大总管的职务，将它转赐给凯吕斯。被剥夺了羞辱王弟的乐趣之后，亨利三世的嬖幸们将"他们泛滥的傲慢"转向了这个新的敌人——第三代吉斯公爵亨利一世·德·洛林身上。但他们中谁能对付第三代吉斯公爵亨利一世·德·洛林呢？凯吕斯

---

① 《放肆者》是一本希伯来圣经书，也是基督徒的《旧约》。它可能在公元前745至公元前740年之间完成。
② 罗比亚尔·德·博雷佩尔：《亨利三世统治下的诺曼底各级议会的陈情表及与这些会议相关的文件》，第1卷（1574年至1581年），第324页到第326页。——原注
③ 韦尔：《宗教战争期间关于法兰西王室权力的理论》，1891年，第151页。——原注

洛林家族的昂特拉克

和毛吉龙在利瓦罗的协助下,在与洛林家族成员昂特拉克、里贝拉克和肖姆伯格三人对三人的决斗中,一个死亡,另一个受重伤而亡(1578年4月21日)。还有一个嬖幸圣麦斯戈翰在对吉斯公爵夫人凯瑟琳·克莱沃进行了一次有损名誉的求爱后,1578年7月21日晚上离开卢浮宫时,据说遭到第三代吉斯公爵亨利一世·德·洛林的弟弟马耶讷公爵夏尔·德·吉斯领导的部队的暗杀。在1578年5月,第三代吉斯公爵亨利一世·德·洛林就已离开巴黎。据说他在向国王请辞时,已明确表示,他将来是不会拿起武器对付自己的兄弟和王储安茹公爵弗朗索瓦·德·弗朗斯的[①]。

[①] 阿尔贝·德·贾斯丁:《法兰西和托斯卡纳的外交谈判》,1872年,第4卷,第169页。——原注

第 8 章　美第奇王太后与亨利三世的二元政治

"国王的和谈"让许多天主教教徒和大多数胡格诺派人都感到厌倦，天主教教徒中止了亨利三世正一步步取得胜利的事业，并对他没有禁止异教徒四处公开进行礼拜活动感到愤慨；而胡格诺派人则不甘心在法兰西王国的大部分地区失去了"王弟的和谈"所赋予他们的无处不在的信仰自由。政治家们的转变曾对最后一次战争起过决定性的作用，而这次他们却对自己首领的失宠感到震惊了。因此，骚乱的"制造者"从一个党派到了另一个党派，从一个省到了另一个省，带着抱怨和勾结计划，四处寻找同党。如果他们成功地拉拢了他们所期待的首领——安茹公爵弗朗索瓦·德·弗朗斯，那么会发生什么事呢？

美第奇王太后忧心忡忡地思忖着这些。有了两次经验，她知道安茹公爵弗朗索瓦·德·弗朗斯的决定是多么重要。安茹公爵弗朗索瓦·德·弗朗斯独自一人就能将在情感、利益、兴趣上有分歧，甚至对立的天主教教徒和新教教徒组织起来，形成一个紧密的团体来进行共同的攻击，而且只有他一个人可以使暴动具有合法性。安茹公爵弗朗索瓦·德·弗朗斯没有承认也没有否认的武装决不会仅仅是局部的，虽然成功机会并没有多少，或至少在短时期内不太会有，但由于进攻者的数量和力量及王室的势力和人员，所有的可能性都会产生。安茹公爵弗朗索瓦·德·弗朗斯手里掌握着和平与战争的砝码。

美第奇王太后决心以最高的代价争取安茹公爵弗朗索瓦·德·弗朗斯的联盟或中立，她必须得说服亨利三世做出必要的牺牲。然而在这方面美第奇王太后发现困难重重。1576 年亨利三世与安茹公爵弗朗索瓦·德·弗朗斯的谈判对亨利三世具有划时代的意义。对亨利三世的过度软弱或顺从的批判给这位嫉妒又自负的法兰西国王留下了深刻的印象。亨利三世的傲慢遭到了痛苦的考验，并开始怀疑，迄今为止自己究竟是不是母后"唯一珍爱的"孩子。在布卢瓦三级会议开幕式上，亨利三世在对母后"警惕、宽宏和审慎"给予"无限赞美"的同时，也谈到了她"少数的"混乱时刻。事实上亨利三世在二十二岁登基时已经决心将来一定要亲自担任"掌舵人"①，美第奇王太后1588年就曾说过："十二年前，我的儿子就不再听我的意见了……"②美第奇王太后肯定有些夸张，她的儿子亨利三世仍然爱她，并认为她比任何人都更有领导能力。只是亨利三世已经很难重新将她当作最温柔的母亲和最忠实的仆人了。出于懒惰，或生病时，亨利三世甚至把政府的所有职责都交给了美第奇王太后，但他也经常阻挠她的行动，并总是让美第奇王太后觉得自己是被委派的。从那时起，美第奇王太后就不得不向亨利三世汇报自己的行踪，解释自己的政策，或运用计谋及使用迂回的手段。美第奇王太后的统治已经结束，她已然沦落为法兰西国王亨利三世的主要大臣。

---

① 拉卢斯和杜瓦尔：《真实的剧本集》，第2卷，第45页。——原注
② 这是她向一个嘉布遣会修士诉苦时承认的。查尔斯·瓦卢瓦：《联盟的历史，一个当代人未曾发表的著作》，法兰西社会历史，1914年，第1卷，附录，第300页。——原注

第 9 章

美第奇王太后与新教及天主教代表谈判

在安茹公爵弗朗索瓦·德·弗朗斯逃跑后，美第奇王太后也跟着追了出去，生怕他会再做什么傻事。结果美第奇王太后发现他"最后什么都没有做，就像他曾经对我说的那样，这样会使他王兄不高兴并打破王室的宁静"，但他仍拒绝回到宫廷。虽然不太相信，但美第奇王太后还是希望安茹公爵弗朗索瓦·德·弗朗斯能好好地待着让王国渡过目前的种种危机。没想到的是这次安茹公爵弗朗索瓦·德·弗朗斯竟然答应了，他不想再去搅和了，这点1578年5月美第奇王太后在布尔格伊见到他时就确信了。当时美第奇王太后问安茹公爵弗朗索瓦·德·弗朗斯[①]"是否有人曾找他寻求结盟，谋取共同利益"。就这点美第奇王太后在写给亨利三世的信中说道："安茹公爵弗朗索瓦·德·弗朗斯坦率地回答说是的，的确有人曾向他提出这样的要求，但他要么亲自将他们打发走，要么很明确地告诉他们，他不会做任何危害您和王国的事。就此，安茹公爵弗朗索瓦·德·弗朗斯坦率地对我说，第三代吉斯公爵亨利一世·德·洛林的一些事也搅在里面。他还告诉我，几乎所有省份的行政长官和副官都很不满意，他们中大多数或差不多全部人都与第三代吉斯公爵亨利一世·德·洛林有勾结。

[①] 1578年3月20日，美第奇王太后在巴黎致内穆尔公爵夫人安妮·埃斯特的信。赫克托·德·拉费里埃，巴格诺·德·普晒斯：《凯瑟琳·德·美第奇的信件》，第6卷，第9页到第10页。——原注

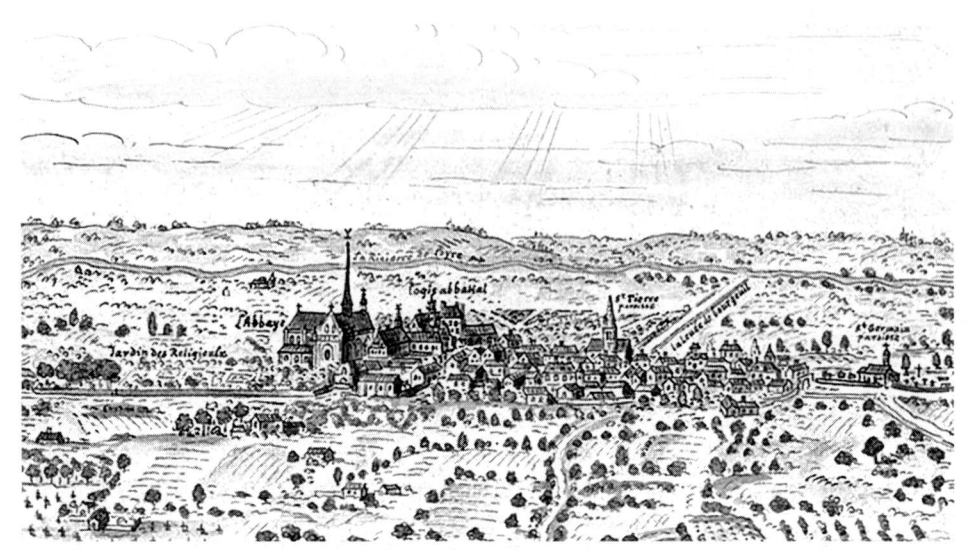

布尔格伊

安茹公爵弗朗索瓦·德·弗朗斯认为最好向这些人做出某种解释来使他们安心并保持对您应有的好感。"①

  这些忠诚的回答给予美第奇王太后的并不仅是简单的快乐。安茹公爵弗朗索瓦·德·弗朗斯从小就是"好战的摩尔人",从未停止过"脑海中的战争和风暴"②他其实已经接管了加斯帕尔·德·科利尼在荷兰的项目。对此,安茹公爵弗朗索瓦·德·弗朗斯也提出了与加斯帕尔·德·科利尼同样的理由:恢复法兰西王国之前对弗朗德勒人的封建宗主权,抵制西班牙妄图在全世界成为"君主国"的野心,保护被压迫者,抵抗外国军队分裂法兰西的企图。但安茹公爵弗朗索瓦·德·弗朗斯的主要动机还是要实现自己有所作为的野心,他会用一次又一次的冒险来摆脱自己臣子的身份。

---

① 1578年5月7日。赫克托·德·拉费里埃,巴格诺·德·普晒斯:《凯瑟琳·德·美第奇的信件》,第6卷,第20页。——原注
② 美第奇王太后1563年2月9日致第三代吉斯公爵亨利一世·德·洛林的信。赫克托·德·拉费里埃,巴格诺·德·普晒斯:《凯瑟琳·德·美第奇的信件》,第1卷,第618页。——原注

第 9 章　美第奇王太后与新教及天主教代表谈判

阿尔巴公爵费尔南多·阿尔瓦雷斯·德·托莱多未能消灭荷兰的反政府武装，而他的继任者路易·德雷森斯①通过让步也未能安抚他们。1576年3月，路易·德雷森斯死后，因没有得到腓力二世发放的军饷，西班牙军队肆无忌惮地掠夺了农村和城市。在此之前，一直对天主教保持忠诚的南方各省也联合起来反对北部省份的士兵。他们大多是加尔文主义者，其中奥兰治亲王纪尧姆·德·拿骚组织和领导了反抗。负责共同防务的三级会议向法兰西王国、英格兰甚至奥地利的哈布斯堡王国寻求援助。在与王弟安茹公爵弗朗索瓦·德·弗朗斯签署了和平协议之后，亨利三世脑海中存在的唯一念头就是对胡格诺派进行报复。亨利三世蔑视曾前来与他交谈的一些荷兰团体和领主的请求，也包括法兰西王国前驻布鲁塞尔外交官蒙杜赛的请求。而"真正具有皮洛士②特征，只肯从事伟大冒险事业"③的安茹公爵弗朗索瓦·德·弗朗斯，却让他的姐姐纳瓦拉王后玛格丽特·德·瓦卢瓦，借到斯帕疗养的机会，打探贵族们的想法（1577年5月）。玛格丽特·德·瓦卢瓦在她停留的康布雷、瓦朗谢讷和蒙斯听到了反对西班牙统治的抱怨，并结识了一些大领主。当安茹公爵弗朗索瓦·德·弗朗斯刚逃离卢浮宫（1578年2月）时，就听说让布卢（1578年1月30日）三级会议的军队已被新总督胡安·奥特里希所击败，安茹公爵弗朗索瓦·德·弗朗斯义不容辞地为战败者提供服务。1578年1月7日刚刚与英格兰女王伊丽莎白一世商谈过的那些三级会议代表，面对这个新的保护者非常尴尬，但他们只能顺从地"接受安茹公爵弗朗索瓦·德·弗朗斯打算给我们的帮助"，"这样他就不再是我们的敌人，而是我们的盟友了"，然而这些代表却并未打算向安茹公爵弗朗索瓦·德·弗朗斯交出任何"城市或地区"。安茹公爵弗朗索瓦·德·弗朗斯开始征集军队。孔代亲王亨利一世·德·波

---

① 路易·德雷森斯（1528—1576），曾是当时西班牙荷兰殖民地的地方长官。
② 这里指皮洛士一世（前318—前272年），是一个雄心勃勃的征服者，从公元前297年成为莫罗西斯之王，是古罗马早期最强大的对手之一。
③ 玛格丽特·德·瓦卢瓦：《玛格丽特·德·瓦卢瓦回忆录》，盖萨尔出版社，第85页。——原注

路易·德雷森斯

胡安·奥特里希

旁和许多其他的胡格诺派人以一种传教的热忱向他提供了帮助，甚至一些天主教教徒也伸出了援手。安茹公爵弗朗索瓦·德·弗朗斯最大的宠臣伯西·昂布瓦兹对这次征服充满了热情。玛格丽特·德·瓦卢瓦也一直在努力拉近她丈夫和她亲爱的弟弟之间的关系[①]。

但英格兰女王伊丽莎白一世不想让法兰西人进入荷兰。她收买了新教主义者的雇佣兵队长让·卡西米尔伯爵来捍卫英格兰的利益并进行反抗，并认为这已经足够了。斯塔福德伯爵告知安茹公爵弗朗索瓦·德·弗朗斯，如果他不放弃自己的事业，英格兰女王伊丽莎白一世会"想方设法阻止他"，与此同时英格兰女王伊丽莎白一世还会答应联姻来作为对他放弃自己事业的补偿[②]。西班牙驻巴黎大使宣布，如果法兰西人进入弗朗德勒地区，他的主人腓力二世将进攻法兰西王国。胡安·奥特里希也发出威胁。亨利三世对自己的王弟安茹公爵弗朗索瓦·德·弗朗斯计划向一位君主朋友发起侵略感到愤慨。

对此，美第奇王太后不知所措。反对胡格诺派和联合天主教教徒前任首领就是想诱使安茹公爵弗朗索瓦·德·弗朗斯发动叛乱，但如果帮助他或干脆放任不管又会面临与英格兰不和，与西班牙发生冲突的危险。为了避免内外战争的危险，除了让安茹公爵弗朗索瓦·德·弗朗斯自己放弃远征之外，别无他法。为此美第奇王太后前往布尔格伊找安茹公爵弗朗索瓦·德·弗朗斯。她最期待的说辞是，荷兰的反叛分子向安茹公爵弗朗索瓦·德·弗朗斯求助，却无法给他应得的回报，这样安茹公爵弗朗索瓦·德·弗朗斯就不必出征了。

在路德，纳瓦拉国王亨利·德·纳瓦拉的红人拉瓦尔德侯爵让·德·波多马尔像伯西的持有者那样向美第奇王太后吐露："这些地区的人会给她

[①] 美第奇王太后1578年5月6日致亨利三世的信。赫克托·德·拉费里埃，巴格诺·德·普晒斯：《凯瑟琳·德·美第奇的信件》，第6卷，第10页。——原注

[②] 赫克托·德·拉费里埃，巴格诺·德·普晒斯：《凯瑟琳·德·美第奇的信件》第6卷，第12页到第13页，见1578年6月6日。——原注

第9章　美第奇王太后与新教及天主教代表谈判

斯塔福德伯爵

儿子九座城市。"她回答说："这些只是写在纸上的话而已。"甚至连纸上都没有写，这是美第奇王太后从安茹公爵弗朗索瓦·德·弗朗斯拒绝让她看他和那些人的信函中得出的结论。经过多次会谈（1578年5月7日至9日），美第奇王太后让安茹公爵弗朗索瓦·德·弗朗斯签署了放弃干预计划的承诺书。只有在所有地区的人都赞同安茹公爵弗朗索瓦·德·弗朗斯"做他们的君主和领袖"，并"坦率且不带任何隐瞒地交回他们所持有的主要城市和地区"，亨利三世和美第奇王太后才会承诺绝不去阻挠安茹公爵弗朗索瓦·德·弗朗斯，甚至还允许他在诺曼底边界保留两千四百人的队伍（1578年5月9日）①。

---

① 赫克托·德·拉费里埃，巴格诺·德·普晒斯：《凯瑟琳·德·美第奇的信件》，第6卷，第25页。——原注

为了让安茹公爵弗朗索瓦·德·弗朗斯安分，美第奇王太后想到了让他结婚。她给他派去了一位圆滑的政治家阿特斯·德·科塞元帅，让这位元帅带给安茹公爵弗朗索瓦·德·弗朗斯一封书信。在上面美第奇王太后向安茹公爵弗朗索瓦·德·弗朗斯逐一介绍了可以迎娶的基督教公主。但其中有一些只是为提醒起见才列举在上面的：对法兰西王室没有什么好感的萨克森选帝侯奥古斯都的女儿，但因奥古斯都自己是个路德主义者，他无法阻止加尔文主义神圣罗马帝国军队的入侵；克莱沃的公主，她父亲有一个身体欠佳的儿子和另两个已婚的女儿，可以将"海尔德兰省"[①]作为嫁妆送给他，但不是马上，而且海尔德兰省离得也有些太遥远了；还有那位只能给安茹公爵弗朗索瓦·德·弗朗斯带来金钱的佛罗伦萨公主。而美第奇王太后推荐的是另一位意大利女孩——曼图亚公爵的女儿，她不仅漂亮，而且还可能将蒙特弗尔拉[②]作为嫁妆。在安茹公爵弗朗索瓦·德·弗朗斯结婚时，亨利三世会赏赐给他萨吕斯侯爵领地[③]，这两个领地合并在一起，就会为安茹公爵弗朗索瓦·德·弗朗斯组成一个美丽的邦国。这样安茹公爵弗朗索瓦·德·弗朗斯就可以通过妻子与所有意大利亲王和当权者联盟而壮大起来，尤其是在"年事已高，不久于人世"的西班牙国王腓力二世驾崩后[④]。但最有利的情况还是迎娶某位西班牙的公主。腓力二世有可能会将弗朗什-孔泰地区作为陪嫁送给自己的女婿，并会承诺在他们有了孩子后——美第奇王太后这里指的是男孩，会将荷兰或米兰公国交给自己的女婿。亨利三世和美第奇王太后甚至也"非常愿意让安茹公爵弗朗索瓦·德·弗朗斯与纳瓦拉国王亨利·德·纳瓦拉的妹妹结婚"[⑤]。

[①] 荷兰省份。——原注
[②] 法国南部市镇。——原注
[③] 意大利库内奥省的一个市镇。——原注
[④] 美第奇王太后将西班牙国王腓力二世说得比他实际的病情更严重，也更年长，以此来满足她论证的需要。腓力二世在1578年时只有五十一岁，而他在二十年后才去世。——原注
[⑤] 发给阿特斯·德·科塞元帅的陈情书。赫克托·德·拉费里埃，巴格诺·德·普晒斯：《凯瑟琳·德·美第奇的信件》，第6卷，第12页到第14页注释。——原注

萨克森选帝侯奥古斯都

在所有这些计划中，最诱人的一个其实纯粹是幻想。美第奇王太后应该想到，无论是否带嫁妆，西班牙国王腓力二世都曾多次拒绝与法兰西王国联姻。况且现在腓力二世一定会让自己的一个儿子先结婚。腓力二世的确可能会分给这个法兰西国王的弟弟一部分领地，但会在自己孙子出生后便让这位亲王失去这些。事实上，美第奇王太后只是试图让安茹公爵弗朗索瓦·德·弗朗斯隐约明白，婚姻可以使他无偿地获取自己用武力难以获得的东西，并以此来解除他的武装。无奈之下，美第奇王太后和纳瓦拉王后玛格丽特·德·瓦卢瓦一起去找阿朗松安茹公爵弗朗索瓦·德·弗朗斯，做阻止他的最后的努力（1578年6月下旬）。亨利三世在幕后玩着同样的把戏，他向安茹公爵弗朗索瓦·德·弗朗斯提议用自己在巴黎、默朗、芒特、蒂埃里堡等地附近的封邑来交换萨吕斯侯爵领地。而且为了扩大阿尔卑斯山外的这块封地，亨利三世还提出自己会与教皇协商，将阿维尼翁和孔塔-维奈桑①地区也转让给安茹公爵弗朗索瓦·德·弗朗斯，并许诺他娶一位西班牙或曼图亚的公主，甚至有条件时还会帮他在意大利和所有"对他的伟大事业和继续前进"②有利的地方进一步扩大力量。亨利三世给了安茹公爵弗朗索瓦·德·弗朗斯这么多的援助条件，并期待教皇和西班牙国王腓力二世也可以答应，这样安茹公爵弗朗索瓦·德·弗朗斯就会愿意放弃征服荷兰了。但安茹公爵弗朗索瓦·德·弗朗斯却继续扩充军备，亨利三世在所有的御前会议中都表明了自己的这个美好愿望，但均未取得任何作用，最后只得命令地方长官和中将们追击那些以他王弟安茹公爵弗朗索瓦·德·弗朗斯的名义集结起来的军队③。

美第奇王太后表面上也不赞同安茹公爵弗朗索瓦·德·弗朗斯的这

---

① 属于教会的一部分。——原注
② 1578年7月2日。赫克托·德·拉费里埃，巴格诺·德·普晒斯：《凯瑟琳·德·美第奇的信件》，附录，第386页到第387页。——原注
③ 赫克托·德·拉费里埃，巴格诺·德·普晒斯：《凯瑟琳·德·美第奇的信件》，第34页，注2。——原注

第 9 章　美第奇王太后与新教及天主教代表谈判

次进攻，她向英格兰女王伊丽莎白一世保证，法兰西国王与她一样只想和邻国"维持和平、友好的睦邻关系"①。美第奇王太后还写信给腓力二世为她儿子的"年轻气盛"表示"很遗憾"②，但这只不过是些空话。即使冒着国内会发生内战的风险，还要保护西班牙的财产，这合理吗？据说，美第奇王太后其实暗中命令地方长官，让正前往边界的安茹公爵弗朗索瓦·德·弗朗斯的部队通过。安茹公爵弗朗索瓦·德·弗朗斯讽刺地回应了前来劝阻他继续"弗朗德勒之行"的国务秘书维勒鲁瓦："我

国务秘书维勒鲁瓦

---

① 赫克托·德·拉费里埃，巴格诺·德·普晒斯：《凯瑟琳·德·美第奇的信件》，附录，第 30 页。——原注
② 1578 年 8 月 8 日。赫克托·德·拉费里埃，巴格诺·德·普晒斯：《凯瑟琳·德·美第奇的信件》，第 6 卷，第 34 页。——原注

确信您不会是最后一个来找我的，但您来的时机是最好的。"① 当惊慌失措的教廷大使向美第奇王太后告知安茹公爵弗朗索瓦·德·弗朗斯离开的消息时，美第奇王太后却幽默地回答："努力追上他吧。"②

美第奇王太后虽不相信西班牙国王会反击，但为以防万一她还是采取了预防措施。她要求财政总监贝利耶夫确保向瑞士支付五十万里弗，并向"皮埃蒙特和雅塔力的驻军"提供军饷来保护那里的"城堡和要塞"③。

然而防止袭击的最好保障就是王国的团结。美第奇王太后决定去安抚南方，这是法兰西王国所有地区中受宗教仇恨、法令冲突、社会动荡、地方长官各自为政和君主专制观念淡薄的影响最严重的地区。尽管蒙莫朗西-当维尔最近一直在为亨利三世服务，但亨利三世还是怀疑他，敦促他从朗格多克政府辞职，并建议他与贝勒格德元帅交换管辖区，将萨吕斯和乌特勒蒙地区相交换。蒙莫朗西-当维尔拒绝了这个提议，而急着交出了指挥权的贝勒格德最后却惊讶地发现亨利三世推迟了将他安置在那里的时间。贝勒格德本打算借助多菲内改革派领导人莱斯迪格雷耶斯④的帮助，勾结萨伏伊公爵伊曼纽尔·菲利贝托，并利用西班牙在米兰的财物来恢复自己的势力。蒙莫朗西-当维尔的副官们、蒙彼利埃的地方长官、无法原谅贝勒格德在最后一次战争中叛逃的狂热胡格诺派分子、加斯帕尔·德·科利尼的儿子弗朗西斯·德·科利尼以及控制着城镇和博凯尔城堡并想成为其主人的巴尔内上尉，这些人都想利用宫廷的

---

① 约瑟夫·凯尔万·德·勒滕霍夫：《胡格诺派和穷苦者》，1885年，第5卷，第115页，注1。——原注
② 约瑟夫·凯尔万·德·勒滕霍夫：《胡格诺派和穷苦者》，1885年，第5卷，第117页。——原注
③ 1578年6月22日。赫克托·德·拉费里埃，巴格诺·德·普晒斯：《凯瑟琳·德·美第奇的信件》，第6卷，第30页到第31页。——原注
④ 莱斯迪格雷耶斯这里指莱迪吉耶尔公爵弗朗索瓦·德·本内（1543—1626），他是一名法兰西王国军人、元帅，也是1622年到1626年间法兰西王国的最后一名陆军统帅。

第 9 章　美第奇王太后与新教及天主教代表谈判

多菲内改革派领导人莱斯迪格雷耶斯

混乱发动起义反抗他们的领导人①。由于和平而失业的胡格诺派团伙在朗格多克犯了许多的抢劫和谋杀罪行。地方三级会议的代表曾宣布仅他们的一名队长巴贡一人就盗用了"超过一百多万埃居"并"造成了那么多无辜者的流血事件，连上帝都会为之复仇了"②。

---

① 关于巴尔贝的情况。赫克托·德·拉费里埃，巴格诺·德·普晒斯：《凯瑟琳·德·美第奇的信件》，第 6 卷，第 29 页，注释；第 57 页，注释；第 98 页，注释；第 401 页（1578 年 9 月 9 日贝勒格德给国王的信）及德拉博尔德公爵：《科利尼伯爵弗朗索瓦·德·科利尼》，巴黎，1886 年，第 181 页起和第 187 页。——原注
② 多姆·约瑟夫·维塞特：《朗格多克的历史》，新版，第 12 卷，证据，第 1280 列到第 1282 列。——原注

在普罗旺斯，市镇群体党人，或如人们所说的艾克斯议会支持的光头党人，正在与贵族首领卡尔赛伯爵进行斗争。被亨利三世任命为中将的苏泽伯爵知道自己不能屈从于任何一方。在多菲内，由于第三等级与贵族之间就农民人头税和模糊的社会平等愿望问题产生的争议，改革派与天主教之间的分歧加剧了。

从吉耶讷到多菲内，新教领袖以贝尔热拉克的和平还没有实现为由，仍然保持武装。尽管已有书面承诺，但他们还是拒绝交出前两次战争中占领的地区。纳瓦拉国王亨利·德·纳瓦拉抱怨说，他只是名义上的吉耶讷总督，并指责该省的将领比隆元帅从不请示他，只按照自己的意愿或宫廷的命令擅自行事。纳瓦拉国王亨利·德·纳瓦拉是出于尊严而不是出于爱，才要求释放自逃跑以来就一直被亨利三世作为人质关押的妻子。

美第奇王太后决定让她的儿子亨利三世释放玛格丽特·德·瓦卢瓦，她要和玛格丽特·德·瓦卢瓦一起去为党派和解和王国的和平努力。

美第奇王太后得到了国务秘书克劳德·皮纳特和国王议员们的支持，挑选了其中最有能力者——驻罗马大使和驻西班牙前大使圣叙尔皮斯和保罗·德·福克斯、曾幸运地当选为波兰谈判代表的让·德·蒙吕克及波旁红衣主教查尔斯一世·德·波旁一起陪同她，而且在中途还加入了蒙特庞谢公爵路易·德·波旁。美第奇王太后的老友于泽斯公爵夫人路易丝·德·克莱蒙、年轻的蒙特庞谢公爵夫人卡特琳·德·洛林和孔代亲王路易一世·德·波旁的遗孀也陪伴了她一段时间。在陪伴美第奇王太后的贵妇小姐之中，美第奇王太后还将意大利人奥特丽、希腊人达耶尔以及迷人的索沃夫人带在身边。这次伟大的微型法兰西王国宫廷之旅的性质完全不同于1564年第一次宗教战争后曾进行过的那次旅行，但它们都有着同样的目的——巩固君主制。

在波尔多，美第奇王太后写信给自己的亲信贝利耶夫说，她的第一步计划就是不惜一切代价阻止让·卡西米尔的入侵，也就是说她一定会

第 9 章　美第奇王太后与新教及天主教代表谈判

为此付出代价。她还会尽力"解除纳瓦拉国王亨利·德·纳瓦拉和他教派的防御"。打消了让·卡西米尔的入侵企图及纳瓦拉国王亨利·德·纳瓦拉妄图求助于他的想法,也避免了骚乱。"这就是我为什么要在这里为亨利三世和王国做出更大的贡献,而不是在他身边出一个坏主意。"一个坏主意?这里她想说的是听起来不舒服的好主意吧。我们认为,其实在美第奇王太后离开的所有理由之中,有一个是她没有提的,那就是通过自己的牺牲精神来努力重获儿子亨利三世的信任和情感,并且修复两人间之前的不悦。美第奇王太后决心只有在重新恢复了南方的和平之后才会离开那里。"我不辞劳苦地来到这里,如果上帝能给我荣耀让我心想事成,我希望这个王国会感受到我所做的工作,安宁能在这里一直持续下去。"① 美第奇王太后的第一个行动就是解散了一个宗教协会。这个协会聚集了不少虔诚的波尔多天主教教徒并激起了他们的狂热崇拜②。几天之后,在阿让主教的客厅里,美第奇王太后借机对"许多吉耶讷大贵族发表致辞"。首先是上帝已经赐恩于法兰西国王亨利三世,让他结束了上一次战争,给他的臣民带来了和平,"国王想让我来向你们提出请求……要拥有团结的心愿和感情,这也是我要向你们号召的"。"另一件事,就是借此机会把国王的妹妹,我的女儿,交到他钟爱并一直当作亲人和盟友的纳瓦拉国王亨利·德·纳瓦拉手中。法兰西国王亨利三世已任纳瓦拉国王亨利·德·纳瓦拉为你们的地方长官,希望你们能如从前许诺那样听从国王亨利三世的命令。法兰西国王亨利三世希望你们永远和他在一起,希望你们承认他的王位,他也会像对待良好臣民一样对待你们。"美第奇王太后还叮嘱他们,在有疑惑和困难时可

---

① 波尔多,1578 年 9 月 18 日。赫克托·德·拉费里埃,巴格诺·德·普晒斯:《凯瑟琳·德·美第奇的信件》,第 6 卷,第 38 页到第 39 页,第 63 页。——原注
② 1578 年 9 月 29 日。赫克托·德·拉费里埃,巴格诺·德·普晒斯:《凯瑟琳·德·美第奇的信件》,第 6 卷,第 40 页;布朗托姆:《作品集》,第 3 卷,第 382 页和第 7 卷,第 375 页。——原注

以求助于"完全尊敬也认可自己兄长"的玛格丽特·德·瓦卢瓦，她可以"遵循她所了解的王兄亨利三世的意愿"给予他们利益和保护。美第奇王太后还郑重地宣布："如果谁对亨利三世有上帝所不希望的，我也从未有过的想法，我必须以上帝之名告诫你们，法兰西国王亨利三世是你们和我都必须遵从的。我请你们不要把我当作服务的对象，我更愿意我们都能为国王服务。"①"美第奇王太后宣称即便是她和她的女儿，如果不服从亨利三世也会丧失她们的地位和特权，这样这些先生们才能感受到忠诚的重要性。

纳瓦拉国王亨利·德·纳瓦拉一直走到拉雷奥尔去迎接他的岳母和妻子。第一次见面大家都很热情②，很容易地达成了一致：遵循《普瓦捷赦令》和《贝尔热拉克和约》，归还非法占据的地方。但在实施时，困难就出现了。新教教徒们占据着超过了二百九十多个他们不愿放弃的城市、乡村或城堡③。纳瓦拉国王亨利·德·纳瓦拉打算忠实地执行和平条约的条款。纳瓦拉国王亨利·德·纳瓦拉知道为什么诸如被形容为"窃贼"的默尔等胡格诺领导者表现得如此任性，但还得为自己狂热又多疑的党派考虑，因为即便是他自己也心存些许抱怨与仇恨。当比隆元帅出现时，美第奇王太后写道，纳瓦拉国王亨利·德·纳瓦拉对这位元帅说话时"比我和我的女儿想象的还要生硬"，"因此这位元帅显得很生气"。美第奇王太后、纳瓦拉王后玛格丽特·德·瓦卢瓦和波旁红衣主教查尔斯一世·德·波旁很难"让他们达成一致"④。美第奇王太后还特别担心她的女婿不够聪

---

① 1578年10月15日。赫克托·德·拉费里埃，巴格诺·德·普晒斯：《凯瑟琳·德·美第奇的信件》，第6卷，第75页，第398页到第400页。抄写员看错了，但错误的段落很容易理解和纠正。——原注
② 这次会面发生在卡斯特拉的一栋"房子里"，同一天，美第奇王太后，她的女儿和女婿从那里到达了拉雷奥尔。——原注
③ 赫克托·德·拉费里埃，巴格诺·德·普晒斯：《凯瑟琳·德·美第奇的信件》，第6卷，附录，第451页。——原注
④ 1578年10月9日。赫克托·德·拉费里埃，巴格诺·德·普晒斯：《凯瑟琳·德·美第奇的信件》，第6卷，第64页。——原注

第9章 美第奇王太后与新教及天主教代表谈判

明又缺乏爱国心,会出于对亨利三世的惧怕而与西班牙国王腓力二世暗中勾结。因而对纳瓦拉国王亨利·德·纳瓦拉派出了他最信任的仆人克莱奥前往卡西米尔,美第奇王太后并不惊讶。但她很关心纳瓦拉国王亨利·德·纳瓦拉给西班牙纳瓦拉地区总督桑乔·德·莱瓦写的一封信,以及他曾派人前往西班牙进行的"拜访"①。美第奇王太后渴望通过切断所有这些联系来迅速实现和平。

但双方一直都在浪费时间去找一个能消除不信任的会见场所。不耐烦的美第奇王太后去了奥赫并住在那里,她的女婿最终也去那里找她。谈判在节日和欢快之中开始了。陪伴美第奇王太后的女士和贵妇们以自己的方式进行谈判。然而玛格丽特·德·瓦卢瓦说,美第奇王太后不仅没有表示出对这种调情式外交的鼓励,反而对此表现得很生气。美第奇王太后坚信迷恋达耶尔的自己的女婿和同样对达耶尔有好感的胡格诺派的绅士们是在拖延时间"以便能更长久地看到陪同她的女士们"②。然而,

奥赫

① 1578年10月4日。赫克托·德·拉费里埃,巴格诺·德·普晒斯:《凯瑟琳·德·美第奇的信件》,第6卷,第53页。——原注
② 玛格丽特·德·瓦卢瓦:《玛格丽特·德·瓦卢瓦回忆录》,盖萨尔出版社,第158页。——原注

突发的政变打断了这里的拖延。一个正举行舞会的傍晚，信使在纳瓦拉国王亨利·德·纳瓦拉的耳边说天主教教徒突袭了拉雷奥尔（1578 年 11 月中旬）。纳瓦拉国王亨利·德·纳瓦拉不露声色地通知了他最好的朋友图伦内，并和图伦内悄悄地离开了会场，躲到了一个天主教小镇弗洛伦斯。美第奇王太后下令将拉雷奥尔归还新教教徒。

凯尔万·德·勒滕霍夫①公布了一封纳瓦拉国王亨利·德·纳瓦拉给腓力二世的信②，时间是 1577 年 4 月 3 日。这封信的内容既礼貌又冷漠，并有诸多回避。这可能是对来自马德里的主动接近的回复。历史学

图伦内

---

① 凯尔万·德·勒滕霍夫（1817—1891），天主教派的比利时历史学家和政治家。
② 凯尔万·德·勒滕霍夫：《胡格诺人和穷苦者》，第 4 卷，第 579 页。——原注

第9章　美第奇王太后与新教及天主教代表谈判

家皮埃尔·维克多·帕尔马·卡耶①也曾说过，西班牙国王腓力二世曾在1578年怂恿纳瓦拉国王亨利·德·纳瓦拉宣布反对亨利三世②，1577年4月3日的信证明其实这并不是第一次。1580年和1583年腓力二世又向纳瓦拉国王亨利·德·纳瓦拉提供了一些好处，这些都是故技重施，但均未成功③。然而此时纳瓦拉国王亨利·德·纳瓦拉不得不谨慎对待所有人，不敢轻蔑地拒绝这位可怕邻居的建议。但不管凯尔万·德·勒滕霍夫是怎么想的，纳瓦拉国王亨利·德·纳瓦拉从来没有要求，也未接受这个法兰西王国敌人的帮助。比隆元帅没有任何兴趣来为纳瓦拉国王亨利·德·纳瓦拉辩解，并对美第奇王太后说④："显然在1577年9月《贝尔热拉克和约》之前，腓力二世就怂恿纳瓦拉国王亨利·德·纳瓦拉反对亨利三世了。"甚至腓力二世还提出愿意与纳瓦拉国王亨利·德·纳瓦拉结盟。但法兰西王国的胡格诺派不像纳瓦拉国王亨利·德·纳瓦拉那样多虑。一年半之后，贝利耶夫写信给美第奇王太后⑤说，有传言称让·卡西米尔"寄宿在西班牙国王腓力二世那里"，并指出，"鉴于这位让·卡西米尔之前做过的事，上述关于他的转变似乎很奇怪"。但贝利耶夫又补充道："我们在这个地区⑥发现了西班牙国王腓力二世和法兰西王国的胡格诺派，所以我不能保证这位让·卡西米尔是不是原本就有二心。"⑦

直到1579年2月3日大家才在内拉克开始了认真的讨论。等了几个

---

① 皮埃尔·维克多·帕尔马·卡耶（1525—1610），法兰西王国历史学家，翻译家和宗教问题的辩论家。
② 《诺韦奈儿编年史》，布琼出版社，前言，第5页。——原注
③ 皮埃尔·维克多·帕尔马·卡耶：《为期七年的编年史》，布琼出版社，第201页；杜普莱西斯·莫尔内的《凯瑟琳·德·美第奇的信件和回忆录》，巴黎，1824年，第4卷，第154页。——原注
④ 1578年10月11日。赫克托·德·拉费里埃，巴格诺·德·普晒斯：《凯瑟琳·德·美第奇的信件》，第6卷，第71页。——原注
⑤ 波尔多，1581年1月20日。——原注
⑥ 让·卡西米尔所在吉耶讷。——原注
⑦ 赫克托·德·拉费里埃，巴格诺·德·普晒斯：《凯瑟琳·德·美第奇的信件》，第7卷，第460页。——原注

月后,新教的代表终于到了。与《贝尔热拉克和约》的内容相反,新教代表要求在整个王国内自由地进行礼拜活动,并授权他们大约六十个安全地点。保罗·德富瓦、圣叙尔皮斯及波旁红衣主教查尔斯一世·德·波旁都反对这种要求。但新教代表们在避难点这个问题上非常坚持。美第奇王太后在给亨利三世的信中说:"他们在无数可能被反驳的理由中,提出的唯一一个,就是他们之所以最终能在圣巴塞洛缪大屠杀中幸免,就是因为有拉罗谢尔这个避难所。若不是有这个避难所,他们也会像当时死去的人一样全部丧生。"① 在详尽无疑地论述了这个理由后,某天晚上,代表们在美第奇王太后用晚餐时又去找了她,并向她提出离开。他们的行为使美第奇王太后十分恼怒,甚至气得都不愿和他们理论了,只是庄严地对他们高声宣布,她会把他们像叛军一样吊死。听到这话时,玛格丽特·德·瓦卢瓦赶紧极力平息这一切,甚至"哭着祈求母后陛下赐予他们和平"②。磋商继续进行。美第奇王太后会主持会议,并且经常亲自参与讨论,进行争辩和讨价还价,最终争取到了对方的一个个让步。亨利三世的顾问们都疲惫不堪了。某天让·德·蒙吕克在会议上就病倒了,又有一天保罗·德富瓦不得不暂别会议回房休息。但美第奇王太后却从未觉得累,而且还能在会谈间歇,叫来那些最难应付的对手,努力说服他们。

美第奇王太后的争论、安抚及图伦内和无意决裂的纳瓦拉国王亨利·德·纳瓦拉的介入,使新教强硬派放弃了自己的要求。他们只获得了十四个安全地点,并且只有六个月的期限③。

---

① 内拉克,1579 年 2 月 12 日。赫克托·德·拉费里埃,巴格诺·德·普晒斯:《凯瑟琳·德·美第奇的信件》,第 6 卷,第 260 页。我想这是有关那场罪恶屠杀的通信中唯一的直接暗示。我们可以看到美第奇王太后对她从前的帮凶很平静地谈到了这些,就像谈一件与他们毫不相关的事一样。——原注

② 蒙莫朗西 – 当维尔元帅的秘书的会议记录。赫克托·德·拉费里埃,巴格诺·德·普晒斯:《凯瑟琳·德·美第奇的信件》,第 7 卷,附录,第 446 页。——原注

③ 内拉克会议,1579 年 2 月 28 日。赫克托·德·拉费里埃,巴格诺·德·普晒斯:《凯瑟琳·德·美第奇的信件》,第 6 卷,第 282 页。——原注

第 9 章　美第奇王太后与新教及天主教代表谈判

就在与纳瓦拉国王亨利·德·纳瓦拉及新教代表们谈判的同时，美第奇王太后实际上还主持了法兰西王室的重大事务及法兰西王国与其他大国的外交事务。国王亨利三世在巴黎或其附近颁布法令，让国王理事会制定新的税收政策或加大过去征税政策的力度。亨利三世创立了圣思骑士团①，为它起草了条例，并为它选择了服装。为了能拥有后代，亨利三世还前往夏尔特圣母院朝圣，每周与王后路易丝·德·洛林跳两次舞，或者去欧兰维勒度假，那是他作为礼物送给王后路易丝·德·洛林的一处美丽的住所。美第奇王太后则在波尔多、阿让、圣玛丽港、奥赫、图卢兹、内拉克致力于为亨利三世谋取王国的和平。尽管有黏膜炎、风湿病，她仍然不停地奔波，暂住在大大小小的城市和城堡里。美第奇王太后还与新教教徒、天主教教徒、议员、地方长官、神职人员、贵族、各种团体及所有有影响力并对她的事业有帮助的人进行联系和协商。为了对宫廷安排有所担忧的蒙莫朗西-当维尔的利益，美第奇王太后与自己的儿子亨利三世展开斡旋②。她建议亨利三世阻止沙蒂隆援助博凯尔的叛乱首领，为了同样的目的，美第奇王太后还让纳瓦拉国王亨利·德·纳瓦拉作为新教的首领参与了进来。美第奇王太后在图卢兹会见了朗格多克的行政长官蒙莫朗西-当维尔并消除了他的顾虑。

此外，美第奇王太后还建立了一个侦探机构，这个机构为她监视着所有异动。美第奇王太后会截留某些信件，阅读它们，听取或探求秘密。

---

① 在圣思骑士团存在的两个半世纪中，它一直是法兰西君主制最具声望的骑士团。
② 蒙莫朗西-当维尔在 1577 年 10 月 31 日到 1579 年 3 月 24 日给美第奇王太后的信中表明朗格多克地区的首领在寻求她的支持。赫克托·德·拉费里埃，巴格诺·德·普晒斯：《凯瑟琳·德·美第奇的信件》，第 6 卷，附录，第 464 页到第 468 页。亨利三世在他母亲的请求下给委托她母亲对付沙蒂隆（赫克托·德·拉费里埃，巴格诺·德·普晒斯：《凯瑟琳·德·美第奇的信件》，第 6 卷，附录，第 409 页）的蒙莫朗西-当维尔写了一封信（1578 年 12 月 6 日），并表明了自己对他夺取了博凯尔非常满意（1579 年 3 月 6 日）。纳瓦拉国王亨利·德·纳瓦拉撤销了沙蒂隆的事务（赫克托·德·拉费里埃，巴格诺·德·普晒斯：《凯瑟琳·德·美第奇的信件》，第 67 页，第 101 页，第 246 页和其他几处）。——原注

圣思骑士团成员参见国王

夏尔特圣母院

据此，美第奇王太后知道了外省与图卢兹地区暗中勾结，他们为了和勃艮第及诺曼底的密使取得联系还委派了某人到巴黎①。为了更快地得知西班牙人的诡计并想出应对计策，有时美第奇王太后甚至敢打开法兰西王国驻马德里大使的公函②。她给亨利三世的信中写道："无论白天还是夜晚，我都在思索用什么方法才能温和并有效地纠正错误的决议和做法。"③

有时是应国王的要求，但更多时候是美第奇王太后自己主动向国王建议谋求安定或者预防骚乱的措施。美第奇王太后指出税收改革几乎要让不堪重负的各地臣民起义了。大部分省份都要求税收应减少到路易十二时期的数目。冲动和易怒的南方人和诺曼底人更强烈地提出抗议④。布列塔尼人在法兰西王国的每个省都有帮凶，甚至英格兰人也会在必要时援助他们。他们既不想交集市税也不愿忍受王室在他们的城市驻军。法兰西王国的这些地区都"一致决定在迫不得已的情况下，即使需要他们放弃财产甚至生命，他们也要反抗到底"⑤。

美第奇王太后建议，能否通过给布列塔尼地区减轻一些负担来平息"这次声势浩大的控诉"⑥。她还建议撤回送交国会核查的法令，这些法令已引起了巨大的愤怒。关于集市税——她想说的显然是国有集市的买卖税，这项赋税在法兰西王国边界对葡萄酒和小麦征收得过重了，打

---

① 内拉克，1579 年 2 月 17 日。赫克托·德·拉费里埃，巴格诺·德·普晒斯：《凯瑟琳·德·美第奇的信件》，第 6 卷，第 267 页。——原注
② 赫克托·德·拉费里埃，巴格诺·德·普晒斯：《凯瑟琳·德·美第奇的信件》，第 6 卷，第 107 页。——原注
③ 赫克托·德·拉费里埃，巴格诺·德·普晒斯：《凯瑟琳·德·美第奇的信件》，第 6 卷，第 73 页。——原注
④ 赫克托·德·拉费里埃，巴格诺·德·普晒斯：《凯瑟琳·德·美第奇的信件》，第 178 页。——原注
⑤ 拉于纳达先生给美第奇王太后和布列塔尼的地方长官蒙特庞谢公爵路易·德·波旁的建议。赫克托·德·拉费里埃，巴格诺·德·普晒斯：《凯瑟琳·德·美第奇的信件》，第 6 卷，附录，第 403 页。——原注
⑥ 1578 年 11 月 1 日。赫克托·德·拉费里埃，巴格诺·德·普晒斯：《凯瑟琳·德·美第奇的信件》，第 6 卷，第 103 页和 201 页。——原注

第9章　美第奇王太后与新教及天主教代表谈判

击了法兰西王国的农民，尤其是在土地上种满了葡萄树和小麦的南方贵族。美第奇王太后很好地表达了吉耶讷和朗格多克地区的民意，但"最不满的还是些外国买主及那些必须为过去的战争向瑞士人支付费用的人"。他们抱怨说"除了出售小麦和红酒，实在没有什么其他赚钱的方式了"。因此，美第奇王太后请求她的儿子亨利三世"对此采用一种更好的解决办法，并尽量从好的方面理解她的意图"①。

法兰西王国还有其他赋税可以让征收者从中获利，但国王若从这些税收中什么都得不到的话，就没有必要保留它们了。神职人员为丧失的权利感到愤怒，他们拒绝支付所得税。美第奇王太后凭借自己的权威让这些人推迟了诉讼，因为这种诉讼会让教士因起诉费而破产。她害怕引起公愤并酿成悲剧。美第奇王太后不停地建议"节制一切开支"②。美第奇王太后很高兴她的儿子亨利三世同意在新的条令中减少一半的集市税，因为一方面，"除了这些集市税和条款外，实在没有更好地能让瑞士人满意的办法了"，另一方面，"在这个时期应该保持克制，也应该在为意外事件收取新的捐税前好好考虑"③。

由于美第奇王太后知道亨利三世生性多疑而敏感，因此她在处理某些事务时特别谨慎。亨利三世怨恨王弟安茹公爵弗朗索瓦·德·弗朗斯因入侵弗朗德勒而危及法兰西王国安全。美第奇王太后努力使安茹公爵弗朗索瓦·德·弗朗斯改变这次冒险行动，她这样做就是为了避免更大的麻烦。但就在美第奇王太后的旅途中传来了一个新消息，葡萄牙国王塞巴斯蒂昂在攻打摩尔人的战役中被杀④，留下一个软弱的继承人红衣主教恩里克一

---

① 赫克托·德·拉费里埃，巴格诺·德·普晒斯：《凯瑟琳·德·美第奇的信件》，第6卷，第125页到第126页。——原注
② 给贝利耶夫的信，1579年1月6日。赫克托·德·拉费里埃，巴格诺·德·普晒斯：《凯瑟琳·德·美第奇的信件》，第6卷，第178页。——原注
③ 给国王亨利三世的信，1579年2月2日。赫克托·德·拉费里埃，巴格诺·德·普晒斯：《凯瑟琳·德·美第奇的信件》，第6卷，第248页。——原注
④ 阿勒卡扎尔·凯比尔，1578年8月。——原注

世。美第奇王太后认为腓力二世作为一个葡萄牙公主的儿子，一定非常渴望实现前任们的梦想——在政治上统一西班牙半岛。为谋得这份财产，他将动用自己最好的部队，哪怕仅是为了抵御荷兰。美第奇王太后为有机会插手葡萄牙的事务，甚至以三个世纪前她母系家族里的一位公主——一个被抛弃而且没有孩子的女人，布洛涅女伯爵玛蒂尔德·德·达马丁[①] 曾是一位葡萄牙国王的妻子为借口，提出自己想成为接替红衣主教的候选人。也许美第奇王太后想的是可以用她的要求——这可不是一个"小要求"，至少她觉得不小——来交换更多有利的补偿[②]。法兰西王国的军队在荷兰的胜利给这个提议增加了些筹码。美第奇王太后不敢直接建议亨利三世去支持安茹公爵弗朗索瓦·德·弗朗斯，但她以向亨利三世禀告自己与比隆元帅会面情况为由，对他进行了暗示。会面时，比隆元帅向美第奇王太后阐述了腓力二世对法兰西王国的不良企图。腓力二世曾提议在一些神圣罗马帝国贵族的帮助下联合纳瓦拉国王亨利·德·纳瓦拉反对亨利三世。据此，比隆元帅得出了结论：一旦国内恢复和平，就得向西班牙宣战。这没有什么可惧怕的，反而很值得期待。因为这样一来，安茹公爵弗朗索瓦·德·弗朗斯就会因"肩负责任"而变得非常忙碌。美第奇王太后将此作为借口补充道："您从好的方面理解一下，我的儿子，我把比隆元帅和我说过的一切都毫无隐瞒地诉告了您。"[③]

一个月以后，美第奇王太后变得更大胆了。亨利三世曾对斯米尔说安茹公爵弗朗索瓦·德·弗朗斯给他发了公函，告知亨利三世他收到的提议有可能出自荷兰的三级会议和奥兰治公爵，美第奇王太后称赞了此

[①] 玛蒂尔德·德·达马丁（1202—1259），达马丁、奥马尔及布洛涅的女伯爵，1235 年嫁给了未来的葡萄牙国王阿方索三世，1245 年阿方索三世抛弃了她。

[②] 内拉克，1579 年 2 月 8 日。赫克托·德·拉费里埃，巴格诺·德·普晒斯：《凯瑟琳·德·美第奇的信件》，第 6 卷，第 256 页。——原注

[③] 1578 年 10 月 6 日。赫克托·德·拉费里埃，巴格诺·德·普晒斯：《凯瑟琳·德·美第奇的信件》，第 6 卷，第 71 页。——原注

第9章 美第奇王太后与新教及天主教代表谈判

事。对此,美第奇王太后说:"为了您的尊严和能保持与西班牙国王的友谊,回复时最好更谨慎一些。"并要求亨利三世尽可能"适当地"满足他的王弟安茹公爵弗朗索瓦·德·弗朗斯,"然而却不能表现出来"①。美第奇王太后从来没有放弃对亨利三世的这种照料。她解决了一切,却假装一切都询问过他,没有征得他的允许,她不会做出决定。美第奇王太后让亨利三世了解她的谈判、她的谈话、她的行动和她的健康状况。美第奇王太后还非常详细地对他讲述自己说过的话和别人对她说的话,分毫不差地转述那些辩论和会面的场景,并能恰当地描绘出与她商谈者的神情、性格及脾气,好像人们可以亲耳听到他们的对话,亲眼看到他们本人似的。这是这次伟大的安抚之行完整、真实及生动的历史写照,也是了解美第奇王太后作为演说家、外交家和作家的重要文献。

美第奇王太后发现自己处理南方事务的时间在无限期地延长,而不是像她所预期的那样只需两个月。美第奇王太后担心这么长时间自己不在宫廷会影响自己与亨利三世之间的感情,就让一位认识很久的女性朋友于泽斯公爵夫人路易丝·德·克莱蒙代她前往宫廷。这位夫人风趣、聪明并像美第奇王太后一样触碰过改革派暗礁,但也能如她般及时躲避。就是这位夫人在普瓦西会议开始的前几天遇到了西奥多·德·于泽和洛林红衣主教查理·德·洛林,她嘲笑洛林红衣主教查理·德·洛林在耶稣最后的晚餐问题上向日内瓦大臣所做的肤浅的让步。"今天您是个老好人,那明天呢?"图伦内、纳瓦拉国王亨利·德·纳瓦拉和孔代亲王亨利一世·德·波旁都会让他相信,他们的宗教热情是大公无私的。于泽斯公爵夫人路易丝·德·克莱蒙是唯一一个让美第奇王太后在信件中给予如此多的信任的人。在于泽斯公爵夫人路易丝·德·克莱蒙离开后,美第奇王太后告诉她教会代表到达了内拉克,这些代表中有几位还是绅士。但于泽斯公爵夫人

---

① 1578年11月8日,赫克托·德·拉费里埃,巴格诺·德·普晒斯:《凯瑟琳·德·美第奇的信件》,第6卷,第111页。——原注

路易丝·德·克莱蒙却说,其实他们都像"您所知道的某些大臣一样,在这里我不敢提他们的名字,但您能明白我的意思"①。

一位改革派的首领——可能是肖蒙-基特里,抢走了于泽斯公爵夫人路易丝·德·克莱蒙的马匹。美第奇王太后把这件事拿来消遣。"偷走它们的那个鸟人,逃到了他在诺曼底的家。我想他会把它们用在旅途中的。"②这次马匹偷盗事件和把胡格诺派说成有害的鸟人的比喻又出现了好几次,但总是以一种开玩笑的形式说出来的,既不尖刻也没怒气。在朗格多克和普罗旺斯,美第奇王太后还说:"这些造成公害的鸟人并没有什么过错。如果您还有良驹的话,他们也会像从您那里偷走马匹的人一样喜爱它们。"③美第奇王太后愉快地描述了图卢兹地区的三月,春天对她来说太热了。"您知道这里的天气并不像别的地方那么令人舒服,节气提前得太多了,蚕豆已经开花,巴旦杏还很硬,樱桃长得太大了。除了夏天不会像现在这样多雨外,我们就像是已经在过夏天了。"④天气一下子变了,美第奇王太后拿路易丝·德·克莱蒙特想拥有南部土地的热情开玩笑。"那是因为您在经常刮风并且很冷的地区才会这样。"⑤我们从上面看到了美第奇王太后把自己的思想与多菲内地区的天气变化进行了如此可笑的对比。美第奇王太后还自嘲身体的不适。已经发展为坐骨神经痛的黏膜炎使她必须像阿特斯·德·科塞元帅一样,想出去的时候只能骑上一匹"小骡子":"我想国王看到我像阿特斯·德·科塞元帅一样和他去散步时,他

---

① 1579年2月。赫克托·德·拉费里埃,巴格诺·德·普晒斯:《凯瑟琳·德·美第奇的信件》,第6卷,第284页。——原注
② 1579年3月。赫克托·德·拉费里埃,巴格诺·德·普晒斯:《凯瑟琳·德·美第奇的信件》,第6卷,第292页。——原注
③ 1579年5月。赫克托·德·拉费里埃,巴格诺·德·普晒斯:《凯瑟琳·德·美第奇的信件》,第6卷,第381页。——原注
④ 1579年3月。赫克托·德·拉费里埃,巴格诺·德·普晒斯:《凯瑟琳·德·美第奇的信件》,第6卷,第325页。——原注
⑤ 1579年4月。赫克托·德·拉费里埃,巴格诺·德·普晒斯:《凯瑟琳·德·美第奇的信件》,第6卷,第339页。——原注

第9章 美第奇王太后与新教及天主教代表谈判

会笑话我的……你们有扶手椅而我有骡子，因为我愿意走得更远些。"①美第奇王太后实在太热爱运动了。

然而毫无疑问，美第奇王太后与这位密友于泽斯公爵夫人路易丝·德·克莱蒙分开不是为了给她写这些旅行感受。美第奇王太后恳求这位密友一见到亨利三世和王后路易丝·德·洛林就告知自己关于他们的消息②。这位女大使令人满意地完成了任务，在美第奇王太后给她的信中曾这样说："您把国王、王后和他王弟及议会都照顾得很好，请让我能一直得到他们的消息。"③这是美第奇王太后最担忧的事。当美第奇王太后以为自己将要返回巴黎的前一夜，她还有些忧虑地问她的朋友："告诉我现在是不是回去的好时机，以及国王和王后的消息，尤其是国王的。还有安茹公爵弗朗索瓦·德·弗朗斯，他是不是一直安分守己？"④但因一直没有收到回信，美第奇王太后也气恼地指责了她的朋友："我都不知该怎么想了，因为您还没到忘记自己该做什么的年龄啊！"⑤美第奇王太后其实只是在怨恨与这个"对她来说意味着丈夫、孩子和朋友"的儿子离得太远了⑥。

工作和疲劳都没有把美第奇王太后打倒，她还没打算结束自己骑行的旅程。而此时英格兰女王伊丽莎白一世为了在自己已经很长的追求者

---

① 1579年5月8日。赫克托·德·拉费里埃，巴格诺·德·普晒斯：《凯瑟琳·德·美第奇的信件》，第6卷，第360页。——原注
② 1579年2月。赫克托·德·拉费里埃，巴格诺·德·普晒斯：《凯瑟琳·德·美第奇的信件》，第6卷，第285页。——原注
③ 玛格丽特·德·瓦卢瓦也在另一时间给于泽斯公爵夫人路易丝·德·克莱蒙写信说："自从你开始照顾国王，我就感受到了您的好意。"玛格丽特·德·瓦卢瓦：《玛格丽特·德·瓦卢瓦回忆录》，盖萨尔出版社，第215页。——原注
④ 赫克托·德·拉费里埃，巴格诺·德·普晒斯：《凯瑟琳·德·美第奇的信件》，第6卷，第360页。——原注
⑤ 1579年8月。赫克托·德·拉费里埃，巴格诺·德·普晒斯：《凯瑟琳·德·美第奇的信件》，第7卷，第65页。——原注
⑥ 1579年2月13日。赫克托·德·拉费里埃，巴格诺·德·普晒斯：《凯瑟琳·德·美第奇的信件》，第6卷，第338页。——原注

的名单里再增加一个名字，也为了有更多的权力来处理荷兰的相关事务，假装对安茹公爵弗朗索瓦·德·弗朗斯的追求并非无动于衷。在做出决定前，她想再观察一下安茹公爵弗朗索瓦·德·弗朗斯——但不保证一定会做出决定。十七省联盟并未能在胡安·奥特里希去世（1578年10月2日）后继续存在，取而代之的是新组建的两个敌对的联盟，一个是加尔文派的乌德勒支联盟①；另一个是天主教派的阿拉斯联盟②（1579年1月）。荷兰新总督亚历山德罗·法尔内塞③，也就是帕尔马公爵亚历山德罗·法尔内塞，利用了这一分裂。他和阿拉斯联盟协商，并且通过灵活的让步，为腓力二世争取到荷兰的一半领土。安茹公爵弗朗索瓦·德·弗朗斯被没有与他完全结盟的省份所抛弃，也没有得到他王兄亨利三世的任何帮助，因此不得不返回法兰西王国。但安茹公爵弗朗索瓦·德·弗朗斯回来后受到了刺激和羞辱④。母亲立刻在两个儿子中间进行调节。她对安茹公爵弗朗索瓦·德·弗朗斯说："国王爱他，并且会尽全力为他戴上英格兰的王冠。"⑤ 美第奇王太后太想让安茹公爵弗朗索瓦·德·弗朗斯远离法兰西王国去忙别的事务了，所以她虽不太相信英格兰提出婚约的诚意⑥，却还是一再建议安茹公爵弗朗索瓦·德·弗朗斯前往英格兰向伊丽莎白一世献

---

① 乌德勒支联盟是基于一份于1579年1月23日在荷兰乌得勒支签署的条约的联盟。由于政治和宗教原因，该联盟将希望与西班牙的荷兰殖民地分裂的省份联合起来。
② 阿拉斯联盟是在亚历山德罗·法尔内塞的推动下，于1579年1月6日在阿图瓦、坎布里西斯、埃诺及属于西班牙荷兰的埃诺和杜埃之间缔结的联盟。
③ 亚历山德罗·法尔内塞（1545—1592），意大利文艺复兴时期的贵族，他是16世纪最伟大的军事领导人之一。
④ 可能就是这个时候，安茹公爵弗朗索瓦·德·弗朗斯在鲁昂出版了他的《解释安茹公爵弗朗索瓦·德·弗朗斯行为举止的书信》，他在书中激烈地抨击了亨利三世和宫廷。为了隐藏这段历史，美第奇王太后下令秘密地销毁了所有的复印版本。1579年1月26日，赫克托·德·拉费里埃、巴格诺·德·普晒斯：《凯瑟琳·德·美第奇的信件》，第6卷，第236页和注释。——原注
⑤ 1579年2月20日。赫克托·德·拉费里埃，巴格诺·德·普晒斯：《凯瑟琳·德·美第奇的信件》，第6卷，第272页。——原注
⑥ 给国王亨利三世的信，1579年2月21日。赫克托·德·拉费里埃，巴格诺·德·普晒斯：《凯瑟琳·德·美第奇的信件》，第6卷，第279页。——原注

加尔文派的乌德勒支联盟

亚历山德罗·法尔内塞

第9章　美第奇王太后与新教及天主教代表谈判

殷勤，而且认真地向他保证，当他返回时一定会很高兴。"因为伊丽莎白女王明白愚弄一个如此伟大的国王的弟弟是何等的罪过，这可是法兰西国王。"① 美第奇王太后打算亲自穿过海峡去协商这桩婚事。她写信给于泽斯公爵夫人路易丝·德·克莱蒙说："我亲爱的朋友，虽然就我的年纪来说，我更适合休息而不是去旅行，但我还得再去趟英格兰。"② 为使安茹公爵弗朗索瓦·德·弗朗斯摆脱"那些并非正直廉洁却野心勃勃的人"，她会尽自己的一切努力。

当美第奇王太后得知安茹公爵弗朗索瓦·德·弗朗斯在1579年3月16日突然去了巴黎，并和亨利三世一起住在了卢浮宫，"极其融洽地睡在一起"时，她在给朋友的信中说："这是她很长时间以来最大的快乐了。"③

幸福的母亲——她当时正是这样的——还对在谈判过程中支持自己的女儿纳瓦拉王后玛格丽特·德·瓦卢瓦非常满意。1579年3月5日，美第奇王太后把女儿玛格丽特·德·瓦卢瓦介绍给吉耶讷的天主教贵族，并委托她的女儿代表自己督促《内拉克赦令》的执行。美第奇王太后说："我的女儿将永远是天主教的保护者，负责你们的事务和维护你们的利益。你们找她帮忙，她一定会带给你们一切你们所渴望的东西。"④ 美第奇王太后相信自己的女儿"和丈夫的关系非常好"，并且幻想，或者说希望玛格丽特·德·瓦卢瓦能依靠自己的力量去帮助她的王兄亨利三世。美第奇王

---

① 1579年3月24日。赫克托·德·拉费里埃，巴格诺·德·普晒斯：《凯瑟琳·德·美第奇的信件》，第6卷，第316页。——原注
② 1579年4月14日。赫克托·德·拉费里埃，巴格诺·德·普晒斯：《凯瑟琳·德·美第奇的信件》，第6卷，第337页。——原注
③ 给于泽斯公爵夫人路易丝·德·克莱蒙的信，1579年3月。赫克托·德·拉费里埃，巴格诺·德·普晒斯：《凯瑟琳·德·美第奇的信件》，第6卷，第325页；1579年3月24日，在当维尔，赫克托·德·拉费里埃，巴格诺·德·普晒斯：《凯瑟琳·德·美第奇的信件》，第6卷，第318页；《埃图瓦尔日志回忆录》，茹奥斯特出版社，第1卷，第310页，第313页；凯尔万·德·勒滕霍夫：《胡格诺派和穷苦者》，第5卷，第367页。——原注
④ 1579年3月5日。赫克托·德·拉费里埃，巴格诺·德·普晒斯：《凯瑟琳·德·美第奇的信件》，第6卷，第453页。——原注

太后对自己也很满意。她认为自己已经在内拉克完成了《普瓦捷赦令》的任务。美第奇王太后曾出现在聚集在卡斯泰的朗格多克三级会议（1579年4月）上，并且获得了所要求的献纳金。尽管发生了一些令人不快的事件：广场和城堡遭到新教教徒和天主教教徒的突袭，图伦内和杜拉斯之间的决斗差点让这两个地区的绅士打了起来。但美第奇王太后认为正是她让吉耶讷获得了和平，好像她的经历并未让她认为自己在"书信"中表现得多么自负似的。

美第奇王太后与女儿玛格丽特·德·瓦卢瓦和女婿亨利·德·纳瓦拉道了别（1579年5月）。玛格丽特·德·瓦卢瓦因这次分别"非常悲伤"，"把自己锁在一个房间里哭了很久"[1]。尽管女儿玛格丽特·德·瓦卢瓦让美第奇王太后"很怜惜"，但她一想到分别九个半月后终于很快——她其实搞错了——就能见到自己的儿子亨利三世了，她很快，甚至是更快就平复了情绪。美第奇王太后穿过位于地中海的朗格多克地区，绕开了受盗贼团伙袭扰的塞文山脉边缘及鼠疫肆虐的平原。尽管患有坐骨神经痛，尽管是在骡背上的旅行，而且有两晚还是在帐篷里度过的，美第奇王太后却一直很愉快。她用金钱和威胁获得了巴贡和"窃贼"队长们的臣服。当美第奇王太后在胡格诺派掌管的城市蒙特利尔，沿着城墙在一条两边站着火枪兵的路上一直行进到了大门口时，她赢得了大家的尊敬。那条路那么窄，火枪的枪口几乎碰到了美第奇王太后的马车，但她却如此泰然自若。穿着红色长袍，戴着风帽的行政官们"十分谦逊地"来到美第奇王太后的面前。民众也因欣赏美第奇王太后的勇气，表现出了比她期望的要"多一些的善意"（1579年5月29日）[2]。

---

[1] 给国王亨利三世的信，1579年5月8日。赫克托·德·拉费里埃，巴格诺·德·普晒斯：《凯瑟琳·德·美第奇的信件》，第6卷，第358页。——原注

[2] 1579年5月30日。赫克托·德·拉费里埃，巴格诺·德·普晒斯：《凯瑟琳·德·美第奇的信件》，第6卷，第379页。——原注

第9章　美第奇王太后与新教及天主教代表谈判

达博凯尔

1579年5月30日，美第奇王太后到达博凯尔，这是她在朗格多克的最后一站。在那里，她继续自己远在普罗旺斯时就已经开始的协商。尽管国王亨利三世有成见，美第奇王太后还是指定了她丈夫和弗莱明夫人的私生子，因热情和能干而深受赞誉的亨利·德·昂古莱姆作为这里的地方长官。美第奇王太后认为鉴于那么多的党派公然宣称会效忠于亨利·德·昂古莱姆，但因为自己的身份的尴尬，亨利·德·昂古莱姆是不会在这里待很长时间的[①]。美第奇王太后粗暴地打发走从前的管理者——以缺乏兵力来为自己的失败辩护的苏泽伯爵。"关于这一点"，美第奇王太后给亨利三世的信中写道："不允许有人抱怨，如果他们不懂敬畏就必须让他们敬畏。"而且她还骄傲地补充道："就我而言，虽然我只能控制二十顶修女帽，而且还是黑缎子的[②]，但我却深信自己可以

[①] 1579年6月2日，给内穆尔公爵雅克·德·萨伏伊的信，赫克托·德·拉费里埃，巴格诺·德·普晒斯：《凯瑟琳·德·美第奇的信件》，第6卷，383页。——原注

[②] 这里指陪伴她的女士和小姐们的修女帽。——原注

让您信服,让他们害怕和不自在。我知道他们无法把我赶出去,因为您才是这个王国的主人,并且您会像以前的法兰西国王一样听从于我。"①然而和解并不像美第奇王太后预期的那么快。为了让人们更加明确地感到她对此事的进一步干预,她不得不前往马赛。包括胡格诺派、平民及贵族在内的哈扎人夺取了特朗,屠杀了城堡主人卡尔塞伯爵的女婿和卫戍部队。由休伯特·德·文斯指挥的卡尔塞人②在支援此地时来得太晚了,但作为报复,卡尔塞人抢劫和杀戮了附近的居民③。美第奇王太后通过在协助她的小理事会上的严正申明,命令哈扎人和卡尔塞人放下武器,而且只有这样才会接受他们并倾听他们的要求。美第奇王太后强迫休伯特·德·文斯解散在科西嘉、意大利和阿尔巴尼亚的士兵;让哈扎人遣返那些在土伦和安提比斯召集的炮兵④。之后,美第奇王太后在马赛书面通知双方代表和首领前往她身边洽谈。十八个城市都派来了代表,奥尔森⑤骑士和阿尔克男爵也加入了这些贵族绅士。在美第奇王太后和她的顾问们面前,这些代表的律师——一个"住在艾克斯"的年轻的安茹省人控告休伯特·德·文斯公爵和他恶毒的战争同谋们"犯下人们无法想象的残忍、卑鄙、恶劣的罪行","以至于到了人人自危的程度"。这是美第奇王太后转述的。卡尔塞伯爵要求用书信的方式对这位年轻律师所引证的事实做出回应⑥。但必须相信,卡尔塞伯爵想辩护并不容易,因

---

① 赫克托·德·拉费里埃,巴格诺·德·普晒斯:《凯瑟琳·德·美第奇的信件》,第7卷,第7页。——原注
② 卡尔塞人是一个政党的名字,由强硬的天主教教徒、卡塞斯伯爵的支持者及普罗旺斯的司法总管组成,在从1578年开始的宗教战争期间破坏了普罗旺斯。
③ 给国王亨利三世的信,1579年6月9日。赫克托·德·拉费里埃,巴格诺·德·普晒斯:《凯瑟琳·德·美第奇的信件》,第7卷,第4页,注释1。——原注
④ 1579年6月15—17日。赫克托·德·拉费里埃,巴格诺·德·普晒斯:《凯瑟琳·德·美第奇的信件》,第7卷,第11页。——原注
⑤ 奥尔森,一个属于普罗旺斯贵族的古老家族。
⑥ 给国王亨利三世的信。赫克托·德·拉费里埃,巴格诺·德·普晒斯:《凯瑟琳·德·美第奇的信件》,第7卷,第20页。——原注

第9章　美第奇王太后与新教及天主教代表谈判

为他害怕自己被扣押，而且根本找不到足够的担保。他让人向第三代吉斯公爵亨利一世·德·洛林的弟弟马耶讷公爵夏尔·德·洛林求助。尽管是出于唐德公爵奥诺拉二世·萨伏伊·唐德对萨伏伊公爵伊曼纽尔·菲利贝托的让步，马耶讷公爵夏尔·德·洛林才能在这些地区出现，但这位公爵的出现不会使美第奇王太后感到不安①。卡尔塞伯爵还向亨利·德·昂古莱姆申诉"大家都偏向哈扎人"②。但哈扎人对这次会见"非常猜疑"，向统治者要求更换"属下"，并将奥尔森提拔为副官。他们想让所有的罪犯都受到审判与惩罚。艾克斯议会也表达了同样的司法意愿。美第奇王太后写道："这件事情确实不容易，我自己也深陷其中。最好大家彼此宽恕，所有贵族都成为朋友，这是最重要的。"③亨利三世让母亲自己决定该如何行事。亨利三世写信给自己的知己维勒鲁瓦说："我希望休伯特·德·文斯和卡尔塞都被送上绞刑架。"哈扎人知道了美第奇王太后的和解意图后，又恢复了最初不妥协的态度，拒绝大赦计划。美第奇王太后忧郁地说，这个地区的"愤怒和狂暴"比她所走过的"任何别的地区的都要严重"④。气馁的亨利·德·昂古莱姆说他想退出了。美第奇王太后写信给她的儿子亨利三世，说如果自己不是他的母亲，也会离得远远的。但美第奇王太后很快就恢复了斗志。她向哈扎人指出她已经命令地方长官组建一支由法

---

① 唐德公爵的领地属于马耶讷公爵夏尔·德·洛林的岳父，维拉尔的海军上将（奥若拉二世·萨伏伊·唐德），他同意"在非常信奉基督教的国王的意愿下"将它转让给萨伏伊公爵伊曼纽尔·菲利贝托来对抗米里贝勒、萨东艾等人。美第奇王太后为了促成这一交换而进行了撮合，1579年10月21日在蒙吕埃勒成功达成交换。显然，她使国王亨利三世轻而易举地获得了山外的国家和阿尔卑斯山通道。彼得洛·日奥佛贺多：《沿海的阿尔卑斯山的历史》，都灵，1839年，第5卷，第574页到第576页和帕尼斯·帕西斯伯爵：《萨伏伊家族的唐德公爵们》，1889年，第173页到第174页，第340页及附录。——原注
② 赫克托·德·拉费里埃，巴格诺·德·普晒斯：《凯瑟琳·德·美第奇的信件》，第7卷，第23页。——原注
③ 给讷韦尔公爵路易·德·冈萨格的信，1579年6月28日。赫克托·德·拉费里埃，巴格诺·德·普晒斯：《凯瑟琳·德·美第奇的信件》，第7卷，第30页。——原注
④ 赫克托·德·拉费里埃，巴格诺·德·普晒斯：《凯瑟琳·德·美第奇的信件》，第7卷，第25页。——原注

兰西人和加斯科涅人组成的军队，这支军队会和他们有同样的使命，但他们只会执行她下达的为法兰西国王服务的命令，而且永远不会离开这个地区。这将在事实上架空中将的职务。而美第奇王太后已经决定调离卡尔塞伯爵了①。双方领导人当着美第奇王太后的面发生了非常激烈的争吵后，她终于使他们发誓"要保持和平和秩序"，然后还让他们相互拥抱②。

美第奇王太后认为："这次和解很成功，这个地区以后会是一片和平、宁静，再不会像以前那么混乱和危险了。"但亨利三世必须确保让各地都遵守《普瓦捷赦令》，而且他须牢牢控制局势。美第奇王太后让法兰西国王派往普罗旺斯的莫桑院长，是一个她已于1564年任用过的惩罚叛乱者的严酷法官③。她让亨利三世委派代表到波尔多，还让他对所有党派都一视同仁。亨利三世命令比隆元帅追赶试图突袭朗贡④的天主教教徒，但为什么又让袭击卡斯蒂洛内⑤的新教教徒逍遥法外呢⑥？亨利三世最好要求即将管理贝阿恩地区的纳瓦拉国王亨利·德·纳瓦拉赋予天主教臣民如他同为自己法兰西王国教友争取到的宗教自由，并且还须向纳瓦拉国王亨利·德·纳瓦拉表明在蒙托邦举行主教会议是违背赦令的⑦。严格遵守赦令条款而不考虑个人或宗教的差异是和平的最佳保障，但各处都有不遵从的人。天主教教徒会利用改革派的过失，而改革

---

① 赫克托·德·拉费里埃，巴格诺·德·普晒斯：《凯瑟琳·德·美第奇的信件》，第7卷，第27页各处。——原注
② 赫克托·德·拉费里埃，巴格诺·德·普晒斯：《凯瑟琳·德·美第奇的信件》，第7卷，第36页到第37页。——原注
③ 在第一次内战以后，任用他是为了迫使天主教教徒就范。可以看出她并没有宗教偏见。——原注
④ 朗贡，法国西南部市镇，位于新阿基坦地区的吉伦特省。
⑤ 卡斯蒂洛内，法国西南部市镇，位于新阿基坦地区的洛特-加龙省。
⑥ 赫克托·德·拉费里埃，巴格诺·德·普晒斯：《凯瑟琳·德·美第奇的信件》，第6卷，第364页。——原注
⑦ 关于所有这些违背赦令的行为，1579年7月20日的信。赫克托·德·拉费里埃，巴格诺·德·普晒斯：《凯瑟琳·德·美第奇的信件》，第7卷，第52页到第56页。——原注

第 9 章　美第奇王太后与新教及天主教代表谈判

派也将利用天主教教徒的错误重新开战。出于个人的喜好而偏爱这方或那方，任性地拒绝，或出于恐惧而做出让步，这些都是最危险的政策。

有时美第奇王太后也会鼓起勇气不允许亨利三世违背她的意愿。亨利三世像他母亲一样是个记仇的人，他不会忘记或原谅任何事，却与母亲"坦率和真诚"的性格截然相反。亨利三世无法使自己的情感服从于自己的利益，总是出于反感、防备或偏见，不断打击那些为他服务的优秀和善良的人。美第奇王太后对他这种不务实的思想感到痛心，甚至有时也会教训他，但这种情况很少。美第奇王太后是费了一番周折才让亨利三世决定任命法兰西王国最高修院院长亨利·德·昂古莱姆为普罗旺斯地方长官的。美第奇王太后并没有怨恨过亨利·德·昂古莱姆的出生。苏泽因抢劫事件大声疾呼，因苏泽而辞职的雷斯元帅认为自己得到的"补偿"是不够的。卡尔塞人诋毁美第奇王太后选定的普罗旺斯地方长官[①]，而宫廷只注意到了这些个人的不满而忽视了普罗旺斯的良好管理。亨利三世也不喜欢这个私生子兄弟。出于某种我们不知道的或者根本无中生有的原因，亨利三世将令自己心烦意乱的控诉推给自己的母亲定夺。最后美第奇王太后终于失去了耐心。她写道，正是由于亨利·德·昂古莱姆的出色服务，她才选择了他。她以前的确曾劝国王不要给亨利·德·昂古莱姆行政管辖权，但"现在我要对您说，不管您把他放到这里还是任何别的地方，他都会忠诚地为您服务，并服务得很好。相信我，他定将竭诚为您服务……他就像小查理[②]一样，要相信他们两个都不会不忠于您，因为他们只能也只会是他们一直以来的样子。我向

[①] 美第奇王太后对普罗旺斯人很不满意，认为他们是一个混杂的种族，她说，"偏见很深，而且很坏"，1579 年 10 月 18 日，赫克托·德·拉费里埃，巴格诺·德·普晒斯：《凯瑟琳·德·美第奇的信件》，第 7 卷，第 178 页。——原注

[②] 查理·德·瓦卢瓦，查理九世和玛丽·图谢的私生子。美第奇王太后非常爱他，通过遗嘱留给了他大部分财产。他一直忠实于亨利三世，先是反对奥弗涅伯爵，后来是昂古莱姆公爵，但他密谋反对自己同母异父的妹妹亨丽埃特·昂特拉克的情人亨利四世亨利·德·纳瓦拉。——原注

查理九世与玛丽·图谢的私生子小查理

您推荐他们两个，一个是我最爱的人亨利二世的儿子，另一个是我的儿子查理九世的儿子①。如果我说得太多，我恳求您原谅我并一直爱我。"

另外，令亨利三世烦心的问题也很容易处理，"至于苏泽，如果您给予雷斯元帅的儿子双桅战船将军的职务，而不愿给苏泽，那么给苏泽六千

---

① 美第奇王太后对私生子没有偏见，因为她就出生在一个有很多私生子的家庭而且处在一个作为私生子后代也并不被认为是一个污点的时代。——原注

第9章　美第奇王太后与新教及天主教代表谈判

法郎就可以了……这只是我的建议，您也可以按照您的意愿行事，但我请求您再也不要把那些投诉和抱怨推到我这里了。"……或还可以"将一个不错的修道院赐给苏泽的儿子，所有人就都满足了。"① 但事实上，这样也很可能并不会令所有人都满足。再回到上面的问题，美第奇王太后向亨利三世解释了缺乏规划，没有连续性，因受别人的怂恿和影响而不断变化的前后不一致的政策的危害："来自您宫廷的这些个人的不满正在毁掉我们的事业。现在不是再包庇他们的时候了，因为这样只能导致每个人都占据国家的一部分。我爱所有的人，但我不喜欢扰乱我们事业的人，我希望这些省份最后都能在您的控制之下，而不是像现在这样让您总处于担忧之中。您要能实现您十岁时，在您已故王兄统治时期我们国家曾有的样子就可以了。至于我，我要确保您是否能坚定地进行统治，让您遵守和平协定，看到您在年底能摆脱别人的协助，就像您的祖父②曾对路易八世所做的那样。我还请求您不仅要做好自己的事，还要令别人满意，因为我已经竭尽全力去满足那些因对您不满而离开您的人了。唯有您的权威才能使王国长治久安，位居别国之首。您本应找到与您权威相符的方法来完成所有事务，让曾为您服务的人满意，而现在，您做的事情看起来似乎更令他们担心，而非使他们满意。请原谅我出于对您的真情而说的实话。"③ 她信上所写的道理真是令人信服。

然而，即便美第奇王太后有时会冒昧地责怪亨利三世的政策，她对亨利三世的脾性是非常了解的，知道他根本不会通过改变自己的行为或远离那些宠臣来取悦她。而在这方面，哪怕是美第奇王太后的想法，他

---

① 1579年6月9日。赫克托·德·拉费里埃，巴格诺·德·普晒斯：《凯瑟琳·德·美第奇的信件》，第7卷，页8页。——原注
② 弗朗索瓦一世，这是一个众所周知的名字。但弗朗索瓦一世有可能把王室摆脱束缚的功劳归于圣路易的父亲，一个只统治了三年而且没有时间去采取任何措施的国王吗？这里很可能说的是路易十一而不是路易八世。——原注
③ 赫克托·德·拉费里埃，巴格诺·德·普晒斯：《凯瑟琳·德·美第奇的信件》，第7卷，第27页到第28页。——原注

都难以接受。据说，一批批的嬖幸总是很强势，很富有，甚至是成了他们主人的主人。在凯吕斯、毛吉龙和圣麦斯戈翰之后，现在是弗朗索瓦·德欧①、圣吕克的让·德·维沃纳、达尔克②、让·路易·德·诺加雷③。这些人霸占着法兰西国王的宠爱。亨利三世经常把他们派到母亲身边完成任务，而美第奇王太后为了讨好国王，也总是在信中赞扬这些使者。美第奇王太后让达尔克——后来的茹瓦约斯公爵，代她转告国王南方事务和英格兰婚姻对他的重要性，相信达尔克能"非常好，非常谨慎地"——

让·路易·德·诺加雷

---

① 弗朗索瓦·德欧（1535—1594），亨利三世的男宠。
② 达尔克，这里指阿内·德·茹瓦约斯（1560—1587），16世纪的法兰西王国军人，法兰西王国海军上将，也是国王亨利三世的嬖幸之一。
③ 让·路易·德·诺加雷（1554—1642），拉瓦莱特的领主，法兰西王国军人，国王亨利三世的嬖幸之一。

第9章　美第奇王太后与新教及天主教代表谈判

这个"谨慎地"提到了两次——将这些传达给亨利三世。这样他就代美第奇王太后告知了亨利三世所有美第奇王太后想让自己儿子做的事。"我非常满意，也非常喜悦地看到茹瓦约斯公爵达尔克如此谨慎，如此有能力，就像我能亲眼看到他在为您服务一样。"[①] 美第奇王太后对圣吕克的让·德·维沃纳这个"做事很得体"的人也有很好的印象，她还向高修院院长特别提到了他。美第奇王太后让亨利三世"任用他们，并让他们看到能从指挥他们的人那里得到的好处和荣誉，这样他们就会带着希望和智慧为您服务。年老的走了，必须提拔年轻人。"[②] 当美第奇王太后实在没有机会夸奖亨利三世的宠臣时，她还会说些他们亲戚的好。让·路易·德·诺

茹瓦约斯公爵达尔克

---

① 1579年4月14日。赫克托·德·拉费里埃，巴格诺·德·普晒斯：《凯瑟琳·德·美第奇的信件》，第6卷，第339页。——原注
② 1579年10月18日。赫克托·德·拉费里埃，巴格诺·德·普晒斯：《凯瑟琳·德·美第奇的信件》，第7卷，第178页。——原注

加雷（未来埃佩尔农公爵）的哥哥伯纳德·诺加雷，"非常得体地完成了他的任务"，很讨国王喜欢，以至于国王委派他到萨伏伊公爵伊曼纽尔·菲利贝托身边服务。伯纳德·诺加雷"有能力做一切事"①。多菲内中将毛吉龙的价值也被承认了。"他是多好的人啊，而且对您非常忠诚，在这个地区他不再那么可怕和令人厌烦了。"美第奇王太后甚至建议让毛吉龙协助——如果亨利三世认为合适的话——这个省的几个领主，"他能告知他们重大事件"②。本身也是宠臣的一个嬖幸弗朗索瓦·德欧的岳父维勒基耶也从美第奇王太后那里得到了好评。美第奇王太后在给自己儿子亨利三世的信中说，"当维勒基耶在这里，在我的身边时，我获得了很多安慰。他谨慎的建议和观点很大程度上减轻了我的痛苦……让我感觉好像又回到了您的身边。"③美第奇王太后很不情愿地让维勒基耶离开自己，但由于亨利三世让美第奇王太后去管理法兰西岛，又给了维勒基耶中将的职务，在美第奇王太后不在时，他最好能为了他们母子而待在那里。美第奇王太后很想讨好亨利三世，并与他喜爱的人交往。

　　美第奇王太后还得解决多菲内和萨吕斯的事务。贝勒格德厌倦了一直等待亨利三世为他重建政权，带领莱斯迪吉埃派给他的和用西班牙人的钱征集来的部队回来了。他夺取了卡马尼奥拉和萨吕斯（1579 年 6 月），并违背亨利三世的意愿在那里建立了政权。在多菲内，胡格诺派教徒正与天主教教徒交战，第三等级与贵族就人头税不断争吵。某些城市声称要通过自卫来反对新教教徒，拒绝王室驻军。为了要求社会平等，农民们扛着耙子到处行走，并且以瑞士自由山区居民的风格，用牛角猎号从

---

① 1579 年 9 月 18—19 日。赫克托·德·拉费里埃，巴格诺·德·普晒斯：《凯瑟琳·德·美第奇的信件》，第 7 卷，第 137 页。——原注
② 赫克托·德·拉费里埃，巴格诺·德·普晒斯：《凯瑟琳·德·美第奇的信件》，第 7 卷，第 126 页。——原注
③ 赫克托·德·拉费里埃，巴格诺·德·普晒斯：《凯瑟琳·德·美第奇的信件》，第 7 卷，第 159 页。人们知道维勒基耶曾出于嫉妒在 1577 年时亲手刺杀了他怀孕的妻子。——原注

美第奇王太后、亨利三世与众多嬖幸的聚会

一个村庄到另一个村庄进行呼吁。在罗纳河另一边的维瓦赖地区，人们联合起来反对年贡和佃租。美第奇王太后写道："在尾巴里依然隐藏着毒液。"但美第奇王太后其实是不太相信这句话的，而且由于她深入骨髓的自信，认为这些困难是可以解决的，而且是以很快的速度。

在普罗旺斯，美第奇王太后已经注意到民众是多么讨厌拿着武器的掠夺者和屠杀者，贵族们也一样。尽管这场冲突也涉及宗教问题，但这已是次要的了。哈扎人中既有胡格诺派也有贵族绅士。现在首要的是城市和乡村反对领主的斗争。由内战延续下来的对抗动摇了整个社会秩序。

美第奇王太后把贵族视为军队和王国的活城墙。在这个尚处于雏形的中央集权的国家，她还把他们当作国王和民众之间必要的中间人。因为一个地区在拥有法兰西王国设立的地方长官之前，根本没有直接且绝对顺从的代理人可以驯化那里的臣民。美第奇王太后不喜欢普通民众，他们爱吵闹，脾气坏，还不信任别人，就像她深有体会的南方胡格诺派，他们总是有多少人就会有多少种不同意见。对于这些人，美第奇王太后动听的言语、含糊的承诺都收效甚微。美第奇王太后写信给儿子亨利三世说："当然，这些市镇居民的许可是非常重要的，不仅是在普罗旺斯政府，而且在多菲内的政府也一样，这是我一直在思考的问题之一。"①几天后，美第奇王太后又对亨利三世说："我听说他们非常危险，这个问题非常棘手。"②但美第奇王太后也承认，在普罗旺斯双方都有过错，"因为那里的官员曾用暴力逼迫或试图逼迫臣民交纳比他们应交的更多的佃租，而这些臣民却想摆脱他们的义务"③。美第奇王太后一心要消

---

① 1579年6月24日。赫克托·德·拉费里埃，巴格诺·德·普晒斯：《凯瑟琳·德·美第奇的信件》，第7卷，第24页。——原注
② 1579年7月9日。赫克托·德·拉费里埃，巴格诺·德·普晒斯：《凯瑟琳·德·美第奇的信件》，第7卷，第40页。——原注
③ 赫克托·德·拉费里埃，巴格诺·德·普晒斯：《凯瑟琳·德·美第奇的信件》，第7卷，第24页。——原注

第9章　美第奇王太后与新教及天主教代表谈判

除多菲内贵族的疑虑,他们也许是被美第奇王太后对哈扎人的谦逊感动了,毛吉龙和一支由绅士、议会议员及格勒诺布尔主教组成的队伍一直将她送到了蒙特利马尔。美第奇王太后写信给她的儿子亨利三世说,她没有忘记向他们宣布"您对他们及所有别的贵族的伟大感情和良好祝愿。他们都是您王国的支柱,会帮助您管理国家并保护您的王权"①。

美第奇王太后与双方交谈,询问并了解各个等级产生分歧的原因。法兰西王国的一个特殊等级,也就是第三等级,希望新税的分配和征收对象也包括当地的贵族。美第奇王太后可以理解贵族们由于"深知这个提议的严重后果,这时表现得非常激动"②。第三等级还一直反对现有的税收规则,坚持不应该在多菲内征收人头税,而应收取实际人头税。就像在朗格多克,那里的捐税是根据土地的性质而不是个人的社会地位征收的。不论土地当前归谁所有,只有原来是属于贵族的才能免税,属于平民的都要征税。这是第三等级在最后几次三级会议中关于附加费的观点。如果第三等级在这次论战中获胜,贵族一旦为他们所拥有的平民的财产交税,那将来他们还有什么理由不去交纳向同样的平民财产所征收的一般税金呢?这很可能会导致一场税收革命。

但现在还不是迫使市镇平民就范的时候。"鉴于现在正发生的事……必须去安抚他们。"在蒙特利马尔,就在美第奇王太后为贵族庆功的那天,她把城市的司法副总管、瓦伦西大学前校长、反对新教教徒和平联盟的组织者及多菲内最后几个地区的第三等级领导人之一雅克·科拉斯拉到一边。美第奇王太后对他们说:"这是一种傲慢而愚蠢

---

① 赫克托·德·拉费里埃,巴格诺·德·普晒斯:《凯瑟琳·德·美第奇的信件》,第7卷,第49页。——原注
② 赫克托·德·拉费里埃,巴格诺·德·普晒斯:《凯瑟琳·德·美第奇的信件》,第7卷,第50页。在人头税针对个人征收的地区,它一般根据工作、资本、财产和土地等所有个人的收入征收。贵族是免税的,而当他们通过购买或继承获得土地时,他们也就将特权传递给了出售者。——原注

的思想，这次贵族的先生们猜疑心很重。"① 但由于此事的影响，她认为最好谨慎对待它。宫廷的委托人并不总能提供她所期待的帮助。"出于对这个地区主要联盟和市镇亲王们的恐惧，让·德·蒙吕克的侄子——瓦伦西主教查尔斯·德格拉斯·德·勒伯鸿②尽可能地不让他们讨厌自己"③。受到这位瓦伦西主教在蒙特利马尔宣言的影响或他随行绅士的警告，这些城市的代表们进行了共同商议并采取了预防措施。在瓦伦西，"至少莫宁的战士"由于担心美第奇王太后会和贵族一起占领城市，不仅没有出来迎接她，还"防守了一整夜"④。在美第奇王太后下榻的罗马，

瓦伦西

---

① 赫克托·德·拉费里埃，巴格诺·德·普晒斯：《凯瑟琳·德·美第奇的信件》，第7卷，第49页。比较第29页，注1，一个非常热心的天主教教徒雅克·科拉斯更愿意成为西班牙人，而不是归顺亨利四世。科拉斯·德·朗乌埃：《拉费尔伯爵》，昂热，1892年。——原注
② 查尔斯·德热拉斯·德·勒伯鸿，瓦伦西和迪的主教，死于1600年。
③ 赫克托·德·拉费里埃，巴格诺·德·普晒斯：《凯瑟琳·德·美第奇的信件》，第7卷，第49页。——原注
④ 赫克托·德·拉费里埃，巴格诺·德·普晒斯：《凯瑟琳·德·美第奇的信件》，第7卷，第50页。——原注

第9章 美第奇王太后与新教及天主教代表谈判

很多居民全副武装去见她。他们的队长波米耶是个布商，他为美第奇王太后准备了一篇简短的欢迎辞，这也可以说是个非常生硬的问候。波米耶"在这些联盟中拥有很高的信誉和权威，只要他一说话，这个城市和周边地区的人就都离开了"①。

美第奇王太后一直在用语言作为武器来对付这些性情糟糕的人。美第奇王太后自从到达南方以来，只要有机会就发表讲话，不停地在蒙特利马尔、在瓦伦西、在罗马演讲，甚至一天两次。美第奇王太后的演讲不仅针对个人，而且针对各个群体：教会代表、贵族集会、自由民会议及那些不容易说服的口才很好的同盟者们。她似乎有演说家的伟大天赋：丰富的论据、无限的魅力、旁敲侧击的劝告，以及能够打动或恭维每一个听众或观众的才能。在必要时，美第奇王太后又知道该如何强硬地说话，正如布朗托姆所说的那样"庄严地说话"。美第奇王太后到处宣扬顺从的义务和团结的优势。她让聚集在瓦伦西的"乌合之众"——他们是这个城市的主要力量，但不是绅士——举手发誓会离开联盟和协会，效忠于国王的中将毛吉龙。美第奇王太后甚至在可怕的波米耶的活动中心罗马也获得了成功，让那里的居民在不情愿的情况下，仍允许将前中将戈德斯先生留给他们的两门大炮带到里昂②。

美第奇王太后曾在格勒诺布尔与三个等级的代表们会面并听取了他们的不满。她单独接待了那些"在进谏时非常谦逊的"贵族和神职人员，向他们表达了她的儿子亨利三世对自己子民的"慈善和完全的爱"，讲

---

① 赫克托·德·拉费里埃，巴格诺·德·普晒斯：《凯瑟琳·德·美第奇的信件》，第7卷，第50页。1877年让·罗马在《拉德罗姆考古学会公报》上发表的文章有一个相当不准确的题目《多菲内地区的农民战争》，公开的文件，这是由一个见证人叙述的1579年和1580年罗马的事件。波米耶作为布业工人的领袖，在附近农民的帮助下，两年间就在城市制定了法律，后来被自由民杀害。他与美第奇王太后的相遇在第46页到第47页中有提到。——原注
② 赫克托·德·拉费里埃，巴格诺·德·普晒斯：《凯瑟琳·德·美第奇的信件》，第7卷；《公报》，第47页到第48页。——原注

述了亨利三世在他王兄查理九世统治时期所表现出的不畏牺牲的事迹,以及他曾"温和"地平息法兰西王国动乱的"情形"①。第三等级的演说家——一个维也纳的律师,"煽动暴乱分子"德堡,要求各等级的纠纷应由国王"在更多议会成员的协同下裁决,而不是仅由这么几个人定夺"。但格勒诺布尔的第一执政官和许多城市的代表却恳求美第奇王太后与陪同的理事会亲王和领主们"了结"纠纷。她感到了这些人对她的支持,而且没忘记"让德堡和他所煽动的叛乱同伙及捣乱分子明白,他们如此险恶地引导联盟是要受到严厉惩罚的"②。之后,美第奇王太后说,大多数的代表"立即表明了态度,他们想抛弃隐藏的坏思想"。但她说得太轻松了。美第奇王太后从未想过她的言语、她的出现和她的威胁是否会给他们留下足够深刻的印象,是否能一直战胜长期存在的激情、怨恨和不信任。美第奇王太后很快就意识到她并没有把他们吓倒。她让人逮捕了一个曾对绅士们发表了不利言论的外科医生,还有一个扛着耙子行走、推广使用牛角猎号的议会诉讼代理人加莫③,并责令议会对他们进行审判。市镇民众进行了干预,她不得不释放了加莫。但最终美第奇王太后还是设法调和了处于"不可思议的分裂状态"的三个等级,并让他们签署了一个全面协定④。

此后,美第奇王太后更倾向于使用说服的手段而非惩罚。亨利三世对贝勒格德的"不忠行为"充满怨恨,但美第奇王太后并不同意他的意见,没有派军队来对付贝勒格德,而且宫廷也没有足够的力量和金钱来

---

① 1579年8月5日。赫克托·德·拉费里埃,巴格诺·德·普晒斯:《凯瑟琳·德·美第奇的信件》,第7卷,第72页。——原注
② 赫克托·德·拉费里埃,巴格诺·德·普晒斯:《凯瑟琳·德·美第奇的信件》,第7卷,第71页。——原注
③ 格勒诺布尔,1579年8月5日。赫克托·德·拉费里埃,巴格诺·德·普晒斯:《凯瑟琳·德·美第奇的信件》,第7卷,第73页。——原注
④ 格勒诺布尔,1579年8月10日。赫克托·德·拉费里埃,巴格诺·德·普晒斯:《凯瑟琳·德·美第奇的信件》,第7卷,第75页。——原注

第 9 章　美第奇王太后与新教及天主教代表谈判

征集军队了。另外，王室军队的出现还有可能引起全面武装。莱斯迪吉埃与多菲内的新教教徒一起拦住了贝勒格德等人的道路。纳瓦拉国王亨利·德·纳瓦拉和孔代亲王亨利一世·德·波旁会支持莱斯迪吉埃，天主教联盟也将武装自卫。要对付当前的麻烦，"机敏"胜过"军队"。"因此，为了进行补救，请坚持您在内拉克会议上最后发布的和平赦令和条款。通过这个办法来使胡格诺派消除疑虑，并引导他们遵守这个他们一直说自己会执行的和平赦令及其条款，尤其是让他们没有任何机会拒绝归还城市。因为一旦这些城市如同被占领时那样，很快它们就会回到您手中。您放心，这些人会承诺让您得到和平和安宁的。"①

为了使贝勒格德从萨吕斯政府辞职，美第奇王太后打算依靠萨伏伊公爵伊曼纽尔·菲利贝托。她知道，这是一个妄图谋求私利的中间人。他非常关注多菲内和普罗旺斯的事务。维勒鲁瓦给亨利三世写道，"萨伏伊公爵伊曼纽尔·菲利贝托四处打探，在扰乱您事务的双方中都有和他暗中勾结的人。"②在萨伏伊公爵伊曼纽尔·菲利贝托到格勒诺布尔看望美第奇王太后时，美第奇王太后给了他同样的警告："您可不要在自以为大家都不知道的暗处吐痰，相信我。"③萨伏伊公爵伊曼纽尔·菲利贝托因亨利三世打破了自己在日内瓦的计划而气恼，所以违背亨利三世的意愿，与六个天主教地区（1578 年 5 月 8 日）在卢塞恩结盟。这也在为西班牙肯定要进入的联盟做准备，进而将损害法兰西王国和瑞士的永久联盟。这位信奉基督教的国王亨利三世为了保卫加尔文派的罗马，联合一切力量在伯尔

---

① 阿维尼翁，1579 年 7 月 9 日。赫克托·德·拉费里埃，巴格诺·德·普晒斯：《凯瑟琳·德·美第奇的信件》，第 7 页，第 41 页。——原注
② 赫克托·德·拉费里埃，巴格诺·德·普晒斯：《凯瑟琳·德·美第奇的信件》，第 7 页，第 40 页，注 2。——原注
③ 赫克托·德·拉费里埃，巴格诺·德·普晒斯：《凯瑟琳·德·美第奇的信件》，第 83 页，比较第 114 页，有关公爵在格勒诺布尔的逗留的详细信息在《德尔菲娜王室公证人，尤斯塔斯·皮埃蒙回忆录》中，瓦伦西，1885 年。——原注

尼和索洛图恩地区进行了反击（1579年5月8日）①。就像在许多情况下一样，这次亨利三世比自己的母亲看得更准，更远。因为美第奇王太后只是为了她渴望的和平梦想和权宜之计，才不惜一切代价帮助萨伏伊公爵伊曼纽尔·菲利贝托，她写信给她的儿子亨利三世，"如果我早知道了现在的状况，我是不会建议您保卫日内瓦的，而是如您可能会做的那样，随时结束与伯尔尼、苏黎世及索洛图恩地区的联盟……但您这么跟我说，我都不敢再提相反的意见了"②。为了缓和萨伏伊人的不满，美第奇王太后劝亨利三世向他们书面保证他不会损害萨伏伊公爵伊曼纽尔·菲利贝托在日内瓦的权利，相反还会帮助他在那里一直拥有这些权利。但萨伏伊公爵伊曼纽尔·菲利贝托并不是一个会为这张长期饭票买单的人。虽然这位萨伏伊公爵被迫放弃了自己的利益，但他认为萨吕斯总有一天会成为对自己的补偿。即便这位萨伏伊公爵曾经关心过，但现在他再也不会费心思维护亨利三世在那里的权威了。大家只是就此说些动听的话。贝勒格德拖延着谈判。莱斯迪吉埃等待着萨吕斯事件的解决③。

在离开了十三个月之后，美第奇王太后焦急地渴望再次见到她"在这个世界上最珍爱的人"——她的儿子亨利三世。亨利三世本来决定去里昂迎接她。他曾写信给维勒鲁瓦说："至于王太后，我的母亲，我相信她关于多菲内的言论。多菲内是个杂乱无章的地方，但我希望她能让那里恢复秩序……我看见过莱斯迪吉埃所描述的状况，但所有事都远不止如贝勒德元帅讲述的那样，他在和其他人一起说谎。我甚至敢说，萨

---

① 本条约由欧特福尔的先生，让·贝利耶夫雷谈判，并由桑西的先生，新教教徒尼古拉·德·哈雷签署，罗特：《法国驻瑞士各州的外交代表及他们的同盟和联邦成员的历史》，伯尔尼和巴黎，第2卷，第231页到第234页。公爵的主张和计划与法兰西王国的相悖，参见第225页以及关于《卢塞条约》，还需参见233页。——原注
② 1579年9月4日。赫克托·德·拉费里埃，巴格诺·德·普晒斯：《凯瑟琳·德·美第奇的信件》，第7卷，第117页到第118页。——原注
③ 1579年9月12日。赫克托·德·拉费里埃，巴格诺·德·普晒斯：《凯瑟琳·德·美第奇的信件》，第8卷，第126页。——原注

第 9 章　美第奇王太后与新教及天主教代表谈判

伏伊公爵伊曼纽尔·菲利贝托哄骗了我们……总而言之，他们讲的所有话和写的所有信都只是梦想和谎言，只有聪明的人才不会被欺骗……我不多说了，我还得前往里昂，因为那个卓越的女人①想让我这么做，而且特地给我写信明确表示想让我去那里……再见了，我刚打完手球正有些疲倦。"②这种敏锐和懒惰，男性的辨别力和对行动的厌恶，孝顺和不敬的混合，不正是亨利三世对自己的描绘吗？但就在亨利三世准备离开时，他的耳朵突然痛得很厉害，亨利三世周围的人陪伴了他二十四小时后，甚至对他的生命都不抱希望了（1579 年 9 月 10 日）③。正当美第奇王太后得知了这一危机，准备赶紧前往巴黎时，她又收到消息说所有的危险都过去了。美第奇王太后写信给于泽斯公爵夫人路易丝·德·克莱蒙说，"我的挚友，我很痛苦，这不是没有原因的，亨利三世是我的生命。没有了他，我既不想活着，也活不了……我一想到他遭受的伤痛，就不知道该怎么办了。我赞美主把他还给了我，并祈求一定要让我儿子的生命比我的更长久，只要我活着就不要再让我看到他的伤痛。请相信，当我知道他生病却无法守在他身边时真的非常痛苦，就像被小火灼烧着一点点死去似的。"尽管亨利三世还病着，但已经不那么严重后。美第奇王太后就不再过问了，"因为我再也无法忍受听到'他疼，不要去见他'之类的话。"④

美第奇王太后强迫自己留下来保证法兰西国王的休息和国家的和平。亨利三世将前往沙特尔朝圣，并为恢复那个非常混乱的地区的秩序，还

---

① 他的意思是他的母亲。——原注
② 赫克托·德·拉费里埃，巴格诺·德·普晒斯：《凯瑟琳·德·美第奇的信件》，第 7 卷，第 77 页，注释 1。——原注
③ 1579 年 9 月 14 日。赫克托·德·拉费里埃，巴格诺·德·普晒斯：《凯瑟琳·德·美第奇的信件》，第 7 卷，第 129 页；出处同上，1579 年 9 月 15 日，第 130 页。国王 1579 年 9 月 3 日在马德里城堡散步之后第一次患病，1579 年 9 月 10 日急性耳炎发作。茹奥斯特：《埃图瓦尔日志回忆录》，第 1 卷，第 332 页到 333 页。——原注
④ 里昂，1579 年 9 月 18 日。赫克托·德·拉费里埃，巴格诺·德·普晒斯：《凯瑟琳·德·美第奇的信件》，第 7 卷，第 134 页。——原注

会赶赴诺曼底①。而美第奇王太后继续在远离亨利三世的地方与贝勒格德和莱斯迪吉耶斯进行了为期一个月的谈判。但她急于结束这个谈判。她的儿子亨利三世在1579年9月13日赋予了她一项"权力",授权贝勒格德元帅可以管理萨吕斯②边境省管辖区。这虽是一种投降,但美第奇王太后很善于挽救颜面。叛乱者没再越界。她与贝勒格德约定在萨伏伊公爵伊曼纽尔·菲利贝托位于蒙吕埃勒的城堡里见面。美第奇王太后在亲王们和随从议员的簇拥下,当着主人萨伏伊公爵伊曼纽尔·菲利贝托的面接待了贝勒格德(1579年10月17日)。贝勒格德在她面前双膝下跪,宣布对自己的行为"万分惭愧和痛苦",甚至"愿意为此失去自己一半的血液,而且保证今后这种事再也不会发生在他身上了"。贝勒格德请求美第奇王太后"代为向亨利三世说情来赦免他",并请"这位夫人将他的侯爵领地交到国王手中",来作为服从的标志。美第奇王太后先让人将他的归顺备了案,然后,"既然贝勒格德能保证一生都忠诚于她的儿子亨利三世的事业,就像他的职责所要求的一样",就让人将恢复他职务的公开信交给了他。贝勒格德以形式上的屈辱为代价,和平地拥有了一个窃取来的政府③。

至于莱斯迪吉埃,尽管他一直在萨伏伊地区,但他一再拒绝美第奇王太后向他提出的会见要求④。最终,美第奇王太后被迫委托贝勒格德与他

---

① 如果杰罗姆·利波马诺的秘书获得了确切的消息,那么在鲁昂会出现严重的骚乱甚至是暴动。托马塞奥:《威尼斯大使们的报告》,第2卷,第451页。——原注
② 赫克托·德·拉费里埃,巴格诺·德·普晒斯:《凯瑟琳·德·美第奇的信件》,第7卷,附录,第441页到第442页。——原注
③ 赫克托·德·拉费里埃,巴格诺·德·普晒斯:《凯瑟琳·德·美第奇的信件》,第7卷,附录,第438页到第439页。——原注
④ 赫克托·德·拉费里埃,巴格诺·德·普晒斯:《凯瑟琳·德·美第奇的信件》,第7卷,第192页,注释;罗曼:《凯瑟琳·德·美第奇在多菲内》,格勒诺布尔,1883年;迪法亚尔:《莱斯迪吉埃陆军统帅》,1892年,第57页到第61页。在贝勒格德与亨利三世和解两个月后,他在萨吕斯去世(1579年12月20日)。美第奇王太后自然而然地被指责指使别人毒死了他(参见巴格诺·德·普晒斯伯爵的参考文献,在赫克托·德·拉费里埃,巴格诺·德·普晒斯:《凯瑟琳·德·美第奇的信件》,第7卷的引言部分,第13页到第14页)。贝勒格德可能死于他长时间以来一直患有的肾结石。——原注

沙特尔

的同伙谈判，达成了协议，或者可以说是天主教教徒和新教教徒之间的休战协议。1579年11月初，这个协议在莫内斯捷－克莱蒙特发布[1]。

美第奇王太后回到自己儿子亨利三世身边的时刻终于要到了。但在南方似乎已经被平息的骚动又蔓延到了北部和东部地区。在美第奇王太后旅程的最后阶段，她又得到了来自这些地区的令人不安的消息。下诺曼底地区发生了农民起义，在鲁昂甚至还发生了骚乱[2]。这个省的大领主拉罗什吉欧、康特卢、庞特·贝伦格尔都在这些骚乱中妥协了，他们甚至还有企图在圣日耳曼除掉亨利三世的嫌疑。但这些人已经逃跑了，躲到了拉罗什吉欧拥有年轻绅士地位的洛林的科梅尔西[3]。还有传言说，新教教徒拉佩蒂特皮耶尔[4]的领主受了第三代吉斯公爵亨利一世·德·洛林的怂恿，正

斯特拉斯堡

---

① 赫克托·德·拉费里埃，巴格诺·德·普晒斯：《凯瑟琳·德·美第奇的信件》，第7卷，第192页，注释。——原注
② 威尼斯大使杰罗姆·利波马诺秘书的关系。托马塞奥：《威尼斯大使们的报告》，第2卷，第451页；弗洛凯：《诺曼底议会的历史》，第3卷，亨利三世统治时期对此并无提及。——原注
③ 年轻绅士是对那些尚未成为骑士的领主的称呼。当时科梅尔西的最高统治者是梅斯主教。——原注
④ 拉佩蒂特皮耶尔或吕忒尔斯泰因是孚日地区洛林的领地。——原注

第9章　美第奇王太后与新教及天主教代表谈判

在斯特拉斯堡策划一次行动。许多小部队的士兵和绅士们从王国不同地区前往洛林和香槟，在那里不断聚集。其中一些团伙入侵了属于腓力二世的弗朗什－孔泰，掠夺了这个平坦的地区，并夺取了三座城堡。美第奇王太后当然明白，这次袭击与去年的一样，只是在妄图吸引西班牙人的注意力，分散他们的力量，协助安茹公爵弗朗索瓦·德·弗朗斯攻击荷兰。

但美第奇王太后担心会因此激怒保证中立的西班牙边境的瑞士各州①。美第奇王太后写信给指挥这些途经的侦察兵的安茹公爵弗朗索瓦·德·弗朗斯的重要侍从查尔斯·德·洛林②、赛萨克和杜迈，告知他们这些行为和举措可能产生的后果：打破与瑞士的联盟，遭到西班牙国王的报复，以及在进攻斯特拉斯堡时会与神圣罗马帝国军队发生冲突③。美第奇王太后恳请他们好好考虑一下，之所以如此温和地对他们说话，那是因为她知道他们与安茹公爵弗朗索瓦·德·弗朗斯之间的关系。查尔斯·德·洛林是安茹公爵弗朗索瓦·德·弗朗斯的好朋友，也是他在荷兰的战斗伙伴。拉罗什吉欧是安茹公爵弗朗索瓦·德·弗朗斯当时的宠臣拉罗谢波的兄弟。由于不合时宜的严苛，安茹公爵弗朗索瓦·德·弗朗斯根本没有必要将专门攻打腓力二世的军队用来对付亨利三世。同时美第奇王太后也建议亨利三世对诺曼底贵族的骚乱视而不见。亨利三世的确有充分的理由惩罚那些几乎手无缚鸡之力的"忘乎所以"的农民，

---

① 关于弗朗什－孔泰的中立，参见1911年的吕西安·费布尔：《腓力二世和弗朗什－孔泰》，巴黎，1911年，第54页到第57页。马克西米利安·德·奥特里希与瑞士人在1511年达成的协定及玛格丽特·德·奥特里希与弗朗索瓦一世在1522年达成的协议将弗朗什－孔泰的中立置于各州的保护之下。一年前，法兰西人已经入侵了弗朗什－孔泰。承认侵略的安茹公爵弗朗索瓦·德·弗朗斯曾写信给"联盟的先生们"（1578年10月2日），他是为了"弗朗德勒人的安宁与和平"，但他们并不想听到这个分裂的理由。他们从亨利三世那里获悉他强迫他的王弟安茹公爵弗朗索瓦·德·弗朗斯（吕西安·费布尔：《腓力二世和弗朗什－孔泰》，第723页和注2）撤回他的军队。美第奇王太后没有过高地估计这些地区的人的敏感性。——原注
② 查尔斯·德·洛林（1556—1605），法兰西王国重臣。
③ 1579年10月13日。赫克托·德·拉费里埃，巴格诺·德·普晒斯：《凯瑟琳·德·美第奇的信件》，第7卷，第168页。——原注

但却更有必要逮捕那些躲到科梅尔西的领主们,因为他们才是最危险的①。这些人会武装自卫,甚至向他们的盟友求助。暂停司法程序要比可能导致叛乱更稳妥。此时,在美第奇王太后看来,谨慎要更重要些,当她知道自己最害怕的是什么时,她的两个儿子又发生了新的不和。

1579年8月,安茹公爵弗朗索瓦·德·弗朗斯拜访了英格兰女王伊丽莎白一世。在格林尼治,伊丽莎白一世亲切地接待了他,跟他聊了很长时间,并宣布如果相信了西班牙大使的话,她就绝不会见到一个自己如此喜欢、如此愿意接受为丈夫的男人了②。安茹公爵弗朗索瓦·德·弗朗斯在返回时所抱有的希望使他对自己王兄亨利三世大量蔑视和不信任的话更加敏感。然而,在令亨利三世几乎丧命的耳炎危机期间,安茹公爵弗朗索瓦·德·弗朗斯还是表现出——至少美第奇王太后是这样说的——"他应该表现的样子"。但几天后(1579年9月下旬),趁亨利三世去沙特尔旅行之际③,安茹公爵弗朗索瓦·德·弗朗斯又离开了巴黎,躲到了自己的封邑阿朗松。贝利耶夫认为形势十分严峻,催促美第奇王太后赶紧返回④。

亨利三世没有意识到危险,或者根本不屑于说明,他没有再与母亲通信来往。美第奇王太后心慌意乱,写信给维勒鲁瓦:"拜托您,让我得到更多亨利三世的消息。因为我听到了一些传闻,但却对王宫一无所知,我难受得快要死了。"⑤

---

① 1579年9月12日。赫克托·德·拉费里埃,巴格诺·德·普晒斯:《凯瑟琳·德·美第奇的信件》,第7卷,第128页。——原注
② 凯尔万·德·勒滕霍夫:《胡格诺派和穷苦者》,1885年,第5卷,第391页到第393页。——原注
③ 亨利三世写给蒙特庞谢公爵路易·德·波旁的信,1578年9月30日。赫克托·德·拉费里埃,巴格诺·德·普晒斯:《凯瑟琳·德·美第奇的信件》,第7卷,第149页,注2。——原注
④ 赫克托·德·拉费里埃,巴格诺·德·普晒斯:《凯瑟琳·德·美第奇的信件》,第7卷,第156页。提到了贝利耶夫给美第奇王太后的回信应是在1578年10月6日。——原注
⑤ 1579年10月10日。赫克托·德·拉费里埃,巴格诺·德·普晒斯:《凯瑟琳·德·美第奇的信件》,第7卷,第163页到第164页。——原注

格林尼治

在解决了萨吕斯的事务之后，美第奇王太后立刻踏上了赶赴巴黎的道路。

亨利三世"前往"奥尔良去接她。就像他在写给威尼斯大使阿尔诺·杜·费里尔（1579 年 11 月 9 日）的信中所说，他"以极大的喜悦和满足"再次见到了母后，很高兴她能忍受这次漫长而危险的旅程，并"感恩于这位夫人在她所有走过的地方所散播的善良"①。这个迎接补偿了美第奇王太后所有的艰辛。经过了十五个月的分离（1578 年 8 月—1579 年 11 月），美第奇王太后发现她的儿子亨利三世如她所愿，对她所做的努力表示感激，也许要比她不离开时，对她的感情更深。在巴黎，议会和人民走到城外迎接美第奇王太后，好像是在为这个王国的安定而向她表示敬意。

威尼斯大使杰罗姆·利波马诺的秘书在主人的口述下非常崇拜地写到了美第奇王太后。这位秘书在《报告》②里说："她是一个对国家事务不知疲倦的王太后，恰好天生就是为了不辞辛苦地管理像法兰西这样爱惹是生非的民族。自从他们开始了解她的功绩，就不得不必须羞愧地赞美她，并因没有更早地给予她赏识而懊悔不已。"③

但这位大使补充说，美第奇王太后遗留的问题还是很多的，她"与其说解决了，不如说只是缓和了吉耶讷、朗格多克、普罗旺斯和多菲内地区的纠纷"。

但这就是史实。作品的成功与否与其创作者的技能并不完全相符，无论多么强大的人都无法改变历史。

---

① 赫克托·德·拉费里埃，巴格诺·德·普晒斯：《凯瑟琳·德·美第奇的信件》，第 7 卷，第 194 页，注 2 和第 195 页，注 1。——原注
② 杰罗姆·利波马诺（1496—1559），威尼斯大使，摩里亚的莫顿及维罗纳主教，参加了特伦特会议。
③ 《威尼斯大使们的报告》，被托马塞奥在《未出版的文件集》中公布和翻译，第 2 卷，第 449 页到第 451 页。为了更准确，我对托马塞奥的翻译做了一些改动。——原注

第10章

安茹公爵弗朗索瓦·德·弗朗斯援助荷兰

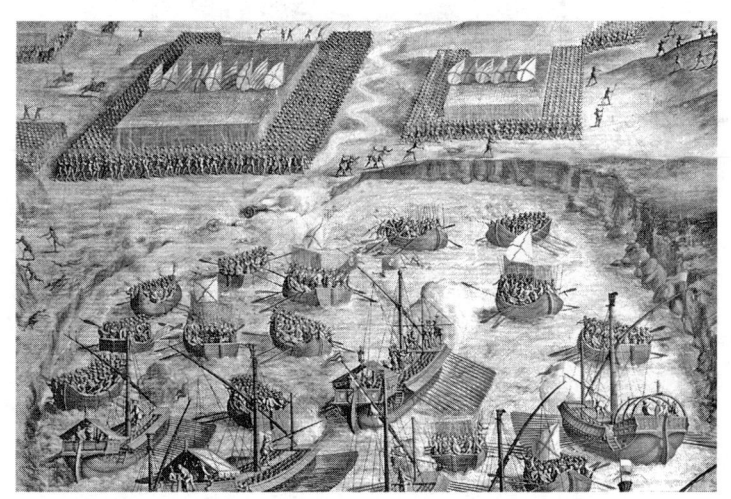

卷土重来的骚动并没有让美第奇王太后过分紧张。美第奇王太后觉得现在亨利三世对她的爱比以前更强烈了。由于对自身能力和王室美德过分自信,美第奇王太后自以为只要她们母子同心,胡格诺派和政治家们就会知难而退。但她也明白,所有这一切的前提是安茹公爵弗朗索瓦·德·弗朗斯不跟他的王兄亨利三世作对,并保持中立,或者至少是表面上的友好。在前往奥尔良的路上,安茹公爵弗朗索瓦·德·弗朗斯假借骑马时"肚子不适"没有去看望美第奇王太后。但实际上他是为了避免与亨利三世见面。美第奇王太后对这个糟糕的借口十分担忧,所以她在巴黎只休息了几天就又出发了。美第奇王太后打算和安茹公爵弗朗索瓦·德·弗朗斯谈一谈,并对他做出合理的安排,以促进和平早日实现。

在韦尔纳-恩-佩尔什①(靠近埃夫勒),美第奇王太后和安茹公爵弗朗索瓦·德·弗朗斯见面了。但美第奇王太后并没有将他们之间的谈话全部写信告诉亨利三世,因为她想等到一个合适的时机再和亨利三世就此促膝长谈。他们应该谈论了荷兰事务。虽然美第奇王太后只字未提,但她十分清楚安茹公爵弗朗索瓦·德·弗朗斯一定会"卷入其中"。安茹公爵弗朗索瓦·德·弗朗斯可能向美第奇王太后承认了 1579 年 10

---

① 韦尔纳-恩-佩尔什就是指现在位于法国诺曼底地区厄尔省的阿夫尔河畔韦尔讷伊,当时它被称为韦尔纳-恩-佩尔什。

月25日他与康布雷行政长官安希先生签署的一份秘密协议。根据这份协议，安茹公爵弗朗索瓦·德·弗朗斯将得到这座名义上自由，实际却受西班牙国王腓力二世约束的神圣罗马帝国的城市①。安茹公爵弗朗索瓦·德·弗朗斯还十分坦诚地谈到了法兰西王国各处对他的煽动。他是想借此使亨利三世害怕，进而让亨利三世支持自己在弗朗德勒的事业吗？

美第奇王太后是否通过某个模糊的援助承诺而让安茹公爵弗朗索瓦·德·弗朗斯讲了真心话呢？总之，就像美第奇王太后向亨利三世汇报的那样，她从安茹公爵弗朗索瓦·德·弗朗斯及同在那里的罗斯恩-巴罗斯的领主克里斯多夫·德·萨维尼②口中得知，在科梅尔西和其他地区，两个教派中那些心怀不满者已经从某些神圣罗马帝国雇佣兵和"卡西米尔式"③的陆军将领们那里得到了帮助，此外他们正在寻找一位首领。但安茹公爵弗朗索瓦·德·弗朗斯解释说，为了更好地为亨利三世服务，"到目前为止他并没有对听到的提议进行任何回复"，他下定决心，再也不会做任何会使王兄亨利三世不高兴的事。美第奇王太后说，安茹公爵弗朗索瓦·德·弗朗斯表示除了"谦卑地"为亨利三世提供服务外，他"在这个世界上再别无所求"，安茹公爵弗朗索瓦·德·弗朗斯还在母亲的这封信中又亲手增加了"两行字"，以表忠心④。

美第奇王太后一直行至埃夫勒，希望通过与诺曼底的各个等级接洽劝说他们接受新的税收政策。但得知他们拒绝了所有的额外赋税。"总之，这个地区只会一如既往地向您交纳他们已经习惯了的人头税、用于骑兵团的斯当兹勒税及五万步兵军饷的泰伦税。至于巴黎铸造的货

---

① 凯尔万·德·勒滕霍夫：《胡格诺派和穷苦者》，第5卷，第469页到第470页。——原注
② 克里斯多夫·德·萨维尼（1530—1585），16世纪法国文艺复兴时期的人文主义学者，著有《已完成的各类自由艺术作品汇总表》一书，被认为是第一部法语百科全书的作者，是狄德罗和阿朗伯特的前辈。
③ 意为破坏和平的。——原注
④ 给国王的信，韦尔纳-恩-佩尔什，1579年11月23日。赫克托·德·拉费里埃，巴格诺·德·普晒斯：《凯瑟琳·德·美第奇的信件》，第7卷，第199页，第200页的注释1。——原注

埃夫勒

币①，增加了三苏、六旦②和另外的十八旦，合起来作为一里弗③的支付体系，他们不愿意接受，并言辞激烈地告诫您，您这样做会重新导致这个地区的贫穷和债务。就像一个完整的主体只有四部分，如果非要拿出六部分，他们实在无能为力。"④

该省的贵族为了表示不满，"每七个行政管辖区和子爵领地"只派出了一名代表，"而不是像往常一样选出很多"。一位新教绅士及亨利三世的忠臣向美第奇太后透露道，天主教的绅士们"打算以后只要有机会就会与新教联合"并"下决心"求助于外国人并让他们加入联盟。天主教绅士们之所以这么做就是因为"国王蔑视他们"⑤。美第奇王太后对自己所见所闻深感不安，并写信将这一切直截了当地告诉亨利三世，这与她的习惯完全不同："我恳求您，尽快向您的财政官发出命令，不要再为了帮您筹集所需款项而掠夺百姓了。因为您正处在大规模暴动的边缘。倘若有人告诉您并非如此，那么他们一定是在对您说谎。"⑥

美第奇王太后是真的害怕还是故意夸大危险来迫使亨利三世向她所提出的要求做出让步呢？她的这一做法着实让人摸不着头脑。

亨利三世的情绪十分激动，他让马提尼翁元帅停止在香槟地区继续聚集战士，命令他去攻占科梅尔西。然而，美第奇王太后暗示亨利三世，

---

① "泰伦税"是1543年，为了维持五万步兵的开支，在封闭的城市实施的一种临时税收。自那以后，这种税收就被保留下来，作为人头税的补充部分。"乌斯坦西勒税"是人头税的另外一种补充税收，但这种税收用于支付精骑兵团的军饷。根据巴黎里弗和图尔里弗之间的不同计算，巴黎铸造货币币值大约增长了百分之七。——原注

② 旧时法国辅币。——原注

③ 里弗是一个基于银的货币单位，其价值和细分根据国家和时期有所不同。

④ 埃夫勒，1579年11月25日。赫克托·德·拉费里埃，巴格诺·德·普晒斯：《凯瑟琳·德·美第奇的信件》，第7卷，第201页；博勒佩尔：《诺曼底国家备忘录》，第1卷，第59页到第60页（第3条）和第71页（国家要求第22条）。——原注

⑤ 赫克托·德·拉费里埃，巴格诺·德·普晒斯：《凯瑟琳·德·美第奇的信件》，第7卷，第201页到第202页。——原注

⑥ 赫克托·德·拉费里埃，巴格诺·德·普晒斯：《凯瑟琳·德·美第奇的信件》，第7卷，第202页。——原注

第10章　安茹公爵弗朗索瓦·德·弗朗斯援助荷兰

还有一个"更好的办法"——走温情路线。据说那些为斯特拉斯堡事件在香槟地区聚集的战士们都解散了。对于攻打科梅尔西,马提尼翁元帅是否应该审慎行事呢?因为这样做将会激起当地和其他地区民众的反抗。美第奇王太后建议亨利三世派的是哪位使者去劝阻拉罗什吉欧带兵前往科梅尔西,再让马提尼翁元帅带兵返回呢?这位使者就是安茹公爵弗朗索瓦·德·弗朗斯的宠臣拉罗谢波,也是拉罗什吉欧的弟弟[①]。

美第奇王太后在另一封信中说,安茹公爵弗朗索瓦·德·弗朗斯也建议安抚民众。安茹公爵弗朗索瓦·德·弗朗斯还向美第奇王太后表示,马提尼翁元帅的军队还不够强大,无力应对在科梅尔西聚集的部队及不断增援他们的援兵。"看来那些怀有恶意,使王国陷入困境的人,只是在等着看您如何决策,同时趁着这个机会壮大自己并使卡西米尔进入您的王国。"[②]

在表明自己忠心的同时,安茹公爵弗朗索瓦·德·弗朗斯也没有隐瞒自己的母后,他有理由抱怨王兄亨利三世根本没有"考虑"他的利益,也"不信任"他。为了消除这种危险的"情绪",美第奇王太后劝亨利三世写信给安茹公爵弗朗索瓦·德·弗朗斯,并希望他表现得十分真诚,发自肺腑地表示很高兴"看到安茹公爵弗朗索瓦·德·弗朗斯有这样的诚意"爱戴他并愿意为他服务。但对于安茹公爵弗朗索瓦·德·弗朗斯的疏远和立场,亨利三世却感到不满,因为这将损害法兰西王国的利益,妨碍和平的实现。亨利三世请安茹公爵弗朗索瓦·德·弗朗斯与母后一同回到王宫,并会确保对安茹公爵弗朗索瓦·德·弗朗斯的恩赏。亨利三世其实已经给予了安茹公爵弗朗索瓦·德·弗朗斯许多头衔,并且"不再相信那些妄图让王国发生动乱者的意见",这样他就能"认清他俩共同的敌人"。因美第奇王

[①] 1579年11月23日。赫克托·德·拉费里埃,巴格诺·德·普晒斯:《凯瑟琳·德·美第奇的信件》,第7卷,第199页。——原注

[②] 给国王亨利三世的信,1579年11月25日。赫克托·德·拉费里埃,巴格诺·德·普晒斯:《凯瑟琳·德·美第奇的信件》,第7卷,第201页。——原注

太后知道亨利三世很敏感,所以又补充说:"您比我更了解该怎样更好地和安茹公爵弗朗索瓦·德·弗朗斯沟通。其实,我给您写这封信,实在是有些愚蠢。"①但如果美第奇王太后完全相信亨利三世可以用正确的方式处理,她就不会向他隐瞒自己认为这些都是必需的了。

孔代亲王亨利一世·德·波旁的逃跑证明美第奇王太后的想法是多么正确。这个抱有宗派主义思想的波旁家族成员,是其家族中唯一真正的胡格诺派。他其实并不甘心在西部生活,远离自己的皮卡第政府、远离荷兰、远离英格兰政府和让·卡西米尔。因此,孔代亲王亨利一世·德·波旁离开圣-让-昂热利,乔装打扮穿过巴黎,并出其不意地进入皮卡第最强大的要塞之一拉费尔(1579年11月29日)。孔代亲王亨利一世·德·波旁曾欺骗过美第奇王太后,但在1579年11月13日给她写信说:在所有"可以为陛下②效劳的事务"中,"如果您愿意赋予我执行您命令的这份殊荣,我将毫不犹豫地立刻去完成。"③

一般来讲,孔代亲王亨利一世·德·波旁是不会做任何违背亨利三世意愿、引起他不悦的事。但这次,孔代亲王亨利一世·德·波旁在费拉尔筑起壁垒,宣布自己的政府反对《普瓦捷赦令》(1577年9月)。因其中一项秘密条款上规定,圣-让-昂热利在六年间将留给孔代亲王亨利一世·德·波旁作为躲避的场所,直到"国王陛下愿意让他回到保留给他的皮卡第封地"④。孔代亲王亨利一世·德·波旁为自己辩解说,在同意签订这一和约时,他已表明"六年前他就打算回到自己的封地了"⑤。孔代

---

① 赫克托·德·拉费里埃,巴格诺·德·普晒斯:《凯瑟琳·德·美第奇的信件》,第7卷,第202页。——原注
② 指亨利三世和他母亲美第奇王太后。——原注
③ 德·奥马尔:《孔代亲王史》,1889年,第2卷,第128页,第419页,附录9。——原注
④ 杜·蒙特:《外交行业》,第5卷,第1部分,第310页;赫克托·德·拉费里埃,巴格诺·德·普晒斯:《凯瑟琳·德·美第奇的信件》,第7卷,第209页。——原注
⑤ 赫克托·德·拉费里埃,巴格诺·德·普晒斯:《凯瑟琳·德·美第奇的信件》,第7卷,第208页。——原注

第 10 章　安茹公爵弗朗索瓦·德·弗朗斯援助荷兰

亲王亨利一世·德·波旁认为自己根本不受这个合约的约束，因他在合约上的署名为"一个杰出的神学家"，这意味着他就没把这个合约当回事。

美第奇王太后和孔代亲王亨利一世·德·波旁的继母——享有亡夫遗产的孔代公爵夫人索尔斯·德·奥尔良以及孔代亲王亨利一世·德·波旁的叔叔波旁红衣主教查尔斯一世·德·波旁一起去靠近绍尼市的维里找孔代亲王亨利一世·德·波旁，但美第奇王太后并不知道孔代亲王亨利一世·德·波旁已经回到了圣-让-昂热利。拉费尔和巴黎之间的谈判继续进行却毫无进展。孤身一人的孔代亲王受到当地同盟者的严密监视，无法采取任何行动，然而南方的胡格诺派却在骚动。亨利三世派去吉耶讷的朗布依埃在经过两个月的活动之后，仍没能让胡格诺派归还之前非法占据的安全要塞①。在马泽雷会晤（1579 年 12 月 9 日）②期间，为劝说纳瓦拉国王亨利·德·纳瓦拉而加入了朗布依埃的蒙莫朗西-当维尔并没有取得成功。几天后，胡格诺派首领马蒂厄·莫尔奉"一位教派主要领导人"——具体没有说是谁——的命令③突然造访门德（1579 年 12 月 25 日）。纳瓦拉国王亨利·德·纳瓦拉为这次侵犯感到非常抱歉。他写信给亨利三世说，"他们做的这件事我并不知情，也没有经过我的同意。"这是一个特例，"对此宗教人士普遍感到很不愉快"④。

但纳瓦拉国王亨利·德·纳瓦拉明确表示自己并不是党派的主宰者。1580 年春天，政变又开始了。新教教徒攻占了蒙特哥（1580 年 3 月 15 日），而天主教教徒夺取了蒙蒂尼亚克⑤（1580 年 4 月）。两个教派逐步走向了公开的对抗。

---

① 朗布依埃谈判，《回顾月刊》，第 6 卷，第 2 系列，第 125 页到第 132 页。——原注
② 赫克托·德·拉费里埃，巴格诺·德·普晒斯：《凯瑟琳·德·美第奇的信件》，第 7 卷，第 214 页到第 215 页。——原注
③ 梅尔：《回忆录》，布琼出版社，第 748 页。——原注
④ 伯杰·德·科斯沃黑：《亨利四世书信汇编》，第 1 卷，第 270 页。——原注
⑤ 在佩里戈尔。——原注

美第奇王太后最担心的就是那些心怀不满的天主教教徒加入新教。她写信给亨利三世："我害怕除了宗教事务，还有其他事也纠缠其中。"她向亨利三世证实，多菲内的市镇和胡格诺派"并不像一直以来看起来的那么糟糕，现在他们的状态似乎很好"①。

如果美第奇王太后不怕激起亨利三世对纳瓦拉国王亨利·德·纳瓦拉的敌对情绪，她本可以利用狂欢节（1580年2月18日）时洛林公爵查理三世在南希举办的宴会来作为和解的借口。著名的让·卡西米尔的出现吸引了一些贵宾访客：第三代吉斯公爵亨利一世·德·洛林的弟弟马耶讷公爵夏尔·德·洛林、安茹公爵弗朗索瓦·德·弗朗斯的心腹罗恩、巴松皮埃尔和五六个神圣罗马帝国陆军将领、拉罗什吉欧、科梅尔西的贵族青年及两个教派中一些有不满情绪的人。虽然让·卡西米尔能在神圣罗马帝国公开招揽雇佣兵，并已垄断了这个领域，但他对此并不十分满意。他更愿意为他的教友提供服务，总是通过主动对天主教臣民在财务方面进行资助来支持他们反对天主教君主们的统治。同时他也在做一些与改革派及其教徒直接相关的事务。但人们认为让·卡西米尔有能力帮助教皇反对新教教徒。只要教皇愿意付出代价，比如向第三代吉斯公爵亨利一世·德·洛林提供士兵攻打斯特拉斯堡、为西班牙国王提供士兵收复荷兰等。

1576年，让·卡西米尔指挥着一支神圣罗马帝国军队救援了安茹公爵弗朗索瓦·德·弗朗斯和胡格诺教徒。他抱怨亨利三世一直拖延支付自己作为战胜者所要求的三百万里弗的战争赔款。让·卡西米尔正在等待机会迫使这个难对付的债务人偿清欠款。让·卡西米尔与安茹公爵弗朗索瓦·德·弗朗斯、多菲内新教教徒的首领莱斯迪吉埃、纳瓦拉国王亨利·德·纳瓦拉及孔代亲王亨利一世·德·波旁都有联系。同时对于第三代吉斯公爵亨利一世·德·洛林的主动接近，让·卡西米尔也没有拒绝。

---

① 致国王亨利三世的信，1580年4月18日。赫克托·德·拉费里埃，巴格诺·德·普晒斯：《凯瑟琳·德·美第奇的信件》，第7卷，第247页。——原注

第 10 章　安茹公爵弗朗索瓦·德·弗朗斯援助荷兰

人们恳求他、害怕他、严密监视他,"让·卡西米尔"就是美第奇王太后的噩梦。在过去两年中,她一直劝亨利三世偿清债务。在母亲的一再要求下,亨利三世似乎决定委托洛林公爵查理三世去协商这件事了。

洛林公爵查理三世被选定去充当中间人。有了让·卡西米尔这个朋友,他在法兰西宫廷的地位也提升了不少。作为美第奇王太后的女婿,洛林公爵查理三世很讨她喜欢。美第奇王太后还以温柔的外祖母的身份养育他的女儿克里斯蒂娜·德·洛林。洛林公爵查理三世虽有志向,但却对吉斯家族唯命是从,鞍前马后。洛林家族的年轻人都臣服于亨利三世,但他却认为亨利三世多疑且易怒。洛林公爵查理三世谨慎地对待每个人,虽与那些谋反者有所往来,但并不参与谋反。"1580 年 1 月 10 日,佛

克里斯蒂娜·德·洛林

罗伦萨使节萨拉西尼写道，洛林公爵查理三世专门写了一封信禀告国王陛下，让·卡西米尔要求前往他的领地招募一支德意志雇佣兵"[1]，但他没说自己会阻止让·卡西米尔。洛林公爵查理三世可能让路德维希六世[2]接受了分期支付的方式。

餐桌上的谈话，或者说雇佣兵队长和这些大领主之间的秘密谈话丝毫没有被泄露，可能是因为所有这一切都是口头进行的吧。我们知道让·卡西米尔已经答应给拉罗什吉欧提供五千名神圣罗马帝国雇佣骑兵来保卫科梅尔西了。可以猜想洛林公爵查理三世答应了他之后可能也试

路德维希六世

---

[1] 阿贝尔·德·贾斯丁：《法兰西王国和托斯卡纳之间的外交谈判》，第4卷，第282页：1580年1月10日公告。——原注
[2] 路德维希六世（1539—1583），他是神圣罗马帝国维特尔斯巴赫家族的一支帕拉蒂纳特家族的选帝侯，改革了海德堡大学并使当地的行政管理现代化。

第 10 章　安茹公爵弗朗索瓦·德·弗朗斯援助荷兰

探了第三代吉斯公爵亨利一世·德·洛林策划反对斯特拉斯堡的事①。但如果再深入猜测这个假设便有些草率了②。

这次不同地区和不同教派成员的会见很有征兆性，尽管安茹公爵弗朗索瓦·德·弗朗斯还没有答应陪伴或跟随美第奇王太后返回巴黎，美第奇王太后还是到了安茹公爵弗朗索瓦·德·弗朗斯的身边。美第奇王太后去靠近尚翁区的布尔盖找安茹公爵弗朗索瓦·德·弗朗斯，并和他一起待了好几天（1580年4月14到1580年4月17日）。美第奇王太后给安茹公爵弗朗索瓦·德·弗朗斯讲了一些有关荷兰的计划，但这并不是她的主要目的。当安茹公爵弗朗索瓦·德·弗朗斯假装说要放弃这些时，美第奇王太后仿佛相信了他。"因为一旦他在那里遇到麻烦，我们能帮的实在太少了。"③美第奇王太后最害怕安茹公爵弗朗索瓦·德·弗朗斯和胡格诺派走得过近，于是一再劝阻他娶纳瓦拉国王亨利·德·纳瓦拉的妹妹凯瑟琳·德·波旁为妻。在去南方之前，美第奇王太后之所以曾认为凯瑟琳·德·波旁是个合适的人选，那是因为她当时正在寻找与即将展开谈判的新教首领取得和解的办法。但时过境迁，美第奇王太后的安排也发生了变化。

美第奇王太后对安茹公爵弗朗索瓦·德·弗朗斯说，这场婚姻会激起"王国中所有天主教教徒和基督教教徒的敌意"，他们都会反抗他。但安茹公爵弗朗索瓦·德·弗朗斯不无恶意地向美第奇王太后指出，在和英格兰女王伊丽莎白一世的婚约中，她和国王都没有发现任何"困难"，这两位女士信仰的可是同一个宗教。但美第奇王太后向安茹公爵弗朗索瓦·德·弗朗斯指出，同时也是这么写信给亨利三世，"与这两个人结

---

① 对于这件事，第三代吉斯公爵亨利一世·德·洛林已经同意洛林公爵查理三世打开或关闭通往莱茵河的道路。戴维：《洛林公爵查理三世对法兰西王位的企图》，1909 年，第 26 页，注释 7 中的参考文献；皮埃尔·德·瓦丝艾贺：《几个刺客》，1912 年，第 210 页，注释 1 的参考文献。——原注
② 鉴于戴维总是一丝不苟，我不能接受他那些大胆独创的想法。——原注
③ 致国王亨利三世的信，1580 年 4 月 15 日。赫克托·德·拉费里埃，巴格诺·普晒斯：《凯瑟琳·德·美第奇的信件》，第 7 卷，第 241 页到第 242 页。——原注

婚，获利截然不同。如果与英格兰女王伊丽莎白一世结婚，安茹公爵弗朗索瓦·德·弗朗斯将得到一个很大的王国，但如果娶纳瓦拉公主凯瑟琳·德·波旁，他最多只能获得五万年金①"。所以，为这么少的嫁妆而与天主教世界反目成仇实在是不值得。

美第奇王太后向安茹公爵弗朗索瓦·德·弗朗斯建议，与其娶凯瑟琳·德·波旁，不如娶她的外孙女，洛林公爵查理三世的女儿克里斯蒂娜·德·洛林，对此安茹公爵弗朗索瓦·德·弗朗斯一言不发。

在安茹公爵弗朗索瓦·德·弗朗斯内心深处还有另外的考虑，他也和自己母亲一样担心法兰西王国再次陷入混乱，也希望得到和平的王国的支持，并从签署和约的双方都招募些他在弗朗德勒的事业所需的士兵。

凯瑟琳·德·波旁

---

① 1580年4月15日。赫克托·德·拉费里埃，巴格诺·德·普晒斯：《凯瑟琳·德·美第奇的信件》，第7卷，241页。——原注

第10章　安茹公爵弗朗索瓦·德·弗朗斯援助荷兰

美第奇王太后告诉过他"很多次",有一个"一劳永逸的办法",那就是让亨利三世签订一个新的和平协定或者颁布大赦,并且在议会法庭当着各位亲王、王国官员、国家重要人物及那些无法亲自前来的大人物代理人的面,宣誓进行大赦或和解①。为了这个安抚事业,安茹公爵弗朗索瓦·德·弗朗斯谦恭地提供着服务。此刻正在布尔盖的阿特斯·德·科塞元帅也向美第奇王太后和许多人提议,就像是美第奇王太后在有意将这些讲给亨利三世听似的。亨利三世应该把这个任务专门交给自己的王弟安茹公爵弗朗索瓦·德·弗朗斯,以便让所有臣民都清楚地认识到,法兰西国王想要的是王国的和平与安定。

然而,美第奇王太后却回应说她没有制订新敕令的意愿,亨利三为新教教徒颁布的敕令已经足够了,但她并不完全拒绝派遣一位自己的亲信作为安茹公爵弗朗索瓦·德·弗朗斯的侍臣,以便有机会了解情况。美第奇王太后向亨利三世解释说:"我多么想除了遵从您的意愿和决定外,什么事都不做啊。"美第奇王太后总是告诫亨利三世,这些骚乱的爆发既有政治原因也有宗教原因。第二天,她还劝亨利三世听从他王弟安茹公爵弗朗索瓦·德·弗朗斯的建议,把那些亲王和大领主们都召集到巴黎,在议会中当面向他们"保证执行和约"并"郑重地向他们承诺,不会再增加任何条件,也不会再找任何理由"②。

至于安茹公爵弗朗索瓦·德·弗朗斯和阿特斯·德·科塞元帅所建议的"赦免以往所有过错和罪行",这也是美第奇王太后的想法。因为"很难惩罚那些犯了错却没有造成什么危害的人",但美第奇王太后同时认为应该对此采取"谨慎"态度。她劝告亨利三世,即便他愿意原谅这一次,他也要"用明确的语言"宣布自己今后将对罪犯"严惩不贷",不会考虑

---

① 图尔,1580年4月18日。赫克托·德·拉费里埃,巴格诺·德·普晒斯:《凯瑟琳·德·美第奇的信件》,第7卷,第246页。——原注
② 图尔,1580年4月19日。赫克托·德·拉费里埃,巴格诺·德·普晒斯:《凯瑟琳·德·美第奇的信件》,第7卷,第250页。——原注

他们的身份、地位和宗教信仰。美第奇王太后相信这场维护和平的宣誓将"大大加强对正在酝酿中的罪恶的防范"。她还说,"当人们从中看到您和王弟和解时,就会打消很多不良企图。"① 所以,重新争取到王弟安茹公爵弗朗索瓦·德·弗朗斯的支持,对亨利三世是很有帮助的。

新教教徒与天主教教徒之间的战争突然在南方爆发了。纳瓦拉国王亨利·德·纳瓦拉向贵族发表了一份声明(1580年4月15日),五天之后,他给亨利三世也写了一封信,为自己拿起武器进行辩解②。纳瓦拉国王亨利·德·纳瓦拉提到的一个很重要的原因是他的教友们对天主教的攻击感到很失望。但天主教教徒也可以回答说,他们这样做只是以牙还牙罢了。的确,新教首领同意其教会代表在蒙托邦大会(1579年7月)上的意见,决心保留1579年2月28日签订的《内拉克赦令》中所要求的,在六个月之后③,也就是说要在1579年8月底,归还的十五个地区。新教教徒们的恐惧和焦虑仅仅是个借口,他们清楚地知道美第奇王太后不会强迫他们归还。即便他们像现在一样还占据着几个城堡,美第奇王太后还是会继续进行和平谈判。

图伦内公开表示,在蒙托邦逗留期间,"每个人都在努力酝酿一场新的暴动,探查一些要塞的情况"④。他们再次与天主教教徒发生了矛盾。

---

① 图尔,1580年4月19日。赫克托·德·拉费里埃,巴格诺·德·普晒斯:《凯瑟琳·德·美第奇的信件》,第7卷,第251页到第252页。——原注
② 赫克托·德·拉费里埃,巴格诺·德·普晒斯:《凯瑟琳·德·美第奇的信件》,第1卷,第288页及以后。1580年4月20日给亨利三世的信,出处同上,第296页及以后。——原注
③ 安克斯:《改革派教会政治会议的历史》,1859年,第28页。书中提到了两次会议:1579年和1580年,没有提到在哪个月。第一次会议的时间是根据美第奇王太后1579年6月15日写给亨利三世的信(赫克托·德·拉费里埃,巴格诺·德·普晒斯:《凯瑟琳·德·美第奇的信件》,第7卷,第12页)确定的。"在下个月的第一天,应该在蒙托邦举行一个全体主教会议,我的儿子、纳瓦拉国王,孔代亲王,图伦内子爵,以及所有教会的主要代表都在那里。"大会认为,纳瓦拉国王亨利·德·纳瓦拉并没有归还这些地区,但在亨利三世对即将收到的进谏做出回复之前,美第奇王太后反对发起武装进攻。这封请求书由吕西尼昂先生交给了亨利三世。赫克托·德·拉费里埃,巴格诺·德·普晒斯:《凯瑟琳·德·美第奇的信件》,第7卷,第73页。——原注
④ 巴格诺·德·普什西:《布永公爵图伦内子爵的回忆录》,1565—1586年,第147页。——原注

第10章　安茹公爵弗朗索瓦·德·弗朗斯援助荷兰

1580年4月，在没有得到拉罗谢尔和众多教会人士的承认，也没有取得外国军队帮助的情况下，尽管安茹公爵弗朗索瓦·德·弗朗斯态度冷淡，蒙莫朗西-当维尔充满敌意，他们仍贸然将所有的力量都投入了战斗中。难道正如图伦内所说，他们冒险进入拉费尔就是为了解救孔代亲王亨利一世·德·波旁吗？或者是像玛格丽特·德·瓦卢瓦认为的那样，是因为害怕亨利三世因对他们的违抗感到愤怒，会亲自来解决要塞问题并强迫他们信守诺言吗？纳瓦拉国王亨利·德·纳瓦拉很可能已经被激进的同伴和唯利是图的队长们带走了。他别无选择，只能跟着他们。

既是诗人又是历史学家的奥比涅希望是纳瓦拉王后玛格丽特·德·瓦卢瓦及她身边的夫人们引发了武装斗争。亨利三世，应该说诽谤者亨利三世，喜欢到处传播内拉克宫廷的爱情故事。这些夫人为了报复这个诽谤者，煽动了她们的丈夫和情人们对他的不满[①]。然而，如果妇女的怨恨能导致战争的话，那战争早就发生了。

如果真像佛罗伦萨使节雷涅里说的那样，玛格丽特·德·瓦卢瓦还有一个讨厌她王兄亨利三世的理由：亨利三世曾给她丈夫纳瓦拉国王亨利·德·纳瓦拉写信说，图伦内和玛格丽特·德·瓦卢瓦关系很亲密[②]。但玛格丽特·德·瓦卢瓦在回忆录中似乎极力否认自己曾为此想和亨利三世绝交。玛格丽特·德·瓦卢瓦尽力调和她丈夫纳瓦拉国王亨利·德·纳瓦拉和比隆元帅之间的关系。玛格丽特·德·瓦卢瓦向纳瓦拉议会说明了冲突的种种危险性，与此同时，她也将新教教徒的不满告知

---

① 奥比涅：《世界通史》，第5卷，第383页到第384页。——原注
② 亲密是一个委婉语，阿尔贝·德·贾斯丁《法兰西和托斯卡纳外交谈判》，第4卷，第320页。亨利三世并不是无法揭发这件事。总之，在战争开始的时候，图伦内放弃了吉耶讷副长官的职位，留在了纳瓦拉国王亨利·德·纳瓦拉身边。为了立下功勋，尽到自己应尽的义务，他还心甘情愿地去攻占上朗格多克。他补充说："除了这些，还有另外一个原因让我决定离开国王陛下。我是为了远离那侵蚀着我的灵魂和肉体的炽热情感，这些情感只会给他们带来耻辱和损失"。《回忆录》，第149页。他承认了自己那炽热的爱情，也因此而逃离。不要忘记晚年时，图伦内为了教化他的子孙而写下的信。——原注

了王兄亨利三世和美第奇王太后。如果美第奇王太后不信任玛格丽特·德·瓦卢瓦，那就不会让她来帮忙重建和平，还对她说"要让你的丈夫知道他必须努力改正自己所犯的严重的错误"①。（1580年4月21日）

纳瓦拉国王亨利·德·纳瓦拉比其他任何人更了解自己妻子的感受。1580年4月10日，宣战的前几天，他给玛格丽特·德·瓦卢瓦写信说："没有让您得到我本希望给予您的满意结果，我深感抱歉……您看到我落到如此不幸的境地一定非常失望。"②他会这样和一个同谋者讲话并很明确地表明自己会不顾任何人的阻挡而投入战争吗？在这个所谓的让情人拿起武器的爱情事业中，只需要记住"情人之战"这个美丽的名字就行了。

美第奇王太后原本一直在坚持容忍的态度，但这场如此恶劣的暴动使她感到非常愤怒。美第奇王太后给他的女婿纳瓦拉国王亨利·德·纳瓦拉写信说："纳瓦拉国王陛下，是什么原因让您这么做的？法兰西国王要求您遵守对他的承诺和誓言以及你们曾达成的共识。因为这不是法律，也不是法兰西王国国王利用上帝赋予他对所有臣民的权力向您下达的命令……而是你们面对面，相互讨论后共同达成的和约。"美第奇王太后并不愿意相信，上帝会因纳瓦拉国王亨利·德·纳瓦拉曾拿起过武器而抛弃他……"我从不相信，出自这样一个高贵的家族——波旁家族，您会愿意成为法兰西王国中强盗、小偷和作恶者的首领。您必须保持理智，让一切恢复，并且执行国王给您下达的命令，这么做为的就是让这个可怜的王国能够休养生息，也为让旁人不再有机会指责您破坏了法兰西王国的安宁。"还有些诸如"请您看在我给予您爱的情分上，原谅我说的话""我祈求上帝能让您做出正确的决定"等礼貌性的话，但这些并没有起到丝毫作用③。

---

① 赫克托·德·拉费里埃，巴格诺·德·普晒斯：《凯瑟琳·德·美第奇的信件》，第7卷，第254页。——原注
② 朱勒·伯杰·德·西弗里：《亨利四世的书信》，第1卷，第528页。——原注
③ 舍农索，1580年4月21日。赫克托·德·拉费里埃，巴格诺·德·普晒斯：《凯瑟琳·德·美第奇的信件》，第7卷，第252页到第253页。——原注

第 10 章　安茹公爵弗朗索瓦·德·弗朗斯援助荷兰

这场叛乱让亨利三世不再像自己母亲美第奇王太后和王弟安茹公爵弗朗索瓦·德·弗朗斯建议的那样，通过做作的表演来证明自己的诚意。他只是在将近两个月之后（1580 年 6 月 3 日）明确地宣布了和解敕令，任命了自己的王弟安茹公爵弗朗索瓦·德·弗朗斯为法兰西王国大将军（1580 年 5 月 4 日），却没有给他任何指挥权。三支军队一起向新教教徒所在地挺进。孔代亲王亨利一世·德·波旁还没有等到马提尼翁在拉费尔发起进攻就逃到了神圣罗马帝国（1580 年 5 月 20 日）。马耶讷公爵夏尔·德·洛林进入了多菲内①，1580 年 9 月攻占了拉米尔要塞。纳瓦拉国王亨利·德·纳瓦拉占领了卡奥尔②，但为期四天的进攻（1580 年 5 月 28 日到 1580 年 5 月 31 日）让战场上血流成河，烽烟四起。而这场战争除

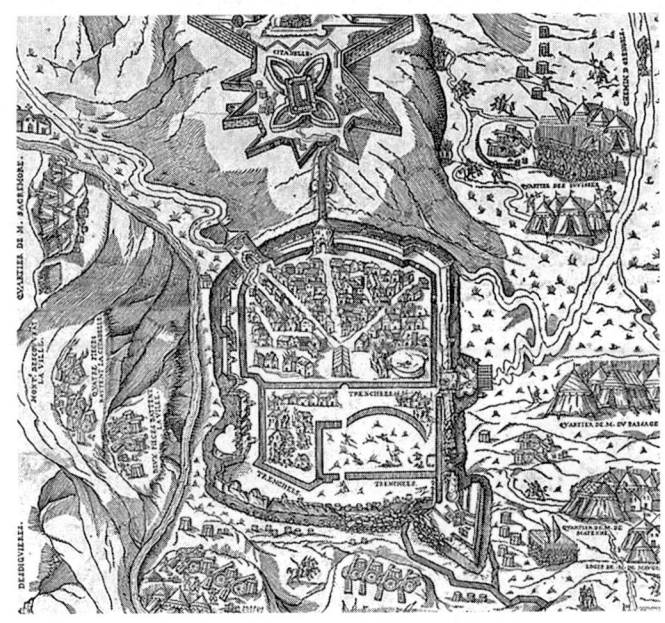

攻打拉米尔要塞示意图

---

① 赫克托·德·拉费里埃，巴格诺·德·普晒斯：《凯瑟琳·德·美第奇的信件》，第 7 卷，第 276 页到第 277 页和附录部分。——原注
② 赫克托·德·拉费里埃，巴格诺·德·普晒斯：《凯瑟琳·德·美第奇的信件》，第 1 卷，第 302 页。——原注

了给纳瓦拉国王亨利·德·纳瓦拉带来一个英雄的名誉外，并没有给他带来任何好处。比隆元帅全力推进着这场战争，使得玛格丽特·德·瓦卢瓦在给于泽斯公爵夫人路易丝·德·克莱蒙的一封信中呼喊，这一切全是拜她的母亲所赐"……我得让她记得我是她的什么人。她既然把我带到这个世界上，就不要让我如此凄惨地被剥夺恩典和庇护。如果能维护王弟安茹公爵弗朗索瓦·德·弗朗斯的权力，我们就会拥有和平，这是唯一的办法。"① （1580年6月底）

亨利三世和美第奇王太后都打算利用安茹公爵弗朗索瓦·德·弗朗斯来调节冲突。尽管他们一再劝诫，但安茹公爵弗朗索瓦·德·弗朗斯还是顽固地坚持自己对荷兰的计划②。1580年4月22日，安茹公爵弗朗索瓦·德·弗朗斯让自己的军队占领了康布雷城和城堡。帕尔马公爵亚历山德罗·法尔内塞的进攻令三级会议的与会者感到恐慌。在奥兰治亲王纪尧姆·德·拿骚的强烈要求下，他们这次终于决心为安茹公爵弗朗索瓦·德·弗朗斯提供的帮助付出代价，承认了安茹公爵弗朗索瓦·德·弗朗斯亲王和君主的地位。然而，如果放任安茹公爵弗朗索瓦·德·弗朗斯离开，正处在内战中的亨利三世担心还会与西班牙发生战争，但如果阻止他，那些心怀不满的天主教教徒又将与胡格诺派结盟。为了避免这两种可能性造成的危害，安茹公爵弗朗索瓦·德·弗朗斯得自己提出延期出征的要求。

美第奇王太后对亨利三世进行耐心劝说，让他像往常一样委派这位心怀怨恨的王弟安茹公爵弗朗索瓦·德·弗朗斯去平定动乱。美第奇王太后明白与南部胡格诺派的谈判是非常艰难的，她只是希望这样做能赢得时间，赢得更多的时间。而因缺少人力和物资，安茹公爵弗朗索

---

① 赫克托·德·拉费里埃，巴格诺·德·普晒斯：《凯瑟琳·德·美第奇的信件》，第7卷，第274页，注释1。——原注
② 亨利三世写给他在西班牙的大使圣古阿尔的让·德·维沃纳的信。赫克托·德·拉费里埃，巴格诺·德·普晒斯：《凯瑟琳·德·美第奇的信件》，第7卷，第477页。——原注

第10章　安茹公爵弗朗索瓦·德·弗朗斯援助荷兰

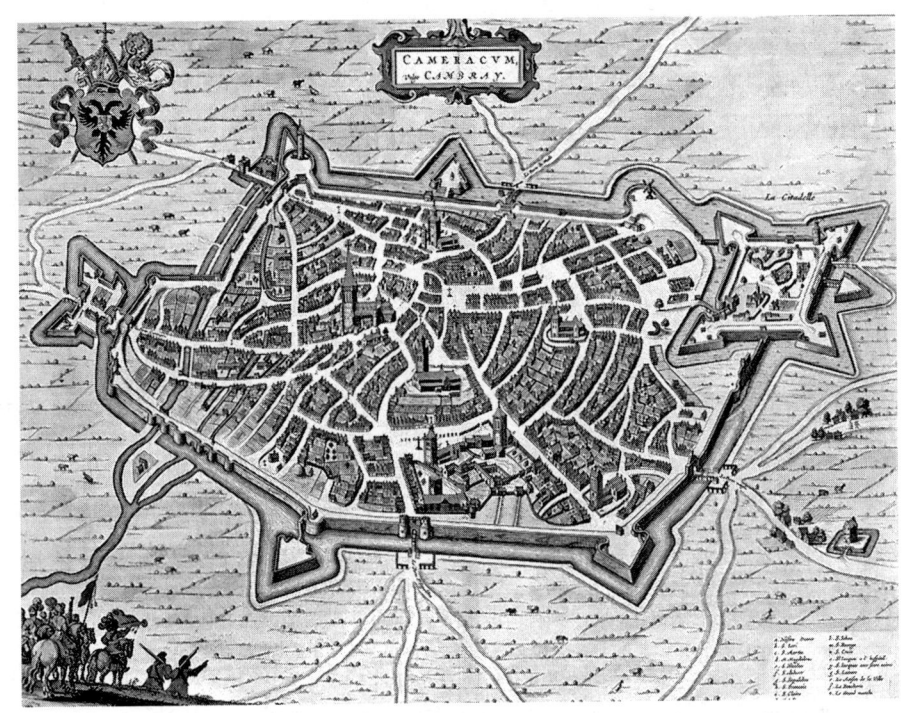

康布雷城全景

瓦·德·弗朗斯也正打算为日后的出征把那些因和平而空闲的胡格诺派力量集结到自己队伍中。可能是美第奇王太后让安茹公爵弗朗索瓦·德·弗朗斯知晓，亨利三世为奖励他获得的外交成功，将不再反对他的事业。一封匿名报告表明，"即便是美第奇王太后也大大减少了她惯于进行的进谏"①。

当议员们在普莱西斯－雷图尔与安茹公爵弗朗索瓦·德·弗朗斯重聚时，他们要求在承认安茹公爵弗朗索瓦·德·弗朗斯是荷兰的君主前，法兰西国王亨利三世必须郑重承诺将竭尽全力支持安茹公爵弗朗索瓦·德·弗朗斯。作为答复，亨利三世让这些人看了一封信，信中亨利三世向他王弟安茹公爵弗朗索瓦·德·弗朗斯承诺，会毫无保留地帮助他。

---

① 凯尔万·德·勒滕霍夫：《胡格诺派和穷苦者》，第5卷，第578页，注释3。——原注

但亨利三世却没有告诉他们安茹公爵弗朗索瓦·德·弗朗斯早已答应亨利三世他是永远不会利用这个承诺的[①]。他们同意签署的这个条约[②]只表明荷兰的新君主将与法兰西王国结盟并将取得法兰西国王的支持。

安茹公爵弗朗索瓦·德·弗朗斯立即出发前往南部，很快贝利耶夫和维勒鲁瓦也加入了安茹公爵弗朗索瓦·德·弗朗斯的队伍。这两人是亨利三世和美第奇王太后的心腹，他们负责给安茹公爵弗朗索瓦·德·弗朗斯谏言献策。1580年10月，与纳瓦拉国王亨利·德·纳瓦拉的谈判开始了，他们很快就签订了《弗莱克斯和约》[③]，重申了《内拉克赦令》，但还是坚持赋予新教教徒在六年间拥有安全区的支配权。美第奇王太后真诚地感谢贝利耶夫在"弗莱克斯大会和其他一些相关的事务上"用"适当而又很灵巧的方式"帮助了她的儿子安茹公爵弗朗索瓦·德·弗朗斯[④]。就在同一个月美第奇王太后还给贝利耶夫写信说，"您可以想象，当我得知这个消息时是多么开心！除了看到王国的和平，我还能看到我的孩子们和睦相处。"[⑤]在写给于泽斯公爵夫人路易丝·德·克莱蒙的一封信中，美第奇王太后说能有两个儿子和女儿玛格丽特·德·瓦卢瓦围在自己身边，而且"王国欢欣而又安宁"，她就非常高兴了。可能因为美第奇王太后在写信时累得睡着了，所以一直在重复着同样的话，但在这些话中增加的一些词句却泄露了她作为一个母亲的偏爱，"国家更加安宁了，我为国王，我的爱子感到高兴"[⑥]。

[①] 德·利克：《莫尔奈的生活》，第55页；格陵兰·范·普林斯特勒：《拿骚家族的档案》，第7卷，第403页到第404页。——原注

[②] 普莱西斯-雷图尔，1580年9月19日。——原注

[③] 1580年11月26日。——原注

[④] 1580年12月。赫克托·德·拉费里埃，巴格诺·德·普晒斯：《凯瑟琳·德·美第奇的信件》，第7卷，第310页。——原注

[⑤] 赫克托·德·拉费里埃，巴格诺·德·普晒斯：《凯瑟琳·德·美第奇的信件》，第7卷，第320页。——原注

[⑥] 赫克托·德·拉费里埃，巴格诺·德·普晒斯：《凯瑟琳·德·美第奇的信件》，第7卷，第302页。——原注

第10章　安茹公爵弗朗索瓦·德·弗朗斯援助荷兰

为避免安茹公爵弗朗索瓦·德·弗朗斯借此提出要求，美第奇王太后假装把谈判的功劳都归于贝利耶夫。因为安茹公爵弗朗索瓦·德·弗朗斯曾要求把前往弗朗德勒作战的资金作为他提供了巨大帮助的报酬。继维勒鲁瓦之后，美第奇王太后恳求贝利耶夫再劝说安茹公爵弗朗索瓦·德·弗朗斯"不要匆忙，一旦纠缠在那些事务中，我们就失去一切了"①。但安茹公爵弗朗索瓦·德·弗朗斯自己也提出了一些理由，诸如出于荣誉感，又恰逢适当的时机，这些都推动他尽快拯救被亚历山大·法尔内塞封锁的康布雷②。安茹公爵弗朗索瓦·德·弗朗斯还能以亨利三世做出的许多承诺为理由。其中最近的一次，是1580年11月26日亨利三世

亚历山德罗·法尔内塞封锁康布雷

---

① 赫克托·德·拉费里埃，巴格诺·德·普晒斯：《凯瑟琳·德·美第奇的信件》，第7卷，第31页。——原注
② 贝利耶夫致王太后的信，库特拉市，1580年12月11日。赫克托·德·拉费里埃，巴格诺·德·普晒斯：《凯瑟琳·德·美第奇的信件》，第7卷，附录，第453页。——原注

曾答应将会倾其所有，帮助和支持他的王弟安茹公爵弗朗索瓦·德·弗朗斯，而且一旦荷兰的省份接受并承认了安茹公爵弗朗索瓦·德·弗朗斯在这些地区的亲王地位和领主权，法兰西国王亨利三世就会同这些将与安茹公爵弗朗索瓦·德·弗朗斯结盟的地区联合结盟，成为一体。

安茹公爵弗朗索瓦·德·弗朗斯期待着这些承诺的兑现，四处招兵买马，命令下属们准备作战。但亨利三世却一直回避这些问题。荷兰三级会议在代尔夫特召开，目的就是要承认《普莱西斯－雷图尔条约》①，但前提是法兰西国王亨利三世必须真诚地给其王弟安茹公爵弗朗索瓦·德·弗朗斯提供军队和其他帮助"来保护这些省份的统一"。但亨利三世却提出要将其中一个省归并到法兰西王国，作为自己提供帮助的条件。这些要求是不可能被同意的，亨利三世只不过是想从中获益罢了。

美第奇王太后要求安茹公爵弗朗索瓦·德·弗朗斯一直待在南方，或者直到和约完全实施之前，他都能一直保持安分。美第奇王太后在这些伟大的、真实的政治回忆录风格的书信中是否会在其中的一封中对安茹公爵弗朗索瓦·德·弗朗斯说："亨利三世冒犯了天主教首领，现在身处险境，可能在她安排好王国事务和确保臣民的忠诚之前，一场反抗他的战争就会爆发了。"

美第奇王太后承认"我们明显感觉朗格多克和多菲内的新教教徒对法兰西国王亨利三世和纳瓦拉国王亨利·德·纳瓦拉缺乏尊重，这无法让我们确信他们在执行和兑现承诺时的忠诚；我对他们在我的地盘上的所作所为印象深刻"②。

---

① 《普莱西斯－雷图尔条约》1580年9月在联合省和安茹公爵弗朗索瓦·德·弗朗斯之间签署。根据该条约的条款，安茹公爵弗朗索瓦·德·弗朗斯接受荷兰的王位，目的是使联合省独立于西班牙腓力二世的君主制。但由于条约对安茹公爵弗朗索瓦·德·弗朗斯的权力施加了种种限制，该协议永远不会生效。而条约失效的另一个原因是安茹公爵弗朗索瓦·德·弗朗斯未能成功攻克安特卫普。

② 赫克托·德·拉费里埃，巴格诺·德·普晒斯：《凯瑟琳·德·美第奇的信件》，第7卷，第305页。——原注

代尔夫特

"另外，我的儿子，在确定您邻国的意图和友善之前，特别是那些对伟大的天主教国王感兴趣的，比如说英格兰女王伊丽莎白一世和日耳曼王子们的意图和友善之前，您认为您和您的王兄加入这场反对基督教最强大亲王的战争是正确的吗？"伊丽莎白一世确实多次通过她的大使表明，她准备与法兰西王国结盟，但当掌玺大臣切维尔尼、维勒基耶和国务秘书皮纳尔去找这位大使签订协议时，这位大使又宣称自己没有权力。

"由于对瑞士各州欠款过多，我们很难与它们再续订协议了。我们必须尽早筹集这些款项，否则就有可能失去这个几乎是王国唯一可以依靠的盟友了。"西班牙人在法兰西王国内有许多暗中勾结的关系，这不仅不利于缓和矛盾，而且还会由于这些人明目张胆的过度放肆，日复一日地加重矛盾。与国外的战争还会给叛乱者提供更多"产生和实现其企图的途径"。

美第奇王太后继续说，"您几乎没有可以为您效劳的骑兵，却妄图与王国之外的一支强大勇猛军队战斗。这支西班牙部队只要大着胆子利用你们的损失来炫耀它的战果就满足了。"①你们不需要"兴师动众地前往"康布雷，只要"送去大量补给"就够了。为了防御这样一支队伍，安茹公爵弗朗索瓦·德·弗朗斯至少得拥有与帕尔马公爵亚历山德罗·法尔内塞旗鼓相当的军队。而且如果供应不足，安茹公爵弗朗索瓦·德·弗朗斯的军队还会给居民带去诸多不便而非帮助。美第奇王太后毫不掩饰地指出了安茹公爵弗朗索瓦·德·弗朗斯所犯的错误。他的第一批军队几乎刚跨过边境就被打败了，他们是要通过破坏这些地区来进行报复。而且为了对抗腓力二世并激起他的报复欲，安茹公爵弗朗索瓦·德·弗朗斯的侍从"及一些重要人物"甚至在《弗莱克斯条约》实施前，就命人在一些西班牙显贵进入法兰西王国的途中逮捕他们。

---

① 安茹公爵弗朗索瓦·德·弗朗斯无力对抗包括两千五百到三千名骑兵和六千到七千名步兵的这支强大军队。——原注

第 10 章　安茹公爵弗朗索瓦·德·弗朗斯援助荷兰

就算在法兰西王国内部，这些以安茹公爵弗朗索瓦·德·弗朗斯的名义应征入伍的士兵也有太多肆意妄为的破坏行为，以致诺曼底和勃艮第的代表都向亨利三世提出，拒绝"支付常规献纳金"的要求。如果在费尔瓦克按照安茹公爵弗朗索瓦·德·弗朗斯的要求再去招募士兵，那将会怎样呢？阻止这些士兵抢劫根本没有用，"这是不可能的事，因为得不到军饷，他们已经堕落了，不再是以前的样子"。"当他们祸害了法兰西国王的子民，亨利三世去哪里寻找支持他的人呢？而对于那些召唤您的荷兰地区，您又能做什么呢？"作为法兰西臣民和法兰西之子，安茹公爵弗朗索瓦·德·弗朗斯的使命应超过他做出的所有承诺。"您跟我们说您已经对康布雷做出承诺，您必须竭尽全力援助他们。但我的儿子，在没有经过我们同意的情况下您就做了这笔交易，这实在太令我失望了……"

"您多么荣幸能成为国王的弟弟，然而您也是他的臣子，理应遵从他的命令。您还应该维护这个王国的共同利益，这是先辈们留下的宝贵遗产。您是高于其他人的这个遗产的法定继承人，这种身份就要求您必须维护您自出生以来就拥有的荣誉。"不应该听从那些糟糕的建议，"有人劝您向国王寻求人力和财力上的帮助……要小心这些人可能是您的敌人。因为他们知道国王现在根本无法答应您的要求。他们只是希望这样做能导致你们不和，进而阻止您执行和约。从此之后您可能将永远得不到您王兄的关爱及不朽的荣誉了。"

此外便没有什么紧迫的事了。"隆冬季节"在荷兰开战"几乎是不可能的"。无论是否再次征集士兵都不会让亨利三世和王国白白破费了。美第奇王太后总结说，当内部的和平秩序建立起来后，安茹公爵弗朗索瓦·德·弗朗斯还会去找亨利三世，一起为了"王国的荣誉而贡献力量"。

同样，亨利三世对国内和平及与英格兰的联盟都没有把握，他不能依靠空虚的国库、削减的税收应对一场反对强大的西班牙王国的战争。在这种情况下，亨利三世不应该答应——尽管答应得很模糊——会协助王弟安茹公爵弗朗索瓦·德·弗朗斯在荷兰的事业，因为亨利三世既没有资金也没有意愿去履行自己的承诺。美第奇王太后对此也总是含糊其词。在这种阳奉阴违的做法中，她也是有责任的。

安茹公爵弗朗索瓦·德·弗朗斯同意在南方再留几个月，而美第奇王太后正忙着为他进行婚姻洽谈。如果成功的话，安茹公爵弗朗索瓦·德·弗朗斯就能对荷兰的王权不屑一顾了，或者说完全有把握得到荷兰了。英格兰女王伊丽莎白一世与法兰西王子的婚姻计划很早就被提出来过。伴随着英格兰的政治利益，婚姻计划出现、消失，又再次出现。1578年，当安茹公爵弗朗索瓦·德·弗朗斯从卢浮宫逃离，开始准备进攻弗朗德勒时，伊丽莎白一世曾对此表示反对。相对于在敦刻尔克和安特卫普看到受暴动牵制的西班牙人，这位女王更担心芒什和加来海峡岸边的法兰西王国与她还未征服的地区形成一个整体来对付自己。因此伊丽莎白一世让人对安茹公爵弗朗索瓦·德·弗朗斯说，如果他再不放弃他的事业，那她会"努力阻止他"。但同时，伊丽莎白一世还隐约地表示会与安茹公爵弗朗索瓦·德·弗朗斯订立婚约，以此作为他放弃的奖励①。

在第一次尝试失败之后，英格兰女王伊丽莎白一世似乎并没有放弃这个想法。很明显，安茹公爵弗朗索瓦·德·弗朗斯虽没有驱逐西班牙人的能力，但能让他们处于恐慌当中。这就为英格兰的安全提供了双重保障。伊丽莎白一世又有了想要结婚的打算。和1571年一样，都是出于同样的原因。另外，为了确保英格兰党派在苏格兰至高无上的地位，伊丽莎白一世对玛丽·斯图亚特的监禁更加严了，这激起了天主教世界的强烈反对。胡安·奥特里希梦想着荷兰归顺之后，可以解救被囚禁的女王玛丽·斯图亚特并废黜伊丽莎白一世这个异教徒女王。胡安·奥特里希去

---

① 1578年5月，赫克托·德·拉费里埃，巴格诺·德·普晒斯：《凯瑟琳·德·美第奇的信件》，第6卷，第12页到第13页，第28页。——原注

第10章　安茹公爵弗朗索瓦·德·弗朗斯援助荷兰

世（1578年10月2日）后，教皇格里高利十三世重新提出了登陆计划来对付新教的"老窝"。他与吉斯家族串通，但却没能拉拢到腓力二世。在北爱尔兰地区，格里高利十三世赶走了几个英格兰难民和二十五到三十个意大利和西班牙难民。这些人1579年7月17日到达了克里海岸，号召爱尔兰人拿起武器。耶稣会士也加入了这个计划，派九位传教士冒着遭受酷刑或死亡的危险溜进了英格兰，力图使英格兰人改宗。"修道院修士"的入侵让英格兰人十分恐慌。带着可以理解的焦虑，政府对亚历山德罗·法尔内塞，这位曾用武力和特权让一半荷兰人都臣服的大将军和精明的外交家进行监视。

伊丽莎白一世发觉自己的国家正濒临险境，于是决定接近法兰西王国。但她的卖弄风情似乎总像是受利益的驱动。伊丽莎白一世也是一个情感细腻的女人，她想要得到男子的垂爱，等待着海誓山盟，一直为自己找不到适婚对象而苦恼不已。安茹公爵弗朗索瓦·德·弗朗斯经常派去侦察的斯米尔是法兰西宫廷中最高明的奉承者之一，擅长写作，也擅长说些那个时代辞藻华丽的情话。当安茹公爵弗朗索瓦·德·弗朗斯第一次去格林尼治访问时（1579年8月），他发现伊丽莎白一世被他这位传话人的殷勤赞美与彬彬有礼深深地感动了。她迷恋上了这位富有魅力的瓦卢瓦王朝的亲王，尽管他身材矮小，体型瘦弱，还亲切地称他为"我的小青蛙"。他们分开之后，一个满怀希望，另一个却略感失望。不久他们便宣布要举行婚礼①。

但新教教徒们却反对伊丽莎白一世与这位信仰天主教的法兰西王子安茹公爵弗朗索瓦·德·弗朗斯的婚事。国会就伊丽莎白一世私人理事会和斯米尔确定的合约条款进行了商议。他们坚决请求伊丽莎白一世拒绝在必须推迟的合约上签字。于是，伊丽莎白一世劝安茹公爵弗朗索瓦·德·弗

---

① 弗劳德：《从沃尔西垮台到西班牙无敌舰队失败的英格兰史》，1887年，第11卷，第494页。——原注

玛丽女王（左二）与伊丽莎白一世（右三）

教皇格里高利十三世

朗斯放弃天主教信仰，以此作为双方的一种调解方式。然而，美第奇王太后对她未来的儿媳温和地表示："没有什么能改变安茹公爵弗朗索瓦·德·弗朗斯所坚持的宗教信仰……所以，我恳求您不要改变您曾允诺过的我儿子的信仰。只有为上帝服务并向他不断地祈祷，安茹公爵弗朗索瓦·德·弗朗斯才能得到永世的幸福。不要忘了，如果他干了坏事的话，他还拥有一个可以保护他也可以责罚他的主。"①

在这些"立场"的背后，美第奇王太后看到了这场即将到来的联姻的破裂。1580 年 4 月，她在布尔格伊与安茹公爵弗朗索瓦·德·弗朗斯交谈时，毫不掩饰地与他说起了另一桩他与美第奇王太后的外孙女克里斯蒂娜·德·洛林的婚事。出于骄傲和算计，伊丽莎白一世将会推迟婚礼，但还想保留安茹公爵弗朗索瓦·德·弗朗斯未婚夫身份。伊丽莎白一世收到了安茹公爵弗朗索瓦·德·弗朗斯满怀激情的信。毫无疑问，他们是真心相爱的。伊丽莎白一世被安茹公爵弗朗索瓦·德·弗朗斯的苦闷触动了，十分同情他的痛苦与失望。一天，伊丽莎白一世故意让斯米尔窃取了一条本打算送给安茹公爵弗朗索瓦·德·弗朗斯的手帕。她还请亨利三世委派专员起草一份新合约，但不想做出任何承诺，只是保留在需要时召见这些专员的权力②。对于自己臣民的反对，伊丽莎白一世既着急又恼怒。

美第奇王太后对这些爱情和政治游戏给予了很大的容忍。她不太相信这次联姻会成功，但仍然积极地进行谈判，仿佛就应该这么做似的。作为一个女人，美第奇王太后对儿女的婚姻事务很感兴趣。这位伟大的英格兰女王伊丽莎白一世对美第奇王太后儿子的追求让她十分得意，而且美第奇王太后还在这场爱情之战中发现了扰乱英格兰的办法。美第奇

---

① 致英格兰女王的信，1580 年 2 月 8 日。赫克托·德·拉费里埃，巴格诺·德·普晒斯：《凯瑟琳·德·美第奇的信件》，第 7 卷，第 225 页。——原注
② 美第奇王太后致国王的信。赫克托·德·拉费里埃，巴格诺·德·普晒斯：《凯瑟琳·德·美第奇的信件》，第 7 卷，第 244 页。——原注

第 10 章　安茹公爵弗朗索瓦·德·弗朗斯援助荷兰

王太后对伊丽莎白一世的恭维和作为准婆婆的申明，以及伊丽莎白一世本身热衷节省的思想，这些可能改变了伊丽莎白一世的决定。伊丽莎白一世本打算给已经逃出拉费尔的孔代亲王亨利一世·德·波旁三十万埃居，让他去招募神圣罗马帝国的雇佣兵。1580年8月，当伊丽莎白一世宣布自己已准备好接待这些专员时，美第奇王太后给她写了一封信，表达了自己"见证这桩幸福婚姻的实现"的喜悦。"这一刻"，美第奇王太后为"自己将有幸拥有这样一个女儿"而感到非常开心，并补充说，"……我祈求上帝，让我尽快看到您成为母亲的那一刻"。"喜悦"使伊丽莎白一世心荡神驰，她希望在上帝的恩典下，她的第一个孩子将会拥有一个"高贵的出身"[①]，这个想法让她自我陶醉。伊丽莎白一世想忘记自己是一名已经四十七岁的未婚妻。

英格兰女王伊丽莎白一世尽管看起来急于寻找配偶，但她从未将国家的利益抛诸脑后。一直以来，她向瓦卢瓦王朝的人主动提出联姻都是为了防止西班牙和法兰西王国联盟，并让他们相互牵制，这样任何一方都无法损害她的利益了。伊丽莎白一世让人对亨利三世说，一旦法兰西王国和西班牙开战，她将秘密援助法兰西王国，但前提是战争不能发生在荷兰。安茹公爵弗朗索瓦·德·弗朗斯对荷兰十七个省的计划让她眼红。当获悉三级会议完全没有顾忌合约和专员，经过商议已承认了安茹公爵弗朗索瓦·德·弗朗斯的亲王和领主地位时，伊丽莎白一世给自己在法兰西王国的特使写信说："啊，斯塔福德，我认为他们的所作所为对我很不利。请你告诉国王的弟弟安茹公爵弗朗索瓦·德·弗朗斯，今后，如果类似的事情再度发生，他于我而言将会是一个陌生人……我并不想完全信任法兰西，否则他们可以轻而易举地将我们的财富据为己有。我希望在我有生之年不要看到这一幕的发生。"

---

① 1580年5月18日。赫克托·德·拉费里埃，巴格诺·德·普晒斯：《凯瑟琳·德·美第奇的信件》，第7卷，第277页。——原注

在普莱西斯-雷图尔谈判时，为了安抚伊丽莎白一世，安茹公爵弗朗索瓦·德·弗朗斯表示要与她交阅荷兰的公函，并允许她的大使作为第三方旁观协商①。伊丽莎白一世又回到了反对此刻正在吞并葡萄牙的西班牙联盟计划中了。但当亨利三世询问伊丽莎白一世会为身处荷兰的王弟安茹公爵弗朗索瓦·德·弗朗斯做些什么时，英格兰大使回答说，他既无责任也没有能力操控伊丽莎白一世，只能做好自己该做的，那就是阻止这位天主教国王进入葡萄牙②。这下轮到安茹公爵弗朗索瓦·德·弗朗斯生气了。于是，伊丽莎白一世开始主动接近安茹公爵弗朗索瓦·德·弗朗斯，赶紧派专员前往安茹公爵弗朗索瓦·德·弗朗斯那里③。

安茹公爵弗朗索瓦·德·弗朗斯非常冷淡，只是派科莫克劳塞·德·马赫肖蒙去"听听"他们会接受的处理方式④。美第奇王太后中途截下了信使，并给维勒鲁瓦写信说，自己确信"英格兰女王伊丽莎白一世会中断协议，"如果这位女王看到我们想拖延她的专员，还会嘲弄我们"。"伊丽莎白一世虽然有胆量，但没有什么耐心，所以她应该不会做出如此有损于我儿子安茹公爵弗朗索瓦·德·弗朗斯的事，她是不会通过不遗余力地在神圣罗马帝国和别的地方用金钱、行动或人力挑起一场新的宗教战争来妨碍安茹公爵弗朗索瓦·德·弗朗斯甚至是法兰西国王亨利三世的利益，更不会与西班牙国王腓力二世结盟，帮助腓力二世完成他的伟业而摧毁我们的王国。"但如果她的儿子安茹公爵弗朗索瓦·德·弗朗斯娶了伊丽莎白一世，"毫无疑问，他很可能成为继他王兄亨利三世之后基督教世界最伟大的王子"。

---

① 约瑟夫·凯尔万·德·勒滕霍夫：《胡格诺派和穷苦者》，第5卷，第545页。——原注
② 美第奇王太后致安茹公爵弗朗索瓦·德·弗朗斯的信，1580年12月13日。赫克托·德·拉费里埃，巴格诺·德·普晒斯：《凯瑟琳·德·美第奇的信件》，第7卷，第305页。——原注
③ 1581年1月12日。赫克托·德·拉费里埃，巴格诺·德·普晒斯：《凯瑟琳·德·美第奇的信件》，第7卷，第320页。——原注
④ 1581年1月17日。赫克托·德·拉费里埃，巴格诺·德·普晒斯：《凯瑟琳·德·美第奇的信件》，第7卷，第323页。——原注

第10章 安茹公爵弗朗索瓦·德·弗朗斯援助荷兰

有了"他的妻子"伊丽莎白一世的帮助和他王兄亨利三世的支持,安茹公爵弗朗索瓦·德·弗朗斯就能像美第奇王太后所说的那样,被选举为神圣罗马帝国的皇帝了①。美第奇王太后是很乐于做这种白日梦的。

为了商谈、通过并缔结联姻协议(1581年2月28日),亨利三世任命了专员来办理此事。其中有三名王室成员:苏瓦松伯爵夏尔·德·波旁、蒙特庞谢公爵路易·德·波旁和弗朗索瓦·德·波旁。②经过艰难的谈判,1581年6月11日,协议终于签署了。但事实证明,这次协议的效果也并不比第一次的强多少。

苏瓦松伯爵夏尔·德·波旁

---

① 致维勒鲁瓦的信,1581年1月17日。赫克托·德·拉费里埃,巴格诺·德·普晒斯:《凯瑟琳·德·美第奇的信件》,第7卷,第323页到第324页。——原注
② 孔代亲王路易一世·德·波旁的儿子、苏瓦松伯爵夏尔·德·波旁在雅纳克被杀,但天主教教徒蒙特庞谢公爵路易·德·波旁却获得了赦免。赫克托·德·拉费里埃,巴格诺·德·普晒斯:《凯瑟琳·德·美第奇的信件》,第7卷,第363页和注释。——原注

冬天结束了，但南方的谈判却被无限期地延长了。安茹公爵弗朗索瓦·德·弗朗斯写信给他的母亲美第奇王太后[①]说，正如他在1581年1月23日的波尔多宣言中所承诺的那样，他要去救援康布雷。三个星期后，安茹公爵弗朗索瓦·德·弗朗斯出发了，因为害怕被责难和阻挠，他前往阿朗松却没有在途中看望他的母亲美第奇王太后和王兄亨利三世。美第奇王太后"非常遗憾"，给贝利耶夫写信说："安茹公爵弗朗索瓦·德·弗朗斯的荣誉和身份要求他除了给亨利三世做事，不能冒险做其他的……否则就会使它们变得不得体且混乱不堪。"[②]美第奇王太后跟着安茹公爵弗朗索瓦·德·弗朗斯到了阿朗松。在和安茹公爵弗朗索瓦·德·弗朗斯待在一起的三天时间里（1581年5月12到15日），她力劝并恳请安茹公爵弗朗索瓦·德·弗朗斯推迟他在弗朗德勒的计划，直到法兰西王国的国力得到恢复。但美第奇王太后的劝说并未见效。甚至可以说，她一无所获。出于愤怒，美第奇王太后指责那些参与洽谈的安茹公爵弗朗索瓦·德·弗朗斯的宠臣，觉得都是因为他们的阴谋诡计才会造成这些不和。美第奇王太后还宣称，这些人应该被处以绞刑。安茹公爵弗朗索瓦·德·弗朗斯抱怨自己的母亲没有信守不去侮辱他及他宠臣的承诺。因不愿听到更多这样的话，安茹公爵弗朗索瓦·德·弗朗斯离开了[③]。

美第奇王太后写信给他儿子安茹公爵弗朗索瓦·德·弗朗斯非常敬爱的蒙特庞谢公爵路易·德·波旁说，希望他用所有的影响力来制止安茹公爵弗朗索瓦·德·弗朗斯的行动[④]。但安茹公爵弗朗索瓦·德·弗朗斯仍旧继续招募贤才，并于1581年5月25日在吉索尔会见了这些

---

① 利布尔讷，1581年4月1日。——原注
② 1581年4月29日。赫克托·德·拉费里埃，巴格诺·德·普晒斯：《凯瑟琳·德·美第奇的信件》，第7卷，第373页。——原注
③ 一封英国官员肖姆伯格的信，1581年5月26日。凯尔万·德·勒滕霍夫：《胡格诺派和穷苦者》，第6卷，第138页。——原注
④ 1581年5月28日。赫克托·德·拉费里埃，巴格诺·德·普晒斯：《凯瑟琳·德·美第奇的信件》，第7卷，第381页。——原注

吉索尔

人①。两个教派的贵族和领主，洛林公爵查理三世、安德鲁的儿子居伊·德·拉瓦尔②、天主教教徒拉瓦尔、纳瓦拉国王的宠臣、胡格诺派的图伦内、失宠的国王前嬖幸圣·吕克以及拉沙特和拉吉什，这些人都准备带着自己的士兵和绅士们加入安茹公爵弗朗索瓦·德·弗朗斯。拉罗谢波也带着自己的步兵队伍在皮卡第等待安茹公爵弗朗索瓦·德·弗朗斯的到来③。这些首领们无法供养的部队只能依靠当地居民了。他们抢夺恭顺的地区，洗劫抵抗的村庄。受惊的巴黎人寻求第三代吉斯公爵亨利一世·德·洛林的帮助。美第奇王太后返回芒特去看望她的儿子安

巴黎人寻求第三代吉斯公爵亨利一世·德·洛林的帮助

---

① 凯尔万·德·勒滕霍夫：《胡格诺派和穷苦者》，第6卷，第133页。——原注
② 居伊·德·拉瓦尔这里指保罗·德·科利尼（1555—1586），他是拉哈尔伯爵，哈考特伯爵，唐格斯子爵，维特雷男爵，雷恩子爵，昆廷伯爵，阿沃古、贝弗、贝尔岛的领主等。
③ 佛罗伦萨官员雷涅里的信，1581年5月16日，阿尔贝·德·贾斯丁：《法国和托斯卡纳的外交谈判》，第4卷，第365页。——原注

第10章　安茹公爵弗朗索瓦·德·弗朗斯援助荷兰

茹公爵弗朗索瓦·德·弗朗斯（1581年6月底7月初）。安茹公爵弗朗索瓦·德·弗朗斯开始忏悔自己没有完成好这个事业，没有履行给王国带来更多荣誉的承诺，"今后"再也不会这样做了。美第奇王太后对法兰西王国驻威尼斯大使杜·法雷说："我实在太痛苦了，只好给您写信，眼看着他因为荣誉而迷失自己，将这个我有义务保护的国家置于从未有过的危险之中……您可以从中了解到我是多么痛苦和不知所措……"①

令美第奇王太后很困扰的是不知该如何抚慰亨利三世。亨利三世非常气恼他的王弟安茹公爵弗朗索瓦·德·弗朗斯"没有经过他的允许，甚至违背他的意愿"压榨他的臣民，擅自与西班牙开战。亨利三世这次下定决心要用武力使他的王弟安茹公爵弗朗索瓦·德·弗朗斯臣服。亨利三世派遣军队前往贡比涅，还命令拉梅耶勒先生解散他王弟安茹公爵弗朗索瓦·德·弗朗斯的所有队伍。"只要您还爱戴我，认为还有必要服从您的国王，我就命令您这么做……您要借助于贵族、百姓及所有一切条件，我允许也命令您这么做。"②

贡比涅一隅

---

① 1581年7月29日。赫克托·德·拉费里埃，巴格诺·德·普晒斯：《凯瑟琳·德·美第奇的信件》，第7卷，第385页。——原注
② 凯尔万·德·勒滕霍夫：《胡格诺派和穷苦者》，第6卷，第133页。——原注

美第奇王太后想不惜一切代价阻止这场可能已不仅仅是内战的战争爆发。她坚信满足安茹公爵弗朗索瓦·德·弗朗斯的愿望对王国和亨利三世都很重要。美第奇王太后改变了自己的政治甚至是感情策略。可能她更愿意看到安茹公爵弗朗索瓦·德·弗朗斯安静顺从地待在宫廷里，而不是为亨利三世效劳，投身于国外的事业。但唯一能协调两兄弟的办法就是满足一个人的野心来确保另一个人的安全。1581年5月，在第一次从阿朗松返回布卢瓦或舍农索时，美第奇王太后曾力图说服亨利三世支持安茹公爵弗朗索瓦·德·弗朗斯，但并没有成功①。

西班牙大使塔希斯讲道，美第奇王太后曾向他表示安茹公爵弗朗索瓦·德·弗朗斯"感到自己在没有王兄亨利三世的支持下无法完成自己的事业，他不愿意将自己的不满变成反对亨利三世的狂怒，并挑起一场内战。"②美第奇王太后劝安茹公爵弗朗索瓦·德·弗朗斯要从长远来看，在没有巨大风险的情况下，要先忍受无法做到的事。1581年7月，安茹公爵弗朗索瓦·德·弗朗斯屈服了，暂时撤退。佛罗伦萨官员雷涅里报告说："皮卡第地区的国王中将克雷沃克尔领主来到宫廷'就是为从亨利三世口中得知关于安茹公爵弗朗索瓦·德·弗朗斯此举的真相，陛下却回答他说自己并没有同意安茹公爵弗朗索瓦·德·弗朗斯这么做'。克雷沃克尔对我说，美第奇王太后问他国王亨利三世是否应阻止上述行动时，他回答说是的。美第奇王太后对此表现出了不悦的神情③。"

为了让安茹公爵弗朗索瓦·德·弗朗斯觉悟，美第奇王太后再一次前往费尔昂塔德努瓦亲自找他，劝他放弃这次冒险行动（1581年8月7日）。但美第奇王太后为了保护安茹公爵弗朗索瓦·德·弗朗斯的这次

---

① 关于第一次在布卢瓦的失败。赫克托·德·拉费里埃，巴格诺·德·普晒斯的《凯瑟琳·德·美第奇的信件》，第7卷，第375页，注释。——原注
② 塔希斯的让·巴蒂斯特。凯尔万·德·勒滕霍夫：《胡格诺派和穷苦者》，第6卷，第140页，注释2。——原注
③ 1581年7月25日。雷涅里：《外交谈判》，第4卷，第377页。——原注

第10章 安茹公爵弗朗索瓦·德·弗朗斯援助荷兰

冒险行动,其实已经做好了所有安排。统领所有王宫部队的皮盖亚阁下让·德·雷奥蒙特①接到命令要与进攻安茹公爵弗朗索瓦·德·弗朗斯的队伍齐头并进,这样可以阻止西班牙人轻易地袭击他们。在这位国王大元帅皮盖亚阁下让·德·雷奥蒙特的保护下,安茹公爵弗朗索瓦·德·弗朗斯率领此前亨利三世禁止他集结并已在民众的反抗下放弃的部队去解救康布雷。1581年4月18日,安茹公爵弗朗索瓦·德·弗朗斯进入了康布雷,解除了敌人对它的封锁,并继续向卡托-康布雷西进军。1581年9月7日,卡托-康布雷西投降。但美第奇王太后还是很忧虑。1581年4月23日,她写信给杜法雷说:"我对于我儿子安茹公爵弗朗索

安茹公爵弗朗索瓦·德·弗朗斯解救康布雷

---

① 皮盖亚阁下让·德·雷奥蒙特于1584年去世,他是国王军队的大元帅及圣灵骑士团的骑士。

瓦·德·弗朗斯所卷入的这场战争的结局非常担忧。"① 美第奇王太后担心事情的结果和开局会大相径庭。

然而，英格兰女王伊丽莎白一世却不再反对安茹公爵弗朗索瓦·德·弗朗斯的计划了。伊丽莎白一世对腓力二世通过征服葡萄牙和其他殖民地而不断增强的力量感到非常不安，便四处挑拨，让腓力二世的敌人与他作对。此刻，伊丽莎白一世又责备亨利三世不支持他的王弟安茹公爵弗朗索瓦·德·弗朗斯。她还敦促法兰西国王亨利三世好好利用他母亲对葡萄牙王位的争夺权，缔结一个防守联盟。然而，伊丽莎白一世秉承自己一贯以来的谨慎和节制，拒绝与西班牙公开决裂及支付征服荷兰的全部或部分费用②。对于自己的婚姻，伊丽莎白一世又将其推迟到了结盟以后。而亨利三世为了确保他们之间的合作，要求按之前商量好的行事。他们无法统一意见。伊丽莎白一世派遣了自己最得力的顾问沃尔辛厄姆来向法兰西国王亨利三世和安茹公爵弗朗索瓦·德·弗朗斯对此做出解释。

这位英格兰公使沃尔辛厄姆并不认为这个联姻很合适，其中有太多不确定的因素了。因此，在1581年8月30日与美第奇王太后在杜伊勒里宫花园会谈时，他只与美第奇王太后说到了缔结联盟的事，而美第奇王太后却明确表示："我们可以采取多种说服的方法和策略来打破传统的笔墨协议。"③ 在安茹公爵弗朗索瓦·德·弗朗斯和伊丽莎白一世结为夫妻之前，亨利三世是不可能去攻打西班牙的。安茹公爵弗朗索瓦·德·弗朗斯带着"悲伤的感情"④向伊丽莎白一世诉说失去这次机会的痛苦。伊丽莎白一世被感动了，让人劝安茹公爵弗朗索瓦·德·弗朗斯不要失望，允诺给他

---

① 欧内斯特·拉维斯：《法国通史》，第6卷，第209页；赫克托·德·拉费里埃，巴格诺·德·普晒斯：《凯瑟琳·德·美第奇的信件》，第7卷，第391页。——原注
② 1581年7月12日亨利三世的信。凯尔万·德·勒滕霍夫：《胡格诺派和穷苦者》，第6卷，第123页，注释1和萨默斯的任务，第123页。——原注
③ 赫克托·德·拉费里埃，巴格诺·德·普晒斯：《凯瑟琳·德·美第奇的信件》的附录，第7卷，第496页。——原注
④ 凯尔万·德·勒滕霍夫：《胡格诺派和穷苦者》，第6卷，第153页到第154页。——原注

伊丽莎白一世与顾问沃尔辛厄姆（右四）

一笔资金，并且严厉斥责了沃尔辛厄姆。伊丽莎白一世又开始犹豫了——今天还是国家的顶梁柱，明天就要变成柔弱的女子了。当安茹公爵弗朗索瓦·德·弗朗斯刚取得了些进展就因缺乏资金和士兵而被迫退守到了勒卡特莱，只得前往英格兰寻求帮助和安慰时，伊丽莎白一世在自己过冬的格林尼治像是对自己的未婚夫一样接待了他。

  一天，在沃尔辛厄姆和莱斯特伯爵罗伯特·达德利的跟随下，伊丽莎白一世和安茹公爵弗朗索瓦·德·弗朗斯在城堡的长廊一起散步。当法兰西王国大使毛维斯埃尔走近并且恭敬地询问伊丽莎白一世，应该怎样把她的打算告诉亨利三世时，她回答说："给您的国王亨利三世写信吧，安茹公爵弗朗索瓦·德·弗朗斯将会是我的丈夫。"突然，她亲吻了安茹公爵弗朗索瓦·德·弗朗斯，并把自己佩戴的戒指戴到了安茹公爵弗朗索瓦·德·弗朗斯的手上[①]（1581年11月22日）。但第二天伊丽莎白一世又对安茹公爵弗朗索瓦·德·弗朗斯说自己哭了一整晚，因为想到了民众的不满，宗教的差异和他们结合后将会造成的一系列恶果。安茹公爵弗朗索瓦·德·弗朗斯劝她放宽心。伊丽莎白一世和安茹公爵弗朗索瓦·德·弗朗斯交换了诺言，还在威斯敏斯特宫举办宴会庆祝他们未来的婚姻。尽管已经做出承诺，但伊丽莎白一世仍旧认为自己是自由的，并为此感到高兴。伊丽莎白一世继续与亨利三世讨论若自己参与荷兰事务后将得到的回报。

  西班牙军队的进展和对图尔奈的攻占（1581年11月30日）震惊了三级会议，他们要求离开的安茹公爵弗朗索瓦·德·弗朗斯回来帮忙。在公众面前，伊丽莎白一世假装对安茹公爵弗朗索瓦·德·弗朗斯的离去非常伤感，但其实一想到自己不用再见到这位公爵，她就欢快地跳起舞来[②]。伊丽莎白一世一直陪着安茹公爵弗朗索瓦·德·弗朗斯走到了坎特

---

① 西班牙大使门多萨致腓力二世的公函。弗劳德：《从沃尔西垮台到西班牙无敌舰队失败的英格兰史》，第11卷（1879年），第208页，注释1。——原注
② 弗劳德：《从沃尔西垮台到西班牙无敌舰队失败的英格兰史》，第11卷（1879年），第212页。——原注

威斯敏斯特宫全景

西班牙人进攻图尔奈

第10章　安茹公爵弗朗索瓦·德·弗朗斯援助荷兰

伯雷。在安茹公爵弗朗索瓦·德·弗朗斯离开时，她还满眼泪水地发誓说自己一定会嫁给他，并恳求安茹公爵弗朗索瓦·德·弗朗斯用"致英格兰女王，我的妻子（1582年2月12日）"的称呼给她写信。伊丽莎白一世最重要的顾问伯利、沃尔辛厄姆和苏赛克斯公爵都对她的自相矛盾感到愤慨。他们指责她决策错误，谎话连篇。事实上，他们只是缺乏对这位女王的理解。伊丽莎白一世每次都是真挚的，只不过在不停地改变罢了。

一支英格兰舰队将伊丽莎白一世的未婚夫及陪伴他的宠臣莱斯特伯爵罗伯特·达德利和上百名王宫侍从送到了泽兰海岸。安茹公爵弗朗索瓦·德·弗朗斯宣布在得到各个省份的认可后，就会马上返回英格兰迎娶伊丽莎白一世。然而，伊丽莎白一世早就决定不和他结婚了。

其实很久以来，美第奇王太后就知道伊丽莎白一世是不会嫁给安茹公爵弗朗索瓦·德·弗朗斯的，所以她想到了另外一桩婚姻。然而，美第奇王太后不想激怒这个敏感且自尊心很强的女性，所以她想让伊丽莎白一世自己解除束缚安茹公爵弗朗索瓦·德·弗朗斯的婚约。1581年4月30日会晤之后，在一封美第奇王太后让沃尔辛厄姆转交给伊丽莎白一世的亲笔信中，她恳求女王，希望安茹公爵弗朗索瓦·德·弗朗斯能得到女王为他生儿育女的荣耀，"否则的话，很快会有另外一个女人这样做"。但"这将是我们的巨大遗憾。我之所以说'我们的'，是因为我们一共有三个人①，如果您已经下定决心不嫁给这个您把一切都献给了他，他也自称把一切都给予了您的男人，那将是多么的不幸啊"②。

一个早已存在的想法又出现在了美第奇王太后的脑海中。她可以用一场婚姻为筹码，解决存在于西班牙和法兰西王国之间的纠纷，并确保基督教教徒和王国的和平，这也是英格兰女王伊丽莎白一世一直在躲避

---

① 母亲和她的两个儿子。——原注
② 1581年9月。赫克托·德·拉费里埃，巴格诺·德·普晒斯：《凯瑟琳·德·美第奇的信件》，第7卷，第397页。——原注

莱斯特伯爵罗伯特·达德利

的。因此当安茹公爵弗朗索瓦·德·弗朗斯前往康布雷时,美第奇王太后就让他签署了一份契约(1581年4月5日)这份契约字句模糊,但比较明确的是"彻底远离他在荷兰的事业"。如果安茹公爵弗朗索瓦·德·弗朗斯母亲的建议能起到作用,能让他真诚地归还之前占领的城市,"双方一下子就会达成和解"[1],也就是说美第奇王太后和腓力二世之间的矛盾。

当伊丽莎白一世仍在慎重考虑是要继续保持单身还是结婚时,美第奇王太后利用塔希斯对法兰西人入侵的控诉,不仅让这位西班牙大使说出,而且自己也表明,加强两个王国之间友谊的"最好的方式"就是让美第奇王太后的儿子安茹公爵弗朗索瓦·德·弗朗斯和她外孙女中的一

---

[1] 1581年4月5日安茹公爵弗朗索瓦·德·弗朗斯的秘密宣言。凯尔万·德·勒滕霍夫:《胡格诺派和穷苦者》,第6卷,第157页。——原注

位西班牙公主结婚。提议很明确，但美第奇王太后又不想被屈辱的拒绝。塔希斯已经同意派信差快马加鞭到达马德里，将此事告知西班牙当局。美第奇王太后自己也给腓力二世身边的法兰西王国大使圣古阿尔的让·德·维沃纳①写信说，如果这位天主教国王腓力二世问起这件事，那就像"这件事是由他们提起的"那样去做，另外还须加速谈判②。美第奇王太后自认为腓力二世会同意这种和解方式。但她还是提议，如果腓力二世拒绝的话，可以对他施加必要的压力。

三个世纪前，一名葡萄牙王子阿方索三世在法兰西王国娶了一位富有的寡妇布洛涅女伯爵（1235 年），名为马蒂尔德·德·达马丁。当这位葡萄牙王子的哥哥桑乔二世③（1248 年）被废黜并薨逝之后，阿方索三世便成了国王。为了能娶到那个可以给他带来阿尔加维地区当嫁妆的卡斯蒂利亚国王的女儿为妻，他无情地抛弃了自己原来的妻子（1253 年）。在阿方索三世和马蒂尔德·德·达马丁这段婚姻中，他们没有孩子，至少无法确认他们有过孩子。起初，阿方索三世先是因为重婚罪被一位教皇开除教籍，但在马蒂尔德·德·达马丁去世后，应葡萄牙主教们的要求，他又被另一位教皇恢复了教籍。

但美第奇王太后声称，其实马蒂尔德·德·达马丁已经有了阿方索三世的孩子，而那位卡斯蒂利亚人妻子的后代在没有合法理由的情况下统治了葡萄牙三个世纪，王位本该属于马蒂尔德·德·达马丁所属的布洛涅家族，并属于作为马蒂尔德·德·达马丁继承人的她④。美第奇王

---

① 圣古阿尔的让·德·维沃讷（1530—1599），皮萨尼侯爵，圣古阿尔的领主，是 16 世纪的法兰西王国的外交官和军人。
② 1581 年 9 月 23 日。赫克托·德·拉费里埃，巴格诺·德·普晒斯：《凯瑟琳·德·美第奇的信件》，第 7 卷，第 401 页。——原注
③ 葡萄牙国王桑乔二世（1207—1248），是第四位葡萄牙国王。他在 1223 年登上了王位，但在 1247 年被他的兄弟阿方索三世取代。1248 年 1 月 4 日在卡斯蒂利亚王国的托莱多流亡时去世。
④ 威尼斯大使洛伦佐·普里里奥在 1582 年的叙述中明确指出了美第奇王太后的观。奥伯里：《威尼斯大使在参议院的报告》，弗朗西亚，第 4 卷，第 42 页到第 428 页。——原注

太后侄子的继承人，年老的红衣主教恩里克一世预料到即将到来的结果，邀请那些觊觎王位者向他展示他们继承王位的身份。但不知什么原因，红衣主教恩里克一世竟忘了在众多候选人中登记美第奇王太后的名字。美第奇王太后对此表示抗议，在她的坚决要求下，亨利三世委托他的卫兵队长博韦先生向红衣主教恩里克一世转达他对塞巴斯蒂昂驾崩的哀悼，并通过为这名战士授予了"教会先知和文坛巨擘"及圣格莱城的科曼热主教的头衔，来表明自己母亲美第奇王太后继承王位的合理性。

美第奇王太后在1579年2月8日给她儿子亨利三世的信中说："这不是小事，如果我能有幸做成这件事，我将把这个王国交给法兰西人。"①美第奇王太后的想象力发挥了作用，她在晚年时竟发现自己的确是一位王室继承人②。这对于当年反对这桩与佛罗伦萨人婚姻的法兰西人来说是一种报复，一种追溯性的报复。他们曾严词指责弗朗索瓦一世选择了一个嫁妆单薄，根基不深，而且也无法确定能否借此得到克莱门特七世帮助的美第奇家族的女子做儿媳。

红衣主教恩里克一世去世了（1580年1月31日），他没有解决继承问题。负责摄政的五个大省的地方长官决定让美第奇王太后通过司法渠道成为王位继承人，就像是对待一场民事诉讼一样。当时有三个最强

---

① 1579年2月8日。赫克托·德·拉费里埃，巴格诺·德·普晒斯：《凯瑟琳·德·美第奇的信件》，第6卷，第256页。亨利三世在他母亲的纠缠不休下，似乎很不情愿地让步了。参见第6卷，第117页（1578年11月13日）；第6卷，第214页（1579年1月10日）。——原注

② 美第奇王太后刚刚签署了《内拉克赦令》，她为这次外交成功感到自豪，据我们所知，这件事最后无果而终。但不放弃任何权利是美第奇王太后一向的原则。就在同一时期，美第奇王太后了解到一些乌尔比诺人可能对他们的前公爵或他的接班人不满，于是去找法兰西王国驻神圣罗马帝国大使德阿比恩先生诉说。美第奇王太后没有忘记她的父亲曾经是乌尔比诺公爵，她童年时期曾被叫作"公爵小姐"。美第奇王太后写信给大使询问这个公国的人民，"在这里我有这样的权利，我可以说，这个地区是属于我的，就像是奥弗涅地区一样，这是我的私人遗产"。美第奇王太后还建议大使去看望教皇，并提议如果教皇热情地处理这件事情，那就好好地赏赐他的私生子（圣安琪的领主，雅克·伯贡巴涅）。但无论格里高利十三世，还是那些乌尔比诺的抗议者都沉默不语，因为这已不再是美第奇王太后的信件中的公国问题了。——原注

第10章　安茹公爵弗朗索瓦·德·弗朗斯援助荷兰

大的王位觊觎者：一位是葡萄牙修道院院长、红衣主教恩里克一世哥哥的儿子安东尼奥①，一位是葡萄牙公主的儿子、西班牙国王腓力二世，以及某位公主的女婿、葡萄牙的大领主布拉干萨公爵②。但这位公主的地位要比腓力二世母亲的地位低③。安东尼奥是最受欢迎的，布拉干萨公爵是最合适的，腓力二世是最强大也是血缘关系最近的。

西班牙国王很想让半岛政治统一臻于完善，这也是他祖辈的梦想。因此腓力二世下定决心，决不放过这次机会。他让自己的法学家阐述了他的继承权，却不承认存在争议的方面，仅是为了表明自己的观点。接

安东尼奥

---

① 安东尼奥这里指葡萄牙国王安东尼奥一世（1531—1595）。
② 布拉干萨公爵这里指布拉干萨的让一世（1547—1583）。
③ 高耐斯达热奥：《与葡萄牙王国联盟的卡斯蒂利亚王国》，威尼斯和维罗纳，1642年，第56页。——原注

着，腓力二世还把他的旧兵团集结在葡萄牙边界，让已失宠的他最好的将军阿尔巴公爵费尔南多·阿尔瓦雷斯·德·托莱多统帅。考虑到自己将在新王国马上进行的旅程，腓力二世甚至召回了被他流放到罗马的最能干的政治家格朗维尔红衣主教。格朗维尔红衣主教将在腓力二世离开马德里期间代替他处理国家事务。

葡萄牙摄政者被这些军事行动震惊了。于是，他们向法兰西国王亨利三世请求六千人的援助。美第奇王太后答应给他们提供"最大援助与有力支持"来帮助他们维护葡萄牙政府的"尊严、荣耀和自由"。亨利三世告诫他们"要坚持通过司法渠道处理继承问题，要维护自己的权利，保持国家的自由"。

如果不派兵增援，这些都只是空话。法兰西王国驻马德里大使圣古阿尔的让·德·维沃纳一直以来都劝亨利三世要提防腓力二世的险恶用心。他在1580年2月20日写道："葡萄牙能否保持王国统一关乎法兰西王国的利益。"①

但法兰西宫廷并不急于采取行动。阿尔巴公爵费尔南多·阿尔瓦雷斯·德·托莱多不慌不忙地打败了民众支持的安东尼奥，并占领里斯本（1580年9月）和葡萄牙其他地区。即便在《弗莱克斯和约》（1580年11月）签订后，美第奇王太后仍在等待。1580年12月17日，美第奇王太后命令吉耶讷财政区区长古尔盖派一名"自己的心腹"乘坐一艘载有小麦的船前往维亚纳、波尔图和利斯博纳，以假借贩卖物品之名前去打探消息。"因为如果没有这些消息，我们就无法完成在葡萄牙想做和应该做的事。"②（1580年12月17日）

---

① 圣吕克的让·德·维沃纳的信。赫克托·德·拉费里埃，巴格诺·德·普晒斯：《凯瑟琳·德·美第奇的信件》，第7卷，第447页，附录；赫克托·德·拉费里埃，巴格诺·德·普晒斯：《凯瑟琳·德·美第奇的信件》第7卷，第228页，注释。——原注
② 致贝利耶夫的信。赫克托·德·拉费里埃，巴格诺·德·普晒斯：《凯瑟琳·德·美第奇的信件》，第7卷，第300页。——原注

第10章　安茹公爵弗朗索瓦·德·弗朗斯援助荷兰

安东尼奥虽在国外避难，但亚速尔群岛最重要的岛屿特切尔仍然受他指挥。美第奇王太后任由自己的支持者在法兰西王国购买军舰并招募成年男子。当西班牙大使申诉此事时，美第奇王太后承认是自己允许他们这样做的，她做了不少努力才使她的儿子亨利三世不再认为这不合适。美第奇王太后反对亨利三世在布尔代莱和诺曼底不做任何准备。这样，美第奇王太后承担了责任，让亨利三世得以解脱。这是美第奇王太后和西班牙国王腓力二世之间在争议基础上产生的纠纷，其中妄图用武力解决的一方反而损害了自己的利益。

美第奇王太后想把所有军备权都交给自己的女婿纳瓦拉国王亨利·德·纳瓦拉。此前，这些权力一直由安东尼奥掌握。美第奇王太后还让法兰西王国陆军上将菲利普·斯特罗齐协助纳瓦拉国王亨利·德·纳瓦拉。菲利普·斯特罗齐给美第奇王太后写信说："所有事务的解决

特切尔

都取决于纳瓦拉国王亨利·德·纳瓦拉的意志……但只有在请示美第奇王太后并得到命令后,维密奥斯伯爵①才能决心据此执行并解决一切问题……"②亨利三世对这些冒险行为没有什么兴趣。为了表明自己的不满,亨利三世或许曾让维密奥斯伯爵在自己母亲的候见厅等了几个小时才接见了他③。但美第奇王太后更加努力。她让人给已和维密奥斯伯爵商量好会带领部队上岛的卡莱斯队长一千五百埃居,这笔钱对恢复已在那里驻扎的斯卡林队长领导的部队的活力很有必要。美第奇王太后催促增援队伍赶紧出发④,因为她知道西班牙国王腓力二世1581年6月15日就已经把八艘军舰及八九百名新兵从里斯本⑤送到了亚速尔群岛。美第奇王太后想支持安东尼奥,但又唯恐西班牙人认为她不再坚持"自己的权利和要求",所以在信中为自己无法授予他国王的头衔而抱歉⑥。

当塔希斯再次向她申诉(1581年9月)菲利普·斯特罗奇在法兰西王国建立了一支五千人的军队准备对抗腓力二世,美第奇王太后反驳说,她追求自己在葡萄牙的权力不是要怪罪任何人,也不是要与西班牙国王腓力二世开战,只是为了维护自己的利益。美第奇王太后又补充说"她会不惜使用一切办法"做到这一点,葡萄牙是属于她的。塔希斯请求美第奇王

---

① 维密奥斯伯爵这里指蒙莫朗西-当维尔(1534—1614)。
② 菲利普·斯特罗奇致王太后的信,库特拉,1581年4月6日。赫克托·德·拉费里埃,巴格诺·德·普晒斯:《凯瑟琳·德·美第奇的信件》,第7卷,第500页。查尔斯·瓦卢瓦:《神圣同盟的历史》,1914年,第1卷,第61页到第62页,此书作者谈到了《弗莱克斯和约》签订后,维密奥斯伯爵和纳瓦拉国王亨利·德·纳瓦拉之间美第奇王太后本想使之失败的谈判。但菲利普·斯特罗奇对美第奇王太后说时就像她只是同意一样,他的证词是相当重要的。——原注
③ 美第奇王太后给菲利普·斯特罗奇的信,1538年7月16日。赫克托·德·拉费里埃,巴格诺·德·普晒斯:《凯瑟琳·德·美第奇的信件》,第7卷,第383页。——原注
④ 她在给莫维西耶的信中可能提到了三百名男子和岛上居民的火药,7月21日,第7卷,386页。岛屿是个模糊的词,文中有的是指亚速尔群岛,有的是指葡萄牙的所有群岛:亚速尔群岛、马德拉群岛、佛得角群岛。——原注
⑤ 里斯本是葡萄牙的首都和最大的城市。
⑥ 致莫维西耶的信。赫克托·德·拉费里埃,巴格诺·德·普晒斯:《凯瑟琳·德·美第奇的信件》,第7卷,第387页。——原注

第 10 章　安茹公爵弗朗索瓦·德·弗朗斯援助荷兰

太后交出实际早已不在法兰西王国和在英格兰的安东尼奥。但美第奇王太后为什么要这么做呢？安东尼奥不是腓力二世的臣子，却是她的臣子①。

美第奇王太后还向塔希斯宣布自己是葡萄牙女王，并向他提议让安茹公爵弗朗索瓦·德·弗朗斯娶一位西班牙公主。美第奇王太后的个人诉求与她制订的婚姻计划总是密切相关。的确，美第奇王太后认为西班牙公主的嫁妆——领土——应该是要她放弃的补偿。美第奇王太后实在太聪明了，竟然事先就猜想到腓力二世是不会把葡萄牙让给自己女婿的。所以安茹公爵弗朗索瓦·德·弗朗斯必须在荷兰那边得到补偿，而西班牙人也是这么想的。美第奇王太后最后决定让亨利三世介入葡萄牙来了结这件事。安东尼奥在巴黎被封为亲王（1581 年 10 月）。佛罗伦萨大使 1581 年 10 月 31 日写道："这是一件非常确定的事，葡萄牙的事务得到了解决，总共投入了一万名法兰西王国的步兵，美第奇王太后为此提供了一半的个人年金，另外还有四千名神圣罗马帝国的人员。"②

布里萨克伯爵查理二世·德·科塞③负责带领前往群岛的一千两百人在诺曼底登陆④。菲利普·斯特罗齐将与大部分船队离开吉耶讷。美第奇王太后正忙于为此筹集资金⑤。他们就要准备离开了。她对这一事业的成功充满信心⑥。

---

① 致圣吕克的让·德·维沃纳的信，1581 年 9 月 23 日。赫克托·德·拉费里埃，巴格诺·德·普晒斯：《凯瑟琳·德·美第奇的信件》，第 7 卷，第 401 页。——原注
② 1581 年 10 月 31 日。阿尔贝·德·贾斯丁：《法兰西与托斯卡纳的外交谈判》，第 4 卷，第 408 页。——原注
③ 布里萨克伯爵查理二世·德·科塞（1550—1621），他查理一世·德·科塞的第二个儿子，16 和 17 世纪的法兰西王国军人。作为法兰西王国的重臣，他被亨利四世任命为元帅。
④ 1581 年 10 月 27 日美第奇王太后再给马提尼翁的信中让他代替比隆成为国王的将军，并将在 1581 年 11 月执行。赫克托·德·拉费里埃，巴格诺·德·普晒斯：《凯瑟琳·德·美第奇的信件》，第 7 卷，第 407 页。——原注
⑤ 马提尼翁致美第奇王太后的信，1581 年 10 月 15 日。赫克托·德·拉费里埃，巴格诺·德·普晒斯：《凯瑟琳·德·美第奇的信件》，第 7 卷，第 499 页，附录。——原注
⑥ 美第奇王太后致马提尼翁的信，1581 年 10 月 28 日。赫克托·德·拉费里埃，巴格诺·德·普晒斯：《凯瑟琳·德·美第奇的信件》，第 7 卷，第 409 页。——原注

布里萨克伯爵查理二世·德·科塞

但由于季节的变化①，必须加快速度，得在 1581 年 12 月 10 日前扬帆起航②。在诺曼底，船舶装备工作已经完成了。但到了 1581 年 12 月 10 日那一天，菲利普·斯特罗齐却仍然在普瓦捷等待资金③。美第奇王太后"很抱歉"地宣布，她向教士和巴黎市政厅寻求了帮助，但却没有多大的希望。从亨利三世那里她什么也得不到。

---

① 致马提尼翁的信，1581 年 11 月 8 日。赫克托·德·拉费里埃，巴格诺·德·普晒斯：《凯瑟琳·德·美第奇的信件》，第 7 卷，第 412 页。——原注
② 给贝利耶夫的信，1581 年 11 月 21 日。赫克托·德·拉费里埃，巴格诺·德·普晒斯：《凯瑟琳·德·美第奇的信件》第 7 卷，第 417 页。——原注
③ 赫克托·德·拉费里埃，巴格诺·德·普晒斯：《凯瑟琳·德·美第奇的信件》，第 7 卷，附录，第 500 页。——原注

第10章　安茹公爵弗朗索瓦·德·弗朗斯援助荷兰

这是出征延迟的原因之一，但很可能不是唯一的原因。安茹公爵弗朗索瓦·德·弗朗斯还在英格兰，尽管很巧合，但他的婚姻计划使他避免了前往葡萄牙的冒险行动。其实他去葡萄牙的主要目的，或者说唯一目的，就是为自己在荷兰谋得一个爵位。法兰西王国的事务一直处于混乱的状态，情况好不容易有些好转，另外的问题又出现了。1581年一整年，贝利耶夫都在南方进行着无休止的谈判。他认为只要纳瓦拉王后玛格丽特·德·瓦卢瓦有诚意，1581年11月时肯定能与纳瓦拉国王亨利·德·纳瓦拉缔结和约。然而还有一个朗格多克省等待贝利耶夫去平定。美第奇王太后说："这件事比其他的更棘手。"①

美第奇王太后一年前（1580年12月23日）就曾指出的"过度放纵"的乱党思想在将与天主教大国西班牙直接对抗前夕更猖獗了。因诸多原因，佛罗伦萨的委托人雷涅里无法向其政府透露有关法兰西王国各党派的立场，他为此感到抱歉，但他补充说："偏激者众多，中立者却很少。我跟您说一则已经得到了证实的舆论，那就是当涉及王位问题时，尤其是和亨利三世的弟弟安茹公爵弗朗索瓦·德·弗朗斯有关的事务时，大家的情绪非常激动。许多人表现得很痛苦，殿下的事业比他们希望或想象的更成功。您不必为用这种方式来宣布西班牙人应得到更多的荣誉而担心。对此，有些人会惊讶于他们有那么多人，而且都是大人物，却还那么谨慎。要知道在这个国家，经常做好事的人什么也得不到，反而那些作恶者却赚得盆满钵满。"②（1581年9月9日）

美第奇王太后有一个美好的梦想，期待着她从南方回来后，能和自己的儿子亨利三世达成一致。安茹公爵弗朗索瓦·德·弗朗斯的问题妨

---

① 贝利耶夫致美第奇王太后的信，1581年11月10日。赫克托·德·拉费里埃，巴格诺·德·普晒斯：《凯瑟琳·德·美第奇的信件》，第7卷，附录，第473页。美第奇王太后的答复，1581年11月18日。赫克托·德·拉费里埃，巴格诺·德·普晒斯：《凯瑟琳·德·美第奇的信件》，第7卷，第416页。——原注
② 阿尔贝·德·贾斯丁：《法兰西和托卡斯纳的外交谈判》，第4卷，第398页。——原注

碍了一个完美协议的缔结。亨利三世嫉妒他的母亲那么关心王弟安茹公爵弗朗索瓦·德·弗朗斯的宏伟事业。尽管美第奇王太后解释说，这都是为亨利三世的利益，但亨利三世还是因为母亲最后损害了王国的财政收入和安全而气恼。作为法兰西国王，亨利三世并不希望美第奇王太后，或者可以说是一个重要的大臣，阻止他做一切自己想做的事。美第奇王太后表面上和亨利三世同样拥有统治国家的权力，而实际上她受到其同伴消极抵抗的束缚。亨利三世有时听从她，有时反抗她，有时无所为，有时还会离开她。随着亨利三世态度、行为的变化，美第奇王太后的行动也相应地或强或弱。

在亨利三世生病，或是做弥撒期间，美第奇王太后可以自由行使权力。1579年9月，也就是在亨利三世差点丢掉性命的一场耳炎之后的一个月，他的手又莫名受伤了。亨利三世那时十分脆弱，致使1580年2月美第奇王太后请求教皇下令禁止亨利三世在封斋期内吃素，否则就开除他的教籍[①]。难道是因为亨利三世过于虔诚地遵守了封斋前的狂欢节导致的？1580年6月，亨利三世患了"脚肿"病，留下自己的妻子和母亲，独自一人去圣莫尔接受治疗[②]。1580年11月亨利三世看起来还不错——至少美第奇王太后是这么说的。但在1580年12月，长在亨利三世小腿上的肿块闭合后，他的情绪又表现在了脸上。佛罗伦萨的委托人雷涅里明确地说"亨利三世因为疾病开始限制饮食"，治疗又要重新开始了。他的脸上长满了脓包，气色很差，人也瘦了，情况很糟。亨利三世忠诚的仆人们沉浸在悲伤之中，都"为他感到担忧"[③]。

1581年1月，亨利三世离开了宫廷，独自一人躲到了圣日耳曼，他

---

① 1580年2月19日。赫克托·德·拉费里埃，巴格诺·德·普晒斯：《凯瑟琳·德·美第奇的信件》，第7卷，第226页到第227页。——原注
② 赫克托·德·拉费里埃，巴格诺·德·普晒斯：《凯瑟琳·德·美第奇的信件》，1580年6月，第7卷，第263页到第264页。——原注
③ 阿贝尔·德·贾斯丁：《法兰西与托斯卡纳的外交谈判》，1580年12月25日，第4卷，第342页。——原注

第 10 章　安茹公爵弗朗索瓦·德·弗朗斯援助荷兰

在那里一直待到了 1581 年 3 月底。在亨利三世离开期间，他委托自己的母亲"在六个星期内可以处理、掌管并签署一切王国事务"①。亨利三世还任命美第奇王太后为摄政王。人们开始猜疑亨利三世得了重病。美第奇王太后认为最好还是澄清一下。在写给代表法兰西王国正在威尼斯这个国际信息中心的阿尔诺杜费里尔的信中，美第奇王太后宣布了亨利三世下次回宫的时间（1581 年 3 月 23 日）②。然而，无论有没有这个头衔，美第奇王太后都能在好几周内行使全部权力了。

正是在此期间，安茹公爵弗朗索瓦·德·弗朗斯离开了南方，招募士兵，准备第二次出征荷兰。美第奇王太后无论是建议、请求还是警告，都没能改变他的计划。为了不树敌太多，美第奇王太后没有选择使用武力。但还没有下定决心去追击王弟安茹公爵弗朗索瓦·德·弗朗斯的亨利三世却抱怨母亲没有催促自己这样做。亨利三世知道母亲很能干，但又认为她有些软弱，而且随着年龄的增长，她更倾向于不得罪任何人，尽力平息一切。亨利三世萌生了一个想法，虽不将美第奇王太后从政府中驱逐出去，但要任用精明又精力充沛的执行者来加强自己的力量。以亨利三世一贯的做法，他选择了身边最亲近的人。

在凯吕斯、毛吉龙和圣麦斯戈翰这几个只是美男子的男宠死去后，亨利三世身边又出现了另一种男宠。他们不再仅限于陪伴国王，让国王快乐。亨利三世也不仅会赏赐给他们年金，宠幸他们，还会让他们变得强大且富有，以此来让他们与自己的敌人抗衡。美第奇王太后认为只有满足安茹公爵弗朗索瓦·德·弗朗斯才能得到解救的方法，而亨利三世找到了别的办法，那就是使完全效忠于自己的人聚集在他周围。亨利三世不再宠幸圣吕克的让·德·维沃纳了，因为这个人有一天竟敢冒险为贝勒格德的暴动

---

① 1580 年 12 月 25 日。阿贝尔·德·贾斯丁：《法兰西与托斯卡纳的外交谈判》，第 4 卷，第 345 页。——原注
② 1581 年 3 月 23 日。赫克托·德·拉费里埃，巴格诺·德·普晒斯：《凯瑟琳·德·美第奇的信件》，第 7 卷，第 328 页。——原注

辩解。他也疏远了那个抱怨没有得到足够青睐的弗朗索瓦·德欧。亨利三世将自己的恩宠都给了达尔克和让·路易·德·诺加雷。他封他们为公爵和贵族,为的就是让他们和法兰西亲王们拥有同样的地位。

亨利三世提升达尔克为茹瓦约斯公爵,并将王后路易丝·德·洛林的一个妹妹——玛格丽特·德·洛林许配给他。亨利三世本来还想让新任的埃佩尔农公爵让·路易·德·诺加雷娶他的另外一个妻妹,甚至娶美第奇王太后的外孙女克里斯蒂娜·德·洛林。① 亨利三世让他们都成了法兰西

玛格丽特·德·洛林

---

① 那些设立茹瓦约斯公爵爵位(1581 年 9 月 7 日)和埃佩尔农领主特权(1961 年 11 月 27 日)的美第奇王太后的信件是在国会上被确认的。——原注

第 10 章　安茹公爵弗朗索瓦·德·弗朗斯援助荷兰

王国的高官。即便亨利三世没能成功地让第三代吉斯公爵亨利一世·德·洛林放弃大主管的职务，他最后还是将海军的最高指挥权交给了马耶讷公爵夏尔·德·洛林。马耶讷公爵夏尔·德·洛林是通过继承岳父维拉尔侯爵[①]的职位而拥有了这一指挥权，后来又把它交给了茹瓦约斯公爵达尔克（1582年6月19日）。亨利三世授予埃佩尔农公爵让·路易·德·诺加雷法兰西王国陆军上校的职务，这是菲利普·斯特罗齐为了得到新大陆总督的头衔而放弃的职位（1581年11月）。渐渐地，亨利三世在士兵中的威望提升了，甚至成为某种没有头衔的陆军统帅。鉴于掌玺大臣河

马耶讷公爵夏尔·德·洛林

[①] 维拉尔侯爵这里指奥诺拉二世·萨伏伊·唐德（1511—1580），是来自萨伏伊-唐德家族的一名贵族，由萨伏伊公爵伊曼纽尔·菲利贝托任命的维拉尔侯爵，以及法兰西王国元帅和海军上将。

内·德·比拉格因年迈、疲惫又抑郁，不得不将国王印章交给切维尔尼，一个随时都爱奉承的侍从。

亨利三世想以同样的方式得到各省的臣服。他逼迫正宗血统的亲王蒙特庞谢公爵放弃了布列塔尼政府。蒙特庞谢公爵路易·德·波旁刚去世（1581年9月22日），亨利三世就任命了王后路易丝·德·洛林的弟弟梅戈公爵菲利普－伊曼纽尔·德·洛林[①]来接替他。亨利三世还将他向纳瓦拉国王亨利·德·纳瓦拉提议放弃的吉耶讷政府预定给了埃佩尔农公爵让·路易·德·诺加雷。此外，亨利三世把东部三个强大的地区：图勒、梅斯和凡尔登的指挥权也交给了埃佩尔农公爵让·路易·德·诺加雷。茹瓦约斯公爵达尔克则拥有了诺曼底这个通常只属于王室成员的地区。这两

梅戈公爵菲利普－伊曼纽尔·德·洛林

---

① 梅戈公爵菲利普－伊曼纽尔·德·洛林（1558—1602），亨利四世的最后一个同盟者。

第 10 章　安茹公爵弗朗索瓦·德·弗朗斯援助荷兰

拉瓦莱特家族的伯纳德·诺加雷

个宠臣的亲戚们也因此沾了光。埃佩尔农公爵让·路易·德·诺加雷的哥哥，拉瓦莱特家族的伯纳德·诺加雷①，得到了萨洛斯和一些阿尔卑斯山外的领土。茹瓦约斯公爵达尔克的父亲则期待着亨利三世从蒙莫朗西-当维尔那里收回的朗格多克地区。

发生在同一时期的这么多变化表明，这肯定是一个早已制订好的计划，这些变化本身就可以这样理解。用一个新贵族来代替那些没有热情、不服从又不可靠的王国高级官员，这是一种政治手段。新贵族会非常愿意为国王效劳，因为如果他们不懂感激就可能被剥夺权力。拥有国家的最高职务者和那些出身高贵的人利用国王的宠爱获得权力，这符合绝对权力的传统。黎塞留除此之外并没有其他准则。但创建新贵族只是一种

---

① 拉瓦莱特家族的伯纳德·诺加雷（1553—1592），亨利三世的男宠之一，埃佩尔农公爵让·路易·德·诺加雷特的哥哥，法兰西王国文艺复兴时期的一个贵族和士兵。

治标不治本的办法。当时的法兰西政府缺乏统一性，而统一恰恰是产生力量的前提条件。

美第奇王太后仍然执掌着权力，但她的儿子亨利三世派了两名大官员协助她。这种协助并不能使权力集中，反而起到了相反的作用。亨利三世不会管理他的宠臣们，他生来就是宠臣们的仆人。这些宠臣也不可能去指挥亨利三世，他们双方既是平等的，又是有竞争的。另外，这些宠臣之间的观点和想法也是有分歧的，只有在对抗美第奇王太后时，他们才能和睦相处。所以，亨利三世的宠臣们总是想方设法地削弱美第奇王太后的权力来增强自己的权力。他们这种既不基于出身，也不建立在功勋上的难以置信的晋升，引起了其他人的不满。这种提拔没有为巩固王权提供任何帮助、带来支持者或是有任何历史性的伟大意义。

两个古老家族的普通绅士既无法对抗胡格诺派、激进的天主教教徒和政治家们，也无法对抗吉斯家族、波旁家族、蒙莫朗西家族和安茹公爵弗朗索瓦·德·弗朗斯。亨利三世糟糕的财税政策激怒了民众，他的奢侈挥霍使那些不能从中获益的人非常气愤。亨利三世从来没有资金做自己想做的事，只好通过从四面八方的强取豪夺来满足自己的需要。茹瓦约斯公爵达尔克的婚礼花费了一百二十万埃居，这笔钱本来可以在弗朗德勒有更好的用途。看着这些年金、职务和王国的权力都给了两个暴发户，大领主和贵族们都很气愤。

美第奇王太后对这种与她的性格和小心谨慎的处事方法完全相反的治理方式叫苦连天，但她没有公然抗议。佛罗伦萨使节写道，美第奇王太后"做了自己力所能及的事"来"取悦这两位宠臣"[①]。她对茹瓦约斯公爵达尔克婚礼的盛宴表现出了极大的热情。为了从这次过度的操劳中恢复，美第奇王太后甚至不得不卧床休息。至少美第奇王太后曾想通

---

① 1581年9月7日。阿尔贝·德·贾斯丁：《法兰西与托斯卡纳的外交谈判》，第4卷，第396页。——原注

第 10 章　安茹公爵弗朗索瓦·德·弗朗斯援助荷兰

过向所有人示好方式让这些男宠们的发迹得到原谅。但埃佩尔农公爵让·路易·德·诺加雷既骄傲又蛮横，并不打算向任何人让步。美第奇王太后试图让埃佩尔农公爵让·路易·德·诺加雷向他讨厌的吉斯家族示好，因为吉斯家族既是亨利三世的敌人，也是未来潜在的竞争对手。

嫁给了内穆尔公爵雅克·德·萨伏伊并享有亡夫遗产的吉斯公爵夫人安妮·埃斯特希望将暂时闲置的夏利修道院留给她二婚所生的孩子圣索尔兰侯爵[①]，同时她愿意让出马蒂尼-勒孔特修道院作为交换，这样就可以将它赏赐给贝利耶夫的某个儿子了。美第奇王太后希望让公爵夫人和贝利耶夫都满意，但却不敢找她的儿子亨利三世说。于是，她请亨

圣索尔兰侯爵

[①] 圣索尔兰侯爵这里指萨伏伊-内穆尔家族的亨利一世（1572—1632），是日内瓦公爵和内穆尔公爵（1519—1632），欧马勒公爵（1618—1632）。

利三世的一个宠臣从中斡旋,让亨利三世同意交换。美第奇王太后给这位宠臣写道:"这是所有那些不被信任者和愚钝者都不敢去做的。所有有幸得到亨利三世宠爱的人都应通过尽力为他服务来表达对他的忠诚。因为我是把您当作朋友才会对您这么说的。"① 但无论埃佩尔农公爵让·路易·德·诺加雷有没有这么做,宠臣们之间的敌对思想是一直存在的。几个月后,为了得到每天早上给亨利三世推荐衬衫的机会,埃佩尔农公爵让·路易·德·诺加雷竟和马耶讷公爵夏尔·德·洛林争吵了起来。

茹瓦约斯公爵达尔克要友善些,但也同样野心勃勃。他想通过请愿或诉诸武力的方式,使担任朗格多克中将的父亲获得朗格多克政府的权力。为此,茹瓦约斯公爵达尔克设法激起了亨利三世对蒙莫朗西-当维尔的不满,而之前亨利三世仅是对他有所防备。茹瓦约斯公爵达尔克还让自己的一个弟弟被任命为纳博讷大主教(1582年3月14日),得到了朗格多克三级会议的主席之职。蒙莫朗西-当维尔对茹瓦约斯公爵达尔克的进攻感到十分不安。尽管有证据证明蒙莫朗西-当维尔是忠诚的,而且亨利三世仍让他负责对抗南方新教教徒的反叛,但蒙莫朗西-当维尔知道国王对自己过去对他的侮辱依然怀恨在心。蒙莫朗西-当维尔采取了一些预防措施,通过一直给安茹公爵弗朗索瓦·德·弗朗斯提供士兵而和他保持着良好的联系。蒙莫朗西-当维尔也从未中断过和纳瓦拉国王亨利·德·纳瓦拉的联络,还通过帮助阿维尼翁和孔塔反对胡格诺派取得了罗马朋友的支持。有人认为蒙莫朗西-当维尔甚至与腓力二世也暗中勾结。

亨利三世没有掩饰自己想摆脱蒙莫朗西-当维尔的意图。不过,美第奇王太后认为,现在正值弗朗德勒人远征,而且他们还准备远征葡萄牙,最明智的办法就是付出一些代价让蒙莫朗西-当维尔对外省的平定产生兴趣。1581年11月10日,美第奇王太后下达命令,须对蒙莫朗西-

---

① 1581年11月13日。赫克托·德·拉费里埃,巴格诺·德·普晒斯:《凯瑟琳·德·美第奇的信件》,第7卷,第415页。——原注

第10章　安茹公爵弗朗索瓦·德·弗朗斯援助荷兰

当维尔软硬兼施。"美第奇王太后一直希望能让蒙莫朗西-当维尔减轻他正忍受的痛苦。因为他认为自己可能再也无法得到亨利三世的恩典了，终日处在担忧和怀疑当中。美第奇王太后觉得自己不能错过这个书面通知蒙莫朗西-当维尔的机会，而他也应该借此机会让人们看到他曾对美第奇王太后所做的承诺：得到美第奇王太后的保证后，他只要能再次得到亨利三世的恩典，就别无所求了。"①

正如美第奇王太后写给贝利耶夫的信中所说，她希望蒙莫朗西-当维尔所提供的服务就是"能和所谓的新教代表一起，解决领土的归还问题和敕令的执行问题"②。作为回报，"她向蒙莫朗西-当维尔保证，亨利三世将承诺他在自己的政府拥有总督的绝对权力，并给予他的儿子这一职位的继承权。亨利三世还会为蒙莫朗西-当维尔的女儿找一个好婆家，让她嫁给蒙彼利埃先生的儿子，再为他的儿子找一个让他满意的妻子"。美第奇王太后还保证，就算新教教徒拒绝执行和约，只要蒙莫朗西-当维尔让他们放弃所做的决定，那么，她向他承诺的一切就都有效。美第奇王太后又亲自补充说："不要忘记告诉蒙莫朗西-当维尔，纳瓦拉国王亨利·德·纳瓦拉必须改信天主教，这对他的财产和安全有利，同样也能让王国休养生息。"③的确，亨利三世是可以从中得到好处的，然而纳瓦拉国王亨利·德·纳瓦拉为了这个容易变卦的政府而背叛自己的事业又能得到什么呢？这对蒙莫朗西-当维尔来说确实要求得太多了。这个精明的男人应该能想到亨利三世是不可能把总督的位置留给他的，因为亨利三世也对别人做了同样的承诺，他不会再不加防备了。

---

① 1581年11月10日的信和当天的命令。赫克托·德·拉费里埃，巴格诺·德·普晒斯：《凯瑟琳·德·美第奇的信件》，第7卷，第413页到第414页。——原注
② 美第奇王太后致贝利耶夫的信，1581年12月27日。赫克托·德·拉费里埃，巴格诺·德·普晒斯：《凯瑟琳·德·美第奇的信件》，第7卷，第420页。——原注
③ 指示。赫克托·德·拉费里埃，巴格诺·德·普晒斯：《凯瑟琳·德·美第奇的信件》，第7卷，第414页。——原注

至少，美第奇王太后希望让纳瓦拉国王亨利·德·纳瓦拉，这位新教领导者远离南方，并将他吸引到宫廷来。美第奇王太后就此设想了很多，还像往常一样进行了假设性推理，认为这件事是可能实现的。现在，她寄希望于玛格丽特·德·瓦卢瓦，并对玛格丽特·德·瓦卢瓦的热情和智慧大加赞赏。美第奇王太后让亨利三世下决心召回玛格丽特·德·瓦卢瓦，认为玛格丽特·德·瓦卢瓦的丈夫是不会拒绝跟着自己的妻子一起来的。纳瓦拉国王亨利·德·纳瓦拉委婉地说还需要准备，但当他经过仔细思考之后，贝利耶夫解释说："然而，他考虑到和约还没有得到有效的实施，不想由此犯错而让亨利三世认为自己不愿意待在这里"[1]。美第奇王太后坚信玛格丽特·德·瓦卢瓦最终一定能将自己的丈夫带来。美第奇王太后不知道或者说是不愿相信纳瓦拉夫妇之间的关系已变得很糟糕了。对此，玛格丽特·德·瓦卢瓦并不是无可指责的，但她对自己丈夫的弱点很包容，相反她的丈夫对她却过于苛刻了。

纳瓦拉国王亨利·德·纳瓦拉与一位陪伴美第奇王太后的女士福瑟斯[2]的私情有了进一步的发展。纳瓦拉国王亨利·德·纳瓦拉竟希望他的妻子能陪伴着他的情妇住到比利牛斯山的一个地方，直到这位年轻的母亲生下他们的孩子。玛格丽特·德·瓦卢瓦断然拒绝了。然而，就在这位得宠的侍女生产的那个晚上，玛格丽特·德·瓦卢瓦还是纡尊降贵地去帮助了她。第二天，当玛格丽特·德·瓦卢瓦的丈夫催促她像看望一个病人那样去看望一下福瑟斯以便消除那些流言蜚语时，玛格丽特·德·瓦卢瓦借故拒绝为他们做这样的掩护。纳瓦拉国王亨利·德·纳瓦拉马上就不高兴了，还让玛格丽特·德·瓦卢瓦感受到了他的不满。为此，玛格丽特·德·瓦卢瓦更加迫切地想离开了。此前玛格丽特·德·瓦卢瓦已经收到亨利三世

---

[1] 贝利耶夫的信，1581年11月10日。赫克托·德·拉费里埃，巴格诺·德·普晒斯：《凯瑟琳·德·美第奇的信件》，第7卷，附录，第473页。——原注

[2] 福瑟斯这里指弗朗索瓦兹·德·蒙莫朗西－福瑟斯（1566—1641），人称"美丽的福瑟斯"，是纳瓦拉国王亨利·德·纳瓦拉从1579到1581年的情妇。

福瑟斯女士与纳瓦拉国王亨利·德·纳瓦拉

为她的旅程提供的一万五千埃居①。1582年2月26日，在福瑟斯和纳瓦拉国王亨利·德·纳瓦拉的陪伴下，玛格丽特·德·瓦卢瓦离开了南方。美第奇王太后一直走到了普瓦图去迎接她的女儿，为的就是有机会见看到她的女婿，并且向他做出"有诚意的诺言"，转达亨利三世的关爱。但纳瓦拉国王亨利·德·纳瓦拉非常多疑，甚至拒绝到尚皮尼与美第奇王太后相见。所以尽管当时美第奇王太后身体欠佳，还是只好亲自前往一个新教城镇圣麦克桑才得以与他会面②。关于他们在拉莫特－圣埃雷耶城堡的谈话，我们除了知道纳瓦拉国王亨利·德·纳瓦拉对带走了他的情妇的妻子和岳母非常不满，又返回了加斯科涅以外，一无所知③。

  美第奇王太后支持自己的女儿玛格丽特·德·瓦卢瓦，一来就要赶走福瑟斯，还声称她的女婿也应认为这样做十分恰当。美第奇王太后写信给玛格丽特·德·瓦卢瓦，"要她赶走身边一切可能会破坏他们夫妻感情的人"，美第奇王太后还建议他们夫妻让这个"漂亮的傻瓜"尽快离开④。但爱情一直是纳瓦拉国王亨利·德·纳瓦拉最大也是唯一的弱点，他表示了强烈的抗议并派遣"有点傲慢又厚颜无耻"的弗隆特纳克到巴黎对玛格丽特·德·瓦卢瓦说了一番侮辱性的话。美第奇王太后对纳瓦拉国王亨利·德·纳瓦拉的这些举措非常惊讶，写信给他说："您不是第一个在面对这样的事时犯糊涂的年轻丈夫，但我肯定您是第一个在这种事发生之后还敢对自己妻子恶语相向的人。"先王亨利二世"最苦恼的事情就是，

---

① 1581年12月底。赫克托·德·拉费里埃，巴格诺·德·普晒斯：《凯瑟琳·德·美第奇的信件》，第7卷，第420页。玛格丽特·德·瓦卢瓦：《玛格丽特·德·瓦卢瓦回忆录》，第181页。——原注
② 美第奇王太后致马提尼翁的信，1582年3月16日。赫克托·德·拉费里埃，巴格诺·德·普晒斯：《凯瑟琳·德·美第奇的信件》，第8卷，第14页。纳瓦拉国王亨利·德·纳瓦拉致斯考比阿克的信。赫克托·德·拉费里埃，巴格诺·德·普晒斯：《凯瑟琳·德·美第奇的信件》，第1卷，第445页。——原注
③ 索泽先生的作品，《拉莫特圣－埃雷耶的会谈》，巴黎，1895年。是根据必要的推测进行的一个再现。——原注
④ 1582年6月12日。赫克托·德·拉费里埃，巴格诺·德·普晒斯：《凯瑟琳·德·美第奇的信件》，第8卷，第37页。——原注

第 10 章　安茹公爵弗朗索瓦·德·弗朗斯援助荷兰

当他知道我已经知道他的那些花边消息时，弗莱明夫人正好怀孕了。但亨利二世仍然觉得让人把她送回去是正确的，而且也从未对我态度恶劣，更没有过激的言辞。"但她的女婿能拥有和亨利二世一样的自由吗？

拥有先王亨利二世的女儿，"法兰西国王的妹妹，作为您的妻子，真心地爱着您，一心为您效劳，您该是多么荣耀啊！您不应该这样对待一个家世显赫的女子，也不应该因为一个普通的情妇而公开指责她"。美第奇王太后可能夸大了玛格丽特·德·瓦卢瓦的爱情和这个小国国王能够娶公主为妻的荣幸。但她有理由当面指责这个年轻人。"那个自命不凡的弗隆特纳克曾当着所有巴黎人的面说，如果福瑟斯离开的话，您是绝不会去宫廷的，您知道这种幼稚的蠢话对您的荣誉和声望，甚至对这个王国会造成多么严重的后果……"①

纳瓦拉国王亨利·德·纳瓦拉的态度、蒙莫朗西-当维尔的怀疑、朗格多克新教教徒的反对、民众对亨利三世和他的宠臣们普遍存在的不满，这一切都逼迫美第奇王太后实施新的政策。国内的和平取决于安茹公爵弗朗索瓦·德·弗朗斯的安排。他和伊丽莎白一世之间的婚姻计划破灭了。安茹公爵弗朗索瓦·德·弗朗斯虽刚刚被荷兰三级会议承认为君主（1582 年 3 月），但这只是舆论的力量。如果安茹公爵弗朗索瓦·德·弗朗斯因为缺少士兵和资金而被迫放弃荷兰，那他一定会想方设法为自己的放弃和失败报复他的王兄亨利三世。任由安茹公爵弗朗索瓦·德·弗朗斯独自前往弗朗德勒是远远不够的，必须得支持他在那里的事业并想办法在别处进行钳制来确保王国的安定。凭借武力帮安茹公爵弗朗索瓦·德·弗朗斯赢得一个西班牙公主的芳心是解决所有困难的最理想的办法。这桩婚姻将会满足安茹公爵弗朗索瓦·德·弗朗斯的野心。因为美第奇王太后只能想到这桩将以公国作为嫁妆的婚姻可以把安茹公爵弗

---

① 1582 年 6 月 11 日。赫克托·德·拉费里埃，巴格诺·德·普晒斯：《凯瑟琳·德·美第奇的信件》，第 8 卷，第 36 页到第 37 页。——原注

朗索瓦·德·弗朗斯安置在法兰西王国外，这样他就无法再制造内乱了。这件婚事也能去除安茹公爵弗朗索瓦·德·弗朗斯对新教教徒和那些政治家们的支持并巩固王权。尽管腓力二世觉得美第奇王太后的建议很"荒唐"①，但必要时他还是会做出让步的。

在维勒鲁瓦亲耳听了安茹公爵弗朗索瓦·德·弗朗斯作为布拉班特统治者的宣言（1582年2月19日）并从荷兰返回后，亨利三世对他说，自己"没有钱财，也没有意愿去加入反对西班牙国王腓力二世你的战争，因为他知道这将是王国的灾难"。但在声明了自己的原则之后，亨利三世又补充说，他很看重自己母亲的意见。美第奇王太后抓住这次机会以书面形式向亨利三世陈述了自己在外交策略方面的计划②（1582年3月17日或18日）。

美第奇王太后说，她做了一切努力让安茹公爵弗朗索瓦·德·弗朗斯停止在荷兰的事业，因为鉴于安茹公爵弗朗索瓦·德·弗朗斯所拥有的资源，他很可能会不太体面地离开。"如果上帝曾让这个机会③出现在你们父亲面前，我想他一定会很高兴，因为他有能力。但此刻，我却看不到什么希望。"她说仅拥有他们两个儿子确实是自己的巨大遗憾，但她希望看到他们成为"所有人的主人"。

---

① 腓力二世给塔希斯的信，1582年3月19日。凯尔万·德·勒滕霍夫：《胡格诺派和穷苦者》，第6卷，第173页，注释1。——原注

② 这封美第奇王太后的书信日期写错了。它不可能是1581年1月或2月：事实上，这里说的是马蒂亚斯大公，另一个荷兰王权的觊觎者，他是在1581年6月7日放弃了自己的总督职务，但只到了这一年的10月29日才离开了安特卫普。这里说到了进入安特卫普并开始了作为布拉班特公爵和荷兰君主（1582年2月到3月）的安茹公爵弗朗索瓦·德·弗朗斯的"招待会"，还提到了人们看到陪同公爵在英国舰队的莱斯特伯爵罗伯特·达德利。这样就可以确定书写这封美第奇王太后信件的日期了。她开始说："昨天，内夫维尔到达了。"也就是说维勒鲁瓦（尼古拉·德·内夫维尔，维勒鲁瓦的领主），他是奥兰治亲王纪尧姆·德·拿骚的送信人。然而，1581年3月17日，（赫克托·德·拉费里埃，巴格诺·德·普晒斯：《凯瑟琳·德·美第奇的信件》，第8卷，第15页），美第奇王太后感谢了奥兰治亲王纪尧姆·德·拿骚让拉内夫维尔先生送信给她。美第奇王太后给亨利三世的陈情书也和她给奥兰治亲王纪尧姆·德·拿骚的回复是同一天。如果维勒鲁瓦1581年3月16日到达，那回复就是1581年3月17日。如果维勒鲁瓦1581年3月17日到达，那回复就是1581年3月18日。——原注

③ 反抗腓力二世的荷兰暴动。——原注

第 10 章　安茹公爵弗朗索瓦·德·弗朗斯援助荷兰

美第奇王太后一定会告诉安茹公爵弗朗索瓦·德·弗朗斯，法兰西王国已经在战争中遭受了重创。如果他继续征兵，那他将在压榨百姓的同时也失去亨利三世的宠爱，"这将是彻底的毁灭"。掠夺国家和乞求帮助，"这都不是他应该采取的手段"，他的王兄亨利三世并非"富甲天下"。

美第奇王太后还向亨利三世保证，为了让他满意，为了能给他提供更好的服务，也为了维护法兰西王国的稳定，她会鞠躬尽瘁，不辞劳苦，就像她一直所做的那样。美第奇王太后说："您赋予我的这个荣耀，我把它分享给了好几个人。上帝是如此眷顾我，我看到他们都全心全意地服从您。"那些她曾经阻止他们"达到目的"——歹毒的目的——的人并不是正直和忠诚的仆人，因为他们曾对她的行为怀有恶意和憎恨。

显而易见，美第奇王太后并不是为了自夸才回顾自己的功劳，她希望用自己的技巧及奉献精神说服亨利三世同意她的看法。"由于您休假，我只得让您的王弟安茹公爵弗朗索瓦·德·弗朗斯离开了。"但接下来亨利三世的王国会因此发生与西班牙的战争或者冲突吗？肯定不会。"您对我说，这三件事中，必然会有一件发生。"认真思考之后，她认为"所有麻烦"都能避免。她让亨利三世派了一个讨安茹公爵弗朗索瓦·德·弗朗斯喜欢，或者至少没那么讨厌的人去向他的王弟安茹公爵弗朗索瓦·德·弗朗斯说明法兰西王国的财政困境是不可能维持战争的，并告知安茹公爵弗朗索瓦·德·弗朗斯能做和不能做的事。然而最重要的是要协助安茹公爵弗朗索瓦·德·弗朗斯在荷兰的事业，"直到他带着荣誉撤离那里"。

美第奇王太后想出了一个体面的办法，那就是当三级会议同意安茹公爵弗朗索瓦·德·弗朗斯娶伊丽莎白一世为妻时，安茹公爵弗朗索瓦·德·弗朗斯就像之前说过的那样，回英格兰去。在伊丽莎白一世因受到牵连而让安茹公爵弗朗索瓦·德·弗朗斯带着英格兰的舰队，由雷斯特伯爵陪伴前往荷兰之后，她就不会再因害怕与腓力二世绝交而反对这桩婚姻了。尽管安茹公爵弗朗索瓦·德·弗朗斯可能再次被拒绝，但他还是应该去找伊丽莎白一世"表明自己的意愿……""如果他无法拥有娶她为妻的荣幸……也要让他找到一个妻子，以同样的方式与伊丽莎白一世结盟，为所有基督教教徒带来和平。"美第奇王太后的想法应该是希望通过这种礼貌的表示来引起伊丽莎白一世对她前未婚夫婚姻的注意，并让她决定与法兰西王国同心协力商谈持久和平。而和平的代价就是放弃与西班牙公主的婚约。美第奇王太后估计，长期以来一直被英格兰女王伊丽莎白一世玩弄于股掌之中的安茹公爵弗朗索瓦·德·弗朗斯可能会拒绝进行新的尝试了。但她认为当安茹公爵弗朗索瓦·德·弗朗斯知道了他没有其他办法获得自己王兄亨利三世的帮助，而且英格兰女王伊丽莎白一世也不会成为他的妻子，不会为他的爱情而战时，他应该会妥协。亨利三世这方也应派出使节去和伊丽莎白一世商量持久和平事务，告知她自己想让王弟安茹公爵弗朗索瓦·德·弗朗斯结婚的意图，因为安茹公爵弗朗索瓦·德·弗朗斯已经二十七岁了，并恳请伊丽莎白一世就此做出恰当的决定。

　　商谈的时间选得很好，而且是在没有任何危险的情况下成功地进行的。腓力二世既不想也没有力量攻打法兰西王国，他太专注于占领葡萄牙和看管属于自己的弗朗德勒事务了。只需要加强普罗旺斯、萨吕斯侯爵领地和皮卡第的要塞来防备突袭就可以了。"但……如果您的王弟安茹公爵弗朗索瓦·德·弗朗斯能留在那里，我们就能保留葡萄牙的岛屿。我坚信腓力二世将会慎重处理。他应该会考虑到自己的年纪，他应该不想把一场反对像您这样一位如此强大的对手的战争留给自己还在襁褓中的孩子吧。如果和谈没有取得我们预想的结果，我认为最起码也会让腓力二世等待时机，不会再对我们做什么了。"

　　总之，美第奇王太后建议让荷兰一切维持原状的同时，在亚速尔群岛建立强有力的军事钳制。她认为这样做不仅没有危险，而且还能有效地预防危险。"除了我之前告诉过您的，我实在想不到其他能不扰乱法兰西王国秩序的方式。"然而，这件事如此重要，美第奇王太后请求亨利三世还

第10章 安茹公爵弗朗索瓦·德·弗朗斯援助荷兰

得征求他身边大臣的意见,"因为我十分抱歉,事情不一定像我所预期的那样一定会发生在这个多灾多难的王国,您也不一定能得到我曾希望给予的满足。"美第奇王太后愿意轻易地独自承担责任的时代过去了。

受家族联盟计划的影响而改变策略的方向是有风险的。在此之前,美第奇王太后已经在秘密对抗西班牙了。现在的问题是要支付高昂的撤退费用。她交给亨利三世的陈情书中描述了这一退避的所有优点和缺点。美第奇王太后从自己观察到的非常正确的事实出发,却对现实抱有不切实际的希望,太过相信会出现有利的解决办法了。正如美第奇王太后所了解到的,腓力二世在葡萄牙和荷兰的事务太多了,根本无法考虑报复的事。因此由于腓力二世现在缺少士兵和资金,人们可以对他施加压力而不会受到任何损伤。尽管美第奇王太后说腓力二世"衰老年迈",已经五十三岁,快走到死亡的边缘了,但他是否愿意亏本地和他的邻居们解决纠纷还是值得怀疑的。

即使快死了,腓力二世也不会同意让出荷兰的,它可是一笔巨大的财富。如果在和平时期,它是比秘鲁和印度更能为他带来财富的。腓力二世更不会让出葡萄牙这个已经被征服的国家,因为拥有了它,他就能完成半岛的统一了。岛上的威尼斯大使甚至说,那些未被征服的岛屿就像他的眼中钉。腓力二世最多——这只是一个假设——只会放弃巴西的一些葡萄牙机构。但美第奇王太后会相信安茹公爵弗朗索瓦·德·弗朗斯会乐意在局势缓和时还自称是巴西国王或美洲皇帝吗?这个想法似乎很滑稽。然而,有一种情况美第奇王太后没有考虑到,那就是腓力二世还会活很久,一旦有一天他腾出手来就会为过去所受的侮辱和最后的侵犯复仇。这个问题是值得讨论的。亨利三世要去哪儿寻找抵制进攻所需的武力和其他资源呢?法兰西王国的处境比西班牙好多了。为了事业的需要,美第奇王太后还设想腓力二世驾崩后会留下一个孩子来继承王位,或者她的儿子亨利三世几年后会变得富有、顺从且强大。

美第奇王太后的过失就是对伊丽莎白一世的性格不够了解。这个风情万种的老姑娘对别人的目光并未在意到忘记自己利益的程度。她有着女人的小心思的同时，也有着男人的头脑。伊丽莎白一世不会为取悦美第奇王太后而嫁给安茹公爵弗朗索瓦·德·弗朗斯。在法兰西和西班牙之间的矛盾中，伊丽莎白一世能得到更多的安全感。她不希望他们和解，因为担心这两个强大的天主教国家会联合起来对付她。伊丽莎白一世有着强烈的爱国主义情怀和责任感，所以无法忍受和支持这个和约。和约的首要条件就是派遣一位法兰西王子到荷兰任职，而之后的结果就是由于亨利三世没有继承人，这些省份将最终并入法兰西王国。

美第奇王太后能想到的，就是在满足伊丽莎白一世虚荣心的同时，使她放下戒备，抓紧时间尽快完结这桩婚事及和约。但在这种情况下，必须要快速行动，把所有的努力都集中在荷兰或者葡萄牙上。然而，美第奇王太后拥有的只是些很普通的资源，既无法阻止荷兰的行动而不让安茹公爵

16世纪80年代的伊丽莎白一世

第 10 章　安茹公爵弗朗索瓦·德·弗朗斯援助荷兰

弗朗索瓦·德·弗朗斯生气，也无法完全推进这些行动且不伤害亨利三世的情感和造成英格兰的担忧。美第奇王太后自认为在葡萄牙攻打腓力二世要更容易些，可能也更合理些。因为她一直强调葡萄牙是她自己的财产。但美第奇王太后怎么就没考虑到以她的个人收入和她从亨利三世那里获得的津贴，同时供养一支舰队和一支军队是根本不可能的呢？

亨利三世非常敏锐地发现了母亲这个推理存在的缺陷。美第奇王太后给维勒鲁瓦的一张短笺表明了她的关注点还一直停留在荷兰事务上。这张短笺就是她没有力量和勇气实施个人政策的见证。亨利三世只对法兰西王国边界康布雷的所有权感兴趣。他说："我们只能通过一些隐秘的方式来援助康布雷，因我们面临的事将会点燃我们无法熄灭的火焰。"[1] 出于软弱和亲情，亨利三世放任母亲去做她想做的事，但决定用尽可能少的开支支持王弟安茹公爵弗朗索瓦·德·弗朗斯从事他认为既非正义又非常危险的事业。

亨利三世对葡萄牙的远征没有成见。毕竟，这样他就可以干预腓力二世和他母亲之间的私人纠纷了。当时法律允许一个主权国家可以通过除进行战争以外的任何方式帮助其盟友反对另一个主权国家。葡萄牙王国继承人的候选者要求通过武力收回腓力二世之前用武力获得的东西。法兰西国王亨利三世不是参战者，但是一个参战者的支持者。他帮助自己的母亲，就像是米兰的西班牙长官曾帮助贝勒格德进行反抗那样[2]。荣誉是不会受到怀疑的。但正因为此事的成败对法兰西王国的形象和安全不会有什么影响，正如之后发生的事实一样，当时就可以预计到亨利三世是不会为此而牺牲自己的快乐的。

---

[1] 赫克托·德·拉费里埃，巴格诺·德·普晒斯：《凯瑟琳·德·美第奇的信件》，第 7 卷，第 389 页，注释。这张短笺没有注明日期，但它很好地表达了亨利三世一直以来的感情。——原注
[2] 西班牙驻巴黎大使让·巴蒂斯特·塔希斯没有离开他的职位，而跟随腓力二世去了里斯的法国驻马德里大使，圣古阿尔的先生让·德·维沃纳直到 1582 年底或 1583 年初才回到法兰西。——原注

美第奇王太后马上就开始行动了。她派遣国务秘书克劳德·皮纳特去询问英格兰女王伊丽莎白一世是否愿意依据商谈的条件嫁给她的儿子，并派贝利耶夫去说服安茹公爵弗朗索瓦·德·弗朗斯，使他相信亨利三世对他英格兰婚姻的失败没有责任，是伊丽莎白一世欺骗了他。美第奇王太后难以同时满足她的两个儿子，一个抱怨自己没有收到钱，另一个被参战人员的抢劫所激怒，而且他们还因受两个不希望与他人分享亨利三世恩泽的宠臣的挑拨而反对自己的母亲。美第奇王太后建议安茹公爵弗朗索瓦·德·弗朗斯尽快征召那些已经来到圣阿沃尔德的神圣罗马帝国雇佣兵，但为了不压榨人民和激怒亨利三世，要依次按顺序招募。她还请安茹公爵弗朗索瓦·德·弗朗斯要求那些士兵的招募者向贝利耶夫请教，服从他的命令①。

美第奇王太后同时负责解决部队的通行问题。她捐出了自己的部分收入和产业来支付和供养军队，以防他们作恶。钱并不是向国库索要的。佛罗伦萨大使阿尔贝塔尼在给大公的信中写道："这俩人②就是用这种方式垄断了财政，以致在两年间，如果没有发生改变，任何人都无法从税收中获得拨款，就连亨利三世的母亲都不敢提出任何资金要求，以免使他们不悦。"

正如六个月前一样，美第奇王太后敦促将从西班牙人那里夺取葡萄牙群岛的舰队赶快出发：在非洲海岸、马德拉群岛和佛得角群岛的对面，通往印度和巴西的道路相互交错。在葡萄牙外海，亚速尔群岛是很好的岗哨，可以用来监视和截获武装商船。这些商船每年能为西班牙从新大陆带来作为军饷的大量金银财宝。因此，美第奇王太后有理由相信，只要在群岛建立强大的舰队，就一定能让腓力二世让步。在美第奇王太后

---

① 1582年5月18日。赫克托·德·拉费里埃，巴格诺·德·普晒斯：《凯瑟琳·德·美第奇的信件》，第8卷，第29页，第30页。——原注

② 埃佩尔农公爵让·路易·德·诺加雷和茹瓦约斯公爵达尔克。——原注

第 10 章　安茹公爵弗朗索瓦·德·弗朗斯援助荷兰

1582 年 10 月与她所支持，但还没有被承认的葡萄牙国王安东尼奥的会晤中，她已经为自己对这位葡萄牙国王的协助定好了报酬。前任总督菲利普·斯特罗齐知道，安东尼奥答应美第奇王太后"会在他的地盘为她重建她所要求的巴西地区"①。

但首先得占领这些岛屿。指挥诺曼底军舰的布里萨克伯爵查理二世·德·科塞第一个就准备好了。他本来打算 1582 年春天就出发，但美第奇王太后得知"西班牙国王腓力二世部署了强大的武装力量，一旦我们出发，他们就准备进攻"。于是，她决定让布里萨克伯爵查理二世·德·科塞等待菲利普·斯特罗齐一同前往，以便做"对我们有用的事，而不会有受到羞辱和伤害的危险"（1582 年 3 月 20 日）②。这两支舰队在贝尔岛会面，并在同一航线前进。

当时指挥海军部队的是法兰西王国步兵队伍的前陆军上将菲利普·斯特罗齐，他在整个战役中表现得优柔寡断，仿佛并不急于占领海域似的。两个月后，1582 年 5 月 20 日，一直对佛罗伦萨的亲戚们十分宽容的美第奇王太后，被"怀疑是由于胡格诺派的参与而产生的"延迟，以及被人民所遭受的痛苦震惊了。她说："这是最令我苦恼的。"③ 美第奇王太后在大概出自同一时间的一封信中向前陆军上将菲利普·斯特罗齐宣布了一个指示："这是亨利三世和我的愿望"，请他"不要改变任何事，尽量不要主动挑起事端，而是要像以前在陆地上一样在海上行动"。但这封信并不仅仅只有这一个劝告，还提到让他得到所有人的爱戴，不过也不要为了取悦某些人而去做一些有悖命令的事。

---

① 道贺赛：《菲利普·斯特罗齐的生活、死亡和墓地》，巴黎，1608 年，被转载于《钦贝尔和当茹的奇特档案》中，第 1 期，第 9 卷，第 444 页。——原注
② 1582 年 3 月 20 日。赫克托·德·拉费里埃，巴格诺·德·普晒斯：《凯瑟琳·德·美第奇的信件》，第 8 卷，第 16 页。——原注
③ 1582 年 5 月 20 日。赫克托·德·拉费里埃，巴格诺·德·普晒斯：《凯瑟琳·德·美第奇的信件》，第 8 卷，第 32 页。——原注

"要与布里萨克伯爵查理二世·德·科塞以及其他人保持一致,但也不能为此而屈服于他们,要遵守我们给您下达的命令……"美第奇王太后知道菲利普·斯特罗齐犹豫不决,所以强调说:"不要过于克制自己,一点都不敢改变指令中的任何要求。"因为人们当时已经知道菲利普·斯特罗齐将被任命为即将占领地区的总督,她还补充说:"不要任由别人去掠夺、洗劫和制造混乱,您要努力让自己受到当地民众的爱戴。您要做的不是抢光掠尽,而是要成为那里的主人并把这个地区保留下去……"美第奇王太后还提醒他对自己做出的承诺:"不要忘了您1581年8月在米雷博跟我说过的话。如果您认为可以做到的话,不要忘记去兑现承诺。"①

　　这封信中宣布的指示是由送信人口头传达的,但确实是由美第奇王太后亲笔书写,并由亨利三世署名的,它的日期是1582年5月3日。美第奇王太后建议菲利普·斯特罗齐直接前往马德拉群岛,并从那里返回亚速尔群岛,以便"让它们全部服从葡萄牙人"。至于布里萨克伯爵查理二世·德·科塞,他将负责稳固佛得角群岛。美第奇王太后补充说:"到8月时看到岛上发生的事后,一定要想办法得到这些岛屿,这样菲利普·斯特罗齐才能带领部队前往巴西。"② 于是,两名海军将领就开始攻占俯瞰印度和美洲海路的葡萄牙群岛。如果他们取得成功,菲利普·斯特罗齐就能通过海路前往巴西了。

---

① 赫克托·德·拉费里埃,巴格诺·德·普晒斯:《凯瑟琳·德·美第奇的信件》,第10卷,第20页到第21页。出版社不顾其可能性,将这封信放在1557年。这一年菲利普·斯特罗齐只有十六岁,并按照总督查理一世·德·科塞元帅的命令在皮埃蒙特学习军事知识。这样一个新人怎么可能被与法国海外军队领导人同等对待,并拥有更高的威信呢?这封信的所有细节都与1582年的航海远征有关。这里提到的布里萨克并不是元帅,元帅是他的儿子布里萨克伯爵查理二世·德·科塞。如果这封信里还附有一个1582年3月3日的指令的话,它的时间很可能是1582年5月初。——原注

② 赫克托·德·拉费里埃,巴格诺·德·普晒斯:《凯瑟琳·德·美第奇的信件》,第8卷,第28页,注释。该指令是由巴格诺·德·普晒斯伯爵发现的。正如我们从指令中看到的那样,在上一封信中提到的"1581年8月要去的"的地方是巴西。信和指令都将巴西的远征取决于能否占领亚速尔群岛、马德拉群岛和佛得角群岛的先决条件。登陆美洲的计划已被放到第二位。——原注

第10章　安茹公爵弗朗索瓦·德·弗朗斯援助荷兰

美第奇王太后正带着极大的热情妄图征服只存在于意大利使节想象中的那些群岛。他们一直认为美第奇王太后爱好和平而且小心谨慎，但她当时却表现得如此大胆而好战。佛罗伦萨使节说，这种改变就像是女人的"任性"一样①。安东尼奥·普留利②大使在法兰西王国一共待了两年半，他是有机会好好观察美第奇王太后的。他说她十分贪图荣誉，几乎相信美第奇王太后如同西班牙人一样，加入葡萄牙反对天主教国王的

安东尼奥·普留利

---

① 阿尔贝塔尼致大公的信。阿贝尔·德·贾斯丁：《法兰西与托斯卡纳的外交谈判》，第4卷，第436页。——原注
② 安东尼奥·普留利（1548—1623），威尼斯总督。他的统治标志着与西班牙关系的紧张。

事业只是出于虚荣心。对葡萄牙的远征是美第奇王太后对以前质疑她嫁妆单薄、出身平庸者的斥责和暗示性的回应。在给自己安上王位继承人的头衔之后,美第奇王太后就帮"她的祖先提高了身价"[①]。

然而,佛罗伦萨人和威尼斯人都从未曾想到,正如法兰西王国航海历史学家所说的那样,美第奇王太后其实是有建立海上殖民帝国的意图的。她很明确地告知安东尼奥·普留利,她的"秘密"和对荣誉的渴望并不冲突,并让他向威尼斯的大领主——这些外交家们重复这些话。"当我在奥尔良(1582年3月或4月)向她行吻手礼告辞时,美第奇王太后对我说了这些话。"美第奇王太后说:"她关注葡萄牙的事务就是想看看,自己能否引导这位天主教国王亨利三世处理好葡萄牙和弗朗德勒事务所带来的问题,并通过联姻来化解矛盾。"[②]

美第奇王太后确实给菲利普·斯特罗齐下达了命令,让他攻占亚速尔群岛、马德拉岛群和佛得角群岛,如果成功的话还会将进攻一直推进到巴西。美第奇王太后还在命令中指出,在此期间同时要做的是安置而不是抢劫。但人们除了认为美第奇王太后是想与腓力二世进行势均力敌的商谈还能得出什么结论呢?1582年4月5日美第奇王太后让安茹公爵弗朗索瓦·德·弗朗斯在弗朗德勒战役前在拉费尔签署的契约,给腓力二世提出的通过婚姻来解决两国纠纷的建议,让伊丽莎白一世与法兰西王国联合建立持久和平的建议,给亨利三世的信中所提出的方案(1582年3月17日)

[①] 1579年2月8日她给亨利三世的信。阿贝尔·德·贾斯丁:《法兰西与托斯卡纳的外交谈判》,第4卷,第332页。——原注

[②] 奥伯里:《威尼斯大使在参议院的报告》,法国,第4卷,第426页。美第奇王太后早就想到了这桩与西班牙的婚姻。在1579年8月10日给亨利三世的一封信中她对他讲述了她与教廷大使的谈话。大使很反感安茹公爵弗朗索瓦·德·弗朗斯与英格兰女王伊丽莎白一世——一个异教徒的婚姻。她告诉他,这是教皇的错,他应该安排安茹公爵弗朗索瓦·德·弗朗斯和一个西班牙公主,她的外孙女的婚姻。可他却什么也没做。安茹公爵弗朗索瓦·德·弗朗斯看到事情并没有受到关注,就去"寻找他的好机会"了。赫克托·德·拉费里埃,巴格诺·德·普晒斯:《凯瑟琳·德·美第奇的信件》,第7卷,第79页。——原注

第10章 安茹公爵弗朗索瓦·德·弗朗斯援助荷兰

及在休战的几天前对安东尼奥·普留利所做的声明,所有这一切都表明美第奇王太后这场对葡萄牙的远征不是目的,而是一种手段,不是一场争夺战,而是为实现普遍和平所做的努力,是为解决法兰西王国纷争和王室不和所下的良药。

1582年6月16日,舰队终于离开了贝利岛。当时出发的总共有五十五艘大型或小型船只,除水手外上面还有五千名战斗人员,其中包括一千两百名绅士。除此之外,美第奇王太后还在萨布勒多隆增加了大约八艘军舰和七百到八百名士兵。安东尼奥和维米尔斯伯爵以及绅士们都在旗舰上。菲利普·斯特罗齐本应该按照指令直接去马德拉群岛,但他却听从了担心"如果法兰西人一旦进入,就再也出不去了"①的安东尼奥的建议。于是菲利普·斯特罗齐在亚速尔群岛就停了下来。在那里,

法兰西舰队驶出贝利岛

---

① 杜梅斯尼尔·夸贺戴勒的叙述。赫克托·德·拉费里埃,巴格诺·德·普晒斯:《凯瑟琳·德·美第奇的信件》,第8卷,第397页。康斯塔吉奥:《与葡萄牙王国联盟的卡斯蒂利亚国王》,第1642页,第9卷,第253页到第278页。——原注

特塞拉一直对这位葡萄牙王位的觊觎者严防死守并对已经接收了西班牙驻军的圣米格尔发起进攻。

菲利普·斯特罗齐虽然幸运地上了岸，但却不仅没能成功地继续前进，而且还丧失了大本营。当他得知西班牙舰队靠近时，赶紧让全部队伍重新上船。这支西班牙舰队拥有二十八艘军舰，六千七百名士兵，并且由西班牙最优秀的海军将领圣克鲁斯侯爵指挥。法兰西王国军队的首领聚集在议会中，但他们却没有达成共识。因这支海军队伍中有许多胆小怕事者，也可能还有叛徒。菲利普·斯特罗齐无法把自己的战斗意愿强加给他们。菲利普·斯特罗齐发起了第一次进攻，但却是孤身奋战，难以脱身。他决定，不顾一切反对意见，再次发起进攻。但菲利普·斯特罗齐能指挥的只有六到七艘军舰。其中，布里萨克伯爵查理二世·德·科

法兰西舰队与西班牙舰队在圣米格尔交战

第10章　安茹公爵弗朗索瓦·德·弗朗斯援助荷兰

塞的船勇敢地袭击了敌人的军舰，但却寡不敌众。由于遭到了火枪的射击，或者受到了沉重的打击，它刚开到西班牙海军上将面前就被击毁了（1582年7月26日）。一直表现良好的布里萨克伯爵查理二世·德·科塞一看到发生了局部的失败就逃离了。圣克鲁斯侯爵让人处死了旗舰上的绅士们，并将逮捕的士兵和船员"作为危害公共和平的敌人、海上贸易的扰乱者和反叛国王腓力二世的煽动者"全部绞死了①。

三十多艘军舰没有参加战斗就返回了，这是一场具有耻辱性的灾难。

舆论被圣克鲁斯侯爵发布的出征和凯旋的叙述震惊了（1582年9月）②。亨利三世对此非常愤怒。"我给西班牙国王腓力二世写了信。如果有可能的话，在一年后的今天，我们必须复仇。"③亨利三世的宠臣们羞辱美第奇王太后，有一天甚至拒绝让她进入亨利三世的房间。在亨利三世"自己都怀疑美第奇王太后可能会发疯或极端地结束自己生命"④的剧烈忧伤之后，她却突然彻底改变了，自己掌管了所有的权力。美第奇王太后利用自己的愤怒加强了荷兰的军队。她雇佣瑞士人，在法兰西王国招募步兵和骑兵。她还任命年轻的蒙特庞谢公爵弗朗索瓦·德·波旁为首领，并把瑞士人的军饷也给了他⑤。美第奇王太后还提前给弗朗索瓦·德·波

---

① 在一封维勒鲁瓦给亨利三世的信中，他以此自豪，1582年9月12日。赫克托·德·拉费里埃，巴格诺·德·普晒斯：《凯瑟琳·德·美第奇的信件》，第8卷，第405页。——原注
② 自1582年8月28日，驻巴黎的佛罗伦萨使节布斯尼就得知菲利普·斯特罗齐和布里萨克伯爵查理二世·德·科塞的舰队被西班牙人打败了。因为流言四起，这一灾难性的消息1582年9月11日传到了美第奇王太后所在的圣莫里地区。赫克托·德·拉费里埃，巴格诺·德·普晒斯：《凯瑟琳·德·美第奇的信件》，第8卷，第405页。亚速尔事件的参考文献见赫克托·德·拉费里埃，巴格诺·德·普晒斯：《凯瑟琳·德·美第奇的信件》，第8卷，引言，第9页。——原注
③ 赫克托·德·拉费里埃，巴格诺·德·普晒斯：《凯瑟琳·德·美第奇的信件》，第8卷，第61页，注释2。——原注
④ 阿尔贝塔尼致大公的信，根据一位曾是克劳德·德·洛林的医生，后来又当了美第奇王太后的医生的非常聪明的曼图安人卡夫里亚纳所述。阿贝尔·德·贾斯丁：《法兰西与托斯卡纳的外交谈判》，第4卷，第443页，1582年7月15日。——原注
⑤ 1582年10月13日。赫克托·德·拉费里埃，巴格诺·德·普晒斯：《凯瑟琳·德·美第奇的信件》，第8卷，第67页。——原注

圣克鲁斯侯爵

法兰西舰队被西班牙舰队击败

旁支付了三千埃居，作为他力图借助国王理事会一些主要负责人的帮助招募五万名士兵的军饷①。

为了避免亨利三世改变主意，美第奇王太后要求蒙特庞谢公爵弗朗索瓦·德·波旁让那些参战人员尽快离开法兰西王国，因为他们的抢劫和压迫"让人们闻风丧胆"②。美第奇王太后让蒙特庞谢公爵弗朗索瓦·德·波旁把他们直接送到现在"正孤军奋战，急需帮助"③的安茹公爵弗朗索瓦·德·弗朗斯那里，帮他克服所有的困难，带领他们立刻前往弗朗德勒。"以便人民遭受了那么多的苦难和损害之后，这支军队最终能为我的儿子提供一些有用的服务。"④亨利三世特意写信给他皮卡第的中将克雷夫科尔先生，让他尽量为这些部队提供军需品。美第奇王太后还命令普轧亚贺先生与他们结伴同行，一直"到达法兰西王国的边境"⑤。帕尔马公爵亚历山德罗·法尔内塞有可能言过其实。他说这支救援部队总共有两万两千名步兵和五千名骑兵⑥。拥有法兰西王国最优秀军事家之称的比隆元帅成为该部队领袖：他已经抢先抵达荷兰。

安茹公爵弗朗索瓦·德·弗朗斯的手下中，很多都是激进的加尔文教徒，他们抱怨安茹公爵弗朗索瓦·德·弗朗斯是个无能的法兰西天主教教徒。但安茹公爵弗朗索瓦·德·弗朗斯也可以用同样的理由责备他

---

① 1582年10月29日。赫克托·德·拉费里埃，巴格诺·德·普晒斯：《凯瑟琳·德·美第奇的信件》，第68页。——原注
② 1582年9月30日。赫克托·德·拉费里埃，巴格诺·德·普晒斯：《凯瑟琳·德·美第奇的信件》，第62页。——原注
③ 1582年10月13日。赫克托·德·拉费里埃，巴格诺·德·普晒斯：《凯瑟琳·德·美第奇的信件》，第67页。——原注
④ 1582年10月29日。赫克托·德·拉费里埃，巴格诺·德·普晒斯：《凯瑟琳·德·美第奇的信件》，第69页。——原注
⑤ 1582年10月31日。赫克托·德·拉费里埃，巴格诺·德·普晒斯：《凯瑟琳·德·美第奇的信件》，第69页。——原注
⑥ 凯尔万·德·勒滕霍夫：《胡格诺派和穷苦者》，第6卷，第357页，注释1和注释3。——原注

第10章　安茹公爵弗朗索瓦·德·弗朗斯援助荷兰

们将所有本该自行承担的责任都推到他身上，却又不信任他。安茹公爵弗朗索瓦·德·弗朗斯没有从三级会议中获得任何供养自己侍从的必要补贴，在城市中也没有任何权力。有人建议他在此地占领一些要塞来统治这些不服管教的自由民。法兰西王国军队在安特卫普前安营，那里的行政官员不信任这些士兵，只允许安茹公爵弗朗索瓦·德·弗朗斯和他的绅士们进入。

一天，安茹公爵弗朗索瓦·德·弗朗斯以巡察为借口出了营帐。在城壕吊桥还没有重建起来之前，分班次守卫在城门周围的士兵无意中发现了警卫队。其余的军队也很快赶来了，进入了这座美第奇王太后自诩为是这里的女主人的城市。他们在城市各处进行抢劫。但安特卫普人拉起了防线，封锁了道路，从路障后、房屋高处袭击或击毙入侵者。只有很少一部分人逃离或者成了俘虏（1583年1月17日）。在荷兰别的城市里，也有一股法兰西的力量，他们同样试图在各处进行政变。但除了在敦刻尔克、登德尔蒙德和迪克斯梅德发起的政变外，其余都失败了。

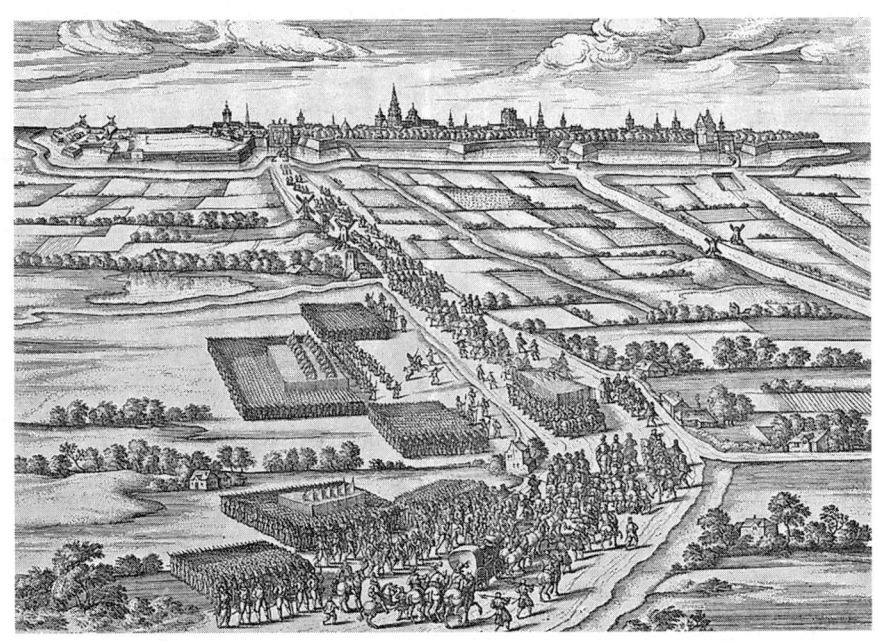

法兰西王国军队在安特卫普前安营

这些伏击中最令人难忘的是安特卫普的圣安东尼之战。这场战役激起了公愤，并因安茹公爵弗朗索瓦·德·弗朗斯的不幸而唤醒了人们对圣巴塞洛缪的记忆。城市的所有大门都对这个不忠的王子关闭了。美第奇王太后否认了这样一个事实："在不幸发生后，亨利三世和我没有收到任何消息。"① 但这并不是美第奇王太后没有得到任何消息的证据。占领荷兰许多城市的想法与她的交换计划是一致的。对美第奇王太后来说，重要的不是战胜帕尔马公爵亚历山德罗·法尔内塞，而是获得足够多的赌注来迫使腓力二世接受她的联姻解决方案。

　　贝利耶夫，这个阿谀奉承的外交家被派到了荷兰以弥补损失。他最终签订了一个协议，将敦刻尔克留给安茹公爵弗朗索瓦·德·弗朗斯，并将被囚禁在安特卫普的士兵归还了给他。但安茹公爵弗朗索瓦·德·弗朗斯必须归还他占领的城市，并解散他大部分的军队（1583年3月18日）。安茹公爵弗朗索瓦·德·弗朗斯虽然像往常一样缺少资金，但还是离开了敦刻尔克。在他离开之后，未经战斗，敦刻尔克就被归还给了西班牙人（1583年6月15日）。一个外国使节1583年7月4日看到路经阿布维的安茹公爵弗朗索瓦·德·弗朗斯时，描述说："他非常虚弱，仿佛中了风，勉强能缓慢行走。"② 美第奇王太后去绍讷找到了安茹公爵弗朗索瓦·德·弗朗斯（1583年7月11日）并且极力想把他带回他王兄亨利三世身边。③ 安茹公爵弗朗索瓦·德·弗朗斯答应了，但却没有履行诺言。亨利三世表明了自己的愿望，他无法再容忍招募军队，压榨百姓，也不希望再侵犯荷兰，因为这可能会招来西班牙国王腓力二世的报复。"1583年7月22日，我劝安茹公爵弗朗索瓦·德·弗朗斯放弃他的事业，因为法兰西王国现

---

① 给法兰西驻丹麦大使丹泽的信，1583年2月20日，第8卷，第90页；致莫维西耶的信，1583年3月8日。赫克托·德·拉费里埃，巴格诺·德·普晒斯：《凯瑟琳·德·美第奇的信件》第8卷，第91页。——原注
② 约瑟夫·凯尔万·德·勒腾霍夫：《胡格诺派和穷苦者》，第6卷，第422页。——原注
③ 约瑟夫·凯尔万·德·勒腾霍夫：《胡格诺派和穷苦者》，第6卷，第469页。——原注

圣安东尼之战

在情况很糟……为了能保住属于他自己的地盘并和邻国和谐相处，他站在了我这一边。"①

美第奇王太后无法继续不顾一切继续进攻了，但她也没有对在葡萄牙取得胜利丧失信心。就在攻克亚速尔群岛失败之后，美第奇王太后又重新开始武装军队。她有一个独特的想法，就是把新舰队的指挥权交给既不出众也不勇敢的布里萨克伯爵查理二世·德·科塞。而亨利三世则要求将选择舰队领导人的权力交给他的宠臣，法兰西王国元帅茹瓦约斯公爵达尔克。"布里萨克伯爵查理二世·德·科塞没有赢过什么战役，也没有任何军衔。要让他获得荣誉，就要损坏别人的荣誉，"茹瓦约斯公爵达尔克还总结说，"要么保留他们的荣誉，要么不再任用他们。美第奇王太后最好认真听从安排。"②美第奇王太后只好听从并与茹瓦约斯公爵达尔克进行协商。亨利三世为了显示自己的主人地位，让美第奇王太后继续进行准备工作。但他并不愿意派出海军部队，也不同意任命除海军司令以外的其他重要领导人。"因为这相当于向所有人宣布，这件事与我无关。"③

曾恢复马耳他秩序的指挥官埃马尔·德·查斯特被委派率军出征。美第奇王太后为此事做出了巨大努力。她恳请法兰西王国驻丹麦大使丹泽打探在瑞典、吕贝克、汉堡等地多少钱可以买到"二十多艘战舰，其中四分之一得是承重一千七百吨的，剩下的是八百吨和六十吨的，并且如果能找到上面配有炮兵装备并使用帆和桨的战舰或武装商船就更令人高兴了"④。美第奇王太后还请"一位天生的法兰西好绅士"德拉加尔迪先生从中斡旋，因为他曾在瑞典国王的军队中服过役，并且是这个北方

---

① 凯尔万·德·勒滕霍夫：《胡格诺派和穷苦者》，第6卷，第468页。——原注
② 1582年10月。赫克托·德·拉费里埃，巴格诺·德·普晒斯：《凯瑟琳·德·美第奇的信件》，第8卷，第407页。——原注
③ 亨利三世致维勒鲁瓦的信。赫克托·德·拉费里埃，巴格诺·德·普晒斯：《凯瑟琳·德·美第奇的信件》，第8卷，第65页，注释1。——原注
④ 1582年11月13日。赫克托·德·拉费里埃，巴格诺·德·普晒斯：《凯瑟琳·德·美第奇的信件》，第8卷，第71页。——原注

第 10 章　安茹公爵弗朗索瓦·德·弗朗斯援助荷兰

国家一个显赫家族的成员①。为了激发丹泽的热情,她赶紧命人付清了早该支付给他的协商费用②。美第奇王太后渴望得到回复。此外,因缺乏资金,美第奇王太后还请瑞典国王让给她"几艘大军舰"作为他对法兰西商人禁运的赔偿③。

美第奇王太后派埃马尔·德·查斯特带领两千五百名士兵前去援助特塞拉。事实证明,干预葡萄牙事务对美第奇王太后而言只是一种施压的手段。对于塔希斯的控诉,美第奇王太后的回答和第一次一样,她会把自己的"个人利益"放在"基督教国家的安宁"之后。西班牙大使已经暗示,"为了让安茹公爵弗朗索瓦·德·弗朗斯离开荷兰,他的主人很乐意通过对我们之间仍存在争议的事务进行协商后签订条约"。美第奇王太后给常驻马德里的法兰西王国外交代表朗格勒写信,让他留心"如果他的主人想继续推进,他会向您表明他的意图的"。在信的结尾处,美第奇王太后建议朗格勒经常代她去看望自己的外孙女,西班牙的公主们④。

这样做不是没有动机的。但美第奇王太后还是希望西班牙国王腓力二世能主动提出联姻,以免像第一次一样,自己独自承受被拒绝的屈辱。而且,她也害怕自己过于冒进会无端引发胡格诺派和英格兰女王伊丽莎白一世的担忧。

安茹公爵弗朗索瓦·德·弗朗斯的撤退,以及西班牙人在短时间内就占领了十到十二座大城市的巨大胜利让新教世界惊恐不安。传言说安茹公爵弗朗索瓦·德·弗朗斯也因缺乏资金而丧失了信心,他已经与帕

---

① 1582 年 11 月 13 日。赫克托·德·拉费里埃,巴格诺·德·普晒斯:《凯瑟琳·德·美第奇的信件》,第 8 卷,第 72 页。——原注
② 赫克托·德·拉费里埃,巴格诺·德·普晒斯:《凯瑟琳·德·美第奇的信件》,第 8 卷,第 75 页。——原注
③ 1583 年 5 月 23 日。赫克托·德·拉费里埃,巴格诺·德·普晒斯:《凯瑟琳·德·美第奇的信件》,第 8 卷,第 103 页。——原注
④ 1583 年 5 月 25 日。美第奇王太后致取代了马德里的圣古埃尔,拥有驻外代表头衔的朗格勒先生的信,第 8 卷,第 104 页。——原注

尔马公爵亚历山德罗·法尔内塞签订了协议。美第奇王太后安慰尽管已经与亨利三世①签署共同防御协议，但依然假装不安的伊丽莎白一世。美第奇王太后又谈到了自己还不太死心的婚姻计划，给伊丽莎白一世写信，向伊丽莎白一世保证自己从来没有像现在这样，既希望自己儿子的事业取得成功，又希望"通过这次联姻使所有基督教教徒都得到安宁"。"我请您相信，您永远不会有一个比我更好的姐妹和朋友，也绝不会找到一个比我更希望看到，就像我给您保证过的那样，您和我儿子法兰西国王亨利三世建立起牢固友谊，并如此用心为您效劳的人了……另外，我很清楚我的儿子安茹公爵弗朗索瓦·德·弗朗斯依然非常坚定地爱着您。"②

美第奇王太后委托大使告诉伊丽莎白一世，"我们根本就没有同意安茹公爵弗朗索瓦·德·弗朗斯与西班牙国王进行和解，进而损害她的利益"，而且法兰西王国的亨利三世，"只希望他的国家和邻国都能和平安宁"。

伊丽莎白一世拒绝了这次联姻。伊丽莎白一世的大使科巴姆先生对美第奇王太后说，他希望安茹公爵弗朗索瓦·德·弗朗斯和西班牙公主的婚姻能取得圆满结果。对此，美第奇王太后问他为什么不再谈论伊丽莎白一世和她儿子的婚事了。这位大使"坦率且诚实地"回答说，法兰西国王亨利三世没有继承人，安茹公爵弗朗索瓦·德·弗朗斯必须娶一个更年轻的姑娘，而伊丽莎白一世"年纪太大了，可能根本无法为他生儿育女"。对此，美第奇王太后回答说："事实上，尽管她有可能生不了自己的孩子，但我们也不能因此就放弃这次联姻。我还是希望我的儿子自己能够幸福如意。"③

---

① 1582年9月7日。赫克托·德·拉费里埃，巴格诺·德·普晒斯：《凯瑟琳·德·美第奇的信件》，第8卷，附录，第409页。——原注
② 1583年7月26日。赫克托·德·拉费里埃，巴格诺·德·普晒斯：《凯瑟琳·德·美第奇的信件》，第8卷，第116页。——原注
③ 致莫维西尔的信，1583年8月9日。赫克托·德·拉费里埃，巴格诺·德·普晒斯：《凯瑟琳·德·美第奇的信件》，第8卷，120页。——原注

第 10 章　安茹公爵弗朗索瓦·德·弗朗斯援助荷兰

同一天（1583 年 8 月 9 日），美第奇王太后还写信给朗格勒，让他告诉西班牙天主教国王腓力二世，她的愿望就是腓力二世能把他的一个公主，她的外孙女嫁给安茹公爵弗朗索瓦·德·弗朗斯。她希望能通过这种方式化解纠纷，让天主教国家回归安宁。美第奇王太后还要求腓力二世在六周内做出答复①。如果他迟迟不回答，那么荷兰的事业可能会对他的王国产生影响。有人对法兰西国王亨利三世和他的母亲美第奇王太后说，在进攻安特卫普之后，奥兰治亲王纪尧姆·德·拿骚就立刻将拉瓦尔先生匆匆派往纳瓦拉国王亨利·德·纳瓦拉和朗格多克的胡格诺派那里了，"告诉他们要提防，甚至准备拿起武器，团结一致寻求好运"②。奥兰治亲王纪尧姆·德·拿骚为调解安茹公爵弗朗索瓦·德·弗

路易丝·德·科利尼

---

① 1583 年 8 月 9 日，给朗格勒的信。赫克托·德·拉费里埃，巴格诺·德·普晒斯：《凯瑟琳·德·美第奇的信件》，第 8 卷，第 119 页。——原注
② 维勒鲁瓦致马提尼翁元帅的信，1583 年 2 月 1 日。赫克托·德·拉费里埃，巴格诺·德·普晒斯：《凯瑟琳·德·美第奇的信件》，第 8 卷，第 85 页，注释 1。——原注

朗斯和三级会议之间的关系所做的努力并未使美第奇王太后对他放心。她非常担忧他和海军上将加斯帕尔·德·科利尼的女儿,也是圣巴塞洛缪屠杀事件的另一个受害者查尔斯·路易·德里尼的遗孀,路易丝·德·科利尼①的婚姻。这桩婚姻自从安外贺斯事件发生以来就一直被谈及,最后终于在1583年4月12日确定。美第奇王太后认为这将会"赢得更多法兰西王国的改革派人士及主要家族领袖的支持",又补充说,"但我害怕这也可能扰乱而不是保持王国的安宁"②。

美第奇王太后还让贝利耶夫对奥兰治亲王纪尧姆·德·拿骚说:"他的财产、安全和主管的职务及荷兰三级会议所有的一切一直都依赖于法兰西王国所保持的安宁……"并说"如果出现了妄图打破这种局面的诡计和事件,而且来得太过猛烈,导致在内部就发生的话,那么没有任何一个国家会比荷兰损失更大"③。

朗格多克的新教教徒一直顽固地拒绝重建吕内尔要塞。弗朗西斯·德·科利尼只得继续为安茹公爵弗朗索瓦·德·弗朗斯招募士兵。亨利三世要求他的母亲美第奇王太后把朗格多克的地方长官召回宫廷。美第奇王太后向朗格多克的地方长官保证他会受到体面的接待并给他做出各种承诺。但他回答说,如果美第奇王太后还像之前那样有权威的话,那么他一定会相信她的承诺。可是现在,他所知道的恰恰相反。美第奇王太后有意把这封信给自己的儿子亨利三世看。亨利三世非常生气④。维勒鲁瓦1583年4月3日写道:"朗格多克的事务每天都在变得更加混

---

① 路易丝·德·科利尼(1555—1620),胡格诺派首席海军上将加斯帕尔·德·科利尼和夏洛蒂·德·拉瓦尔的女儿,也是奥兰治-纳索家族的纪尧姆一世的第四任和最后一任妻子。
② 1583年3月29日,美第奇王太后致贝利耶夫的信。赫克托·德·拉费里埃,巴格诺·德·普晒斯:《凯瑟琳·德·美第奇的信件》,第8卷,第96页。——原注
③ 致贝利耶夫的信,1583年4月4日。赫克托·德·拉费里埃,巴格诺·德·普晒斯:《凯瑟琳·德·美第奇的信件》,第8卷,第97页。——原注
④ 1583年3月30日。阿贝尔·德·贾斯丁:《法兰西与托斯卡纳的外交谈判》,第4卷,第461页。——原注

第10章　安茹公爵弗朗索瓦·德·弗朗斯援助荷兰

乱……"① 美第奇王太后第二天又补充说，在这个省"事情变得非常激化，蒙莫朗西 - 当维尔公爵已经做好了重新拿起武器的准备"②。但他却一直在回避给亨利三世放弃安茹公爵弗朗索瓦·德·弗朗斯找借口。纳瓦拉国王亨利·德·纳瓦拉也十分担忧荷兰的事务，让人对奥兰治亲王纪尧姆·德·拿骚说："如果三级会议能让殿下（安茹公爵弗朗索瓦·德·弗朗斯）同意任命纳瓦拉国王亨利·德·纳瓦拉为摄政者和中将，以便确保荷兰的安全的话，纳瓦拉国王亨利·德·纳瓦拉将以极大的热情来履行这项神圣的使命。"③

在神圣罗马帝国正在发生的事也许可以解释纳瓦拉国王亨利·德·纳瓦拉的这种"热情"。科隆大主教的参选者格布哈特·德·杜瑟斯④接受了路德教，并公开了他和阿涅斯·德·曼斯菲尔德⑤女伯爵的婚姻。他在选举团中公开表示弃绝天主教，并且允许新教教徒在必要的情况下管理王国。这种可能会发生的情形会产生难以估计的严重后果。神圣罗马帝国的天主教教徒为了废黜这位大主教参选者并预防一个异教教皇的到来而武装了起来。纳瓦拉国王亨利·德·纳瓦拉本打算派塞居·帕拉达亚前往伊丽莎白一世那里（1583年7月），向她提议组建一个新教联盟来对抗天主教的亲王们⑥。但当亨利三世的恼怒差点引起美第奇王太后竭力想要避免的内战时，纳瓦拉国王亨利·德·纳瓦拉也让大使推迟了出发。

---

① 赫克托·德·拉费里埃，巴格诺·德·普晒斯：《凯瑟琳·德·美第奇的信件》，第8卷，第97页，注释。——原注
② 赫克托·德·拉费里埃，巴格诺·德·普晒斯：《凯瑟琳·德·美第奇的信件》，第8卷，第97页。——原注
③ 1583年2月14日给卡吕阿赫先生的指示。格陵·瓦·普林斯特勒：《拿骚家族档案》，第一辑，第8卷，第167页。——原注
④ 格布哈特·德·杜瑟斯（1547—1601），科隆的选帝侯和大主教。
⑤ 阿涅斯·德·曼斯菲尔德（1551—1637），曼斯菲尔德女伯爵，她将科隆的选帝侯和大主教格布哈特·德·杜瑟斯的信仰转变为新教，进而引发了科隆战争（1583—1588）。
⑥ 1583年7月6日的指示。特雷特尔：《杜普莱西斯·莫尔内的回忆录和信件》，巴黎，1824年，第2卷，第272页到第294页。——原注

1582年，当玛格丽特·德·瓦卢瓦再次出现在法兰西宫廷时，她已经二十九岁了。对于一位带着喜悦的心情从加斯科涅回来，既可爱又美丽的这个年龄的女性来说，这是一个危险的环境。玛格丽特·德·瓦卢瓦把自己的记忆小心翼翼地藏了起来，仿佛害怕如果说太多就成了为自己辩解似的。但在对自己之前生活的叙述中，玛格丽特·德·瓦卢瓦很擅长掩饰自己曾是一个大众情人的事实。她将自己被怀疑的那些男女交往简略成某种对话游戏或者纯粹的情感交流。她还带着纯洁天真的神情讲述了在圣巴塞洛缪事件几天之后，母后为了想让她与丈夫离婚而问她，纳瓦拉国王亨利·德·纳瓦拉，她的丈夫是否是一个"男人"时，她是多么惊讶。玛格丽特·德·瓦卢瓦说："我乞求母后相信，我真不知道她在问我什么①。"② 她想表明自己拥有的只是最高贵的向往和精神的追求。

也许玛格丽特·德·瓦卢瓦最初所受的教育被人们忽视了。当1576年她被半监禁在卢浮宫时，她说自己开始喜欢阅读，从中找到了缓解自己无法继续笃信宗教的痛苦的方法。在七星诗社的思潮过后，人们开始反省、思索并进行自我研究。不同于自诩为诗人的查理九世，亨利三世更喜欢哲学、历史和科学。在先辈们建立的音乐和诗歌学校里，亨利三世让人们当着他的面讨论一些与精神哲学相关的主题：灵魂的激情及其中最让人振奋的因素——快乐、忧愁、愤怒及野心等。玛格丽特·德·瓦卢瓦也沉湎于同样的思辨当中，"阅读着来自大自然的这本美丽又渊博的大书"，并从中发现了许多可以追溯到造物主的奇迹，因为"万物生灵将这种认知排成了一个阶梯，其中上帝是最后也是最高的一阶。它们陶醉并仰慕这种神

---

① 我当时也可以这样说出事实，就像那个丈夫曾因自己妻子没有提醒自己嘴里有不好的气味而对她发怒的罗马女人一样，回答他说，她以为所有的男人都和他一样，因为除了他，她从未靠近过其他男人。——原注

② 玛格丽特·德·瓦卢瓦：《玛格丽特·德·瓦卢瓦回忆录》，盖萨尔出版社，第36页。——原注

第10章　安茹公爵弗朗索瓦·德·弗朗斯援助荷兰

奇的光明和无法理解的伟大，围绕着他，追随着他。一切都从上帝而来，最终再回到上帝那里，这是所有事物的准则和归宿。"①玛格丽特·德·瓦卢瓦在柏拉图思想的基础上提出了自己最初的观点。

但玛格丽特·德·瓦卢瓦是个女人，尽管她的文化程度很高，可终其一生，她都是自己性格的奴隶。玛格丽特·德·瓦卢瓦用自己全部的身心去爱去恨，可有时又心甘情愿地掩藏自己的好恶。她自认无法改变自己"高傲又坦率"的内心，或者说无法"放低自己的姿态"，并说"只有神和上帝通过重造才能改变她的内心，使它变得柔软"②。此外，当玛格丽特·德·瓦卢瓦1582年重返王宫时，她发现许多诸如埃佩尔农家族，茹瓦约斯家族这些她根本没有见过或想到的人竟然成了大贵族。玛格丽特·德·瓦卢瓦没有掩饰自己对这些依靠亨利三世的宠爱而成为王国新贵者的蔑视。"她多么有勇气！唉！也许是太勇敢了。如果她从未向往那种伟大的柏拉图式的爱情，这一切都不会是她不幸的根源。"③亨利三世以为玛格丽特·德·瓦卢瓦会比以前温顺些。为了笼络她，他还做了许多主动示好的举动。而对这些举动，玛格丽特·德·瓦卢瓦虽记在心里却没有表示感激，就像这些是她该得的尊敬，或者怀疑这些可能是某些险恶用心的伪装。玛格丽特·德·瓦卢瓦对那个被国王讨厌的弟弟安茹公爵弗朗索瓦·德·弗朗斯却有着十分坚定的感情，我们甚至可以说有一种敬仰之情。安茹公爵弗朗索瓦·德·弗朗斯签署《弗莱克斯和约》期间（1580年11月到1581年4月）曾在南方纳瓦拉王宫附近度过差不多六个月。在此期间，玛格丽特·德·瓦卢瓦爱上了安茹公爵弗朗索瓦·德·弗朗斯的大侍从官，帅气的阿瓦莱·德·尚普瓦隆。在法兰西宫廷，她再次见到了他。传言说发生了一件"和福瑟斯同样的事"。更严重的是，美第奇王太后也怀疑

---

① 玛格丽特·德·瓦卢瓦：《玛格丽特·德·瓦卢瓦回忆录》，盖萨尔出版社，第76页。——原注
② 布朗托姆：《作品集》，第8卷，第65页。——原注
③ 布朗托姆：《作品集》，第8卷，第61页。——原注

在绍讷约定之后，玛格丽特·德·瓦卢瓦曾妄图"唆使安茹公爵弗朗索瓦·德·弗朗斯违背国王的意愿，让他做了某个错误的决定"①。

玛格丽特·德·瓦卢瓦虽不是品行恶劣，但她的欺骗手段对于亨利三世来说已经难以忍受了。亨利三世以她行为不端为借口，在他回到巴黎前就让玛格丽特·德·瓦卢瓦离开王宫，回到她丈夫身边。然后，亨利三世又派遣一支近卫军部队及其队长拉赫尚跟着玛格丽特·德·瓦卢瓦。他们在帕莱索附近追上了玛格丽特·德·瓦卢瓦，强迫她摘下面具并搜查了她的衣物，就好像他们在找什么人似的。另一些士兵在路上逮捕了杜拉斯夫人贝蒂纳小姐和她的一些随行人员。亨利三世让人把这些犯人带到了蒙塔日附近的费里埃修道院，并亲自审问他们"关于纳瓦拉王后，他妹妹玛格丽特·德·瓦卢瓦的一些行为。甚至还谣传说她来到王宫之后和别人生了一个孩子"②。亨利三世肯定什么也没发现，但他还是命令玛格丽特·德·瓦卢瓦继续前往南方。

对于这次完全违背美第奇王太后的性情及如此有损她女儿名誉的不幸事件，美第奇王太后完全是无辜的。她在同一天（1583年8月8日）给吉耶讷中将马提尼翁先生的信中就此事什么也没提③。这种沉默意味另有他意。美第奇王太后预料到纳瓦拉国王亨利·德·纳瓦拉会拒绝再见一个已经声名狼藉的女人，但她又不敢反对亨利三世。于是，美第奇王太后通过朗格勒主教查尔斯·德·普鲁斯④向亨利三世要求把他扣留的贝蒂纳小姐和杜拉斯夫人送回家。在这次亨利三世自己也认为"非常糟糕的干预企图之后"，美第奇王太后非常谨慎地严守她儿子之前所做的错误审判的秘

---

① 致贝利耶夫的信，1583年7月31日。赫克托·德·拉费里埃，巴格诺·德·普晒斯：《凯瑟琳·德·美第奇的信件》，第8卷，第116页。——原注

② 巴格诺·德·普晒斯：《亨利三世送走玛格丽特·德·瓦卢瓦》，历史问题回顾，1901年10月1日；阿尔芒·加尼埃：《16世纪的王室丑闻》，16世纪回顾，第1卷，1913年。——原注

③ 赫克托·德·拉费里埃，巴格诺·德·普晒斯：《凯瑟琳·德·美第奇的信件》，第8卷，第117页，第118页，注释。——原注

④ 查尔斯·德·普鲁斯（1536—1614），先是普瓦捷的主教，然后是朗格勒的主教及公爵。

第 10 章　安茹公爵弗朗索瓦·德·弗朗斯援助荷兰

朗格勒主教查尔斯·德·普鲁斯

密，因为"它们已经是过去的事"了①。法兰西国王把自己的妹夫看作臣子，要求他带回自己的王妹却不愿意为她所受到的侮辱进行赔礼道歉。而纳瓦拉国王亨利·德·纳瓦拉却威胁他说，如果亨利三世不公开证明玛格丽特·德·瓦卢瓦的清白，那他就要休掉自己的妻子。谈判如我们能猜想到的那样漫长而艰难，并且还谈到了钱和安全区的问题。

美第奇王太后非常关注这次谈判。但由于她发烧了，所以派了处理这类棘手事件时经常会派遣的一位非常机灵并很会奉承的外交家贝利耶夫去了南方。美第奇王太后没有说一句责备自己儿子亨利三世的话，她写信给谈判代表说："您知道，亨利三世的天性就是如此率直且自由，所以他根本无法掩饰自己的不满。"②美第奇王太后只是抱怨纳瓦拉国王亨

---

① 1583年8月21日给贝利耶夫的信。赫克托·德·拉费里埃，巴格诺·德·普晒斯：《凯瑟琳·德·美第奇的信件》，第8卷，第126页。——原注
② 1584年1月21日。赫克托·德·拉费里埃，巴格诺·德·普晒斯：《凯瑟琳·德·美第奇的信件》，第8卷，第171页。——原注

利·德·纳瓦拉心怀恶意,担心接下来的战争会"毁掉这个已是四面楚歌的可怜的王国,也会给我们双方的家族带来巨大的耻辱"①。最后美第奇王太后非常高兴地获悉,由于贝利耶夫从中斡旋,一些王室驻军撤退了,纳瓦拉国王亨利·德·纳瓦拉也终于同意不再追究他妻子受辱之事。

美第奇王太后的信件表明她正焦急地等待着这对夫妻的团聚。美第奇王太后当时还处在康复期,但当她得知1584年4月13日他们终于在圣玛丽港重聚时,马上写信给这位伟大的调解人,说她能够"恢复健康,都是由于您的智慧和巧妙周旋才达成这样一个对我们的家族和荣誉都有利的结果,我的女儿和她的丈夫终于重聚了"。

玛格丽特·德·瓦卢瓦有太多理由庆祝自己从这场"漫长的困扰"②中挣脱了出来。很快,她就告知自己的母亲,她受到了来自"纳瓦拉国王亨利·德·纳瓦拉",她的"丈夫"和"朋友"的"尊重和珍爱"。但玛格丽特·德·瓦卢瓦的快乐却只是昙花一现,纳瓦拉国王亨利·德·纳瓦拉只是出于个人利益才重新接纳了她。如果我们相信一个为神圣罗马帝国新教亲王服务的棕色头发的外交家,一个极富想象力的回忆录作者米歇尔·德·拉胡格利所说的话,可能从第一天起纳瓦拉国王亨利·德·纳瓦拉就已让玛格丽特·德·瓦卢瓦感受到了这一点。他是这样描述玛格丽特·德·瓦卢瓦的:"(在晚宴上)我从未看到过那样一张满是泪水的脸,也没有见过因哭泣而变得如此通红的眼睛。"③

美第奇王太后向上帝祈祷让她的女儿玛格丽特·德·瓦卢瓦能够和她的丈夫纳瓦拉国王亨利·德·纳瓦拉一直在一起,"能够以一个高尚女人的身份,带着与她出身相符的法兰西王国公主应有的荣耀与他生

---

① 1584年1月26日。赫克托·德·拉费里埃,巴格诺·德·普晒斯:《凯瑟琳·德·美第奇的信件》,第8卷,第172页。——原注
② 赫克托·德·拉费里埃,巴格诺·德·普晒斯:《凯瑟琳·德·美第奇的信件》,第8卷,第416页,第183页,注释2。——原注
③ 米歇尔·德·拉胡格利:《拉胡格利回忆录》,第2卷,第316页。——原注

第10章 安茹公爵弗朗索瓦·德·弗朗斯援助荷兰

活"①。美第奇王太后还给贝利耶夫提了一些让他叮嘱纳瓦拉王后玛格丽特·德·瓦卢瓦要遵守的建议。这些是对纳瓦拉国王亨利·德·纳瓦拉精神上的补偿和老太后经验的总结②。特别是对"那些身边围满了侍从的先生和女士们,那些既年轻又自认为漂亮的公主",这些尤为重要。因为"除了我们的生活会给予我们荣耀或耻辱外,我们周围为我们服务的人同样也会为我们带来这些"。美第奇王太后让玛格丽特·德·瓦卢瓦不要效仿瓦朗斯夫人和艾丹普夫人戴安娜·德·弗朗斯,反驳自己的母亲不再像以前那么苛求。因美第奇王太后的公公弗朗索瓦一世和她的丈夫亨利二世都是国王,她必须服从他们。但尽管美第奇王太后会顺从他们的意愿,他们却从未要求她去做,她也从未做过那些违背自己"荣誉"和"声望"的事。对于这一点,美第奇王太后觉得自己无可指摘,即使是在临死时她是"绝不需要向上帝请求宽恕",也不会担心"自己死后名誉尽毁"的。但美第奇王太后又补充道,如果她是国王的女儿,她是不会忍受和别人分享丈夫的痛苦的。

自从美第奇王太后孀居之后,孩子们的利益迫使她不得不接受所有的责任,而且不能冒犯任何人。另外,美第奇王太后还用自己一直以来的生活方式,得以"与所有人交谈并往来"而不会有损自己的名誉。她希望自己的女儿到了她这个年纪,也能同样"不冒犯上帝也不激怒所有人"。对于某些人的献殷勤不需要辩白,直接忽略就行了,或者让自己的宠幸者"都成为人们无法进行任何指责的女性"。但玛格丽特·德·瓦卢瓦是法兰西国王的女儿,"而且她嫁的也是一个对她很尊重的国王,她可以做一切自己想做的事"。

玛格丽特·德·瓦卢瓦不会再像以前一样"看重那些纳瓦拉国王亨

---

① 作为一个善良和荣耀的女性,正如考虑到自己的出生地她应该做的那样。——原注
② 1584年4月25日,赫克托·德·拉费里埃,巴格诺·德·普晒斯:《凯瑟琳·德·美第奇的信件》,第8卷,第180页到第182页。巴格诺·德·普晒斯,《凯瑟琳·德·美第奇的道德观念》,历史回顾,1900年5到6月。——原注

利·德·纳瓦拉所爱的人了",即使她的丈夫对她毫无眷恋,她也不会表现出任何虚假的坏情绪了。总之,她不爱他了,甚至很高兴"他喜欢上了别人,这样,她就能做同样的事了"。虽然玛格丽特·德·瓦卢瓦表面上依然得服从她的丈夫,但这只是出于"理智的需要。好女人就得在一切事情上顺从自己的丈夫"。同时,玛格丽特·德·瓦卢瓦也会让纳瓦拉国王亨利·德·纳瓦拉明白"她给他的爱及她作为妻子和王后的角色是不会让他难以忍受的"。当然对此"纳瓦拉国王亨利·德·纳瓦拉只会认为一切都很好,并且更加敬重和爱戴她"①。

除了这些对情绪和健康都有影响的烦恼外②,美第奇王太后还得努力去解散荷兰的军队,并付给他们报酬。她只保留了一些军队来确保康布雷的防卫。美第奇王太后让人对安茹公爵弗朗索瓦·德·弗朗斯说,他不能再依赖她的年金了。但美第奇王太后仍命令曾护送他去康布雷的克雷夫科尔和皮卡耶尔在回来的路上继续保护他,只是不能离开王国③。美第奇王

---

① 赫克托·德·拉费里埃,巴格诺·德·普晒斯:《凯瑟琳·德·美第奇的信件》,第8卷,第181页。以下是上一段话的现代拼写,这是最难的一段:玛格丽特·德·瓦卢瓦必须服从她的丈夫,这是出于"理智的需要,好女人就得在一切事情上顺从她们的丈夫"。但同时,她也应让丈夫认识到"她给他的爱和她作为妻子和王后的角色不会让他难以忍受"。当然"对这一切他只会认为很好,并且更加敬重和爱戴她"。——原注

② 维戈尔医生给亨利三世(1583年5月5日)写信说,美第奇王太后生病了,他必须宽慰她,让她摆脱"忧郁的情感"。赫克托·德·拉费里埃,巴格诺·德·普晒斯:《凯瑟琳·德·美第奇的信件》,第8卷,附录,第424页;对照赫克托·德·拉费里埃,巴格诺·德·普晒斯:《凯瑟琳·德·美第奇的信件》,第425页,一封克劳德·皮纳特致亨利三世的信。——原注

③ 致贝利耶夫的信,1583年8月21日。赫克托·德·拉费里埃,巴格诺·德·普晒斯:《凯瑟琳·德·美第奇的信件》,第8卷,第126页;致安茹公爵的大法官皮布拉克的信,赫克托·德·拉费里埃,巴格诺·德·普晒斯:《凯瑟琳·德·美第奇的信件》,第130页到第131页;致安茹公爵的秘书安塞的信,赫克托·德·拉费里埃,巴格诺·德·普晒斯:《凯瑟琳·德·美第奇的信件》,第8卷,第131页;致贝利耶夫的信,1583年9月4日,赫克托·德·拉费里埃,巴格诺·德·普晒斯:《凯瑟琳·德·美第奇的信件》,133页;致掌玺大臣切维尼尔的信,赫克托·德·拉费里埃,巴格诺·德·普晒斯:《凯瑟琳·德·美第奇的信件》,第132页;致瑞士军团陆军上将维佥的信,1582年9月,赫克托·德·拉费里埃,巴格诺·德·普晒斯:《凯瑟琳·德·美第奇的信件》,第143页;致克雷夫科尔的信,1583年9月6日,赫克托·德·拉费里埃,巴格诺·德·普晒斯:《凯瑟琳·德·美第奇的信件》,第135页到第136页和第137页到第138页。——原注

第 10 章　安茹公爵弗朗索瓦·德·弗朗斯援助荷兰

太后还给法兰西王国驻马德里大使提供了一些让腓力二世同意他女儿与安茹公爵弗朗索瓦·德·弗朗斯婚事的理由：避免安茹公爵弗朗索瓦·德·弗朗斯再次介入荷兰事务。在这个地区重新点燃的战火会比以往更加激烈。格布哈特·德·特鲁克泽斯引起的纠纷在莱茵河地区吸引了神圣罗马帝国两个教派的雇佣兵，并且威胁到了邻近地区。但美第奇王太后认为在亚速尔灾难和安特卫普溃退之后，西班牙国王腓力二世会害怕她儿子的报复及以来自科隆的反击吗？

美第奇王太后似乎觉得，如果法兰西王国亨利三世"有幸"保留了特塞拉群岛，"我们将有更多的办法来维护基督教国家的和平"。因美第奇王太后喜欢处理难题，她委托大使对布拉格斯公爵夫人说，"我们会以同样的热情处理您的事"，就像处理"我们从未放弃"的安东尼奥的事一样。（1583 年 9 月 6 日）

然而就在发给朗格勒这封急件的同一天，特塞拉在 1583 年 7 月 26 日投降的消息也传到了巴黎。这并不是惹怒腓力二世的合适时机，因为美第奇王太后此刻正和他就荷兰的一些问题进行商谈。但想控制"极度易怒、忧郁，并患着病"[①]回到法兰西王国的安茹公爵弗朗索瓦·德·弗朗斯也没那么容易。安茹公爵弗朗索瓦·德·弗朗斯还不急于解散军队，并拒绝出现在圣日耳曼大会上，他觉得这是一个美第奇王太后被操纵着反对自己的达官显贵的会议。安茹公爵弗朗索瓦·德·弗朗斯请求他的母亲去蒂耶里堡看望他，在这种情况下他才会允诺做她劝他做的事。但美第奇王太后并不太相信安茹公爵弗朗索瓦·德·弗朗斯的诺言。"是上帝让他这样不按常理行事的。"[②] 美第奇王太后虽发现安茹公爵弗朗索瓦·德·弗朗斯在发烧，卧病在床，并被肺结核折磨得精力衰竭，但

[①] 托马斯·伊利：《讷韦尔回忆录》，第 1 卷，第 91 页。——原注
[②] 致贝利耶夫的信，1583 年 10 月 27 日。赫克托·德·拉费里埃，巴格诺·德·普晒斯：《凯瑟琳·德·美第奇的信件》，第 8 卷，第 151 页。——原注

因有其他顾虑，她对此表现得既不激动也不焦急。安茹公爵弗朗索瓦·德·弗朗斯表示如果亨利三世再不给他的驻军提供军饷，他就不得不把康布雷卖给西班牙人了。

美第奇王太后写信给贝利耶夫说："让出这条法兰西王国边境的大道"，是一场"单凭谣言就能给整个法兰西王国带来耻辱的交易。我只要一想到这就感到失望和烦恼得要命"。如果确信这呼声是美第奇王太后出自受伤的爱国主义情怀，而不仅仅是因心疼失去这座城市后法兰西王国和亨利三世必须付出的代价，那这种愤怒就更令人感动了。安茹公爵弗朗索瓦·德·弗朗斯为自己的不幸指责所有人。在一次有人企图谋杀安茹公爵弗朗索瓦·德·弗朗斯的宠臣达维利的事件中，他让人对凶手，一个从岛上返回的穷苦士兵严刑拷问，最后这个凶手受不了折磨终于承认在腓力二世、美第奇王太后仆人艾勒拜讷修道院院长、第三代吉斯公爵亨利一世·德·洛林和许多其他人物的唆使下，他原本是计划刺杀安茹公爵弗朗索瓦·德·弗朗斯的。美第奇王太后又去了蒂耶里堡，亲自审问囚犯，而这个囚犯只是简单地说，一个陌生人给了他一笔钱来谋害宠臣的性命。

根据囚犯对行贿者的描述，人们认为这只是一个想对最受宠的竞争对手进行报复者所为。美第奇王太后非常"懊悔"，就像她给维勒鲁瓦的信中所说，在这样一个不合时宜的时刻让这个不利于西班牙国王腓力二世的糟糕谣言流传。为安抚安茹公爵弗朗索瓦·德·弗朗斯，美第奇王太后在他身边住了好几天。有人想让安茹公爵弗朗索瓦·德·弗朗斯相信，或他自己认为，他的王兄亨利三世在利用他在英格兰和荷兰的失败来"剥夺所有曾赋予他的利益和特权，以及已故国王查理九世留给他的封邑"。美第奇王太后补充说："这比其他事情更令他承受折磨。""美第奇王太后让维勒鲁瓦写了一封特别的信以便令安茹公爵弗朗索瓦·德·弗朗斯放心，并让他重新遵从亨利三世的意愿……至少能看到他们相互理解，这是对他好，也时有利于这个王国的唯一手段。因为美第奇王太后总担心"他还

第 10 章　安茹公爵弗朗索瓦·德·弗朗斯援助荷兰

会做蠢事"。安茹公爵弗朗索瓦·德·弗朗斯答应她说，他不会做任何"扰乱王国及令亨利三世不悦的事情"，但美第奇王太后说，"这只是他口头上说的"[①]。

当时有很多人在唆使安茹公爵弗朗索瓦·德·弗朗斯与亨利三世决裂，如果安茹公爵弗朗索瓦·德·弗朗斯绝望了，情况很危险。被西班牙人围攻的荷兰三级会议很为伊普尔担忧，再次恳求安茹公爵弗朗索瓦·德·弗朗斯进行干预，但他们决定这次将让法兰西国王亲自参与来帮助他们。安茹公爵弗朗索瓦·德·弗朗斯突然去了巴黎找自己的母后（1584 年 2 月 12 日），却发现她因发烧，正躺在床上瑟瑟发抖。但安茹公爵弗朗索瓦·德·弗朗斯还是在她的带领下来到了卢浮宫，跪在王兄亨利三世面前，乞求得到

安茹公爵弗朗索瓦·德·弗朗斯跪地乞求亨利三世原谅

---

① 1584 年 1 月 2 日。赫克托·德·拉费里埃，巴格诺·德·普晒斯：《凯瑟琳·德·美第奇的信件》，第 8 卷，第 169 页。——原注

他的原谅，并发誓将把他当作自己的主人和国王来尊敬，为他服务。亨利三世拥抱了安茹公爵弗朗索瓦·德·弗朗斯，让他相信自己也是全心全力地爱着他的。美第奇王太后写信给贝利耶夫说："……自从亨利二世驾崩之后，我从未如此开心，我深信他们两人的和解就是我最大的快乐。"①

在两兄弟共同庆祝了三天的狂欢节后，安茹公爵弗朗索瓦·德·弗朗斯回到了沙特里堡。美第奇王太后跟随着他，发现他因在巴黎和宫廷的狂欢发烧了，而且疲惫不堪。她让他给蒙莫朗西-当维尔认真写封快信来宣布与亨利三世和解，再给参加过抢劫的他的一个上尉勒布尔写一封，要求这个上尉听从皮卡第中将克雷夫科尔的命令②。亨利三世向当时待在巴黎的纳瓦拉国王亨利·德·纳瓦拉的首席顾问杜普莱西斯·莫尔内③暗示，他打算和西班牙人开战了④。这可能会让新教首领指责玛格丽特·德·瓦卢瓦，但荷兰三级会议的提议太诱人了，他们为了得到法兰西国王亨利三世的帮助，将两座通往法兰西王国的城市送给了他。另外，如果安茹公爵弗朗索瓦·德·弗朗斯薨逝后没有合法子女，那么整个荷兰将永远"归并入法兰西王国"⑤。

安茹公爵弗朗索瓦·德·弗朗斯被疾病折磨得日渐憔悴，但有时他的病情也会有所缓解，这使美第奇王太后幻想着他还是有可能恢复健康的。1584年3月22日，美第奇王太后写道，安茹公爵弗朗索瓦·德·弗朗斯好了一点儿，但"依旧很虚弱，病情也总是反复"。美第奇王太后

---

① 1584年3月11日。赫克托·德·拉费里埃，巴格诺·德·普晒斯：《凯瑟琳·德·美第奇的信件》，第8卷，第176页。——原注
② 1584年3月29日。赫克托·德·拉费里埃，巴格诺·德·普晒斯：《凯瑟琳·德·美第奇的信件》，第8卷，第177页。——原注
③ 杜普莱西斯·莫尔内（1549—1623），改革派神学家、作家和法兰西王国政治家，是亨利四世的朋友，也是16世纪末新教党最杰出的人之一。
④ 杜普莱西·莫尔内给纳瓦拉国王亨利·德·纳瓦拉的信，1584年3月9日。《回忆录和信函》，第2卷，第542页到第543页，第545页，第549页。——原注
⑤ 凯尔万·德·勒滕霍夫：《胡格诺派和穷苦者》，第6卷，第158页到第159页。——原注

第10章　安茹公爵弗朗索瓦·德·弗朗斯援助荷兰

十分震惊亨利三世竟没有派人来看望自己的弟弟，她认为只需要去提醒一下亨利三世就行了①。但亨利三世说他太忙脱不开身。1584年4月18日，美第奇王太后觉得如果安茹公爵弗朗索瓦·德·弗朗斯"不再去参与大的骚乱，也许还能多活一段时间"②。1584年4月26日，安茹公爵又流了大量的血，差点丢失性命③。1584年5月10日，安茹公爵弗朗索瓦·德·弗朗斯似乎又痊愈了④。1584年6月10日，安茹公爵弗朗索瓦·德·弗朗斯终于薨逝了。

美第奇王太后的确为此悲伤，但没有人们想的那样悲伤。她只是为自己感到悲哀，眼睁睁地看着自己失去了一个又一个的孩子，美第奇王太后想说的是她的儿子们，"还好给我剩下了一个，感谢上帝，他十分健康"。但她感到除此之外，其他"灭亡这个家族"的灾难可能还会降临。因此，为了自己，也为了法兰西王国，美第奇王太后希望能有男孩继承大统，对此她负有很大的"责任"。

美第奇王太后希望得到的最大慰藉就是看到亨利三世和他仅剩的亲人玛格丽特·德·瓦卢瓦和好如初。这也是她最担心的。"我请您对我的女儿纳瓦拉王后玛格丽特·德·瓦卢瓦说，我的痛苦并不是因她而加剧的，让她重新承认她的王兄亨利三世，不要再做任何冒犯他的事……"⑤

---

① 致维勒鲁瓦的信，1584年3月22日。赫克托·德·拉费里埃，巴格诺·德·普晒斯：《凯瑟琳·德·美第奇的信件》，第8卷，第178页到第179页。——原注
② 1584年4月18日，致贝利耶夫的信。赫克托·德·拉费里埃，巴格诺·德·普晒斯：《凯瑟琳·德·美第奇的信件》，第8卷，第180页。——原注
③ 致富瓦先生的信。赫克托·德·拉费里埃，巴格诺·德·普晒斯：《凯瑟琳·德·美第奇的信件》，第8卷，第284页。——原注
④ 查理九世像安茹公爵弗朗索瓦·德·弗朗斯一样，其实也是受肺结核的折磨，但直到去世，周围的人都蒙在鼓里，甚至就在他去世的那一天，他的第一位医生玛利莱克还向美第奇王太后担保"他的主人看起来还不错，马上就要痊愈了"。《掌玺大臣切维尼尔的回忆录》，布琼出版社（文学名人），第233页。——原注
⑤ 致贝利耶夫的信，1584年6月11日。赫克托·德·拉费里埃，巴格诺·德·普晒斯：《凯瑟琳·德·美第奇的信件》，第8卷，第190页。——原注

安茹公爵弗朗索瓦·德·弗朗斯以遗嘱的方式将康布雷交给了他的王兄。亨利三世不敢，也羞于去接收这个用武力从腓力二世那里得到的城市。国王放弃了继承权，而美第奇王太后作为死者的母亲和继承人拥有了这座城市。鉴于康布雷教士和子民对她儿子亨利三世和法兰西王国的崇敬，美第奇王太后以他们的名义宣布把"康布雷市、康布雷斯公国和所有居民"都置于自己的"庇护和保卫"之下。主权问题则一直被搁置着，美第奇王太后也许认为只有通过这种办法才能阻止"天主教国王和我们之间的和约被改变"[1]。

美第奇王太后像往常一样带着英勇无畏的神情退出了。如果发生袭击，"法兰西王国并不缺少对抗的力量和抵制侵犯的措施"[2]，但他们的行动和言语却不一致。

1584年7月2日，美第奇王太后禁止荷兰三级会议的代表前进到比他们刚刚抵达的鲁昂更远的地方[3]。1585年4月9日，她不仅明确拒绝了他们所需要的帮助，而且用一些善意的模糊承诺让他们听天由命。美第奇王太后的儿子安茹公爵弗朗索瓦·德·弗朗斯薨逝了，她只能尽量躲避报复行为了[4]。

美第奇王太后从未想过要建立一个殖民帝国，也没有想要扩大王国

---

[1] 致德·迈斯先生的信，1584年9月12日。赫克托·德·拉费里埃，巴格诺·德·普晒斯：《凯瑟琳·德·美第奇的信件》，第8卷，第219页。——原注

[2] 赫克托·德·拉费里埃，巴格诺·德·普晒斯：《凯瑟琳·德·美第奇的信件》，第8卷，第219页。——原注

[3] 赫克托·德·拉费里埃，巴格诺·德·普晒斯：《凯瑟琳·德·美第奇的信件》，第8卷，第193页。——原注

[4] 美第奇王太后后对腓力二世的报复从此仅限于用一种记恨的感情追随著名的英国海盗德雷克，对西班牙海域和殖民地进行劫掠。致法兰西王国驻英格兰大使沙岛讷弗的信，1586年6月30日，赫克托·德·拉费里埃，巴格诺·德·普晒斯：《凯瑟琳·德·美第奇的信件》，第8卷，第18页；致维勒鲁瓦的信，1586年8月15日，赫克托·德·拉费里埃，巴格诺·德·普晒斯：《凯瑟琳·德·美第奇的信件》，第8卷，第32页。在挂像君主和亲王画像的画廊中，美第奇王太后把这个海军首领的画像也挂了进来，这是一种至高无上的荣誉。博纳非：《财产清单》，第77页，注释179。——原注

鲁昂

的边界。她所有的努力都是为了让她的一个儿子能在法兰西王国外建功立业,进而避免与另一个在王国内执政的儿子"发生不和"。亚速尔群岛的远征和巴西的入侵计划,以及对弗朗德勒的入侵并没有其他目的。最多我们可以猜测,美第奇王太后是出于虚荣才把已经在荷兰找到的一支本有更好用途的军队转向葡萄牙。但在陆地和海上的征服之所以让她感兴趣,更主要是因为只有通过这种方式,她的孩子们之间才能够恢复和建立和睦的关系:美第奇王太后表现出了一个母亲的担忧,这是多么合理。但这种担忧中也包含着一个很大的政治策略。

康布雷市的归并对美第奇王太后家族计划的实现非常有益,尽管很快就丧失了。相较于直接的战争,秘密的袭击更让腓力二世恼怒。最后,西班牙王国也被拖得疲惫不堪。人们通常把法兰西王国的财政困境归结为亨利三世的大肆挥霍,但我们却不应该忘记为了让这两个敌对兄弟和平共处,法兰西王国在陆地和海上事业中所付出的代价。

第11章

美第奇王太后薨逝前后欧洲政治格局

自从安茹公爵弗朗索瓦·德·弗朗斯薨逝后（1584年6月10日），由于没有继承人，王位继承问题就迫在眉睫了。美第奇王太后唯一幸存的儿子亨利三世没有子嗣，似乎也不太可能有了。那在他之后由谁统治法兰西王国呢？根据《撒利克法典》，波旁家族的首领——纳瓦拉国王亨利·德·纳瓦拉就成了自然的王位继承人。波旁家族和瓦卢瓦家族一样，都是圣路易的后代。如果纳瓦拉国王亨利·德·纳瓦拉是天主教教徒，不仅他的权利会得到承认，就连他也会备受赞誉。纳瓦拉国王亨利·德·纳瓦拉的人品其实已深得法兰西人心：脾气温和、有些自夸、心态乐观、反应敏捷，而且自从征服了卡奥尔之后，人们对他的英雄行为也赞誉有加。尽管纳瓦拉国王亨利·德·纳瓦拉有过"无数次"的信仰变化，然而却对他并没有什么影响。但因纳瓦拉国王亨利·德·纳瓦拉曾是新教教徒而且后来又重新归附新教，根据当时的思想，天主教国民担心他成为法兰西国王后会采取一切手段反对与他自己的教派为敌者。即便纳瓦拉国王亨利·德·纳瓦拉会以宽容为前提，天主教国民也认为，没有涂圣油，没有得到主教亲自加冕，他是不能登基的。

好像天主教国民们在继承问题上的分歧还不够多似的，亨利三世一面对抗舆论，一面却时而仍过着奢靡生活，过度狂欢，时而又虔诚地退隐。亨利三世虽开支巨大，但在他封闭的情感世界中却更加孤独了。茹瓦约斯公爵达尔克温柔友善，力图令每个人都满意，而埃佩尔农公爵让·路易·德·诺加雷则果敢勇猛，有一种不允许别人比他更强的自负和不容抵抗的操控激情。这位埃佩尔农公爵让·路易·德·诺加雷只了解自己的主人，不迁就任何人。他蔑视巴黎民众，而民众则以憎恨回报他。埃佩尔农公爵让·路易·德·诺加雷还阻碍美第奇王太后的行动，花尽心思试图损害美第奇王太后的名誉。

当时，天主教会正准备进行斗争，想尽快结束一个新教王朝的噩梦。他们会帮助亨利三世，必要时还会强迫他将这个贝亚恩人①排除在王位继承者之外。天主教人士指定了纳瓦拉国王亨利·德·纳瓦拉的一位亲叔叔波旁红衣主教查尔斯一世·德·波旁为推定继承人。波旁红衣主教查尔斯一世·德·波旁是个头脑简单的六十五岁老头儿，继承权本来排在他侄子之后，但他毫不费力地被说服，坚信自己的宗教将为他创造一个特权。

真正的天主教教会领袖是第三代吉斯公爵亨利一世·德·洛林，他同自己的父亲第二代吉斯公爵弗朗索瓦·德·洛林一样勇敢，而且深受骑士和巴黎人民喜爱。他的两个弟弟吉斯红衣主教路易二世·德·吉斯和马耶讷公爵夏尔·德·洛林，一个是教会领袖，另一个是幸运的或者说是精明的上尉。他的堂兄弟欧马勒公爵查理·德·吉斯和埃尔伯夫公爵查理一世·德·洛林会用他们的职权和财富帮助他捍卫与家族利益紧密相连的天主教事业。亨利一世·德·洛林还可以依靠沃代蒙家族洛林分支的一位表弟梅戈公爵菲利普-伊曼纽尔·德·洛林，梅戈公爵菲利普-伊曼纽尔·德·洛林是王后路易丝·德·洛林的弟弟，由亨利三世任命为布列塔尼地方长官，并为他与玛蒂苟斯-卢森堡家族的一位富有的女继承人赐婚。

洛林家族与吉斯家族不同的是，他们的贵族子弟遍布法兰西王国各地，而且十分富裕。其中较老一支的首领——执政的洛林公爵查理三世

---

① 贝亚恩人这里指纳瓦拉国王亨利·德·纳瓦拉。贝亚恩位于比利牛斯山脉的西北部，先是一个主权国家，后来在1620年成为一个附属于法兰西王室的古老行省贝亚恩地区。

吉斯红衣主教路易二世·德·吉斯

极力表现出对他妻子的王兄亨利三世的尊敬和对天主教的热情。洛林公爵查理三世和克劳德·德·瓦卢瓦有四个女儿,他把最年长的克里斯蒂娜·德·洛林①委托给了美第奇王太后。美第奇王太后很喜欢她,走到哪里都带着她。洛林公爵查理三世很清楚亨利三世的敏感之处,尽量避免让自己的儿子庞特-阿穆松侯爵亨利二世·德·洛林②被扣上觊觎王位者的帽子。洛林公爵查理三世还任由自己出色的副手们攻击《撒利克法典》。可能他希望如果他们能成功地废除这一法律,那么有着从他妻子那里承袭的法兰西王室血统,再加上从他这里继承的洛林血统,他的儿子就能作为王位的候选人而出现在争斗中的亨利三世和吉斯家族面前了。

安茹公爵弗朗索瓦·德·弗朗斯薨逝几个月后(1584年9月),第三代吉斯公爵亨利一世·德·洛林、马耶讷公爵夏尔·德·洛林、吉斯红衣主教路易二世·德·吉斯、1576年三级会议中贵族分会的前领袖斯奈赛男爵、缅因维尔的先生弗朗西斯·德·宏社浩勒以及波旁红衣主教查尔斯一世·德·波旁的主要代表聚集在南希③,更准确地说是聚集在公爵城堡,决定组建一个"集合各种力量和手段的联盟和自然协会"。大城市的民众对捍卫自己的信仰表现出极大的热情。在巴黎,还未等众亲王呼吁,自由民查尔斯·霍尔曼、圣塞韦兰教区和圣伯努瓦教区的牧师普雷沃及布歇、苏瓦松议事司铎马蒂厄·德·洛奈,与另一些虔诚的天主教教徒路易·多利安、账户主管洛埃卡里、商人孔潘斯、检察官克鲁塞已进行了秘密商议,想阻止新教教徒觊觎王位。巴黎联盟的第一批参与者,从在议会做杂务者、执达吏、文员、专员和士官,到法院书记

---

① 克里斯蒂娜·德·洛林(1565—1637),洛林公爵查理三世和克劳德·德·瓦卢瓦的长女,也是美第奇家族斐迪南一世·德·美第奇的妻子。
② 庞特-阿穆松侯爵这里指洛林公爵查理三世和克劳德·德·瓦卢瓦的长子,洛林家族的亨利二世(1563—1624),他是洛林公爵领地的继承人,作为法兰西国王亨利二世的外孙,在1593年的三级会议期间,被认为是法兰西王位的继承者。
③ 在南希会议上,见戴维勒:《洛林公爵查理三世对于法兰西王国王位的企图》,第71页及各处,第3章。——原注

第11章 美第奇王太后薨逝前后欧洲政治格局

团体及大学中那些收入微薄但充满激情的人中招募、吸纳新成员。水手、装卸工、屠夫和肉商也被争取了进来。一旦发生骚乱，他们也会出一份力。冲在最前面的是平民和普通大众。那些议会中的大家族因为过于谨慎或太忠于王室而不敢匆忙地参加这次冒险。

联盟还寻求了外部的支持。南希的阴谋分子向教皇格里高利十三世派遣了一位耶稣会士，前法兰西王国教区的主教和巴黎修行院的院长，克劳德·马蒂厄向教皇格里高利十三世陈述了他们的计划，并恳请得到教皇的祝福和保护。格里高利十三世赞成他们的想法，但如果这么做会违背法兰西国王亨利三世的意愿，他也会审慎地借故拒绝。

腓力二世没有这样的疑虑。在他看来对瓦卢瓦王朝以牙还牙的时刻到了。在此之前，腓力二世一直在容忍，未对挑衅进行任何报复行为，只是专注于平定自己国内的叛乱。而且自从塞巴斯蒂昂驾崩后，腓力二世还在一直努力尽量保住葡萄牙的王冕。在完成了半岛政治统一这个前任们的遗愿和伟大使命后，腓力二世终于可以腾出手来处理外部事务了。他的兴趣与怨恨终于达成一致了。尽管纪尧姆·德·拿骚已被暗杀（1584年7月），帕尔马公爵亚历山德罗·法尔内塞也取得了成功，但荷兰统治者一半的省份①仍处于暴动之中。因为有可能会失去其他省份，腓力二世绝不允许在法兰西王国出现由胡格诺派统治的局面。作为天主教国王，腓力二世认为必须阻止异教在欧洲的新进展。

1584年12月31日，在茹安维尔城堡，第三代吉斯公爵亨利一世·德·洛林和马耶讷公爵夏尔·德·洛林，欧马勒公爵查理·德·吉斯和埃尔伯夫公爵查理一世·德·洛林，缅因维尔先生及西班牙国王的代表共同签订条约，保证将波旁家族的新教教徒排除在王位继承之外，宣布波旁红衣主教查尔斯一世·德·波旁是"法兰西王位继承人"，并且"为了捍卫和保护罗马教廷及符合使徒教义的天主教"及"为了灭绝法兰西王

---

① 都是些北方省份。——原注

纪尧姆·德·拿骚遭暗杀

第11章　美第奇王太后薨逝前后欧洲政治格局

国和荷兰的所有异端"，要缔结一个永久性的、具有进攻和防御性质的神圣联盟。腓力二世承诺每年补贴联盟六十万埃居，他会在3月和7月分别提前支付第一年的一半资金①。

这个条约也向梅戈公爵菲利普-伊曼纽尔·德·洛林开放，他与亨利三世的家族联姻并没有阻止他加入此联盟。该条约还允许圣巴塞洛缪事件的煽动者之一讷韦尔公爵路易·德·冈萨格加入。讷韦尔公爵路易·德·冈萨格虽因信仰危机引起了吉斯家族的注意，但他的忠诚使他一直服从亨利三世。讷韦尔公爵路易·德·冈萨格不知到底该支持哪一方，于是去罗马寻求意见。而格里高利十三世的继任者，一个既反对反叛又不支持新教的独裁教皇西斯都五世②并没有给他任何建议。

洛林公爵查理三世继续他的两面派游戏。虽然为了不冒犯亨利三世而拒绝签署联盟条约，但却同意在第一年的后半年向条约签订者们预付第二年三分之二的西班牙补贴，也就是四十万埃居③。

在与巴黎联盟达成协议后，天主教亲王们在1576年联盟诞生的摇篮——佩隆，发表了一个动机声明，鼓动"波旁红衣主教查尔斯一世·德·波旁、贵族、亲王、领主及法兰西王国的天主教城镇居民共同反对那些企图以任何形式颠覆天主教和法兰西王国者"（1585年3月30日）。

法兰西王国的天主教亲王们说，令人担忧的是，如果摄政者家族没有后代，"这也是上帝不愿看到的"，"确定王室继承人可能会给所有基督教教徒带来巨大困扰，也可能会在这个信仰基督教的国家彻底颠覆罗马教廷和符合使徒教义的天主教"。现在是解决这个问题的时候了。"那些公开表示一直受天主教教会迫害的人"④得到了"拥护和支持"，尤其是在王弟安茹公爵弗朗索瓦·德·弗朗斯薨逝后。他们"使国内外都燃起了战

---

① 杜蒙：《外交使团》，第5卷，第1部分，第441页到第443页。——原注
② 西斯都五世，原名菲利斯·佩雷蒂（1521—1585），1585年以西斯都五世的名义当选教皇。
③ 达维耶：《信件》，第86页。——原注
④ 此处指纳瓦拉国王亨利·德·纳瓦拉和孔代亲王亨利一世·德·波旁。——原注

火"。他们还把持着本应"长期掌握在亨利三世手中"的"城市和要塞",并与神圣罗马帝国的新教领袖来往"以获得武装力量,方便他们镇压人民"和"推翻天主教"。这些基督教教徒在法庭上也有同谋。"一些人①……利用亨利三世,我们君主的友谊、权威来维持他们篡夺的权利,以一切可能的方式支持和推进上述变化和主张的结果。""他们不仅有胆量和权力阻止亨利三世与亲王及贵族进行私密的谈话,甚至还使他最亲近的人——美第奇王太后也被疏远了,只让亨利三世和他们亲近。"新教教徒们独揽了国家政权,利用自己的头衔或职权之便,通过给予些许补偿来强迫那些本拥有些权力的人"离职",用"这种方式""成为海陆军队的首领"。

1576年三级会议上做出的使所有国民都"只信仰天主教"的承诺并没有实现。神职人员被繁重的税务所压迫;贵族被"废除、奴役和诽谤";城镇、王室官员和普通民众"被那么多的新赋税所压榨,除了进行改革再无其他补救的方法了"。

"对于这些正义的论述和诉讼",罗马教廷的天主教主教,王室嫡亲的第一亲王——波旁红衣主教查尔斯一世·德·波旁成为"捍卫宗教及维护亨利三世和法兰西王国的最忠诚仆人"。与他一起的还有另外几位亲王、其他的红衣主教、贵族、高级教士、王国官吏、地方长官、领主、绅士、许多城市和修会的良民及"王国最优秀也是最合理的组成部分"——一大批忠诚的国民。他们已"全部宣誓并庄严地承诺,要强有力地武装起来,恢复天主教教会的神圣性并使天主教成为法兰西王国唯一的宗教",保障议会和官员的权力,减轻民众的负担,整合最后的公共资金来捍卫法兰西王国的利益,在三年中重组"随后三年"的三级会议。

联盟保证会对亨利三世忠诚,承诺一旦消灭了"可能摧毁天主教及许多人利益的危险",他们就会放下武器。他们还向那些在亨利三世身边的美第奇王太后的优秀官爵请求:"我们谦卑地恳求美第奇王太后,

---

① 这里说的是埃佩尔农公爵让·路易·德·诺加雷和茹瓦约斯公爵达尔克。——原注

第 11 章　美第奇王太后薨逝前后欧洲政治格局

我们尊贵的夫人,没有她的智慧和谨慎的态度,王国将迷失和毁灭……不要在此刻放弃我们,而是要完全相信,我们所有的努力和艰辛的工作都是为了亨利三世,为了赶走亨利三世身边那些不忠的敌人。"①

亨利三世认为需要对这次申诉做出回应。他详细阐述了宗教问题。有谁会对教会的利益表现出比他更高的热情呢?在他还很年轻时,难道未曾为它拿起武器吗?人们指责他不去对付胡格诺派,这是谁的错?难道不是1576年的三级会议拒绝了他彻底发动战争的提议吗?此外,不愿最终和解的三个等级难道就没有给天主教带来一点好处吗?在许多地方,被新教教徒取消的天主教信仰已经恢复,平静重新回到了乡村。亨利三世在全心全意地为教会谋取他们该得的福利,而教会却早早关心起继承他王位的人选。这"辜负了上帝的恩典和慈悲,不信任陛下的健康和生命,以及他的妻子王后路易丝·德·洛林的生育能力"②。现在必须提出这个问题,甚至以"武力来解决"。对新教教徒的战争无法阻止不确定的后果,"只会使国家充斥着外来力量、不公及没完没了的纠纷、流血、死亡和无尽的掠夺"。亨利三世喊道:"如果这样,天主教会如何在这里恢复?教士如何被免去赋税?绅士如何在安定可靠的家园生活、享受权利与特权?民众和城乡居民如何能免除服役?穷人们又如何从他们承担的重赋中解脱呢?"亨利三世作为法兰西国王有权按照自己的意愿分配职务和荣誉。从什么时候开始,国王们"被要求只能使用一些权力而不得使用另一些了。目前还没有任何法律规定他们该如何完成自己应尽的义务"。然而亨利三世一直非常珍视他的同族亲王们,据说最后这些诉状的"发起人对陛下的善良和友谊表示满意,他们不再申诉并打算离开了"。

---

① 古拉德,西蒙:《在神圣联盟发生的最难忘事件的第一个文件集》,1590 年,第 85 页到第 97 页。——原注
② 1577 年到 1579 年,法国威尼斯大使杰罗姆·利波马诺的秘书对路易丝·德·洛林说:"她的身体和心理素质很差,这就是为什么我们判断她几乎不可能生孩子。她实在太瘦了。"汤米苏:《威尼斯大使关于 16 世纪法国事务的叙述》,第 2 卷,第 632 页(未出版的文件)。——原注

内战不能"解决我们控诉的那些恶习"。让我们放下武器,撤销外来力量,使这个王国摆脱它面临的威胁。这样,亨利三世"将会非常乐意接受为了解决这些问题而提交给他的恰当的补救办法"[①]。

第三代吉斯公爵亨利一世·德·洛林认为自己只能通过武力来夺取一切了。他在各处组织军队,在天主教地区招募了六千瑞士人,并在神圣罗马帝国招募了步兵和骑兵,四处征战。第三代吉斯公爵亨利一世·德·洛林的亲戚埃尔伯夫公爵查理一世·德·洛林、欧马勒公爵查理·德·吉斯和梅戈公爵菲利普-伊曼纽尔·德·洛林夺取了诺曼底、皮卡第和布列塔尼。马耶讷公爵夏尔·德·洛林占领了第戎、梅肯和奥克松。沙特尔给了他布尔日,昂特拉克给了他奥尔良。里昂总督弗朗索瓦·德·曼代洛对宫廷不满,将城市的要塞夷为平地(1585年5月5日)。南部和西部依然忠于亨利三世或热衷于新教事务,但几乎所有中部和北部的省份都宣称支持联盟。第三代吉斯公爵亨利一世·德·洛林还占领了图勒和凡尔登。虽然埃佩尔农公爵让·路易·德·诺加雷的阻止使第三代吉斯公爵亨利一世·德·洛林错失了梅斯,但他切断了亨利三世向神圣罗马帝国求援的通道。

1585年5月底,除了埃尔伯夫公爵查理一世·德·洛林和布里萨克公爵查理二世·德·科塞的部队,以及在埃佩尔奈周围村庄的驻军,第三代吉斯公爵亨利一世·德·洛林还在设立为总部的沙隆集合了两万五千名步兵和两千名骑兵[②]。

亨利三世对此事深感意外。他刚刚通过向金融家塞巴斯蒂安·扎姆兹贷款而征集了一支瑞士军队,但这支军队能及时到达吗?一遇到困境,亨利三世就会像往常一样向自己的母后美第奇王太后求助,让美第奇王太后去和联盟的亲王们谈判。在美第奇王太后面前亨利三世就像个被宠坏的孩子。但亨利三世也因听信宠臣,尤其是埃佩尔农公爵让·路易·德·诺加

[①] 古拉德·西蒙:《在神圣联盟发生的最难忘事件的第一个文件集》,1590年,第115页。——原注
[②] 皮埃尔·维克多·帕尔马·卡耶:《历史问题回顾》,1880年,第27卷,第489页。——原注

第 11 章 美第奇王太后薨逝前后欧洲政治格局

雷的话,经常反抗美第奇王太后。他们向他指出美第奇王太后是多么软弱和畏缩,甚至含沙射影地表示她对洛林家族太友好了。但亨利三世知道如何利用自己母后的温柔,甚至在还没有熟悉需要调停的《佩隆宣言》之前,美第奇王太后就出发去找天主教领袖了。但第三代吉斯公爵亨利一世·德·洛林在没有把握之前并不急于谈判。直到 1585 年 4 月 9 日,他才在埃佩尔奈与美第奇王太后相聚。美第奇王太后说:"一说到这点他就泪流满面,显得很伤心。"然而,除听到了对埃佩尔农公爵让·路易·德·诺加雷在吉耶讷旅程的抱怨、对法兰西国王亨利三世与弗朗西斯·德·科利尼的代理人进行秘密会谈的怨言及天主教的危险之外,美第奇王太后一无所获。她认为这些都是借口,而宗教只是他们所提要求的掩护。美第奇王太后想弄明白"他们辞去职务而投身罪恶事业的原因",但她失败了。第三代吉斯公爵亨利一世·德·洛林一直回避对此做出任何解释。美第奇王太后还怀疑第三代吉斯公爵亨利一世·德·洛林阻止了马耶讷公爵夏尔·德·洛林和波旁红衣主教查尔斯一世·德·波旁来参加她举办的会议,甚至他自己最后也会离开。然后,美第奇王太后向洛林公爵查理三世求助。美第奇王太后写信给她的儿子亨利三世说,洛林公爵查理三世向她表达了"对于这个巨大错误的极大歉意",其中他的堂弟第三代吉斯公爵亨利一世·德·洛林"犯了大错,忘乎所以地建了这个有害的联盟"。但洛林公爵查理三世向他的岳母保证,"没有人会参加这场骚乱,如果他(洛林公爵查理三世)去茹安维尔,那也是因为接受了您的指令。因为他已经意识到自己堂弟的不满,如果他(洛林公爵查理三世)知道了他们商议的决定,一定会尽力阻止他们去做有损于您的事"。美第奇王太后不知,或假装不知她这个女婿的可疑之处,向儿子亨利三世提议接受这个"有诚意"的调停者。美第奇王太后说:"他会十分谦卑地为您服务的。"

美第奇王太后先让洛林公爵查理三世把第三代吉斯公爵亨利一

世·德·洛林带到埃佩尔奈。她在那里苦苦等待，身体极其不适，痛风发作，咳嗽到肋骨痛、耳痛、脚痛及心脏痛，难受得无法站立，只有在整理床铺时才不得不起来一会。但令美第奇王太后更难受的是根本没人来和她商议。联盟的首领们知道美第奇王太后的身体情况，希望她坚持不住就返回巴黎了。波旁红衣主教查尔斯一世·德·波旁在圣母玛利亚大教堂迟迟不做九日祈祷。马耶讷公爵夏尔·德·洛林申明，如果亨利三世向他保证赐予"恩典"，并派他"在弗朗德勒为他服务"[①]，也就是说让他对抗西班牙人，他会马上出发，但在此之前他是不会来的。美第奇王太后被他们的不合作搞得不胜其烦，给自己儿子亨利三世写信说她要"找人和纳瓦拉国王亨利·德·纳瓦拉对话"。美第奇王太后说："看着吧，最终我们一定会达成协议。"[②]也许是对美第奇王太后主动接近的惧怕，再加上马赛和波尔多方面的失败，吉斯家族和波旁家族加速做出了决定。他们于1585年4月29日抵达埃佩尔奈，达成了十五天的停战协定。

第一次见面时，当美第奇王太后"拥抱"她的老朋友波旁红衣主教查尔斯一世·德·波旁时，他"又是流泪又是叹息"，美第奇王太后说，"他表现出对自己卷入这些事件的懊悔。对于我的谴责，他坦诚地向我忏悔自己所做的蠢事，他还跟我说他一生只疯狂了这一次，但这也是出于对我们宗教的热忱"。美第奇王太后没有打断他——因为她知道这波旁红衣主教查尔斯一世·德·波旁是个话多的人，并试图从他的言语中找出"他们的意图"，但美第奇王太后听到的只是些有诚意的声明。这个老好人认为，只要我们加快行动，很容易重新建立起统一的信仰。任何一个统治者都希望自己国家只有一种宗教信仰。波旁红衣主教查尔斯一世·德·波旁明确

[①] 1585年4月9日。赫克托·德·拉费里埃，巴格诺·德·普晒斯：《凯瑟琳·德·美第奇的信件》，第8卷，第259页。——原注

[②] 赫克托·德·拉费里埃，巴格诺·德·普晒斯：《凯瑟琳·德·美第奇的信件》，第8卷，第261页。——原注

第11章 美第奇王太后薨逝前后欧洲政治格局

马赛

表示所有基督教国家中信奉天主教的亲王，甚至是英格兰女王伊丽莎白一世都将与亨利三世建立"防守联盟来对付那些反对他的亲王"①，波旁红衣主教查尔斯一世·德·波旁的意思是纳瓦拉国王亨利·德·纳瓦拉和孔代亲王亨利一世·德·波旁。据此我们可以看出他的才智了。

尽管代价很大，亨利三世还是同意撤销和解赦令，但他觉得作为自己允诺的保证，像对胡格诺派一样，给他的天主教臣民也划出安全区，实在太屈辱了。美第奇王太后知道在这一点上得像在别处一样做出让步，否则"这将是一副对创伤没有任何效用的膏药"②。美第奇王太后去沙隆附近的贾隆斯寻找再次回避了的第三代吉斯公爵亨利一世·德·洛林和

---

① 1585年4月9日。赫克托·德·拉费里埃，巴格诺·德·普晒斯：《凯瑟琳·德·美第奇的信件》，第8卷，第269页。——原注
② 1585年4月9日。赫克托·德·拉费里埃，巴格诺·德·普晒斯：《凯瑟琳·德·美第奇的信件》，第8卷，第275页。——原注

波旁红衣主教查尔斯一世·德·波旁。当奔波于巴黎和派尔之间，既要护理美第奇王太后的"卡他性炎①"，又要治疗亨利三世身体不适的医生米隆，带来了亨利三世禁止在国内进行所谓的宗教改革活动的消息时，美第奇王太后写信给她的儿子亨利三世说，波旁红衣主教查尔斯一世·德·波旁"双手合十，发表讲话，向上帝感谢您的神圣指令……表明必须根除这种新教，不仅要禁止其他宗教的活动，还要完全消灭它们。他反复强调他们除此之外别无所求"。美第奇王太后请他别再说了，因为从第三代吉斯公爵亨利一世·德·洛林的脸色就能看出，他很不愿意听到波旁红衣主教查尔斯一世·德·波旁如此直率地说出这些话。接着第三代吉斯公爵亨利一世·德·洛林插话道，"在处理宗教事务方面，还必须考虑到他们自己及同盟的安全问题。安全问题和宗教问题是不可分割，紧密相连的。"美第奇王太后建议以书面形式立即颁布"一些很好的解决方案"来缓解穷人们所遭受的痛苦，之后再解决安全问题。美第奇王太后向波旁红衣主教查尔斯一世·德·波旁表明自己已准备好了。他马上就同意了美第奇王太后的意见，但又觉得"有点过于顺从第三代吉斯公爵亨利一世·德·洛林的意愿了"。波旁红衣主教查尔斯一世·德·波旁最后也讲到防御措施。为了"给予意见和答复"，第三代吉斯公爵亨利一世·德·洛林要求亨利三世在这一点上以书面形式陈述他的"意愿"。无论美第奇王太后再怎么劝说，她都无法"使他们回到该做的事上去"②。

谈判双方在新会议召开的地点上难以达成一致。第三代吉斯公爵亨利一世·德·洛林拒绝返回埃佩尔奈，而美第奇王太后则拒绝前往受第三代吉斯公爵亨利一世·德·洛林控制的沙隆。

尽管美第奇王太后卧病在床，无法书写，但她还是谈论、口述、命

---

① 卡他性炎这里指上呼吸道感染。
② 1585年5月7日。赫克托·德·拉费里埃，巴格诺·德·普晒斯：《凯瑟琳·德·美第奇的信件》，第8卷，第278页到第279页。——原注

第 11 章　美第奇王太后薨逝前后欧洲政治格局

令、注意着一切。美第奇王太后向她的儿子亨利三世指出联盟成员的行动，写信给梅斯人让他们保持警惕，不停地嘱咐亨利三世要"成为最强者"①。"当您准备好时，您将得到更有利的和解。"② 美第奇王太后形象地说，就像"棍棒带来和平"③一样。美第奇王太后因亨利三世不够强大而忧心忡忡，敦促他"增强"自己的"力量"，并"使其尽可能变得强大"。因为"如果不这样的话，每一个人都想控制您。当他们成功时，就会向您提出过分且不合理的要求"。

美第奇王太后在萨尔里等待第三代吉斯公爵亨利一世·德·洛林和波旁红衣主教查尔斯一世·德·波旁，一场关于安全区的谈判开始了（1585年5月12日）。联盟领导人的期望有些过高了。他们要求将迪耶普划给鲁昂红衣主教；将梅斯划给第三代吉斯公爵亨利一世·德·洛林；将梅戈公爵菲利普-伊曼纽尔·德·洛林在布列塔尼选择的两个地方都划给他；除了马耶讷公爵夏尔·德·洛林自己所持有的第戎城堡外，还要给他波恩城堡及沙隆城堡；授予波旁红衣主教查尔斯一世·德·波旁兰斯的管理权，并将兰斯从香槟省分离出来；对于欧马勒公爵查理·德·吉斯，除了保留他所占据的皮卡第的一些要塞外，还要保留或恢复他在政府及他所支持的联盟的首领职位。美第奇王太后尽可能地拒绝了这些要求，其余的则要询问亨利三世的意见。亨利三世则进一步减少了让与，特别是对那些涉及第三代吉斯公爵亨利一世·德·洛林，波旁红衣主教查尔斯一世·德·波旁的要求。当国务秘书克劳德·皮纳特宣读了对他们要求的回应后，波旁红衣主教查尔斯一世·德·波旁站了起来，满脸通红，怒气冲冲地对美第奇

---

① 1585年4月25日。赫克托·德·拉费里埃，巴格诺·德·普晒斯：《凯瑟琳·德·美第奇的信件》，第8卷，第263页。——原注
② 赫克托·德·拉费里埃，巴格诺·德·普晒斯：《凯瑟琳·德·美第奇的信件》，第8卷，第251页，第272页。——原注
③ 赫克托·德·拉费里埃，巴格诺·德·普晒斯：《凯瑟琳·德·美第奇的信件》，第8卷，第249页。——原注

王太后说："这简直就是把他们丢进了狼嘴，您没有给他们任何特殊的安全区，况且这些要求又不是为了他们，而是为了王国的宗教统一。"无论美第奇王太后怎么劝说他们趁此机会接受亨利三世的条件都没有用，"这些对补偿不满的人和那些本来就想胡作非为的人都离开了自己的位置以表达他们的不悦"。后来会议又在美第奇王太后的床边进行了几个小时。为了不使谈判破裂，美第奇王太后给了他们几个提议，她写道："我尽可能少地给予了他们。"①但第二天，波旁红衣主教查尔斯一世·德·波旁和第三代吉斯公爵亨利一世·德·洛林来到她的房间，宣布他们没有权力减少任何一条他们"盟友们"共同确定的协议条款，并且还被提醒要警惕亨利三世所给的答复。美第奇王太后谴责他们利用自己拖延了两个月来"进行这么长时间的伪装"，而且威胁他们说自己第二天就要离开了，但很可能美第奇王太后其实并不想离开。既是联盟的贷款人也是美第奇王太后法律顾问的洛林公爵查理三世从中斡旋以防谈判破裂。美第奇王太后写信给亨利三世说："相反，我想我们可以制定一个既有利于您，也有利于国家休整的解决方案。而且正如我所想的，洛林公爵查理三世为了自己远房兄弟的利益，会向他们说明并提醒他们所做的错事，这样就能使我们的和谈重新开始。"②于是争辩又开始了。美第奇王太后认为第三代吉斯公爵亨利一世·德·洛林"迫使亨利三世剥夺其政府中忠诚官员们的权力来支持他们的联盟"是"有悖于国家利益的"。但第三代吉斯公爵亨利一世·德·洛林则坚持说"他们所期望的只是教会的安全"③。无论美第奇王太后做出何种让步，联盟的领导者们总认为还不够。

---

① 1585年5月29日。赫克托·德·拉费里埃，巴格诺·德·普晒斯：《凯瑟琳·德·美第奇的信件》，第8卷，第303页和305页。——原注
② 赫克托·德·拉费里埃，巴格诺·德·普晒斯：《凯瑟琳·德·美第奇的信件》，第8卷，第306页。——原注
③ 赫克托·德·拉费里埃，巴格诺·德·普晒斯：《凯瑟琳·德·美第奇的信件》，第8卷，第307页。——原注

第11章　美第奇王太后薨逝前后欧洲政治格局

波旁红衣主教查尔斯一世·德·波旁在致内穆尔公爵夫人安妮·埃斯特的信中承认（1585年5月29日），"美第奇王太后是想和我们商谈和解的，而我们为了自己的宗教利益提出了许多要求。我并不认为我们的要求都可以得到满足"①。第三代吉斯公爵亨利一世·德·洛林还通知内穆尔公爵雅克·德·萨伏伊，由他负责汇聚"来自各方的力量，准备用武力结束此事"。他显得很强硬，因为他已经知道普菲费尔上校会带领八千瑞士兵来支援他。

美第奇王太后十分绝望。她写信给维勒鲁瓦，让维勒鲁瓦告诫她的儿子亨利三世："如果法兰西国王亨利三世不满足波旁红衣主教查尔斯一世·德·波旁的某些要求，或者再有其他想法，法兰西王国将永远不得安生。因为波旁红衣主教查尔斯一世·德·波旁说过，他们要的就是这些……只要他和第三代吉斯公爵亨利一世·德·洛林满意了，他们就会令其他人也满意。"② 美第奇王太后宣称自己已告知了亨利三世真相，而且当听说宫廷里有人指责她对待洛林家族太过软弱时，美第奇王太后还提出了隐退的要求。她在1585年6月10日写信给亨利三世，表示"我虔诚地希望自己的所作所为能令您满意。考虑到还没有完成您所要求的事，在没有您的消息之前我是不会离开的。但我希望能尽快离开，因为在这里我帮不上您什么忙，而且我多么期望能见到您，和您单独聊一聊啊。之后我再去哪里，再做什么都将按照您的喜好。我是不会因辛苦而抱怨的，否则就什么也为您做不成了"③。

这是美第奇王太后第二次要求她的儿子亨利三世对她放手或召她回

---

① 赫克托·德·拉费里埃，巴格诺·德·普晒斯：《凯瑟琳·德·美第奇的信件》，第8卷，第292页，注1。——原注
② 1585年6月3日。赫克托·德·拉费里埃，巴格诺·德·普晒斯：《凯瑟琳·德·美第奇的信件》，第8卷，第311页。——原注
③ 赫克托·德·拉费里埃，巴格诺·德·普晒斯：《凯瑟琳·德·美第奇的信件》，第8卷，第316页。——原注

去。前一天，联盟成员刚向美第奇王太后表明了他们"对亨利三世的请求及众亲王和领主们的决心……明确表示，他们的意图仅是为了提升上帝的无上荣耀及根除异教徒，而不是损害国家的利益……"这是联盟成员的最后通牒。他们要求出台绝对地、毫无保留地反对异教徒的法令。如果亨利三世愿意执行它，他们会尽自己的力量支持他，并且撤销所有"出于法兰西国王的恩典，联盟者的无知和民众的善心所建立起的安全区"。

同时，联盟领袖下令继续推进他们的队伍。已经与他们会合的普菲费尔上校还给他们带来了瑞士人，并诱使为法兰西国王亨利三世服务的瑞士人也从法兰西国王那里离职。美第奇王太后一直担心巴黎被袭击。1585年5月21日她写道："他（第三代吉斯公爵亨利一世·德·洛林）肯定在巴黎有暗中勾结的人，他可能会对他们施加影响。要提高警惕，尤其是对您周围的人，因为您也看到了有那么多的不忠者，对此我真的十分担忧。"[①]美第奇王太后坚持说："我必须提醒国王陛下要提高警惕，虽然巴黎暂时没有什么动乱，但恐怕马上就会有了。"[②]亨利三世随即采取了相应的措施，加强了城门守卫力量，辞撤了一些有嫌疑的巴黎民兵领导人，由一些贵族司法官员所取代。亨利三世还给自己新增添了四十五人的护卫队，"一直陪伴在他左右"。他们绝大多数是加斯科涅的贵族子弟，他们别无所求，只希望能够得到亨利三世的青睐，并至死不渝地为他效忠[③]。

同时，亨利三世的母亲美第奇王太后也催促他要不惜一切代价与联盟领导者尽快达成协议。亨利三世最终还是妥协了，派维勒鲁瓦带着让步条款去了埃佩尔奈。协议于1585年6月20日确定，1585年7月7日在内穆尔签署。亨利三世出钱赡养联盟征集的部队，允许波旁红衣主教查尔斯一

[①] 赫克托·德·拉费里埃，巴格诺·德·普晒斯：《凯瑟琳·德·美第奇的信件》，第8卷，第290页。——原注

[②] 1585年6月7日给布鲁拉尔的信。赫克托·德·拉费里埃，巴格诺·德·普晒斯：《凯瑟琳·德·美第奇的信件》，第8卷，第313页。——原注

[③] 欧内斯特·拉维斯：《法国通史》，第6卷，第1节，第247页。——原注

第11章　美第奇王太后薨逝前后欧洲政治格局

世·德·波旁和吉斯红衣主教路易二世·德·吉斯、第三代吉斯公爵亨利一世·德·洛林、马耶讷公爵夏尔·德·洛林及梅戈公爵菲利普-伊曼纽尔·德·洛林拥有由亨利三世支付费用的骑士，给联盟的所有领导者划分安全区，并给予他们的委托人和盟友一些恩惠和好处。

条约缔结后对美第奇王太后感到不满的人肯定会指责她侮辱了自己的儿子。其实出于自卫，她本应鼓励第三代吉斯公爵亨利一世·德·洛林拿起武器，全力支持天主教派取得成功。但美第奇王太后的通信内容证明，她尽可能地捍卫了亨利三世的利益，为了避免战争而忍受了这种带有羞辱性的和解，战争的后果可能更加耻辱甚至是致命的。亨利三世只有依靠改革派的帮助才能抵抗联盟者，但这就意味着他承认了异教徒纳瓦拉国王亨利·德·纳瓦拉是他的继任者，这样一来就可能激起其他天主教教徒的反对。在两种危害之间，美第奇王太后选择了危害较小的。

事实上，除对这些选择的谋划和对这个不成器儿子的偏爱外，还有什么其他原因会使美第奇王太后以这么大的让步为代价来拉近亨利三世和第三代吉斯公爵亨利一世·德·洛林的关系呢？我们很难想象这其实是出于美第奇王太后对天主教的极度热情。随着年龄的增长，美第奇王太后的确变得更加虔诚了。我们不知道她是否相信炼狱和赎罪，但很明显在1568年时她的信仰似乎还没有那么坚定。尽管应画家乔尔乔·瓦萨里的请求，美第奇王太后的确曾在佛罗伦萨的圣劳伦斯教堂付了一笔钱，为她父亲、母亲和私生子哥哥亚历山德罗·德·美第奇的灵魂安息做永恒服务。然而，之后发生的那些不幸却使她认识到必须去向上帝这个至上的主人求助[①]。

她的儿子亨利三世当时的危难使美第奇王太后联想到亨利二世的灵魂也许在遭受痛苦。因此带着作为母亲的忧虑和作为妻子的愧疚，美第奇王太后在"主教团教堂，王室克莱里圣母教堂"为已故的国王亨利二世、

---

① 早在1575年，当胡格诺派和联合天主教教徒准备对亨利三世发号施令时，她就建议他通过改革反对出言亵渎神明者的法令，为教士和教会的利益任命一些正直的人来安抚上天的愤怒。——原注

为自己、为她的孩子们，"也为了这个国家和平与安宁的永存"做了一个永久弥撒（1576年1月23日）。美第奇王太后从并入舍农索地区的勒夫鲁男爵领地的收入中，拿出二百二十里弗的年金，捐赠给了教务会，用于作为长老和议事司铎每天七点开始在主坛前做大弥撒的经费。在这座教堂设立了对"已故国王路易十一的功绩和善举"的回忆弥撒后，美第奇王太后想到了当时发生的很多事。每年在亨利二世逝世的那一天，也就是每年7月10日，都会举行一次"完整的周年追思礼"活动[1]。三天之后（1576年1月26日），美第奇王太后又从勒夫鲁男爵领地的收入里拨了一部分用于修缮舍农索，但她特意保留了二百二十里弗作为克勒利的基金[2]。1582年，当她拥有了菲斯科伯爵夫人阿方西娜·斯特罗齐的男爵领地时，她向议事司铎建议，并成功地将二百二十里弗列入自己奥尔良公国的收益内。

在这之前，美第奇王太后似乎只关心她丈夫的遗体，她曾准备在圣丹尼斯为亨利二世建一个"壮丽的陵"。现在她好像很相信天主教意义上的道德行为的功效。在1582年4月27日的一封信中，美第奇王太后向威尼斯大使阿诺·杜·费雷尔宣布，她打算给洛伦特宫圣母院捐赠一个礼物。因为礼物还没有完成，她希望那位好心的神父爱德蒙·奥格——这个她曾在1573年向亨利三世揭发为对传布信仰过于热忱的伪善者——在意大利多待一些时间，以便捐献物能作为一件她"非常用心"的礼物，"由他亲手"呈献[3]。这可能就是1587年4月8日的文件中提到的"灯"，在美第奇王太后1587年8月2日的一封信中也提到过。这盏灯要在圣母祭坛前

---

[1] 赫克托·德·拉费里埃，巴格诺·德·普晒斯：《凯瑟琳·德·美第奇的信件》，第8卷，第412页。——原注

[2] 赫克托·德·拉费里埃，巴格诺·德·普晒斯：《凯瑟琳·德·美第奇的信件》，第8卷，第24页，附注。——原注

[3] 赫克托·德·拉费里埃，巴格诺·德·普晒斯：《凯瑟琳·德·美第奇的信件》，第8卷，第53页。——原注

第11章 美第奇王太后薨逝前后欧洲政治格局

永远燃烧,美第奇王太后从她罗马的收入中每年拿出一百埃居用于它的维修①。当亨利三世和安茹公爵弗朗索瓦·德·弗朗斯在梅齐埃达成新的和解之后,美第奇王太后在那里写道,她打算给予佛罗伦萨的穆拉德修道院和那里的修女们价值六千埃居的托斯卡纳土地不动产②,恳求她们为她和国王祷告。通过1584年6月5日的合约,美第奇王太后还将自己在瓦尔德埃尔萨购买的四个农场的所有产权都赏赐给了她们,以便让修道院院长和修女们每天唱《又圣母经》③来向她亲爱的儿子法兰西国王亨利三世致敬,祝愿他健康长寿,并于1584年7月10日让她们为亨利二世的灵魂举行了庄严的追思弥撒。美第奇王太后要求修女们在她还健在时就为她在圣凯瑟琳日前夕做晚祷,并在那一天做弥撒。美第奇王太后还要求在上帝将她永远召回之后,在她的死亡周年纪念日当天要做晚祷和晨祷,第二天的祭祀和追思弥撒也都要按照她生前的意愿来做④。1584年8月14日美第奇王太后在写给这些修女的信中,通告了将寄来的馈赠契据,还告知将再给她们一千埃居的意大利现金,其中一半用于为赠给她们的农场购买牲畜,"另一半则用来支付将置于她们教堂的,根据她对托斯卡纳大公斐迪南一世·德·美第奇讲到的画像所建造的大理石雕像的费用"⑤。这位法兰西人在罗马对圣路易斯的捐赠(1584年5月)因为持续了很长时间,所以

---

① 赫克托·德·拉费里埃,巴格诺·德·普晒斯:《凯瑟琳·德·美第奇的信件》,第9卷,第227页,第451页。关于美第奇王太后在罗马和托斯卡纳的遗产《凯瑟琳·德·美第奇对美第奇家族遗产的权利》,附录。——原注
② 赫克托·德·拉费里埃,巴格诺·德·普晒斯:《凯瑟琳·德·美第奇的信件》,第8卷,第112页。——原注
③ 《又圣母经》是拉丁语中的天主教祈祷经文,是献给圣母玛利亚的。
④ 赫克托·德·拉费里埃,巴格诺·德·普晒斯:《凯瑟琳·德·美第奇的信件》,第8卷,第442页。——原注
⑤ 赫克托·德·拉费里埃,巴格诺·德·普晒斯:《凯瑟琳·德·美第奇的信件》,第8卷,第208页。1588年时,她拒绝了让人向穆拉特支付雕像的费用,甚至给他们寄了一张她"非常逼真"的画像。赫克托·德·拉费里埃,巴格诺·德·普晒斯:《凯瑟琳·德·美第奇的信件》,第8卷,第208页,注3。可能是在皮蒂宫的乌菲兹博物馆走廊的那一张。——原注

更广为人知些①。在与亚历山德罗·德·美第奇的遗孀玛格丽特·德·奥特里希（见附录）的漫长诉讼之后，美第奇王太后已经收回美第奇家族的大部分地产，其中包括在圣路易斯教堂和法兰西国家收容所旁边的美第奇宫，也就是现在的参议院，以及毗邻这座宫殿的房屋、商铺及其他建筑。对于所有这些附属建筑物，美第奇王太后同样以祈祷和做弥撒为

玛格丽特·德·奥特里希

① 捐赠的文本。赫克托·德·拉费里埃，巴格诺·德·普晒斯：《凯瑟琳·德·美第奇的信件》，第9卷，第221页到第227页，第451页，第493页到第494页。——原注

第11章　美第奇王太后薨逝前后欧洲政治格局

教皇西斯都五世

条件，将它们的收益拨给教会和收容所的行政和管理人员。教皇西斯都五世曾经委托圣古阿尔——当时的罗马大使交给美第奇王太后"一枚勋章，它是在一个已经几乎全被锈蚀的装有一百来枚这种相似勋章的黄铜盒中发现的。这是在曾由君士坦丁大帝①下令建造的拉特兰圣约翰大教堂②里发掘出来的。"教皇西斯都五世本想查明"到底是君士坦丁大帝

---

① 君士坦丁大帝（272—337），第三十四位罗马皇帝，是四世纪的杰出人物。他领导了一系列深刻的军事、宗教和经济政策改革，使一个衰弱和分裂的罗马帝国在他的统治下团结起来。
② 拉特兰圣约翰大教堂简称为圣约翰大教堂，建立在拉特兰山，与圣彼得大教堂、圣保罗大教堂和圣母玛利亚大教堂并称为天主教的四大教堂。

还是他的母亲圣海伦①将它放在了这里。后来西斯都五世还是决定以无限宽容的态度来处理这件事②。"皮萨尼侯爵圣古阿尔是一个外表粗犷但内心细腻的朝臣,他应该不会补充说,"如果不是美第奇王太后有如此虔诚的信仰,是不该得到这种宽容。"

随着不断接近生命的终点,美第奇王太后做了许多善事,尽管可能更多是出于传统习惯而不是热情,但她继续将宗教与政治区分开来。美第奇王太后一直反对极端的做法:鞭打、撤退、游行和朝圣,而她的儿子亨利

君士坦丁大帝的母亲圣海伦

---

① 圣海伦(约250—330),罗马皇后,康斯坦斯·克洛尔的妻子和君士坦丁大帝的母亲。
② 1587年6月30日皮萨尼的信。赫克托·德·拉费里埃,巴格诺·德·普晒斯:《凯瑟琳·德·美第奇的信件》的附录,第9卷,第481页到第482页。——原注

第11章 美第奇王太后薨逝前后欧洲政治格局

三世却妄图通过这些来寻求上帝的帮助,但他却忘记了自救。关于亨利三世徒步旅行到克莱里圣母院这件事,美第奇王太后诙谐地给维勒鲁瓦写信说:"笃信宗教是好的,他的父王也去过克莱里圣母院和圣马丁德图尔,可是这些对于他的事业没有任何帮忙。"① 美第奇王太后既不狂热,也不上假装狂热者的当。她知道他们往往别有用心。为了诚恳地表明自己意图,美第奇王太后用同样的态度对待围攻日内瓦和英格兰新教的天主教最高领袖腓力二世、萨伏伊公爵卡洛·埃曼努埃莱一世② 和曾试图让美第奇王太后和她的孩子在梅奥成为囚犯的胡格诺派首领③。美第奇王太后赞同天主教亲王们的要求,既不是出于个人的同情,也不是出于幻想或纵容,而只是因为他们掌控着时间。有一句格言是这样说的,做一些必要的牺牲来争取时间,就会得到好运的垂青。1584年7月18日,就在《内穆尔和约》签署后的几天,亨利三世本人向议会提起了一项法令,废除了所有的和平赦令,只允许王国有一种宗教。驱逐新教牧师,要求其信徒在六个月内转教或离开,宣布所有新教教徒不得担任任何职务和官爵,并命令他们归还安全区。

但对新教教徒及其领导人的逮捕就要强制执行了。纳瓦拉国王亨利·德·纳瓦拉后来对历史学家皮埃尔·马蒂厄讲,当得知《内穆尔和约》

---

① 1584年3月9日。赫克托·德·拉费里埃,巴格诺·德·普晒斯:《凯瑟琳·德·美第奇的信件》,第8卷,第178页,参见皮埃尔·埃图瓦《皮埃尔·埃图瓦尔日志回忆录》,第2卷,第149页到第150页。——原注
② 卡洛·埃曼努埃莱一世(1562—1630),他是萨伏伊公爵伊曼纽尔·菲利贝托和弗朗索瓦一世最小的女儿玛格丽特·德·弗朗斯的儿子。
③ 1586年11月13日给维勒鲁瓦的信,赫克托·德·拉费里埃,巴格诺·德·普晒斯:《凯瑟琳·德·美第奇的信件》,第9卷,83页。关于腓力二世对抗英格兰的军备和无敌舰队的准备,参看亨利三世和威尼斯的大使查里埃尔的信,夏尔里埃:《法兰西王国在黎凡特的谈判》,第4卷,第542页到第562页和附注;卡洛·埃曼努埃莱一世对抗日内瓦的计划,罗特:《在瑞士各州的法兰西王国外交代表史》,第2卷,第274页,第279页,第283页和参考文献及第一卷,第5章;伊塔洛·劳利希:《萨伏伊公爵卡洛·埃曼努埃莱一世史》,都灵,1896年,第230页到第314页。美第奇王太后似乎觉得即使是在意大利征集士兵也会对英格兰造成威胁。——原注

萨伏伊公爵卡洛·埃曼努埃莱一世

后，他在几个小时里一直都在思考，痛苦得胡子都白了一半。随着时间的推移，纳瓦拉国王亨利·德·纳瓦拉的想象力可能把他的不安具体地表现出来了，但也许他并没有夸张。纳瓦拉国王亨利·德·纳瓦拉应该是害怕天主教势力会利用冲动的民众彻底击垮他。但他很快又恢复了镇定。纳瓦拉国王亨利·德·纳瓦拉带着顽强的信念责怪和约的谈判代表，并写信给美第奇王太后，认为这个和约抛弃了"这个王国的一大部分臣民和善良的法兰西人"，并给了那些"觊觎国王和其力量及权威的阴谋者们"配备了盾牌①。纳瓦拉国王亨利·德·纳瓦拉自豪地宣称，能有幸如此亲近亨利

---

① 赫克托·德·拉费里埃，巴格诺·德·普晒斯：《凯瑟琳·德·美第奇的信件》，第2卷，第98页，对照第2卷，第88页。——原注

第11章 美第奇王太后薨逝前后欧洲政治格局

三世并在这个国家拥有如此高的地位,他必须倾尽全力来抵御"法兰西王室和王国的毁灭",坚决"反对那些企图摧毁它们的人"。

然而,美第奇王太后依然抱有让纳瓦拉国王亨利·德·纳瓦拉改宗的希望,或者让他至少能忍受"在这个国家除了罗马教廷的天主教活动外再没有别的宗教活动[①]"。但仅是设想纳瓦拉国王亨利·德·纳瓦拉会改宗并背叛那些被迫流亡的人来让她的儿子得到休养,这就已经太不了解纳瓦拉国王亨利·德·纳瓦拉了。

美第奇王太后的偏见可能阻止了她看到自己女婿的才智。除此之外,美第奇王太后还特别敏感,认为他有点疯癫。纳瓦拉国王亨利·德·纳瓦拉确实有点疯狂,但这只在爱情中才会体现。美第奇王太后认为纳瓦拉国王亨利·德·纳瓦拉是一个易受情妇和顾问们影响的没什么能力的政客。在埃佩尔奈会议期间,在给亨利三世的一封信中,美第奇王太后把纳瓦拉国王和他那个没有什么头脑的主教叔叔放在一起了。她说,"第三代吉斯公爵亨利一世·德·洛林才像是这个教派的主人,当我在吉耶讷时,他就像红衣主教一样做着所有纳瓦拉国王亨利·德·纳瓦拉的同伴图伦内子爵该做的事。"[②] 因此,美第奇王太后认为该好好对待纳瓦拉国王亨利·德·纳瓦拉身边所有有影响力的人物。她嘱托专门负责纳瓦拉事务的贝利耶夫要对克莱沃先生多加关心,因为他代表她的女婿在她儿子身边工作。美第奇王太后甚至与假想中的良师益友图伦内子爵保持通信。为以防万一,美第奇王太后还建议做好备战工作。

但亨利三世几乎没有表态。他怨恨联盟成员及反叛臣民对自己发号施令,也怨恨母亲强迫他缔结和约。处在愤怒和尊严的危机中,亨利三

---

① 1585年5月31日给贝利耶夫的信。赫克托·德·拉费里埃,巴格诺·德·普晒斯:《凯瑟琳·德·美第奇的信件》,第8卷,第308页。在这封信中,美第奇王太后说,纳瓦拉国王亨利·德·纳瓦拉的转宗是让这个国家得以休息的唯一手段。——原注

② 1585年5月29日。赫克托·德·拉费里埃,巴格诺·德·普晒斯:《凯瑟琳·美第奇的信件》,第8卷,第302页。——原注

世不听从也不宽容任何人。他责怪格里高利十三世的继任者西斯都五世，却还需要他来使神职人员让出高达两百万金币的收入。亨利三世命人阻止了新的教廷大使，拿撒勒大主教法比奥·米尔托·弗兰吉帕尼越过里昂，并把对联盟成员和西班牙人的怨恨都转移到了这位主教身上。在罗马，皮萨尼第一个警觉，恳求教皇召回法比奥·米尔托·弗兰吉帕尼，并附带补充说亨利三世已经请他在里昂停留下来。暴力而专制的西斯都五世没等亨利三世做出任何解释，就下令让大使当天立即离开罗马（1585年7月25日）[1]，并在五天后离开罗马教宗的国家。国王和教皇西斯都五世之间的这场争斗又对《内穆尔和约》产生了质疑。

美第奇王太后似乎事后才知道此事。她儿子亨利三世想让她远离政务[2]。美第奇王太后抓住了这次纠纷的机会，没有征求亨利三世的意见就给他送去了一些优秀的官员。其实美第奇王太后内心认为亨利三世和教皇西斯都五世都错了，但她是不会自己冒险将此告诉她的儿子的。美第奇王太后先是写信给皮萨尼说，表明她"对亨利三世本人所受的侮辱感到很不快"[3]。接着美第奇王太后将家族利益托付给了斐迪南一世·德·美第奇[4]。后来，在得知西斯都五世准备不久后会将纳瓦拉国王亨利·德·纳瓦拉开除教籍，并宣布他不再拥有王位继承权后，美第奇王太后不敢直接告诉亨利三世，而是对维勒鲁瓦说了自己对于当前困境的建议。她说自己根本不会担心教皇西斯都五世的谕旨，因为没有必要害怕它会"带给我们比我们已遭受的或者说我们预料到的更多的伤害"。纳瓦拉国王亨

---

[1] 盖伊·德·布里蒙德达尔斯：《让德维沃那（皮萨尼），他的生活和他的大使生涯》，1884年，第182页到第185页。——原注
[2] 1585年8月和9月，不多的几封带政治色彩的信。——原注
[3] 1585年8月17日。赫克托·德·拉费里埃，巴格诺·普晒斯：《凯瑟琳·德·美第奇的信件》，第8卷，第347页。——原注
[4] 斐迪南一世·德·美第奇（1549—1609），托斯卡纳政治家，1587至1609年接替了他不太受欢迎的哥哥弗朗切斯科一世·德·美第奇担任托斯卡纳大公。他哥哥的女儿，他的侄女玛丽·德·美第奇于1600年嫁给了法兰西国王亨利四世。

斐迪南一世・德・美第奇

利·德·纳瓦拉并不太愿意遵从法兰西国王亨利三世,而且他的防御措施也不会改变。"我认为所有这一切①都是亨利三世的不幸,因为如果他能有办法像我所期望的那样变强大,我就不会担心一切阴谋诡计了。因为无论是教皇西斯都五世还是纳瓦拉国王亨利·德·纳瓦拉,甚至是亨利三世的臣民,他们都不愿意再去取悦他或服从他了。"我们需要教皇西斯都五世同意从神职人员那里抽取出一部分钱财。"在这之前,如果我愿意②,我会以温和的方式对待教皇西斯都五世和所有亲王,借此得到命令他们而不是服从他们的力量。为了去给他们下达命令而不是与他们妥协,在能做到我们应做的事之前,最好假装只做我们能做的。"③美第奇王太后有些不屑地说:"我们不应该为国王亨利三世所受的蔑视而冲动,因为这蔑视来自一位罗马教皇,而不是一个亲王。"此外,"您也知道西斯都五世不怎么理性④,对所有亲王也不太尊重,因此我们与他的交易就是为了钱,同时也是为了防止他做一些对亨利三世不利的事。"⑤

美第奇王太后认为"修复这个不和"十分必要,所以提出要亲赴罗马。但亨利三世已经派菲利普·德·勒农古先生去了那里,而这位欧塞尔主教其实并不是必须得去的大使。虽然美第奇王太后知道他们只是为了阻止她去那里,不想让她按自己的"意愿"做"某些事"才派他去的,但美第奇王太后肯定不是出于怨恨才指责这个人选的⑥。现在,只有她的儿子亨利三世通过法兰西事务的保护者埃斯特大主教,让西斯都五世明白她这趟

---

① 大使的解职和纳瓦拉国王亨利·德·纳瓦拉的固执。——原注
② 这是谨慎的说法,表示她那时并没有这样。——原注
③ 1585年9月14日。赫克托·德·拉费里埃,巴格诺·德·普晒斯:《凯瑟琳·德·美第奇的信件》,第8卷,第350页到第351页。——原注
④ 西斯都五世被认为极易发怒。——原注
⑤ 1585年9月16日。赫克托·德·拉费里埃,巴格诺·德·普晒斯:《凯瑟琳·德·美第奇的信件》,第8卷,第352页。——原注
⑥ 1585年9月14日。赫克托·德·拉费里埃,巴格诺·德·普晒斯:《凯瑟琳·德·美第奇的信件》,第8卷,第351页。——原注

行程的动机,并且西斯都五世也放弃反对纳瓦拉国王亨利·德·纳瓦拉的声明,她才能去。美第奇王太后为这次出行提出这么多条件,亨利三世都不确定她是否真的想去了。但美第奇王太后执意想表达自己对这个与她赌气的儿子亨利三世的爱。也是为了同样的目的,在经过近一年的谈判后[①],美第奇王太后最终成功地让讷韦尔公爵路易·德·冈萨格就他曾赞成联盟的一时冲动的想法向亨利三世公开赔礼道歉。但无论美第奇王太后表现得多么热忱,她都不再拥有以前的威望了。母亲和儿子关于政策方面的分歧越来越大。懒惰、多疑、自负并对第三代吉斯公爵亨利一世·德·洛林充满仇恨的亨利三世无法下决心无情地向新教教徒发起他必须进行的战斗。

美第奇王太后担心拖延会带来危险。如果亨利三世不对付新教教徒,那么联盟就会对抗亨利三世。教皇西斯都五世发布了反对纳瓦拉国王亨利·德·纳瓦拉的教谕,为了她的儿子,美第奇王太后给维勒鲁瓦写信说:"必须开始平定联盟者谋划的这场骚乱了。因为尽管您现在不愿去做,最终还是会被迫去完成的。"[②]

亨利三世似乎终于做了决定,他与母亲的关系有所好转。1585年10月16日,国王亨利三世让议会登记了《七日声明》,命令所有新教教徒臣民在两周内转宗或离开王国。

但亨利三世尽可能避免任用联盟领导人来执行联盟计划。他没有把军队交给第三代吉斯公爵亨利一世·德·洛林。亨利三世虽同意交给马耶讷公爵夏尔·德·洛林指挥权,却不给他提供增援和金钱的支持。令亨利三世满意的是,孔代亲王亨利一世·德·波旁把曾入侵过普瓦图的梅戈公爵菲利普-伊曼纽尔·德·洛林赶到了卢瓦河以外,这次轮到这

---

① 巴格诺·德·普晒斯伯爵先生公布的文件。赫克托·德·拉费里埃,巴格诺·德·普晒斯:《凯瑟琳·德·美第奇的信件》,第8卷各处,第9卷。——原注
② 1585年9月14日。赫克托·德·拉费里埃,巴格诺·德·普晒斯:《凯瑟琳·德·美第奇的信件》,第8卷,第351页。——原注

亨利·德·茹瓦约斯

位梅戈公爵菲利普-伊曼纽尔·德·洛林被亨利三世的嬖幸茹瓦约斯公爵达尔克的弟弟亨利·德·茹瓦约斯打败,而被迫去根西岛避难了(1585年10月)。新教教徒对联盟成员及王室军队对新教教徒的双重胜利使亨利三世信心倍增,认可了奥克松的自由民1585年11月1日对联盟长官让·德·索尔-塔瓦讷的监禁。由于担心发生更大的灾难,美第奇王太后不得不向埃佩尔奈妥协,同时也利用他给了第三代吉斯公爵亨利一世·德·洛林一个教训。"至于在奥斯农发生的事,您得借此机会好好感谢亨利三世,并通过您的表现,让亨利三世知道您已经得到他的恩典,您也将由此得知他对您说的都是事实,因此您愿意遵从他的意志,尽全力表现自己的诚意,这样他对您会比想象中更好。我请您相信我,他会满意的,也请您不要怀疑他是喜爱您的。"美第奇王太后极力希望第三代吉斯

第 11 章　美第奇王太后薨逝前后欧洲政治格局

公爵亨利一世·德·洛林能和亨利三世一起感谢上帝"赐予了亨利三世用他自己的双手战胜新教教徒的力量，而且不会将任何人置于险境。"[①]但第三代吉斯公爵亨利一世·德·洛林本是更希望联盟取得胜利的。

然而，胡格诺派人对于自己的失败并没有太过"震惊"，甚至像美第奇王太后所希望的那样想到了改信天主教。纳瓦拉国王亨利·德·纳瓦拉已经与蒙莫朗西-当维尔重新结盟。茹瓦约斯公爵达尔克一直想夺走这位蒙莫朗西-当维尔所拥有的朗格多克政府权力，因为朗格多克政府曾是胡格诺派和联合天主教教徒以前的联盟[②]。纳瓦拉国王亨利·德·纳瓦拉派塞古尔·帕尔丹与伊丽莎白一世和神圣罗马帝国谈判，要求其中一方可以资助他招募一支军队，而没有钱的另一方能给他们提供一些土地，作为"那些想要来此地的法兰西王国新教教徒的移居地"。

美第奇王太后对虽未信奉但似乎已经变节的纳瓦拉国王亨利·德·纳瓦拉有所满意了，然而他一再保卫其党派的激情却又令美第奇王太后困惑不解。她写信给贝利耶夫说："我相信，当纳瓦拉国王亨利·德·纳瓦拉就他现在及未来的形势做了权衡之后，他会知道服从亨利三世的意愿对他最有利。并且，他应通过一切手段帮助亨利三世平定战乱……他也只能这么去做，为了他自己的利益重新致力于完成亨利三世对他的要求。"美第奇王太后的伟大论据是，直到现在还一直对胡格诺派臣民宽容以待的亨利三世在他们解除武装时会对他们更好，亨利三世将成为"法兰西王国里唯一的强者"。但当克莱沃问"法兰西国王亨利三世能为纳瓦拉国王亨利·德·纳瓦拉做些什么"时，美第奇王太后回避了这个问题。美第奇王太后想"即便是纳瓦拉国王亨利·德·纳瓦拉作为法兰西的臣民，虽然国王要尽力保证出生在这个王国的臣民的居住权，并将他们置于他的恩典和

[①] 1585 年 11 月 15 日。赫克托·德·拉费里埃，巴格诺·德·普晒斯：《凯瑟琳·德·美第奇的信件》，第 366 页。——原注

[②] 1585 年 8 月 10 日在拉沃尔附近的圣保罗·德·卡达茹缔结。——原注

保护之下，但她的儿子能做些什么呢？又会被希望做些什么呢？"①纳瓦拉国王亨利·德·纳瓦拉还没有天真到就这样向亨利三世屈服的地步。

美第奇王太后决定亲自去说服纳瓦拉国王亨利·德·纳瓦拉。1586年7月，她动身去了舍农索。在那里美第奇王太后更加靠近了战场和谈判的舞台，并不得不与强大者进行交易。1586年8月10日，美第奇王太后写信给贝利耶夫说，纳瓦拉国王亨利·德·纳瓦拉让人对她说"他想和我谈谈，说说自己的心里话。他知道该如何平定这个王国，并清楚我也希望如此"，而且"他会表现得令我满意"②。

但这些只是哄骗美第奇王太后的话。当时纳瓦拉国王亨利·德·纳瓦拉正与亨利三世派去镇压西部新教教徒的比隆元帅谈判。当获悉比隆元帅正从拉罗谢尔附近的马朗撤围，并将同意某种形式的休战后（1586年8月），纳瓦拉国王亨利·德·纳瓦拉对去看望美第奇王太后一事越来越"挑剔和推托了"。只是在这个协议缔结后才有所耳闻的美第奇王太后，惋惜它使她自己儿子损失了财物，却提高了她女婿的声誉。在谈判期间，纳瓦拉国王亨利·德·纳瓦拉不仅让比隆元帅同意撤离部队，而且还承诺不会"在霍尔特、巴斯普托、安古莫瓦、克桑科通和奥尼斯③地区再有任何敌对行为"④。

这样，纳瓦拉国王亨利·德·纳瓦拉就更不急着与美第奇王太后会面了。他获悉神圣罗马帝国的新教亲王已派大使向亨利三世建议重建宗教自由，并且由于缺乏资金，王室军队的战斗力也已经开始减弱。争取时间对他是有利的。

---

① 1585年12月，给贝利耶夫的信。赫克托·德·拉费里埃，巴格诺·德·普晒斯：《凯瑟琳·德·美第奇的信件》，第8卷，第376页。——原注
② 1586年8月28日。赫克托·德·拉费里埃，巴格诺·德·普晒斯：《凯瑟琳·德·美第奇的信件》，第9卷，第28页。——原注
③ 奥内斯和埠湖瓦日。——原注
④ 赫克托·德·拉费里埃，巴格诺·德·普晒斯：《凯瑟琳·德·美第奇的信件》，第9卷，第405页，第407页。——原注

第 11 章　美第奇王太后薨逝前后欧洲政治格局

因此，纳瓦拉国王亨利·德·纳瓦拉有了更多的反对意见，他从不认为自己已得到了足够的保证，并且越来越不信任亨利三世。但美第奇王太后仍在坚持，她对捍卫自己儿子的利益及处理高层外交事务乐此不疲。六十七岁的美第奇王太后尽管患有黏膜炎和风湿病，但仍顶着严寒，忍受着城堡和小城糟糕的住宿条件，并冒着被歹徒和劫匪攻击的危险，穿梭在要塞或小城镇之间。抢劫者夺走了美第奇王太后的信件，把她的供应商抢劫一空，并且非常肆无忌惮。美第奇王太后写信给维勒鲁瓦说："前天，我吃饭的地方就有四起抢劫，直到他们走后我才知道这一切。"⑤ 美第奇王太后亲自到科尼亚克和雅纳克之间的新教地区，夏朗德河左岸的圣布莱斯城堡，去找她女婿纳瓦拉国王亨利·德·纳瓦拉。她让讷韦尔公爵路易·德·冈萨格陪伴着自己，并希望纳瓦拉国王亨利·德·纳瓦拉能见证自己对天主教的热情并通过自己对他的关注而使他与联盟不和。此外陪伴美第奇王太后的还有蒙特庞谢公爵弗朗索瓦·德·波旁、几个顾问、她的陪同女士们及外孙女克里斯蒂娜·德·洛林。而纳瓦拉国王亨利·德·纳瓦拉那边则有图伦内子爵和孔代亲王亨利·德·波旁相伴。第一次会见（1586 年 12 月 13 日）并不是很成功⑥。美第奇王太后写信给她的儿子亨利三世说，在拥抱和聊过一些寻常话题之后，她向纳瓦拉国王亨利·德·纳瓦拉抱怨让她等待了太长的时间，以及他曾对她所做的错事。她希望纳瓦拉国王亨利·德·纳瓦拉明白，如果他愿意做自己该做的事，反对新教教徒的《七月声明》，不仅可以"拯救法兰西王国，也有利于维护他的个人利益"。纳瓦拉国王亨利·德·纳瓦拉反击道，他们"曾派出了多支部队企图消灭他"，但"感谢上帝"，他不仅没有遭到重创，而且很快还会有自己强大的骑兵队伍。但美第奇王太后确信纳瓦拉国王亨利·德·纳瓦拉

---

⑤　1586 年 11 月 7 日。赫克托·德·拉费里埃，巴格诺·德·普晒斯：《凯瑟琳·德·美第奇的信件》，第 9 卷，第 81 页。——原注

⑥　赫克托·德·拉费里埃，巴格诺·德·普晒斯：《凯瑟琳·德·美第奇的信件》，第 9 卷，第 76 页，第 430 页。盖伊·德·布雷蒙达赫斯：《圣布里克会议》，1884 年 10 月。——原注

不会得到神圣罗马帝国雇佣骑兵的任何帮助，而且"当他拥有了这些骑兵之时，就是自己的毁灭之日，因为这会使纳瓦拉国王亨利·德·纳瓦拉本应寻求其友谊的天主教教友憎恨他"。当美第奇王太后催促纳瓦拉国王亨利·德·纳瓦拉向自己阐明他的意愿时，他却推说自己无法为美第奇王太后做任何事，必须咨询教会的意见。美第奇王太后向纳瓦拉国王亨利·德·纳瓦拉表明："我说的这些是最具有说服力的理由了，因为它们充分而又真实。为了您的利益，您应伸出双臂接受它们。如果您迟迟不这样做的话，您会后悔一生。"但美第奇王太后仍一无所获。经过了"诸多困难之后"，纳瓦拉国王亨利·德·纳瓦拉才承诺晚上会和他的支持者们就此商谈一下。正如我们从其他证据中所了解的那样，这些对话有时非常激烈。但不幸的是，这些证词的真实性却受到质疑。纳瓦拉国王亨利·德·纳瓦拉说："国王对我来说就像是一个父亲，但他没有像对待孩子一样养育我，而是将我抛弃，使我像狼一样自己去搏斗。至于您呢，夫人，您让我成了一只狮子。""但我的孩子……您希望我六个多月的辛劳全部变成徒劳吗？""夫人，这并不是我造成的，恰恰相反，这是您的错。我不妨碍您卧床休息，但十八个月以来，您却让我难以安心入眠。""什么，我怎么会让您如此痛苦呢？我要的也只是让所有人都得到休息啊！""夫人，其实正是我的痛苦令您开心并滋养着您。如果您要休息了，您就不会长命百岁了。"[1]纳瓦拉国王亨利·德·纳瓦拉真的是很了解这位美第奇王太后。

第二天纳瓦拉国王亨利·德·纳瓦拉又与孔代亲王亨利一世·德·波旁一起来了。他们要求用两个月的时间召集新教代表，并且"如同被朋友留住一样"，给英格兰和神圣罗马帝国写信。美第奇王太后将她的顾问们叫到一旁商议，他们建议她只同意一个月或六周，但亲王们不同意[2]。

---

[1] 赫克托·德·拉费里埃，巴格诺·德·普晒斯：《凯瑟琳·德·美第奇的信件》，第9卷，第114页，注释。——原注

[2] 赫克托·德·拉费里埃，巴格诺·德·普晒斯：《凯瑟琳·德·美第奇的信件》，第9卷，第115页到第116页。——原注

第 11 章　美第奇王太后薨逝前后欧洲政治格局

　　之后两次会见时大家的态度变得谦和了，但没有任何效果。美第奇王太后让人转告纳瓦拉国王亨利·德·纳瓦拉，法兰西国王和她都希望纳瓦拉国王亨利·德·纳瓦拉改信天主教，停止在占领地进行改革派的宗教活动。纳瓦拉国王亨利·德·纳瓦拉很惊讶，美第奇王太后千辛万苦来找他，就是来向他重新提出一个他早已不想再听的建议。当他们再次见面时，美第奇王太后不厌其烦地强调转宗的好处。最后，美第奇王太后知道从纳瓦拉国王亨利·德·纳瓦拉这里实在收不到任何成效，就向他提出了一年的休战约定，"条件是他不能在这个王国进行任何改革派的宗教活动"。但纳瓦拉国王亨利·德·纳瓦拉答复说，新教活动不会中止，除非有了自由合理的教谕。但他们模糊地约定，稍后会在教会代表的陪同下再次见面进行协商，"提出可以获得持久和平的方法"①。之后双方就分开了。但在此期间，他们又无条件地延长了两个半月的停火协议。

　　在此期间美第奇王太后得同时在两面进行谈判，一面是与她不肯让步的女婿纳瓦拉国王亨利·德·纳瓦拉，另一面是与在信中不停变化指令的儿子亨利三世。1587 年 1 月，亨利三世写信给他的母亲说，如果纳瓦拉国王亨利·德·纳瓦拉拒绝"改信天主教且拒不站到他这一边"，他就下定决心发动战争了②。但就在同一个月，亨利三世又说打算先要进行一两年休战，先召集一个各个等级或王国主要人物参加的会议来"拯救他"。然而，纳瓦拉国王亨利·德·纳瓦拉得在"宗教方面"协助自己。如果纳瓦拉国王亨利·德·纳瓦拉改宗，他将为纳瓦拉国王亨利·德·纳瓦拉保留"这个王国中属于他的权力"，而且还会承认纳瓦拉国王亨利·德·纳瓦拉"对法兰西国王亨利三世没有犯过任何错误"。此外，亨利三世会按法兰西亲王的待遇给他一笔抚恤金，大概一年十万左右。但他必须放弃拥有封地的

---

① 1586 年 12 月 18 日。赫克托·德·拉费里埃，巴格诺·德·普晒斯：《凯瑟琳·德·美第奇的信件》，第 9 卷，第 118 页注 1 和第 121 页。——原注
② 1587 年 1 月。赫克托·德·拉费里埃，巴格诺·德·普晒斯：《凯瑟琳·德·美第奇的信件》，第 9 卷，第 9 卷，第 431 页。——原注

期望，因为这是亨利三世永远不会给予的。所有这些事都必须非常秘密地进行，以免助长胡格诺派的不服从态度，或引起天主教教徒的焦虑。

美第奇王太后也许还用了其他理由来说服她的女婿纳瓦拉国王亨利·德·纳瓦拉下决心改变宗教和放弃党派纷争。

安茹公爵弗朗索瓦·德·弗朗斯薨逝后，纳瓦拉王后玛格丽特·德·瓦卢瓦理应比以往任何时候都希望自己没有子嗣的王兄和丈夫——《撒利克法典》承认的王位继承人结成紧密的团结。但她得自己爱上这两位国王，还要被他们所喜爱。这对夫妻的关系并不像美第奇王太后所期望的那样和睦美满。纳瓦拉国王亨利·德·纳瓦拉疯狂地爱上了同为吉什和格拉蒙特伯爵菲利伯特的遗孀戴安娜·德·昂瑞，一个美丽的科丽桑德①。纳瓦拉国王亨利·德·纳瓦拉喜欢她随遇而安，平易近人。而戴安娜·德·昂瑞则认为自己有足够的资格与纳瓦拉国王亨利·德·纳瓦拉成婚，希望能够摆脱玛格丽特·德·瓦卢瓦这个合法的"插足者"。玛格丽特·德·瓦卢瓦被情妇的顶撞和丈夫的冷落激怒了，从自认为已不再安全的内拉克逃离，躲到自己的封地阿让避难（1585年3月）。在那里，玛格丽特·德·瓦卢瓦与强迫亨利三世签署内穆尔侮辱性条约的天主教亲王们联合起来，征集部队，筑垒固守，并作为王位推定继承人的妻子，宣布反对推定继承人。这是一个报复她丈夫不忠的好时机。

刚开始时，美第奇王太后对在阿让生活的"资金极度匮乏"的女儿玛格丽特·德·瓦卢瓦，感到同情，还请维勒鲁瓦让人给她带去一些钱财进行救济，"我听说她急需钱，甚至都吃不到肉食"②。但美第奇王太后的好意并没有持续很长时间。亨利三世无法原谅联盟妄图操控自己，进而对加入联盟的妹妹玛格丽特·德·瓦卢瓦更加憎恶了。尽管玛格丽特·德·瓦

---

① 德约尔根斯：《吉什伯爵夫人、格拉蒙特夫人戴安娜·德·昂瑞》，巴约讷，1907年。——原注
② 1585年4月27日。赫克托·德·拉费里埃，巴格诺·德·普晒斯：《凯瑟琳·德·美第奇的信件》，第8卷，第265页。——原注

菲利伯特的遗孀戴安娜·德·昂瑞

卢瓦否认了，但亨利三世有可靠的证据证明她曾希望得到洛林公爵查理三世的收留，这可是天主教会的可耻盟友。也许玛格丽特·德·瓦卢瓦还曾打算接近第三代吉斯公爵亨利一世·德·洛林和联盟的主要领导者。美第奇王太后悲伤成疾，写信给维勒鲁瓦，称在这些新的麻烦中，很大一部分来自她的女儿玛格丽特·德·瓦卢瓦，她快因此烦恼死了[①]。美第奇王太后1585年6月15日给贝利耶夫的一封信中谈到，她女儿玛格丽特·德·瓦卢瓦的"存在"是上帝"为了惩罚"她的罪过而留给她的，玛格丽特·德·瓦卢瓦是这个世界上"我的灾难"[②]。

美第奇王太后虽仍继续关心玛格丽特·德·瓦卢瓦，但这仅是出于一个母亲的天性，必须承认玛格丽特·德·瓦卢瓦让美第奇王太后的温柔受到了严峻的考验。亨利三世已命令马提尼翁元帅将玛格丽特·德·瓦卢瓦赶出阿让（1585年9月25日）。美第奇王太后向这个逃亡者提供了不知算是庇护还是监狱的伊波斯城堡[③]，但玛格丽特·德·瓦卢瓦拒绝离开欧里亚克区的卡拉。她在这里隐居了一年多（1585年9月30日到1586年10月31日），沉浸在自己的快乐中，既不接受命令也不在乎谴责。

后来，到了山穷水尽时，玛格丽特·德·瓦卢瓦既没有可以乘坐的马匹也没有可以携带的武器，独自一人离开了。美第奇王太后说，只是"依靠着某种精神支撑"[④]，玛格丽特·德·瓦卢瓦才穿过了康塔尔崎岖的山脉到达伊波斯，这是她一年前根本不愿做的事情。美第奇王太后的心境发生了很大的变化，甚至猜想玛格丽特·德·瓦卢瓦以前的提议都是

---

① 1585年5月22日。赫克托·德·拉费里埃，巴格诺·德·普晒斯：《凯瑟琳·德·美第奇的信件》，第8卷，第291页。——原注
② 1585年6月15日。赫克托·德·拉费里埃，巴格诺·德·普晒斯：《凯瑟琳·德·美第奇的信件》，第8卷，第318页。——原注
③ 伊苏瓦尔附近。——原注
④ 1586年10月23日。赫克托·德·拉费里埃，巴格诺·德·普晒斯：《凯瑟琳·德·美第奇的信件》，第9卷，第513页。——原注

第11章　美第奇王太后薨逝前后欧洲政治格局

圈套。她因自己的女儿玛格丽特·德·瓦卢瓦与一个叫奥比亚的没有名气的男子尽人皆知的关系而蒙羞，决定用一贯的方法来解决这个问题。玛格丽特·德·瓦卢瓦一到伊波斯，美第奇王太后就无情地让亨利三世马上扣留了她，"否则她还会让我们蒙受其他耻辱"。美第奇王太后写信给维勒鲁瓦说，"让国王陛下赶快动手"，并嘱咐维勒鲁瓦在必要时"帮他一把，使我们免受难以忍受的折磨"①。但亨利三世根本不用帮忙。在收到母亲的信之前，他已经命令上奥弗涅省地方长官卡尼亚克侯爵逮捕了他的王妹玛格丽特·德·瓦卢瓦并把她关在于松城堡里。城堡坐落在高高的岩石上，有三层城墙围着。亨利三世还给财政理事会写信向他们索要看管这个充满仇恨的囚犯所需的资金，同时向维勒鲁瓦发出命令："以后我在信函中只称她为妹妹，去掉这些'亲爱的'或'心爱的'字词。"亨利三世说："美第奇太后已经下令在于松城堡的院子里，当着玛格丽特·德·瓦卢瓦的面把奥比亚绞死。"②

在圣布莱斯会议期间，亨利三世与他的母亲已不再拘留和惩罚这个罪人了。但如果纳瓦拉国王亨利·德·纳瓦拉能保证发誓放弃原来的宗教信仰，美第奇王太后还是有可能会让人把自己的女儿关进修道院，而让这位纳瓦拉国王亨利·德·纳瓦与自己的外孙女克里斯蒂娜·德·洛林再婚的。纳瓦拉国王亨利·德·纳瓦拉的转宗对亨利三世来说非常有利。对于此事，美第奇王太后能想得到的一个重要结果就是彻底取消其实已经解散的联盟。令人难以置信的是，美第奇王太后竟任由其他人向纳瓦拉国王亨利·德·纳瓦拉建议，可以通过处死玛格丽特·德·瓦卢瓦来摆脱她。但这确有其事。诺曼底议会第一任主席克劳德·格鲁拉尔引证说，在1588年，

---

① 赫克托·德·拉费里埃，巴格诺·德·普晒斯：《凯瑟琳·德·美第奇的信件》，第8卷，第513页。——原注
② 亨利三世改变了这个决定，他可能想从这个奥比亚找出他王妹玛格丽特·德·瓦卢瓦的行径（邵丽：《玛戈王后》，1905年，第350页）。卡米拉克派遣奥比亚到艾格佩斯，在那里正等待他的法兰西宫廷大法官的副官卢戈利审问了他，不论有无命令，后来都让人处死了他。——原注

也就是圣布里斯会议召开之后一年左右，参加过这次会议的雷斯元帅曾向他讲过此事。但克劳德·格鲁拉尔是个政治家，他像大多数政客一样把美第奇王太后当成了瓦卢瓦家族的邪恶人物。1599年，当克劳德·格鲁拉尔再次提到雷斯元帅与已成为法兰西国王的亨利四世的谈话时，已经过了十一年，也许他还无意间添加了些什么。他告诉亨利四世的"事实"① 很难证实。亨利四世认为自己作为法兰西国王的职责是处理国家事务，而不是给那些好奇者答疑。当诸如皮埃尔·马蒂厄等历史学家向亨利四世询问过去的事时，他会依当时的利害关系来作答②。从克劳德·格鲁拉尔提出证词的日期看，亨利四世早已知道玛格丽特·德·瓦卢瓦会同意离婚，甚至还很可能挽救了这个刚刚为了王朝的未来而给了他自由的女人的性命。1587年初，亨利三世给他母亲的一封信中写道"纳瓦拉国王亨利·德·纳瓦拉不能指望我们对玛格丽特·德·瓦卢瓦进行不人道的处置，也不能休妻后另娶……""我希望她能被安置在纳瓦拉国王亨利·德·纳瓦拉可以看到的地方，当他愿意时还可以尽力让她生些孩子，虽然她自己不愿意这么做……我知道这对他来讲一开始很难接受，但玛格丽特·德·瓦卢瓦依然拥有他妻子的称号。而且，只要她活着，他就不能另娶。如果纳瓦拉国王亨利·德·纳瓦拉没有这么做的话，除非他能确保子孙的血统纯正，否则我将是他最大的敌人"③。

---

① 米肖，普茹拉：《克劳德·格鲁拉尔回忆录》，第1系列，第11卷，第582页。——原注
② 亨利四世对一些政治事件的记忆很模糊，但想象力丰富。因此，关于他的信仰有许多传闻。他可能在巴约讷会晤中听到了商议圣巴塞洛缪的行动，就像他们是在这个十一岁半的孩子面前决定了实施对新教教徒的大屠杀的。这个早熟的孩子，应该不会忘记通知他的母亲珍妮·阿布莱特，这个可疑的胡格诺派的。他告诉议会，为了消除《南特法令》的记录，在巴黎大屠杀之后，当他与第三代吉斯公爵亨利一世·德·洛林玩骰子时，他看到他扔出时上面都是血。1603年，为了被耶稣会士召回，他毫不犹豫向宫廷宣布了与所知事实相反的事，他的刺客巴里尔尽管被一个耶稣会的会士揭发，却没有坦白。然而现在可以确定，这次揭发来自一个居住在里昂的佛罗伦萨多明我会的修士。这些随便被篡改真相的例子有很多。——原注
③ 1587年1月。赫克托·德·拉费里埃，巴格诺·德·普晒斯：《凯瑟琳·德·美第奇的信件》，第9卷，第437页。——原注

第11章 美第奇王太后薨逝前后欧洲政治格局

将克劳德·格鲁拉尔的叙述与这封信进行对比，假设这些都是真实的，我们可以看出，美第奇王太后在她儿子亨利三世不知道的情况下，向她的女婿纳瓦拉国王亨利·德·纳瓦拉提出了会令他高兴的离婚和再婚建议，但条件是他改信天主教。她这么做其实就想知道纳瓦拉国王亨利·德·纳瓦拉会多么反感这个建议。她向纳瓦拉国王亨利·德·纳瓦拉抛出的诱饵可能仅仅是为了测试一下他对新教的忠诚度。

玛格丽特·德·瓦卢瓦在被囚禁了几天后就绝望了。她写信给美第奇王太后的管家德萨朗先生说："在我母亲的保证和要求下，我在这里赎罪，但我没有得到我期望的良好待遇，只感到了可耻的毁灭。等着瞧吧！她把我带到了人世，却又想把我从这个世界除去。"[①] 玛格丽特·德·瓦卢瓦是在怀疑某些罪恶的阴谋，还是只是由于被囚禁的痛苦而夸大其词呢？

但玛格丽特·德·瓦卢瓦并没有一直自暴自弃，她诱惑或者收买了监管她的卡尼亚克侯爵[②]。早在1587年2月18日，美第奇王太后就在亨利三世的一封信中得知，卡尼亚克侯爵正在与联盟进行谈判。美第奇王太后不相信这个"不忠者"只是出于仆人的过度热心。"我的儿子，我不知道该怎么忍受这种不停增加的痛苦了。"[③] 但两天后，美第奇王太后获悉包括里昂大主教[④]、地方长官弗朗索瓦·德·曼代洛和奥弗涅省长朗当伯爵等重要人物参加的在里昂召开的集会中，卡尼亚克侯爵承诺将"让纳瓦拉

[①] 玛格丽特·德·瓦卢瓦:《玛格丽特·德·瓦卢瓦的回忆录和信件》，盖萨尔出版，第298页，一封由赫克托·德·拉费里埃，巴格诺·德·普晒斯:《凯瑟琳·德·美第奇的信件》，第8卷，第265页的出版商错误引用的信，因为这封信是在内拉克逃走之后写的。——原注

[②] 邵丽:《玛戈王后》，1905年，第356页起。就像传说的一样，卡尼拉克侯爵可能由于他所看管的囚犯的美丽而背叛了亨利三世给他的职责。但与传说相反的是，卡尼拉克侯爵没有被愚弄。他把她的自由及于松城堡卖了个好价钱，收了一笔不菲的赎金，也许他还收到了别的东西作为补偿。诱惑和赎金并不一定相互排斥。——原注

[③] 赫克托·德·拉费里埃，巴格诺·德·普晒斯:《凯瑟琳·德·美第奇的信件》，第9卷，第176页；给卡尼拉克的信，出处同上，第177页。——原注

[④] 里昂大主教这里指皮埃尔·戴比那可。——原注

王后玛格丽特·德·瓦卢瓦重获自由,并待在安全的地方"①。事实上,卡尼亚克侯爵和玛格丽特·德·瓦卢瓦早已相互勾结,他将城堡交给了她,驱赶了在那里看守她的瑞士人。玛格丽特·德·瓦卢瓦无依无靠地生活在那里,被亲人所遗弃,但这里也成为她躲避政治风暴和灾难的避难所。玛格丽特·德·瓦卢瓦通过学习、写回忆录及其他不怎么纯洁的乐趣来安慰自己②。亨利三世实在太忙了,都想不起再去夺回于松城堡了。

在圣布莱斯,纳瓦拉国王亨利·德·纳瓦拉在得到神圣罗马帝国的援助之前,尽量避免使谈判破裂,尽可能地拖延着谈判时间。例如,他在丰特奈约见了美第奇王太后,但刚刚抵达马朗,他就拒绝再往前走。最后纳瓦拉国王亨利·德·纳瓦拉派出了图伦内子爵郑重向美第奇王太后提议可以通过接受法兰西王国和外国新教教徒的援助"来恢复被联盟毁灭的国王的权威,并让他的臣民获得永久的安宁"③。美第奇王太后意识到纳瓦拉国王亨利·德·纳瓦拉正在愚弄她,会议因此而结束了(1587年3月7日)。

在离开她的儿子七个半月后,美第奇王太后又回到了巴黎。她的出现非常及时。其实美第奇王太后一直在与一方商谈的同时警惕着另一方。在她加入与纳瓦拉国王亨利·德·纳瓦拉谈判的阵营之前,第三代吉斯公爵亨利一世·德·洛林就给西班牙大使伯纳尔德诺·德·门多萨④写信说,美第奇王太后妄图"搅乱两国(法兰西王国和西班牙)天主教的平静"⑤。为了防止出现他所担心的妥协,第三代吉斯公爵亨利一世·德·洛林还邀请自己的弟弟马耶讷公爵夏尔·德·洛林返回勃艮第政府,以确保第戎的

---

① 赫克托·德·拉费里埃,巴格诺·德·普晒斯:《凯瑟琳·德·美第奇的信件》,第9卷,第181页。——原注
② 在于松拜访过她的著名的语言学家约瑟夫·斯卡利格说:"她是自由的,她为所欲为,只要她愿意就有很多男人供她选择。"——原注
③ 欧内斯特·拉维斯:《法国通史》,第6卷,第257页。——原注
④ 伯纳尔德诺·德·门多萨(1540—1604),西班牙外交官和作家。
⑤ 自赫克托·德·拉费里埃,巴格诺·德·普晒斯:《凯瑟琳·德·美第奇的信件》,第9卷,第68页,注3。——原注

安全。聚集在乌尔斯康修道院（1586年10月）的联盟领导人决定请国王逐条监察联盟敕令，并许诺如果亨利三世和异教徒能达成某种协议，他们将离弃第三代吉斯公爵亨利一世·德·洛林。但还未等亨利三世下令，他们就袭击了在自己的领地收容了一些新教逃难者的布永公爵，第三代吉斯公爵亨利一世·德·洛林还违背亨利三世的命令，在1586年冬至1587年围攻了牵制洛林的色当和雅梅斯要塞。

欧马勒公爵查理·德·吉斯从克罗托伊那里夺取了位于皮卡第的杜朗等地。在巴黎，由于忠君之情和害怕动乱，议会的上等有产者仍然效忠亨利三世。但普通平民却因亨利三世对异教徒的宽容而气愤，并把他朝圣、游行、撤退及病态的虔诚看作是伪善和虚伪。对玛丽·斯图亚特的行刑（1587年2月18日）激发了对这些"英格兰耶洗别①"保护者——新教教徒的仇恨。最激进的联盟成员合谋打算夺取巴士底狱、小城堡、圣殿和政府，并封锁卢浮宫。他们发现第三代吉斯公爵亨利一世·德·洛林对此很冷漠，于是将计划透露给马耶讷公爵夏尔·德·洛林，使他在吉耶讷取得了巨大的成功。但可能是害怕承担责任，也可能得到亨利三世的命令，马耶讷公爵夏尔·德·洛林离开了巴黎。该计划被延期了，但宣传更激烈了。"宣传者大力煽动叛乱。"一些密使进入了各省和各大城市，他们甚至还带着联盟控诉亨利三世让异教的德意志雇佣骑兵进入法兰西王国"迫害虔诚的天主教教徒"的陈情书。

亨利三世在力图将纳瓦拉国王亨利·德·纳瓦拉与新教党派分离却未取得成功后，实在无计可施了，只好去接近天主教派。他刚让自己母亲休息了一个月，就于1587年5月中旬派她去了兰斯。在那里，美第奇王太后会见了波旁红衣主教查尔斯一世·德·波旁和第三代吉斯公爵亨利一世·德·洛林。然而，令联盟首领们怀疑纳瓦拉国王亨利·德·纳

---

① 耶洗别，腓尼基公主，提尔和西顿之王伊索巴尔一世之女，也是以色列国王阿恰布的妻子（公元前874—公元前853）。

玛丽·斯图亚特平静地聆听伊丽莎白一世的使者带来的死刑通知

行刑在即,侍女用白纱为玛丽·斯图亚特蒙上眼睛

瓦拉的变节只是一时冲动的圣布莱斯会晤之后，美第奇王太后可能再无法重新取得他们的信任了。经过三个星期的谈判（1587年6月24日至7月15日），神圣联盟首领们只同意给布永公爵一个月的延长休战时间，而拒绝将杜朗和克罗托伊还给讷韦尔公爵路易·德·冈萨格，这个亨利三世为了使之与联盟彻底决裂而任命的皮卡第地方长官。作为最后的让步，联盟领导人只同意让亨利三世从联盟中挑选三名不会与该省武装力量有任何瓜葛的候选人来管理杜朗。

美第奇王太后对自己的外交失败感到害怕，担心她的儿子会指责她，说她无能。因此在给维勒鲁瓦的一封信中，她辩解说她拥有的时间太少了，"当一个人到了某个新的地方，很难只用二十天就调解好所有事务"。美第奇王太后在杜朗问题上向维勒鲁瓦询问亨利三世对此的意见："我请您让我知道他的决定，因为他认为最好的方法我一定也会觉得很好。"美第奇王太后除了赞赏自己的儿子之外别无他法了。

亨利三世清楚地知道，母亲的外交手段最终并未能打消联盟的怀疑。他派茹瓦约斯公爵达尔克去对抗纳瓦拉国王亨利·德·纳瓦拉，并派第三代吉斯公爵亨利一世·德·洛林和洛林公爵查理三世在神圣罗马帝国军队入侵的道路上设防。亨利三世还亲自在卢瓦尔河布置了大量武装队伍以便保卫水路通道，防止西部新教教徒与他们的外援会合。亨利三世期望茹瓦约斯公爵达尔克可以遏制纳瓦拉国王亨利·德·纳瓦拉，同时第三代吉斯公爵亨利一世·德·洛林因太过软弱，既难以阻止神圣罗马帝国雇佣骑兵掠夺洛林——这将是对他妹夫激进盟友的公正惩罚——也无法削弱这些雇佣骑兵。最后亨利三世将带着自己毫发无损的部队进行干预，并向所有人发号施令。亨利三世说："我的敌人，将为我向另外的敌人复仇。"

亨利三世将巴黎的事务全权托付给自己的母亲。在1587年的这次征战中，美第奇王太后表现出了惊人的活力。在贝利耶夫和维勒鲁瓦的

第11章　美第奇王太后薨逝前后欧洲政治格局

协助下，她领导军队，建造防御工事，管理财务。美第奇王太后向队长们指出可以最快抵达他们岗位的路线，或者可穿越的地区[1]；以书面形式向法兰西岛及附近城镇地区的执行官发布命令；要求与她儿子亨利三世会合的领主、绅士和其他作战人员继续前进[2]；叮嘱各地海事总督注意海上的攻击[3]；建议地方长官，城镇居民监视桥梁、要塞和水道的安全[4]。美第奇王太后还分发帐篷和炮兵装备，在各处驻扎军队。她把瑞士人召集到圣雅克市郊，规定了他们的宿营地，为他们提供住宿和食物。她加强了巴黎的防御，收集周边地区的粮食发放到封闭的城市[5]。她还努力通过各种方式寻求资金支援：向神职人员索要、出卖职务并催促议会注册法令。这些命令都是由国务秘书布鲁特发布的，但都经过了美第奇王太后的同意和签署。在奥斯特拉西亚战役期间，美第奇王太后像1552年时那样重新做起了"军粮供应官"。

但美第奇王太后在处理她儿子亨利三世的感情问题时，遇到了更多的麻烦。洛林公爵查理三世为了报复神圣罗马帝国军队的破坏，曾提出要在法兰西王国追捕他们。亨利三世同意了，但洛林公爵查理三世的日耳曼雇佣骑兵一进入法兰西王国，亨利三世又要求他们"放弃黄色肩饰带"和"洛林公爵查理三世军队的名号"。他还命令洛林公爵查理三世送还腓力二世的总督帕尔马公爵亚历山德罗·法尔内塞从荷兰给他派来的一千五百名西班牙枪骑兵。亨利三世是害怕自己的妹夫会利用这些援

---

[1] 赫克托·德·拉费里埃，巴格诺·德·普晒斯：《凯瑟琳·德·美第奇的信件》，第9卷，第249页。——原注
[2] 赫克托·德·拉费里埃，巴格诺·德·普晒斯：《凯瑟琳·德·美第奇的信件》，第9卷，第251页和注1。——原注
[3] 赫克托·德·拉费里埃，巴格诺·德·普晒斯：《凯瑟琳·德·美第奇的信件》，第9卷，第254页。——原注
[4] 赫克托·德·拉费里埃，巴格诺·德·普晒斯：《凯瑟琳·德·美第奇的信件》，第9卷，第255页。——原注
[5] 赫克托·德·拉费里埃，巴格诺·德·普晒斯：《凯瑟琳·德·美第奇的信件》，第9卷，第260和第261页。——原注

助来对付他，向他复仇吗？还是想提醒这位带着同盟面具的伙伴，他才是法兰西王国的主人呢？无论是什么原因，洛林公爵查理三世都被亨利三世的傲慢或多疑震惊了，以至于"泪水充斥双眼"[①]。

美第奇王太后从一开始就准备安抚这个后果可能十分严重的冲突了[②]，她自然是想让洛林公爵查理三世屈服。美第奇王太后知道亨利三世反感所有洛林家族的人，认为他们掌握的力量会令自己的处境更加艰难。美第奇王太后没有冒险建议亨利三世采取缓和政策，她先通知维勒鲁瓦说她的女婿洛林公爵查理三世已经答应"确保亨利三世的安全"，然后又让维勒鲁瓦向她儿子亨利三世宣布了这个妥协——这实际上是出于恐惧，而不是因为亨利三世的多疑而达成的半妥协。"……有时亨利三世不采纳我的意见，认为我做这些是想尽可能地取悦洛林家族成员，要么说我对他们太友好了，要么说我对这些人的爱超过了对他的爱。可事实上他才是我一直的最爱啊。我只是一个可怜的母亲。"[③] 美第奇王太后叹了口气说，亨利三世有时怀疑自己对他的爱，有时又觉得她愚蠢又敏感。这两个猜忌不论对一个温柔的母亲，还是对一个政治家来说，都是非常耻辱的。

一直以来，亨利三世的利益才是美第奇王太后唯一的行为准则。洛林公爵查理三世肯定有错，但我们非得放弃他带来的救援，并疏远这个"一直是我们朋友的人"，甚至驱逐他吗？拒绝他的援助，就是无视教皇、西班牙国王腓力二世以及整个基督教的意见，更糟糕的是，也就是无视法兰西王国的意见："您好好想想，您（亨利三世）还能在巴黎或其他城市，以及诸多的省份中，得到谁的服从呢？"我们得对洛林公爵查理三世的承诺表示满意，不然的话就可能会被指控勾结胡格诺派。但亨利三世十分固执，洛林公爵查理三世也不愿屈服，所以洛林公爵查理

[①] 达维耶：《信件》，第132页。——原注
[②] 达维耶：《信件》，第9卷，第279页。——原注
[③] 达维耶：《信件》，第9卷，第279页到第280页，1587年11月15日。——原注

第11章　美第奇王太后薨逝前后欧洲政治格局

三世只好离开了。但可能由于美第奇王太后向洛林公爵查理三世提出了某个妥协建议，他还是派出了自己的儿子庞特－阿穆松侯爵亨利二世·德·洛林和一些发誓为法兰西国王亨利三世效力的部队。1587年10月25日，美第奇王太后得知纳瓦拉国王亨利·德·纳瓦拉战胜了王室军队，以及茹瓦约斯公爵达尔克在库特拉（1587年10月20日）阵亡的消息后，给她的儿子写信说，"这是一个巨大的不幸，对于您在吉耶讷的损失，自从昨天晚饭时，年轻的德波特告诉了我这个如此不幸的消息后，我就一直非常难过。"她继续说，"而且，直到现在我仍然忐忑不安。"①

美第奇王太后认为当亨利三世拿出钱财让瑞士（1587年11月27日）和神圣罗马帝国救援军撤退时（1587年12月8日），损失就可以修复了。美第奇王太后热情洋溢地给吉耶讷中将马提尼翁写信，说他在这方面做得很好，"因为接下来我们什么都不用做了，只需去感谢上帝给了我们如此多的帮助。这真是一个奇迹，同时也显示出他是一个爱国王，爱王国的虔诚的天主教教徒"②。"这个结果应该能让所有的胡格诺派转宗，并使他们相信上帝不想再为此而痛苦了。"美第奇王太后太心急了，把自己的理想当成了现实。胡格诺派刚刚赢得了他们在库特拉第一次交锋的胜利，根本不会谈到什么转宗。而在极力颂扬第三代吉斯公爵亨利一世·德·洛林在维莫里和欧诺取得了两个胜利的同盟者们却指责亨利三世不仅没有消灭入侵者，还禁止不服从他的第三代吉斯公爵亨利一世·德·洛林和庞特－阿穆松侯爵亨利二世·德·洛林一直赶到边界去追捕这些入侵者。

新的困难又来了。欧马勒公爵查理·德·吉斯想要管理皮卡第，并想预先在全省部署自己的武装力量，"这让我非常痛苦，"美第奇王太

---

① 1587年10月26日。赫克托·德·拉费里埃，巴格诺·德·普晒斯：《凯瑟琳·德·美第奇的信件》，第9卷，第259页。——原注
② 我想她说的是国王，不是上帝。——原注

后写道。波旁红衣主教查尔斯一世·德·波旁因收到了亨利三世寄给他的信而愤怒不已。马耶讷公爵夏尔·德·洛林也向美第奇王太后申诉，亨利三世命他遣散两个步兵团。

1588年1月，联盟领导人在南希举行会议，列出了他们所提要求的清单：授予新的安全区、解雇埃佩尔农公爵让·路易·德·诺加雷和他的哥哥伯纳德·诺加雷、颁布特伦特教谕，以及至少要在"王国较大的城市"中成立宗教裁判所、没收并出售异教徒资产、对疑似异端者征收大量税款、处死战争中被捕的新教教徒和拒绝改信天主教的新教教徒，等等。

这时，腓力二世伟大的"无敌舰队[①]"正准备开向芒什海峡，前往弗朗德勒去袭击帕尔马公爵亚历山德罗·法尔内塞的军队，并计划在英格兰将他们遣散。联盟领导人也参加了这个对抗伊丽莎白一世和欧洲新教的天主教计划。他们想守卫已占据的皮卡第港口，甚至试图夺取布洛涅，以便必要时在那里迎接西班牙的舰队。贝利耶夫和拉吉什无法从第三代吉斯公爵亨利一世·德·洛林那里获得他指派欧马勒公爵查理·德·吉斯收复的要塞。美第奇王太后对此非常不满，亲自写信给贝利耶夫，让他告诉第三代吉斯公爵亨利一世·德·洛林，她不会再向亨利三世书面保证第三代吉斯公爵亨利一世·德·洛林通告的内容了，"因为我非常懊悔，我的儿子还会像他昨天那样对我说'您告诉过我，吉斯家族会让我满意，那您看我是否有这样的机会呢'"。（1588年4月1日）美第奇王太后还说："我牙疼得厉害就不多说了。"美第奇王太后一直在努力协调着不可调和的矛盾，并更强烈地感到自己身体的痛苦。维勒鲁瓦宣布说："亨利三世不能再像他以往那样生活了，他想让别人臣服于自己。"但第三代吉斯公爵亨利一世·德·洛林等人却决定不再服从他。

[①] 无敌舰队是1588年，西班牙武装入侵英格兰的舰队的名字。它由西班牙的天主教国王腓力二世租用，旨在运送整个海峡的士兵、弹药和食物。

库特拉之战，胡格诺赢得胜利

无敌舰队

第11章　美第奇王太后薨逝前后欧洲政治格局

亨利三世把善于协调的贝利耶夫派往苏瓦松伯爵夏尔·德·波旁去做最后一次尝试。也许第三代吉斯公爵亨利一世·德·洛林会继续他既不缔结任何协定，也不使关系破裂的谈判，因为他已与腓力二世结成同党，自己的行动不得不服从于西班牙国王腓力二世的行动。联盟的武装行动也得随着无敌舰队的推迟出现而延迟进行。第三代吉斯公爵亨利一世·德·洛林还得顾及由于恐惧急于采取行动的巴黎同盟者。他们拿着武器反抗了负责逮捕三名捣乱的讲道者的亨利三世的弓箭手，还在巴黎圣母院攻击了埃佩尔农公爵让·路易·德·诺加雷。这些同盟者有理由担忧如此顶撞亨利三世会遭到他的报复，因此催促他们首领的到来。但第三代吉斯公爵亨利一世·德·洛林为了找到干预的借口，坚持拒绝向贝利耶夫做出任何让步。美第奇王太后让人对第三代吉斯公爵亨利一世·德·洛林说（1588年4月22日），"如果他无法使我的儿子亨利三世满意，我将会非常遗憾"[①]。但对第三代吉斯公爵亨利一世·德·洛林来说，最重要的是取悦他的支持者而非他的主子。1588年4月24日，贝利耶夫写道："……我看出来了，这些亲王改变了很多巴黎方面给予他们的观点，恐怕我们期待的让亨利三世满意和让国家安定的胜利都难以实现了。"实在看不到什么取得胜利的希望，第三代吉斯公爵亨利一世·德·洛林要求被召回巴黎。

亨利三世被激怒了。正如维勒鲁瓦在信笺中所述："这种被刺伤的情感最后变成了愤怒，他们根本不把我当回事。"亨利三世让人禁止第三代吉斯公爵亨利一世·德·洛林进入巴黎，否则他就要为可能引起的"骚乱"负责。但巴黎的联盟成员却让他们的首领下决心不去理会一切禁令。1588年5月9日，在贝利耶夫返回后几个小时，第三代吉斯公爵亨利一世·德·洛林与九个或十个同伴从圣丹尼斯大门进入了巴黎。人们一认出

---

① 1588年4月22日。赫克托·德·拉费里埃，巴格诺·德·普晒斯：《凯瑟琳·德·美第奇的信件》，第9卷，第336页。——原注

他，就向他鼓掌，大喊"吉斯万岁！""教会的顶梁柱万岁！"人群簇拥着他，信赖、亲切又高兴地望着他，触摸他的斗篷。这种狂热的群众感情对第三代亨利一世·德·洛林却意味着另外一种危险。亨利三世的恐惧比他自己的荣耀更令人生畏。第三代吉斯公爵亨利一世·德·洛林直接去了美第奇王太后在卢浮宫附近的居所，并进行了自我辩解，好像是要保护自己的和解政策免受她儿子愤怒行为的影响似的。

一个匿名的联盟成员记录了这些难忘的事件，他似乎对此知之甚详。这位成员讲道，美第奇王太后的小矮人偶然望向窗外时，大声嚷道：第三代吉斯公爵亨利一世·德·洛林在门外！而美第奇王太后觉得这是个笑话，说道："可要好好抽这个说谎的小矮人几下。"可是，"转瞬间，她就知道了小矮人说的是实话"。这个匿名者根本没想前后之间的矛盾，接着补充道，美第奇王太后"非常喜悦和满足"，因为我们看到她因满足而产生的特有的迹象，"颤抖着，哆嗦着，脸色都变了"。威尼斯大使在同一天也写道，美第奇王太后"完全混乱了"，但这并不是因为高兴。事实上，美第奇王太后没有向第三代吉斯公爵亨利一世·德·吉洛林隐瞒，她其实更乐意在另一个时刻见到他。但当前最重要的是防止她儿子亨利三世与联盟领导人之间产生无法挽回的破裂，也许美第奇王太后担心情况会变得更糟。

考虑到亨利三世的利益，美第奇王太后决定为第三代吉斯公爵亨利一世·德·洛林进行辩解。看到他们到达的大议会诉状的负责人让·尚东说，美第奇王太后先带第三代吉斯公爵亨利一世·德·洛林坐着自己的马车去了卢浮宫，然后又径直把他带到了亨利三世的内阁。亨利三世站了起来，责备第三代吉斯公爵亨利一世·德·洛林违抗他的命令回到巴黎。一位在会晤中听到过第三代吉斯公爵亨利一世·德·洛林与切维尼尔大法官当时对话的见证人说，第三代吉斯公爵亨利一世·德·洛林可能回答说是美第奇王太后把他召见来的。美第奇王太后也承认这是她

第 11 章　美第奇王太后薨逝前后欧洲政治格局

建议吉斯公爵亨利·德·洛林用的借口，赶紧解释说，她招第三代吉斯公爵亨利一世·德·洛林前来是想"让他像往常那样为亨利三世服务，并平定一切骚乱"。亨利三世一时无法相信美第奇王太后竟会背着自己发出这个邀请。让·尚东说，"但亨利三世认为这个回答还是可以接受的"[①]，也就是说这回答是有效的。既然他的母亲愿意对此承担责任，他就不能再指责第三代吉斯公爵亨利一世·德·洛林擅自进入巴黎了。

在接下来的两天中，美第奇王太后一直在寻找和解的方法。1588 年 5 月 10 日，星期二，她与第三代吉斯公爵亨利一世·德·洛林就皮卡第城市的收复问题进行了会晤。据一位不知名的盟员所述，第三代吉斯公爵亨利一世·德·洛林可能回答说这不是他的管辖范畴，必须得考虑治理整个

里昂大主教皮埃尔·迪亚诺

---

① 让·尚东的证词比那些试图证明美第奇王太后作为同谋邀请了第三代吉斯公爵亨利一世·德·洛林来巴黎的历史学家们所说的更重要。——原注

法兰西王国。但他与亨利三世的交谈进行得很愉快。第三代吉斯公爵亨利一世·德·洛林要求把里昂大主教皮埃尔·迪亚诺召唤到巴黎来，他是"同盟的智囊"，亨利三世说自己也对他表示热烈欢迎。第三代吉斯公爵亨利一世·德·洛林还开玩笑似的补充道："他确信亨利三世是不会觉得这么做不好的，因为私下里亨利三世本就希望一起除掉他们，而且也会这么做。"亨利三世也许是想到了同盟领导者曾强烈要求解雇他最喜欢的埃佩尔农公爵让·路易·德·诺加雷，回答道："热爱主人的仆人也会爱主人的狗。"第三代吉斯公爵亨利一世·德·洛林辩驳说，"只要狗不吠，而且主人、狗和仆人都保持谨慎的话，确实是这样。"[1] 但这可信吗？

　　第二天打趣就结束了。当第三代吉斯公爵亨利一世·德·洛林来到美第奇王太后的房间时，亨利三世也在那里。但他转过头，假装没看见第三代吉斯公爵亨利一世·德·洛林。第三代吉斯公爵亨利一世·德·洛林坐在一个箱子上，申诉着贝利耶夫汇报的那些攻击他的报告。亨利三世已经知道联盟正在为战斗做准备，他自己也做了预防安排。从 1588 年 5 月 11 日星期二至 1588 年 5 月 12 日星期三的晚上，法兰西国王亨利三世违背城市自卫特权，让法兰西王国护卫军团和驻扎在圣雅克市郊的瑞士人进入了巴黎。教育界被惊动了。一些学生和自由民用"空木桶"在莫贝尔筑垒固守。震惊的亨利三世并没有用武力去驱散这些集会，而是派贝利耶夫前往吉斯官邸，向这个被推定为这次抵抗运动的煽动者宣称，"亨利三世没有任何陷害他的阴谋"。美第奇王太后随后也立即赶到，找到了这个穿着紧身短上衣的联盟领袖后，她才放下了心，并向他表明"亨利三世对这种情

---

[1]《巴黎街垒史》，1588 年 5 月，《珍奇档案》，第 1 系列，第 11 卷，第 370 页到第 371 页；《从 1588 年 5 月 7 日至 6 月底发生在巴黎的真实历史》，巴黎，1588 年；桑贝尔和当茹：《珍奇档案》，第 1 辑，第 11 卷，第 327 页到第 350 页。保王党的叙述："当第三代吉斯公爵亨利一世·德·洛林占领巴黎及亨利三世逃离时，巴黎特殊情况的补充。"1588 年 5 月，《珍奇档案》，第 11 卷，第 351 页到第 363 页。若对罗比凯党派有所怀疑，可查阅《亨利三世时期的巴黎和联盟》，1886 年，巴黎，第 313 页到第 358 页。——原注

第11章 美第奇王太后薨逝前后欧洲政治格局

绪非常不满",希望他下令平息这一切。第三代吉斯公爵亨利一世·德·洛林"回答说他对此一无所知,没有人向他汇报。至于他们所希望的让他要求民众放下武器,第三代吉斯公爵亨利一世·德·洛林说自己既不是上校也不是队长,他们之所以拿起武器并不是因为他的命令,只有城市治安法官才能解决这件事"。

尽管这个回答如此敷衍,但美第奇王太后并没有沮丧。她"回到卢浮宫,希望事情会平息下来"①。但在此期间,民众被士兵的出现激怒了,动乱越来越激烈,甚至开始使用街垒这种革命手段。法兰西王国护卫军和瑞士人被临时自卫队包围了。为了营救他们,亨利三世不得不恳求第三代吉斯公爵亨利一世·德·洛林前去干预。而最激进的盟员甚至还叫嚷着要去卢浮宫捉拿亨利三世的"同伙"。星期五上午,当美第奇王太后像往常一样去圣礼拜堂做弥撒时,她发现街道被阻,不得不"用脚"在铺满石块和木桶的壁垒中开出一条通道。她走过后道路又被封闭了。"她脸上带着微笑,确保自己不露出任何惊讶之情。"②然而,当美第奇王太后穿过同样的路障再回到自己的府邸后,"整个晚饭时间她都在哭泣"③。但美第奇王太后仍然抱有达成和解的希望。下午,在卢浮宫举行的一场会议中,美第奇王太后坚持亨利三世不应该离开巴黎。她说:"昨天我无法从第三代吉斯公爵亨利一世·德·洛林的话语中听出他是否愿意回归理性,但现在我回头再想时才有所察觉,我保证会让他平息这场动乱。"然而美第奇王太后发现亨利三世对平息民众的激情很"冷漠"。他说:"这是难以挽回的,民众已经成了急红眼的公牛。"还说,若像美第奇王太后所要求的那样再回到卢浮宫,就是"虚弱以待,穿着紧身

---

① 查尔斯·瓦卢瓦:《特殊情况的扩张(王室叙事),珍奇档案》,207页,第11卷,第357页,也提到了王太后第一次访问吉斯公爵的事。——原注
② (盟员)《巴黎街垒》,桑贝尔和当茹:《珍奇档案》,第11卷,第387页。——原注
③ 皮埃尔·德·埃图瓦尔:《皮埃尔·德·埃图瓦尔埃图瓦尔日志回忆录》,珍本收藏家们出版,第3卷,第144页。桑贝尔和当茹:《特殊情况的扩张,珍奇档案》,第357页。——原注

亨利三世离开巴黎

上衣任由敌人摆布,这是精神上的软弱"[1]。之后,美第奇王太后对陪同的国务秘书克劳德·皮纳特低声说道,赶紧让亨利三世离开巴黎。事实上,亨利三世已经秘密离开了,将权力全部托付给了他的母亲。

联盟领导人对亨利三世的意外逃跑感到为难。他们本想控制亨利三世,以他的名义下达命令。但这位懒散的国王竟然逃跑了。无论是控制他,还是反对他,他们都无法进行统治,否则有可能会把他推入新教教徒的阵营,或者会使没有加入同盟的天主教教徒发动叛乱。联盟领导人得保持表面上的臣服,并与亨利三世曾经在巴黎起义时授予权力的人行动一致。美第奇王太后在某些方面是同意他们的观点的。她努力去改变自己儿子的态度,帮他收回民心,还鼓励行政司法机构、议会、援助法

---

[1] 皮埃尔·德·埃图瓦尔:《皮埃尔·德·埃图瓦尔埃图瓦尔日志回忆录》,第3卷,第144页。罗比凯:《亨利三世统治时期的巴黎和同盟》,1886年,第351页起。——原注

第11章　美第奇王太后薨逝前后欧洲政治格局

庭及嘉布遣会修士，派使者前往亨利三世逗留的沙特尔为街垒日的行为辩白或掩饰。革命者在市政厅建立的政府以书面形式向他们的国王亨利三世保证，他们将承担自己的责任并保持忠诚（1588年5月23日）。在附于由第三代吉斯公爵亨利一世·德·洛林和巴黎红衣主教联名签署的请求之后，美第奇王太后的亲笔信中，她把亨利三世的不幸推卸给埃佩尔农公爵让·德·路易·诺加雷和他的哥哥伯纳德·诺加雷，并声称这两人的失宠是由于庇护异教徒和侵吞公款。美第奇王太后还请求亨利三世远离吉耶讷改革派，并在他离开巴黎的这段时间给予她——他的母亲管理巴黎及在一些必要事务上做决定的权利。因为她的谨慎行事"已经获得了人民的信任和爱戴"。她会"使事情尽快平息并且能够，正如她以前在类似情况下所做的那样，利用对您效忠的人为您的事业服务"[1]。

美第奇王太后利用自己在联盟中取得的信任来更好地监视他们。美第奇王太后向亨利三世指出第三代吉斯公爵亨利一世·德·洛林占领了蒂耶里堡及他在默伦、拉尼、科尔贝、艾丹普及巴黎周围地区的计划。她告诉亨利三世，第三代吉斯公爵亨利一世·德·洛林的将领之一，布瓦先生在"昂热城堡"修行，并希望可以从那里得到资金支持[2]。另外，她还让亨利三世警惕沙特尔。

与此同时，美第奇王太后继续推动谈判的进展。她竭力让同盟者降低他们的要求，同时也努力让亨利三世做出让步。亨利三世发现自己无法了解变革后的市政当局，也不想给予第三代吉斯公爵亨利一世·德·洛林大将军头衔，让他拥有最高军事指挥权。但美第奇王太后敦促他要不惜一切代价尽快达成和平协定，这样才能阻止帕尔马公爵亚历山德罗·法尔内塞的所有叛乱行径。1588年6月2日，美第奇王太后给贝利耶夫

---

[1] 弗朗索瓦·博纳多：《巴黎市局审议记录》，巴黎，1902年，第9卷（1586年—1590年），第132页到第133页。——原注
[2] 1588年6月17日。赫克托·德·拉费里埃，巴格诺·德·普晒斯：《凯瑟琳·德·美第奇的信件》，第9卷，第371页。——原注

写信说，"我会更愿意让出一半国土，并给予第三代吉斯公爵亨利一世·德·洛林大将军的头衔来让他重新与我和我的国家站在一起，而不是屏息凝神地看着王国日渐衰弱。我知道这对我儿子亨利三世来说是良药苦口，但若要他丧失全部权力和别人的臣服其实更难。这时亨利三世会同意尽其所能地恢复王国。因为时间总会给我们带来意想不到的事，我们欣赏那些知道通过向时间低头来获得自保的人。我像讲道者一样说教，但自己却一直生活在如此看不到头的烦忧中。如果上帝不插手帮忙的话，我都不知道以后会怎样了。"[1]

亨利三世派他的医师米隆带着曾被拒绝的提案去了巴黎。在绝望之中，亨利三世决定遵从反叛臣民制定的法则。他对美第奇王太后说，维勒鲁瓦带领亲王们明确表达了他们的意愿：承认圣会；享受六年的城市安全区；发布特伦特教谕（除了违背法兰西王国天主教教会自由的条款）；征集两支军队，其中一支由第三代吉斯公爵亨利一世·德·洛林指挥向吉耶讷行进，去对抗纳瓦拉国王亨利·德·纳瓦拉（1588年6月15日）。

同时，市政当局一方要求在巴黎市像在普通城市一样配备警力，要求摧毁巴士底狱或由他们监管，在巴黎十二个地点驻扎士兵，由他们审判异教教徒等。亨利三世最后基本都同意了，并签署了1584年7月21日在巴黎议会上登记的《天主教臣民联盟法令》[2]。亨利三世将践行他在加冕时的诺言，消灭王国里的所有异端，"决不向异教徒停战，绝不与异教徒和平相处"，并命令他的臣民"不接受任何异教徒或可能是异教徒的王位继承人"。亨利三世昏昏沉沉地宣布，好像那些1587年5月12日和13日发生的事件及后来巴黎议会在宫廷公布的信件根本就不存在一样。

---

[1] 1588年6月2日。赫克托·德·拉费里埃，巴格诺·德·普晒斯：《凯瑟琳·德·美第奇的信件》，第9卷，第368页。另请参阅1588年6月20日给讷韦尔公爵路易·德·冈萨格的信，赫克托·德·拉费里埃，巴格诺·德·普晒斯：《凯瑟琳·德·美第奇的信件》，第371页。——原注

[2] 古拉德，西蒙：《神圣联盟难忘事件第二辑》，巴黎，1590年，第574页到第581页（也称《同盟回忆录》第二卷）。——原注

第11章　美第奇王太后薨逝前后欧洲政治格局

亨利三世离开了既不被王太后喜欢，又让第三代吉斯公爵亨利一世·德·洛林和巴黎人痛恨的埃佩尔农公爵让·路易·德·诺加雷，并将他遣返回昂古莱姆行政管辖区。但美第奇王太后才没有遭到这个宠臣满怀恨意的报复并不是昂古莱姆的神圣联盟成员的功劳[①]。埃佩尔农公爵让·路易·德·诺加雷违抗了亨利三世的命令——一个他似乎并不知道的命令，把一些士兵引进了城里。城市行政长官急遣自己的表兄到宫廷告发了他的不忠。对埃佩尔农公爵让·路易·德·诺加雷的傲慢记恨在心的美第奇王太后的心腹维勒鲁瓦向亨利三世报了信。亨利三世派维勒鲁瓦带着命令去逮捕这个"没对任何人作恶"的官员。昂古莱姆民众只是忘记了使用温和的方式。

埃佩尔农公爵让·路易·德·诺加雷被围困在城堡里，四处遭受火枪射击，不得不在所有入口设置路障。为了防御枪弹和袭击，他切断了来自桑特的所有救援通道（1588年8月10日至11日）。

当恢复和平后，美第奇王太后仍然留在巴黎，继续为她的儿子亨利三世服务，同时避免惹怒同盟者。她劝阻议会人员向亨利三世要求薪金和市政厅年金，让为表明自己的臣服而准备提出辞呈的巴黎改革市政当局更加坚信自己的职责，但美第奇王太后拒绝接受神圣联盟成员提出的要求，比如被亨利三世剥夺了特权的阿布维尔和布尔日，他们只是想利用这些动乱来完成重建。

美第奇王太后希望能通过把亨利三世带回卢浮宫实现全面和解。她去沙特尔探望了亨利三世，虽做了努力却仍无法将他带回。亨利三世虽接待了巴黎的市长和副市长们，于1588年8月4日任命第三代吉斯公爵亨利一世·德·洛林为所有军队的总指挥，给了自己最近的亲戚波旁红衣主教查尔斯一世·德·波旁在王国所有城市的每个行业创立一个主

[①] 吉拉德：《埃佩尔农公爵让·路易·德·诺加雷的一生》，巴黎，1663年，第1卷，第196页起。吉拉德根据埃佩尔农公爵让·路易·德·诺加雷本人所述来讲的事实。——原注

国务秘书博略 – 户泽

管的特权，授予了同盟领导人各种各样的好处，但亨利三世就是不愿回到巴黎。他还在怨恨自己母亲劝他投降。突然（1588 年 9 月 8 日），亨利三世遣散了一些支持让与政策的议会负责人：大法官切维尔尼，金融总监贝利耶夫，三个国务秘书——维勒鲁瓦、克劳德·皮纳特和布鲁特，然后任命了一些没什么关系和背景的人替代他们：一位正直有声望的律师蒙托隆[①]被任命为司法官员，博略 – 户泽[②]和贺沃勒被任命为国务秘书。同盟领导人知道亨利三世性情怪诞，所以他们认为这只是简单的人事变

---

① 蒙托隆这里指蒙托隆家族的弗朗索瓦二世（1529—1590），法兰西王国政治家，亨利三世的印章监护人。
② 博略 – 户泽这里指博略的领主马丁·户泽（1526—1613），16 世纪末 17 世纪初的法兰西王国政治家，是法兰西国王亨利三世、亨利四世和路易十三的国务秘书。

第 11 章　美第奇王太后薨逝前后欧洲政治格局

动而非制度的变革。亨利三世对自己的母亲表示尊重的同时也与她保持距离，并要求独自掌管政权。美第奇王太后1588年9月20日给贝利耶夫的信中抱怨道："有人竟跟亨利三世说他虽必须像上帝所要求的那样爱戴并尊敬自己的母亲，但不应该给她那么多的权力和信誉，以至于她都可以阻碍他想做的事了。"[①]

布洛瓦三级会议（1588年10月16日）开幕当天，亨利三世在三级议会代表前高度称赞自己母后美第奇王太后多次拯救王国，同时称她不应该只是"国王的母亲"，也应成为"王国之母"。这是一场犹如发布在葬礼上的演讲。美第奇王太后不再被处处咨询意见，也不再事事都管了。我们通过她的政治信件就能很容易地发现这点。以前这类信件很多，而这会儿却寥寥无几了。

美第奇王太后不再担当主角了。当萨伏伊公爵伊曼纽尔·菲利贝托的儿子卡洛·埃曼努埃莱一世以反对多菲内改革派的传教为借口，占领了法兰西王国阿尔卑斯山外地区仅剩的地盘卡马尼奥和萨鲁斯城时，亨利三世准备向这个竟敢进攻法兰西王国的小亲王宣战了。美第奇王太后在亨利三世勒令卡洛·埃曼努埃莱一世归还所占之地的催告书中附加了一封信。信中她的语言非常软弱，一点也不像一位操心国事的王太后。出于对卡洛·埃曼努埃莱一世的母亲——玛格丽特·德·弗朗斯的深厚感情，美第奇王太后建议他要让亨利三世永远"把您当作好亲戚和好邻居"[②]。美第奇王太后似乎认为，卡洛·埃曼努埃莱一世的岳父——西班牙国王腓力二世会受到他这次对法兰西王国进攻的影响。同一天，美第奇王太后还以一个祖母

[①] 赫克托·德·拉费里埃，巴格诺·德·普晒斯：《凯瑟琳·德·美第奇的信件》，第9卷，第382页。——原注

[②] 携带国王催告书的普瓦尼1588年11月4日抵达都灵（伊塔洛·劳利希：《萨伏伊公爵卡洛·埃曼努埃莱一世的历史》，米兰，1896年）。王太后的两封信与亨利三世的信都可能是1588年10月底发出的，而不是如《凯瑟琳·德·美第奇的信件》的出版者所判断的1588年11月。参见第9卷，第390页。关于教皇和腓力二世的态度，以及意大利国家的看法，伊塔洛·劳利希：《萨伏伊公爵卡洛·埃曼努埃莱一世的历史》，第1卷，第370页。——原注

的口吻写信给西班牙公主,她的外孙女萨伏伊公爵夫人凯瑟琳·米歇尔,对她说卡洛·埃曼努埃莱一世只是这么多待婚的孩子中的一个,她不希望这两位国王(亨利三世和腓力二世)中任何一位对这位公爵不满。美第奇王太后能想到西班牙国王腓力二世会站在法兰西国王亨利三世这边吗?的确,在接到萨吕斯被攻击的消息后,腓力二世几乎同时也接到了无敌舰队受到袭击的消息,他马上表达了对这起意大利纠纷的不满。腓力二世知道半岛各自由国心怀嫉妒,也担心威尼斯人、托斯卡纳大公,甚至瑞士人,担心他们会与法兰西人结盟,使他得到萨伏伊难上加难。但关闭法兰西王国通往意大利的道路对腓力二世来说实在太有利了,这足以抵消他对自己女婿的怨恨。腓力二世让人向在巴黎的萨伏伊代表表示,他不会允许法兰西国王亨利三世不公正地对待他的指挥官[①]。由此看来,美第奇王太后要么是不知情,要么就是洞察力不够。

但美第奇王太后在另一场某种家庭内部式的谈判中如愿地取得了成功,那就是她如女儿般疼爱的外孙女克里斯蒂娜·德·洛林的婚姻。

在克里斯蒂娜·德·洛林刚满十八岁时[②],她的外祖母美第奇王太后就希望给她找一位拥有最高权力或可以继承王权的亲王做丈夫:或是克里斯蒂娜·德·洛林更愿意继续给他当侄女的安茹公爵弗朗索瓦·德·弗朗斯;或是抱负远大,最后也确实娶了美第奇王太后的另一个外孙女、腓力二世女儿的萨伏伊公爵卡洛·埃曼努埃莱一世;最坏的情况,也是执政公爵的儿子曼图亚亲王文森特·冈萨格[③]。不过"无论克里斯蒂娜·德·洛林和上述哪个亲王结婚,这位曼图亚亲王都不会轻易妥协"[④]。

---

① 伊塔洛·劳利希:《萨伏伊公爵卡洛·埃曼努埃莱一世的历史》,第371页。彼得洛奥·奥尔西:《卡洛·埃曼努埃莱一世的信函》,都灵,1891年,第7页。——原注
② 克里斯蒂娜·德·洛林出生于1565年。——原注
③ 文森特·冈萨格(1562—1612),意大利亲王,曼图亚和蒙费拉公爵,是曼图亚威廉一世和奥地利的埃利诺的长子。
④ 1583年11月11日,赫克托·德·拉费里埃,巴格诺·德·普晒斯:《凯瑟琳·德·美第奇的信件》,第8卷,第153和第154页。——原注

第11章　美第奇王太后薨逝前后欧洲政治格局

为了补偿文森特·冈萨格，美第奇王太后将克里斯蒂娜·德·洛林的妹妹许配给了这位假想的追求者。在美第奇王太后借曼图亚亲王之手完成自己的家族构想时，她又想到了另一桩意大利婚姻，她的外孙庞特－阿穆松侯爵亨利二世·德·洛林和她的一个布列塔尼侄女，托斯卡纳大公弗朗切斯科一世·德·美第奇的大女儿的婚事。这是美第奇王太后的洛林和托斯卡纳亲戚之间进行家族联姻的最好方式。

亨利三世一度想让埃佩尔农公爵让·路易·德·诺加雷成为克里斯蒂娜·德·洛林的丈夫，但由于诸多原因，美第奇王太后却不愿意。恰好美第奇王太后的女婿洛林公爵查理三世也反对与门第低的人结亲①，这正好解除了她的烦恼。美第奇王太后最后的选择似乎锁定在一位法兰西亲王，萨伏伊家族的查理·伊曼纽尔身上。他是第二代吉斯公爵弗朗索瓦·德·吉斯的遗孀安妮·埃斯特和与她二婚的内穆尔公爵雅克·德·萨伏伊的儿子。从查理·伊曼纽尔母亲的谱系来讲，他是路易十二的重外孙，也是萨伏伊家族和费拉尔家族的亲属或盟友，同时还是第三代吉斯公爵亨利一世·德·洛林和马耶讷公爵夏尔·德·洛林的同母异父的弟弟。美第奇王太后本应多加质疑这个联姻的作用，但她十分积极地想促成此事。在她看来这是内穆尔和平之后，让洛林家族和她儿子再次达成和解的一个途径②。由于这对未来配偶存在亲属关系，美第奇王太后还让人向教皇西斯都五世请求特许（1585年12月31日）。但亨利三世和第三代吉斯公爵亨利一世·德·洛林之间又有了争端，婚礼被一年又一年地推迟，最终因托斯卡纳政权的变化而告吹。一天晚上，弗朗切斯科一世·德·美第奇大公和他的弟弟红衣主教斐迪南一世·德·美第奇，以及弗朗切斯科一世·德·美第奇因迷恋而娶为妻子的美丽的威尼斯女

---

① 英国代理杰弗里致沃尔辛厄姆的信，1583年4月18日。赫克托·德·拉费里埃，巴格诺·德·普晒斯：《凯瑟琳·德·美第奇的信件》，第8卷，第411页。——原注
② 赫克托·德·拉费里埃，巴格诺·德·普晒斯：《凯瑟琳·德·美第奇的信件》，第8卷，第372页。——原注

无敌舰队遇袭

曼图亚亲王文森特·冈萨格

威尼斯女冒险家比安卡·卡佩罗

第 11 章　美第奇王太后薨逝前后欧洲政治格局

冒险家比安卡·卡佩罗在卡亚诺的波焦就餐时，弗朗切斯科一世·德·美第奇大公突然去世了。几个小时后，他的妻子比安卡·卡佩罗也亡故了（1587年10月9日）。对于这个悲剧的巧合有多种解释①。因弗朗切斯科一世·德·美第奇大公没有儿子，斐迪南一世·德·美第奇成了他的继承人。美第奇王太后没有试图找出其中的奥秘，只是抓住机会在佛罗伦萨安置了克里斯蒂娜·德·洛林，并通过代理人重新收回了因克莱门特七世的算计和其他事件从她那里剥夺的地位。鉴于斐迪南一世·德·美第奇将离开主教职位并缔结婚姻，美第奇王太后从1587年11月10日就开始游刃有余地筹办婚礼了②。这位新大公也认为通过联姻方式来化解他的家族与美第奇王太后在美第奇家族遗产方面的矛盾是个好办法。这一争端在亚历山德罗·德·美第奇第一次婚姻的遗孀及其财产受益人玛格丽特·德·奥特里希去世后就被进一步复杂化了（1586年）。

因担心托斯卡纳和法兰西王国之间的关系可能会变亲密，腓力二世最后也同意了③。萨伏伊公爵伊曼纽尔·菲利贝托控诉道，"我们对他的表弟内穆尔先生所做的都是错的"④。但美第奇王太后未予理睬。斐迪南一世·德·美第奇大公的亲信，佛罗伦萨银行家奥拉鲁切拉伊来到布卢瓦商谈婚约条款，1588年10月24日，这份婚约被认同了⑤。美第

---

① 在他的哥哥突然死亡后，斐迪南一世·德·美第奇主教在没有经过其他审判的情况下释放了一个涉嫌策划谋害弗朗切斯科一世·德·美第奇的第一个妻子珍妮·德·奥特里希且声名狼藉的新贵。布拉茨德比里在《比安卡·卡佩罗》（《两个世界杂志》，1884年7月1日，第152页到第158页）中没有排除自然死亡的情况。萨利蒂尼：《美第奇家族的悲剧》，佛罗伦萨，1898年。——原注
② 法兰西驻罗马大使皮萨尼的信。赫克托·德·拉费里埃，巴格诺·德·普晒斯：《凯瑟琳·德·美第奇的信件》，第9卷，第278页。——原注
③ 1588年6月1日的信。赫克托·德·拉费里埃，巴格诺·德·普晒斯：《凯瑟琳·德·美第奇的信件》，第9卷，第32页。——原注
④ 1588年3月6日萨伏伊公爵伊曼纽尔·菲利贝托的信。赫克托·德·拉费里埃，巴格诺·德·普晒斯：《凯瑟琳·德·美第奇的信件》，第8卷，第488页。——原注
⑤ 鲁切拉伊的通信。朱佩塞·卡内斯特里尼，阿贝尔·德·贾斯丁：《法兰西与托斯卡纳的谈判》，第4卷，第876页起。——原注

奇王太后给了克里斯蒂娜·德·洛林二十万埃居和她在佛罗伦萨的所有财产作为嫁妆。但美第奇王太后并没有看到这场婚礼的喜悦,由于她因病薨逝,婚礼被推迟了。直到1589年2月27日,这场婚礼才最终举办。

美第奇王太后长期遭受着痛风和风湿病的折磨,所以经常吃得很多。而且随着年龄的增长,她的咳嗽也越来越严重。在1588年12月上旬,美第奇王太后差点死于肺部充血。尽管受到儿子亨利三世的冷待并疾病缠身,但出于谨慎或母爱,美第奇王太后依然努力保持与天主教的联盟,并让亨利三世直接与激进的天主教教徒进行交涉。法兰西三级会议逼迫亨利三世对异教徒发动战争,却拒绝为他投票通过发动战争所需的资金。他们违反君主制的传统,要求亨利三世事先批准神职人员、贵族和第三等级商定的决定。有警告说他们还要把亨利三世重新带回巴黎。1588年12月22日,亨利三世与第三代吉斯公爵亨利一世·德·洛林进行的谈话就像是个威胁似的令他不安。而同盟首领第三代吉斯公爵亨利一世·德·洛林却申诉说自己最无辜的行为总被误解,这使他下定决心让位给自己的敌人,辞去大将军职位。但亨利三世却认为第三代吉斯公爵亨利一世·德·洛林离开这个职位只不过是为了谋得一个更高的陆军统帅的职位。也许是害怕失去自由,也许只是为了活着,亨利三世把这个反叛的臣子带到自己的房间,让四十五个贴身侍从杀死了他(1588年12月23日)①。

在谋杀完成后,亨利三世马上到了楼下自己母亲的居室。美第奇王太后的医生,托斯卡纳大公斐迪南一世·德·美第奇的密使卡夫里亚纳正好也在那里。这位医生第二天就写信给佛罗伦萨的国务秘书描述了自己当时的所见所闻。亨利三世进来后首先询问了自己母亲的情况。医生回答说:"很好,她吃了一点药。"接着,亨利三世靠近美第奇王太后的床边,以最坚定确切的语气对她说:"早上好,夫人。原谅我。第三

---

① 有关布卢瓦悲剧的更多细节,请参见欧内斯特·拉维斯:《法国通史》,第6卷,注1,第285页到第286页。——原注

亨利三世命侍从杀死第三代吉斯公爵亨利一世·德·洛林

代吉斯公爵亨利一世·德·洛林死了,他不会再为自己辩解了,因为我已经预见到他打算对我做什么了,所以让人把他给杀了。"然后这位医生回忆说,1588 年 5 月 13 日,亨利三世在逃离巴黎时就曾为不能手刃这个叛徒而感到遗憾。但亨利三世时刻都知道并能感受到,第三代吉斯公爵亨利一世·德·洛林正在侵蚀或暗中破坏他的权力、生命和王国,他早就下决心要实施这个行动了。亨利三世犹豫了很久,最后上帝启发并帮助了他,他将去教堂做弥撒来表达自己的谢意。但亨利三世不想伤害死者的亲属,比如洛林公爵查理三世、内穆尔公爵雅克·德·萨伏伊

16 世纪 80 年代的亨利三世

第11章　美第奇王太后薨逝前后欧洲政治格局

和埃尔伯夫公爵查理一世·德·洛林及内穆尔夫人安妮·埃斯特，他知道他们爱戴且忠实于他。"我想成为真正的法兰西王国国王，而不是像从1588年5月13日直到现在这样的俘虏和奴隶。如今我又重新做回了国王和主人。"亨利三世已经让人逮捕了波旁红衣主教查尔斯一世·德·波旁，并派守卫监视他。亨利三世对吉斯红衣主教路易二世·德·吉斯和里昂大主教也做了同样的事。在宣布了这些以后，亨利三世坚定且平静地返回了自己的房间①。一直待在旁边的卡夫里亚纳并没有听到美第奇王太后的回答。美第奇王太后对这个，像意大利人所说的，既平静又被复仇的快乐所振奋的人能说些什么呢？最谨慎的言语也会伤害到他。卡夫里亚纳补充说，美第奇王太后是"痛苦的"，她刚从差点丧命的"严重的病情发作"中恢复。最后卡夫里亚纳总结说，"我担心洛林公主的离开②及第三代吉斯公爵亨利一世·德·洛林的葬礼场景会使美第奇王太后的状况变得更糟"③。

后来，有个已被历史学家收集的谣言流传了出来。美第奇王太后可能曾对自己的儿子说："您对自己所做的事下达命令了吗？"他回答，"是的，夫人。"她又对他说，"要让人通知执行官先生所发生的事，以便教皇陛下首先通过他来了解到您的意图，而不是让您的敌人抢在前面。"④

与卡夫里亚纳的证词不太一致的这段对话是不大可信的。亨利三世并没有事先告诉自己的母亲他打算摆脱第三代吉斯公爵亨利一世·德·洛林——也许他当时还没有下定决心。那为什么还要急着去向教皇西斯都五世辩白呢？对第三代吉斯公爵亨利一世·德·洛林——一个世俗人物的处决，跟教皇西斯都五世就更没什么关系了。教皇西斯都五世只反对

---

① 朱佩塞·卡内斯特里尼：《法兰西与托斯卡纳的外交谈判》，第4卷，第842页到第843页。——原注
② 洛林公主去了托斯卡纳。——原注
③ 朱佩塞·卡内斯特里尼：《法兰西与托斯卡纳的外交谈判》，第4卷，第846页。——原注
④ 皮埃尔·维克多·帕尔马·卡耶：《九进制的年表》，布琼出版社，第85页。——原注

谋杀红衣主教。正如教皇西斯都五世所说的，只有罗马法院才可以审判这位天主教的亲王。美第奇王太后非常清楚这些教皇绝对权力中的区别。在一整天里，亨利三世都拒绝接见教皇特使乔凡尼·弗朗西斯科·莫罗西尼，只是让冈迪红衣主教告诉这位特使，为了能活命，他已经让人逮捕了波旁红衣主教查尔斯一世·德·波旁和吉斯红衣主教路易二世·德·吉斯以及里昂大主教。在晚上举办的听证会上，亨利三世还派冈迪红衣主教去确认了吉斯红衣主教路易二世·德·吉斯和里昂大主教都还没有死。事实上，吉斯红衣主教路易二世·德·吉斯是第二天早上从监狱中被带走时被刺杀的。那时亨利三世才让莫罗西尼找来这位特使，并向他解释说，是这两兄弟的罪恶企图迫使他不得不设法摆脱他们，但鉴于当时的特殊情况和罪犯们的权力，他并没有采用极有可能颠覆王国的一般的司法程序。

但之后，亨利三世遇到困难时，还是像以前一样自然而然地去求助他的母后。除了这次的血腥行为，亨利三世再没有这样对付过其他敌人了。他没有去救援被盟军围困的奥尔良城堡，放回了两个在布卢瓦悲剧当天让人逮捕的巴黎市政法官，还释放了受害者的母亲。亨利三世是觉得自己已经扼杀完所有吉斯家族的同盟，还是又陷入了往常那种麻木不仁中呢？正如我们可以想象到的，美第奇王太后很难再给亨利三世提任何建议了。毫无疑问，她对这一错误的罪行感到遗憾。1588年12月25日，美第奇王太后向奥希莫家族的贝尔纳修士说起自己的儿子亨利三世时，感叹道："啊，真是不幸啊！太不幸了！他都做了什么？袭击了他现在最需要的人，我料想这将加速他的毁灭，也担心他会失去健康、灵魂和王国[①]。"1588年12月31日，美第奇王太后再给卡夫里亚纳的信中还写道，"她的心情乱作一团，就算她行事谨慎且经验丰富，但也

[①] 这次会晤由修士记录后马上发给了罗马，它也被查尔斯·瓦卢瓦先生在《同盟历史，未出版的当代作品》，法国社会历史，第1卷，1914年，第300页公布。——原注

第 11 章　美第奇王太后薨逝前后欧洲政治格局

想不出还能有什么补救办法可以化解如此糟糕的境况，以及应对将来的麻烦①。"而此时美第奇王太后的身体状况似乎变好了一些，医生觉得她有望在一个星期后恢复健康。

然而美第奇王太后并没有等到自己完全康复，她的儿子需要她。1589 年 1 月 1 日，美第奇王太后如亨利三世所希望的那样，去看望了波旁红衣主教查尔斯一世·德·波旁，并可能出于和解的打算，向他宣布他已被亨利三世宽恕了②。即使在那个寒冷的季节，那天也算得上非常冷了，这位老主教竟没有好好接待他的老朋友，还指责他说："夫人，如果不是您欺骗了我们，说尽好话，做了诸多保证后把我们带到这里，这两个人就不会死，我也不会失去自由。"

这个不公正的指责使美第奇王太后感触颇深。她带着悲痛的心情返回了宫廷。美第奇王太后的肺部再次染病，并且病情加重得非常迅速。1589 年 1 月 5 日上午，美第奇王太后宣读了，或者可以说是让她儿子宣读了自己的遗嘱后，在当天午后一点半薨逝了。

有两个人对美第奇王太后的亡故特别伤心：她亲爱的外孙女克里斯蒂娜·德·洛林和法兰西国王亨利三世。如同玛格丽特·德·瓦卢瓦所说的："这个她出于感情、责任、期望和担忧而深爱的儿子。"在给法兰西王国驻罗马大使皮萨尼的信中，亨利三世承认，他从自己母后那里"获得的不仅有天生的权利"，还有他在人世间的所有幸福。"失去所有财物带给他的悲哀和懊悔"都不能与"失去如此亲近的人的痛苦相提并论"③。

---

① 阿贝尔·德·贾斯丁：《法兰西王国与托斯卡纳的外交谈判》，第 4 卷，第 852 页。——原注
② 卡夫里亚纳说"自由"，这是否意味着亨利三世想归还红衣主教自由，但在这种情况下，肯定有交换条件的。老主教的愤怒表现出了他不妥协的态度，这可能是使他被关进监狱的原因。——原注
③ 赫克托·德·拉费里埃，巴格诺·德·普晒斯：《凯瑟琳·德·美第奇的信件》，第 9 卷，第 395 页。——原注

亨利三世以自己的方式爱着美第奇王太后。他既是一个被宠坏的孩子，也是一位国王，最终还对美第奇王太后施与了嫉妒但温柔的专政。关于在于松的幽禁者玛格丽特·德·瓦卢瓦，遗嘱中根本未提及她的存亡。因为丢脸，美第奇王太后默默地剥夺了她女儿的继承权，甚至最终都没有宽恕这个女儿。她将亨利三世视为是自己唯一的继承人。在如此多的基金和遗产中，除了康布雷城外，美第奇王太后只给了亨利三世遗产执行人的身份，而且还是有偿的。她让亨利三世每年或一次性为她支出诸多款项，付给位于她巴黎住所的阿侬斯亚德教堂的修士们，给适婚的女士、穷人、她的女佣、她的小矮人们、她的两个医生——外科医生和药剂师、她的荣誉骑士德·朗萨克先生、陪同她的女士和夫人们、听她告解的神甫阿贝利先生、雷斯公爵夫人、娶了一个斯特罗齐女子的德·菲斯克伯爵、王太后的谈判代表之一小拉罗什的加达涅修道院院长、她聪明的马厩管理员和她伟大的传信人、朗当夫人福勒维比克·德·拉·米朗多尔①、拉米朗多尔女伯爵、她的财务秘书克劳德·德·劳拜斯彼讷等人。用我们当今货币计算，美第奇王太后的债务足有二千万，比她留给自己儿子的遗产要多得多。如果亨利三世不是国王，他肯定会拒绝继承的。美第奇王太后将自己最好的财产留给了三个受赠人。给了她的儿媳路易丝·德·洛林舍农索城堡的所有权。给了她的孙子，查理九世的私生子查尔斯她所有的私产：在奥弗涅的克莱蒙特和奥弗涅伯爵领地，在朗格多克的劳哈盖伯爵领地及在卡尔卡松、贝济耶和拜尼奥磨坊的司法权和通行税，以及她让人在巴黎建造的宫廷里的一半的家具、首饰和橱柜。给了她的外孙女克里斯蒂娜·德·洛林她在巴黎的房屋宫殿、不动产和属地，以及她另一半的"家具，橱柜，首饰和珠宝"。美第奇王太后还转送给未来的托斯卡纳大公斐迪南一世·德·美第奇她在意大利所拥有的"财产，姓名权及各种补偿"，包括她对乌尔比

---

① 福勒维比克·德·拉·米朗多尔（1533—1607），朗当夫人，法兰西国王亨利三世的妻子路易丝·德·洛林王后的第一荣誉夫人。

朗当夫人福勒维比克·德·拉·米朗多尔

诺公国的要求及她"通过出售给托斯卡纳大公斐迪南一世·德·美第奇枪支而获得的二十万埃居和在托斯卡纳的财产"①。

从美第奇王太后对她外孙女的感情，对洛林统治家族的同情，以及对家族小辈第三代吉斯公爵亨利一世·德·洛林的照顾，我们可以看出，美第奇王太后曾希望筹划"她的女婿洛林公爵查理三世，或者是她的外孙庞特-阿穆松侯爵亨利二世·德·洛林在亨利三世之后登上法兰西王国的王位。为了阻止法定继承人纳瓦拉国王亨利·德·纳瓦拉即位，美第奇王太后甚至愿意让那些将王权置于天主教政权之下的天主教教徒获利。美第奇王太后正式承认波旁红衣主教查尔斯一世·德·波旁的权利是对王位继承法则的第一个"违背"，而且她还计划着另一个，那就是废除或暂停执行《撒利克法典》。这样，在亨利三世驾崩和波旁红衣主教查尔斯一世·德·波旁去世后，美第奇王太后所喜爱的两个洛林人中的一位就能即位了。

天主教联盟的确曾反对纳瓦拉国王亨利·德·纳瓦拉。而美第奇王太后也可能借故拒绝接受他即位的必然性，或提出坚持信仰异教的纳瓦拉国王亨利·德·纳瓦拉无论做何种努力都是不可能登上王位的。美第奇王太后没有什么对这位纳瓦拉国王亨利·德·纳瓦拉感兴趣的理由：他既是一个令人讨厌的女婿，也是一个危险的敌人。除了《撒利克法典》赋予他的权力和一些她欣赏不了的奇怪品质，以及总能极好地反对她的儿子亨利三世的意愿，美第奇王太后又能了解到他的什么优点呢？一个不大聪明但值得称赞的编纂者，历史学家皮埃尔·维克多·帕尔马·卡耶，太过轻信美第奇王太后的临终遗言了。美第奇王太后曾嘱咐亨利三世要爱惜血亲，将他们聚拢在自己身边，尤其是纳瓦拉国王亨利·德·纳瓦拉。"我发现只有那些在王位继承方面有利可图的人才会对王国忠诚"，美第奇王太后说

---

① 美第奇王太后的遗嘱。赫克托·德·拉费里埃，巴格诺·德·普晒斯：《凯瑟琳·德·美第奇的信件》中，第9卷，第494页到第498页。——原注

第 11 章　美第奇王太后薨逝前后欧洲政治格局

的可能是与事实完全相反的话。她是一直都对嫡亲王们满意吗？如果她真的劝自己的儿子亨利三世接近纳瓦拉国王亨利·德·纳瓦拉，也是在第三代吉斯公爵亨利一世·德·洛林的凶杀案发生之后，在国王和神圣同盟成员之间再也无法和解的情况下。过去的教训不可能对美第奇王太后没有影响，也不太可能是出于对洛林家族的感情，美第奇王太后才想到让那两个洛林家族成员（第三代吉斯公爵亨利一世·德·洛林和洛林公爵查理三世）即位的①。传言不会空穴来风。帕拉丁伯爵让·卡西米尔的通信员给这个神圣罗马帝国的新教雇佣兵队长写道，1586 年 8 月 6 日，美第奇王太后曾希望洛林公爵查理三世能依靠他与亨利三世的亲属关系，拥有比第三代吉斯公爵亨利一世·德·洛林更多继承王位的机会。但这并没有什么用。"总之，老太后只是想通过增加新的竞争者而毁掉纳瓦拉国王亨利·德·纳瓦拉并转移王冠。"②对于这个年龄的美第奇王太后来说，这应该是个蓄谋已久的计划，而且除了亨利三世的未来，她再没有什么其他要制定的策略方针了。如果美第奇王太后承认所有这些官方的，甚至是亲王委托者们毫无节制地传递的这些神话故事的话，那一大堆真真假假的故事就要组成新的历史了！

必须避免太过信赖书面的证明。1587 年，当神圣罗马帝国的新教教徒派出一支军队去援助法兰西王国新教教徒时，第三代吉斯公爵亨利一世·德·洛林曾担心此会合将对同盟不利，写信给洛林公爵查理三世，让他征集士兵，武装要塞来阻止入侵者。第三代吉斯公爵亨利一世·德·洛林向洛林公爵查理三世保证，"法兰西王国将为整个行动买单，只要我们是最强大的"。也就是说，如果洛林公爵查理三世帮助了第三代吉斯公爵亨利一世·德·洛林，他的损失和花费都会得到补偿。亨利三世也同样对

---

① 这个论点在被文本充实后，由勤奋的工作者戴维勒采纳，收集了此论点的这本书包含了所有他认为的美第奇王太后反对国王的论据。——原注
② 戴维勒：《洛林公爵查理三世对法兰西王国王位的企图》，第 108 页，注 2。——原注

洛林公爵查理三世的边防感兴趣。"……要相信法兰西国王亨利三世会给您同样的支持，就像他的祖先路易曾支持您的祖先雷内·德·洛林对抗勃艮第公爵勇士查理一样。"① 最后，为了让他的堂哥洛林公爵查理三世在人力物力上做出牺牲，第三代吉斯公爵亨利一世·德·洛林还给了他一些崇高的理由，诸如"荣誉、名利及为伟大王朝开创奠基"。"因为人们在评价您时，不仅会看您拥有什么，更重要的是可以期待从您身上得到什么"。会是什么样的财富，什么样的期待呢？1587年9月27或28日，在入侵者在洛林使者身上截得的一封信中，洛林公爵弗朗索瓦一世的遗孀

勃艮第公爵勇士查理

---

① 戴维勒：《洛林公爵查理三世对法兰西王国王位的企图》，第126页。——原注

第 11 章　美第奇王太后薨逝前后欧洲政治格局

克里斯蒂娜·德·丹马克

丹麦的克里斯蒂娜·德·丹马克[①]希望她的儿子洛林公爵查理三世能在对抗这些神圣罗马帝国军队时立功。她说："值此机会，我希望我能享受到从前早已颁予我的王冕。在我看来，此时想这个并非不合适。"[②]新教教

---

① 克里斯蒂娜·德·丹马克（1521—1590），丹麦国王克里斯蒂安二世和奥地利的伊莎贝拉的女儿，也是查理五世的妹妹。
② 这封信被收录在米歇尔·拉胡格尔耶：《米歇尔·拉胡格尔耶回忆录》中，第 3 卷，第 148 页到第 150 页。米歇尔·拉胡格尔耶当时为已经带领一小队胡格诺派士兵加入入侵的弗朗西斯·德·科利尼的军队，虽然这位在职业生涯中多次从新教派改为天主教派的不合格外交官是个富有想象力的人，正如上文所述，但他也不太可能创造或篡改这个文件，因为在这种情况下，它终会被澄清。《同盟回忆录第二辑》的出版商在第 338 页更明确了此段话："因为从来没有一个比这更好的机会使你手掌权杖和头戴冠冕。"另外，他取消了"已经颁予我"这句话，尽管在我们看来很重要。——原注

徒由此得出结论，作为这次行动的补偿，洛林公爵查理三世将会被亨利三世推定为继承人。而事实上，第三代吉斯公爵亨利一世·德·洛林和洛林公爵弗朗索瓦一世的遗孀想的可不是法兰西王冠。洛林的公爵们自诩是查理曼大帝的后裔，在16世纪他们曾多次雇用历史学家来证明这一点。在1509年或1510年出版的一部作品中，显示了有这一倾向的一系列家谱。洛林公爵查理三世祖父的医生安东尼公爵西姆福里安·尚皮埃尔是罕见的多题材作家，他曾题写了这个意味深长的题目：《今称洛林的奥斯特拉西亚王国或法兰西王国东部史叙》。亨利三世知道这些企图后，甚至被激怒了。但为了让洛林公爵查理三世把克里斯蒂娜·德·洛林嫁给他最喜爱的埃佩尔农公爵让·路易·德·诺加雷，亨利三世可能向洛林公爵查理三世表示过，他会让出梅斯，并承认他是奥斯特拉西亚之王。而控制着梅斯的埃佩尔农公爵让·路易·德·诺加雷将作为教皇的副本堂神甫掌管孔塔-维奈桑。这并不是一个简单的假设。1583年4月18日，沃尔辛厄姆在法兰西王国的委托人杰弗里在给伊丽莎白一世的这位大臣写的信中说："洛林公爵查理三世不想把自己的女儿嫁给埃佩尔农公爵让·路易·德·诺加雷，这也是奥斯特拉西亚王国和孔塔-维奈桑计划失败的原因。"① 让·卡西米尔对法兰西王国的事务也十分感兴趣，他在1583年6月至7月的日记中指出，就在稍后一段时间，"洛林公爵查理三世和他的宠臣们希望亨利三世能给予他们王的头衔"②。但如果洛林公爵查理三世不愿为得到这个王的头衔而与门第低的人缔结婚约，亨利三世是不会善罢甘休的。1588年6月4日，拉努伊给维尔辛厄姆写信说："如果色当和伽麦茨③由于缺少援助而失守了，梅斯

---

① 赫克托·德·拉费里埃，巴格诺·德·普晒斯：《凯瑟琳·德·美第奇的信件》，第8卷，第412页。——原注
② 由戴维勒在《洛林公爵查理三世对法兰西王国王位的企图》，第46页，注1中引用，根据贝佐尔德《让·卡西米尔公爵的书信》，第2卷，第130页中收集的让·卡西米尔的日记。——原注
③ 被第三代吉斯公爵亨利一世·德·洛林威胁的布永新教封地的两座城市。——原注

第11章　美第奇王太后薨逝前后欧洲政治格局

可能会走上同样的道路，之后会建立一个新的奥斯特拉西王国。"① 在1587年9月的这封信中，享有亡夫遗产的这位洛林公爵夫人克里斯蒂娜·德·丹马克很自然地是在影射这个洛林家族被所有人质疑的但又马上就要实现的期望。

即使洛林公爵查理三世的母亲梦想着的是她的儿子能戴上法兰西王国的王冠，也没有理由因此就假想美第奇王太后是这位野心勃勃的母亲的同谋者。美第奇王太后的确对洛林公爵查理三世非常有好感②，不会错过任何机会向亨利三世表明洛林公爵查理三世渴望为他服务的愿望，而其余的则都是猜测。美第奇王太后应该不敢向亨利三世推荐洛林公爵查理三世或庞特-阿穆松侯爵亨利二世·德·洛林作为王位继承的候选人，因为亨利三世根本不喜欢洛林家族的成员，而且他也忠诚地遵守着王位继承法。

在安茹公爵弗朗索瓦·德·弗朗斯突然薨逝后，格朗韦勒红衣主教在1584年6月28日的信中建议将波旁红衣主教查尔斯一世·德·波旁推定为王位继承人，这符合他总是推迟解决难题的习惯。由于纳瓦拉国王亨利·德·纳瓦拉是异教徒，被排除在王位继承权之外，所以把他的位置让给他的叔叔。这既承认了波旁家族的头衔也遵循了《撒利克法典》的基础要求。因为永恒的王位继承原则只有一种，也是唯一一种例外，那就是信仰异教。这个妥协为他们争取了时间。美第奇王太后也许正是因此才在几年后授意进行了一个政治法律的鉴定来反对她女婿的直接权利。这个鉴定的提交人是一名意大利法学家桑皮尼。美第奇王太后曾在1576年委托他进行论证，三级会议只是咨询机构，它给国王的应是意见而不是命令。应美第奇王太后的要求或只是桑皮尼本人③的愿望，他

---

① 豪泽：《弗朗索瓦·德·拉努伊》，第314页。——原注
② 补充至已引用过的凯瑟琳·德·美第奇的信件文本，1587年6月2日，赫克托·德·拉费里埃，巴格诺·德·普晒斯：《凯瑟琳·德·美第奇的信件》，第10卷，第475页。——原注
③ 但为什么这个外国人要自发干预这次辩论呢？——原注

竭力想表明，无论是什么宗教信仰，叔叔的权利总高于侄子。这位桑皮尼法学家论点的基础就是，在查理九世统治期间及亨利二世的另外两个儿子还活着的时候，安托万·德·波旁就已经不在人世。这位安托万·德·波旁自己从来就不是推定的继承人，因此他的儿子现任纳瓦拉国王亨利·德·纳瓦拉也无法继承其父所没有的继承权。安茹公爵弗朗索瓦·德·弗朗斯蔻逝后，王位继承的候选人不应该是安托万·德·波旁的儿子，而是和亨利三世有更近亲属关系的波旁红衣主教查尔斯一世·德·波旁，"因为最亲近的等级总是可以排除掉较远的那个"[1]。然而，即使假设这条法律规定可以胜过王位继承的明文规则，但它也不能永远排除仍属于异教的纳瓦拉国王亨利·德·纳瓦拉的继承权，只是将他的继承权置于波旁红衣主教查尔斯一世·德·波旁之后罢了。当波旁红衣主教查尔斯一世·德·波旁去世后，纳瓦拉国王亨利·德·纳瓦拉就又成了自然的继承人。鉴于波旁红衣主教查尔斯一世·德·波旁和亨利三世之间的年龄差异，桑皮尼的论点并没有使纳瓦拉国王亨利·德·纳瓦拉及《撒利克法典》的拥护者们彻底绝望。除了不可预见的意外，它还是很有思辨性的。

美第奇王太后打算改朝换代的想法只是一种非常不现实的假说。她面临的困难太大了，而且洛林家族成员成功的机会也十分渺小。排除了作为异教徒的纳瓦拉国王亨利·德·纳瓦拉的继承权，这虽对波旁红衣主教查尔斯一世·德·波旁有利，但也肯定了天主教波旁家族的权利。也就是说，除了波旁红衣主教查尔斯一世·德·波旁外，弗朗索瓦·德·孔蒂[2]，苏瓦松伯爵夏尔·德·波旁和新教英雄孔代亲王路易一世·德·波旁的儿子旺多姆红衣主教查尔斯二世·德·波旁都有了继承权。尽管同盟者声称，

---

[1] 马蒂厄·桑皮尼，"安茹公爵弗朗索瓦·德·弗朗斯去世后，依据王朝法律，法兰西王室嫡亲第一亲王的继承权和特权应授予波旁红衣主教查尔斯一世·德·波。"里昂，1589年，第16页。——原注

[2] 弗朗索瓦·德·孔蒂这里指孔蒂的亲王弗朗索瓦·德·波旁（1558—1614），是孔代家族的一位嫡亲王。

第11章 美第奇王太后薨逝前后欧洲政治格局

弗朗索瓦·德·孔蒂和苏瓦松伯爵夏尔·德·波旁在库特拉时曾在纳瓦拉国王亨利·德·纳瓦拉的军队中作战，他们作为异教徒的支持者，在民事和政治上已经丧失了权利。但即便是所有波旁家族人都丧失了资格，甚至《撒利克法典》得以废除，这些都不会有利于洛林家族成员获得继承权。在亨利三世的亲戚中，还有权利更大、更有资格或更强大的继承人。娶了亨利二世大女儿的西班牙国王腓力二世可以宣称他的女儿克莱尔-伊莎贝尔-欧也妮公主拥有继承权，她要比洛林公爵查理三世推举的克劳

克莱尔-伊莎贝尔-欧也妮公主

德·德·瓦卢瓦的小儿子庞特－阿穆松侯爵亨利二世·德·洛林更有资格。即便承认在王位继承的同一等级男性有优于女性的特权，弗朗索瓦一世的一个外孙，萨伏伊公爵卡洛·埃曼努埃莱一世作为更年老一辈的代表，难道不是更有权利吗？而且，如果将神圣联盟力量服务于洛林公爵查理三世的吉斯家族，他们难道就不会利用这种力量为自己的利益服务吗？在这么多反对合法继承人的天主教竞争对手之中，洛林公爵查理三世还会有什么机会呢？事实上这位洛林公爵也从未有过什么野心，虽未曾坦白地说明，但其实他想要的只是一块法兰西王国的土地而已。

美第奇王太后很聪明，明白选择这个小亲王只会引起法兰西王国的解体。只有两位继承者可以维持王国的完整：纳瓦拉国王亨利·德·纳瓦拉和西班牙国王腓力二世，其中一位想确保法兰西王国独立国的地位，而另一位想制造另一个葡萄牙。腓力二世与纳瓦拉国王亨利·德·纳瓦拉两人都不讨美第奇王太后喜欢。他们一个对天主教过于热情，另一个又对新教过于执着，这都让她不放心。但纳瓦拉国王亨利·德·纳瓦拉拥有自己的传统、种族、强大的支持者，以及所有不愿将王权附属于教会的天主教教徒的支持。美第奇王太后不愿在自己儿子仍健在时表态。然而，尽管我们认为美第奇王太后可能对自己收养国的感情不是很深，但可以肯定的是，如果被迫做出选择的话，她仍会支持能够维护法兰西王国独立的唯一候选人。

然而并没有人询问过美第奇王太后的意见。在扼杀了天主教联盟的布卢瓦被血腥处决后，美第奇王太后扮演的角色就结束了。神圣联盟成员厌恶她，认为她是第三代吉斯公爵亨利一世·德·洛林谋杀案的凶手。而且出于过去的种种原因，美第奇王太后还被质疑是新教教徒。她在可以想象的惊恐中溘然长逝。但所有的努力都遭到毁灭后，美第奇王太后还是幸免了亲眼看到自己最疼爱的儿子亨利三世被暗杀和瓦卢瓦王朝被终结的惨剧。

第11章　美第奇王太后薨逝前后欧洲政治格局

除了在资金短缺时期，美第奇王太后一直没有让毗邻圣丹尼斯修道院的丧葬小教堂停止工作。她希望能在那里的大理石陵墓下与自己丈夫合葬。但当美第奇王太后去世时，巴黎正处于暴动之中。如果有人敢让她的遗体穿过城市，最激进的神圣联盟成员威胁说他们会把它拖到街上或扔进河里[①]。因此，人们把美第奇王太后的遗体临时保存在了布卢瓦的圣索弗尔教堂。但因遗体没有做好防腐，必须把它埋到土里，所以她在那里待了二十一年[②]。

亨利三世几个月后也被刺杀身亡。亨利四世曾在十年间试图说服臣民和西班牙人为自己的岳母美第奇王太后举行一个庄严的葬礼。但当他

宗教仪式上的亨利四世

---

① 皮埃尔·德·埃图瓦尔：《皮埃尔·德·埃图瓦尔日志回忆录》，1589年1月，朱奥斯特出版社，第3卷，第233页。——原注
② 帕斯基耶尔：《作品》，第2卷，第13册；赫克托·德·拉费里埃，巴格诺·德·普晒斯：《凯瑟琳·德·美第奇的信件》，第8卷，第377页。——原注

完全成为法兰西王国的主人后，却忘记或推迟了将美第奇王太后的遗体转移到圣丹尼斯。毕竟亨利四世也没有什么爱戴她的理由。后来，是亨利二世的私生女，善良的戴安娜·德·弗朗斯因怜悯美第奇王太后才做了这件事。在路易十三即位的那一年，戴安娜·德·弗朗斯让人挖出了美第奇王太后的遗体，将她与其丈夫合葬。当1719年瓦伦瓦教堂因缺乏维修而被拆毁时，亨利二世的陵在修道院附属教堂被重新修建[①]。这就是美第奇王太后长眠的地方，起码她的肖像是在那里。至于她的心脏，从曾安放圣骨的赛肋司定会教堂，到今天卢浮宫的优雅纪念塔，哪里都没有存放它的地方了。在由格拉曼·皮隆雕刻的三个大理石女像柱所高抬着的镀金骨灰坛中，收集的是亨利二世和他的老友陆军统帅阿内·德·蒙莫朗西的心脏。美第奇王太后这位寡妇，曾那么恭敬的妻子，心甘情愿直到自己丈夫死后才表达出对他的爱。至于原因，可能正如人们所知的那样，法兰西国王亨利二世对戴安娜·德·普瓦捷的宠爱曾一直是美第奇王太后婚姻生活的辛酸之一吧[②]。

---

① 保罗·维特里，加斯顿·波黑艾贺：《圣丹尼斯修道院的教堂及陵墓》，巴黎，1908年，第21页。——原注

② 通常认为，这个骨灰坛是用于收藏或已经收藏了亨利二世和美第奇王太后这次终于合葬在一起的心脏的，但威尼斯大使的秘书搞错了。他在1579年后不久的书信来往中提到，在美第奇王太后还活着的时候，阿内·德·蒙莫朗西就是亨利二世的灵魂了，"从他们心脏被埋葬在赛肋司定会教堂同一个骨灰坛中就可以看出"。在三个大理石女像柱的底座上雕刻着最古老和最暧昧的话与他说的不谋而合：他们被埋在一起的心脏向世人显示了他们持久的爱情，向上帝表明了他们相通的心灵。在诗歌的语言中，爱情可以很好地体现这两个人的友情——如今卢浮宫的骨灰坛只是一个现代的复制品。——原注

附 录

凯瑟琳·德·美第奇对美第奇家族遗产的继承

凯瑟琳·德·美第奇的婚姻合约①上明确写着她放弃了父亲的财产、不动产和家具，将这些全部转让给了克莱门特七世。但1534年凯瑟琳·德·美第奇的叔叔克莱门特七世去世后，1535年她的堂兄希波吕忒·德·美第奇红衣主教去世；1537年，她的哥哥佛罗伦萨公爵亚历山德罗·德·美第奇也去世了。因此，由于这个古老家族的所有男性都已经不在人世，凯瑟琳·德·美第奇改变了自己曾做出的似乎只对教皇有利的放弃声明。她向罗马法院要求恢复自己由被杀害的兄长的遗孀——玛格丽特·德·奥特里希所拥有的遗产。经过协商和审判，在1560年判交给双方的分配方案中，玛格丽特·德·奥特里希在有生之年享有位于托斯卡纳的财产和全部珠宝、首饰、宝石和其他家具，以及位于那不勒斯王国的美第奇家族的资产②。凯瑟琳·德·美第奇只拥有托斯卡纳的地产和罗马的美第奇宫及其附属物和附属建筑的所有权。

在蒙-德-拉佛瓦③投入的资金收益由玛格丽特·德·奥特里希凯

---

① 婚姻合约。赫克托·德·拉费里埃，巴格诺·德·普晒斯：《凯瑟琳·德·美第奇的信件》，第10卷，第478页起（用法语）；勒蒙-巴谢：《凯瑟琳·德·美第奇的青年时期》，第312页到第318页（拉丁语版不太完整）。——原注
② 赫克托·德·拉费里埃，巴格诺·德·普晒斯：《凯瑟琳·德·美第奇的信件》，第9卷，第438页。——原注
③ 蒙-德-拉佛瓦就是现在的蒙-德-皮耶特，是一种抵押贷款机构，作用是促进资金贷款，尤其是方便穷人借贷。

瑟琳·德·美第奇共同拥有。属于凯瑟琳·德·美第奇的两万埃居由两位继承人负责向希波吕忒·德·美第奇红衣主教的债权人清偿。美第奇别墅（夫人别墅）①的问题被搁置了下来，主要是因为红衣主教亚历山大·法尔内塞也根据亨利二世的捐赠自认拥有它的所有权②。

但除了那些那不勒斯的珠宝和领地外，凯瑟琳·德·美第奇并不接受这个仲裁协议。她要求立即归还投入蒙－德－拉佛瓦的资金，以及在罗马和托斯卡纳地产的全部所有权。为此，凯瑟琳·德·美第奇和玛格丽特·德·奥特里希开始打官司和谈判。1582年9月，作为民事方面最高裁判司法机关，罗特法院判决由玛格丽特·德·奥特里希向凯瑟琳·德·美第奇支付两万埃居，并向凯瑟琳·德·美第奇转让美第奇宫及其财产和附属物的使用收益。这一裁判在玛格丽特·德·奥特里希1586年死后才被执行。凯瑟琳·德·美第奇与这位公爵夫人的继承人——公爵夫人的小叔子亚历山大·法尔内塞红衣主教和公爵夫人的儿子帕尔马公爵亚历山德罗·法尔内塞在债权和罗马财产的问题上很容易就达成了一致的意见。

凯瑟琳·德·美第奇与在托斯卡纳执政的美第奇家族还有其他纠纷。亚历山德罗·德·美第奇遇刺身亡后，被宣布为佛罗伦萨公爵的科西莫一世·德·美第奇曾从玛格丽特·德·奥特里希那里以平均每年八千五百埃居的价格，租用其所有坐落在城市和佛罗伦萨公国的产业：房屋、宫殿、别墅、田野、沼泽等，总计超过了三十二万两千四百二十九杜卡托③。有使用权者亡故后，科西莫一世·德·美第奇

---

① 这是蒙特马里奥的美第奇别墅，不应该与法兰西王国美术科学院所坐落的苹丘的美第奇别墅相混淆。——原注
② 赫克托·德·拉费里埃，巴格诺·德·普晒斯：《凯瑟琳·德·美第奇的信件》，第9卷，第446页到第447页。——原注
③ 赫克托·德·拉费里埃，巴格诺·德·普晒斯：《凯瑟琳·德·美第奇的信件》，第9卷，第444页到第445页。——原注

亚历山大·法尔内塞

的继任人弗朗切斯科一世·德·美第奇并不急于将它们归还其业主。在维护这些建筑物方面，他宣称花了二十四万埃居。因此，他保留对这些建筑物的继承权。早已成为王太后的凯瑟琳·德·美第奇以交易的名义，提出用亨利三世曾借给他的三十四万埃居来交换这些建筑物。这样一来，她认为自己就"把价值超过十万埃居的钱财送给了他"[①]。但弗朗切斯科一世·德·美第奇一直在讨价还价。当他去世时，凯瑟琳·德·美第奇早已对他提起诉讼。弗朗切斯科一世·德·美第奇的继任者斐迪南一世·德·美第奇与克里斯蒂娜·德·洛林的婚姻中止了这起诉讼。凯瑟琳·德·美第奇把她在托斯卡纳的所有财产都送给了自己的外孙女克里斯蒂娜·德·洛林。在罗马，凯瑟琳·德·美第奇还将美第奇宫——也称夫人宫[②]——转让给了当时的托斯卡纳大公斐迪南一世·德·美第奇，但不包括圣路易·法兰西斯所拥有的附属物和附属建筑[③]。同时作为交换，她收到斐迪南一世·德·美第奇在他担任红衣主教职位时所居住的宫殿，这个宫殿后来成了法兰西王国的大使馆。

---

① 1587年4月9日。赫克托·德·拉费里埃，巴格诺·德·普晒斯：《凯瑟琳·德·美第奇的信件》，第9卷，第199页。——原注

② 皮萨尼大使已经开始维修，并准备在那里定居。1587年6月17日的信。赫克托·德·拉费里埃，巴格诺·德·普晒斯：《凯瑟琳·德·美第奇的信件》，第8卷，第481页。——原注

③ 参见以上，给圣路易·法兰西斯的捐赠。——原注

结 语

假如凯瑟琳·德·美第奇不是圣巴塞洛缪大屠杀的主要责任人，那么我们认为她在历史上还算是一个比较杰出的人物，这点是否合理呢？对于凯瑟琳·德·美第奇的品行，我们不用再说什么了。凯瑟琳·德·美第奇既没有出身高贵的宠臣，也没有什么情人。她是妻子、寡妇，是亨利三世颂扬的"一生无罪"的女人。据说是她有意纵容了自己儿子们年少时的不端行为，使他们软弱无力，以便更容易操纵。近三十年来，凯瑟琳·德·美第奇一直在对抗无政府主义的势力，为保卫国家和王朝立下了汗马功劳。这可不是小功劳。在16世纪法兰西王国所有王后之中，除了玛丽·斯图亚特，只有凯瑟琳·德·美第奇深受文艺复兴时期的思想的影响。但她的罪行太大了，以至于让人因此而忽略了她的美德、品格及做出的巨大贡献。

只有，或者几乎只有艺术史学者，因其研究对象的本质不太受大屠杀的困扰，在凯瑟琳·德·美第奇的生命中发现了令人钦佩的东西。这些是公正的。在她对艺术的资助中，除了付出的代价太大外，倒是没有什么可被指责的。

凯瑟琳·德·美第奇的母亲属于最高贵的法兰西贵族，父亲是伟大的洛伦佐的孙子乌尔比诺公爵，佛罗伦萨共和国的首领洛伦佐二世·德·美第奇。但凯瑟琳·德·美第奇几乎从一出生就是个孤儿了。她是在伟大的叔公教皇利奥十世和克莱门特七世的监护下，在罗马和佛罗伦萨长大的。十四岁时，凯瑟琳·德·美第奇因嫁给了法兰西的一位王子，得以从这些艺术和天主教中心被送往基督教国家中最杰出的弗朗索瓦一世的宫廷。因其童年的影响及在青年时期的强化，凯瑟琳·德·美第奇热爱奢华、讲究排场。从她的儿子查理九世统治开始，当她能自由地支配国家财政权时，她周围都是陪伴服侍的女士和小姐。凯瑟琳·德·美第奇把她们打扮得"像女神"一样，举办了许多宴会，建造了宫殿和城堡，给予了法兰西王室，也给予自己与她伟大梦想相符的装饰、衬托和荣耀。她才智广博，好奇心强。她还努力结交博学者、文人、艺术家和收藏家。她自己收集了绘画、艺术品、饰品及那些不知名的奇特物品，同时还收藏地图、书籍和手稿。凯瑟琳·德·美第奇大概还或多或少地会一些拉丁语和希腊语。她资助与自己同时代的意大利作家路易吉·阿拉曼尼、阿雷蒂诺和塔索，或者给他们发放补贴。在前一时代的散文作家和诗人之中，受凯瑟琳·德·美第奇欣赏的是薄伽丘坦诚的现实主义和彼特拉克微妙的理想主义。

由于受古代语言的熏陶和对意大利及法兰西文学的了解，凯瑟琳·德·美第奇本人不仅仅是文字世界的转换者。她把宫廷里使用的芭蕾舞作品与歌曲、音乐和舞台表演糅合在一起，创造了一种新的戏剧类型：悲喜剧，这也是舞台剧的前身。尽管凯瑟琳·德·美第奇确实曾利用自己周围女性的魅力为自己的政治目的服务，但她希望至少诗歌能保持纯洁，并将它作为理想的避难所。她赞扬让-安东尼·德·巴伊夫改编了普洛特的《骄兵》，并将它搬上了法兰西王国的舞台，还特别向他建议要远离古人的"猥亵"。她曾邀请皮埃尔·德·龙萨这位五十岁时依然有着年轻人的热情、愿意继续歌颂美酒和爱情，并像年轻人一样用纯洁细腻的感情模仿劳雷的崇拜者。

年轻时，凯瑟琳·德·美第奇曾和玛格丽特·德·弗朗斯一起，打算模仿《十日谈》或《七日谈》写一部短篇小说集，但里面的内容将是真实的故事。除此之外,她还关注其他新生事物。她的文学创作——如果我们可以这么说的话——是由大量几乎全部是政治性的书信组成的。这些书信是由凯瑟琳·德·美第奇口述,或者由她以一种奇怪的语音拼写方式亲手书写完成的,除此以外还有少量幽默的家庭信函。她与玛格丽特·德·昂古莱姆及玛格丽特·德·弗朗斯在同一个精神家园。但与她们不同的是,她还擅长科学和数学。正是凯瑟琳·德·美第奇作为艺术家的品位使她区别于这些纯粹的文人。她喜欢建筑,甚至和建筑师一起制作草图、布局和装饰。除了天生多病、很年轻就驾崩的弗朗索瓦二世,以及女儿伊丽莎白·德·瓦卢瓦和克劳德·德·瓦卢瓦,前者被马德里宫廷礼节所压制,后者被南希宫廷的平庸限制,凯瑟琳·德·美第奇所有的孩子都学富五车,而且品位高雅,他们对诗歌、哲学和音乐都求知若渴。亨利三世的演讲、玛格丽特·德·瓦卢瓦的文笔都达到了那个时代罕见的几近完美的高贵和典雅。

玛格丽特·德·昂古莱姆与弗朗索瓦一世

但政治史学家对她却并不仁慈。大多数人认为凯瑟琳·德·美第奇只注重自己的利益，不分善恶，既没有信仰也无所顾忌。对于道德家和小说家来说，这是马基雅维利主义的体现。新教教徒本来就排斥她，天主教教徒也普遍不承认她。

　　这是受我们自然形成的思想的影响，也是因为偏见所做出的粗浅判断。我们不能因凯瑟琳·德·美第奇曾犯过的一次巨大的错误就认定她一定是个罪犯，并就此得出结论——她本质就是坏的，根本做不出什么宽厚的事；她不爱任何人及任何事，而且在她的生命中，一切都是算计好的，都是利己、狡诈、背信弃义和残忍的。

　　真实的凯瑟琳·德·美第奇性情多姿多彩，并不像那幅粗线条的画像，全身黑色，仿佛凝固在敌意之中。在三十年的统治期间，她并不总是一成不变的。实际上凯瑟琳·德·美第奇比较多变。她被野心驱使、被斗争推动、被对抗激怒，但这并不是说她不喜欢温和地进行统治。

　　凯瑟琳·德·美第奇也曾被认为是"温柔的"，而且在正常情况下她很可能会一直保持这种形象。然而在凯瑟琳·德·美第奇亲自摄政时期，她又并不缺乏骁勇和胆量。在她深爱的丈夫亨利二世在世时，凯瑟琳·德·美第奇曾冒着被这个迫害异教者讨厌的风险，敢于对受迫害的人表示同情；在弗朗索瓦二世统治时期，她曾谨慎地反对吉斯家族的"偏执"；在查理九世统治时期，可以说也就是在她自己的统治时期，她进行了大胆的尝试——停止迫害并开创信仰自由。当然，凯瑟琳·德·美第奇也曾试图利用第二代吉斯公爵弗朗索瓦·德·洛林的对手，毕竟在这种政策的变化中，她肯定是有自己的打算的。但如果不是确实厌恶暴力，在天主教教徒的抵制和西班牙国王腓力二世及庇护四世和庇护五世的压力下，她又怎么会执意去尝试推进和解、宽容的政策呢？凯瑟琳·德·美第奇甚至曾被指控支持新教教义，尽管她宣称自己只是为了维持公共安宁和保卫国家才容忍这些的。天主教领袖们对此惊慌失措，提出如果她不愿意

教皇庇护五世

交出大权，就必须屈服。然而第一次内战后，当三个执政官的死亡或威信的丧失又给了凯瑟琳·德·美第奇行动的自由时，她又以自己选择的方式重新实施对新教的宽容政策。只要有可能，也就是说，只要新教教徒愿意不超越《昂布瓦兹和平赦令》给他们设置的自由界限，或者甚至在不会引发新的冲突的情况下，稍微有一点过头，凯瑟琳·德·美第奇都会谨慎地对待他们。大多数历史学家对此的态度是，在宣称凯瑟琳·德·美第奇过于渴望权力和忍受不了任何分享的同时，他们否认了她的良好意图和功劳，而将一切都归到一个老好人和平庸的政治家——掌玺大臣米歇尔·德·洛皮塔尔身上，但掌玺大臣米歇尔·德·洛皮塔尔无法像凯瑟琳·德·美第奇那么清楚保护新教教徒的最好办法就是安抚天主教教徒。

　　人们指责凯瑟琳·德·美第奇的野心太大了，好像她的野心本身就是不正当的似的。凯瑟琳·德·美第奇在四十年中一直迷恋着自己总是受到抑制的政权，并且随着时间的推移变得更加热切，但她其实只是将权力作为确保自己子女未来的唯一手段而想紧紧地抓牢它。她没有篡权，也没有非法拥有权力。凯瑟琳·德·美第奇的两个儿子——查理九世和亨利三世除了偶尔渴望行使个人权力外，大多数情况下都将权力交给了她。因为他们知道再也找不到比她更能干和更忠实的仆人了。然而，我们需要通过区分不同时期的实际状况来公正地评价凯瑟琳·德·美第奇行使权力的方式。起初，她力图通过恩泽、承诺、礼物和优待来拉拢政党领袖和重要人物，将他们"团结在她的手下"。因她的权威未受任何损害，她是自由的、慷慨的，甚至是挥霍的。她喜欢取悦别人，也爱被人取悦。从第一次到第二次内战，凯瑟琳·德·美第奇真诚地试图使吉斯家族和孔代亲王路易一世·德·波旁，与阿内·德·蒙莫朗西，甚至与他们指责在奥尔良指使保勒涛·德·梅勒杀害第二代吉斯公爵弗朗索瓦·德·洛林的加斯帕尔·德·科利尼和解。但她很快就厌倦了这种无用的善意。作为女人和法兰西王室的外来者，凯瑟琳·德·美第奇并没有什么亲信为她效力，甚至还被王室嫡亲王、王国大臣和地方长官这些中间力量所出卖。在这个理论上已实行专制，但中央集权依然受到威胁的时代，国王能否让王国内所有臣民都臣服，取决于这些人是否愿意效忠于国王。因此，凯瑟琳·德·美第奇养成了不信任任何人的习惯。与自己的利益密不可分的她的子女们的利益成为凯瑟琳·德·美第奇行动的唯一准则。在法兰西的国王中，凯瑟琳·德·美第奇一直拿"路易国王"，也就是路易十一作为榜样。有一天凯瑟琳·德·美第奇像是出于气愤而向亨利三世抱怨，自己是"一个被善良牵引的可怜人"。她相信在自卫的同时，自己也在保卫国家和王朝，因此不再有任何顾忌。凯瑟琳·德·美第奇并不总能很纯粹、仁慈地使用自己的卓越才能，这对她死后的名誉是多么不利啊！

凯瑟琳·德·美第奇不仅拥有政治家的素质，还有自己独特的品质：活跃的智慧、清醒的头脑、多变的政治手段、敏捷而又灵活的思维、在暗处行动及慢慢地前进的能力。她的女儿玛格丽特·德·瓦卢瓦因本身的高傲和冲动，非常崇拜自己母亲对感情的掌控。这种掌控其实是一种上天的恩赐，而且宫廷生活的压迫和政治生涯的逼迫也使她将这种天赋修炼到几近完美的程度。即使在情绪最激烈时，她也没有丧失过冷静。出于谨慎，也是出于女性对于礼节的微妙本能[①]，凯瑟琳·德·美第奇厌恶喊叫和情绪爆发。在我们的历史中曾下达过强硬命令的君主几乎没有使用语言暴力的。凯瑟琳·德·美第奇建议由于恶语中伤而使最重要的人疏远了自己的亨利三世要注意自己的言语。朋友、敌人相互转换……"出于谨慎考虑，对朋友不能太过信任，因为友谊会破裂，朋友有一天也会成为敌人，过多的信任会对自己造成伤害。她还吩咐亨利三世要学会利用将来可能成为朋友的敌人。"即便是对于那些凯瑟琳·德·美

[①] 在戴安娜·德·普瓦捷去世很长一段时间后，她在给女儿的一封信中为自己将丈夫的情妇说成娼妓而道歉："对我们（正直的女人）来说这是一个肮脏的词。"——原注

第奇准备消灭的党派领导人，她也始终保持温和、恭维、奉承和安抚的态度。

凯瑟琳·德·美第奇很会说话，而且总是带着良好的风度，因此她很容易说服并感动对方，但在必要时又能很有权威。她从来不会辞穷理屈，而且凭借女性的特有逻辑，并不会因自己有时前后自相矛盾而尴尬。作为一名优秀的心理学家，凯瑟琳·德·美第奇揭示了在公众和宗教情感下隐藏着的谋求私利的算计。因为自己没有顾忌，凯瑟琳·德·美第奇也不会猜疑别人。良好的语言、模糊的承诺、长期的契约、圣洁愿望的口头承诺并不会使她付出什么代价。凯瑟琳·德·美第奇还会经常使用一些权宜之计，其中有些其实只是装模作样罢了，有时还混杂着诡计和长时间的讨价还价。即使计划就要失败了，凯瑟琳·德·美第奇仍然继续谈判，一直坚持谈判，并在顽强的对抗中努力争取时间。她写信给亨利三世说，即便是以最痛苦的让步为代价，也要坚信一定会等到一个新的有利的转折点。

凯瑟琳·德·美第奇的信函证明她有着惊人的活力，这种活力甚至延伸到行政的细节。凯瑟琳·德·美第奇一直是自己儿子们的首席大臣。如果说她只是热忱地履行着自己的职责是不够的，她还乐在其中。这种行动的激情甚至战胜了疲劳、年龄和疾病。凯瑟琳·德·美第奇一生都在行动和旅行。在她年事已高，无法再骑行时，她让人把自己从王国的一头送到了另一头去现场解决国家事务及平定骚乱。可以毫不夸张地说，她是站着死去的。凯瑟琳·德·美第奇一直试图在温和地解决政府的烦恼和忧虑。她年轻时是快乐的，而且后来所经历的痛苦也没有使她变得忧郁。凯瑟琳·德·美第奇几乎到生命的最后依然保持着一种平静的勇气。如果她能让人们不害怕她有时表现出的某种冷漠的话，就更值得钦佩了。

但这个精力旺盛的女人也有自己的缺陷和不足。她很精明，以为自己独占了世上大部分的机敏，但却总是低估自己的对手。凯瑟琳·德·美

结　语

第奇自认为可以解决政治舞台上错综复杂的问题，因此并不害怕将它们弄得更乱。她从不相信宗教激情中存在着无法妥协的信念，经常因无知和误解而犯错。在摄政之初，凯瑟琳·德·美第奇自以为能让天主教教徒和改革派找到一种模糊的妥协方式，并在普瓦西达成和解。但其中一方笃信在圣体圣事中基督的肉体、物质都真实存在的，而另一方却将天主教神甫在祭坛的祝圣变体仪式当作一种可憎的亵渎行为。凯瑟琳·德·美第奇本以为教皇会在特伦特主教会议上对某些诋毁基督教教义的纠纷保持沉默，并在规章与信仰方面做出更大的让步。她也曾因虚荣而犯过错。在从英格兰人那里夺回勒阿弗尔并最终把加莱并入法兰西王国之后，凯瑟琳·德·美第奇不再怀疑自己的外交手段和好运了。她向教皇、神圣罗马帝国皇帝和西班牙国王提出建议，而他们却并不同意在代表大会中讨论恢复基督教团结的方法。凯瑟琳·德·美第奇在这些有权势者的陪衬下，自信地向世人表明，她根本不需要一直思索新教教徒对她的提议是否会有任何疑虑。从1564到1566年期间，凯瑟琳·德·美第奇进行了环法大旅行，这是为了通过让"子民"看到年轻有为的国王查理九世，进而恢复他们对君主制的信心。除此之外，出于虚荣及政治上的谨慎小心，在凯瑟琳·德·美第奇的恳求下，腓力二世同意派他的妻子伊丽莎白·德·瓦卢瓦和他的主要顾问前往巴约讷，而不是亲自与她会合。当凯瑟琳·德·美第奇还是太子妃和王后时，她因被看作只是一个没有嫁妆，也没有希望的共和政体第一公民的女儿，承受了非常多的痛苦，所以后来她很愿意通过炫耀其姻亲关系来使人忘记自己平庸的出身。难道凯瑟琳·德·美第奇不是为了提高自己直系亲属的地位才无所顾忌地把自己当作玛蒂尔德·德·布洛涅—这个三个世纪前就去世的被葡萄牙国王所离弃的女子的女性继承人，要求得到葡萄牙王位吗？

为了满足精神上的追求，凯瑟琳·德·美第奇花费巨大。她在建筑、珠宝、衣着、奢侈品花了很多钱财。她本是想如同神圣罗马帝国皇帝一样，通过给子民提供充足的游戏和娱乐进而在消遣中更好地控制他们。宴会是凯瑟琳·德·美第奇政府计划的一部分。她在毫无希望的事业中浪费了大量财富来让自己的儿子亨利三世当选为波兰国王。她做了不止一个不切实际的计划。凯瑟琳·德·美第奇非常富有想象力，这是一个还没有引起人们足够注意的天性特征。她看待某一事件时，经常不是实事求是，而是按照自己的意愿。在制定好一个计划并将它付诸实施之初，她会非常热情，只考虑有利的解决办法，幻想自己的运气会很好，毫不怀疑自己能取得成功。但有一天凯瑟琳·德·美第奇却遗憾地说，这是时代的不幸，好像时代是使她无法让自己的两个儿子成为"世界领主"的唯一原因。这就是她太爱幻想的证据。

凯瑟琳·德·美第奇的野心总是高于志向，冲动总多过力量。面对持续的反抗，或者必须进行艰苦的斗争才能清除的障碍，她很快就会气馁，并转身离去。凯瑟琳·德·美第奇只有在保护个人和王朝的利益时才是坚定、固执和顽强的。她对待一个计划总是开始、放弃，再开始，最终放弃。严肃的当代史学家雅克-奥古斯特·德都说，凯瑟琳·德·美第奇在还没有完成一项事业时就对它厌倦了，随即又开始了另一个。凯瑟琳·德·美第奇的积极性也是如此。在宽容的尝试中她并不比在反对新教教派的斗争中表现得更坚定。她没有做完过任何事，终其一生一事无成。凯瑟琳·德·美第奇没有持续性的思想，毕竟她是个女人。

凯瑟琳·德·美第奇还是一个母亲，人们似乎忘记了她是一个非常敬业的母亲。尽管她对待自己的女儿玛格丽特·德·瓦卢瓦态度十分恶劣，但玛格丽特·德·瓦卢瓦还是说她的母亲会用自己的生命来拯救自己的孩子们。母爱是她政策的动机，尽管有时是排他和盲目的。当弗朗索瓦二世驾崩，由凯瑟琳·德·美第奇执掌政权时，她的三个儿子和玛格丽特·德·瓦卢瓦都还没有结婚。几乎在查理九世统治的整个时期，她都忙于让他们盛大而体面地成家立业。英格兰女王伊丽莎白一世是基督教教徒中最好的选择。伊丽莎白一世的宗教信仰、她在第一次内战期间给予胡格诺派的帮助、她想扣留勒阿弗尔并要回加莱的愚笨的固执及她的年龄——1563年时她已经三十岁了,这些都让伊丽莎白一世无法相信自己会嫁给十三岁的法兰西王国的亲王(后来的查理九世)。然而凯瑟琳·德·美第奇从没有放弃过让她的儿子(后来的查理九世)向伊丽莎白一世求婚,也许这只是为了通过接近英格兰新教来吓唬自己的女婿腓力二世,并促使他给她的孩子们安排合适的婚姻。凯瑟琳·德·美第奇认为腓力二世会让他的儿子娶玛格丽特·德·瓦卢瓦,让他的继承人,著名的痴呆者阿斯图里亚斯亲王卡洛斯迎娶葡萄牙王妃胡安娜,并给查理九世的弟弟,安茹公爵亨利·亚历山大一个公国作为彩礼。她并没有怀疑作为哈布斯堡王朝领袖的腓力二世会同意法兰西国王查理九世与神圣罗马帝国皇帝大女儿的婚约。但这是一个一方面想温和地对待改革派,就像凯瑟琳·德·美第奇当时正在做的一样,另一方面又想与公认教义的捍卫者团结起来的冒险举措。西班牙国王腓力二世一直很担心,害怕已经从法兰西王国边境溜进荷兰的加尔文主义异教分子最后会带坏本已很不顺从的臣民。在巴约讷,阿尔巴公爵费尔南多·阿尔瓦雷斯·德·托莱多粗暴地毁坏了美第奇王太后在西班牙建造的城堡。但她还是没有主动放弃幻想。

当腓力二世派阿尔巴公爵费尔南多·阿尔瓦雷斯·德·托莱多带领军队前往荷兰惩罚新教教徒和叛乱分子时,胡格诺派领导人一度希望凯瑟琳·德·美第奇会出兵抵制西班牙人的前进。但看到她只是保持友好的中立,这时他们相信两个宫廷早已在巴约讷商议好要毁灭改革派教会了。改革派人士的担忧取代了证据和理由,他们企图在蒙索抓住国王和王太后,按照他们自己的意志组织政府和指导外交政策。凯瑟琳·德·美第奇对这些人恩将仇报的袭击感到非常愤怒,发誓要铲除这个顽固的教派。凯瑟琳·德·美第奇认为腓力二世因赞成铲除新教这个共同的事业,会在婚姻问题上更好协商。然而腓力二世的妻子薨逝后,他不仅拒绝迎娶自己岳母一直推荐的玛格丽特·德·瓦卢瓦，或让她嫁给他的侄子葡萄牙国王塞巴斯蒂昂，而且更让凯瑟琳·德·美第奇感到屈辱的是，腓力二世竟然娶了已经与查理九世确定婚约的奥地利女大公安妮·德·奥特里希。

为了报复所有这些对她的蔑视，凯瑟琳·德·美第奇开始逐渐接近那些她曾无法成功削弱的新教势力。来自英格兰的联姻提议对美凯瑟琳·德·美第奇非常有诱惑力。英格兰女王伊丽莎白一世监禁着弗朗索瓦二世的遗孀和第二代吉斯公爵弗朗索瓦·德·洛林的外甥女——苏格兰女王玛丽·斯图亚特。为了博得法兰西王国的好感，伊丽莎白一世表明自己欣然同意安茹公爵亨利·亚历山大的求婚。这是凯瑟琳·德·美第奇最喜爱的儿子，她相信他将凭借未婚妻伊丽莎白一世的地位和王兄查理九世的帮助，不仅马上会成为英格兰的国王，还会是荷兰的最高统治者，并且当选神圣罗马帝国皇帝。凯瑟琳·德·美第奇把玛格丽特·德·瓦卢瓦许配给了改革派的中心人物，纳瓦拉王后珍妮·阿布莱特的儿子亨利·德·纳瓦拉。凯瑟琳·德·美第奇和查理九世秘密接见了前来鼓动他们使荷兰摆脱西班牙暴政的卢多维克·德·拿骚。胡格诺派对他们外国教友的不幸感到十分震惊，组织了部队准备跨越边界前去支援。渴望荣耀的年轻国王查理九世，自负地听从了军队领袖海军上将加斯帕尔·德·科利尼的建议，同样准备发兵征服弗朗德勒。凯瑟琳·德·美第奇因确认英格兰会进行援助，也没有对此提出反对。

但伊丽莎白一世不仅拒绝加入法兰西王国一同对抗西班牙，而且还打破了婚姻计划。

圣巴塞洛缪大屠杀是一个政治联姻失败所导致的悲剧。凯瑟琳·德·美第奇曾一度迷失在将得到的嫁妆和巨大希望的海市蜃楼中。在这次血腥处决之后,她再次求助腓力二世，并为自己的儿子弗朗索瓦·德·弗朗斯向他要求希望娶到一位西班牙公主及得到一个公国，作为他们对西班牙和天主教所做出的巨大贡献的奖励。腓力二世无情地拒绝了她。凯瑟琳·德·美第奇无法再原谅他，并到处寻找他的敌人。她让人把钱交给了卢多维克·德·拿骚，用自己的方式向新教的亲王们解释了屠杀事件，并且迅速将安茹公爵亨利·亚历山大推上波兰王位，借此终结了哈布斯堡人的侵略行为。

这些同时发生的突变改变了凯瑟琳·德·美第奇想用政治手段解决问题的想法。联姻成为她的主要目标。凯瑟琳·德·美第奇根据自己的愿望或当时的仇恨，从与天主教结盟到与新教结盟，又从与新教的结盟回到了与天主教结盟。法兰西王室与奥地利王室的传统矛盾已因《卡托－康布雷西和约》的签订而暂时搁置，此后她对腓力二世发起的间接战争不再是这一矛盾的再度上演，也不是为了反对西班牙的霸权而进行的谨慎攻击，而是这个一直以来的媒人对腓力二世的报复。当然，凯瑟琳·德·美第奇所希望的用家族联姻来巩固外交和睦的策略并没有错，但有必要让政治来支配婚姻，而不是让婚姻影响政治吗？种瓜得瓜，种豆得豆！查理九世并没有得到本来要嫁给他的奥地利女大公；亨利三世娶了的是洛林公爵查理三世的一个贫穷的堂妹；阿朗松公爵弗朗索瓦·德·弗朗斯没有结婚，玛格丽特·德·瓦卢瓦和纳瓦拉国王亨利·德·纳瓦拉的婚姻也并不幸福。

在亨利三世统治时期，婚姻问题排在了第二位，但凯瑟琳·德·美第奇作为母亲的忧虑主宰着内政外交。凯瑟琳·德·美第奇非常喜爱亨利三世，在查理九世在世时，就让人任命他为大将军，也就是军队的最高首领。凯瑟琳·德·美第奇钦佩他的美丽、他的优雅、他的口才，以及他在雅纳克和蒙孔图尔的胜利——但这其实是由于塔瓦讷领主加斯帕尔·德·索尔斯善于用兵而赢得的荣耀。这种偶像崇拜式的爱的代价是昂贵的。为了保证亨利三世可以自由地经过新教统治的神圣罗马帝国，到达凯瑟琳·德·美第奇出于母亲的虚荣心而将他送去的遥远的波兰，以及为了他能赢得波兰贵族的好感，凯瑟琳·德·美第奇释放了拉罗谢尔——

圣巴塞洛缪大屠杀的幸存者。这样她就失去了也许是灭绝新教党的唯一机会。

另一个必然的后果是凯瑟琳·德·美第奇最小的儿子阿朗松公爵弗朗索瓦·德·弗朗斯，他在安茹公爵亨利·亚历山大出发后就在王国占据了与这个最受宠的兄长同样的特权地位。他也曾要求得到大将军的职务，但因没有被满足，准备逃到位于边境的色当，并在那里向自己的王兄查理九世施压。由于查理九世眼看着日趋衰亡，凯瑟琳·德·美第奇甚至怀疑是波兰国王亨利·亚历山大的敌人在推动这个雄心勃勃的年轻亲王在王位空缺时进入宫廷，合法继承查理九世的王位。她与纳瓦拉国王亨利·德·纳瓦拉在万塞讷对弗朗索瓦·德·弗朗斯严加防范，而在圣巴塞洛缪大屠杀中被强行改变信仰的纳瓦拉国王亨利·德·纳瓦拉却早已决定要逃跑了。凯瑟琳·德·美第奇激烈对抗加斯帕尔·德·科利尼的表兄弟和阿朗松公爵弗朗索瓦·德·弗朗斯的朋友蒙莫朗西家族成员。她将这个强大家族的领袖弗朗索瓦·德·蒙莫朗西关进了巴士底狱，只因他没有明确地揭露他的两个弟弟所卷入的阴谋。而且凯瑟琳·德·美第奇还命人把朗格多克政府从一个潜在的复仇者——弗朗索瓦·德·蒙莫朗西的弟弟蒙莫朗西-当维尔手中夺了回来。为了解救被关押者，也是为了自救，蒙莫朗西-当维尔拿起了武器，尽管他当时还是狂热天主教教徒，却毫不犹豫地与南方的胡格诺派团结起来。对两个宗教均有所不满的人形成了一个新的党派，一个政界人物的党派，他们的干预使凯瑟琳·德·美第奇丧失了圣巴塞洛缪大屠杀所取得的并不人道的利益。

凯瑟琳·德·美第奇并不知道该如何守卫波兰。查理九世驾崩后，可能出于担心惹怒她知道早已厌倦了流亡在"萨尔马特人"中的新国王，也可能是因为急切地渴望更快与他团聚，凯瑟琳·德·美第奇劝阻，或至少没有建议亨利三世在返回前花时间确保法兰西王国未来在东方的权力。反对哈布斯堡王朝的宏伟计划变成了亨利三世从克拉科夫到奥地利边界的狂

结 语

乱逃窜。亨利三世之所以没有以宣布大赦来开始自己的统治，那也是凯瑟琳·德·美第奇的错——一种过于轻率的母性错误。凯瑟琳·德·美第奇对亨利三世的军事才能有过高的估计，尽管安理会的智者们提出了反对意见，但她仍然敦促亨利三世继续进行极端的斗争。难道亨利三世表现得像想要进行征服的样子吗？这真是纯粹的幻想，而且这个幻想很快就破灭了。

凯瑟琳·德·美第奇想象中的"恺撒大帝"经不起在南方进行的几个月战斗的考验。她自认为培养并指导的伟大国王，两年间由于他的高傲、懒惰、男宠和糟糕的管理，疏远了亲王、贵族和自己的国民。阿朗松公爵弗朗索瓦·德·弗朗斯逃离了卢浮宫，指挥着由神圣罗马帝国的新教军队增援的反叛分子。凯瑟琳·德·美第奇害怕了，给予了神圣联盟成员和他们的首领一些非常优惠的条件。亨利三世毫无经验的顾问们都在指责美凯瑟琳·德·美第奇对自己有罪的儿子太过软弱甚至无能为力。看到这些背信弃义的攻击对亨利三世思想和心灵产生的影响，美第奇王太后不得不冒着再一次被羞辱的风险帮他修复失败的耻辱。她设法为亨利三世带回了取得胜利后被晋升为安茹和当维尔公爵的阿朗松公爵弗朗索瓦·德·弗朗斯，并在温和天主教教徒协助或中立的情况下，使亨利三世击败了胡格诺派教徒并将已经发展到整个王国的新教教徒的信仰和敬拜自由限制在了两座司法管辖的城市。但在满足了亨利三世的这种自尊心后，凯瑟琳·德·美第奇只想为他谋得他所希望的最大福利——休息。由于亨利三世萎靡不振到了无药可救的地步，她也认为休息可能的确是他迫切需要的。五十九岁时，凯瑟琳·德·美第奇又亲自去了遥远的南部，这是法兰西王国所有地区中，由于受宗教的激情、改革派对最后一次和平赦令的抵制、天主教神圣联盟的形成、几个等级之间进行的斗争甚至战争及地方行政长官的独立思想的影响，而最动乱不安的地区。她在那里待了十八个月，风餐露宿，危险重重。尽管其实已"眼不见，心为静"，但她还是努力地在远处调节着亨利三世与他臣民以及臣民之间的矛盾。

然而凯瑟琳·德·美第奇争取到的却只有时间。新教教徒拒绝执行他们已讨论很久并和她缔结的《内拉克赦令》。骚乱又开始蔓延。布列塔尼、诺曼底和勃艮第地区的各个等级抗议税收的不断增加。诺曼底发生了农民暴乱，使这个省的大领主们也受到了牵连。被激进的天主教教徒怀疑的第三代吉斯公爵亨利一世·德·洛林已经离开了宫廷。胡格诺派教徒反对亨利三世，而亨利三世也并未得到所有胡格诺派敌人的支持。骚乱的"酿造者"从一个教派到另一个教派，从一个省到另一个省，四处寻求帮手。安茹公爵弗朗索瓦·德·弗朗斯退避到自己的封地，宣布了两兄弟关系的重新破裂，也增加了内战的可能和王国的危险。凯瑟琳·德·美第奇清楚地意识到，自己的能力不足以遏制公众的不满，安茹公爵的帮助是必不可少的。当时，政治上盛行决疑论——凯瑟琳·德·美第奇太了解这点了——承认嫡亲的亲王和推定的继承人有捍卫国家利益、反对统治者过错的权力。作为王国的共同持有者，这些天生的参议员的加入使武装斗争具有了公共利益联盟的特征。他们通过与凯瑟琳·德·美第奇斗争，甚至否认她，剥夺了她取得成功的最佳时机。凯瑟琳·德·美第奇一定不止一次地对亨利三世不明白安茹公爵弗朗索瓦·德·弗朗斯，这个"法兰西王国的第二大人物"的特权地位而感到遗憾。可能如果亨利三世明白的话，他就不会粗暴回应安茹公爵弗朗索瓦·德·弗朗斯对他的怨恨了。凯瑟琳·德·美第奇知道亨利三世总是按照自己的情感来表达好恶，所以鉴于他对王弟安茹公爵弗朗索瓦·德·弗朗斯的仇恨，凯瑟琳·德·美第奇对自己试图调解的结果表示担忧。但凯瑟琳·德·美第奇仍然非常爱他，为了让两个儿子至少保持表面上的和睦，她不惜通过让亨利三世讨厌自己来更好地为他服务。她不断暗示他，最终说服他委托王弟安茹公爵弗朗索瓦·德·弗朗斯与再次造反的南方新教教徒谈判。虽然这些都是为了维护亨利三世的利益，但她还是费了很大的周折。凯瑟琳·德·美第奇对来自英格兰女王伊丽莎白一世的主动亲近表示了热情的回应。虽然英格兰女王伊丽莎白一世这次

结 语

对法兰西王国的示好与1571年的政治目的是一样的，但凯瑟琳·德·美第奇仍非常热切地协商着她的小儿子安茹公爵弗朗索瓦·德·弗朗斯与一位和他有巨大年龄差距的女王的婚礼，就好像她早想到会成功一样。凯瑟琳·德·美第奇努力让安茹公爵弗朗索瓦·德·弗朗斯满意，或者尽量转移他的注意力来避免内部争夺对他的诱惑。然而安茹公爵弗朗索瓦·德·弗朗斯最终也没有赢得希望或满足自己的虚荣心。

为了在荷兰得到一个独立的公国，安茹公爵弗朗索瓦·德·弗朗斯重新采纳了加斯帕尔·德·科利尼的征服计划。他本希望自己的王兄亨利三世即便不给他直接的帮助，也会让他在法兰西王国如同在国外一样征集军队，并出资供养他的士兵。这其实就是在要求这位对自己王弟安茹公爵弗朗索瓦·德·弗朗斯深恶痛绝的王兄亨利三世与当时的第一军事强国西班牙决裂，使他财政破产，放弃正在经受战争蹂躏的王国。亨利三世对此非常愤慨，甚至召集自己的御用军，命令地方长官强行驱散进攻荷兰的军队。凯瑟琳·德·美第奇也担心这次冒险会带来不良后果，尽可能努力通过建议、劝告、乞求和承诺等方式改变安茹公爵弗朗索瓦·德·弗朗斯的计划。但当凯瑟琳·德·美第奇看到安茹公爵弗朗索瓦·德·弗朗斯宁可为此在王国发动起义，也不愿放弃时，她实在不想看到新内战的爆发，于是冒着被西班牙人报复的危险，暗中支持安茹公爵弗朗索瓦·德·弗朗斯在弗朗德勒的这次进攻。凯瑟琳·德·美第奇向亨利三世解释说，这仅是一个不会引起任何反击，并且可以避免内部骚乱的手段。"既年老又无力的"腓力二世有那么多其他事务要去处理，根本无法直接反击，仅是进行了自卫。但凯瑟琳·德·美第奇也只是成功地说服了亨利三世对安茹公爵弗朗索瓦·德·弗朗斯不再带有偏见。亨利三世其实是出于软弱、懒惰、害怕起义并对征服事业毫无兴趣才任由自己的母亲那么做的。他从未从自己的享乐中割舍出一丁点代价来帮助和支持安茹公爵弗朗索瓦·德·弗朗斯的事业。

然而，凯瑟琳·德·美第奇非常确信法兰西王国的内部和平与安茹公爵弗朗索瓦·德·弗朗斯的状况息息相关。所以她虽然本性胆怯并习惯于在安全处缓慢前进，但还是勇敢地面对西班牙的强大力量。凯瑟琳·德·美第奇以维护自己的亲属玛蒂尔德·德·布洛涅王后的权利为借口——绝大部分是出于虚荣而提出的对此权利的追还——无所顾忌地与腓力二世，一个葡萄牙公主的儿子争取葡萄牙空缺的王位，以便有一个看似有理的借口向腓力二世开战。但凯瑟琳·德·美第奇的真正目的不是要夺走腓力二世继承此遗产的权利，也不是像最近有人假想的那样，要在葡萄牙和南美洲建立起一个新的法兰西帝国，她只想占领通往美洲和印度的亚速尔群岛和马德拉群岛，并在取得这一成功之后，也只有在此之后，登陆巴西，让已经是康布雷主人的安茹公爵弗朗索瓦·德·弗朗斯在荷兰永立不败之地，让自己通过这些岛屿的哨兵队可以捕获过往的西班牙殖民者用以运输掠夺来的金银的武装商船。然后凯瑟琳·德·美第奇会手持有利条件与腓力二世谈判，让他用将一个西班牙公主嫁给安茹公爵弗朗索瓦·德·弗朗斯以及将全部或部分荷兰地区作为嫁妆来与她交换。这样，法兰西王国内部不满者天然的领袖将被带走，而亨利三世也以牺牲西班牙人为代价，摆脱了他最可怕的臣民。凯瑟琳·德·美第奇的本心及原计划都是要维护和平的，只是出于母亲对爱子的过度关注才再次热衷于战争，致力于使一个儿子变得伟大，同时确保另一个能得到幸福。而事实是，安茹公爵弗朗索瓦·德·弗朗斯离世后，法兰西王国再也没有任何航海和军事远征的计划了。

然而凯瑟琳·德·美第奇的某些同代人，比如说意大利人，是用另外一种方式解释她对安茹公爵弗朗索瓦·德·弗朗斯的好意的。他们认为这不是出于对亨利三世的爱，而是鉴于弗朗索瓦二世和查理九世早逝的警示，以防在王位空缺时，凯瑟琳·德·美第奇会支持最后一个儿子，这个预定的继承人和君主，并在必要时确保他在新政权中的首要统治地位。凯瑟琳·德·美第奇让安茹公爵弗朗索瓦·德·弗朗斯去弗朗德勒进行救援，追求女王伊丽莎白一世及钳制葡萄牙，就是为了向安茹公爵弗朗索瓦·德·弗朗斯证明即便冒着伤及她与亨利三世感情的风险，她也会努力将这位安茹公爵弗朗索瓦·德·弗朗斯变成一个有绝对权力的亲王，等待着法兰西王国的王冠。但这只是一种假说。奉行马基雅维利主义的政治家及那些收集或编造各种诋毁言论小册子的作者，他们都忽视或否认了感情在历史上的作用。这些人关注的只是这位女性统治者所拥有的计谋。然而不管凯瑟琳·德·美第奇在政治上如何高明，她都有着一个女人的思想、心灵和偏好。她爱着自己所有的孩子，在这一点上，人们可以相信因其政治过错和不当行径而被无情惩罚的凯瑟琳·德·美第奇的女儿玛格丽特·德·瓦卢瓦对她的评价。但凯瑟琳·德·美第奇对其中一个孩子要偏爱得多。不可否认，凯瑟琳·德·美第奇的确在亨利三世的整个统治时期，一直在用一种几乎应受谴责的慈爱照顾着这个孩子。我们看到，在她当政前后，由于过度热情和母爱泛滥，她犯了多少过错，造成了多么严重的后果。事实和她的信件都证明，尽管凯瑟琳·德·美第奇对亨利三世很失望，但她一直都非常爱他，从来没有停止。此外，如果要推定凯瑟琳·德·美第奇是在当任国王统治之初就在等待下一任国王的统治，并按照这种对未来的打算规范自己的行为，那就必须证明，为了亨利三世的利益，她本应采取一种有别于自己一直遵循的政策。在两年多的时间里，凯瑟琳·德·美第奇看到了亨利三世的不得人心和他王弟安茹公爵弗朗索瓦·德·弗朗斯——王位指定继承人的舆论力量。但对于各个教派无政府主义的行为，凯瑟琳·德·美第奇除了尽力使安茹公爵弗朗索瓦·德·弗朗斯高兴外，再没有进行其他的补救措施。给了安茹公爵弗朗索瓦·德·弗朗斯自由但又无法满足他，其实就是在诱使他叛乱，这次他不会像以前那样屈服了。将安茹公爵弗朗索瓦·德·弗朗斯再次关进他曾两次逃脱的牢狱，这就给两个教派的对立者们提供了全面拿起武器的命令和借口。两兄弟之间的第一次战争削弱了王室的权威，加强了新教的力量。损害只因安茹公爵弗朗索瓦·德·弗朗斯的自救才得以修复，或只是部分修复。在同一个领导人指挥下的第二次战争以毁灭君主制并掠走亨利三世相要挟。为了拯救亨利三世，必须不惜任何代价避免亨利三世和其王弟安茹公爵弗朗索瓦·德·弗朗斯关系的破裂。在葡萄牙和荷兰人力、财力的消耗及来自西班牙的敌意都是内部和平的代价。但受益人安茹公爵弗朗索瓦·德·弗朗斯非常清楚凯瑟琳·德·美第奇并不是为了他而做的努力。难道他的母后没有多次口头或书信向他表明他事业的困难、开支的巨大和不太大的成功的可能性吗？难道她没有生气地提醒他作为一个臣民和推定继承人的义务就是必须将服从国王及将法兰西王国的利益置于自己征服愿望之前吗？难道她没有尽可能地推迟远征，并直到最后一刻还试图阻止他吗？如果凯瑟琳·德·美第奇一心想要讨未来国王亨利三世的欢心，那么她就不会在为他服务的同时又表现得那么不情愿和怠慢了。我们不能说凯瑟琳·德·美第奇是自私的，但她最关注的总是如何能使她的两个儿子和平相处，而且为了她最爱的这个的安全，让腓力二世给另一个提供慷慨的陪嫁。

安茹公爵弗朗索瓦·德·弗朗斯薨逝后，同样出于母亲的担忧，为保持天主教教徒之间的团结，凯瑟琳·德·美第奇付出了巨大的努力。亨利三世没有孩子，也没有任何拥有孩子的可能。根据《撒利克法典》，他的合法继承人是纳瓦拉国王亨利·德·纳瓦拉，这个王室嫡亲第一亲王。亨利·德·纳瓦拉出生时是天主教教徒，但被他的母亲用新教教义抚养长大，在圣巴塞洛缪事件中又被强制改变宗教信仰，后来在出逃后又重新回去布道。法兰西王国亲王们和天主教民众都不希望这个重新归附异教者做法兰西国王。他们组成了一个神圣联盟，先是勒令，最后变成了武装要求亨利三世宣布这个信仰异教的波旁人丧失了所有继承王位的权利，承认老波旁红衣主教查尔斯一世·德·波旁是推定的王位继承人，并对新教教徒进行灭绝性的战争。出于对命令的憎恨及对安逸的热爱，亨利三世尽可能地尊重王朝既定的权利。人们认为带领自己的儿子做了一个个让步的凯瑟琳·德·美第奇，私下打算让她的女婿洛林公爵查理三世，或她的外孙庞特－阿穆松侯爵亨利二世·德·洛林登上王位。但凯瑟琳·德·美第奇从未表现出自己有这个想法。通过阅读她的信件就能证明事实的确并非如此。在与第三代吉斯公爵亨利一世·德·洛林、波旁红衣主教查尔斯一世·德·波旁和神圣联盟的其他领导人进行谈判时，凯瑟琳·德·美第奇总是试图安抚他们，使他们放下武器，至少做出可能的让步。也许凯瑟琳·德·美第奇认为，如果她的儿子被迫发动战争，对他来说最好是领导天主教教徒对抗新教教徒，而不是借助于少数新教教徒反对广大的天主教教徒。但她还是在尽一切努力使他避免这个抉择。凯瑟琳·德·美第奇本想通过让纳瓦拉国王亨利·德·纳瓦拉改宗，使那些出于担心会出现一个新教王朝而加入神圣联盟的所有的天主教教徒离开联盟。她甚至为此向纳瓦拉国王亨利·德·纳瓦拉提出了让他取消与自己女儿玛格丽特·德·瓦卢瓦的婚姻的建议。玛格丽特·德·瓦卢瓦十分多情。由于对母亲不满的不断积累，玛格丽特·德·瓦卢瓦成了神圣联盟的成员，后来被她王兄亨利三世监禁在了于松城堡。也许凯瑟琳·德·美第奇对一个拒绝用《圣经》来交换王位的觊觎者并不了解，甚至有错误的看法，但她认为这一切都是他的问题。亨利三世只比纳瓦拉国王亨利·德·纳瓦拉大两岁，除非发生意外，否则不会很快出现宝座悬空的可能性。尽管有这么多令凯瑟琳·德·美第奇感到苦恼的困难，但她并不是一个很关心可能在自己死后才会出现的情况的女人。即使她有这个愿望，但并没有确切的证据表明她所做的一定是为了自己的外孙庞特－阿穆松侯爵亨利二世·德·洛林。凯瑟琳·德·美第奇很清楚废除《撒利克法典》也将为其他候选人铺平道路：伊丽莎白·德·瓦卢瓦和腓力二世的女儿——西班牙公主克莱尔－伊莎贝拉－欧也妮，以及弗朗索瓦一世的外孙——玛格丽特·德·弗朗斯的儿子萨伏伊公爵卡洛·埃曼努埃莱一世，这对他们似乎更加有利。如果由三级会议进行选举，第三代吉斯公爵亨利一世·德·洛林将是天主教民众推举的候选人。这个洛林家族的小辈是不可能将自己的机会让给执政家族的表哥的。指定一个六十来岁的老天主教教徒波旁红衣主教查尔斯一世·德·波旁作为推定继承人可以令神圣联盟成员满意，而且仅凭纳瓦拉国王亨利·德·纳瓦拉的异教信仰就可以将他排除在候选人之外。凯瑟琳·德·美第奇是不会与《撒利克法典》的支持者发生正面冲突的。这种妥协应该不会让波旁红衣主教查尔斯一世·德·波旁的朋友老王太后凯瑟琳·德·美第奇感到不快。但第三代吉斯公爵亨利一世·德·洛林在布卢瓦遭到了暗杀，此事激起了贵族和大城市联盟成员对此事的凶手——国王亨利三世的抗议。而亨利三世为了自卫，被迫求助于纳瓦拉国王亨利·德·纳瓦拉和新教教徒。

在此期间，凯瑟琳·德·美第奇薨逝了。布朗托姆认为，如果她活着，她应该会重建天主教阵营。事实上，修复不可修复的事物并不是凯瑟琳·德·美第奇能做到的。她的角色已经结束，所以她推行的一系列措施也不适合了。无论在好的还是坏的方面，凯瑟琳·德·美第奇已经充分发挥了自己的才能。尽管遭受了最激烈的冲击，她还是成功地在三十年间保住了摇摇欲坠的君主制。因此，从凯瑟琳·德·美第奇的抵抗力或她的幸运来评价，人们会愿意将她列入伟大的统治者之中，但她不配被放到如此高的位置。她虽有充分的意图和崇高的积极性，但缺乏将这些超越了即时目标的事业进行到底的措施和意志。这些事业指的是宽容政策的胜利、王室权威的维护及法兰西王国力量的增强。凯瑟琳·德·美第奇只活在了自己所在的时刻。

凯瑟琳·德·美第奇太在乎自己子女或自身的利益了，以至于根本无法实施一种真正的国家政策。但她对自己有幸通过婚姻的机会而进入的伟大法兰西王室有着非常高也非常合理的评价。而且我们在她的信件中也找到了大量证据，表明她是非常热爱这个王国的。从这些信件可以看出，凯

结 语

瑟琳·德·美第奇曾多次希望通过自己所做的工作表现出自己对法兰西王国的义务。在圣康坦战败（1557年8月10日）二十二年（1579年8月10日）后，她回忆说："这让我们付出了那么高昂的代价。"凯瑟琳·德·美第奇还说了一句感人的话"可怜的法兰西人"，并且再一次断言今天和过去一样，"上帝是绝不会放弃他们的"。但她马上又补充说，"也不会放弃她和她的孩子们"。怜悯、抱怨、对上帝的信任、个人感激、甚至家族和王朝的骄傲，这些都算不上是行动的纲领。事实上，1557年8月10日是萨伏伊公爵伊曼纽尔·菲利贝托在获胜两天前到达她当时所在的格勒诺布尔的时间。如果这都无法充分说明这只是个模糊的记忆，那么凯瑟琳·德·美第奇在圣康坦灾难的某个纪念日所进行的回忆可能也只是表明，这对她而言仅是一个深刻而持久的伤痛罢了。这不禁让人思忖凯瑟琳·德·美第奇在获悉陷于绝境的安茹公爵弗朗索瓦·德·弗朗斯打算将康布雷卖给西班牙人时，她的愤怒是由于受伤的爱国主义遭受了耻辱而发出的呼喊，还仅是痛苦地意识到自己如此多的努力、代价、牺牲将化为乌有时的无意识表现。凯瑟琳·德·美第奇最荣耀的事就是在第一次内战之后夺回了勒阿弗尔，并且使加莱最终并入法兰西王国。但必须指出的是，因为可能会激起那些天主教大众的抗议——他们认为普瓦西会谈和凯瑟琳·德·美第奇摄政时期的大胆行径都值得怀疑，所以，凯瑟琳·德·美第奇不得不宣布永远兼并从英格兰人那里夺取的胡格诺派首领们承诺或已经交出的要塞。同时为了偿还她爱戴的玛格丽特·德·弗朗斯的丈夫萨伏伊公爵伊曼纽尔·菲利贝托，由于当时没有风险，她毫不犹豫地向他提供援助，让给了他几座在《卡托－康布雷西和约》中已经，至少是暂时留给法兰西王国的皮埃蒙特的城镇。当亨利三世让她无偿地放弃其他几座城市时，她也没有一句反对的话。凯瑟琳·德·美第奇甚至在1579年出面调解，以便让萨伏伊公爵伊曼纽尔·菲利贝托可以更顺利地获得阿尔卑斯海域唐德公爵的领地，这可是一块当时那里的领主维拉尔海军上将奥诺拉二世·萨伏伊·唐德只有在"得到非常虔诚的基督徒国王的许可"才愿意出让的地方。1588年,萨伏伊公爵伊曼纽尔·菲利贝托的继任者卡洛·埃曼努埃莱一世夺取了法兰西王国最后一块山外属地萨吕斯侯爵领地时,人们也没有看到凯瑟琳·德·美第奇对此有多么震惊。然而,她不是不知道法兰西王国保护好这些阿尔卑斯山脉的大门,对意大利的自由邦国免受西班牙霸权的威胁是多么重要。我们得相信,在将自己的外孙女克里斯蒂娜·德·洛林嫁给托斯卡纳大公斐迪南一世·德·美第奇,并让人赠予了这个外孙女古老的美第奇家族的所有权利后,凯瑟琳·德·美第奇就会认为自己可以对半岛的事务漠不关心了吗?在亨利二世时期她对佛罗伦萨的关注,对1578年被重新研究的中止了半个世纪的乌尔比诺问题的朦胧愿望,无论出于何种动机对葡萄牙王位的追还要求,所有这些都只是利己主义野心的体现。凯瑟琳·德·美第奇的追求还没有上升到国家层面,她一直只是在为她的孩子和她自己工作。

　　破坏凯瑟琳·德·美第奇死后名声的是她所犯的巨大罪行。可能她对新教教徒从仁慈到敌对的措施不仅仅是她一个人的错。与母爱融为一体的对权力的热爱是凯瑟琳·德·美第奇拥有的最强烈感情。大部分改革派在对她表现出的自鸣得意的宗派态度中,似乎都没有理解这一点。在她为他们提供了尽可能多的服务时,他们总是抱怨她做得还不够。改革派苛求她为了他们而牺牲她自己的利益,但他们却借此奠定了正宗嫡亲王的地位,损害了凯瑟琳·德·美第奇的利益。他们用各种方式向她指出,作为一个女人和外来者,她应该离开这个位置。但他们实在是太愚笨了,从某种程度上说,也太忘恩负义了。在某一段时期,凯瑟琳·德·美第奇出于对暴力的厌恶及对吉斯家族成员的憎恨,曾勇敢主动地支持改革派。但为了营救他们而迷失自我似乎是荒谬的。在第一次内战之后,改革派一点都不感激她再次恢复的缓和政策,指责她前往巴约讷就是为与西班牙宫廷商讨如何摧毁法兰西王国和荷兰的改革派教会。他们还以此

结 语

为依据认为凯瑟琳·德·美第奇根本不愿意与腓力二世决裂，也不愿冒险解救他们的外国教友。除了这些普遍的不满情绪，还存在某些个人的不满。改革派的首领曾试图劫持凯瑟琳·德·美第奇和她的儿子亨利三世，并让自己成为政府和国家的主人。

资料向我们揭示了凯瑟琳·德·美第奇性格中最早形成的一个特征，那就是她总能记得别人对她的善行及不公正的待遇。在凯瑟琳·德·美第奇九岁时，布列塔尼的表兄图伦内子爵在佛罗伦萨见到她时就说过，没有人比这个孩子更能感受别人对她的好与坏了。改革派给了凯瑟琳·德·美第奇残酷的经历。他们的反抗虽然看起来被饰以宗教信仰的光环，但不能因此就减少他们所犯的罪恶。法兰西王国或任何其他地方的法院都无法赦免或原谅他们在莫城只是出于担忧或劝人改宗的热忱而侵犯了法兰西国王查理九世和他母亲的自由。凯瑟琳·德·美第奇认为这些人都该被执行死刑，但她既不能把他们传讯到议会法院，也无法通过武力减少他们的人数。因此，她无所顾忌地使用由意大利传统和由于自己的无力令她想到的武器来对付那些对她危害最大的敌人。从投毒和暗杀逐渐演变为大屠杀。凯瑟琳·德·美第奇所在的那个时代，人的生命没有什么价值，甚至一文不值，况且她还位于可以免除任何司法诉讼的地位。凯瑟琳·德·美第奇的确超越了利用王权进行惩罚的界限。她下令大量屠杀参战者，他们有可能是前叛军，但却已经通过赦令得到平反，并重获了恩典和庇护。他们都是来巴黎参加一个婚礼的，也就是说，是来参加一个和解盛宴的，其中还有一些是查理九世请到卢浮宫的客人。凯瑟琳·德·美第奇并不是提前预谋了这场后来在全国各地卷入了大量无辜者的屠杀，但这也无法使这个出于野心和恐惧的罪行去除其凶残的本性。然而当时的习俗是如此冷酷，君王绝对权力的偏见是如此普遍，尽管犯了这种滔天大罪，凯瑟琳·德·美第奇仍然找到了一个人们料想不到的，对她非常宽容的欣赏者，一个她不喜欢但却对她很好的人——她的女婿，也是后来成为亨利四世的纳瓦拉国王亨利·德·纳瓦拉。自从这位纳瓦拉国王亨利·德·纳瓦拉回归天主教以来，他就成了两个教派臣民的主人，签署了《南特敕令》。后来的某一天，亨利四世和鲁昂议会的第一任主席克劳德·格鲁拉特谈到了亨利四世与另一个美第奇家族的女子，托斯卡纳大公斐迪南一世·德·美第奇的侄女玛丽·德·美第奇的婚姻。克劳德·格鲁拉特是一位温和的天主教教徒，他将神圣联盟的所有罪行都归到凯瑟琳·德·美第奇身上。他提醒亨利四世，"如果您在佛罗伦萨，这个法兰西王国不幸的来源地结婚的话，那么不幸的消除也得从那里开始。"亨利四世回答说："已经有人告诉过我这些了，"并接着说，"但我也请您想一想，一个女人在自己丈夫死后有五个孩子要抚养，还要对付当时意图侵犯王室的两个家族——波旁家族和吉斯家族，她还能怎么做呢？难道她不应该使用一些特殊的手段去欺骗他们，不应该像一个母亲一样一直守护着自己的孩子，让他们在一个如此谨慎的女性的贤明指引下一个个登上王位吗？我很惊讶，她并没有做出更坏的事。"

难道亨利四世忘了圣巴塞洛缪大屠杀了吗？

专有名词法汉对照

Catherine de Médicis	凯瑟琳·德·美第奇
François I	弗朗索瓦一世
Henri II	亨利二世
François II	弗朗索瓦二世
Charles IX	查理九世
Henri III	亨利三世
Hector de La Ferrière	赫克托·德·拉弗里埃
Baguenault de Puchesse	巴格诺·德·普晒斯
Ernest Lavisse	欧内斯特．拉维斯
Diane de Poitiers	戴安娜·德·普瓦捷
Valois-Angoulême	瓦卢瓦－昂古莱姆
Laurent de Médicis	洛伦佐·德·美第奇
Laurent le Magnifique	伟大的洛伦佐
Boulogne	布洛涅
Léon X	利奥十世
Henri de Valois	亨利·德·瓦卢瓦
Clément	克莱门特七世
Marignan	马里尼亚诺
Milanais	米兰人
Bologne	博洛尼亚
Naples	那不勒斯
Milan	米兰
Plaisance	皮亚琴察
Giuliano di Lorenzo de Medici	朱利亚诺·迪·洛伦佐·德·美第奇
Urbin	乌尔比诺

Jules II	尤利乌斯二世
François-Marie de La Rover	弗朗索瓦·玛丽·德·拉·罗维尔
Amboise	昂布瓦兹
Florence	佛罗伦萨
Orsini	奥尔西尼
Alfonsina Orsini	阿方西娜·奥尔西尼
Madeleine di Lorenzo de Medici	玛德莱娜·迪·洛伦佐·德·美第奇
Innocent VIII	英诺森八世
François Cibo	弗朗索瓦·西波
Balhazar Castiglione	巴拉扎贺·卡斯蒂廖内
Philippe Strozzi	菲利普·斯特罗齐
Philiberte	菲利伯特
Charles III	查理三世
Louise de Savoie	路易丝·德·萨伏伊
Jean d'Albret	让·阿尔伯特
Bourbon-Vendôme	波旁-旺多姆王朝
Pierre de Beaujeu	皮埃尔·德·博热
Jean II	约翰二世
Jean IV de La Tour	拉图尔·德·约翰四世
Aquitaine	阿基坦
Clermont	克莱蒙特
Auvergne	奥弗涅
La Chais	拉晒兹
Louis XII	路易十二
Bertrand	贝特朗
Limousin	利木赞
Berry	贝里
Jean Stuart	吉恩·斯图尔特
Marche	马尔什
Jacques V	詹姆斯五世
La Tour	拉图尔
Raphaël	拉斐尔
Maximilien I	马克西米利安一世
Ducats	杜卡托
Jules	朱勒
Cibo	西波
Salviati	萨尔维亚蒂
Ridolfi	里多尔菲
Borgia	波吉亚
César Borgia	切萨雷·波吉亚

专有名词法汉对照

Machiavel	马基雅维利
Arioste	阿里奥斯托
Gênes	热那亚
Adrien d'Utrecht	阿德里安·杜特里奇
Jacques Salviati	雅克·萨尔维亚蒂
Pesaro	佩萨罗
Collavechio	科勒维科什俄
Cortone	科尔托纳
Silvio Passerini	西尔维奥·帕塞里尼
Messer Rosso Ridolfi	梅塞尔·罗索·里多尔菲
Cajano	卡亚诺
Poggio	波焦
Giuliano da San Gall	朱利亚诺·德·圣加洛
Ombrone	翁布罗内河
La Via Larga	拉·维亚·拉尔加
Pavie	帕维亚
Madrid	马德里
Saint-Ange	圣安哥堡
Niccolô Capponi	尼科洛·卡波尼
Barcelone	巴塞罗那
Marguerite d'Autriche	玛格丽特·德·奥特里希
Cambrai	康布雷
Ferrare	费拉尔
Sainte-Lucie	圣卢西亚
Sainte-Catherine	圣凯瑟琳
Sienne	锡耶纳
Emmurées（Murate）	埃米亚特（雷米亚特）
Catherine Sforza	卡特琳娜·斯福尔扎
Mathlide de Boulogne	玛蒂德·德·布洛涅
Santa Maria del Fiore	圣母百花大教堂
Savonarole	萨沃纳罗拉
Giustina Niccolini	吉斯蒂娜·尼科利尼
Busini	布西尼
Hercule d'Est	赫克勒斯·代斯特
Malatesta	马拉泰斯塔
Lionardo Bartolini	莱昂纳多·巴托尼
Ceo	瑟奥
Salvestro Aldobrandini	萨尔韦斯特罗·阿尔多布兰
Turenne	图伦内
Antonio Soriano	安东尼奥·索利安诺

Titien	提香
Brantôme	布朗托姆
Maures	摩尔人
Tartares	鞑靼人
Éthiopiens	埃塞俄比亚人
Indiens	印度人
Turcs	土耳其人
Énéide	《埃涅阿斯纪》
Pompeo Colonna	旁派·科隆纳
Saint-Marc	圣马克
Ratisbonne	雷根斯堡
Henri d'Orléans	亨利·德·奥尔良
François Sforza	弗朗索瓦·斯福尔扎
duc d'Albany	奥尔巴尼公爵
Modène	摩德纳
Reggio	雷吉奥
le duc d'Orléans	奥尔良公爵
palais Riccardi	里卡尔迪宫
Ottaviano de Médicis	奥塔维亚诺·德·美第奇
Maria Salviati	玛丽亚·萨尔维亚蒂
Taffetas	塔夫绸
Prato	普拉托
Monteloro	蒙特劳豪
Città Rossa	罗萨城
Melandastri	梅兰达西尼
Andrea Buondelmonte	安德烈·布德尔蒙特
San Piero Maggiore	圣皮耶罗教堂
Matteo Strozzi	马特奥·斯特罗齐
Caffagiolo	卡伐若奥劳
Santa Croce	圣十字
Saint-Georges	圣乔治节
Lonperio	朗佩罗
Nespola	内斯波拉
Giorgio Vasari	乔尔乔·瓦萨里
Messer Carlo Guasconi	梅塞尔卡洛·瓜斯科尼
Isabelle d'Este	伊萨贝拉·戴斯特
Éléonore de Gonzague	埃利诺·德·贡扎格
Vittoria Colonna	维多利亚·科洛纳
Marsile Ficin	马尔西利奥·费奇诺
Platon	柏拉图

专有名词法汉对照

Paul III	保罗三世
Sébastien del Piombo	塞巴斯蒂安·德尔·皮翁博
Adonis	阿多尼斯
Nicolas V	尼古拉五世
Saint-Pierre	圣彼得
Vatican	梵蒂冈
Jules Romain	朱利奥·罗马诺
Monte Mario	蒙特马里奥
Célestin	塞莱斯坦
l'Étrurie	伊特鲁里亚
Albains	阿尔班山
Soracte	索哈特
Laocoon	拉奥孔
Apollon	阿波罗
Vandales	汪达尔人
Palais Pitti	皮蒂宫
Léonard de Vinci	列奥纳多·达·芬奇
Masaccio	马萨乔
Ghirlandajo	吉尔兰达约
Botticelli	波提切利
Benozzo Gozzoli	贝诺佐·戈佐利
Jean Paléologue	约翰·巴列奥略
Constantinople	君士坦丁堡
Joseph	约瑟夫
Verrocchio	韦罗基奥
Donatello	多纳泰洛
Vitruve	维特
Palazzo Vecchio	韦奇奥宫
Marguerite d'Angoulême	玛格丽特·德·昂古莱姆
Nice	尼斯
Marseille	马赛
Le duc Alexandre	亚历山德罗公爵
Camerino	卡梅里诺
Catherine Cibo	凯瑟琳·西波
Mantoue	曼图亚
Villefranche	维勒弗朗什
Livourne	利沃诺
Guichardin	圭恰迪尼
Valerio Belli Vicentino	瓦莱里奥·贝利蒂诺费
Hesse	黑森

Khairedin Barberousse	凯贺丹·巴伯鲁斯
Anne de Bretagne	安妮·德·布列塔尼
Bourbon	波旁
Montecuculli	蒙特库卢利
Hesdin	赫斯丁
Nevers	讷韦尔
Etampes	艾丹普
Anne de Pisseleu	安妮·德·皮塞卢
Bibbiena	比别纳
Cornaro	科尔纳罗
Egidio de Viterbo	埃吉迪奥·德·维杰博
Sambue	桑布
Bernardino de Medicis	伯纳迪诺·德·美第奇
François de Billon	弗朗索瓦·德·比隆
Boccace	薄伽丘
Mellin de Saint-Gelais	梅利·德·圣格莱
Clément Marot	克莱门特·马罗
Certon	塞尔东
Jannequin	詹南奎
Goudimel	古迪梅尔
Horace	奥拉斯
Matteo Dandolo	马托奥·丹多洛
Piémont	皮埃蒙特
Moncallier	蒙卡列
Jean-Antoine	让·安东尼
Philippa Duc	菲利帕·迪克
Horace Farnèse	奥拉斯·法尔内塞
Lorenzo Contarini	洛伦佐·康塔里尼
Catherine de Gondi	凯瑟琳·德·冈迪
Louis de Breze	路易·德·布雷泽
Herberay des Essars	埃贝拉·德·塞萨尔斯
Phedre	费德尔
Marsilio Ficin	马西尔·菲辛
Pétrarquisme	彼特拉克主义
Marino Cavalli	马里诺·卡瓦利
Lancelot de Carles	兰斯洛特·德·卡莱斯
Saint-Gelais	圣格莱
Lady Fleming	弗莱明夫人
Henri d'Angoulême	亨利·德·昂古莱姆
Nicole de Savigny	妮科尔·德·萨维尼

专有名词法汉对照

Condé	孔代
Valentinois	瓦朗斯
Hélène	海伦
De Thou	德都
Pierre Encize	皮埃尔·昂斯兹
Rabelais	拉伯雷
Saint-Denis	圣丹尼斯
Dauphinoise	多菲内
Chambord	尚博德
Metz	梅斯
Toul	托尔
Verdun	凡尔登
Joinville	茹安维尔
Guillaume Chrestien	纪尧姆·克雷斯蒂安
Brissac	布里萨克
Giovanni Cappello	乔瓦尼·卡珀洛
Michel de l'Hôspital	米歇尔·德·洛皮塔尔
Austrasie	奥斯特拉西
Anne (d'Este)	安妮·埃斯特
Mézières	梅泽埃勒
Mortier	莫尔蒂尔
Claude d'Annebaut	克劳德·德·安纳波尔
Lorenzino de Médicis	罗伦西诺·德·美第奇
Montemurlo	蒙特穆洛
Alfonso Tornabuoni	阿方索·托尔纳博尼
Ricasoli	里卡索利
Luigi Alamanni	路易吉·阿拉曼尼
Armada	无敌舰队
Jean Chandon	让·尚东
Pierre D'Épinac	皮埃尔·迪皮纳克
Maubert	莫贝尔
Melun	默伦
Montholon	蒙托隆
Beaulieu-Ruzé	博略-户泽
Vincent Conzague	文森特·冈萨格
Blance capello	此安卡·卡佩多
Morosini	莫罗西尼
Ourscamp	乌尔斯康
Jametz	雅梅斯
Bastille	巴士底狱

Maddalena Bonaiuti	马达莱娜·博纳尤蒂
Pierre Strozzi	皮埃尔·斯特罗齐
Léon Strozzi	莱昂·斯特罗齐
Robert Strozzi	罗伯特·斯特罗齐
Laurent Strozzi	洛伦佐·斯特罗齐
Laudomia	劳多米亚
Saint-André	圣安德烈
Levant	莱文特
Farnèse	法尔内塞家族
Jules III	尤利乌斯三世
Villars	维拉尔
Jean-Baptiste-Corse	让·巴蒂斯特·科西嘉
Alexandre Édouard	亚历山大·爱德华
Parme	帕尔马
Giusti	朱斯蒂
les Siennois	西诺尼斯人
Claudio Tolomei	克劳狄奥·图拉梅
Giovanni Capello	乔瓦尼·卡佩洛
Tournon	图尔农
Marciano	马尔恰诺
Vaucelles	沃瑟莱
Paul IV	保罗四世
Carafa	卡拉法
Saint-Papoul	圣帕普勒
Bernard Salviati	伯纳德·萨尔维亚蒂
Palliano	帕利亚诺
Saint-Quentin	圣康坦
Giovanni Soranzo	乔瓦尼·索兰佐
Marie Stuart	玛丽·斯图亚特
Thionville	蒂永维尔
Jupiter	丘比特
Junon	朱诺天后
Cateau Cambrésis	卡托–康布雷西
Savoie	萨伏伊
Emmanuel-Philiber	伊曼纽尔·菲利贝托
Élisabeth	伊丽莎白
Marie Tudor	玛丽·都铎
Philippe II	腓力二世
la trêve de Vaucelles	《维尔塞勒休战条约》
Mendoza	门多萨

专有名词法汉对照

Mongomery	蒙哥马利
Jacques-Auguste de Thou	雅克-奥古斯特·德·图
palais des Tournelles	杜尔纳尔宫
François de Montmorency	弗朗索瓦·德·蒙莫朗西
l'abbaye de Maubuisson	莫比森修道院
Louise	路易丝
Levis	利维斯
La Rochefoucauld	拉罗什富科
LaTrémoille	拉特莫瓦勒
Rohan	罗恩
Coligny	科利尼
François Andelot	弗朗索瓦·安德洛特
Languedoc	朗格多克
des monts d'Auvergne	奥弗涅山
la Méditerranée	地中海
Provence	普罗旺斯
la Guyenne	吉耶纳
Saint Louis	圣路易
Vendôme	旺多姆
La Roche-sur-Yon	永河畔拉罗什
Montpensier	蒙特庞谢
La Mark	拉马克家族
Clèves	克莱沃家族
les Guise de Lorraine	洛林的吉斯家族
les Savoie-Nemours	萨伏伊-内穆尔家族
Mantoue les Gonzague	曼特的贡扎格家族
François de Clèves	弗朗索瓦·克莱沃
Claude de Lorraine	克劳德·洛林
Louis de Bourbon	路易·德·波旁
Jean du Tillet	让·杜·蒂耶
Aumale	欧马勒
Chenonceaux	舍农索
Chaumont	肖蒙
Olivier	奥利维尔
Claude	克劳德
Charles III	查理三世
Charles-Maximilien	查理·马克西米利安
Mandelot	曼代洛
Randan	朗当
Fontenay	丰特奈

凯瑟琳·德·美第奇(下册)

Anjou	安茹
Hercules	埃赫古勒
Louis d'Orléans	路易·德·奥尔良
Victoire	维克多
Jeanne	珍妮
Julie	朱丽
Meaux	莫城
Lefèvre d'Etaples	拉菲尔·德·埃塔普勒
Briconnet	波赫高奈
Le Picard	皮卡第人
Jean-Calvin	让·加尔文
Genève	日内瓦
Zwinglie	茨温利
Bucer	布策尔
Œcolampade	厄高郎巴德
Antoine de Bourbon	安托万·德·波旁
Pré-aux-Clercs	普黑奥克来科
Paul de Foix	保罗·德·富瓦
Antoine Fumée	安东尼·富梅
Eustache de La Porte	尤斯塔奇·德·拉·保赫特
Du Faur	杜·法尔
Anne Du Bourg	阿内·杜·布尔格
Élie	以利亚
Achab	阿哈布
Cluny	克吕尼
Marmoutier	马尔穆捷
Tours	图尔斯
Fécamp	费康
François Hotman	弗朗索瓦·霍特曼
de Roye	德鲁瓦
Villemadon	维尔马多
Lefèvre d'Etaples	拉菲尔·德·埃塔普勒
Olivetan	奥利维坦
Plessis	普莱西斯
Châtelet	沙特莱
Philippe de Luns	菲利普·德·伦斯
Françoise de La Bretonnière	弗朗索瓦兹·德·拉·布列塔尼
Françoise de Warty	弗朗索瓦兹·德·瓦赫底
Picquigny	皮基尼
Nemours	内穆尔

专有名词法汉对照

Charles d'Ailly	查尔斯·戴利
François de Châtillon	弗朗索瓦·德·卡迪昂
Marguerite d'Ailly	玛格丽特·戴利
la rue Saint-Jacques	圣雅克街
Esther	以斯帖
Morel	莫雷尔
Saint-Germain	圣日耳曼
Chatelet	沙特莱
Rue du Marais	马雷街
Maubert	莫伯
Antoine de Chandieu	安托万·德·尚迪厄
Béarn	贝恩
Regnier de La Planche	雷尼尔.德.拉普朗什
Reims	兰斯
Saint-André	圣安德列
Anselme de Soubcelles	安塞尔·德·苏波赛勒
La Renaudie	拉雷诺迪耶
Nantes	南特
Avenelles	阿弗内勒
Soubise	苏比斯
Jean de Parthenay-Larcheveque	让·德·帕泰奈–拉尔切维克
Fumée	福枚
Bourdin	布尔丁
Chatelet	沙特莱
la Foi	拉佛瓦
Démocharès	德摩卡莱斯
Châtillon	沙蒂隆
Nicolas Brulart	尼古拉·布鲁特
Jacques de Moroges	雅克·德·莫罗格
Castelnau	卡斯泰尔诺
L'édit de Romorantin	《罗莫朗坦赦令》
Chastelus	沙斯特勒斯
Hermand Taffin	赫曼德·塔芬
Charles d'Albiac	查尔斯·阿尔比亚克
Duplessis	杜普莱西斯
Camus	加缪
Théophile	特奥菲勒
Villesavin	维尔撒文
Romorantin	罗莫朗坦
Loches	洛什

Saint-Léger	圣莱热
Louis Regnier	路易·雷尼尔
Valence	瓦伦西
Monluc	蒙吕克
Sainct Paul	圣保罗
Constantin	君士坦丁
Valentinien	瓦伦提尼安
Théodose	狄奥多西
Marcien	马尔西安
Marillac	马里拉克
Meaux	梅奥
Piedmond	彼得蒙
Nerac	内拉克
Maligny	马利尼
Limoges	利摩日
Bordeaux	波尔多
La Sague	拉萨克
Chartres	沙特尔
François de Vendôme	弗朗索瓦·德·旺多姆
Crussol	克吕索尔
Poitou	普瓦图
Montpezat	蒙珀扎
Charles d'Orléans	查理·德·奥尔良
Blanche de Castille	布兰奇·德·卡斯蒂尔
Normandie	诺曼底
Touraine	都兰
Maine	缅因
Carmagnole	卡马尼奥
Rochefort	罗什福尔
Jacques de Silly	雅克·德·西利
Limoges	利摩日主教
Feuquieres	费格尔
Hermand Taffin	赫曼·塔凡
Soubise	苏比斯
Rothelin	罗素林
Pierre Martyr	皮埃尔·马特
Renée de France	蕾妮·德·弗朗斯
Éléonore de Roye	埃利诺·德·鲁瓦
Longjumeau	隆格瑞莫
Beauvai	博韦

专有名词法汉对照

Haute-Guyenne	上吉耶讷
Fumel	菲梅勒
Cahors	卡奥尔
Saint-Médard	圣梅德
Saint-Marcel	圣马塞尔
Salignac	萨利尼亚克
Despence	戴皓斯邦斯
Picherel	皮舍雷尔
Bouteiller	布泰勒
Candale	坎达莱
Henri de Foix	亨利·德·富瓦
Louis Bouteiller	路易·布泰勒
Massacre de Wassy	瓦西大屠杀
Vassy	瓦西
Nanteuil	纳特依尔
Wurtemberg	符腾堡
Courtelary	库特拉里
Monceaux	蒙索
Angers	昂热
Blois	布洛瓦
la Loire	卢瓦尔河
Baron des Adrets	阿德亥男爵
Valence	瓦伦西
Arthus de Cossé	阿瑟·德·塞斯
Gonnor	古诺
Saint Jehan de Laon	圣约翰拉昂
Villars	维拉尔
Comtat Venaissin	孔塔-维奈桑
Geffrey	杰弗里
Jamès	伽麦茨
les Châtillon	沙蒂隆家族人
Jacqueline de Longwy	杰奎琳·德·朗威
Jean de Monluc	让·德·蒙吕克
Jean Raymond Merlin	让·雷蒙德·梅林
Calais	加莱
Le Havre	勒阿弗尔
Poitiers	普瓦捷
Bourges	布尔日
Rouen	鲁昂
Talic	塔尔西

Mans	勒芒
Huguenot	胡格诺派
Papistes	帕皮斯派
Nanteuil	纳特依尔
Juan Manrique de Lara	胡安·曼里克·德劳拉
Granvelle	格朗韦勒
Chantonnay	尚托奈
Claude	克洛德
Don Carlos	卡洛斯
Juana	胡安娜
Ferdinand	斐迪南
Sardaigne	撒丁岛
Pontoise	蓬图瓦兹
Poissy	普瓦西
Autun	欧坦
Bretagne	布列塔尼
David	大卫
Ezechias	希则克雅
Josias	约西亚
Armagnac	亚文邑
Pierre Vermigli	皮埃尔·维米格利
Zwingle	慈运理
Augsbourg	奥格斯布
Hippolyte d'Este	希波吕忒·埃斯特
Prosper de Sainte-Croix	普罗斯珀·德·圣克罗伊
Blaise de Monluc	布莱斯·德·蒙吕克
Symphorien Champier	桑福里安·尚皮耶
Provins	普罗万
Claude Haton	克劳德.哈顿
Claude de Beaune	克劳德·德·博恩
Chastelus	夏特鲁
Toury	图里
Augustins	奥古斯丁
Nesle	内斯勒
La Curée	拉古黑
Miron	米隆
Lyon	里昂
Bourdillon	布尔德伦
Morsand	莫尔桑
Bertrand Prevost	贝特朗·普雷沃斯特

专有名词法汉对照

Poltrot de Méré	保勒涛·德·梅勒
Languedoc	朗格多克
chemin de Damas	大马士革之路
Henri de Navarr	亨利·德·纳瓦拉
Henri de Lorraine	亨利·德·洛林
Turin	都灵
Chieri	基耶里
Villeneuve d'Asti	维伦纽夫·阿斯蒂
Chivasso	基瓦索
Pérouse	佩鲁贾
Savillan	撒威朗
Bourdillon	布尔迪伦
Hampton-Court	汉普顿-库尔
Bricquemault	布里奇莫特
Throcmorton	特罗克莫顿
château de Gaillon	盖隆城堡
l'Édit d'Amboise	《昂布瓦兹赦令》
Meulan	默朗
Gonnor	贡诺
Artus de Cosse	阿特斯·德·科塞
Jacques le Hongre	雅克·勒·洪格尔
Jarnac	雅纳克
la Charente	夏朗德河
Saint-Brice	圣布莱斯
Gramont	格拉蒙特
Philibert	菲利伯特
Diane d'Andouins	戴安娜·德·昂瑞
Corisande	科丽桑德
Aurillac	欧里亚克
Carlat	卡拉
Cantal	康塔尔
Aubiac	奥比亚
Ibois	伊波斯
Haute-Auvergne	上奥弗涅省
Usson	于松
Claude Groulard	克劳德·格鲁拉尔
Angoumois	安古莫瓦
Xainctonge	克桑科通
Cognac	科尼亚克
Toscane	托斯卡纳

Comtat	孔塔
Montmorency-Damville	蒙莫朗西 – 当维尔
Francis de Alava	弗朗西斯·德·阿拉瓦
Louis de Gonzague	路易·德·冈萨格
Gaspard de Saulx	加斯帕尔·德·索尔斯
Birague	比拉格
Estrees	埃斯特雷
Morvillier	莫维利耶
Pie IV	庇护四世
Trente	特伦特
Venise	威尼斯
Rennes	雷恩
Aix	艾克斯
Uzès	于泽斯
Oloron	奥洛龙
Lescar	莱斯卡
Troyes	特鲁瓦
Oysel	奥依赛尔
Fontainebleau	枫丹白露
Nancy	南希
Genève	日内瓦
Brignoles	布里尼奥勒
Saint-Jean-de-Luz	圣·让·德·鲁兹
L'Édit de Roussillon	《鲁西永敕令》
Gordes	戈尔德
Briançonnais	布赖恩奈斯
Avignon	阿维尼翁
Serbelloni	塞尔贝罗尼
Comtat-Venaissin	贡达 – 维纳森
Nîmes	尼姆
Eléonore de Roye	爱莱昂诺尔·德·多伊
Rodolphe	罗多尔夫
Albe	阿尔巴
Adour	阿杜尔河
Aiguemeau	艾格茂岛
île de Lahonce	朗克岛
Roll	罗尔
Tritons	特里通
Chastelier-Portaut	沙斯特里欸 – 波尔道
Mouvans	木旺

专有名词法汉对照

Neptune	尼普顿
Arion	阿里翁
Wartbourg	沃尔特堡
Wolfram d'Eschenbach	沃尔弗拉姆·德·埃申巴克
Tannhäuser	坦豪泽
Scipion	西皮翁
Saint-Bernard	圣伯纳德
Soliman le Magnifique	伟大的索利曼
Bourdillon	布尔迪隆
Pacheco	帕切科
Cognac	科涅克
Moulins	穆兰
Soubise	苏比斯
Jacques Cartier	雅克·卡蒂埃
Le golfe du Saint-Laurent	圣劳伦斯海湾
Jean Ribaut	让·里博特
Laudonniere	劳导尼艾贺
Caroline	卡罗莱纳堡
Lauraguais	劳哈盖
Béziers	贝济耶
Baignaux	拜尼奥
Jean Morin	让·莫林
Caton	加图
Jeanne d'Albret	珍妮·阿布莱特
Bouillon	布永
Chasteau-Neuf	莎涛讷芙
Saint Barthelemy	圣巴泰勒米
Biron	比隆
Genièvre	日尼尔
Jupiter	朱庇特
Pallas	帕拉斯
Mercure	墨丘利
l'Amour	爱神
Marguerite de Valois	玛格丽特·德·瓦卢瓦
Mars	玛斯
château de Valery	瓦勒里城堡
Revol	贺沃勒
Fresne	弗雷斯尼
Couppé	古贝
La Tourette	拉图雷特

Florimond Robertet	弗洛蒙·罗伯特
Auxonne	奥克松
Ile-de-France	法兰西岛大区
Barrois	巴鲁瓦
Bourgogne	勃艮第
Gascogne	加斯科涅
Litière	礼梯艾贺
Dijon	第戎
Toulouse	图卢兹
Bar-le-Duc	巴勒迪克
Abel Jouan	亚伯·古安
La Crau	拉克罗
Villeneuve-lès-Maguelonne	马盖隆新城
Carcassonne	卡尔卡松
Fiesque	菲斯科
Ribaut	里博
Laudonniere	劳顿尼尔
Caroline	卡罗莱纳
Biarritz	比阿里茨
Floride	佛罗里达
Brouage	布鲁阿格
Bazas	巴扎斯
Saint-Sulpice	圣叙尔比斯
Avilés	阿维莱斯
Pedro Menéndez	佩德罗·梅内德斯
Fourquevaux	富尔屈埃沃
Pamiers	帕米尔
Sarlabous	萨拉布利亚
Tachard	塔卡尔
Isabelle de Limeuil	伊莎贝尔·德·利默伊
Sardanapale	萨尔达尼拔
Franche-Comté	弗朗什-孔泰
Bruxelles	布鲁塞尔
Bresse	布瑞赛
Egmont	埃格蒙
Horn	合恩
Favelles	法维列斯
Duc d'Alve	阿勒维公爵
Chatillon-sur-Loing	卢万河的沙蒂隆
Vincennes	万塞讷

专有名词法汉对照

Valery	瓦莱里
Château-Thierry	蒂埃里城堡
Lagny	拉尼
Vieilleville	维埃耶维尔
Jean de Morvillier	让·德·莫维利耶
Aubigné	奥比涅
Gordes	戈德斯
Norris	诺里斯
Rapin	拉宾
Amanzé	阿曼泽
Cipierre	西皮耶尔
René de Savoie	雷内·德·萨伏伊
Fréjus	弗雷瑞斯
Arcs	阿赫克
Montauban	蒙托邦
Sancerre	桑塞尔
Albi	阿尔比
Millau	米洛
Castres	卡斯特尔
Guy Chabot de Jarnac	盖伊沙博·德·雅纳克
de Prie	德普里
Guillaume le Taciturne	"沉默寡言的威廉"
Ludovic	卢多维克
les Elamans	伊拉曼人
les Flamands	弗拉芒人
Cocqueville	托克维尔
Saint-Valéry	圣瓦莱里
Somme	索姆河
Morvan	莫尔旺山
Serain	塞兰
Lescale	莱斯卡勒
Birague	比拉格
Gonthery	贡瑟瑞
Pasquier	帕斯基耶尔
Gascon	加斯科
Saint-Jean d'Angély	圣约翰·当热利
Saintes	桑特
René de Lorraine	雷内·德·洛林
Artus Désiré	阿特斯·得泽黑
Fête-Dieu	圣体瞻礼节

LaTrémoille	特莫瓦勒
Oléron	多莱龙
la Charente	夏朗德河
Jarnac	雅纳克
Bassac	巴萨克
Guillaume de Nassau	纪尧姆·德·拿骚
le duc d'Albe	阿尔巴公爵
Wolfgang	沃尔夫冈
Moncontour	蒙孔图尔
Fourquevauls	富尔屈埃沃
Baudiné	鲍德内
Xainctes	科桑特
Frédéric III	弗雷德里克三世
Norris	诺里斯
Cecil	塞西尔
Martigues	马尔蒂盖
Annonciade	阿依斯亚德
La Mothe -Fenelon	拉莫特费内隆
La Popeliniere	拉波普里尼
Dominiqu d'Albae	多米尼克·阿尔巴
Bavière	巴伐利亚
La Rivière	拉里维埃
Louviers	卢维埃
Mouy	穆伊
Niort	尼奥尔
Agénois	阿根诺
Béarn	贝阿恩
Mongoméry	蒙高梅瑞
Trigny	特里娅
Saint-Étienne	圣艾蒂安
Arnay-le-Duc	阿赫玛－勒－杜克
La Charité-sur-Loire	卢瓦尔河畔拉沙里泰
La Noue	朗乌埃
Bayard	贝亚尔
Sébastien	塞巴斯蒂昂
Jeanne la Folle	疯女珍妮
Portien	波蒂恩
Catherine de Clèves	凯瑟琳·克莱沃
Kermoallec	克莫拉莱克
Joyeuse Garde	茹瓦约斯·加德

专有名词法汉对照

Jean de Ferrières	让·德·弗尔里埃
Marie de Lorraine	玛丽·德·洛林
Darnley	达恩利
Bothwen	波特温
Anne de Boleyn	安妮·德·博林
Marie Tudor	玛丽·都铎
Pie V	庇护五世
Jézabel	耶洗别
Orange	奥兰治
Flandre	弗朗德勒
La Mothe-Fenelon	拉莫特－费内隆
Mézières	梅齐埃
Côme I de Médicis	科西莫一世·德·美第奇
grand-duc de Toscane	托斯卡纳大公
Frégose	弗雷西斯
Bernard d'Osimo	贝尔纳·德·奥希莫
Heidelberg	海德堡
Palatine	帕拉坦
Guillaume d'Orange	纪尧姆·奥兰治
Ludovic de Nassau	卢多维克·德·拿骚
Petrucci	彼得鲁奇
Lumigny	卢米尼
Lépante	勒班陀
Gastine	加斯蒂纳
La Garde	拉加尔德
Zélande	泽兰省
Valenciennes	瓦朗谢讷
Grégoire XIII	格里高利十三世
Maurevert	毛贺外赫
Béthizy	拜斯兹
Tuileries	杜伊勒里宫
Pardaillan	帕代兰
Albert de Gondi	阿尔伯特·德·冈迪
Saint-Gouard	圣古阿尔
Jean de Vivonne	让·德·维沃讷
la Saint-Barthélemy	圣巴塞洛缪
Aubenas	欧布纳
Jagellons	雅盖洛王朝
Sigismond II Auguste	奥古斯都的西吉斯蒙二世
Edmond Auge	爱德蒙·奥格

Ivan le Terrible	伊凡雷帝
la Bohême	波希米亚
Hongrie	匈牙利
Alger	阿尔及尔
Valence	瓦伦斯
Édit de Boulogne	《布洛涅赦令》
Edmond Auger	爱德蒙·奥格
Vitry	维特里城
Hesse-Cassel	黑森－卡塞尔
Blamont	布拉蒙
Basse-Normandie	下诺曼底
Saint-Herem	圣赫楞
Chabot-Charny	沙伯－沙尔尼
Bayonne	巴约讷
Orthe	奥贺特
Arnaud Du Ferrie	阿尔诺·杜·费里尔
de Thou	德图
Vicomte de Turenne	图伦内子爵
Méru	梅鲁
Sedan	色当
Franco-Gallia	弗朗哥－加利亚
Brunehaut	布吕纳奥
Fredegonde	弗蕾德贡德
Isabeau de Bavière	伊萨伯·德·巴伐利亚
Blanche de Castille	布兰奇·德·卡斯蒂尔
Chaumont-Quitry	肖蒙－基特里
Coconat	高高纳
Côme Ruggieri	科西莫·鲁杰里
Guillaume de Joyeuse	纪尧姆·德·茹瓦约斯
Saint-Sulpice	圣叙尔皮斯
Clarice de Medicis	克拉丽斯·德·美第奇
J.Le Laboureur	让·勒布劳尔
Troilus de Mesgouez	特洛伊罗斯·德·梅古艾
Fabio Mirto Frangipani	法比奥·米尔托·弗兰吉帕尼
Pisani	皮萨尼
Aussonne	奥松讷
Segur Pardaillan	塞古尔·帕尔丹
Hault	霍尔特
Bas Poictou	巴斯普托
Nazareth	拿撒勒

专有名词法汉对照

Morlaix	莫莱克斯
Irlande	爱尔兰
Antoine de Brehant	安托万·德·布雷汉特
Jerome Cardan	杰罗姆·卡尔丹
Francesco Giunctini	弗朗索瓦科·吉温蒂尼
Nostradamus	诺查丹玛斯
Regnier	雷尼尼
Renieri	雷尼耶
Pontus de Thyard	庞蒂斯·德·萨尔德
Salon	沙龙
Gauric	高里克
Hennequin	赫南基
Louis XIII	路易十三
Saint-Eustache	圣尤斯塔什教区
Saint-Honore Rue	圣奥诺雷路
Ebullé Asmodée	艾布雷·阿斯摩太
Haniel	哈尼尔
Ebuleb	埃布莱
Asmodel	阿斯莫尔
Freneil	弗雷尼尔
Fernel	费内尔
Mikaël	米凯尔
Uriel	乌里埃尔
Julien de Médicis	朱利安·德·美第奇
Machiavélisme	马基雅维利主义
Camille Capilupi	卡米尔·卡皮卢皮
Duchesse d'Etampes	伊坦斯公爵夫人
la Cour des Valois	瓦卢瓦宫廷
Pierre Ramus	皮埃尔·拉穆斯
Muses	缪斯
Laudomina de Médicis	劳多米娜·德·美第奇
Henri IV	亨利四世
Rémy Belleau	雷米·贝洛
Dorat	多拉特
Saint-Cosme	圣·科西莫
Philibert de L'Orme	菲利贝尔·德·洛尔姆
Amyot	艾米乐
Tasse	塔索
Rinaldo	里纳尔多
Arétin	阿雷维诺

Sophonisbe	《索福尼斯巴》
Trissin	特里森
Scipion	西皮奥
Polinesso	波利亚西
Ginevra	吉内夫拉
Ariodonte	阿隆多特
Dalinda	达林达
Lurcanio	吕贺卡尼奥
Zani	扎尼
Pantalon	潘塔隆
Jean-Antoine de Baïf	让·安东尼·德·巴伊夫
La Calandria	《拉卡兰德黑亚》
Saintonge	圣通日
Hélène de Surgères	海伦·德·叙尔热雷
Malherbe	马勒布
Apollidon	阿波罗顿
Satyres	萨特人
Primatice	普里蒂克西奥
Jean Bullant	让·布兰特
Renaissance	文艺复兴
Charles V	查理五世
Louvre	卢浮宫
Pierre Lescot	皮埃尔·莱斯科
la Seine	塞纳河
Pierre Chambiges	皮埃尔·甘比格斯
le cardinal du Bellay	让·贝拉主教
Saint-Maur-des-Fossez	圣莫尔·德·福塞斯
Umbrone	恩波浩那河
Bernard Palissy	伯纳德·帕利西
Grenelle	格勒内勒
l'Hôtel d'Oréans	奥尔良宫室
Four	弗贺
l'Hôtel d'Albret	阿布莱特宫室
Coquillière	考克利艾贺
le Panthéon de Rome	罗马万神殿
Bramante	布拉曼特
Tempietto	坦比哀多
les baptistère	圣洗堂
Cerceau	塞尔索
La Roche-Helgouahc	拉罗什–赫尔古阿赫

专有名词法汉对照

Baptiste Androuet	巴普蒂斯特·安德鲁埃
San Miniato	圣米尼亚托
Dinan	迪南
Mons	蒙斯
Ville-Parisis	维尔巴里西斯
Michel-Ange	米开朗琪罗
Jean de Bologne	让·德·波伦亚
Francis de Medici	弗兰西斯·德·美第奇
Tournon	图恩
Dominique Florentin	多米尼克·弗洛伦丁
Jérôme della Robbia	杰罗姆·德拉·罗比亚
Ponce Jacquino	庞塞·杰奎诺
Laurent Regnauldin	洛伦佐·雷加诺丁
François Roussel	弗朗索瓦·鲁塞尔
Hans Holbein	汉斯·荷尔拜因
Luca della Robbia	卢卡·德拉·罗比亚
Mino de Fiesole	米诺·德·菲耶索莱
Giulia	《朱丽亚》
François Clouet	弗朗索瓦·克鲁埃
Bouchot	布绍
Moldave	摩尔多瓦
Alberi	奥伯里
Uffizi	乌菲兹美术馆
Santi di Tito	塞迪·第·提托
les Caron	卡伦派
Du Monstier	杜·蒙斯蒂派
les Quesnel	奎内尔派
Jean Goujon	让·戈洪
Germain Pilon	格拉曼·皮隆
Salomon	所罗门
Assuérus	亚哈苏鲁斯
Arazzi	阿拉齐
Nicolas Houel	尼古拉·霍埃尔
Mausole	毛瑟斯
Artémise	阿特米西斯
Louis XIV	路易十四
Carie	卡利
Pisindelis	彼赞德利
bas-breton	下布列塔尼
Arnaud Du Ferrier	阿诺·杜·费雷尔

Mausole	马苏勒斯
Halicarnasse	哈利卡那索斯
Beauvais	博若
Antoine Caron	安东尼·卡龙
Enghien	昂吉安
Saint-Honoré	圣奥诺雷
l'abbé de Bellebranche	贝尔布兰奇修道院
Europe	欧洲
Asie	亚洲
Afrique	非洲
Amérique	美洲
l'Angleterre	英格兰
l'Espagne	西班牙
les Pays-Bas	荷兰
l'Allemagne	神圣罗马帝国
l'Amérique du Nord	北美
Canada	加拿大
Terre-Neuve	纽芬兰
Guinée	几内亚
Cracovie	克拉科夫
Maximilien II	马克西米利安二世
Antonio della Vecchia	安东尼德拉·韦克奇亚
Pignerol	皮涅罗尔
Savillan	撒威朗
Pérouse	佩鲁贾
Fossano	福萨诺
Sauve	索沃
Louis XI	路易十一
Birague	比拉格
Morvilliers	莫维里埃斯
Pibrac	皮布拉克
Richelieu	黎塞留
Sardini	萨尔迪尼
Adjace	阿德然赛
Ausonie	奥佐尼
Sommerive	索姆马里瓦
Honorat II Savoie-Tende	奥诺拉二世·萨伏伊·唐德
Alfonsine	阿方西娜
Coetarmoal	科塔贺莫勒
Notre-Dame de Lorette	洛伦特宫圣母院

专有名词法汉对照

Antoine-Marie Salviati	安东尼·玛丽·萨尔维亚蒂
Cavalcanti	卡瓦尔康蒂
Tornabuoni	托尔纳布奥尼
Buonacorsi	布阿纳科尔西
Mirandole	米兰多拉
Louis Pic	路易·比克
Épernon	埃佩尔农
Adjacet	阿扎内特
Zamet	扎梅特
Thionville	蒂永维尔
Tarascon	塔拉斯孔
Lunel	吕内尔
le Rhône	罗纳河
Saint-Gilles	圣吉利
Louise de Vaudemont	路易丝·德沃德蒙
Barrois	巴鲁瓦
Plessis-les-Tours	普莱西斯－雷图尔
Providence	普罗维登斯
Louis Berenger	路易·贝朗
Bussy d'Amboise	伯西·昂布瓦兹
Gilonne Goyon	吉隆尼·戈昂
Charlotte de Sauve	夏洛特·德·索沃
Circe	喀耳刻女巫
Mézières	梅齐埃
Jean Casimir	让·卡西米尔
Meuse	默兹
Limagne	利马涅
Senlis	桑利斯
Saint-Jean-d'Angely	圣约翰·昂热利
Humieres	于米埃尔
Constantin	君士坦丁大帝
basilique Saint-Jehan de Latran	拉特兰圣约翰大教堂
sainte Hélène	圣海伦
Pisani	皮萨尼
Notre-Dame de Cléry	克莱里圣母院
Saint-Martyn-de-Tours	圣马丁德图尔
Val d'Elsa	瓦尔德埃尔萨
Salve Regina	《圣母经》
Marguerite de Parme	玛格丽特·德·帕尔马
Alfonsina Strozzi	阿方西娜·斯特罗齐

Antoinette de La Marck	安托瓦内特·德·拉马克
Issoire	伊索尔
Quélus	凯吕斯
Maugiron	毛吉龙
Saint-Luc	圣吕克
d'Arques	达尔克
Saint-Mesgrin	圣麦斯戈翰
Angers	安吉尔
Notre-Dame de Rouen	鲁昂圣母院
Nicolas Clérel	尼古拉·克雷海勒
Nicolas Boucherat	尼古拉·布舍拉
Roboam	罗波安
Louis le Hutin	路易·勒胡廷
Périgord	佩里戈尔
Livaro	利瓦罗
Ribérac	里贝拉克
Schomberg	肖姆伯格
Bourgueil	布尔格伊
don Luis de Requesens	路易·德雷森斯
Pyrrus	皮洛士
Valenciennes	瓦朗谢讷
Gembloux	让布卢
Juan d'Autriche	胡安·奥特里希
Ytalie	雅塔力
Lesdiguieres	莱斯迪格雷耶斯
Outremonts	乌特勒蒙
Parabere	巴尔内
Bacon	巴贡
Carcès	卡尔赛
Bergerac	贝尔热拉克
Saint-Sulpice	圣叙尔皮斯
Sancho de Leyva	桑乔·德·莱瓦
Dayelle	达耶尔
Fleurance	弗洛伦斯
Kervyn de Lettenhove	凯尔万·德·勒滕霍夫
Notre-Dame de Chartres	沙特尔圣母院
Ollainville	欧兰维勒
Port-Sainte-Marie	圣玛丽港
Louise de Clermont	路易丝·德·克莱蒙特
Bois de Vincennes	万塞讷森林

专有名词法汉对照

l'Union d'Utrecht	乌德勒支联盟
l'Union d'Arra	阿拉斯联盟
Alexandre Farnèse	亚历山德罗·法尔内塞
Duras	杜拉斯
les Cévennes	塞文山脉
Hubert de Vins	休伯特·德·文斯
les Carcistes	卡尔塞人
Razats	哈扎人
Toulon	土伦
Charles de Gelas de Léberon	查尔斯·德·格拉斯·德·勒伯鸿
Moings	莫宁
Pommier	波米耶
Grenoble	格勒诺布尔
Lucerne	卢塞恩
Soleure	索洛图恩
Belleguarde	贝勒格德
Monestier de Clermont	莫内斯捷·克莱蒙特
La Rocheguyon	拉罗什吉欧
Cantelou	康特卢
Pont Bellenger	庞特·贝伦格尔
Commercy	科梅尔西
Charles de Lorraine	查尔斯·德·洛林
Bellièvre	贝利耶夫
Lippomano	利波马诺
Verneuil-en-Perche	韦尔纳–恩–佩尔什
Rosne-en-Barrois	罗斯尼–恩–巴罗斯
Christophe de Savigny	克里斯多夫·德·萨维尼
Commercy	科梅尔西
Taille	人头税
Ustensile	斯当兹勒税
Taillon	泰伦税
Livre	里弗
La Rochepot	拉罗谢波
Rambouillet	朗布依埃
Mazères	马泽雷
Mathieu Merl	马蒂厄·莫尔
Mende	门德
Montaigu	蒙特哥
Montaignac	蒙蒂尼亚克
Thomas Bate	托马斯·贝特

Bassompierre	巴松皮埃尔
Lesdiguières	莱斯迪吉埃
Saracini	萨拉西尼
Bourgueil	布尔盖
Cheverny	切维尔尼
Villequier	维勒基耶
Fervaques	费尔瓦克
Dunkerque	敦刻尔克
Anvers	安特卫普
Greenwich	格林尼治
Marchaumont	马赫肖蒙
Soissons	苏瓦松
Lavardin	拉瓦尔丹
La Châtre	拉沙特尔
La Meilleraye	拉梅耶勒
Crèvecœur	克雷沃克尔
Puygaillard	皮盖亚
Du Ferrier	杜法雷
Westminster	威斯敏斯特宫
Cantorbery	坎特伯雷
Burleigh	伯利
Walsingham	沃尔辛厄姆
Sussex	苏赛克斯
Mathilde	马蒂尔德
Sanche	桑乔
Algarves	阿尔加维
Comminges	科曼热
Bragance	布拉干萨
Granvelle	格朗维尔
Lisbonne	里斯本
Gourgues	古尔盖
Viana	维亚纳
Porto	波尔图
Lisbonne	利斯博纳
Bourdelais	布尔代莱
comte de Vimiose	维密奥斯伯爵
Scalin	斯卡林
Renieri	雷涅里
Bernard Nogaret	贝尔纳·诺加雷
l'abbaye de Chailly	夏利修道院

专有名词法汉对照

marquis de Saint-Sorlin	圣索尔兰侯爵
Martigny-le-Comte	马蒂尼－勒孔特
Saint-Maixent	圣麦克桑
la Mothe-Saint-Heraye	拉莫特－圣埃雷耶
Frontenac	弗隆特纳克
Brabant	布拉班特
la côte d'Afrique	非洲海岸
Myrebeault	米雷博
Cap Vert	佛得角
Priuli	普留利
Sables d'Olonne	萨布勒多隆
Terceire	特塞拉
San Miguel	圣米格尔
Santa-Cruz	圣克鲁斯
Puygaillard	普轧亚贺
Termonde	登德尔蒙德
Dixmude	迪克斯梅德
Morosini	莫罗西尼
Chaulnes	绍讷
Aymar de Chastes	埃马尔·德·查斯特
Danzay	丹泽
Suède	瑞典
Téligny	德里尼
Louise de Coligny	路易丝·德·科利尼
Envers	埃弗斯
Cologne	科隆
Gebhard de Truchsess	格布哈特·德·杜瑟斯
Agnès de Mansfeld	阿涅斯·德·曼斯菲尔德
Ségur-Pardaillan	塞居·帕拉达亚
Harlay de Champvallon	阿瓦莱·德·尚普瓦隆
Palaiseau	帕莱索
Béthun	贝蒂纳
Montargis	蒙塔日
Charles de Pérusse	查尔斯·德·普鲁斯
Sébastiende l'Aubespine	塞巴斯蒂安·德·洛布松
Fitz-Maurice	菲茨·莫里斯
Kildare	基尔代尔
Michel de La Huguerye	米歇尔·德·拉胡格利
Château-Thierry	蒂耶里堡
D'Avrilly	达维利

Rebours	勒布尔
Duplessys-Mornay	杜普莱西斯·莫尔内
le Béarnais	贝亚恩人
duc de Mayenne	马耶讷公爵
duc d'Aumale	欧马勒公爵
Elbœuf	埃尔伯夫
Vaudemont	沃代蒙
Mercœur	梅戈
Martigues-Luxembourg	玛蒂苟斯－卢森堡
Claude de Valois	克劳德·德·瓦卢瓦
marquis de Pont-à-Mousson	庞特－阿穆松侯爵
Senecey	斯奈赛
Maineville	缅因维尔
Francis de Roncherolles	弗朗西斯·德·宏社浩勒
Saint-Séverin	圣塞韦兰
Saint-Benoît	圣伯努瓦
Prévost	普雷沃
Mathieu de Launay	马蒂厄·德·洛奈
Louis Dorléans	路易·多利安
Cavriana	卡夫里亚纳
Acarie	洛埃卡里
Compans	孔潘斯
Crucé	克鲁塞
Claude Mathieu	克劳德·马蒂厄
Sixte V	西斯都五世
Mandelot	曼代洛
Verdun	凡尔登
Zamet	扎姆兹
Épernay	埃佩尔奈
Jalons	贾隆斯
Epernay	派尔
Catarrhe	卡他性炎
Beaune	波恩
Pfyffer	普菲费尔
Saint-Lauren	圣劳伦斯
Levroux	勒夫鲁
Cléry	克勒利